suhrkamp taschenbuch
wissenschaft 1953

Ludwik Fleck gilt seit langem als Klassiker der Wissenschaftstheorie und erlebt derzeit eine Renaissance, die sich durch die verschiedenen Disziplinen zieht. Die neue Studienausgabe trägt dem Rechnung und versammelt bekannte und unbekannte Texte Flecks – zum Teil erstmals in deutscher Übersetzung – sowie biographisches Material und Briefe. Dokumentiert wird die ganze Breite von Flecks Denken und Wirken, wodurch nicht zuletzt der politische Hintergrund seiner Wissenschaftstheorie und medizinischen Praxis sichtbar wird.

Ludwik Fleck (1896-1961) war Mikrobiologe und Wissenschaftstheoretiker.

Im Suhrkamp Verlag sind von ihm erschienen: *Entstehung und Entwicklung einer wissenschaftlichen Tatsache* (stw 312) und *Erfahrung und Tatsache* (stw 404).

Sylwia Werner ist seit 2005 Mitglied der Ludwik-Fleck-Forschungsgruppe am Historischen Seminar der Goethe-Universität Frankfurt/M.

Claus Zittel arbeitet am Max-Planck-Institut/Kunsthistorisches Institut Florenz und lehrt Philosophie und Germanistik an den Universitäten Frankfurt/M., Berlin und Olsztyn.

Ludwik Fleck
Denkstile und Tatsachen

Gesammelte Schriften und Zeugnisse

Herausgegeben und kommentiert
von Sylwia Werner und Claus Zittel
unter Mitarbeit von Frank Stahnisch

Suhrkamp

Bibliografische Information der Deutschen Nationalbibliothek
Die Deutsche Nationalbibliothek verzeichnet diese Publikation
in der Deutschen Nationalbibliografie;
detaillierte bibliografische Daten sind im Internet über
http://dnb.d-nb.de abrufbar.

3. Auflage 2019

Erste Auflage 2011
suhrkamp taschenbuch wissenschaft 1953
© Suhrkamp Verlag Berlin 2011
Alle Rechte vorbehalten, insbesondere das der Übersetzung,
des öffentlichen Vortrags sowie der Übertragung
durch Rundfunk und Fernsehen, auch einzelner Teile.
Kein Teil des Werkes darf in irgendeiner Form
(durch Fotografie, Mikrofilm oder andere Verfahren)
ohne schriftliche Genehmigung des Verlages reproduziert
oder unter Verwendung elektronischer Systeme
verarbeitet, vervielfältigt oder verbreitet werden.
Umschlag nach Entwürfen von Willy Fleckhaus und Rolf Staudt
Satz: Satz-Offizin Hümmer GmbH, Waldbüttelbrunn
Druck: Druckhaus Nomos, Sinzheim
Printed in Germany
ISBN 978-3-518-29553-3

Inhalt

(C) Die Arbeiten nach 1945

Teil II: Berichte und Kontroversen über die Zeit in den Konzentrationslagern

(A) Aussagen und Berichte

Sylwia Werner und Claus Zittel
Einleitung: Denkstile und Tatsachen

»In der Naturwissenschaft gibt es gleichwie in der Kunst und im Leben keine andere Naturtreue als die Kulturtreue.«[1]

Die Renaissancen des Ludwik Fleck

Aus dem fernen polnischen Lwów sandte im Jahr 1933 ein damals unbekannter jüdischer Mikrobiologe ein unscheinbares Manuskript von ca. 100 Seiten an den Philosophen und Physiker Moritz Schlick, um ihn, den berühmten Begründer des ›Wiener Kreises‹, um Hilfe bei der Publikation zu bitten. Die schmale Schrift trug den vorläufigen Titel: *Die Analyse einer wissenschaftlichen Tatsache. Versuch einer vergleichenden Erkenntnistheorie*, ihr Autor war Ludwik Fleck (1896-1961).[2] In seinem Begleitschreiben konfrontierte er Schlick mit der auch auf diesen persönlich gemünzten Feststellung, »in der Erkenntnistheorie werde zumeist nicht die Erkenntnis, wie sie faktisch sich

1 Ludwik Fleck, *Entstehung und Entwicklung einer wissenschaftlichen Tatsache. Einführung in die Lehre vom Denkstil und Denkkollektiv* [EET], hg. v. Lothar Schäfer und Thomas Schnelle, Frankfurt/M. 1980 [1935], S. 48.

2 Zur Biographie Flecks siehe die Zeittafel in dieser Ausgabe. Die Forschungen zu Flecks Biographie fußen nach wie vor auf den grundlegenden Recherchen von Thomas Schnelle. Sie sind dokumentiert in: Thomas Schnelle, *Ludwik Fleck – Leben und Denken. Zur Entstehung und Entwicklung des soziologischen Denkstils in der Wissenschaftsphilosophie*, Diss. Hamburg 1982 [TSF]; Lothar Schäfer, Thomas Schnelle, »Ludwik Flecks Begründung der soziologischen Betrachtungsweise in der Wissenschaftstheorie«, in: EET, S. VII-XLIX, sowie dies., »Die Aktualität Ludwik Flecks in Wissenschaftssoziologie und Erkenntnistheorie«, in: dies., *Ludwik Fleck. Erfahrung und Tatsache* [ET], Frankfurt/M. 1983, S. 9-34. Die von Schnelle gesammelten Materialien sind online zugänglich über die Webseite des Fleck-Zentrums der ETH-Zürich: ‹http://www.ludwikfleck.ethz.ch/de/fleck-archiv.html›. Siehe auch die Einleitung zur polnischen Fleck-Ausgabe: *Ludwik Fleck. Style myślowe i fakty. Artykuły i świadectwa* [SMF], hg. v. Sylwia Werner, Claus Zittel und Florian Schmaltz, Warschau 2007, sowie Katarzyna Leszczyńska, »Ludwik Fleck: A Forgotten Philosopher«, in: Johannes Fehr, Nathalie Jas, Ilana Löwy (Hg.), *Penser avec Fleck – Investigating a Life Studying Life Sciences*, Zürich 2009 [PF], S. 23-39.

darbietet, untersucht, sondern ihr imaginiertes Idealbild, das der realen Eigenschaften entbehrt«. Zudem führe der Satz, »alle Erkenntnis entspringe den Sinneseindrücken«, in die Irre, »denn die Mehrzahl der Kenntnisse aller Menschen stammt einfach aus den Lehrbüchern«. Dennoch, so Fleck weiter, seien nie zuvor »ernstliche Untersuchungen angestellt worden, ob das Mitteilen eines Wissens, seine Wanderung von Mensch zu Mensch, vom Zeitschriftenaufsatz zum Handbuch nicht prinzipiell mit [...] *besonders gerichteter Transformation* verbunden ist«. Die Konsequenz sei, daß man bis heute nicht wisse, »wie weit ein Wissensbestand den Erkenntnisakt beeinflußt«. Endlich fänden »sich auch in der historischen Entwicklung des Wissens einige merkwürdige allgemeine Erscheinungen, wie z. B. die besondere stilmäßige Geschlossenheit jeweiliger Wissenssysteme, die eine erkenntnistheoretische Untersuchung fordern«.[3]

Was Fleck hier skizzierte und dann in seinem Manuskript ausführte, war das Programm einer Revolution in der Wissenschaftstheorie, das nicht nur darauf abzielte, die konkreten äußeren Umstände der Wissensproduktion zu untersuchen, sondern das auch die Rolle von unbewußt übernommenen Einstellungen aus Tradition und sozialer Umgebung mit einzubeziehen suchte. Fleck wollte dadurch zeigen, daß selbst die rein sachlich begründet erscheinenden Problemstellungen, Überprüfungs- und Rechtfertigungsverfahren der Wissenschaften kulturell geprägt und insofern prinzipiell stilbedingt sind. Davon nicht ausgenommen seien insbesondere auch Rekurse auf vermeintlich objektive wissenschaftliche Tatsachen. Feststehende Tatsachen, die nur aufgefunden und gedeutet werden müßten, gebe es überhaupt nicht, auch hingen die Tatsachen nicht lediglich von unseren Beschreibungen ab, denn auch sie entstünden und veränderten sich – sie haben eine Geschichte und ein spezifisch kulturelles Gepräge. Flecks radikale Pointe dabei ist: Nicht nur was als eine Tatsache *gilt*, sondern was eine Tatsache *ist*, darüber entscheide der jeweilige Denkstil lokaler Denkkollektive.

Schlick konnte nicht helfen, Flecks Buch erschien unter dem Titel *Entstehung und Entwicklung einer wissenschaftlichen Tatsache. Einführung in die Lehre vom Denkstil und Denkkollektiv* 1935 in der Schweiz[4] und erlebte seither eine ebenso wechselhafte wie erstaunliche

3 Fleck, Brief an Moritz Schlick, in dieser Ausgabe, S. 561 f.

4 *Entstehung und Entwicklung einer wissenschaftlichen Tatsache. Einführung in die Lehre vom Denkstil und Denkkollektiv*, Basel 1935a.

Karriere. Heute zählt es unbestritten zu den wirkmächtigsten Klassikern der Wissenschaftstheorie. Was Fleck nicht nur für die gegenwärtige Wissenschaftsforschung, sondern überhaupt für jede Form der historischen wie systematischen Beschäftigung mit Wissenskulturen besonders attraktiv macht, ist, daß bei ihm die kulturelle Einbettung von Wissenschaft nicht an diese von außen herangetragen wird, sondern aus dem Herzen der Naturwissenschaft selbst kommt. Es faszinieren seine materialgesättigten, dichten Beschreibungen, wie die konkrete Forschungspraxis in unterschiedlichen Kontexten sich je anders mit Denkstilen verschlingt und wie die wissenschaftliche Vorstellungswelt mit Hilfe materieller Dinge und Praktiken konstituiert und kodifiziert wird. Fleck ist daher ein früher Vertreter eines epistemischen Kontextualismus: Was Wissen ist, wird durch den jeweiligen kulturellen und sozialen Kontext festgelegt, und überzeitliche oder kontexttranszendierende Wissensansprüche werden in ihrer Geltung bestritten. Wissen ist somit nicht wie in der philosophischen Tradition als wahre und gerechtfertigte Meinung definiert, sondern als ›fixation of belief‹.[5] Daher müssen nun die kulturellen Faktoren und Praktiken untersucht werden, die solche Fixierungen von Wissen herbeiführen, wobei Fleck die beiden in bezug auf ›objektive‹ Wirklichkeitserkenntnis vermeintlich geschiedenen Reiche der Natur- und Geisteswissenschaften konsequent als gleichermaßen kulturbedingt betrachtet.[6] Den Naturwissenschaften gesteht Fleck folglich keineswegs zu, über einen privilegierten Zugang zur Natur zu verfügen.[7] Je nach kulturellem und sozialem Kontext kommt es ihm zufolge zu pluralen Wirklichkeitsentwürfen, deren Geltung nur innerhalb des jeweiligen Denkstils verhandelt werden kann, und das gilt auch für die harten Wissenschaften.

Nach ihrem Erscheinen hatte Flecks Schrift eine erste erstaunlich

5 Vgl. Charles Sanders Peirce, »The Fixation of Belief«, in: ders., *Collected Papers of Charles Sanders Peirce*, Bd. 6, Cambridge/MA 1931-1935, 5, S. 358-387.

6 Vgl. dazu Richard Rorty, »Ist Naturwissenschaft eine natürliche Art?«, in: ders., *Eine Kultur ohne Zentrum*, Stuttgart 1993; Claus Zittel, »Konstruktionsprobleme des Sozialkonstruktivismus«, in: ders. (Hg.), *Wissen und soziale Konstruktion*, Berlin 2002, S. 87-108; Kristian Köchy, »Vielfalt der Wissenschaften bei Carnap, Lewin und Fleck. Zur Entwicklung eines pluralen Wissenschaftskonzepts«, in: *Berichte zur Wissenschaftsgeschichte* 33, 1 (2010), S. 54-80.

7 Vgl. dazu z.B. die Beiträge in: Moritz Epple, Claus Zittel (Hg.), *Science as Cultural Practice I: Cultures and Politics of Research from the Early Modern Period to the Age of Extremes*, Berlin 2010.

breite Rezeption erlebt, diese wurde jedoch durch die Naziherrschaft abgeschnitten.[8] In den 1980er Jahren wurde dann durch die Suhrkamp-Editionen von Thomas Schnelle und Lothar Schäfer eine zweite Phase der Fleckrezeption in Gang gesetzt.[9] Diese zweite Phase war noch einseitig geprägt von der Diskussion darüber, inwieweit Fleck die dominierende Wissenschaftstheorie des 20. Jahrhunderts, die Paradigmen-Theorie von Thomas Kuhn, vorweggenommen und beeinflußt habe,[10] denn Kuhn hatte sich im Vorwort zu seinem Hauptwerk *Die Struktur wissenschaftlicher Revolutionen* auf Fleck berufen.[11]

Ironischerweise wurde also die im Fahrwasser der allgemeinen Kuhn-Euphorie einsetzende Wiederentdeckung Flecks durch eine Wissenschaftstheorie ausgelöst, die sich primär an der Physik-Geschichte orientierte. Eine solche Ausrichtung hatte jedoch Fleck gerade als methodisch veraltet angesehen und durch Ansätze ersetzt sehen wollen, die aus den aktuellen Forschungszusammenhängen der Bio-Wissenschaften heraus entwickelt werden, da in denselben hautnah die Entstehung neuer wissenschaftlicher Denkstile beobachtet werden könne.[12] Entsprechend diagnostizierte er im besagten Brief an Schlick den Zustand der Wissenschaftstheorie seiner Zeit folgendermaßen:

8 Die verbreitete Ansicht, daß Fleck zu Lebzeiten keinerlei Resonanz gefunden habe, ist falsch, wie 19 überwiegend positive Rezensionen aus 9 verschiedenen Ländern, unterschiedlichen Disziplinen und verschiedenen Organen, von medizinischen Fachzeitschriften bis hin zu Kulturmagazinen, aus den Federn von überwiegend prominenten Fachgelehrten bezeugen. Vgl. dazu in diesem Band die polnischen Rezensionen von EET sowie in Kürze: Johannes Fehr, »›[...] die Kunst, eine demokratische Wirklichkeit zu formen [...]‹ – Wissenschaftsphilosophie in finsteren Zeiten«, erscheint in: *Berichte zur Wissenschaftsgeschichte* 2011.

9 EET und ET.

10 Zum Verhältnis Kuhns zu Fleck siehe Babette Babich, »From Fleck's Denkstil to Kuhn's Paradigm. Conceptual Schemes and Incommensurability«, in: *International Studies in the Philosophy of Science* 17, 1 (2003), S. 75-92; dies., »Paradigms and Thoughtstyles. Incommensurability and its Cold War Discontents from Kuhn's Harvard to Fleck's Unsung Lvov«, in: *Social Epistemology* 17 (2003), S. 97-107.

11 Thomas Kuhn, *Die Struktur wissenschaftlicher Revolutionen*, Frankfurt/M. 1976, S. 8.

12 Vgl. dazu den Überblick von Robert Olby, »The Molecular Revolution in Biology«, in: R.C. Olby, G.N. Cantor, J.R.R. Christie, M.J.S. Hodge (Hg.), *Companion to the History of Modern Science*, New York, 1990, S. 503-520, sowie Sahotra Sarkar, »Philosophy, History, and Molecular Biology – Introduction«, in: ders. (Hg.), *The Philosophy and History of Molecular Biology: New Perspectives*, Dordrecht 1996, S. 1-13, der die Wissenschaftsauffassung des Wiener Kreises, die sich anhand der

Schon die Wahl des Materials (fast ausschließlich Physik, Astronomie oder Chemie) scheint mir meist irreführend zu sein, denn das Entstehen der elementaren Erkenntnisse der Physik liegt so weit zurück, daß wir es nur schwer untersuchen können – und die neuern Erkenntnisse sind so sehr sozusagen »systembefangen«, so sehr durch die schulmäßige Vorbildung und die wissenschaftliche Tradition uns allen suggeriert worden, daß ich sie als prinzipielles Untersuchungsmaterial ebenfalls für ungeeignet halten muß.[13]

Die heutige Aufnahme der Ideen Flecks gibt ihm im nachhinein recht, denn sie vollzieht sich nun auf einer viel breiteren Basis und geht quer durch die Disziplinen.[14] Der postmoderne *cultural turn* in der Wis-

vergleichsweise einfachen axiomatischen Struktur der Quantenmechanik und Relativitätstheorie ausgebildet habe, mit den weit komplexeren Revolutionen in der Mikrobiologie konfrontiert. Zu den Verflechtungen von Weltanschauungen und sich neu formierender Biomedizin siehe die Beiträge zu: Christofer Lawrence, George Weisz (Hg.), *Greater than the Parts. Holism in Biomedicine 1920-1950*, Oxford 1998.

13 Fleck, Brief an Schlick, in diesem Band, S. 561.

14 Man kann (nicht nur im deutschen Sprachraum) gegenwärtig kaum eine Projektskizze, eine Studie oder Dissertation zu vergangenen oder heutigen Wissenskulturen durchblättern, ohne sofort auf Flecks Namen zu stoßen. Die auf Flecks Methodologie aufbauende historische und wissenschaftstheoretische Forschung ist Legion. Als aktuelle Beispiele für die Breite des Spektrums seien hier nur aufgeführt: Anja Zimmermann, »Die Stile der Objektivität. Ludwik Fleck und die Kunstgeschichte«, in: dies., *Ästhetik der Objektivität. Genese und Funktion eines wissenschaftlichen und künstlerischen Stils im 19. Jahrhundert*, Bielefeld 2009, S. 39-52; Petra Schaper-Rinkel, »Gestaltsehen der Zukunft: Bilder der zukünftigen Nanotechnologie und Nanomedizin in Wissenschaft und Politik«, in: Frank Stahnisch, Heijko Bauer (Hg.), *Bild und Gestalt. Wie formen Medienpraktiken das Wissen in Medizin und Humanwissenschaften?*, Münster 2007, S. 245-264; Christian Forstner, »The Early History of David Bohm's Quantum Mechanics Through the Perspective of Ludwik Fleck's Thought-Collectives«, in: *Minerva* 46, 2 (2008), S. 215-229; Kathryn M. Olesko, »Science Pedagogy as a Category of Historical Analysis: Past, Present, and Future«, in: *Science & Education* 15, 7-8 (2006), S. 863-880; M. Martin, H. Fangerau, »Historische Umbrüche in der Harndiagnostik und ihre Visualisierung in ›Frames‹«, in: *Der Urologe* A, 45, 6 (2006), S. 742-748; Hansjörg Gutberger, *Bevölkerung, Ungleichheit, Auslese. Perspektiven sozialwissenschaftlicher Bevölkerungsforschung in Deutschland zwischen 1930 und 1960*, Berlin 2006, S. 17-33; Thomas Etzemüller, »›Ich sehe das, was Du nicht siehst‹. Zu den theoretischen Grundlagen geschichtswissenschaftlicher Arbeit«, in: Jan Eckel, Thomas Etzemüller (Hg.), *Neue Zugänge zur Geschichte der Geschichtswissenschaft*, Göttingen 2007, S. 27-68; Wolfgang Wieser, *Gehirn und Genom: Ein neues Drehbuch für die Evolution*, München 2007, S. 52-62; Claus Zittel, *Theatrum Philosophicum. Descartes und die Rolle ästhetischer Formen in der Wissenschaft*, Berlin 2009.

senschaftstheorie und der Siegeszug der historischen Epistemologie französischer Provenienz[15] bereitete den Boden für eine dritte und nun durchschlagend erfolgreiche Phase der Rezeption Flecks. Ihr ist es zu verdanken, daß Flecks Wirkung auf die aktuelle Wissenschaftsgeschichte, Philosophie, Geschichtswissenschaft und Kulturtheorie kaum zu überschätzen ist. Viele der gegenwärtig und in absehbarer Zukunft die Debatten bestimmenden Wissenschaftstheoretiker und Philosophen haben seit den 1990er Jahren ihre eigenen Theorien in Anknüpfung und Auseinandersetzung mit Flecks Lehren von Denkstil und den Denkkollektiven entwickelt.[16] Gegenwärtig folgen internationale Fleck-Konferenzen immer dichter aufeinander,[17] Neueditionen und Übersetzungen erscheinen weltweit,[18] ebenso ihm exklusiv gewidmete aktuelle Sammelbände,[19] darunter die neugegründeten

15 Vgl. dazu Hans-Jörg Rheinberger, *Historische Epistemologie zur Einführung*, Hamburg 2007.

16 Siehe z.B. Steven Shapin, »Discipline and Bounding. The History and Sociology of Science as Seen Through the Externalism-internalism Debate«, in: *History of Science* 30 (1992), S. 333-369; Mario Biagioli, »Science, Modernity, and the ›Final Solution‹«, in: Saul Friedlander (Hg.), *Probing the Limits of Representation: Nazism and the ›Final Solution‹*, Cambridge 1993, S. 185-205; Ilana Löwy, *Polska szkoła filozofii medycyny: od Tytusa Chałubińskiego do Ludwika Flecka*, Breslau, Krakau 1992; dies., *Medical Acts and Medical Facts: The Polish Tradition of Practice-grounded Reflections on Medicine and Science, from Tytus Chalubinski to Ludwik Fleck*, Krakau 2000; Ian Hacking, »›Style‹ for Historians and Philosophers«, in: *Studies in History and Philosophy of Science* 23 (1992), S. 1-20; Hans-Jörg Rheinberger, *Epistemologie des Konkreten*, Frankfurt/M. 2006; Bruno Latour, »Transmettre la syphilis, partager l'objectivité. Postface à la traduction française«, in: *Ludwik Fleck. Genèse et développement d'un fait scientifique*, Paris 2005, S. 251-260; Michael Hagner, »Sehen, Gestalt und Erkenntnis im Zeitalter der Extreme: Zur historischen Epistemologie von Ludwik Fleck und Michael Polanyi«, in: Lena Bader, Martin Gaier, Falk Wolf (Hg.), *Vergleichendes Sehen in den Wissenschaften des 19. Jahrhunderts*, München 2010, S. 575-595.

17 Słubice 2005, Paris 2006, Münster 2008, Lublin und Wien 2009, Zürich 2010.

18 Vgl. in diesem Band die Liste der Fleck-Übersetzungen in der Bibliographie.

19 Ilana Löwy (Hg.), *Ludwik Fleck's Epistemology of Medicine and Biomedical Sciences*, Sondernummer der *Studies in History & Philosophy of Biological & Biomedical Sciences* 35, 3 (2004); PF; Rainer Egloff (Hg.), *Tatsache – Denkstil – Kontroverse: Auseinandersetzungen mit Ludwik Fleck*, Zürich 2005 [TDK]; *Fleck-Studien*, Bd. 1, hg. von Birgit Griesecke und Erich Otto Graf, Berlin 2009 [F-ST]; Bożena Chołuj, Jan C. Joerden (Hg.), *Von der wissenschaftlichen Tatsache zur Wissensproduktion: Ludwik Fleck und seine Bedeutung für die Wissenschaft und Praxis*, Frankfurt/M. 2007 [WTW]; Rainer Egloff, Johannes Fehr (Hg.), *Vérité, Widerstand, Development: At Work with/Arbeiten mit/Travailler avec Ludwik Fleck*, Zürich 2011.

Fleck-Studien. Es gibt einen *Ludwik-Fleck-Preis* und ein *Internationales Ludwik-Fleck-Zentrum* an der ETH in Zürich.[20]

Weit mehr als Kuhn verstand es Fleck, Wissenschaftstheorie und Kulturtheorie miteinander zu verbinden und die Wissenschaftstheorie aus dem engen Kreis der *scientific community* herauszulösen. Wo Kuhn großzügig Epochen abzirkelt, geben Flecks Schriften der heutigen Wissenschaftstheorie und Wissensgeschichte eine praktikable Methodologie und ein begriffliches Instrumentarium mit beachtlicher Beschreibungsgenauigkeit für die Eigenarten und Dynamiken lokal besonderer Wissenskulturen an die Hand. Für Kuhn sind des weiteren Abbildungen »bestenfalls Nebenprodukte wissenschaftlicher Tätigkeit« und können »nach Veröffentlichung des Forschungsergebnisses [...] sogar wieder vernichtet werden«.[21] Hingegen befeuern das gegenwärtig starke Interesse an der Rolle von Metaphern,[22] Bildern,[23] Experimenten[24] und Instrumenten in den Naturwissenschaften (zu-

20 Informationen zum Ludwik-Fleck-Zentrum und dort dokumentiertes Material zu Fleck findet sich online unter: ⟨http://www.ludwikfleck.ethz.ch/⟩.

21 Thomas Kuhn, »Bemerkungen zum Verhältnis von Naturwissenschaft und Kunst«, in ders., *Die Entstehung des Neuen*, Frankfurt/M. 1978, S. 446-460, hier S. 448; ders., »Comment on the Relations of Science and Art«, in: ders., *The Essential Tension: Selected Studies in Scientific Tradition and Change*, Chicago 1977, S. 340-351.

22 Zum Beispiel Lutz Danneberg, Carlos Spoerhase, Dirk Werle (Hg.), *Begriffe, Metaphern und Imaginationen in Philosophie in der Wissenschaftsgeschichte*, Wiesbaden 2009; Philipp Sarasin, »Infizierte Körper, kontaminierte Sprachen. Metaphern als Gegenstand der Wissenschaftsgeschichte«, in: ders., *Geschichtswissenschaft und Diskursanalyse*, Frankfurt/M. 2003, S. 191-230; ders. mit Silvia Berger, Marianne Hänseler, Myriam Spörri (Hg.), *Bakteriologie und Moderne. Studien zur Biopolitik des Unsichtbaren 1870-1920*, Frankfurt/M. 2007; Eva Johach, *Krebszelle und Zellenstaat. Zur medizinischen und politischen Metaphorik in Rudolf Virchows Zellularpathologie*, Freiburg, Berlin u.a. 2008; Marianne Hänseler, *Metaphern unter dem Mikroskop: Die epistemische Rolle von Metaphorik in den Wissenschaften und in Robert Kochs Bakteriologie*, Zürich 2009.

23 Mit Bezug auf Fleck: »Bildbeschreibungen. Eine Stilgeschichte technischer Bilder? Ein Interview mit Horst Bredekamp«, in: Horst Bredekamp, Birgit Schneider, Vera Dünkel (Hg.), *Das Technische Bild. Kompendium zu einer Stilgeschichte wissenschaftlicher Bilder*, Berlin 2008, S. 36-47; Kristian Köchy, »Zur Funktion des Bildes in den Biowissenschaften«, in: S. Majetschak (Hg.), *Bild-Zeichen. Perspektiven einer Wissenschaft vom Bild*, Paderborn 2005, S. 215-239.

24 Dazu z.B. Peter Heering, »Das Konzept des Experimentierstils zur Beschreibung historischer Experimentalpraxis«, in: WTW, S. 361-385; Hans-Jörg Rheinberger, Michael Hagner (Hg.), *Die Experimentalisierung des Lebens: Experimentalsysteme in den biologischen Wissenschaften 1850/1950*, Berlin 1993.

mal in Biologie und Medizin), die neuen Einsichten in bezug auf die Bedeutung von Emotionen in der Erkenntnistheorie sowie der Trend zu interdisziplinären Forschungsfragen, wodurch die Natur- und Geisteswissenschaften einander näherrücken, die Wirkung Flecks.

Kurzum: Flecks Theorien sind endlich aus Kuhns langem Schatten herausgetreten und werden nun als eigenständige Position innerhalb der Wissenschaftstheorie anerkannt, und es wird nicht mehr lange dauern, bis Kuhns Paradigmentheorie zur Fußnote einer allgemeinen Fleck-Renaissance geworden sein wird.

Denkstil, Denkkollektiv und Wirklichkeit

Werden Wissenschaften als kulturelle Praktiken begriffen, dann ist es klar, daß mit einer wissenschaftsimmanenten oder wissenschaftsphilosophischen Analyse allein deren kulturspezifische Eigenarten nicht einzufangen sind. Zumeist ist es jedoch das erklärte Ziel wissenschaftshistorischer Analysen, derartige kulturelle Faktoren herauszufiltern, Forschungspsychologie von Forschungslogik zu scheiden, Metaphern in Begriffe zu überführen, um so die Konstitution der neuzeitlichen Wissenschaften als einen Prozeß zu rekonstruieren, in welchem sich eine ›objektive‹ Wissenschaft aus vorwissenschaftlichen Denkformen immer weiter herausschält. Eine solche Wissenschaftsauffassung kennzeichnet nicht nur etwa den Logischen Empirismus des Wiener Kreises und aller seiner Derivate, sondern bildet letztlich auch die Hintergrundüberzeugung in der historischen Epistemologie Bachelards und Canguilhems.[25] Fleck indes verzichtet auf das Modell, Wissenschaftsgeschichte als Prozeß der Reinigung von außerwissenschaftlichen Faktoren darzustellen. Er fragt vielmehr danach, wie es dazu kam, daß man meinte, durch solche Scheidungen das reine Gold der Wissenschaft gewinnen zu können, und wie dieses imaginäre Wissenschaftsideal auf die Forschungspraxis und Forschungsliteratur zurückwirkt. Zugleich hat Fleck damit bereits früh die alten Streitfragen zwischen internalistischer und externalistischer Erklärung von Wissenschaften – mitsamt den dazugehörigen Kontroversen um Fortschritt,

25 Vgl. Georges Canguilhem, »Der Gegenstand der Wissenschaftsgeschichte«, in: ders., *Wissenschaftsgeschichte und Epistemologie*, Frankfurt/M. 1979, S. 22-37; Gaston Bachelard, *Die Bildung des wissenschaftlichen Geistes. Beitrag zu einer Psychoanalyse der objektiven Erkenntnis*, Frankfurt/M. 1984.

Emanzipation oder Abhängigkeit derselben – verabschiedet. In seinen Augen gibt es nicht *die* Wissenschaft auf der einen und den sozialen Kontext auf der anderen, folglich auch keine nachzuweisenden oder zu bestreitenden Kausalrelationen dazwischen, sondern lokale Dynamiken und Praktiken des Wissens, die sich über die Zirkulation von Ideen, die soziale Schulung des Sehens und kollektives Handeln konstituieren.

Um vorführen zu können, wie tief die Wissenschaften immer in kulturelle Praktiken eingesenkt und wie unauflöslich ihre Begriffe mit kulturspezifischen Beobachtungen und Metaphern verquickt sind, führt Fleck eine ganze Serie von teilweise seltsam anmutenden Termini und Methoden ein, wie z. B.: Denkstil, Denkkollektiv, Uridee, Widerstandsaviso, Beharrungstendenz, aktive und passive Koppelungen, Stimmungskameradschaft, exoterisch/esoterisch, vergleichende Erkenntnistheorie.

Flecks Paradebeispiel ist die Syphilis, diese galt von Beginn an als mit dem Gepräge der Sünde behaftete, *entehrende Krankheit*, die das Blut vergiftete. Eine solche spezifisch emotional geprägte Vorstellung nennt Fleck eine Präidee. Solche Präideen sind keine Archetypen, sondern nur allgemeine vage Grundvorstellungen, die der Entwicklung eines Forschungsfeldes eine ungefähre Richtung vorgeben. Die ursprüngliche Idee kann sich komplett wandeln, aber dennoch weiter Einfluß behalten, etwa indem sie als mythische Vorstellung im Kollektiv der Syphilisforscher herumspukt. Sie lenkt deren Forschung in die Richtung, im Blut nach Erregern zu suchen, und macht diese Forscher dann glauben, es sei ihnen tatsächlich darin der Nachweis gelungen. Weil die Syphilis als Lustseuche in der europäischen Kultur eine besondere ethische Färbung hat, konzentriert sich die Forschung außerdem entsprechend stärker auf sie als auf andere, nicht minder verheerende Seuchen und kann leichter den ganzen Beamtenapparat hinter sich versammeln.[26] Fleck will an diesen Beispielen erstens zeigen, wie aus irrigen Annahmen und falschen Methoden dennoch ein Resultat hervorgebracht wird, und zweitens, wie im nachhinein in den Lehrbüchern und sogar in den Erinnerungen der beteiligten Forscher die chaotische Entdeckungsgeschichte als logische Abfolge konstruiert wird.[27] Daß Forschung theoriegeladen und vorurteilsbehaftet

26 Vgl. EET, S. 102.

27 Vgl. in diesem Band: »Wie entstand die Bordet-Wassermann-Reaktion, und wie entsteht eine wissenschaftliche Entdeckung im allgemeinen?« (1934d).

ist, ist eine Einsicht, die auch Logische Empiristen vertreten. Fleck zufolge lassen sich jedoch die irrationalen Faktoren, das Unbestimmte, das Unbewußte, die sozialen Zwänge und Stimmungen, die das Entdecken, Prüfen und Rechtfertigen von Wissen prägen, nicht durch Korrekturverfahren nachträglich herausfiltern, sondern sind als nicht eliminierbare denkstilformierende Faktoren mit epistemologischer Funktion einsichtig zu machen.

Zweifellos am folgenreichsten von Flecks Ideen ist seine ›Lehre vom Denkstil‹[28] geworden. Flecks forschungsstrategischer Leitbegriff ›Denkstil‹ ist uns mittlerweile sehr geläufig, doch war er seinerzeit eine vergleichsweise junge Prägung, die sich so noch nicht einmal bei Nietzsche nachweisen läßt und die zunächst einmal befremden mußte: Wie kann das Denken Stil haben? Soll und kann man einen Terminus aus der Kunstgeschichte in die Wissenschaftstheorie transferieren? Ist Stil hierbei eine beschreibende oder erklärende Kategorie? Ersetzt das Kriterium ›stilgemäß‹ das Kriterium ›logisch‹? Werden Geltungsansprüche wissenschaftlicher Sätze auf die Unverbindlichkeit ästhetischer Urteile heruntergeschraubt? Stehen verschiedene wissenschaftliche Positionen unverbindlich und gleichberechtigt nebeneinander wie verschiedene Stilformen? Wird Wissenschaft zur Kunst?

Gleichwohl liegt offenbar in der Vagheit dieses Terminus seine Attraktivität, da sie zahlreiche Adaptionen erlaubt und zu produktiven Mißverständnissen einlädt.

Zunächst scheint ein Denkstil bei Fleck wie ein Kunststil einen Raum möglicher Vergleiche zu bezeichnen,[29] dabei jedoch das Problem des Stils von der materialen Gestalt eines Werkes in die psychologisch-mentale Verfaßtheit eines Subjektes oder einer Gruppe zu verlagern. Von der Kunstgeschichte aus gedacht, läge es nahe, Denkstile entsprechend als individuell oder allgemeinpsychologisch, anthropologisch oder transzendentalphilosophisch faßbare, kognitive Muster oder Ausdrucksformen zu beschreiben[30] – und Fleck entsprechend

28 Zum Folgenden detaillierter: Claus Zittel, »Ludwik Fleck und der Stilbegriff in den Naturwissenschaften. Stil als wissenschaftshistorische, epistemologische und ästhetische Kategorie«, erscheint in: *Sehen und Handeln. Berliner Schriften zur Bildaktforschung*, hg. v. Horst Bredekamp und John Krois, Berlin 2011.

29 Siehe dazu: Heinrich Wölfflin, *Kunstgeschichtliche Grundbegriffe. Das Problem der Stilentwicklung in der neueren Kunst*, München 1917, S. VII.

30 Solche Konzepte entstanden z. B. bei Karl Jaspers, *Psychologie der Weltanschauungen*, Berlin 1919; Hans Leisegang, *Denkformen*, Berlin, Leipzig 1928.

zu lesen.[31] In seinen Aufsätzen zur Wassermann-Reaktion,[32] aber dann auch vor allem in den Kontroversen mit dem Wissenschaftshistoriker Tadeusz Bilikiewicz macht Fleck jedoch deutlich, daß er weder einen kunsthistorischen Stilbegriff in die Wissenschaftsgeschichte übertragen möchte noch Denkstile im Sinne der Wissenssoziologie Mannheims begreift. Fleck grenzt sich vielmehr von solchen Apriori-Weltanschauungsbrillen entschieden ab.

Denn auch wenn Fleck gelegentlich Ausdrücke wie ›Denksystem‹ und ›Denkstruktur‹ als vermeintliche Synonyme gebraucht, sind für ihn Denkstile immer dann, wenn er diese eingehender beschreibt, weder Methoden noch fixe Denkformen; sie bezeichnen keine Epochen oder Weltanschauungen (wie z. B. bei Karl Mannheim) und charakterisieren auch keine Individuen, sozialen Gruppen oder Institutionen,[33] *sondern Vorgänge*: Zirkulationen von Ideen und sozialen Praktiken und die aus ihnen resultierende unbewußte stilgemäße Konditionierung von Wahrnehmung, Denken und Handeln der Forscher.

Für Fleck ist daher das Denkkollektiv der eigentliche wissens- und stilgeschichtliche Protagonist, er nennt es eine »*Gemeinschaft der Menschen, die im Gedankenaustausch oder in gedanklicher Wechselwirkung stehen*« und »Träger geschichtlicher Entwicklung eines Denkgebietes, eines bestimmten Wissensbestandes und Kulturstandes, also eines besonderen Denkstils« sind.[34] Nur die Mitglieder des eigenen Kollektivs sind in der Lage, spezifische Stilfärbungen herauszufühlen. Wissenschaftliche Termini entfalteten einen »eigentümlichen Stilzauber«, der ihnen eine sakramentale Kraft verleihe. Diejenigen, die diesem »Denkzauber« erliegen, bilden eine Gemeinschaft; es kommt zur »Stimmungskameradschaft«.[35] Die Stimmung ist der Kitt des Kollektivs, sie erzeugt eine Bereitschaft zum gerichteten Wahrnehmen, Bewerten und Anwenden des Wahrgenommenen, sie ist die Triebkraft denkstilgemäßen kollektiven Sehens und Handelns.[36] Dieser Stil

31 Wie z. B. Hacking, »›Style‹ for Historians and Philosophers« (wie FN 16), S. 1-20; Alisdair C. Crombie, *Styles of Scientific Thinking in the European Tradition*, 3 Bde., London 1994.

32 Vgl. in diesem Band: »Wie entstand die Bordet-Wassermann-Reaktion und wie entsteht eine wissenschaftliche Entdeckung im allgemeinen?« (1934d).

33 So z. B. unter Berufung auf Fleck: Mary Douglas, *Wie Institutionen denken*, Frankfurt/M. 1991; dies., *Thought Styles*, London 1996.

34 EET, S. 54f.

35 Vgl. »Das Problem einer Theorie des Erkennens« (1936), in diesem Band.

36 »Denkstil [...] ist bestimmter Denkzwang und noch mehr: die Gesamtheit geisti-

beschränkt sich folglich keineswegs, wie man zunächst leicht annehmen könnte, auf das Denken, sondern schließt das Wahrnehmen sowie die Praktiken und Instrumente eines Kollektivs mit ein.

Einen Denkstil begreift Fleck daher als ein »gerichtetes Wahrnehmen, mit entsprechendem gedanklichen und sachlichen Verarbeiten des Wahrgenommen«,[37] woraus er folgert: »Erkennen heißt also vorerst, bei gewissen gegebenen Voraussetzungen die zwangsläufigen Ergebnisse feststellen.«[38] Dazu gehört für Fleck auch, daß man nicht nur die sprachlichen Kommunikationsprozesse in den Blick nimmt, sondern auch die erkenntnisleitende und wirklichkeitsstiftende Funktion der Instrumente und Apparate in der wissenschaftlichen Praxis studiert. So mache das Fernrohr es z. B.

> unmöglich, in den Wolken »phantastische« d. h. dem Wissenschaftlichen stilfremde Gestalten zu sehen, d. h., es richtet auf den wissenschaftlichen Stil aus, genauso wie geschmolzenes Wachs, ein Kartenspiel oder andere ähnliche Werkzeuge die Wahrsager auf ihren Denkstil ausrichten. Indem wir inmitten von Geräten und Einrichtungen leben, die sich aus dem heutigen wissenschaftlichen Denkstil herleiten, empfangen wir ständig »objektive« Anstöße, so und nicht anders zu denken. Daher rührt die Überzeugung von der vom Menschen unabhängigen, »sachlichen« Bedeutung dieses Stils und die Überzeugung von der »sachlichen« Natur der Erzeugnisse dieses Stils.[39]

Zirkulationen und Transformationen

Es kommt für Fleck bei der Beschreibung der Interaktionen zwischen Mitgliedern eines Forscherkollektivs darauf an, daß es einen Denkverkehr gibt, und nicht darauf, ob sich diese Forscher wechselseitig verstehen. Verständigung sei »grundsätzlich nur innerhalb eines Kollektivs möglich, zwischen verwandten Gemeinschaften« ergeben sich bereits Komplikationen, da die Worte beim Transfer ihre Bedeutung ändern, die Begriffe eine andere »Stilfärbung« erhalten, die Sätze einen »anderen Sinn, die Anschauungen einen anderen Wert«. Bereits im intrakollektiven Denkverkehr läuft die Kommunikation nach dem Prin-

ger Bereitschaften, das Bereitsein für solches und nicht anderes Sehen und Handeln« EET, S. 85.

37 Ebd., S. 130.

38 Ebd., S. 56.

39 »Das Problem einer Theorie des Erkennens« (1936), in diesem Band, S. 297f.

zip der stillen Post. »Das, was ich ausdrücke, ist immer anders als das, was ich denke. Das, was verstanden wird, ist auch immer verschieden von dem, was ich gesagt habe.«[40] »Sind die Gruppen weit entfernt, so kann der Gedankenaustausch ganz unmöglich sein, die Transformation eines Gedankens besteht dann in seiner völligen Vernichtung.«[41]

Entscheidend für Fleck ist, zu erkennen, daß der innerkollektive Gedanken-Kreislauf nie ohne Transformation stattfindet und daß es verschiedene Phasen gibt, in denen ein Denkstil offener oder geschlossener auftritt. Wird der Denkverkehr innerhalb eines Kollektivs verstetigt, erhält er durch Wiederholung eine bestimmte Form. Die gemeinschaftsinterne Wanderung eines Gedankens verstärkt diesen, das erzeugt eine kollektive Stimmung der Selbstbestätigung, ein besonderer Denkstil formt sich aus, wird fixiert und schließt die Gruppe ab. Es kann Fleck zufolge in einer Epoche verschiedene, einander widersprechende Denkstile geben, und ein Individuum kann Träger mehrerer nicht zueinander passender Denkstile sein. Einen personalen Denkstil wie z.B. den ›Denkstil Galileis‹ kann es demgemäß jedoch nicht geben, ebensowenig wie allgemeine invariante Stile wie etwa einen universalen Kausalstil in der Wissenschaft der frühen Neuzeit. Allgemeine Kollektive, wie etwa das einer Nation, lassen sich nicht recht abzirkeln, denn die Mitglieder einer Nation haben keinen spezifischen Denkstil gemeinsam, dazu müßten alle Mitglieder einer Nation miteinander in Denkverkehr stehen; auch ist es Fleck zufolge aus dem gleichen Grund unsinnig, eine Rasse als Kollektiv zu definieren. Es gibt in seinen Augen keine nationalen bzw. Rassen-, Klassen oder generationenspezifischen Denkstile.[42] Denkstile haben keinen logisch-systematischen Aufbau, man kann sie also nicht rational rekonstruieren, korrigieren, vervollständigen. Sie sind auch keine Weltanschauungen, sondern *Motoren der Weltanschauungsproduktion.*

Der Vorteil seiner Konzeption liegt auf der Hand: Sie erlaubt nun, dynamische Austauschprozesse innerhalb von je besonderen Forschergruppen zu untersuchen, ohne daß man hierbei Wissenschaft und sozialen Kontext trennen müßte. Zudem ist es nun möglich, entwicklungsgeschichtliche und synchrone wissenssoziologische Analysen wissenschaftlicher Praktiken miteinander zu verknüpfen. Auf den ersten

40 »Wie entstand die Bordet-Wassermann-Reaktion und wie entsteht eine wissenschaftliche Entdeckung im allgemeinen?« (1934d), in diesem Band, S. 198.

41 »Das Problem einer Theorie des Erkennens« (1936), in diesem Band, S. 267.

42 Vgl. EET, S. 141.

Blick will das nicht recht zueinander passen: So scheint Fleck, wenn er im ersten Teil seines Hauptwerks *Entstehung und Entwicklung einer wissenschaftlichen Tatsache* die Geschichte des Syphilisbegriffs von der anfänglichen Konzeption einer Lustseuche bis hin zu modernen Krankheitsvorstellungen nachzeichnet, eine ideengeschichtliche Untersuchung durchzuführen, die eine über verschiedene Epochen und soziale Kontexte sich ziehende Gedankenlinie herauspräpariert – im zweiten Teil wird indes die Entwicklung eines serologischen Tests in einem lokalen sozialen Kontext rekonstruiert, und zwar die Entwicklung der Wassermann-Reaktion von 1906 bis 1932. Für Fleck laufen synchrone und diachrone Untersuchungen zusammen, will er doch zeigen, daß bei der lokalen Formierung eines Denkstils lange Traditionen von Begriffen und Praktiken subkutan mit im Spiel sind und permanent transformiert werden. Die diachronen Gedankenlinien verknoten sich gleichsam mit synchronen Netzen, werden zum Ausgangspunkt neuer Linien, neuer Verknotungen, die wiederum die alte Linie verändern – »immer neue Knoten entstehen, und die alten Knoten verschieben sich gegenseitig. Ein Netzwerk in fortwährender Fluktuation: es heißt Wirklichkeit oder Wahrheit.«[43] Es gibt für Fleck daher keine radikalen Brüche oder Paradigmenwechsel, was den Vorteil mit sich bringt, daß er historische Kontinuitäten nicht verleugnen muß, zugleich aber durch sein Transformationskonzept die kulturellen Differenzen zwischen Denkstilen herausarbeiten kann. Fleck ist ein Denker der Differenz und der Fluktuanz, aber nicht einer der epistemischen Brüche.

Eine methodische Konsequenz, die Fleck aus seinem Zirkulationskonzept zieht, ist, daß er – vermutlich als erster Wissenschaftstheoretiker überhaupt – wissenschaftliche Zeitschriftenaufsätze einem vergleichenden *close reading* unterzieht, um so zu studieren, welche Metaphern in der Beschreibung von Beobachtungen eingeführt werden, welche von ihnen sich beim Kursieren in der Fachliteratur sukzessive durchsetzen, wie sie dabei geschliffen werden, bis sich Begriffe herauskristallisieren,[44] wie die zunächst nur hypothetisch eingeführten Begriffe dann in Lehrbüchern zu fixen Wissenstatbeständen pe-

43 EET, S. 105.

44 Vgl. dazu: Ilana Löwy, »Unscharfe Begriffe und föderative Experimentalstrategien«, in: Rheinberger, Hagner (Hg.), *Die Experimentalisierung des Lebens*, S. 188-205; Johannes Fehr, »De la circulation des idées et des mots – et de ce qui s'y déplace«, in: PF, S. 111-118.

trifiziert werden und dann aus der exoterischen Sphäre der Wissenschaftspopularisierung und Kanonisierung wieder in die esoterische Wissenschaftlergemeinschaft zurückkehren und auf diese so einwirken, daß auch die betroffenen Forscher an die Tatsachen zu glauben beginnen.[45] Einige Wissenschaftsphilosophen werden die Einsicht nur ungern zur Kenntnis nehmen, daß sich Fleck zufolge die Entwicklung und Formierung der Wissenschaften nicht primär unter Bezug auf allgemeine Erkenntniskriterien und Methoden rekonstruieren läßt, sondern daß die jeweilige wissenschaftliche Tatsachenproduktion erst mit kultur- und literaturwissenschaftlichen Analysetechniken aufgeklärt werden kann.

Dies gilt für Flecks *eigenen Stil* genauso, und die in der vorliegenden Ausgabe versammelten Texte erlauben es erstmals, auch die Zirkulationen und schleichenden Verschiebungen seiner eigenen Metaphern und Begriffe über die Jahre hinweg und quer durch die fachmedizinischen und epistemologischen Schriften zu untersuchen. Flecks Denkstil ist neben anderen wissenskulturellen Voraussetzungen, die mit seiner Heimatstadt Lemberg zusammenhängen, insbesondere auch aus einer ganz spezifischen kollektiven mikrobiologischen Praxis hervorgegangen, die ihn auf eigentümliche Weise prägt und einfärbt. Aus ihr schält sich auch sein mit besonderen Metaphern und Bildern gesättigter Stilbegriff heraus. Ganz offenkundig arbeitet ja bereits das gesamte Zirkulationskonzept mit der Kreislaufmetaphorik, und Termini wie ›Milieu‹ und ›Umwelt‹ changieren von vornherein zwischen Biologie und der sozialen Welt. Wandlungen des Denkstils beschreibt Fleck als ihnen immanente organische Veränderungen. »Wissenschaften [...] wachsen wie lebende Organismen.«[46] Urideen fungieren als »Keime«, aus denen sich dann Gedankenlinien entwickeln, deren Evolution durch Begriffsmutationen[47] voranschreitet. Begriffe haben eine »stilbedingte Aura«[48] (auch Aura ist ein medizinischer Fachterminus für ein subjektives Wahrnehmungsfeld). Fleck bezeichnet zudem häufig den Stil als einen Organismus, der sich logischer Analyse

45 Vgl. z. B. in diesem Band die Aufsätze: »Der moderne Begriff der Ansteckung und der ansteckenden Krankheit« (1930c); »Über den Begriff der Art in der Bakteriologie« (1931a); »Wie entstand die Bordet-Wassermann-Reaktion und wie entsteht eine wissenschaftliche Entdeckung im allgemeinen?« (1934d).

46 »Wissenschaftstheoretische Probleme« (1946f.), in diesem Band, S. 369f.

47 EET, S. 38.

48 »Wissenschaft und Umwelt« (1939b), in diesem Band, S. 331.

entziehe, und ein Denkkollektiv als *Träger* eines Stils. Ein Denkkollektiv trägt also einen Stil, ganz so als ob es einen Erreger trage. Da ein Mensch verschiedenen Kollektiven zugleich angehört, sei er (jetzt kommen Begriffe aus der Seuchenhygiene) »Träger der Einflüsse eines Kollektivs auf das andere«, in ihm kreuzen sich also sonst »sorgfältig voneinander isolierte« Denkkollektive, wodurch Elemente von einem zum anderen Stil »übertragen« werden,[49] wo sie sich assimilieren oder für Veränderungen sorgen – wie bei einer Infektion. Der kulturelle Vorteil der vergleichenden Denkstilforschung sei, daß man durch sie vermeide, als »verbohrter Fanatiker des eigenen Stils« andere Stile zu bekämpfen, da man die Mechanismen der Stilpropaganda durchschaut und sich so gegen diese »immunisiert«.[50]

Mit einer so verstandenen »vergleichenden Denkstilforschung« stellen sich sofort Fragen danach ein, ob Fleck mit ihr nicht auch wieder einen Metastandpunkt einzunehmen beansprucht, von dem aus dann einzelne Denkstile durchmustert und bewertet werden können. Welche Konsequenzen ergeben sich fernerhin daraus, wenn man behauptet, daß einzelne Denkstile miteinander inkommensurabel sind? Flecks Position dazu wandelt sich, von radikal relativistischen Ansätzen wie in »Zur Krise der ›Wirklichkeit‹« (1929b) bis zu klaren Abgrenzungen, insbesondere in den Kontroversen mit der Philosophin Dąmbska und mit Bilikiewicz. In seiner »Antwort auf die Bemerkungen von Tadeusz Bilikiewicz« (1939c) macht er z. B. deutlich, daß aus der Theorie der Denkstile gerade »kein kognitiver Relativismus« resultiert:

»Die Wahrheit« als eine aktuelle Etappe der Denkstilumwandlung ist immer nur die eine: Sie ist durch den Stil restlos determiniert. Die Verschiedenheit der Wirklichkeitsbilder ist einfach eine Folge der Verschiedenheit der Erkenntnisobjekte in verschiedenen Denkstilen. Ich behaupte nicht, daß »dieselbe Aussage« für A wahr, für B dagegen unwahr sein kann. Wenn A und B die Teilnehmer des gleichen Stils sind, ist die Aussage für beide entweder wahr oder falsch. Wenn sie unterschiedliche Denkstile besitzen, gibt es dann eben keine »dieselbe Aussage«, denn für einen von ihnen ist dann die Aussage des anderen unverständlich oder sie wird von ihm anders verstanden.[51]

49 »Das Problem einer Theorie des Erkennens« (1936), in diesem Band, S. 289.

50 Ebd., S. 301. Vgl. auch »Krise in der Wissenschaft. Zu einer freien und menschlicheren Wissenschaft« (1960b), in diesem Band, S. 471.

51 Vgl. in diesem Band, S. 354. Zur Diskussion dieses Problems siehe: Claus Zittel, »Die Entstehung und Entwicklung von Ludwik Flecks vergleichender Erkenntnistheorie«, in: WTW, S. 439-473, sowie Birgit Griesecke, »Vergleichende Erkenntnis-

Flecks vergleichende Denkstilforschung ist dennoch nicht auf eine Typologisierung unterschiedlicher Denkstile aus, sondern will diejenigen Denkzwänge transparent machen, aufgrund deren die Mitglieder eines anderen Denkstils Ansichten für evident halten, die einem selbst als unsinnig vorkommen. Flecks Vergleichen verschiedener Standpunkte zielt nicht auf ein objektives oder synthetisches Gesamtbild, sondern führt zu einem Nebeneinander von einander widersprechenden, nicht zusammenstimmenden Bildern. Da in Flecks Augen auch Denkstile in den Naturwissenschaften von außerlogischen, nicht propositional faßbaren Faktoren wie Färbung und Aura eines Begriffs, Atmosphäre, Fühlen, Stimmung und Gestaltsehen mitkonstituiert sind, werden sie tatsächlich untereinander inkommensurabel und die denkstiltranszendierenden Verstehensmöglichkeiten entweder stark eingeschränkt oder gar dispensiert. Folglich sei die Aufgabe nicht, zu überlegen, wie man alte oder fremde Begriffe in die eigene Terminologie *übersetzt*, sondern wie man ein Gefühl für die Färbungen und Stimmungen der Begriffe, Beobachtungen und Praktiken eines anderen Denkstils bekommt. Da wir aber nicht die Teilnehmerperspektive, sondern nur eine Beobachterperspektive zu den fremden Denkstilen einnehmen können, wird dies nie vollkommen gelingen. Kurzum, es geht darum, sich auf die Fremdheit anderer Denkstile einzulassen und zu versuchen, die Gründe für ihre unaufhebbare Fremdheit anzugeben. In den Worten Flecks: »Wer vor etwas Neuem steht, etwa einem futuristischen Bild, fremdartiger Landschaft oder auch zum ersten Male vor dem Mikroskop, ›weiß nicht, was er sehen soll‹. Er sucht nach Ähnlichkeiten mit dem Bekannten, übersieht eben das Neue, Unvergleichliche, Spezifische. Auch er muß erst sehen lernen.«[52]

Lemberger ›Denkverkehr‹

Fleck entwickelte seine Theorie über die via Zirkulation und Transformation von Ideen sich formierenden Denkstile und Denkkollektive in Lemberg während der Zwischenkriegszeit. Lemberg war seinerzeit ein mythischer literarischer Ort, den der polnische Schriftsteller Bruno

theorie. Einführende Überlegungen zum Grundkonzept der Fleckschen Methodologie«, in: dies., Graf, *Fleck-Studien* 1 (wie FN 19), S. 9-62.

52 »Zur Krise der ›Wirklichkeit‹« (1929b), in diesem Band, S. 53.

Schulz in einer 1936 unter dem bezeichnenden Titel »Republik der Träume« erschienenen Erzählung als »jenes erwählte Land, die merkwürdige Provinz, die einmalige Stadt der Welt«[53] beschwor. Doch vor allem war Lemberg ein Ort, an dem ungewöhnlich viele herausragende Akteure in Wissenschaft, Literatur und Kunst auf engem Raum miteinander in intensivem Kontakt standen. Dadurch kam es zu einer einzigartigen Zirkulation von Gedanken, Wahrnehmungsweisen, Methoden, Stilen und wechselseitigen Transfers zwischen wissenschaftlichen und ästhetischen Konzepten. Diese außergewöhnlich enge Verbindung zwischen wissenschaftlichen und künstlerischen Avantgarden ließe sich als eine besondere Ausprägung der Moderne, als Lemberger Moderne, bezeichnen. Das gemeinsame Partizipieren an kollektiven Wahrnehmungsweisen, Denk- und Schreibprozessen quer durch die Disziplinen und Künste war indes in der Lemberger Moderne mehr als bloßer Hintergrund[54] für die Entwicklung der Ideen Flecks und ging auch weit über eine innerphilosophische Einflußbeziehung seitens der wirkmächtigen Warschau-Lemberg-Schule der polnischen Logik mit ihren Protagonisten Kazimirz Twardowski, Kazimierz Ajdukiewicz, Jan Łukasiewicz oder Alfred Tarski hinaus.[55]

Eher scheint es, als habe das gesamte soziokulturelle und wissenschaftliche Milieu Lembergs als Geburtsstätte für Flecks Denkstillehre gedient und deren Kernaussage von der kulturellen Bedingtheit von Wissenschaft in der alltäglichen Erfahrung vorbereitet. Entsprechend war es die besondere kulturelle Situation Lembergs in der Zwischenkriegszeit, die dort vorherrschende »eigentümliche Stimmung« und »spezifische Umwelt«, die stark den »Denkverkehr« außer- und innerhalb der lokalen Denkkollektive in Schwung hielt. Fleck stand in Lemberg in regem »Gedankenaustausch« mit zahlreichen namhaften Wissenschaftlern und Künstlern, darunter viele von Weltrang. Einige von ihnen, wie etwa der Maler, Logiker und Philosoph Leon Chwistek, der Mathematiker und Schriftsteller Hugo Steinhaus, der

53 Bruno Schulz, *Republik der Träume* [poln. *Republika marzeń*, 1936], in: ders., *Die Zimtläden und alle anderen Erzählungen*, München 1992, S. 334-341, hier 334.

54 Władysław Markiewicz, »Lwów as Cultural and Intellectual Background of the Genesis of Fleck's Ideas«, in: CF, S. 223-229.

55 Vgl. dazu Schnelle, TSF, Kap. 8: »Ludwik Fleck unter dem Einfluß der Philosophie Lwóws«, S. 225-298; Sylwia Werner, »Ludwik Fleck und die Wissenskultur der Lemberger Moderne«, in: Rainer Egloff, Johannes Fehr (Hg.), *Vérité, Widerstand, Development: At Work with/Arbeiten mit/Travailler avec Ludwik Fleck*, Zürich 2011, S. 59-66.

Psychologe Jakob Frostig, der Biologe Rudolf Weigl, der Wissenschaftshistoriker und Psychiater Tadeusz Bilikiewicz sowie der Blutgruppenforscher Ludwik Hirszfeld, gehörten zu Flecks unmittelbarem Bekanntenkreis. Auch sie werden in diesem Band durch Kontextverweise oder eigene Texte näher vorgestellt. Andere, wie z. B. die Schriftsteller Stanisław Lem, Bruno Schulz, Stanisław Ignacy Witkiewicz,[56] Józef Wittlin oder Joseph Roth, der Mathematiker Stefan Banach, der Physiker Leopold Infeld, der Ethnologe Bronisław Malinowski und der Philosoph Roman Ingarden, zählten zum weiteren Umfeld Flecks. In dieser einzigartigen Verschränkung von Wissenschaft, Literatur und Kunst entwickelt Fleck offenbar nicht von ungefähr seine Theorie über die Entstehung wissenschaftlicher Tatsachen, der zufolge Entdeckungen nicht Resultate einzelner Individuen sind, sondern von Kollektiven in komplexen Austauschprozessen erzeugt werden. In einem Brief an Hugo Steinhaus, den er in späteren Jahren aus Lublin schreibt, bekräftigt er nochmals seine Auffassung: »Wenn die Menschen zusammenkommen und anfangen, Worte und Sätze intensiv zu mischen, entsteht dann vielleicht doch irgendeine neue Kombination, die sich später als nützlich erweisen wird. Vielleicht erkennt man sie nicht sofort, jemand nimmt sie dann mit, und sie wird irgendwo und irgendwann reifen.«[57]

Zur vorliegenden Ausgabe. Die Textauswahl

Die bisherige Fleck-Forschung fußt erstaunlicherweise immer noch auf einer vergleichsweise schmalen Textgrundlage. Unsere Ausgabe flankiert nun Flecks Hauptwerk *Entstehung und Entwicklung einer wissenschaftlichen Tatsache*, das weiterhin als Suhrkamp-Ausgabe leicht greifbar vorliegt, und ersetzt den Band *Erfahrung und Tatsache*. Alle Texte, die darin enthalten waren, wurden wiederaufgenommen, kommentiert und ihre Übersetzung neu durchgesehen. Die nun vorliegende Edition geht jedoch insofern weit über die bislang vorhandenen deutschen, englischen, italienischen und polnischen Sammlungen von Texten Flecks hinaus, als sie auch zusätzlich unbekanntes

56 Vgl. Ilana Löwy, »Ways of Seeing: Ludwik Fleck and Polish Debates on the Perception of Reality, 1890-1947«, in: *Studies in History and Philosophy of Science* Part A 39, 3 (2008), S. 375-383.

57 Vgl. Flecks Brief an Steinhaus, in diesem Band, S. 589.

Archivmaterial, das in Polen, der Ukraine und Deutschland entdeckt wurde, sowie schwer auffindbare Texte Flecks bringt, darunter Interviews, Streitschriften und Briefe.

Auch unsere polnische Edition [SMF], die die Grundlage für dieses Projekt abgab, enthält weniger Texte und verzichtet zudem weitgehend auf deren Kommentierung. Durch die Neuedition in deutscher Sprache versuchen wir, Flecks eigenen wissenssoziologischen und forschungslogischen Erkenntnissen insofern gerecht zu werden, als die in ihr aufgenommenen Texte es ermöglichen sollen, nun die Entstehungskontexte der medizinisch-naturwissenschaftlichen Forschung sowie der epistemologischen Studien Ludwik Flecks in ihrem jeweiligen kulturellen Zusammenhang genauer rekonstruieren zu können. Wichtig erscheint uns hierbei, die Kontroversen, in die Fleck verstrickt war, mit allen Texten und Gegentexten zu dokumentieren, da sie gemeinsam mit den edierten Briefen an Witold Ziembicki und Moritz Schlick den konfliktreichen Verlauf der Rezeption seiner philosophischen und wissenschaftsgeschichtlichen Beiträge in Polen und im deutschsprachigen Raum einsichtig sowie auf Veränderungen und Schärfungen der Begrifflichkeit Flecks aufmerksam machen. Die einzigartigen Umstände, unter denen Fleck seine Theorie ausarbeitete, werden auf diese Weise ebenso sichtbar wie seine Versuche, seinen Lehren mit Nachdruck Geltung zu verschaffen.

Insbesondere Flecks Korrespondenz mit Hugo Steinhaus und Ludwik Hirszfeld sowie mit seiner Schülerin Barbara Narbutowicz gibt Einblick in die schwierige politische Situation Flecks in Polen und macht seine Entscheidung, nach Israel zu emigrieren, nachvollziehbar.

Brisant sind zudem die hier erstmals vollständig dokumentierten Diskussionen um Flecks wissenschaftliche Zwangsarbeit und seine Sabotageaktionen in den Konzentrationslagern Auschwitz und Buchenwald sowie seine diesbezüglichen Stellungnahmen und Berichte. Von historisch herausragendem Interesse ist nicht zuletzt Flecks Bericht über das Lemberger Ghetto, in dem er während der NS-Okkupation inhaftiert und als Arzt tätig war.

Von den ungefähr 180 Artikeln Flecks können auch wir nur eine Auswahl bringen. Allerdings umkreisen viele der Fachaufsätze Flecks immer wieder dieselben Forschungen und präsentieren dann lediglich neue Daten und Beobachtungen. Wir haben daher solche Texte ausgewählt, die wir für systematisch grundlegend halten. Kompensation für die nicht aufgenommenen Texte aus dem Bereich der Mikrobiologie können die Habilitationsgutachten sowie das Gutachten Józef Hellers und Edmund Mikulaszeks über die wissenschaftlichen Tätigkeiten Flecks leisten. Diese Gutachten haben wir deshalb abgedruckt, weil sie, neben ihrer biographischen Relevanz, in kondensierter Form Flecks serologische Publikationen referieren, diese fachlich bewerten und dabei auf wenigen Seiten einen umfassenden Überblick über seine bisherigen medizinischen Forschungen und deren Wirkung geben.

Ein weiteres Kriterium war, Texte aus diesem Bereich aufzunehmen, auf die Fleck selbst sich berief, um seine wissenschaftstheoretischen Überlegungen mit Hinweisen auf konkrete mikrobiologische Forschungen abzustützen. In EET resümiert Fleck z.B. an zentraler Stelle seinen Aufsatz »Zur Variabilität der Streptokokken« (1932c), um zu erklären, wie wissenschaftliche Beobachtungen zustande kommen.

Bei manchen Aufsätzen oder Briefen Flecks erschien uns nur ein Passus interessant; solche Abschnitte werden an passender Stelle in den Endnoten (EN) zitiert. Ebenso wurde mit einigen kurzen Texten verfahren, etwa mit Diskussionsbeiträgen Flecks oder den Erinnerungen Kielanowskis.[58]

Die meisten der Rezensionen zu Fleck sowie die Erinnerungen an ihn seitens seiner Weggefährten sind im Schnelle-Archiv über die Internetseite des Ludwik-Fleck-Zentrums Zürich zugänglich; wir haben daher von diesen Zeugnissen nur solche in den Band aufgenommen, die bislang allein in polnischer Sprache vorlagen, um sie durch die Übersetzung der Forschung zugänglich zu machen – darunter die wichtigen Besprechungen seines Hauptwerks durch Leon Chwistek und Jan Dembowski. Ergänzt haben wir den Bestand zudem durch Briefe und Erinnerungsdokumente, die unsere eigenen Recherchen zutage gefördert haben.

58 Zum Beispiel Ludwik Flecks Diskussionsbeitrag zum Vortrag von Jerzy Łoś: »O możliwości badań metasystemowych języka fizykalnego« [Über die Möglichkeit metasystemischer Untersuchungen der physikalischen Sprache], in: *Sprawozdanie z działalności Towarzystwa Filozoficznego i Psychologicznego w Lublinie w latach 1945-1947 oraz uzupełnienie za rok 1948*, Lublin 1948, S. 65. Vgl. EN IX zu »Über die wissenschaftliche Beobachtung und die Wahrnehmung im allgemeinen« sowie EN I zu Kielanowskis Text »In der Angelegenheit des Artikels von Prof. Dr. L. Fleck über ärztliche Experimente an Menschen«. Von Flecks »Bericht über eine wissenschaftliche Reise in die Vereinigten Staaten« (1957e) wiederum finden sich dessen Schlußbemerkungen in EN III zu »In den Arbeitsräumen polnischer Gelehrter« (1957f.).

Ohne der weiteren Forschung vorgreifen zu wollen, darf man die Hoffnung hegen, daß das gegenwärtige Fleck-Bild, welches Fleck primär als Ahnen einer relativistischen sozialkonstruktivistischen Wissenschaftstheorie porträtiert,[59] durch die vorliegende Edition andere Konturen gewinnen wird. Man kann z. B. neue Facetten von Flecks Denken kennenlernen, die nicht recht zum bisherigen Bild passen, etwa sein aufklärerisches Engagement in populärwissenschaftlichen Texten oder seine – vor allem in den Kontroversen – zugespitzten Forderungen nach einer neuen Metatheorie, die unterschiedliche Denkstile vergleicht.

Ursprünglich planten wir, wie in unserer polnischen Edition [SMF], epistemologische und eher fachwissenschaftliche Texte Flecks aus dem Bereich der Medizin in separate Kapitel einzuordnen. Durch die Kommentierungsarbeit stellte sich jedoch heraus, daß Fleck oft lange Textpassagen mit analogen Argumentationsgängen und häufig in gleichem Wortlaut sowohl in philosophischen als auch in medizinischen Fachorganen publiziert hatte, ohne daß die unterschiedliche Adressatenorientierung sichtbaren Einfluß auf sein Schreiben genommen hätte. Außerdem zeigte sich, daß insbesondere EET keineswegs ein monolithischer Solitär ist, der urplötzlich vom Himmel in eine Wissenschaftslandschaft fällt, die auf ihn nicht vorbereitet war. Flecks ›Hauptwerk‹ ist vielmehr eine Patchwork-Arbeit aus Aufsätzen sehr unterschiedlicher Provenienz.[60] Fleck hatte selbst immer wieder darauf verwiesen, daß man den Ideen traditioneller Autorschaft und eines integralen Werks skeptisch gegenüberstehen solle, weil eher kollektive Prozesse der Ideenzirkulation subkutan denkstilgemäße Werke entstehen lassen, die autonom scheinen, jedoch stets nur transitorische Resultate langer und keineswegs rational rekonstruierbarer

59 Beispielsweise Melinda B. Fagan, »Fleck and the Social Constitution of Scientific Objectivity«, in: *Studies in History and Philosophy of Biological and Biomedical Sciences* 40 (2009), S. 272-285.

60 Vgl. die Kommentare zu: »Der moderne Begriff der Ansteckung und der ansteckenden Krankheit« (1930c); »Über den Begriff der Art in der Bakteriologie« (1931a); »Wie entstand die Bordet-Wassermann-Reaktion und wie entsteht eine wissenschaftliche Entdeckung im allgemeinen?« (1934d); »Zur Frage der Grundlagen der medizinischen Erkenntnis« (1935b); »Über die wissenschaftliche Beobachtung und die Wahrnehmung im allgemeinen« (1935d), im vorliegenden Band.

Enstehungsgeschichten seien. Dies gilt auch für Flecks *Entstehung und Entwicklung einer wissenschaftlichen Tatsache*, denn dieses Buch führt Überlegungen Flecks zusammen, die zuvor in unterschiedlichen Kontexten als Beiträge zu Diskussionen entwickelt worden waren, z. B. über begriffliche Abstraktionen in der Wissenschaft, kollektives Denken, den Status von Wirklichkeit und von Tatsachen, die Forschungslogik und ihre Rekonstruktionsmöglichkeiten, die Rolle von Beobachtungen, Experimenten, Instrumenten in den Wissenschaften, im Erkenntnisakt und bei der Theoriebildung, die Didaxe von Wissenschaft etc.

Da überhaupt Fleck aus der medizinischen Forschung heraus seine epistemologischen Fragen entwickelte und seinen Denkstil ausbildete und dabei vorführte, inwiefern die experimentelle Praxis in der Medizin stillschweigend von epistemologischen Wissensbeständen und den dazugehörigen Denkstilen geprägt ist, erschien uns eine editorische Trennung dieser Bereiche als künstlich und nicht mehr rechtfertigbar. Vielmehr ist es eine Intention dieses Bandes, Flecks Theorie auf ihn selbst anzuwenden und es zu ermöglichen, die Formierung von Flecks Denkstillehre aus der Laborforschung und den Kontroversen seiner Zeit nachvollziehbar zu machen. Daher bringen wir die Texte weitgehend in chronologischer Folge, was auch erlaubt zu sehen, welchen Verlauf Flecks Denkweg genommen hat und wann sich jeweils durch welche Umstände sein Denken verändert. Denn keineswegs kann man davon sprechen, daß Fleck zeit seines Lebens einheitliche Positionen vertreten habe. Auch *Entstehung und Entwicklung einer wissenschaftlichen Tatsache* ist nur eine Art Zwischenbilanz, auf die dann eine Phase folgt, in welcher Fleck seine Auffassung in Kontroversen mit der Philosophin Dąmbska und dem Wissenschaftshistoriker Bilikiewicz schärft und dabei erheblich modifiziert. Stärker treten in dieser Phase auch Flecks Auseinandersetzung mit der Ethnologie (»In der Angelegenheit des Artikels von Fr. Izydora Dąmbska«; 1937a) und der Gestaltpsychologie in den Vordergrund. In dieser Zeit plante Fleck noch, seinem Hauptwerk eine Fortsetzung folgen zu lassen, die neue Aspekte einbezieht.[61]

61 So berichtet er im Mai 1946 unter der Rubrik »In den Arbeitsräumen der Schriftsteller und Gelehrten« der Wochenschrift *Odrodzenie* über seine aktuellen Arbeiten: »Zur Zeit bereite ich den zweiten Teil meiner ›Theorie der Denkstile‹ zum Druck vor. Der erste Teil kam 1935 in der Schweiz heraus und behandelte die Geschichte der Entwicklung einer wissenschaftlichen Tatsache. Im zweiten Teil wird

Auch nach den Erfahrungen in den Konzentrationslagern, in den Schriften nach 1945 also, verändert sich der Stil und verändern sich damit auch die Gedanken Flecks. Zum einen kommt mit den Diskussionen und Berichten über Menschenexperimente ein neues Themenfeld hinzu, das auch heute wieder aktuelle Brisanz besitzt,[62] zum anderen wird Fleck »exoterischer«, bedient sich wie in »Wissenschaftstheoretische Probleme« (1946f.) der Form des philosophischen Dialogs, schreibt Rezensionen und Beiträge für kulturwissenschaftliche Zeitschriften (»Über Zauberei, Quacksalber und das Heilwesen«; 1955c) für ein breites Publikum, mischt sich in gesellschaftliche Fragen ein (»In den Arbeitsräumen polnischer Gelehrter«; 1957f., gibt Interviews (»Was ist Leukergie? Wir sprechen mit Professor Fleck«; 1950j) und versucht, wenn auch erfolglos, sich international in wissenschaftspolitischen Debatten mit eigenen Statements (»Krise in der Wissenschaft. Zu einer freien und menschlicheren Wissenschaft«; 1960b) einzumischen. Zugleich bemüht er sich auch zunehmend, international in der Wissenschaft sichtbar zu werden, wobei die Veröffentlichung eines seiner Aufsätze in *Nature* (»Latex-Agglutinationstest mit *Brucella*-Antigen und -Antiserum«; 1962) als sein größter Erfolg in diesem Feld gewertet werden kann, den er jedoch nicht mehr erlebte. Dieser späte Aufsatz wirft indes einen Schatten auf Flecks Engagement für eine humanere Wissenschaft, denn in ihm resümiert er seine militärnahen Forschungen, deren Resultate potentiell der biologischen Kriegsführung dienen konnten.

die Entwicklung des Forschungswerkzeugs analysiert. Außerdem arbeite ich experimentell an der Leukergie – einem Phänomen aus dem Bereich der Zellpathologie« (in: *Odrodzenie* 3, 22 [1946], S. 9). Elf Jahre später erfährt man jedoch, daß die Druckvorbereitungen immer noch andauern: »Ich beschäftige mich mit der Methodologie der Naturwissenschaften und bin dabei, eine ausführliche Arbeit aus diesem Bereich vorzubereiten. Das wird der zweite Band eines Werks sein, dessen erster Band 1935 in der Schweiz veröffentlicht wurde« (Fleck, »In den Arbeitsräumen polnischer Gelehrter«, *Trybuna Ludu* 93 [1957], S. 4).

62 Vgl. dazu in diesem Band die Kommentare zur sogenannten Hedfors-Affäre in den Endnoten zu »Wissenschaftstheoretische Probleme« sowie weiterführend: Nicolas Pethes, Birgit Griesecke, Marcus Krause, Katja Sabisch (Hg.), *Menschenversuche. Quellentexte 1750-2000*, Frankfurt/M. 2008; Birgit Griesecke (Hg.), *Kulturgeschichte des Menschenversuchs im 20. Jahrhundert*, Frankfurt/M. 2009.

Zur Übersetzung

Die Übersetzungen von Thomas Schnelle und Bogusław Wolniewicz wurden von Sylwia Werner durchgesehen und dort stillschweigend korrigiert und ergänzt, wo offensichtliche Fehler oder Auslassungen waren. Auch wurde angestrebt, die Übersetzungen terminologisch untereinander anzugleichen. Flecks polnische Texte sind häufig variantenarm und wirken dadurch hölzern, zuweilen gar ungelenk im Stil, ähnlich wie man es z.B. im auf Deutsch von ihm publizierten Text »Über Leukergie« (1952a) beobachten kann. Der Unterschied zu seinen anderen deutschsprachigen Texten ist auffällig und legt die Vermutung nahe, daß sie ein muttersprachliches Lektorat durchliefen. In der Übersetzung wurden die stilistischen Eigentümlichkeiten von Flecks Fachprosa von uns nicht geglättet, sondern nach Möglichkeit weitgehend beibehalten, da auch sie seinen Denkstil ausmachen.

Er wisse nicht, schreibt Flecks Freund, der Philosoph, Mathematiker und Maler Leon Chwistek, ob Fleck sich dessen bewußt sei, »daß seine Untersuchungen eine kolossale Bedeutung für die Kunsttheorie haben«.[63] Diese Einschätzung mag manchen erstaunen, wenngleich mittlerweile in der Tat in der Bildwissenschaft die Fleck-Rezeption in Gang gekommen ist. Doch auch aus einem anderen Grund ist Chwisteks Bemerkung aufschlußreich, denn sie weist darauf hin, daß Fleck in seinen Schriften durchweg die Rolle des Schöpferischen und Kreativen in der Wissenschaft betont und dabei sich eines Vokabulars bedient, das dies verdeutlicht und die Wissenschaft in die Nähe der Kunst rückt. Wir haben uns daher entschlossen, in die bisherigen Übersetzungen dann einzugreifen, wo diese Nähe allzu sehr kaschiert zu sein schien. Wenn etwa Fleck schreibt, daß kulturelle oder soziale Akte der »Schöpfung« (*twór*) spezifische »Gebilde« (*wytwór*) erschaffen, so klingt dies anders, als wenn ein Kollektiv »Strukturen produziert«. Strukturen sind im Vergleich zu Gebilden betonhart. Auch ist das Kollektiv als »Autor« nicht mit einem »Urheber« gleichzusetzen. Mit der früheren Wortwahl konnte, weit mehr noch in den englischen Übersetzungen, wo häufig von »structures« die Rede ist, Fleck erfolgreich an die sozialkonstruktivistischen Debatten der 1980er Jahre angeschlossen werden; sie hatte seinerzeit ihren Sinn. Heute jedoch scheint es geboten, die häufig vagere und

63 Leon Chwistek, »Ein interessantes Buch«, in diesem Band, S. 608.

damit stärker modulierbare Begrifflichkeit Flecks in der Übersetzung wiederherzustellen, um die Texte so etwas geschmeidiger für eine breitere Rezeption zu machen.

Zur Kommentierungspraxis

Als Fußnoten werden Flecks eigene Anmerkungen wiedergegeben, gelegentlich ergänzt durch Herausgeberangaben in eckigen Klammern. In den Endnoten finden sich dann die Herausgeber- und Mitarbeiterkommentare von Frank Stahnisch [FWS], Sylwia Werner [SW] und Claus Zittel [CZ], wobei sich Frank Stahnisch insbesondere der Erschließung der fachmedizinischen und medizinhistorischen Zusammenhänge angenommen hat.

Zudem haben wir, wo es uns geboten schien, Kurzbiographien zu historischen Gestalten sowie Personen aus Flecks nächster Umgebung erstellt, Querverweise zu Parallelstellen gemacht, Kontext- und Quellenmaterialien zitiert, Quellenangaben recherchiert und ergänzt, obsolete oder sehr spezifische Fachtermini sowie für Geisteswissenschaftler nicht selbstverständlich einsichtige fachmedizinische Zusammenhänge erläutert und weiterführende Hinweise auf die Forschungsliteratur gegeben. Eindeutig feststellbare Vornamen von zitierten Autoren wurden unmarkiert ergänzt.

Die Kommentierung von Flecks Werk stand mit Blick auf die Quellenlage vor einigen Schwierigkeiten: Der Nachlaß ist vom israelischen Geheimdienst beschlagnahmt,[64] viele Publikationen liegen nur in polnischer Sprache vor, in der Fleck Material aus mehreren anderen Texten montiert und sich dabei zuweilen selbst frei über-

64 Fleck hatte den stellvertretenden wissenschaftlichen Direktor des Israel Institute for Biological Research in Ness Ziona Marcus Klingberg (geb. 1918) testamentarisch als Nachlaßverwalter bestimmt. Dieser wurde im Januar 1983 wegen Spionagetätigkeit zugunsten der UdSSR durch den israelischen Inlandsgeheimdienst Shin Beth verhaftet, dabei wurde auch Flecks Nachlaß beschlagnahmt und ist seither unzugänglich. Vgl. dazu: Meron Rapoport, »The Greatness of Ludwik Fleck«, in: *Haaretz International. Weekly Digital Edition*, 10. 2. 2005. Internet: ⟨http://cosmos.ucc.ie/cs1064/jabowen/IPSC/php/art.php?aid=14204⟩ (Zugriff: 28. 8. 2010). Zuvor hatte Thomas Schnelle Teile des Nachlasses bei Klingberg fotokopieren können, diese bilden den Bestand des sogenannten Schnelle-Archivs, welches durch das »Ludwik-Fleck-Zentrum« am Collegium Helveticum 2006 im Internet zugänglich gemacht wurde.

setzt.[65] Fleck zitiert nachlässig, oft aus dem Gedächtnis und ohne Angaben von Quellen, seine Terminologie ist uneinheitlich, selbst in ein und demselben Text.

Danksagung

Viele Personen haben uns bei der Arbeit an der Fleck-Edition tatkräftig unterstützt. Die umfangreichen Archivrecherchen, auf denen die vorliegende Edition basiert, wurden durch das Max-Planck-Institut für Wissenschaftsgeschichte Berlin (Prof. Dr. Hans-Jörg Rheinberger) sowie den Sonderforschungsbereich 435 »Wissenskultur und gesellschaftlicher Wandel« an der Goethe-Universität Frankfurt am Main gefördert. Unser besonderer Dank gilt Prof. Dr. Moritz Epple, der sich von Anfang an stark für unser Projekt einsetzte und seine Verwirklichung überhaupt erst möglich machte. Dr. Thomas Schnelle überließ uns früh eine Kopie seines Fleck-Archivs, und Prof. Dr. Johannes Fehr, der als Leiter des Ludwik-Fleck-Zentrums Zürich Flecks Nachlaß verwaltet, gestattete uns freundlicherweise, Flecks Texte sowie das Archivmaterial abzudrucken. Das Institut für Philosophie und Soziologie der Polnischen Akademie der Wissenschaften Warschau (IFiS PAN), in deren Verlag 2007 die polnische Fleck-Edition *Style myślowe i fakty. Artykuły i świadectwa* erschien, gab uns die Erlaubnis, das dort gedruckte Material zu übersetzen. Der Co-Herausgeber unserer polnischen Fleckausgabe, Florian Schmaltz, hat unsere Archivrecherchen durch nützliche Hinweise erleichtert und uns auf weiterführende Quellen und Forschungsliteratur hingewiesen. Insbesondere die Kommentare zu Flecks Berichten über das Lemberger Ghetto, die Konzentrationslager Auschwitz und Buchenwald sowie zu den daraus sich entspinnenden medizinethischen Diskussionen profitierten von seinen mannigfachen Anregungen. Auch sein Name sei daher hier in Dankbarkeit verzeichnet.

Für die Abdruckgenehmigung der Übersetzung eines Textes der Philosophin Izydora Dąmbska danken wir dem Parerga-Verlag Berlin sowie den Herausgebern der *Fleck-Studien*, Birgit Griesecke und Erich-Otto Graf, nebst den Übersetzern Barbara Lipińska und Jacek

65 In diesen Kontext zu beachten ist, daß die englischen, italienischen und französischen Ausgaben der Aufsätze Flecks auf den deutschen Texten basieren und somit häufig Übersetzungen von Übersetzungen bringen.

Kołtan. Den Genannten danken wir ebenso herzlich wie den Archivarinnen und Archivaren in Polen, Deutschland und der Ukraine, die unsere Recherchen unterstützten, namentlich Dr. Hanna Krajewska, Mag. Anita Chodkowska, Mag. Jolanta Stasiak, Mag. Jan Fronczak (Archiv der PAN Warschau); Mag. Barbara Gruszka, Mag. Elżbieta Morawska (IFiS PAN Warschau); Dr. Karolina Grodziska, Dr. habil. Ewa Danowska (Wissenschaftliche Bibliothek der PAU und PAN Kraków/Krakau); Herr Zdzisław Hensel (PAN Warschau); Dr. Eleonora Bergman, Dr. Jürgen Hensel (Jüdisches Historisches Institut Warschau); Mag. Jakub Żbikowski, Mag. Grażyna Jermakowicz, Mag. Liliana Politańska-Ciereszko, Mag. Teresa Szkudaj (Stanisław Konopka-Archiv Warschau); Mag. Artur Parafiński, Dr. Jan Dąbrowski, Frau Opala-Dąbrowska (Medizinische Akademie Breslau); Mag. Bożena Boczulak-Hołyńska, Herr Krzysztof Gluziński (Ossolinski-Institut Breslau); Mag. Anna Fryc (Medizinische Akademie Lublin); Dr. Piotr Setkiewicz (Staatliches Museum Auschwitz-Birkenau Oświęcim); Frau Irina Derżko, Herr Jaroslav Senyk (Wissenschaftliche Bibliothek Lemberg); Prof. Dr. Jan Ludwicki (Staatliches Hygiene-Institut Warschau); Doz. Dr. habil. Danuta Duś (Ludwik Hirszfeld-Institut für Immunologie und Experimentelle Therapie PAN Breslau); Herr Marcin Fedorowicz (Kulturstiftung: »Brama Grodzka – Teatr NN.« Lublin); Herr Vaclav Zeman (Staatsbibliothek zu Berlin) und Prof. Dr. Anne J. Kox (Vienna Circle Foundation, Amsterdam). Für die Hilfe bei der Textredaktion danken wir schließlich sehr herzlich Martin Herrnstadt sowie Elke Habicht für ihr sorgfältiges Lektorat.

Frank Stahnisch dankt ganz ausdrücklich Florian Schmaltz (Historisches Seminar/Wissenschaftsgeschichte, Goethe-Universität Frankfurt/M.) für die sehr gute Zusammenarbeit bei seinen Kommentaren während der annähernd zweieinhalb Jahre bis zur Fertigstellung des vorliegenden Publikationsprojekts. Dieser Dank schließt die Zurverfügungstellung von Archiv- und Quellenmaterialien, die gemeinsame Diskussion von Einzelkommentaren, organisatorische Überlegungen zur Siglenstruktur, die Entwicklung von Co-Kommentaren ebenso ein wie die Aufnahme von Kontakten zu Archivaren und Archivarinnen sowie Bibliothekaren und Bibliothekarinnen im In- und Ausland. Besonders für die wichtige enge Verzahnung der wissenschafts- und medizinhistorischen Kontextualisierung der von Frank Stahnisch betreuten Fleck-Beiträge aus dem Bereich der biomedizinischen Forschung ist die Zusammenarbeit mit Florian Schmaltz sehr hilfreich und von größtem Wert gewesen. Ferner soll hier Diane Lorenzetti, Research Librarian der Universität von Calgary, recht herzlich für die intensive Unterstützung im Rahmen weitläufiger Literaturrecherchen sowie der National Library of Medicine in Bethesda/MD für die Zurverfügungstellung sämtlicher Inhaltsverzeichnisse von *Harefuah*, der wissenschaftlichen Zeitschrift der Israel Medical Association, gedankt werden. Timorah Perel von den Yad Vashem Archives (Jerusalem), Sabine Stein vom Archiv der Stiftung Gedenkstätte Buchenwald und Mittelbau Dora und Dr. Dr. Karl Heinz Roth von der Stiftung Sozialgeschichte Bremen, Landesarchiv Berlin sowie den Archives de l'Académie des sciences (Paris) waren ebenso bei Archivrecherchen sehr behilflich.

Im Kommentar mit Siglen oder auf andere Weise abgekürzt zitierte Literatur

CF = *Cognition and Fact – Materials on Ludwik Fleck*, hg. v. R. S. Cohen u. Thomas Schnelle, Dordrecht 1986.

ET = *Erfahrung und Tatsache. Gesammelte Aufsätze*. Mit einer Einleitung hg. v. Lothar Schäfer und Thomas Schnelle, Frankfurt/M. 1983, stw 404.

EET = *Entstehung und Entwicklung einer wissenschaftlichen Tatsache. Einführung in die Lehre vom Denkstil und Denkkollektiv*, Frankfurt/M. 1980, stw 312.

F-ST = Birgit Griesecke, Erich Otto Graf (Hg.), *Ludwik Flecks vergleichende Erkenntnistheorie. Die Debatte in Przegląd Filozoficzny 1936-1937, Fleck-Studien* 1, Berlin 2008.

PF = Johannes Fehr, Nathalie Jas, Ilana Löwy (Hg.), *Penser avec Fleck – Investigating a Life Studying Life Sciences*, Collegium Helveticum Heft 8, Zürich 2009.

SMF = *Style myślowe i fakty. Artykuły i świadectwa*, hg. v. Sylwia Werner, Claus Zittel, Florian Schmaltz, Warschau 2007.

TDK = Rainer Egloff (Hg.), *Tatsache – Denkstil – Kontro-*

verse: Auseinandersetzungen mit Ludwik Fleck, Collegium Helveticum Heft 1, Zürich 2005.

TSF = Thomas Schnelle, *Ludwik Fleck: Leben und Denken. Zur Entstehung und Entwicklung des soziologischen Denkstils in der Wissenschaftsphilosophie*, Hamburg 1982.

WTW = Bożena Chołuj, Jan C. Joerden (Hg.), *Von der wissenschaftlichen Tatsache zur Wissensproduktion. Ludwik Fleck und seine Bedeutung für die Wissenschaft und Praxis*, Frankfurt/M., Berlin u.a. 2007.

Ärzte-Lex. = W. U. Eckart, C. Gradmann (Hg.), *Ärzte-Lexikon*, 2006.

Gesch. Bio. = Ilse Jahn (Hg.), *Geschichte der Biologie*, Heidelberg, Berlin 2000.

Immunol. = Ivan M. Roitt, Jonathan Brostoff, David K. Male (Hg.), *Kurzes Lehrbuch der Immunologie*, Stuttgart, New York 1991.

Kogon, *SS-Staat* = Eugen Kogon, *Der SS-Staat. Das System der deutschen Konzentrationslager*, München [13]1983 [1946].

Meyers = Werner Digel, Gerhard Kwiatkowski (Hg.), *Meyers Großes Taschenlexikon*, Bd. 18, Mannheim, Wien, u.a. 1992.

Mikrobio. = Helmut Hahn, Dietrich Falke, Paul Klein (Hg.), *Medizinische Mikrobiologie*, Berlin, Heidelberg u.a. 1991.

Pschy. = Christoph Zink, *Pschyrembel. Klinisches Wörterbuch mit klinischen Syndromen und Nomina Anatomica*, Berlin, New York [255]1986.

Teil I:
Epistemologie und Wissenschaft

Über einige spezifische Merkmale des ärztlichen Denkens[I]

Das ärztliche Wissen, dessen Gebiet so ausgedehnt wie seine Geschichte alt ist, hat zum Entstehen eines spezifischen[II] Stils geführt, die eigenen Probleme zu erfassen, zu einer spezifischen Art, sich zu den ärztlichen Phänomenen zu verhalten, d. h. zu einem spezifischen Denktyp. Grundsätzlich ist eine solche Eigentümlichkeit eines Denktyps nichts Erstaunliches. Ich bitte Sie, sich nur bewußt zu machen, wie gesondert, wie anders der Naturwissenschaftler im Vergleich mit dem Geisteswissenschaftler denkt, selbst wenn der Gegenstand im Grundsatz derselbe ist: wie anders, in einem anderen Stil, ohne Möglichkeit, sie unmittelbar zu verbinden, sieht z. B. die Psychologie aus, wenn man sie entweder als Natur- oder als philosophische Wissenschaft betrachtet. Der Gegenstand ärztlicher Erkenntnis selbst unterscheidet sich im Grundsatz vom Gegenstand naturwissenschaftlicher Erkenntnis. Während der Naturwissenschaftler typische, normale Phänomene sucht, studiert der Arzt gerade die nichttypischen, nicht normalen, krankhaften Phänomene. Und dabei trifft er auf diesem Weg sofort auf einen gewaltigen Reichtum und Individualität dieser Phänomene, die die Vielheit ohne klare, abgegrenzte Einheiten begleiten, voller Übergangs- und Grenzzustände. Es gibt keine genaue Grenze zwischen dem, was gesund ist, und dem, was krank ist, und nirgends trifft man wirklich ein zweites Mal auf dasselbe Krankheitsbild. Aber diese unerhört reiche Vielheit immerfort anderer und anderer Varianten muß gedanklich bezwungen werden, denn dies ist die Erkenntnisaufgabe der Medizin. Auf welche Weise ist ein Gesetz für nicht gesetzmäßige Phänomene zu finden? – so lautet die grundsätzliche Frage des ärztlichen Denkens. Wie sind sie zu erfassen, und was für Zusammenhänge sind anzunehmen, um einen rationalen Bereich zu erhalten?

Also fängt man an, nach Typen unter Phänomenen zu suchen, die ursprünglich gerade als atypisch erscheinen. Zum Beispiel: Die normale, typische Herztätigkeit sieht so und so aus. Es gibt individuelle Unterschiede, was die Intensität und Dauer jeder dieser Komponenten der Tätigkeit und was den Rhythmus der Folge dieser Komponenten betrifft. Aber diese Unterschiede sind physiologisch sehr geringfügig. Erst die krankhafte Herztätigkeit gibt den enormen Reichtum immer anderer und anderer Bilder. Es zeigt sich, daß es notwendig ist, die Beobachtung auf periphere Gefäße zu erweitern, auf Kapillargefäße, auf die Haut, auf Drüsen innerer Sekretion und das vegetative System, auf Entwicklungsbeziehungen usw.

Es entsteht ein riesiger Reichtum an Material. Die Aufgabe der Medizin ist, in diesem ursprünglichen Chaos irgendwelche Gesetze, Zusammenhänge, irgendwelche Typen höherer Ordnung zu finden.

Im Grundsatz gelingt das. Wir wissen aus der Wahrscheinlichkeitsrechnung, daß selbst der Zufall, selbst unzusammenhängende Ereignisse sich in gewisse Gesetze fassen lassen, es also gar nichts Sonderbares ist, daß sich auch diese nicht normalen, krankhaften Phänomene rings um gewisse Typen gruppieren und so Gesetze höherer Ordnung hervorbringen, weil sie schöner, allgemeiner als die in ihnen bereits enthaltenen normalen sind, die plötzlich tiefer verstanden werden können. Diese Typen, diese idealen, fiktiven Bilder, Krankheitseinheiten genannt, um die sich so individuelle und veränderliche Krankheitsphänomene gruppieren, ihnen aber nie völlig entsprechen, schafft das ärztliche Denken auf der einen Seite durch spezifisches, weitgehendes Abstrahieren, d. h. durch das Verwerfen einiger beobachteter Daten, auf der anderen Seite durch das ebenfalls spezifische Aufbauen von Hypothesen, d. h. durch das Vermuten nicht beobachteter Zusammenhänge. Wir bedienen uns dabei vor allem der statistischen Zusammenstellung und des Vergleichs vieler ähnlicher Phänomene, d. h. dessen, was ich die statistische Beobachtung nennen möchte, die allein erlaubt, unter den vielen Individuen einen Typus zu finden. Die Rolle der Statistik in der Medizin ist enorm. Allein zahlreiche, sehr zahlreiche Beobachtungen entfernen die Individualität dessen, was krankhaft ist, und in komplizierten Bereichen wie der Pathologie oder der Soziologie, ist das individuelle Merkmal mit dem Zufall identisch und muß entfernt werden. Aber die statistische Beobachtung erzeugt nicht den Grundbegriff unseres Wissens, der der Begriff der Krankheitseinheit ist.

Hier kommen viele von der Seite der Logik nicht faßbare Imponderabilien ins Spiel, die erlauben, den Ablauf der Probleme und Ideen vorherzusehen, gewissermaßen vorherzufühlen, die die Gedanken der Entwicklung des gegebenen Bereichs ausmachen und dessen für die Epoche eigentümlichen Stil erschaffen. Ich nenne diesen Faktor die spezifische Intuition. Ich kann mich an dieser Stelle nicht länger über die Frage der Intuition verbreiten, denn das wird nur im Lichte der Wissenschaftsgeschichte möglich werden, aber ich muß anmerken, daß wir sie ohne diesen Begriff, d. h., wenn wir annähmen, daß die Wissenschaftsentwicklung nur eine Frage der Zeit, technischer Möglichkeiten und des Zufalls ist, nie verstehen, wir vor allem nicht begreifen, warum die Entwicklungsetappen einen spezifischen Denkstil aufweisen, warum ein Phänomen, allen zugänglich, im gegebenen Moment zum ersten Mal beobachtet wurde, und das fast gleichzeitig von mehreren Forschern. So entstehen in einer gewissen Entwicklungsetappe bestimmte Krankheitseinheiten, und diese ihre Genese erklärt manche ihrer speziellen Merkmale: Nirgends außerhalb der Medizin gibt es so viele *Pseudo-* und *Para-*Bestimmungen, z.B. *Typhus – Paratyphus*; *Psoriasis – Parapsoriasis*; *Vaccine – Paravaccine*; *Anämie – Pseudoanämie*; *Pseudobulbärparalyse*, *Pseudokrupp*, *Pseudoneunitis optica*, *Pseudoptosis*, *Pseudosclerosis*, *Pseudotabes*; weiter auch *Meningitis – Meningismus*; *Parkinson – Parkinsonismus* usw. Diese besonderen Namen existieren in der Medizin, weil man nämlich mit dem Fortschritt des ärztlichen Wissens in einem bereits bestimmten idealen Krankheitstypus gesonderte Untertypen unterscheiden mußte, z.B. *Typhus – Paratyphus*, die sich bisweilen als ganz und gar unverwandt herausstellen: *Tabes – Pseudotabes*. Je weiter sich das ärztliche Wissen fortbewegt, desto mehr solcher Bestimmungen, solcher Beweise der Abweichung von der ursprünglichen Auffassung[III] entstehen und werden entstehen, weil sich der ursprüngliche Begriff als allzu abstrakt, als allzu ideal erweist.

Welche Rolle dagegen die Intuition im ärztlichen Denken spielt, selbst in der einfachen Krankheitsdiagnostik, sehen wir am besten daraus, daß wir tatsächlich fast nie ein pathognomonisches Symptom haben, das allein ausreichte, einen Krankheitszustand zu bestimmen: Selbst ein aus dem Stuhl aufgezüchteter Typhusbazillus beweist nicht, daß die gegebene Person Typhus hat, denn sie kann Träger des Erregers sein. Nur eine Kombination von Symptomen, und zwar Aussehen, Habitus, der ganze *status praesens* des Kranken, entscheidet. Gerade die besten Diagnostiker sind am häufigsten nicht imstande, konkret anzugeben, wonach sie sich in der gegebenen Diagnose gerichtet haben, wenn sie nur erklären, daß das ganze Aussehen typisch für den und den Krankheitsfall ist.

Nachdem das ärztliche Denken schon in der unendlichen Mannigfaltigkeit der anscheinend atypischen Krankheitsphänomene gewisse ideale Typen gefunden hat, steht es einer neuen Aufgabe gegenüber: sie auf einen gemeinsamen Nenner zu bringen, gewisse gemeinsame Elemente herauszuanalysieren, Bausteine, aus denen sich die beobachteten Phänomene zurückkonstruieren ließen. So entstehen die Elemente der Anatomie und der pathologischen Physiologie. Doch Kombinationen mehrerer auf diesem Wege gewonnener, sich immerfort wiederholender Motive (Entzündung, Entartung, Atrophie, Hypertrophie, Hypofunktion, Hyperfunktion usw.) geben nie den ganzen Reichtum individueller Krankheitsmerkmale wieder. Immer wieder bleiben die spezifischsten, charakteristischsten Merkmale außerhalb des Bereichs einer solchen Fassung, was beweist, daß die Elemente der Anatomie und der pathologischen Physiologie allzu unbestimmt sind.

Das ist erneut ein spezifisches Merkmal der Medizin. Nirgends sonst, in keinem anderen Wissenszweig, haben die Arten[IV] so viele spezifische Merkmale, d. h. Merkmale, die sich nicht analysieren und nicht auf gemeinsame Elemente führen lassen. Auf diese Weise schafft der sehr weit getriebene Abstraktionsprozeß einen Artbegriff, dessen Fiktivität bedeutend größer als in irgendeinem anderen Wissensbereich ist, und einen Elementbegriff von gleichermaßen spezifischer Unbestimmtheit.[V] Infolgedessen hat man in der Medizin die charakteristische Diskrepanz von Theorie und Praxis. Ich denke an die Diskrepanz zwischen Buchwissen und lebendigen Beobachtungen und nicht an die Diskrepanz zwischen ärztlicher Kunst und Wissenschaft, denn auch z. B. in der Chemie gibt es eine gewisse Unvergleichlichkeit zwischen Wissenschaft und angewandter Kunst. Aber keine Beobachtung kann dort im Widerspruch zur Theorie stehen oder auch von ihr nicht erfaßt werden. In der Medizin kann man hingegen nur zu oft den berühmten Satz anwenden: »In der Theorie zwar unmöglich, in der Praxis kommt es aber vor.«[VI]

In der Praxis kann man nicht ohne solche Bestimmungen auskommen wie: »Erkältung«, »rheumatische« oder »neuralgische Schmerzen«, die mit dem Buchrheumatismus oder der Buchneuralgie nichts Gemeinsames haben. Es gibt verschiedene Krankheitszustände und Komplexe subjektiver Symptome, die in der theoretischen Medizin bisher keinen Platz gefunden haben und vielleicht auch nie finden werden. Noch besser ist diese Diskrepanz von Theorie und Praxis in der Therapie sichtbar und am besten in Erklärungsversuchen für die Wirkung von Heilmitteln, wo es zu einer besonderen Pseudologik kommt.

Vor kurzem hat man verboten, bei Blutspucken Kampfer zu geben – und das hatte seine Begründung. Heute empfiehlt man Kampfer – und das hat ebenfalls seine »logische« Begründung. Jede Heilmethode, einschließlich der Homöopathie und der Psychoanalyse, verfügt über eine »exakte, logische, fast mathematische« Begründung, meistens um so exakter, je kürzer ihre Lebensdauer ist. Nirgends ist es mit einer solchen pseudologischen Erklärung leichter als in der Medizin, denn je verzwickter die Menge der Phänomene, um so leichter ist es mit einem auf ganz kurze Sicht kontrollierbaren Gesetz und um so schwieriger mit einer umfassenden Idee. In der Medizin tritt der in seiner Art einzigartige Umstand auf, daß je schlechter ein Arzt ist, um so »logischer« seine Therapie ist. Denn scheinbar läßt sich in der Medizin fast alles als Beweis angeben, so daß wir bisher tatsächlich fast nichts aufgeklärt haben.

Außer jenen Grundbegriffen von Art und Element besitzt das ärztliche Denken den ebenso spezifischen Begriff des Zusammenhangs von Krankheitsphänomenen. Dieses unerhört verwickelte Gebiet stellt in Erkenntnishinsicht ein in seiner Art einzigartiges Bild dar. Gemeinsam mit den Naturwissenschaften erkennt das ärztliche Denken Kausalzusammenhänge an (obwohl es schon ganz allgemein üblich ist, daß der Arzt immer »danach« und fast nie »aus diesem Grund« sagt). Ähnlich wie in der Biologie kann die Bedingtheit der Phänomene in der Medizin entwicklungsgeschichtlich, korrelativ, vertretend, synergetisch und antagonistisch sein. Als ganz spezifischer Faktor, der Krankheitsphänomene erklärt, erscheint im ärztlichen Denken überdies der Begriff der inneren Veranlagung und des äußeren Nährbodens bzw. der Bedingungen, die das gegebene Krankheitsphänomen gewissermaßen *in potentia* enthalten. Und außerdem – die epidemiologische Auffassung, und keinesfalls an letzter Stelle – die Teleologie. Auf diese Weise sind die ärztlichen Phänomene durch eine ungeheure Anzahl von Zusammenhängen miteinander verbunden, als Folge und Rekompensation für ihre ursprüngliche Atypität.

Aber die Menge, deren Elemente derartig verschiedenartig bedingt sind, wenn wir sie als Ganzheit und konsequent von einem Standpunkt betrachten, ist irrational. Wir anerkennen Kausalbeziehungen, aber die Folge ist nie proportional der Ursache, noch ist sie sogar stets die gleiche. Die Wirkung der pathogenen Ursache ist Resultante ihrer Stärke und Disposition, also schließen sich die Kausalzusammenhänge mit ihren inkommensurablen, prädisponierenden Faktoren an.

Aber selbst bei Berücksichtigung dieser beider Wirkungsreihen können wir in der Medizin nichts herleiten, weil immer eine antagonistische Reaktion auftreten kann. Zum Beispiel indiziert *Dermographismus albus*[VII] nach den einen eine Hyperfunktion der Nebenniere, aber nach anderen (gleichfalls logisch) eine Hypofunktion, auf Grund des Antagonismus von Haut und Eingeweiden. Das Gesetz der Reizeinwirkung von SCHULZE,[VIII] das heterogene Wirken kleiner und mittlerer Atropindosen, das wechselnde Reagieren der Pupillen in der Narkose sind weitere Beispiele dieser Irrationalität.

Selbst eine genaue Kenntnis der Anatomie und Physiologie der Blase und eine genaue Kenntnis der tuberkulösen Prozesse hätte nicht das sehr interessante Phänomen vorauszusehen erlaubt, daß die Blasentuberkulose nach der Resektion der tuberkulösen Niere zurückgeht. Genauso hätte man aus der Kenntnis der Sprachphysiologie nicht die Tatsache herleiten können, daß man selbst nach einer völligen Entfernung des Kehlkopfes sprechen lernen kann. Die klassische Theorie der WASSERMANN-Reaktion zwingt zur Schlußfolgerung, daß wir mit aktivem Serum die größere Anzahl negativer Ergebnisse erhalten, indessen ist es gerade umgekehrt. Die Medizin hat dafür ihre Begründung, aber sie liegt nicht mehr auf der Linie jener klassischen Theorie, sondern verlangt, den Denkstandpunkt zu wechseln.

Und so ist es mit jeder ärztlichen Frage: Immer wieder und wieder wird es notwendig, den Blickwinkel zu wechseln, von einem konsequenten Denkstandpunkt zurückzutreten. Nur so wird die Welt der Krankheitsphänomene irrational als Ganzes, rational im einzelnen. Wie es auf der einen Seite nur ein weitgehendes Abstrahieren des ärztlichen Denkens erlaubt, Typen inmitten atypischer Phänomene zu finden, so erlaubt es auf der anderen Seite nur der Verzicht auf Konsequenz, ein Gesetz auf nicht gesetzmäßige Phänomene anzuwenden. Und die Folge davon ist die Inkommensurabilität der Ideen; sie ergibt sich aus der jedes Mal anderen Weise, die Krankheitsphänomene zu fassen, und führt dazu, daß es unmöglich ist, sie einheitlich anzuschauen. Weder die Zellular- oder die Humoraltheorie noch selbst eine funktionale Auffassung der Krankheiten oder deren »psychogene« Bedingtheit[IX] schöpfen allein jemals den ganzen Reichtum der Krankheitsphänomene aus.

Soweit jedoch in der Medizin eine das Ganze umfassende Idee, wie die Atomistik in der Chemie oder die Energetik in der Physik, unmöglich ist, tritt trotzdem immer deutlicher als dominierender

Standpunkt eine gewisse methodische Idee hervor, ein gewisser leitender Gedanke, ärztliche Phänomene zu fassen. Das ist eine spezifisch temporäre und dynamische Fassung der Krankheitsphänomene. Der Gegenstand ärztlichen Denkens, die Krankheit, ist kein dauerhafter Zustand, sondern ein sich unablässig verändernder Prozeß, der seine eigene zeitliche Genese, seinen Verlauf und Hingang hat. Diese wissenschaftliche Fiktion, dieses Individuum, geschaffen durch Abstraktion, gestützt auf Statistik und Intuition, das Individuum genannt Krankheit, das bei statistischer Auffassung rundweg irrational ist, unfaßbar und sich nicht eindeutig definieren läßt, wird erst in temporärer Fassung zur konkreten Einheit. Niemals ein *status praesens*, sondern erst die *historia morbi* schafft die Krankheitseinheit. Das erste gibt höchstens einen Komplex, ein Syndrom von Symptomen in der Art des Horner-Syndroms oder des Banti-Syndroms, die das moderne ärztliche Denken genau von der Krankheit (*morbus*) unterscheidet. Diese Historizität, die Zeitlichkeit des Krankheitsbegriffs, ist einzig in ihrer Art. Weil die Krankheit eine sich in der Zeit entwickelnde Veränderung der Lebensfunktionen ist, die ebenfalls ihren eigenen zeitlichen Verlauf haben, ist sie als eine Abänderung der Lebensvorgänge gewisser Art doppelt vom Moment abhängig. Wenn es erlaubt ist, einen Vergleich aus einem entfernten Bereich zu gebrauchen, so verhält sich die Krankheit zu den normalen Funktionen wie die Beschleunigung zur Geschwindigkeit. Das Leben als solches hat seinen zeitlichen Verlauf. Innerhalb dieses Verlaufs, in gewisser Unabhängigkeit von ihm, spielt sich der Verlauf der Krankheit ab. Ein Kind entwickelt sich nach dem bekannten Schema. Gleichzeitig entwickelt sich seine Tuberkulose in eigenem Tempo und nach eigenen Gesetzen. Auf diese Weise gewinnt die Krankheit ihre doppelte und eigentlich vierfache Genese.

Also vor allem die Pathogenese des konkreten Falls: seine Veranlagung, Diathese, Konstitution oder Habitus, seine Infektion, das ursprüngliche Symptom, das Entstehen der Allergie, die Entwicklung der pathologischen Symptome usw. Das würde ich die besondere Krankheitsontogenese nennen. Dann die allgemeine Pathogenese des einzelnen Falls von Tuberkulose, d. h. z. B. die prädisponierenden Faktoren und der Verlauf von Tuberkulose oder Typhus oder Harnsäurediathese im Kindesalter, in der Reife, im Klimakterium usw. Das würde ich die allgemeine Krankheitsontogenese nennen. Drittens die selbständige Geschichte der Krankheit in einer bestimmten sozialen oder geographischen Umgebung, die Geschichte einer bestimmten Epidemie oder einer Degeneration. Das würde ich die besondere Krankheitsphylogenese nennen. Schließlich die allgemeine Krankheitsgeschichte, ihr Auftreten in der Menschheit und ihre Umwandlungen. Das würde ich die allgemeine Krankheitsphylogenese nennen. Ich kenne keinen anderen Bereich des wissenschaftlichen Denkens, in dem ein Grundbegriff so viele verschiedenartige genetische Betrachtungen zuließe. Embryologie oder Paläontologie, Geschichte oder Soziologie – sie kennen nur eine einbahnige Entwicklung. In der Pathologie verknüpfen sich zwei Entwicklungsreihen: die onto- und phylogenetische Entwicklung des Lebewesens und die Entwicklung der Krankheit. Diese geschichtliche Fassung des Krankheitsbegriffs wird immer markanter.

Ich wende das Augenmerk jetzt auf zwei hierher gehörende, durch und durch moderne und fruchtbare Begriffe: auf den Begriff der Hygiogenese[X] und der latenten Infektion (inapparente Infektion – Weil).[XI] Schließlich auf den Begriff der latenten Krankheit, z.B. *lues latens*. Die betreffenden Prozesse lassen sich weder zum früheren Gesundheitsbegriff noch zum Krankheitsbegriff zählen. In ihrer Beleuchtung ist die Gesundheit ein bestimmtes wechselseitiges Verhältnis patho- und hygiogenetischer Prozesse, und jedes andere Verhältnis in egal welcher Richtung ist Krankheit. Weil sich die verschiedensten Organe und Drüsen gegenseitig ersetzen können und sich einige Erkrankungen gegenseitig ausgleichen, wobei sie einen günstigeren Zustand ergeben, müßte man also die Gesundheit konsequent, wenn auch paradox, als die im gegebenen Moment günstigste Krankheit bestimmen. Auf diese Weise entsteht die spezifische dynamische Fassung des Gegenstandes, bei der wir anstelle gleichbleibender Ursachen gegenseitig aufeinander einwirkende Prozesse haben. Die Zusammenhänge zwischen ihnen sind verschieden und inkommensurabel, abhängig vom immer wieder notwendigen Wechsel des Gesichtspunktes. Wenn wir zudem die spezifische Abstraktheit des Begriffs der Krankheitseinheit hinzufügen, erhalten wir das allgemeine Bild der ärztlichen Weise, das Problem zu fassen.

Wenn es mir frei ist, einen bildlichen Vergleich zu verwenden, dann unterscheidet sich das ärztliche Denken im Grundsatz dadurch vom naturwissenschaftlichen, daß es das Koordinatensystem von Gauss benutzt, das naturwissenschaftliche Denken aber das System Descartes'.[XII] Die ärztliche Beobachtung ist kein Punkt, sondern ein kleiner Kreis. Wir bringen sie nicht in ein System unter einem festen Winkel zueinander stehender geradliniger Koordinaten, sondern in ein System willkürlicher, sich kreuzender Kurven, die wir nicht näher kennen.

Eine gewisse Korrektur bringt in dieses Bild der Umstand hinein, daß sich die Vielfalt der ärztlichen Phänomene genaugenommen nur in gewisser Annäherung in ein Gaussсches System fassen läßt, weil ihre Punkte nicht eindeutig bestimmbar sind. Genaugenommen verhält es sich also so, daß sich das naturwissenschaftliche Denken für kleine Bereiche von Phänomenen des Systems Descartes' bedient, für große dagegen des von Gauss (Relativitätstheorie). Das ärztliche Denken verwendet hingegen das System Gauss' für kleine Bereiche, in der Ganzheit dagegen findet es keinerlei konsequente und rationale Fassung der Phänomene.

I Ludwik Fleck, »O niektórych swoistych cechach myślenia lekarskiego«, in: *Archiwum Historji i Filozofji Medycyny oraz Historji Nauk Przyrodniczych* 6, 1 (1927), S. 55-64, und SMF, S. 47-54. Aus dem Polnischen von Bogusław Wolniewicz und Thomas Schnelle, durchgesehen von Sylwia Werner. Komm.: CZ.

Dieser Aufsatz geht auf einen Vortrag zurück, den Fleck ein Jahr zuvor bei einer Versammlung der »Gesellschaft der Freunde der Geschichte der Medizin in Lwów« gehalten hatte. Vgl. den Bericht von Józef Fritz, »O niektórych swoistych cechach myślenia lekarskiego« [Über einige spezifische Merkmale des ärztlichen Denkens], in: *Archiwum Historji i Filozofji Medycyny* 2, 5 (20. 4. 1926), S. 298. Diese Gesellschaft war neben den Zentren in Kraków (Krakau), Poznań (Posen) und Wilno (Vilnius) auch in Lwów (Lemberg) aktiv und wirkte in den Jahren 1925 bis 1939. Zu den Mitgliedern der Lemberger Sektion, die von Flecks Lehrer, dem Medizinhistoriker Władysław Szumowski, mitgegründet worden war und die rege Kontakte mit deutschen und französischen medizinhistorischen Gesellschaften pflegte, gehörten außer Fleck auch Franciszek Groër und Witold Ziembicki. Ihr Ziel war, die Geschichte der Medizin und ihrer Nachbarwissenschaften zu popularisieren.

II Schnelle und Wolniewicz übersetzten das polnische Wort »swoisty« im Titel mit »besonders«, im Text aber mit »spezifisch«, z. B. »spezifisches Abstrahieren« (ET, S. 38) [pol. *swoiste abstrahowanie*], »spezifische Intuition« (ebd., S. 39) [pol. *swoista intuicja*], »spezifischer Denkstil« (ebd., S. 39) [*swoisty styl myślowy*] u. ä. »Spezifisch« ist indes kein Synonym zu »besonders«, denn besondere Merkmale müssen keine spezifischen sein, sondern könnten als solche auch andere Disziplinen kennzeichnen. In unserer Ausgabe übersetzen wir deshalb »swoisty« einheitlich mit »spezifisch«. Vgl. auch Flecks späteres Abstract zu einer methodologischen Studie über das noch ›spezifischere‹ Serologenkollektiv: »Über spezifische Merkmale des serologischen Denkens«.

III In der Übersetzung von Schnelle und Wolniewicz: »gesetzmäßige Fassung«.

IV In der Übersetzung von Schnelle und Wolniewicz: »Gattungen«.

V Fleck führt diesen Gedanken später in zwei weiteren Aufsätzen aus: »Der moderne Begriff der Ansteckung und der ansteckenden Krankheit« (1930c) sowie »Über den Begriff der Art in der Bakteriologie« (1931a).

VI [Original deutsch]

VII Fleck stützt sich hier auf die Publikationen seines Kollegen und Lehrers Franz von Groër zur Dermographie: »Die Dermoreaktionen mit besonderer Berücksichtigung pharmakodynamischer Funktionsprüfung der Haut«, in: *Klinische Wochenschrift* 31 (1923), S. 1485-1487 und 32 (1923), S. 1485-1487.

VIII Gemeint ist die Arndt-Schulzsche Regel, der zufolge »schwache Reize die Lebenstätigkeit entfachen, mittelstarke sie fördern, starke sie hemmen«, so daß also schwache Reize die entgegengesetzte Wirkung von starken haben können. Vgl. St. K. Mayer, »Die Arndt-Schulzsche Regel«, in: *Klinische Wochenschrift* 34 (1925), S. 1694. Diese Regel ist ein Grundsatz der Homöopathie, wo entsprechend z. B. Atropin, also das Gift der Tollkirsche, in kleinen Dosen zu Heilzwecken eingesetzt wird; das ist dann auch Flecks Exempel.

IX In der Übersetzung von Schnelle und Wolniewicz: »Bedingtsein«.

X Groër war derjenige, der wenige Jahre zuvor in Analogie zur »Pathogenese« den Begriff der »Hygiogenese« geprägt hatte. Seiner Auffassung nach sollte ein Arzt nicht nur einseitig auf die Entstehungsgeschichte der Krankheiten achten, sondern auch die Rolle der Krankheit für den Heilungsvorgang in den Blick nehmen. Hygiogenese bezeichne hierbei denjenigen Mechanismus, »welcher die Heilung herbeiführenden biologischen, chemischen und physikalischen Vorgänge zusammenhängend zum Gesundungsprozeß vereinigt«. Vgl. dazu Franz von Gröer, »Über Hygiogenese (Nach einem in der Mikrobiologischen Sektion der 87. Vers. Deutscher Naturforscher und Ärzte zu Leipzig Sept. 1922 gehaltenen Vortrage)«, in: *Klinische Wochenschrift* 47 (1922), S. 2316-2317.

XI Vgl. Edmund Weil, Frederick Breinl, »Untersuchungen über die experimentelle Fleckfieberinfektion und -immunität«, in: *Zeitschrift für Immunitätsforschung und experimentelle Therapie* 37 (1923), S. 60-74; vgl. auch EET, S. 27, wo der Begriff der »infection inapparente« Nicolle zugeschrieben wird, wie auch im Aufsatz: »Der moderne Begriff der Ansteckung und der ansteckenden Krankheit«, in diesem Band.

XII Ein cartesisches Koordinatensystem konstruiert man, indem man zwei Achsen (x und y) mit gemeinsamem Anfangspunkt senkrecht aufeinander stellt. Das nach den Deutschen Mathematikern Carl Friedrich Gauß (1777-1855) und Johannes Heinrich Louis Krüger (1857-1923) benannte Gauß-Krüger-Koordinatensystem basiert indes ebenfalls auf dem orthogonalen cartesischen Koordinatensystem, das metrisch bestimmt wird, operiert aber zudem mit Ellipsoiden oder Kugelprojektionen, und deren Koordinaten werden in Graden (°), Minuten (') und Sekunden ('') angegeben. Flecks anschließende Ausführungen legen nahe, daß er hier eher Gauß' Beschäftigung mit gekrümmten Räumen im Sinn hatte und dabei ein auf Kreisen und Kurven basierendes Koordinatensystem assoziierte.

Zur Krise der »Wirklichkeit«[1]

Wenn wir den Quellen der Erkenntnis nachforschen, begehen wir meist den Fehler, uns dieselben viel zu einfach vorzustellen.

Man vergißt die simple Wahrheit, daß unsere Kenntnisse viel mehr aus dem Erlernten als aus dem Erkannten bestehen. Dies ist aber ein schwerwiegender Umstand, denn auf dem kurzen Wege vom Munde des Lehrers zum Ohre des Schülers tritt immer eine kleine Verschiebung des Erkenntnisinhaltes ein. Im Laufe der Jahrzehnte oder gar Jahrhunderte und Jahrtausende entstehen auf diese Weise so große Veränderungen, daß es manchmal fraglich wird, ob vom Ursprünglichen überhaupt etwas zurückgeblieben ist.

Unter diesen Bedingungen ist der Erkenntnisinhalt – im großen und ganzen – als freie Kulturschöpfung zu werten. Er ähnelt einem traditionellen Mythus.

Leider haben wir aber die Eigenheit, alte, gewohnte Gedankengänge als besonders evident zu betrachten, so daß dieselben keines Beweises bedürfen und ihn nicht einmal zulassen. Sie bilden das eiserne Fundament, auf dem ruhig weitergebaut wird.

Dazu kommt noch eine zweite, schwerwiegende Eigenschaft unserer Erkenntnisphysiologie, welche bedingt, daß jede neue Erkenntnistätigkeit vom früheren Erkenntnisbestande abhängig ist, da die Last des bereits Erkannten die inneren und äußeren Bedingungen des neuen Erkennens verändert.

Auf diese Weise entstehen drei, an jedem Erkennen mitwirkende, miteinander verknüpfte und aufeinander einwirkende Faktorensysteme: die Last der Tradition, das Gewicht der Erziehung und die Wirkung der Reihenfolge des Erkennens.

Dies sind soziale Momente und deshalb muß jede Erkenntnistheorie mit Sozialem und weiterhin mit Kulturhistorischem in Beziehung gebracht werden, insofern sie nicht in schweren Widerspruch mit der Geschichte der Erkenntnis und der täglichen Erfahrung des Lehrenden und Lernenden geraten will.

Wir gleichen nie einem unbeschriebenen Blatt, befinden uns nie im Zustande der *tabula rasa*, wie etwa die Projektionsleinwand vor der Kinovorstellung. Sicherlich nicht mehr im Momente der Geburt, ja selbst im intrauterinen Leben gibt es keinen feststellbaren Beginn des Erkennens, denn Empfindungsfähigkeiten und Empfindungen entstehen parallel und synchronisch durch Wechselwirkung. Ebenso unmöglich ist es, die phylogenetischen Anfänge des Erkennens festzustellen.

Es gibt im Individualleben nicht nur eine, sondern viele erkenntnistheoretische Geburten und Embryonalentwicklungen. Wir werden zu jeder neuen Situation geboren und bringen einen fertigen Geburtsmechanismus und mehr oder weniger fertige Anlagen mit, die unsere Reaktionsweise und Erkenntnisinhalte bestimmen.

Wo und wann wir immer anfangen, überall sind wir mittendrin, und nie bei dem Beginn des Erkennens. Ich weiß also nicht, wie man überhaupt die Erkenntnistheorie aus Empfindungen als Elementen aufbauen könnte.

Ein erfahrener Lehrer fand, daß nur die wenigsten Schüler etwas Neues allein bemerken, wenn man sie nicht ausdrücklich darauf aufmerksam macht, und daß nur wenige es auch dann sofort sehen, wenn man es ihnen zeigt. Sie müssen es erst sehen lernen. Auch der Erwachsene, wenn er erstmalig vor Neuem steht, etwa vor einem futuristischen Bild, fremdartiger Landschaft, oder auch zum ersten Male vor dem Mikroskop, »weiß nicht, was er sehen soll«. Er sucht nach Ähnlichkeiten mit Bekanntem, übersieht also eben das Neue, Unvergleichliche, Spezifische. Auch er muß erst sehen lernen. Wie viele Beispiele aus der Geschichte der Wissenschaft könnte man hier angeben! Und doch bildet eben dieses »Sehen«, das man erst lernen muß, den Fortschritt jeder Wissenschaft, der auf diese Weise immer wieder das soziale Gepräge bekommt.

Wenn man das Problem der Entstehung der Erkenntnis auf traditionelle Weise als individuelle Angelegenheit eines symbolischen »Menschen« lösen wollte, so müßte man den Satz: *nihil est in intellectu, quod non fuerit [antea] in sensu* –,[II] auch in seiner Umkehrung: *nihil est in sensu, quod non fuerit in intellectu*, gelten lassen. Und man kommt darüber nicht vorwärts. Demnach weiß ich nicht, wozu und wieso ich eine erste und zweite Wirklichkeit unterscheiden soll, wie sie unter anderen Riezler[1, III] schildert.

Man darf eben das soziale Moment der Entstehung der Erkenntnis nicht außer acht lassen.

Jedes denkende Individuum hat also als Mitglied irgendeiner Gesellschaft seine eigene Wirklichkeit, in der und nach der es lebt. Jeder

1 Vgl. Kurt Riezler, »Die Krise der ›Wirklichkeit‹«, in: *Die Naturwissenschaften* 16, 37/38 (1928), S. 705-712.

Mensch besitzt sogar viele, zum Teil einander widersprechende Wirklichkeiten: die Wirklichkeit des alltäglichen Lebens, eine berufliche, eine religiöse, eine politische und eine kleine wissenschaftliche Wirklichkeit. Und verborgen eine abergläubisch schicksalsvolle, das eigene Ich zur Ausnahme machende, persönliche Wirklichkeit.

Jedem Erkennen, jedem Erkenntnissysteme, jedem sozialen Beziehungseingehen entspricht eine eigene Wirklichkeit. Dies ist der einzig gerechte Standpunkt.

Wie könnte ich sonst begreifen, daß z. B. der humanistisch Gebildete die Wissenschaft des Naturforschers nie vollständig versteht? Oder gar der Theologe? Soll ich, wie es leider so oft geschieht, jene für Narren halten?

Nicht die Lösungen der Probleme machen ihnen die größten Schwierigkeiten, sondern das Begreifen der Herkunft und der Bedeutung der Probleme selbst; nicht die Begriffe, sondern deren Entstehen und Zweckmäßigkeit.

Jedes Wissen hat einen eigenen Gedankenstil mit seiner spezifischen Tradition und Erziehung. In beinahe unendlichem Reichtum des Möglichen wählt jedes Wissen andere Fragen, verbindet sie nach anderen Regeln und zu anderen Zwecken. Mitglieder differenter Wissensgemeinschaften leben in eigener wissenschaftlicher oder auch beruflicher Wirklichkeit. Im täglichen Leben können diese Menschen wohl im besten Einklang miteinander verbleiben, denn die Alltagswirklichkeit kann gemeinsam sein. Es gibt Kulturen, z. B. die chinesische, welche zu ganz anderer Wirklichkeit auf wichtigen Gebieten, wie der Medizin, gelangten, als wir Abendländer. Soll ich sie dafür mit Mitleid strafen? Verschieden war ihre Geschichte, verschieden ihr Streben und Verlangen, die das Erkennen bestimmten.

Denn Erkennen ist weder passive Kontemplation noch Erwerb einzig möglicher Einsicht im fertig Gegebenen. Es ist ein tätiges, lebendiges Beziehungseingehen, ein Umformen und Umgeformtwerden, kurz ein Schaffen. Weder dem »Subjekt« noch dem »Objekt« kommt selbständige Realität zu; jede Existenz beruht auf Wechselwirkung und ist relativ.

Wie alles sozial Bedingte hat das Erkannte sein eigenes, vom Individuum unmittelbar unabhängiges Leben, seine Eigenschaften, seinen zeitlichen und örtlichen Stil, folglich sein eigenes Schicksal.

Auch der Schizophrene,[IV] dessen asozialer Augenblickswirklichkeit Aussprüche wie »1 – 2 – 3 das ist Apotheke, das ist Buchs, Rio de Janeiro« entspringen, gebraucht sozial entstandene Begriffe. Doch seine Wirklichkeit bleibt für andere – und wahrscheinlich auch für ihn selbst im nächsten Augenblicke – verschlossen. Sie ist wohl für niemanden dauernd wichtig.

Es gibt aber stilvolle Wirklichkeiten, die auf ernster, langer Arbeit großer Gruppen und großer Männer aufgebaut sind, in deren Sinn man lebt und für die man stirbt. Sie entstehen, blühen, dauern, verkümmern – führen ihr eigenes Leben wie eine Regierungsform oder wie soziale Einrichtungen. Eine treffende Illustration der relativen Unabhängigkeit des Erkannten vom Individuum bildet der Umstand, daß oft verschiedene Personen die gleiche Entdeckung oder Erfindung unabhängig voneinander gleichzeitig machen. Erkenntnisse werden von Menschen gebildet, aber auch umgekehrt: Sie bilden ihre Menschen. Es wäre einfach töricht, zu fragen, was hier »Ursache« und was »Wirkung« ist.

Einst gab es eine große Wissenschaft, die zu beinahe allen Wissenszweigen der damaligen Zeit Beziehungen hatte, auf solidem theoretisch-philosophischen Fundamente ruhte und auf das politische, wirtschaftliche und persönliche Leben den größten Einfluß hatte. Ich glaube, daß es weder früher noch später eine so allgemein herrschende Wissenschaft gab: Auf allen Gebieten erklärte sie Vergangenes, bestimmte Gegenwärtiges und ließ auch Zukünftiges voraussehen. Diese Wissenschaft hieß Astrologie. Heute führt sie nur noch im Denken mancher Ungebildeter und Entgleister ihr kümmerliches Dasein, das sich zu ihrer früheren Größe so verhält wie unsere Eidechse zum Dinosaurus. Sie wurde vom anders gebauten System des sozialen Denkens abgelöst, nämlich von den Naturwissenschaften. Es gab bestimmt immer naturwissenschaftliches Denken. Es ist bei den Handwerkern zu suchen, bei den Seeleuten, den Wundärzten, den Schindern, den Gärtnern – und wohl auch bei den spielenden Kindern. Dort, wo ernste oder spielerische Arbeit von Vielen verrichtet wurde, wo sich gemeinsame und entgegengesetzte Interessen immer wieder trafen, war diese einzige demokratische Denkart unentbehrlich.

Ich nenne die naturwissenschaftliche Denkart demokratisch, denn sie beruht auf Organisation und jederzeitigem Unter-Kontrolle-Stehen, lehnt das Privileg der göttlichen Herkunft ab und will jedem zugänglich und nützlich sein. Die Erfahrung lehrt jedoch, daß jede Demokratie ihre kleinen Lügen hat; man will eben eine imponierende, majestätische Regierung, nicht bloß eine nützliche und kluge. Deshalb gibt es Orden, Titel, Fahnen und Präsidenten. Die Naturwissenschaften haben deshalb ihre Naturphilosophie und ihre Weltanschauung.

Wenn von Naturwissenschaften die Rede ist, vergißt man meist, daß es eine naturwissenschaftliche, lebendige Praxis gibt und parallel eine papierene, offizielle Gestalt.

Diese zwei Welten sind aber oft so verschieden wie die Praxis der demokratischen Regierung und ihre offizielle Theorie. Sicherlich kann es nicht anders sein, aber aus dieser natürlichen Disharmonie erwachsen wichtige Mißverständnisse. Man verwechselt die Naturwissenschaften, wie sie sind, mit den Naturwissenschaften, wie sie sein sollen, oder eigentlich, wie man sie haben wollte. Die Praxis der Naturwissenschaften läßt sich aber aus keinem Buche kennenlernen, denn ihre übliche Art und Weise wird verschwiegen. Sie enthält all die kleinen »Abweichungen«, von welchen man absieht, die »Ausnahmen«, die ja nur die Regel bestätigen sollen, das »Zufällige« und »Unwesentliche«, »die unumgänglichen Fehler«. Dies sind die gebrauchten Redensarten, die immer zur Verfügung stehen, wenn man die Regel retten will und soll.

Diese Phrasen sind unumgänglich, trotzdem man den reichen, freien Strom der Möglichkeiten durch enge Pforten (auf Verantwortung der Väter erbauter) gedanklicher und materieller Instrumente hindurchzwängt.

Dies alles gibt Gelegenheit für eine deutliche, wenn auch geringe Umformung im Vergleich mit dem offiziell Verlangten. Die geringen Umformungen werden integriert und wachsen auf diese Weise, denn sie sind nicht chaotisch, sondern tragen das Gepräge der Tradition, des wissenschaftlichen Augenblickes und des persönlichen Denkstils des Forschers – was jeder in der Praxis weiß, in der Theorie jedoch vergißt. Für die nächste Generation werden sie bereits zu Tatsachen.

Die tägliche Praxis lehrt auch, daß schon die »einfachste« (heute einfachste) Tätigkeit, wie z.B. Messen oder Wägen, eine Kunst ist, die gelehrt werden muß und die man auch manchmal nie erlernen kann. Auch die so ausgearbeitete und viel geübte Wassermann-Reaktion ist schließlich eine Kunst, deren Wert viel mehr davon abhängt, wer sie ausführt, als davon, nach welcher Methode sie ausgeführt wird – wie unlängst einer der besten Serologen (Eisenberg)[V] sich geäußert hat.

Nicht bloß die Art und Weise der Lösungen unterliegt dem wissenschaftlichen Stil, sondern auch die Wahl der Probleme, und zwar in erhöhtem Grade. Nun ist aber die Reihenfolge der Lösungen von ganz gewaltigem Einfluß auf den Lauf der Wissenschaft, denn sie bestimmt die Entwicklung technischer Möglichkeiten, die Erziehung zukünftiger Forscher und Bildung naturwissenschaftlicher Begriffe und Vergleiche.

Es erübrigt sich hier, Beispiele anzuführen, denn jeder kennt Tausende und könnte ganze Erkenntnisreihen anführen, welche in der Methode und dem Stil der Lösung den Stempel der Epoche und der Persönlichkeit des Forschers tragen. War die Individualität stark genug und hatte sie nicht nur Pfadfinder-, sondern auch Anführereigenschaften, dann wird ihr Stil allgemein und wird in den Bestand der Wissenschaft aufgenommen. Auf diese Weise werden der naturwissenschaftliche Stil und die anerkannten wissenschaftlichen Bräuche zum mit determinierenden, die naturwissenschaftliche Wirklichkeit formenden Agens. Wieviel Konventionelles, Taktgemäßes, Intuitives dieses Agens enthält, folgt aus der einfachen Wahrheit, daß es eine allzu große Konsequenz geben kann, die zur Einseitigkeit führt, und einen allzu großen Kritizismus, der Unfruchtbarkeit schafft. Es muß Maß gehalten werden; der Zweck der Untersuchung ist dafür bestimmend. Selbst das Wägen und Messen geschieht verschieden, je nach dem Zweck, welchem es dienen soll. Und wenn auch das »Allergenaueste« heute im Prinzip zu jedem Zweck anwendbar (nur unökonomisch) erscheint, so glaube ich, daß manche Gesetzmäßigkeit, wie z. B. das Boyle-Mariottesche Gesetz,[VI] das Stofferhaltungsgesetz oder die Gesetze der klassischen Mechanik nie gefunden worden wären, wenn die dazu nötige Ungenauigkeit der Beobachtung und des Messens unmöglich wäre. Es ist aber nicht gleichgültig, ob ein Gesetz überhaupt nicht geprägt wird oder ob es »ergänzt« und »begrenzt« wird, nachdem es lange Jahre hindurch auf die Gestaltung der Wirklichkeit und der Menschen eingewirkt hatte.

Noch sinnfälliger ist die Zweckabhängigkeit der naturwissenschaftlichen Wahrheiten auf Gebieten, auf welchen man je nach dem Zweck der Untersuchung zu abweichenden und heute nicht austauschbaren Wahrheiten gelangt: z. B. in der Bakteriologie, wo es einen botanisch-genetischen und einen ärztlich-epidemiologischen Standpunkt gibt. Ich führe als Beispiel des epidemiologischen Standpunktes den Aufsatz von Prof. Friedemann über das Scharlachproblem (*Klin[ische]*

W[ochen]schr[ift]. 1928, Nr. 48, 2280) an. Der Verfasser ist der Ansicht, daß nach dreimaligem negativen bakteriologischen Befunde die Rekonvaleszenten nicht mehr ansteckungsgefährlich sind.

Allerdings liegen auch einige abweichende Befunde vor. Auf dem Königsberger Scharlachkongreß hat ELKELES berichtet, daß unter 7 Heimkehrfällen 3 von Patienten ausgingen, die mit dreimaligem negativen Abstrich entlassen waren. Ich möchte vermuten, daß die von ELKELES angewandte Methodik eine Erklärung für dieses von unseren und anderen Erfahrungen abweichende Resultat gibt. Es ist nämlich auffallend, daß ELKELES bei frischen Scharlachfällen nur in 84 % hämolytische Streptokokken fand, während fast alle übrigen Autoren fast in 100 % hämolytische Streptokokken nachweisen konnten.

ELKELES gibt an, daß er nur solche Streptokokken als hämolytische betrachtet habe, die auf der Blutplatte einen völlig einwandfreien hämolytischen Hof zeigten. Mir scheint es mit Rücksicht auf den praktischen Zweck, den diese Untersuchungen verfolgen, richtiger, in zweifelhaften Fällen lieber die Diagnose auf hämolytische Streptokokken zu stellen als sie abzulehnen. Denn im letzteren Fall kann ein Irrtum von folgenschwerer Wirkung sein, und es erscheint mir naheliegend, daß ELKELES infolge seiner rigorosen Ablehnung aller zweifelhaften Kolonien wirklich vorhandene Scharlachstreptokokken unberücksichtigt gelassen hat.

Es ist also der allzu rigorose und deshalb einseitige Standpunkt für praktische Epidemiologie unbrauchbar. Der »unumgängliche Fehler« wird hier zweckgemäß und wissentlich durch einen zweiten kompensiert.[VII]

Es gibt aber außer dieser Abhängigkeit vom speziellen Zweck einer Untersuchung, der für die naturwissenschaftliche (wie für jede) Wirklichkeit mitbestimmend wirkt, auch eine allgemeine Wirkung des Beobachtens und Untersuchens selbst:

Das Quantenpostulat bedeutet, daß jede Beobachtung atomarer Phänomene eine nicht zu vernachlässigende Wechselwirkung mit dem Messungsmittel fordert und daß also weder den Phänomenen noch dem Beobachtungsmittel eine selbständige physikalische Realität im gewöhnlichen Sinne zugeschrieben werden kann. Überhaupt enthält der Begriff der Beobachtung eine Willkür, indem er wesentlich darauf beruht, welche Gegenstände mit zu dem zu beobachtenden System gerechnet werden (BOHR, Naturwiss[enschaften] 28, H 15).[VIII]

Der Satz gilt für jede Beobachtung beliebiger Phänomene, nur ist die Wechselwirkung mit den Beobachtungsmitteln sonst verhältnismäßig sehr geringfügig. Wenn aber das »Bearbeiten« der Phänomene, mit welchen Mitteln auch immer, Jahrhunderte dauert, wird dann die Wirkung nicht bedeutsam? *Beobachten, Erkennen ist immer ein Abtasten, also wörtlich Umformen des Erkenntnisgegenstandes.*

Das ist die tägliche Praxis der Wissenschaft. Hier überwiegt das soziale und das historisch-traditionelle Moment. In großen, schöpferischen Augenblicken ist aber die neuentstehende Wissenschaft einfach künstlerische Schöpfung, die man überhaupt nur bewundern und gar nicht »beweisen« und »sachlich« determinieren kann. Denn es gab und gibt nie ein wissenschaftliches Bedürfnis grundsätzlicher Veränderungen, weil jeder Augenblick stets allzuviel grundsätzlichen Fundamentes hat. Und es findet sich im gegebenen Momente nie ein Maßstab für das Große.

Ich denke z.B. an VESALS[IX] Einfall, auf eine vollständig ausgebaute, hundertprozentig lückenlose, geachtete Wissenschaft zu verzichten und eine neue, aus verworrenen, unsteten, veränderlichen, verflochtenen Fleischmassen konsequent zu bauen, deren bloße Berührung des damaligen Wissenschaftlers unwürdig war.

Wenn wir diese Tat richtig einschätzen wollen, müssen wir uns den Augenblick ins Gedächtnis rufen, in dem wir zum ersten Mal vor einer Leiche standen. Kam nicht jedem damals der Prosektor wie ein Bildhauer vor, der den beabsichtigten Bau des Körpers einfach modelliert, aus der Leiche herausschneidet, kilogrammweise »Unwesentliches« wegwerfend, um fadendünnes, kaum sichtbares Geäder hervorzubringen, das er für einzig wichtig erklärt, mit großen Namen belegt und so erst zur Existenz beruft? War uns nicht damals unser bißchen Bücheranatomie viel evidenter als diese praktische Zergliederungskunst?

Der heutige Prosektor ist nur ein Nachahmer seines Lehrers. VESALIUS hatte aber keine Lehrer. Er mußte nach eigener Eingabe modellieren, kämpfend gegen das viel evidentere Wissen der Mächtigen der damaligen Wissenschaft, gegen eigene mystische Scheu vor dem Leichnam, die in der Gruppierung seiner Figuren noch sichtbar ist, und gegen seine tief verborgene Achtung vor GALEN[X] und der Tradition, die manchmal sein Urteil trübte.[2]

So formte er und schnitt alles weg, was künftighin für lange Zeit unwesentlich wurde; das Fett und Bindegewebe – und alte gemüts-

2 Siehe *M. rectus abdominis* und *Mm. scaleni* auf Tafel 5 und 6 seiner *Anatomie.* [Andreas VESALIUS, *Anatomia*, Venedig 1604 u.ö.; A.d.Hg.]

volle Zusammenhänge, die durch seine Arbeit als »Aberglaube« wegfielen. So formte er den Bau des Körpers und naturwissenschaftliche Begriffe.

Dies war eine schöpferische Tat, durch keine papiernen Syllogismen oder verstandesmäßigen Gründe bewiesen. Die herrschende Wissenschaft hatte kein Bedürfnis nach ihr, denn sie wollte in ihrer gedankenreichen *Anatomia imaginabilis*[XI] verharren. So schreibt z. B. Bartholomäus EUSTACHIUS 1564,[XII] er wolle lieber mit GALEN irren, als von den Neuerern die Wahrheit annehmen. Johann Phil. INGRASSIAS will (um 1600) »*in quibus omnibus veteres defendere interpretando, elucidare atque excusare* ...«.[XIII] Und man hat die Alten mit tausend Kunststücken verteidigt. BAUHIN[XIV] hat z. B. GALEN sogar die Entdeckung seiner Valvula geschenkt – um nur gegen ihn nicht aufzutreten.

Es war kein Kampf um Einzelheiten, um »Tatsachen«, sondern es ging um die traute Wirklichkeit, um den heiligen Glauben, der zu verteidigen, nicht zu beweisen war. Es kommt ein Neuerer und heißt frevelhaft auf eigene Kräfte vertrauen, läßt durch einfache Arbeit eine Wissenschaft bauen, kontrollieren, entwickeln – anstelle der vom Anfang an fertigen, unwandelbaren Lehre des gottbegnadeten Meisters, die so viele tiefe Beziehungen zum gesamten Wissen hatte. Wie ärmlich war dagegen VESALS Anatomie!

Es war der Kampf um das Demokratische, und VESAL schuf dazu die Methode, den gedanklichen Stil, er schuf also die Grundsteine der demokratischen, von tiefer Mystik, gemütsvoller Poesie, von großen Affekten freier, allgemeiner Wirklichkeit.

Denn Naturwissenschaft ist die Kunst, eine demokratische Wirklichkeit zu formen und sich nach ihr zu richten – also von ihr umgeformt zu werden. Es ist eine ewige, viel mehr synthetische als analytische, nie fertig zu machende Arbeit, ewig, wie die Arbeit des Stromes, der sein Bett formt.[3]

3 VESALS Beispiel ist sehr einfach. Man vergleiche die gewundenen Wege der Geburt der Chemie (Phlogiston!), ihrer Entwicklung im materialistischen Zeitalter und heute. Wie vieles konnte da ganz anders werden – wenn nur einfach z. B. eine andere Reihenfolge der Entdeckungen stattgefunden hätte. Bestimmt könnte man da ganz andere Begriffe bilden, z. B. den Begriff des Elementes, sie ganz anders verbinden, d. h. eine andere Wirklichkeit bauen und doch mit keiner »Tatsache« in Widerspruch geraten.
Das Gewicht – so wichtig eine lange Zeit – ist von [Antoine Laurent] LAVOISIER eingeführt worden als Selbstverständliches, ohne jeden »Beweis« oder Begründung,

Das ist die wahre, lebendige Naturwissenschaft. Das Schöpferisch-Synthetische und das Sozialhistorische an ihr darf man nicht vergessen.

Anders ihr offizielles Idealbild: Das ist naiv und schön. Hierher gehört das Absolute, die dritte Wirklichkeit RIEZLERS. Jenes ist Leben und Arbeit des Naturforschers, dies seine Religion.

Es ist schön, wenn einem Künstler während der Arbeit sein Werk als Vision von unerreichbarer Vollendung vorschwebt.[XV] Es ist aber naiv, nicht zu wissen, daß diese Vision nichts Absolutes ist, sondern eben am meisten vom Subjekt und vom Moment abhängig. Man vergesse nicht, daß es überhaupt keine gewordene Wissenschaft gibt, sondern immer nur eine werdende. Jede Lösung ist ein neues Problem, so, wie umgekehrt jedes formulierte Problem schon einen Teil seiner Lösung enthält. Manche Gebiete der Naturwissenschaft liegen nach Jahren heftiger Entwicklung brach, wie z. B. heute die Anatomie oder die zu Zeiten KEPLERS und Tycho BRAHES so lebendige Astronomie. Sie scheinen fertig, tot. Aber eines Tages werden sie wieder lebendig, von anderem Standpunkt beleuchtet, mit neuen Begriffen wieder aufgenommen, durch neue Bedürfnisse begehrenswert – und sind dann so frisch und »herrlich wie am ersten Tag«.[XVI]

Wir nähern uns der idealen »absoluten« Wirklichkeit nicht einmal asymptotisch, denn unaufhörlich ändert, erneuert sie sich und entfernt sich in gleichem Maße von uns, wie wir vorwärtsschreiten. Es ist ein verträumtes Ideal, dessen Inhalt einzig durch Verneinung, durch die Sehnsucht nach anderem bestimmt wird. Besitzt es nicht ebensowenig oder ebensoviel Realität wie das Ideal des Schönen oder des Guten? Ist es nicht genauso von Zeit, Ort, Kultur und Person abhängig? Vor einigen Jahrhunderten war anderes gut als heute, ebenso auch anderes wahr. Sind wir denn heute am Endpunkt der Entwick-

trotzdem [Jacob Reinhold] SPIELMANN [*Institutiones chemiae praelectionibus academicis adcommodatae*, Argentorati, Straßburg 1763] in jenem Zeitpunkte mit Recht jeden Schluß aus Gewichtsverlust oder Gewichtsgewinn verneinte, *»da bis jetzt die wahre Ursache der Schwere den Physikern noch unbekannt ist«*. Auch SAGE [= Georges-Louis Lesage] hatte nach dem damaligen Stand der Wissenschaft recht, als er LAVOISIERS Theorie der Zusammensetzung des Wassers für unhaltbar hielt, denn *»so müßte man die entzündliche Luft zugleich als Sohn und als Vater des Wassers ansehen«*.

LAVOISIER schuf einfach einen eigenen Elementbegriff – durchaus nicht den einzig möglichen – und einen eigenen Zusammensetzungsbegriff. Beide erwiesen sich nachher als allgemein annehmbar und sind es bis heute.

lung angelangt? Sicherlich nicht. Glücklicherweise nicht. Aber auch dann wären unsere Ideale durch ihre Entwicklung historisch bedingt, also nie absolut.

Das Streben nach dem Erkennen des Absoluten beruht auf einem sonderbaren Mißverständnis: Ist es nicht dasselbe, als wollte man einen jungfräulichen Dschungel erschließen, ohne seinen jungfräulichen Zustand zu verändern?

Aus der Existenz der naturwissenschaftlichen Gesetze, deren Inhalt sich aus dem bloßen philosophiegeschulten Verstande des heutigen Europäers nicht ableiten läßt, kann man auf keine absolute Wirklichkeit schließen. Es gibt ja auch ethische Gesetze, kaufmännische Sitten, politische Unsitten,[4] die sich aus keinem heutigen Verstande ableiten lassen. Soll ich auch hier an eine »absolute Existenz«, an einen *deus ex machina* glauben, dessen Abbild in den Gesetzen und Regeln sich widerspiegelt? Ich sehe keinen prinzipiellen Unterschied, denn es gibt kein Gesetz ohne Ausnahmen, alle sind kulturbedingt, also entwicklungsbedingt, durch andere ersetzbar, sind sinnvoll oder unsinnig, je nach dem Standpunkt des Kritikers.

Wovon soll die absolute Wirklichkeit unabhängig sein? Will man sie vom Menschen unabhängig haben, so denke man daran, daß sie dann auch für Menschen unnütz wäre.

Will man sie vom Individuum unabhängig haben, so baue man sie sozial bedingt, also abhängig von der Mitarbeit und Mitteilung vieler, möglichst vieler Individuen. Man baue sie demokratisch und rechne damit, daß sie dann auch viel weniger zeitabhängig wird, weil die Masse sich langsamer, aber auch konsequenter entwickelt. Das ist der Weg der Naturwissenschaften.

Will man sie vom sog. »Schein« unabhängig machen, so denke man daran, daß jeder »Schein« nur der Ausdruck der gegenseitigen Beziehungen einer Anzahl der Erkenntniselemente ist. Derselbe Ausdruck, großgezüchtet, bildet dann das, was man »ehernes Gesetz« nennt. Es gibt keinen grundsätzlichen Unterschied zwischen »Schein« und »Wahrheit«, sondern nur einen Entwicklungsunterschied.

Scheint ein Gegenstand klein in der Ferne und groß in der Nähe, so darf man im allgemeinen nicht fragen, wie er denn »in Wirklichkeit« ist. Die Naturwissenschaften folgern aus dieser Scheinerkenntnis die Gesetze der Perspektive und erledigen die Frage durch Ver-

4 D[as] h[eißt] deskriptive, nicht normative Gesetze der kaufmännischen bzw. politischen Wirklichkeit.

gleichen mit einem Maßstabe in gleicher Entfernung. Dies ist natürlich nicht die erwartete Lösung, denn nun könnte man fragen, wie groß eigentlich ein Meter ist, so wie ich ihn in der Ferne sehe oder so wie er in der Nähe erscheint? Und das wäre, wie jede Versteifung auf »Wesen und Dinge«, wie jedes Suchen des »Dinges an sich«, keine Naturwissenschaft, denn es kann keine demokratische, allgemein gültige, affektfreie Antwort darauf geben. Diese Frage erheischt des Wunders des Glaubens, des »Als-Ich-Erlebens«; dies aber bietet das naturwissenschaftliche Denken nicht, weil es sonst undemokratisch und unverwendbar im nüchternen Leben wäre.

Wollte man endlich unter »absolute Wirklichkeit« die inhaltsreichste Sammelwirklichkeit verstehen, aus der sich jede andere ableiten ließe, dann müßte man entweder auf den Satz vom Widerspruch verzichten oder ein allgemeines Prinzip »der reziproken Unsicherheit«[XVII] gelten lassen. Jedenfalls müßte unsere Logik umgebaut werden, worüber die Zukunft entscheiden wird.

Ich glaube also, daß man das Ideal der absoluten Wirklichkeit als Vision des nächsten Werktages hochschätzen, ja lieben soll, aber es darf nie als Maßstab des vorigen Tages verwendet werden. Dazu ist vielmehr Wissensanschauung als Weltanschauung nötig.

Wir haben gegenwärtig das Glück, das Schauspiel der Geburt, der Erschaffung eines neuen Gedankenstils zu erleben. Man lasse den Schaffenden, den Fachleuten, freie Bahn!

Vieles wird über kurz oder lang anders werden: das Kausalitätsgesetz, der Objektivitäts- und Subjektivitätsbegriff. Anderes wird man von wissenschaftlichen Auflösungen fordern und andere Probleme für wichtig halten. Viel Bewiesenes wird sich als unbewiesen zeigen und viel Unbewiesenes überflüssig.

Man wird anders zum Leben erziehen, Leben und Kunst anders gestalten. Man wird eine neue, zeitgemäße Wirklichkeit schaffen.

Wozu plumpe Metaphysik, wenn die Physik von morgen jede Phantasie überflügeln wird?

Man lasse freie Bahn der Arbeit von Fachleuten und halte im eigenen Denken freien Platz für die Zukunft!

I Ludwik Fleck, »Zur Krise der ›Wirklichkeit‹«, in: *Die Naturwissenschaften* 17 (1929), S. 425-430. Komm.: CZ.

II »Nichts ist im Verstand, was nicht zuvor in den Sinnen gewesen ist.« Klassischer Lehrsatz der empiristischen Erkenntnistheorie aus John Lockes *An Essay Concerning Human Understanding* (1689).

III Fleck veröffentlicht seinen zweiten wissenschaftstheoretischen Beitrag in der Zeitschrift der Kaiser-Wilhelm-Gesellschaft, *Die Naturwissenschaften*, als vergleichsweise unbekannter Autor neben prominenten Beiträgern wie Niels Bohr, Erwin Schrödinger oder Werner Heisenberg. Ein Jahr zuvor hatte sich in dieser Zeitschrift eine Debatte um die Folgen der Quantenphysik und der Relativitätstheorie für den Kausalitäts- und Wirklichkeitsbegriff entsponnen, in die Fleck mit diesem Aufsatz eingreift, wobei er an einen Aufsatz des Philosophen und Politikers Kurt Riezler (1882-1955), »Die Krise der ›Wirklichkeit‹« (*Die Naturwissenschaften* 16 [1928], S. 705-712) anknüpft. Riezler wiederum hatte auf einen Beitrag Niels Bohrs reagiert: »Das Quantenpostulat und die neuere Entwicklung der Atomistik«, der im April 1928 an gleicher Stelle erschienen war und der auch maßgeblicher Bezugspunkt für Fleck ist. Unstrittig ist für Riezler wie Fleck, daß mit der Quantenphysik die klassischen Vorstellungen von einheitlicher Naturwissenschaft aufgelöst wurden, uneins sind sie über die sich daraus für das Wirklichkeitsbild ergebenden Folgen. Riezler hatte in diesem und in weiteren Beiträgen die »Krise der Wirklichkeit« vor dem Hintergrund eines dreistufigen Wirklichkeitsverständnisses diagnostiziert (vgl. Kurt Riezler, »Die Krise des physikalischen Weltbegriffs und das Naturbild der Geschichte«, in: *Deutsche Vierteljahrsschrift für Literaturwissenschaft und Geistesgeschichte* 6 [1928], S. 1-35; ders., »Die physikalische Realität und der Kausalitätsbegriff«, in: *Kant-Studien* 33 [1928], S. 373-386). Die erste Wirklichkeit stelle sich als Einheit unserer subjektiven äußeren und inneren Wahrnehmungen dar. Davon ausgehend forme das Erkennen eine zweite Wirklichkeit, die Wirklichkeit der Wissenschaft: »Es ist die Wirklichkeit der in Raum und Zeit ausgedehnten Dinge mit ihren Eigenschaften, ihren Beziehungen zueinander, ihren Veränderungen und dem Zusammenhange dieser Veränderungen. [...] Alle diese zweiten Wirklichkeiten wollen der schwankenden, wirren, in sich ungeordneten Welt der Sinne eine in sich selbst gegründete, nicht mehr subjektive, sondern objektive Welt gegenüberstellen, die nun nicht mehr relativ zu irgendeinem Ich, sondern absolut für alle Ich bestehen und gelten [...] soll. Aber alle diese zweiten Wirklichkeiten sind ungeachtet des Anspruchs, mit dem sie sich umgeben mögen, nur unsere Bilder, besser oder schlechter, mehr oder minder getreu oder verzerrt, einer dritten nun wahrhaft absoluten Wirklichkeit, die wir suchen, aber noch nicht oder jedenfalls nicht ganz und nicht mit Sicherheit gefunden haben« (Riezler, »Die Krise der ›Wirklichkeit‹«, S. 705). Durch die neuen Tendenzen in den Naturwissenschaften und die daraus resultierenden divergierenden

Entwicklungen der Einzelwissenschaften sei nun der Glaube daran erschüttert worden, daß die zweite Wirklichkeit sich der dritten, absoluten Wirklichkeit sukzessive annähere, vielmehr sei »das einheitliche Provisorium einer zweiten Wirklichkeit [...] in mehrere zweite Wirklichkeiten, verschiedener und einander widersprechender logischer Struktur« zerfallen (ebd., S. 707). Wenn nun mehrere mögliche Wirklichkeitsbilder mit unterschiedlicher begrifflicher Struktur möglich sind, stiftet dies Verwirrung, da man nun nicht mehr wisse, wie man zur absoluten Wirklichkeit gelangen könne. Riezlers Lösung besteht darin, daß er eine (nietzscheanisch anmutende und in Flecks Augen »plumpe«) Metaphysik des Werdens postuliert, die der neuen Naturwissenschaft einen entsprechenden metaphysischen Sinn verleiht: »Ein neues Weltbild wird möglich. Dieses neue Weltbild ist dynamisch, nicht statisch. Die Welt ist nicht fertig, sondern unfertig. Ihre Ordnung ist keine seiende, sondern eine werdende. Ihr Gleichnis ist nicht die vermeintliche Harmonie des Sternenhimmels und seiner ewigen Gesetze, sondern die Menschengeschichte, die ruhelose, in der sich nichts gleich bleibt – es sei denn der Sinn, die Mühe und das Schicksal« (ebd., S. 712).

Fleck bestreitet, daß es Sinn hat, erkenntnistheoretisch zwischen den verschiedenen Wirklichkeitsstufen zu unterscheiden, vielmehr bedingten unterschiedliche soziale Kontexte unterschiedliche Wirklichkeiten. Riezlers erkenntnistheoretische Problematik wird so in eine soziologische umgewandelt mit der Folge, daß nun die Annahme einer absoluten Wirklichkeit aufgegeben und die wissenschaftliche Wirklichkeit grundsätzlich als kulturell und sozial relativ angesehen wird. Nachdem das Erkennen in seiner sozialen Bedingtheit erkannt ist, wird es von Fleck zudem historisiert und durch das Betonen des schöpferisch-kreativen Elements ästhetisiert.

Zu Fleck und Riezler vgl: TSF, S. 12-16; Yehuda Elkana, *Anthropologie der Erkenntnis. Die Entwicklung des Wissens als epistemisches Theater*, Frankfurt/M. 1986; Johannes Fehr, »[...] und nichts als sie. Eine epistemologische Rhapsodie«, in: *variations, Literaturzeitschrift der Universität Zürich* 15 (2007), S. 133-148; ders., »De la circulation des idées et des mots – et de ce qui s'y déplace«, in: PF, S. 111-118; Cornelius Borck, »Message in a bottle from ›the crisis of reality‹: on Ludwik Fleck's interventions for an open epistemology«, in: *Studies in History and Philosophy of Science Part C: Studies in History and Philosophy of Biological and Biomedical Sciences* 35, 3 (2004), S. 447-464; Eva Hedfors, »Fleck in Context«, in: *Perspectives on Science* 15, 1 (2007), S. 49-86; Otto Gerhard Oexle, »›Wirklichkeit‹ – ›Krise der Wirklichkeit‹ – ›Neue Wirklichkeit‹. Deutungsmuster und Paradigmenkämpfe in der deutschen Wissenschaft vor und nach 1933«, in: Frank-Rutger Hausmann (Hg.), *Die Rolle der Geisteswissenschaften im Dritten Reich 1933-1945*, München 2002, S. 1-20; ders., »Krise des Historismus – Krise der Wirklichkeit. Eine Problemgeschichte der Moderne«, in: ders. (Hg.), *Krise des Historismus – Krise der Wirklichkeit.*

Wissenschaft, Kunst und Literatur 1880-1932, Göttingen 2007, S. 11-116; Hans-Jörg Rheinberger, »Zur Historizität wissenschaftlichen Wissens: Ludwik Fleck, Edmund Husserl«, in: ebd., S. 359-373.

IV Fleck nimmt hier offensichtlich Bezug auf die im gleichen Jahr erschienene Schrift seines engen Lemberger Freundes Jakób Frostig, *Das schizophrene Denken. Phänomenologische Studien zum Problem der widersinnigen Sätze* (Leipzig 1929), worin sich zahlreiche Beispiele solcher »asozialer« Assoziationen und deren Erklärung finden. Frostig (1896-1959) war im Polen der Zwischenkriegszeit einer der führenden polnischen Psychiater. Ihm zufolge ist die Basis des ›normalen‹ Denkens, Kommunizierens und Erkennens kollektiv strukturiert (ebd., S. 21). Schizophrene könnten sich deshalb anderen und sich selbst nicht verständlich machen, weil sie an einer grundsätzlichen Störung litten, »jener des Unvermögens der Aktualisierung der *kollektiven Strukturen und der diesen Strukturen zugehörigen Bewußtheiten*« (S. 86). Diese sozialen Gruppen, aus denen Schizophrene herausgefallen sind, definiert Frostig folglich nicht als Klassen, Stände oder Staaten, sondern als Kollektive, die jeweils durch eine »gemeinsame Gesinnung« verbunden sind. So sei »die Gruppe der Mathematiker eine Gruppe von einer ganz besonderen, mathematischen Mentalität. Es ist klar, daß ein und derselbe Mensch, je nach dem betrachteten Gegenstande, ganz verschiedenen Menschengruppen angehören kann. So kann derselbe Mathematiker in bezug auf seine ästhetisch-künstlerische ›Gesinnung‹ banale und kleinbürgerliche Ansichten vertreten« (S. 23f., FN 2). Wahrheit, Falschheit, gut und böse, schön und häßlich, gesund und krank gelten nur relativ »in bezug auf die Kollektivtatbestände der gegebenen Gruppe«.

In dieser Schrift gibt Frostig auch eine Definition von Wirklichkeit, anhand deren klar wird, daß man Flecks Theorie pluraler Wirklichkeiten nicht einzig im Kontext der deutschen Diskussion verorten kann, sondern auch vor dem Hintergrund der Wissens- und Wissenschaftskultur Lembergs begreifen muß: »Unter ›Wirklichkeit‹ werden wir künftighin nicht jene Wirklichkeit verstehen, die der europäischen Gruppe im Wege einer wissenschaftlichen Erkenntnis sich als ›absolut wahr‹ vorstellt. Obzwar jede ›Wirklichkeit‹ im Bereiche ihrer Gruppe den Anspruch auf eine absolute Wahrheit und Richtigkeit erhebt, wollen wir in unserer Untersuchung diesen Geltungsanspruch außer acht lassen und fassen deskriptiv die Wirklichkeit als denjenigen Zusammenhang von kollektiv gestalteten Gegenständen, die eine Gruppe als *wirklich bestehend* denkt, ohne daß wir darauf eingehen, ob sie wirklich bestünde. Wir werden also *relativ* von vielen Wirklichkeiten sprechen und werden in einer Beschreibung die phänomenologischen Eigenschaften einer Wirklichkeit, wie sie sich etwa die Botokuden denken, in derselben Art aufzudecken versuchen wie etwa jene Wirklichkeit, wie sie sich dem Durchschnittseuropäer oder gar der Gesinnungsgruppe der Astrophysiker vorstellt. Wirklichkeit heißt also in unserer Untersuchung – die Wirklichkeit, wie sie einer Gruppe gegeben ist« (S. 24, FN I). Zu Frostig vgl. auch Fehr (2007 und 2008; wie EN III); Eugene Ziskind, Esther Somerfield-Ziskind, »Peter Jakob Frostig, M. D: 1896-1959«, in: *The American Journal of Psychiatry* 117 (1960), S. 479 f.

V Philipp Eisenberg war Vorgesetzter und Lehrer Rudolf Weigls, als dieser seine Typhusforschungen durchführte; später wurde er zum Ordinarius für Bakteriologie in Krakau.

VI Nach dem von Robert Boyle (1627-1691) und Edme Mariotte (1620-1684) entdeckten Boyle-Mariottschen Gesetz gilt für alle Gase bei gleichbleibender Temperatur, daß das Produkt aus dem Gasdruck und dem Gasvolumen konstant ist.

VII Fleck nimmt hier zu einer Kontroverse Stellung, die sein langjähriger Vorgesetzter und Förderer Groër mit Friedemann ausgetragen hatte. Friedemann hatte in dem von Fleck zitierten Artikel Untersuchungsergebnisse Groërs relativiert. Dieser reagierte mit einer harschen Fundamentalkritik, in der er grundsätzlich das auf »Vergiftung« basierende Denkmodell Friedemanns attackierte. Vgl. Fr. v. Groër, »Das Scharlachproblem«, in: *Klinische Wochenschrift* 17 (1929), S. 774-776. Friedemann verteidigte sich an gleicher Stelle, »Das Scharlachproblem«, ebd., S. 777-779.

VIII Nils Bohr, »Das Quantenpostulat und die neuere Entwicklung der Atomistik«, in: *Die Naturwissenschaften* 16, 15 (1928), S. 245-257, hier: S. 245. Das Zitat geht wie folgt weiter: »Letzten Endes wird jede Beobachtung selbstverständlich auf unsere Sinnesempfindungen zurückgeführt werden können. Der Umstand aber, daß man bei der Deutung von Beobachtungen immer theoretische Vorstellungen heranziehen muß, bringt mit sich, daß es für jeden einzelnen Fall eine Frage der Zweckmäßigkeit ist, an welcher Stelle man den Begriff der Beobachtung und den mit dem Quantenpostulat verbundenen, irrationalen Zug der Beschreibung einführt.« Fleck führt dieses Zitat noch drei weitere Male an, in »Über die wissenschaftliche Beobachtung und die Wahrnehmung im allgemeinen«, in »Zur Frage der Grundlagen der medizinischen Erkenntnis« und in »Schauen, Sehen, Wissen« (ET, S. 67 und 163, vgl. in dieser Ausgabe, S. 219, S. 250 und S. 405).

IX Zu Vesal vgl. EET, S. 49, 61 und 179; »Über die wissenschaftliche Beobachtung und die Wahrnehmung im allgemeinen« und »Zur Frage der Grundlagen der medizinischen Erkenntnis«. Zu Flecks Vesal-Bild vgl. Moritz Roth, *Andreas Vesalius Bruxellensis*, Berlin 1892, sowie dessen Artikel »Vesalius, Andreas«, in: *Allgemeine Deutsche Biographie*, Band 39 (1895), S. 639-648.

X Galenos von Pergamon (um 129-216) war griechischer Arzt und Anatom. Seine nahezu 400 Schriften verschafften ihm den Rang einer unbestrittenen Autorität in allen Bereichen der Medizin und dienten bis ins 17. Jahrhundert hinein als schlechthin verbindliche medizinische Lehrgrundlage.

XI Roth, *Andreas Vesalius Bruxellensis*, S. 43 f., erläutert die *anatomia imaginabilis* am Beispiel Berengars: »Berengar läßt nämlich neben der *anatomia sensibilis* auch eine *anatomia imaginabilis* zu, neben der sichtbaren auch eine mögliche, denkbare, spekulative Anatomie.«

XII Der römische Anatom Bartholomäus Eustachius (1520-1574) ist vor allem aufgrund seiner *Tabulae anatomicae* berühmt, die zahlreiche Korrekturen an Galen auf Kupfertafeln vorführen. Fleck bezieht sich vermutlich auf die 1564 in Venedig erschienenen *Opuscula anatomica.*

XIII »In diesem allen die Alten durch Interpretieren verteidigen, erleuchten und rechtfertigen [...].« Gemeint ist der sizilianische Anatom und Schüler des Eustachius und Fabricius da Aquapendente: Giovanni Filippo Ingrassia. Fleck zitiert vermutlich aus zweiter Hand aus dessen posthumem Werk: *Galenum librum de ossibus doctissima commentaria*, Palermo 1603; Venedig 1604.

XIV Caspar Bauhin (1560-1624) hatte in seinem *Theatrum anatomicum* (1605) mit Hilfe vieler Schaubilder, die er aus anatomischen Atlanten kopierte und akribisch beschrieb, das anatomische Wissen seiner Zeit zusammengefaßt. Was für ihn gilt, gilt eigentlich auch für Vesal, nämlich daß er trotz neuer Entdeckungen der Galenschen Tradition weitgehend verpflichtet blieb.

XV Auch die Frage, wie sich wissenschaftliche und ästhetische Wirklichkeitsentwürfe zueinander verhalten, liegt in der Traditionslinie der Lemberger Diskussionen [s. a. die EN IV zu Frostig]. So hatte in den Jahren zuvor der Philosoph, Logiker und Maler Leon Chwistek eine Serie von Texten über die Vielheit der Wirklichkeiten publiziert. Chwistek unterschied vier Systeme der Wirklichkeitskonstruktion, die er zuweilen nach dem Vorbild von Kunstrichtungen nach Grundtypen unterscheidet (vgl. seine Rezension von EET in dieser Ausgabe); es gebe: 1. den Primitivismus, der die Dinge naiv widerspiegelt, dem entspreche die Realität im allgemeinen Verständnis; 2. den Realismus oder Naturalismus der physikalischen Wirklichkeit; 3. den Impressionismus als Wirklichkeit der Eindrücke oder phänomenologische Realität und 4. den Futurismus als Wirklichkeit der Vorstellungen oder visionäre (intuitive Realität). Jeder Mensch könne zwischen diesen Wirklichkeiten hin und her wechseln, eine absolute Realität gebe es nicht. Die Theorie der vielen Wirklichkeiten sei eine relativistische Auffassung, Wahrheit und Falschheit erhielten ihren Sinn nur innerhalb des jeweiligen Systems. Vgl. Leon Chwistek, »Trzy odczyty odnoszące się do pojęcia istnienia« [Drei den Begriff der Existenz betreffende Vorträge, Nr. 3: Der Begriff der Wirklichkeit], in: *Przegląd Filozoficzny* 20 (1917), S. 122-151; ders., »Wielość rzeczywistości w sztuce« [Die Vielheit der Wirklichkeit in der Kunst], in: *Maski* (1918); ders., *Wielość rzeczywistości* [Die Pluralität der Wirklichkeit], Krakau 1921. Ein dieses Buch zusammenfassender Vortrag von 1924 liegt auf Deutsch vor: »Die Pluralität der Wirklichkeit in der Kunst«, in: Romana Schuler, Goschka Gawlik, *Der neue Staat. Polnische Kunst zwischen Experiment und Repräsentation 1918-1939*,

Wien 2003, S. 97-110. Zu Fleck und Chwistek siehe TSF, S. 170-224, bes. S. 196ff.; Ilana Löwy, »Ways of Seeing: Ludwik Fleck and Polish Debates on the Perception of Reality. 1890-1947«, in: *Studies in History and Philosophy of Science*, A 39, 3 (2008), S. 375-383.

XVI Vgl. Goethe, *Faust* I, Prolog im Himmel, Raphael: »Die Sonne tönt, nach alter Weise, / In Brudersphären Wettgesang, / Und ihre vorgeschriebene Reise / Vollendet sie mit Donnergang. / Ihr Anblick gibt den Engeln Stärke, / Wenn keiner sie ergründen mag; / die unbegreiflich hohen Werke / Sind herrlich wie am ersten Tag.«

XVII Bohr erklärt im oben genannten Artikel »Das Quantenpostulat und die neuere Entwicklung der Atomistik« (vgl. EN III) die durch Heisenbergs Unschärferelation begründete »reziproke Unsicherheit« gegenüber Impuls und Position sowie Zeit und Energie eines Teilchens. Wir wissen um so weniger über den Impuls eines Teilchens, je genauer wir seine Position kennen, und umgekehrt: Wir wissen um so weniger über seine Energie, je geringer die Unsicherheit über die Dauer eines subatomaren Vorgangs ist.

Der moderne Begriff der Ansteckung und der ansteckenden Krankheit[I]

Die Beobachtungen und Erfahrungen der letzten Jahre haben viel Neues für das Verständnis des Phänomens der Ansteckung und der ansteckenden Krankheit gebracht.

In der Bakteriologie überschätzte man anfänglich die Bedeutung der alleinigen Berührung mit dem Erreger (*contactio*),[II] weil man die ansteckende Krankheit als den notwendigen und einzigen Effekt einer Invasion durch einen Erreger aufgefaßt hatte,[III] die von dieser Berührung ausgelöst worden war. Gemäß den klassischen Auffassungen von Koch läßt sich jeder Fall der ansteckenden Krankheit auf eine direkte oder indirekte Berührung mit einem kranken Menschen zurückführen.[IV] Einen gegenteiligen Standpunkt nahm die ubiquitäre Erregertheorie ein, die noch heute ihre Anhänger hat (Friedberger, Jürgens).[V] Laut dieser Theorie kommt der Erreger überall vor, und die Krankheit bricht in dem Moment aus, wenn durch eine äußere oder innere Ursache eine Disposition hierzu herbeigeführt wird.

Diese zwei extremen und letztlich allzu schematischen, oberflächlichen und verallgemeinernden Standpunkte lassen sich überhaupt nicht mit den Erfahrungen der letzten Jahre vereinbaren. Denn wir wissen heute, daß sich die krankheitserregenden Bakterien zweifellos auf der Oberfläche des Organismus, auf den Schleimhäuten, in der Speiseröhre und sogar im Blut selbst aufhalten können, ohne hierbei eine aktive Erkrankung auszulösen. Die symptomlose Trägerschaft und ebenso die Ausscheidung eines Erregers sind heute bekannte Phänomene, deren epidemiologische Bedeutung man erst in den letzten Jahren einzuschätzen lernte.[VI]

Diese Phänomene lassen sich auf einer ganzen Skala von Möglichkeiten aufreihen – beginnend mit völlig harmlosen Saprophyten[VII] bis zu Erkrankungen, die sehr milde sind und chronisch verlaufen, so daß sie selbst keine klinischen Symptome hervorbringen. Dennoch sind auch diese Phänomene für ein adäquates Verständnis des Begriffs der Ansteckung sehr wichtig, so daß wir uns mit ihnen näher beschäftigen müssen:

Was hier zunächst die Trägerschaft von Erregern betrifft, müssen drei Formen unterschieden werden: Wir haben es entweder mit einem Erreger zu tun, der auf Grund einer zufälligen Verunreinigung durch den Kontakt mit einem Kranken oder einem anderen Träger aufgenommen wurde, bzw. mit einem solchen Erreger, der zunächst eine kurze Zeit auf einem Zwischenträger (FRIEDBERGER)[VIII] verbracht hat oder mit einem Mikroorganismus, der – obwohl er krankheitserregende Eigenheiten besitzt – längere Zeit ein saprophytisches Leben geführt hat und dann manchmal aus äußeren oder inneren Gründen heraus spontan maligne[IX] geworden ist und eine Selbstansteckung seines Wirts verursacht hat. Die dritte Möglichkeit entsteht schließlich durch die von einer ansteckenden Krankheit Genesenen, die, nachdem sie wieder völlig gesund erscheinen, immer noch einen Erreger ausscheiden können. Obwohl sie sich selbst dabei nicht schaden, stellen sie natürlich doch eine Gefahr für ihre Umwelt dar. Diese Phänomene fallen im Rahmen verschiedener ansteckender Krankheiten jeweils unterschiedlich aus. Nicht immer kommt man wissenschaftlich dahinter, mit welcher Art von Trägerschaft man es in einem bestimmten Fall zu tun hat, und manchmal ist es schlicht unmöglich, zu entscheiden, ob es sich um den Zwischenträger oder letztlich doch den symptomlosen Ausscheider nach einer leichten, unbemerkten Erkrankungsphase handelt.

Damit man sich jedoch der Trägerschaft beziehungsweise der Ausscheidung des Erregers selbst besser vergewissern kann, werde ich hier nun einige Beispiele geben: Die Cholerarekonvaleszenten scheiden gewöhnlich die Erreger etwa ein bis zwei Wochen lang aus; bekannt sind aber auch Fälle, bei denen man die Choleravibrionen noch nach 48 (KOLLE)[X] oder 69 Tagen (BÜRGER)[XI] oder sogar nach drei Monaten (GOTSCHLICH)[XII] nach klinischer Gesundung entdeckt hat. Es ist durchaus bekannt, daß die Bauchtyphusstäbchen nach Jahren, sogar Jahrzehnten ausgeschieden werden, wobei fast immer eine Entzündung der Gallenblase das Substrat bildet. Es sind aber auch Fälle bekannt, bei denen die Typhusstäbchen mit dem Urin viele Monate lang ausgeschieden worden sind. SIMON und DENNEMARK haben berechnet, daß die Ausscheidung des Erregers nach Bauchtyphus gewöhnlich bis zu drei Wochen andauern kann.[XIII] Überhaupt spielt – nach GOTSCHLICHS Meinung – die Trägerschaft und die Ausscheidung in der Epidemiologie des Typhus eine so große Rolle wie bei keiner anderen ansteckenden Krankheit.[XIV] Bekannt sind die Fälle von Zwischenträgerschaft der Typhuserreger (SCHELLER),[XV] bei denen die Ausscheidung sofort zu Stillstand kam, wenn der Kontakt mit dem Dauerausscheider unterbrochen wurde. CONRADI wies die Existenz der sehr kurz, z. B. nur einen Tag, dauernden »Nahrungsausscheidung« von Paratyphuserregern bei Menschen nach, die sie mit dem Essen aufgenommen hatten.[XVI] BUSSE beschreibt Fälle von Tuberkulosekranken, bei denen sich zwar klinisch, anatomisch wie pathologisch eine Typhuserkrankung völlig ausschließen ließ, aus deren Blut aber dennoch die Typhusstäbchen gezüchtet wurden. Er vermutet, daß diese Typhusstäbchen passiv in den Blutkreislauf durch eine tuberkulöse Geschwürbildung der Därme eingedrungen waren.[XVII]

Die Trägerschaft von manchen anderen Krankheiten, z. B. von Diphtherie und Hirnhautentzündung, kommt so häufig vor, daß die Krankheit – nach FRIEDEMANNS Meinung – im Vergleich mit der großen Zahl von gesunden Trägern nur ein Ausnahmefall ist. Man findet die gesunden Träger regelmäßig auch in Zentren, in denen es überhaupt keine Krankheitsfälle gab. Und es kommt auch zu solch interessanten Umständen, daß die typischen Erkrankungen erst dann auftreten, wenn die Anzahl der Träger einen bestimmten Grenzwert erreicht hat.[XVIII]

Eine sehr interessante und darüber hinaus häufig zitierte Veranschaulichung stellen die Untersuchungen von GLOVER über Hirnhautentzündung dar, der die Beziehung von Infektion und Trägerschaft in englischen Militärdivisionen untersucht hat.[XIX] Seine Untersuchungsdaten stammten aus einer nicht von der Krankheit betroffenen Gegend. Unter den Rekruten fand er etwa 2,5 % Träger der Meningokokken; in den dicht besiedelten Baracken wuchs die Zahl stark an, und wenn sie 20-30 % erreichte, traten regelmäßig Fälle von Hirnhautentzündung auf.

Nach der am Anfang zitierten Regel von KOCH ist jeder Fall einer ansteckenden Krankheit direktes oder indirektes Ergebnis des Auftretens eines anderen Falls zuvor. Und die wichtige Erkenntnis, daß sich ein Kranker angesteckt hat, als er sich noch unter den Gesunden aufhielt, die aus einer Gegend stammten, wo es die entsprechende Krankheit nicht gab, muß als eine neue Errungenschaft der Epidemiologie bezeichnet werden.

Nach der schönen Berechung von FRIEDEMANN (1929),[XX] die sich sowohl auf Statistiken als auch auf Experimente stützte, lassen sich tatsächlich nur 2,4 % der Diphtheriefälle in Berlin im Jahr 1926 auf eine Ansteckung mit Diphtheriekranken zurückführen; alle anderen,

d. h. 97,6 %, stammten von den Trägern. Seiner Meinung nach ist der ganze Wert des Systems, die Kranken zu isolieren, zweifelhaft. In die gleiche Richtung geht auch RUDDER (1927),[XXI] der bewiesen hat, daß alle unsere Desinfektionsbemühungen nach der Krankheit zwecklos sind. Wir sehen, daß die heutigen Anschauungen in diesem Falle mit der ubiquitären Erregertheorie übereinstimmen.

Diese Theorie liefert auch für das Verständnis vieler anderer Erkrankungen wichtige Erkenntnisse, so etwa für die eitrigen Prozesse, Entzündungen des Gallengangs, des Blinddarms etc. Bei diesen Erkrankungsformen ist der Erreger so gut wie immer anwesend, es ist nur die entsprechend vorfindbare Disposition notwendig, damit eine Erkrankung durch Selbstansteckung entstehen kann.

Was jedoch andere Krankheiten betrifft, so sind beispielsweise Fälle einer Trägerschaft von KOCHSCHEN Bazillen in der Nasenhöhle oder der Leprabazillen auf der Haut völlig gesunder Menschen bekannt.

Auf diese Weise können wir letztlich auch verstehen, daß der Entstehungsmechanismus einer ansteckenden Krankheit tatsächlich viel komplizierter ist, als man ursprünglich vermutet hatte. Selbst die Anwesenheit des Erregers wie auch sein Eindringen in den Körper sind noch nicht alles, und manchmal haben sie sogar überhaupt keine [pathologische] Bedeutung. Eine wichtige Rolle spielt hierbei der [physiologische] Zustand des Organismus.

REITER hat etwa bewiesen, daß der Makroorganismus eine wesentlich größere Bedeutung als der Mikroorganismus für die Entstehung einer Ansteckung hat. Denn der Mikroorganismus stellt nur die grundsätzliche Bedingung für eine Ansteckung dar, verursacht diese jedoch nicht von selbst. Man muß letztlich annehmen, daß sowohl im Makroorganismus als auch im Mikroorganismus konstitutionelle Zustände entscheidend sind, die über die Immunität bzw. die Disposition des einen und die Pathogenität oder Harmlosigkeit des anderen bestimmen. Dieser Konstitutionszusammenhang ist naturgemäß entscheidender im Mikroorganismus als im Makroorganismus, doch sind uns seine Funktionen im Mikroorganismus bislang nicht einmal annähernd bekannt.[XXII]

Vor allem müssen wir uns darüber im klaren sein, daß die Pathogenität des Erregers nur ein relatives Merkmal ist und lediglich bestimmte Tiergattungen betrifft; bei den anderen kann sie sich gar nicht entwickeln. Zum Beispiel kommt die Rinderpest nicht bei den Menschen und die Malaria nicht bei den Tieren vor. Ferner hängt die Pathogenität von der Anzahl des vorfindlichen Erregers, von der Art seines Eindringens sowie von vielen anderen Begleitfaktoren etc. ab. Sogar *Bac. prodigiosus* oder *Bac. subtilis*, die als Beispiele für die nicht krankheitserregenden Bakterien dienen können, sind in der Lage, eine Krankheit auszulösen oder sogar zum Tod des Tieres zu führen, wenn sie in großer Zahl intravenös verabreicht werden. Des weiteren lösen fast alle Mikroorganismen, die in die Vorderkammer des Auges eingeführt werden, eine Entzündung und nachfolgende Eiterbildung aus. Der Milzbrand (*Anthrax*), der im Rahmen einer Hautinfektion noch verhältnismäßig unschädlich ist, kann bei einer Lungeninfektion lebensgefährlich werden. *Bartonella muris*, die für normale Ratten unschädlich ist und sich sogar ständig in ihren Körpern befindet, kann dann pathogen werden, wenn die Milz herausgenommen wird. Es gibt also keine klare Grenze zwischen dem Saprophyten und dem Parasiten. Die lange Kette möglicher Beziehungen zwischen Makro- und Mikroorganismen führt letztlich zu einem Kampf, in dem die Seiten von der Saprophytie bis hin zur Symbiose zu beiderseitigem Nutzen reichen, wobei derselbe Mikroorganismus sich spontan von einem nützlichen (*Bac. crassus vaginae*) oder zumindest harmlosen in einen gefährlichen Mikroorganismus (*Bac. coli*) entwickeln kann.

Sowohl die Infektiosität (*infectiositas*: die Fähigkeit, sich im Organismus zu vermehren) als auch die Virulenz (*virulentia*: die Fähigkeit zu einer spezifischen krankheitserregenden Wirkung) können bei der gleichen Tiergattung und unter kontinuierlichen Bedingungen letztlich doch Abänderungen erfahren, wie das die klassischen Versuche von Pasteur mit Milzbrand und Tollwuterregern beweisen.[XXIII]

Künstlich lassen sich diese Änderungen auch durch eine entsprechende Anzüchtung, das Übertragen von Tier zu Tier wie auch durch andere Maßnahmen hervorrufen. Neufeld und seine Schüler beschrieben etwa eine experimentelle Abschwächung der Virulenz von Diphtherie-Stäbchen, welche sie in die – sich von der Pseudodiphtherie nicht unterscheidenden – Stämme umgewandelt haben.[XXIV] Calmettes Schutzimpfstoff mit abgeschwächtem Stamm der Tuberkulosebazillen wäre ein Beispiel für eine praktische Gewinnung einer solchen Variabilität des Erregers. Es ist ein »BCG«-Stamm, der von virulenten normalen Bazillen des *Typus bovinus* stammt, die dreizehn Jahre auf der Glyzerinkartoffel gezüchtet werden. Gegenwärtig ist er nicht bzw. kaum virulent, doch er behält seine Eigenschaften trotz der Übertragung von Bakterien durch die physiologischen Reaktionen der Wirtstiere.[XXV] KRAUS vergleicht CALMETTES[XXVI] Impfstoff mit einem *Virus fixe* (*lyssa*), einer *Vaccina variolae* oder mit dem Milzbrand-Impfstoff, die ebenfalls auf einem unabwendbar abgeschwächten Erreger beruhen.[XXVII]

Unter den natürlichen Bedingungen sind auch Änderungen der Virulenz bekanntgeworden, die im Verlauf einer isolierten Epidemie beziehungsweise im Unterschied zu Seuchenphänomenen aus anderen Zeiten aufgetreten sind. Gleichwohl ist uns der Mechanismus solcher Änderungen immer noch unbekannt, über den nur Vermutungen und Analogien existieren. »Grundlegend sind für die Infektionslehre die Forschungen von MENDEL[XXVIII] und DE VRIES[XXIX] geworden, da sie uns die Gesetze der Veränderlichkeit kennen lehrten, die durch langsame Modifizierung und sprunghafte Mutation entstehen« (SEITZ).[XXX] In der Variabilität des Erregers spielen somit auf jeden Fall endogene, genotypische Faktoren sehr häufig eine große Rolle.

Es sind seit langem periodische Schwankungen in der Virulenz von Seuchen bekannt, und mit dieser Angelegenheit hat sich in der letzten Zeit GOTTSTEIN beschäftigt.[XXXI] Wir wissen etwa, daß Masern in den Städten alle drei bis vier Jahre größere Epidemien hervorrufen, die bis zu einigen Monaten dauern können, bevor wieder eine ruhigere Zeit folgt. Man deutet das als ein Zeichen der Überwindung der Krankheit beziehungsweise als erworbene Immunität in einem bestimmten Teil der Bevölkerung, wonach die Seuche gewissermaßen auf die heranwachsende und wieder empfindliche Generation warten muß. In ähnlicher Weise verläuft auch der periodische Mechanismus des Scharlachs, während wir für die Erklärung der Periodizität von Influenza oder Cholera keine genaueren Erkenntnisse haben. Hier nehmen die Autoren etwa an, daß plötzliche und sprunghafte Änderungen der Virulenz aus rein endogenen Gründen heraus möglich sind. Die von GOTSCHLICH bei moslemischen Pilgern gefundenen El-Tor-Vibrionen, die morphologisch, hinsichtlich ihrer Anzüchtbarkeit und serologisch mit den Choleraerregern identisch sind und sich von ihnen nur durch ihre allgemeine Unschädlichkeit für den Menschen unterscheiden, werden oft für eine unansteckende Art von Choleraerregern gehalten. Sie stellen jedoch mikrobiologisch die Überreste einer Choleraepidemie in solchen Ländern dar, durch die die Pilgerscharen gegangen sind.[XXXII] In der Literatur sind auch andere

Fälle – vor allem aus Zeiten von Choleraepidemien – bekannt, wo aus gesunden Menschen Kommabazillen gezüchtet werden konnten, die in ihrem Wachstumsverhalten mit Choleravibrionen identisch, jedoch nicht krankheitserregend sind (Kandiba,[xxxiii] Gąsiorowski[xxxiv]). Diese Stämme können als ein Zeugnis für die Variabilität des Erregers begriffen werden.

Ein anderer Grund, eine divergierende Entwicklung der Arten von Mikroorganismen anzunehmen, ist – nach Gotschlich – die Existenz der phylogenetisch verwandten Erreger, z. B. einer Malaria-, Typhus- und Paratyphus-, Ruhr- und Pseudoruhrunterart.

Einer ähnlichen Meinung ist Nägeli,[xxxv] der behauptet, daß die zitierten Krankheiten »verwandte, doch verschiedene, scharf abgegrenzte Erkrankungen mit einem genotypisch unterschiedlichen, dennoch nah verwandten Erreger darstellen«.[xxxvi] Zu den Beispielen von Gotschlich fügt er noch die Tuberkulose, Paratuberkulose, Windpocken und seinen neuen Typ, die sogenannte *Variola nuova* (die Schweiz, Brasilien, England, Norwegen), hinzu. Seiner Meinung nach findet hier eine vorgetäuschte Variabilität des Erregers statt, der in der Wirklichkeit naturwissenschaftlich eine sich ausbreitende gemeinschaftsbildende Art darstellt. Nägeli unterscheidet noch die lokalen und zeitlichen Veränderungen des Erregers: so etwa die reversible Verwandlung von *Streptococcus haemolyticus* in *viridans* und auch in bezug auf den Verlauf verschiedener Influenza-Epidemien. Für unsicher hält er jedoch die Variabilität des Masern-, Scharlach-, Röteln- und Syphiliserregers, die im unveränderten Verlauf bei verschiedenen Epidemien auftreten kann. »Die Existenz der genotypisch verschiedenen Syphilisspirochäten ist möglich, doch weder anerkannt noch einwandfrei bewiesen.«

Was die Änderungen des zweiten [physiologischen] Faktors, nämlich die des Makroorganismus, betrifft, so sind die Immunitäts- beziehungsweise die Dispositionsänderungen, welche von Alter, Geschlecht, Rasse, Ernährungszustand etc. abhängen, allgemein bekannt, wenn wir auch noch weit davon entfernt sind zu erkennen, worauf sie tatsächlich beruhen. Denn nur ein Teil der Menschen erkrankt unter denselben gleichbleibenden Bedingungen, und bei einigen verläuft die Krankheit sehr schwer, während sie sich bei den anderen kaum bemerkbar macht.

> Die Notwendigkeit einer Umbildung unserer Immunitätsbegriffe im Sinne der konstitutionellen Richtung wird, glaube ich, allgemein empfunden. In dieser Beziehung gibt uns sowohl die reine Bakteriologie wie die klinische Immunologie und Epidemiologie deutliche Hinweise. Die Unwandelbarkeit und Starrheit mancher Bakterienarten ist gegenwärtig erschüttert. Das Problem der meisten Epidemien wird nicht mehr ausschließlich dem Eindringen des äußeren Feindes gleichgesetzt; die Epidemie ist oft mit einer Revolution zu vergleichen, indem die in uns vorhandenen, im gewissen Sinne schlummernden Mikroorganismen neue Offensivkräfte oder die Möglichkeit besonderer Vermehrung erfahren, sobald die sie beherrschenden Immunitätskräfte nachlassen. Das Auftreten der Epidemie hängt von der Anzahl empfänglicher Individuen ab [...] und die konstitutionelle Bedingtheit mancher Formen der Empfänglichkeit steht aber im Augenblick außer Zweifel (Hirszfeld).[XXXVII]

Es existiert auch eine familiäre Disposition und Resistenz gegen die Diphtherie (Eigenbrodt, Spirig, Gottstein, Groër und andere).[XXXVIII] W. Fischer wies nach, daß die Vererbung der Disposition zur Diphtherie mit der Vererbung der Blutgruppe des disponierten Elternteils verbunden ist.[XXXIX] Hirszfeld[XL] wies auf einem anderen Weg (die Schick-Reaktion)[XLI] nach, daß die Empfindlichkeit beziehungsweise die Resistenz gegen die Diphtherie oft zusammen mit der Blutgruppe vererbt wird, was bedeutet, daß sie konstitutionell bedingt ist.

Nach dem heutigen Wissensstand gibt es keinen reinen Vererbungsgang von erworbener Immunität, doch ist durchaus eine passive Übertragung von Antikörpern der Mutter auf das Kind möglich (eine diaplazentare oder trophogene gegen Diphtherie, Scharlach und Masern). Eine solche passive Immunität hält letztlich bei solchen Kindern länger an, deren Blutgruppe identisch mit derjenigen der Mutter ist. Die tatsächliche, konstitutionelle Resistenz ist, im Unterschied zu den übertragenen Resistenzen, ein Vererbungsvorgang, wobei schon mehrfach nachgewiesen worden ist, daß Mendels Regeln hier angewendet werden können (Hagedoorn und La Brand, »Über die Resistenz der Maus gegen die Staphylokokken«).[XLII] Ebenso wies man experimentell an den Tieren nach, daß die Bereitschaft zur Produktion von Antikörpern eine Erbeigenschaft sein kann (Lewis und Loomis)[XLIII]. Das Neugeborene besitzt noch keine eigenen Antikörper, sie bilden sich beim Kind erst schrittweise aus, und das nicht nur unter dem direkten Einfluß eines Erregers, da wir auch Antikörper gegen die nicht ansteckenden Antigene finden. Hirszfeld führt dieses Erscheinen der Antikörper auf die allgemeinen Wachstumsvorgänge zurück, und analog zur Morphogenese spricht er von der Serogenese. Seiner Meinung nach bilden sich die Isoantikörper in der Zeit bis zum zweiten Lebensjahr und die Antikörper gegen das Diphtherie- und Scharlachgift erst im Kindes- und Jugendalter aus. Die normalen Antikörper hält er für »die biochemischen Organe, deren phylogenetische Entstehung und ontologische Entwicklung denselben Gesetzen wie die Entstehung untersteht, wie die der anatomischen Merkmale«.[XLIV] »Die immunologischen Antworten des Organismus [geben] keineswegs lediglich die Mannigfaltigkeit der einwirkenden äußeren Reize [wieder], sondern sie bewegen sich in den vorgebildeten Bahnen.«[XLV]

Dies sind konstitutionelle Angelegenheiten, und um die Bedeutung der Verfassung eines Makroorganismus für den Verlauf einer Infektion besser zu verstehen, fügen wir die Allergiezustände, die Zustände der vollständigen oder teilweisen Immunität (z.B. Kollegos schankroide Immunität bei Kaninchen) hinzu, welche die durch vorherige Infektionen erworbene Immunität beziehungsweise die je spezifische erworbene Disposition ergänzen.

Der als ansteckende Krankheit auftretende Symptomkomplex ist also ein Resultat beider Konstitutionen, d.h. der Konstitution des Makro- wie des Mikroorganismus, ihrer phäno- und genotypischen Eigenschaften, und er hängt darüber hinaus auch von vielen rein äußeren und zufälligen Faktoren ab. Hieraus resultiert eine ganze Skala von biologischen Möglichkeiten, die von der Symbiose – durch die Saprophytie – bis hin zur Entstehung einer sichtbaren Krankheit reichen. Innerhalb dieser Skala sind bestimmte Stufen besonders interessant und wichtig, wie etwa die sogenannten asymptomatischen Infektionen und die damit verwandten Erscheinungen.

1912 bemerkte Nicolle, daß sich bei einer bestimmten Anzahl von mit Fleckfieber geimpften Meerschweinchen immer einige ausfindig machen lassen, bei denen das charakteristische Fieber nicht auftritt. Man könnte vermuten, daß die Ansteckung nicht stattgefunden hat. Doch lassen sich diese Meerschweinchen nicht durch eine erneute Impfung anstecken, denn sie sind nun für immer immun, wie auch nach einer überstandenen Krankheit. Ihr Blut und ihre Organe sind aber während derjenigen Periode, in der die anderen zur gleichen Zeit geimpften Meerschweinchen zu fiebern beginnen, ebenfalls ansteckend und führen bei frischen Meerschweinchen selbst zu einer typischen Ansteckung mit Fieber. Sie erleiden also eine Infektion – wenn auch in einer klinisch asymptomatischen Form –, obgleich sich der Erreger im Organismus befindet, vermehrt und eine Immunisierung herbeiführt. Dieses Phänomen nannte NICOLLE »infection inapparente ou silencieuse«.[XLVI] Seine Untersuchungen bestätigten bald DOERR und PICK,[XLVII] WEIL und BREINL,[XLVIII] REITER[XLIX] und andere.

Heute kennen wir eine ganze Reihe von Krankheitseinheiten, bei denen das Hervorrufen einer analogen asymptomatischen Ansteckung möglich ist. Zu dieser Gruppe gehören etwa das Fleckfieber des Kaninchens, Syphilis und Sodoku der Maus oder KOLLEGOS Fälle asymptomatischer Syphilis beim Kaninchen etc. WEIL und BREINL haben nachgewiesen, daß man beim Meerschweinchen mit Sicherheit eine asymptomatische Ansteckung mit Fleckfieber durch eine gleichzeitige Verabreichung der entsprechenden Erreger- und Immunserendosen hervorrufen kann. Laut BREINL läßt sich analog hierzu – durch ein in der entsprechenden Inkubationszeit verabreichtes Serum, das von Maserpatienten gewonnen wurde – auch eine Maserninfektion bei Kindern auslösen.[L]

Diese Phänomene haben eine zentrale epidemiologische Bedeutung vor allem deshalb, weil sie zu einer Immunität gegen spätere Anstekkungen führen können, also das Ausmaß einer eventuellen Epidemie deutlich einschränken.

WEILS Bestreben war es, sich eine solche asymptomatische Infektion für die Entwicklung eines Schutzimpfstoffs gegen Fleckfieber zunutze zu machen. Andererseits kann es aber auch Fälle einer natürlichen symptomlosen Infektion durch gefährliche Träger der Erreger geben, die eine Quelle beziehungsweise ein Reservoir des Erregers auch in seuchenfreien Zeiten darstellen und so gesehen problematischer sind, da sie von außen betrachtet asymptomatisch verlaufen.

Von dieser asymptomatischen Infektion ist der Begriff einer »ruhenden Ansteckung« (*infectio latens*) zu unterscheiden: Es ist bekannt, daß z.B. der Tetanuserreger im Organismus viele Jahre sistieren kann, um plötzlich, z.B. aufgrund einer aseptischen Verletzung, Tetanus auszulösen. In ähnlicher Weise können auch Syphilis- (als *lues latens*) und Tuberkuloseerreger oder die Streptokokken in Geweben etc. eine längere Zeit ruhen. Zu den Phänomenen der ruhenden Ansteckung gehört vermutlich auch hier die erwähnte *Bartonella muris*. Der prinzipielle Unterschied zwischen der ruhenden und symptomlosen Ansteckung liegt nach NICOLLE vor allem darin, daß es bei der *infectio latens* keine Vermehrung des Erregers selbst gibt. Von der gewöhnlichen Trägerschaft unterscheidet sie sich vielmehr dadurch, daß der Erreger im Organismus selbst vorkommt und sich nicht auf seiner Oberfläche befindet und daß er selbst nicht ausgeschieden wird.[LI]

Diese Phänomene werden von verschiedenen Autoren unterschiedlich bezeichnet und klassifiziert: REITER hat z.B. den Begriff einer stummen Infektion eingeführt und versteht darunter alle Ansteckungen, die ohne Symptome verlaufen, was somit NICOLLES symptomlose und ruhende Infektionen gemeinsam kombiniert. Tatsächlich verwischen sich die Grenzen zwischen diesen Phänomenen, und auch eine Unterscheidung von der Trägerschaft ist schwierig. Andererseits existieren auch Übergangszustände zwischen einer asymptomatischen und einer milden Ansteckungsform.

Machen wir uns alle diese Formen einer Koexistenz in Organismus und Mikroorganismus sowie ihre theoretische und praktische Bedeutung noch einmal klar, und vergegenwärtigen wir uns erneut weiter die Bedeutung der Konstitution beider Organismen, ihre Variabilität und phylogenetische Entwicklung – dann werden wir verstehen, wie wichtig es ist, das Phänomen einer ansteckenden Krankheit als Form einer solchen Koexistenz biologisch weit aufzufassen. Diese Form ist zwar weder die häufigste noch epidemiologisch die wichtigste, aber dennoch erscheint sie als die auffälligste und ist früher deshalb auch ausschließlich studiert worden. »Den Krankheitsprozeß kann man als Ausdruck einer noch nicht vollzogenen Anpassung zwischen dem Wirt sowie seiner Konstitution und dem Erreger begreifen« (L. R. GROTE, 1920).[LII] Es folgt daraus nicht, daß wir mit übermäßigem Optimismus vermuten sollten, daß solche Anpassungsformen notwendig geschehen müssen oder daß wir uns ihnen überhaupt annähern sollten. Im Gegenteil: Die Medizingeschichte lehrt uns, daß zwar manche ansteckenden Krankheiten verschwunden sind, wie etwa die mörderische Krankheit des 15. und 16. Jahrhunderts *Sudor anglicus* (GOTSCHLICH),[LIII] andere wie Cholera (seit 1816) oder *Encephalitis lethargica* (1917) tauchten dafür aber neu auf. Übrigens weisen die Veränderungen in bezug auf die Bösartigkeit des Verlaufs, z.B. bei der Syphilis seit dem 16. Jahrhundert oder etwa die im Vergleich mit den afrikanischen Ländern geringere Tuberkulosevirulenz in Europa beziehungsweise der abgeschwächte Verlauf der Cholera in Indien, darauf hin, daß eine gewisse gegenseitige Anpassung von Mikro-

und Makroorganismus im Rahmen der historischen Entwicklung erfolgen kann. Es kommt in diesen Fällen dann nicht zu einer Vererbung der Immunität, sondern die natürliche Selektion wirkt vermutlich in die Richtung der günstigen Merkmale dadurch, daß die schwächeren Familien letztlich aussterben werden.

Der Vorgang der Infektion beziehungsweise der Entstehung einer ansteckenden Krankheit, die als Verhältnis von zwei Organismen tatsächlich sehr kompliziert ist, ist häufig selbst eine Angelegenheit von drei Organismen, z.B. wenn zwei abwechselnde Wirte und ein Erreger (Malaria bei einer Mücke und bei einem Menschen) oder auch ein Wirt und zwei und mehr gemeinsam wirkende Erreger (Misch- und Sekundärinfektionen beziehungsweise vollständig unabhängige Infektionen) vorkommen.

Genaugenommen finden wir eine reine Erregerkultur wirklich selten. Jede Nebeninfektion weist vielmehr einige Arten von Mikroorganismen, z.B. Milzbrand- und Staphylokokkusbazillen, Tetanusbazillen und Staphylokokken oder Streptokokken auf. Außer den Kochschen Bazillen finden wir in Kavernen des Körpers eine ganze Reihe unterschiedlicher Mikroorganismen. Ortner schreibt den Pneumokokken und den Eiterkokken selbst eine aktive Rolle im tuberkulösen Zerfall zu.[LIV] Auch Cornet erkennt eine aktive Rolle der paratuberkulösen Flora hierbei an.[LV]

Für die Pseudo-Milben, die auf zerfallenen Geweben leben, schlägt Spengler die Bezeichnung etwa als ›Begleitbakterien‹ vor.[LVI] Es ist jedoch klar, daß die Grenze zwischen dem Begleiten von Mikroorganismen und der Misch- sowie der Sekundärinfektion fließend ist.

Allgemein gesprochen, können die koexistierenden Mikroorganismen in unterschiedlicher Weise aufeinander einwirken. Es können also verschiedene Möglichkeiten auftreten: Eine Ansteckung kann die nächste Ansteckung unterstützen, z.B. eine Masernerkrankung eine beginnende Tuberkulose begünstigen. Das Phänomen der postmorbillösen Anergie ist den Klinikern schon lange bekannt. Die schönen Experimente aus dem Institut des Professors Prausnitz zum Einfluß des Blutes der Kranken auf Masern und auf Kochsche Bazillen scheinen diese Phänomene auch *in vitro* zu bestätigen.[LVII]

Oder es können zwei Ansteckungen unabhängig beziehungsweise indifferent zueinander sein, wie z.B. der weiche und der harte Schanker. Oder sie können sich gegenseitig bekämpfen, z.B. Syphilis und Malaria. Dieser Umstand läßt sich sogar experimentell nachweisen

(Silberstein, Horn und Klauders)[LVIII] und wird bei der Behandlung der progressiven Paralyse eingesetzt. Es geht hier, laut den erwähnten Autoren, nicht nur um eine Heilwirkung des Fiebers, sondern vielmehr um die spezifische Konkurrenz zwischen Malaria und Spirachätosen.

Auch durch Experimente im Reagenzglas läßt sich nachweisen, daß das Zusammenleben zweier Mikroorganismen für beide nicht folgenlos ist. Wir wissen z.B., daß sich Anärobier unter gewöhnlichen Sauerstoffbedingungen züchten lassen, sofern wir zusammen mit ihnen die Chalkogene impfen werden. Dies bewirkt in diesem Falle entweder eine Isolierung vom Sauerstoff, d.h. die Bildung eines Antisauerstoffvorhangs durch die Chalkogene, oder dadurch, daß die Chalkogene den von ihnen im Nährboden aufgelösten Sauerstoff verbrauchen. Laut Weinberg und Achard [Azner][LIX] verbraucht *Bac. pyocyaneus* extra viel Sauerstoff und begünstigt somit die Anärobierkultur. Hierauf verschlechtern sich die Bedingungen für die Anwesenheit dieses Mikroorganismus, welcher an sich harmlos ist, und die Folge ist eine Nebeninfektion durch die Anärobier, wie z.B. das Auftreten von Gasphlegmonen.

Eine Mischkultur aus *Bac. typhi* und *Bac. morgani* erlangt ferner die Eigenschaft, Gas im Maltose-Nährboden zu erzeugen, was allein weder *Bac. typhi* noch *Bac. morgani* erreichen kann (Silber und Nikolskaja).[LX] Die gemeinsame Kultur weist hier also neue Merkmale auf. Von den älteren Arbeiten auf diesem Gebiet dürfen die von Rolly[LXI] (Alkalisation von Mischkulturen), Nencki[LXII] (Zuckerzerlegung in Mischkulturen), Burri und Stutzer[LXIII] (Nitrifikation) etc. nicht vergessen werden. Diese Versuche haben die Möglichkeit geboten, den gegenseitigen Einfluß von Mikroorganismen zum Heilungszweck für Anwendungszwecke zu studieren, obgleich bislang immer (außer bei Malaria) bei der Syphilis die Ergebnisse negativ gewesen sind.

Das Thema der modernen Auffassung von der Ansteckung und der ansteckenden Krankheit wurde damit grob zusammengefaßt. Das Merkmal dieser Auffassung ist eine prinzipielle Anlehnung der allgemein verbreiteten biologischen Grundlagen. Dies bezieht sich auf (1) die Klassifikation der betreffenden und verwandten Phänomene, (2) das Begreifen der Konstitution beider Organismen (Geno- und Phänotyp), (3) die naturwissenschaftliche Auffassung der Variabilität, (4) das historische Auffassen der Frage nach dem Verhältnis beider Organismen zueinander, (5) die Untersuchung der gegenseitigen Verhältnisse zwischen den Mikroorganismen.

Die Literatur dazu befindet sich in den letzten Jahrgängen der Zeitschriften: *Zentralblatt für Bakteriologie*, *Zeitschrift für Hyg[iene]*, *Klinische Wochenschrift*, *Med[ycyna] doświadczalna i społeczna*, *Münch[ner] Med[izinische] Woch[enschrift]*, *Naturwissenschaften* sowie in den Tagungsberichten aus den letzten Jahren. Ferner sind die Arbeiten von: SEITZ, GOTSCHLICH, ABEL, HOHN, BRAUN, HOFMEIER, HOLZHAUSEN und KRAUS, in: KOLLE, KRAUS, UHLENHUTH: *Lehrbuch*, Bd. I und V, besonders einschlägig,[LXIV] ebenso wie HIRSZFELDS *Konstitutionsserologie* (1928), NÄGELIS *Allgemeine Konstitutionslehre* (1927) oder LOEWITS *Infektion und Immunität* [1921].[LXV]

I Ludwik Fleck, »Współczesne pojęcie zakażenia i choroby zakaźnej«, in: *Wiadomości lekarskie* 3 (1930), S. 149-154 und S. 205-210, SMF, S. 67-77. Aus dem Polnischen von Sylwia Werner. Komm.: FWS (mit Dank an Florian Schmaltz für Hintergrunddiskussionen zu Hirszfeld, die dabei halfen, eine bessere Kontextualisierung dieses Beitrags vornehmen zu können) und [Hg.]. Zusammen mit dem ein Jahr später erschienenen Aufsatz »Über den Begriff der Art in der Bakteriologie« konkretisiert dieser Text begriffskritische Überlegungen, die Fleck zuvor in »Über einige spezifische Merkmale des ärztlichen Denkens« (1927) angestellt hatte: »Das ist erneut ein besonderes Merkmal der Medizin. Nirgends sonst, in keinem anderen Wissenszweig, haben die Arten so viele spezifische Merkmale, d. h. Merkmale, die sich nicht analysieren und nicht auf gemeinsame Elemente führen lassen. Auf diese Weise schafft der sehr weit getriebene Abstraktionsprozeß einen Artbegriff, dessen Fiktivität bedeutend größer als in irgendeinem anderen Wissensbereich ist, und einen Elementbegriff von gleichermaßen spezifischer Unbestimmtheit«. Vgl. in dieser Ausgabe, S. 44. Zudem liefert diese Studie auch Material für Flecks späteren Versuch, die Denkstilgebundenheit des bakteriologischen Infektionsbegriffs vorzuführen. Vgl. EET, S. 43 und 79f. und im vorliegenden Band den Aufsatz: »Wie entstand die Bordet-Wassermann-Reaktion und wie entsteht eine wissenschaftliche Entdeckung im allgemeinen?«.

II Siehe auch: Christoph Gradmann, *Krankheit im Labor. Robert Koch und die medizinische Bakteriologie*, Göttingen 2005, hier insb. S. 8f. und S. 52-68.

III Grundlage dieser Annahme der spezifischen Rolle, die ein Bakterium bei der ätiologischen Entstehung einer Infektionskrankheit spielen sollte, war insbesondere die Debatte zwischen dem französischen Hygieniker Louis Pasteur (1822-1895) und dem Naturforscher Félix Archimède Pouchet (1800-1872), bei der Pasteur die Entwicklung von Gärungs- wie auch von Entzündungsprozessen an die Anwesenheit von Bakterien band, wie er dies in seinen berühmt gewordenen Experimenten unter Verwendung von luftleeren Phiolen mit vordefinierten Inhalten 1864 nachgewiesen hat und so die mikrobiologische Infektionstheorie gegenüber der von Pouchet vertretenen Annahme spontaner Generation sowie der Übertragbarkeit ansteckender Erkrankungen durch Miasmen [~ schlechte Luft] durchsetzte. Vgl. John Farley, Gerald Geison, »Science, Politics and Spontaneous Generation in Nineteenth Century France. The Pasteur-Pouchet Debate«, in: *Bulletin of the History of Medicine* 48 (1974), S. 161-198; Bruno Latour, »Pasteur und Pouchet: Die Heterogenese der Wissenschaftsgeschichte«, in: Michel Serres (Hg.), *Elemente einer Geschichte der Wissenschaften*, Frankfurt/M. [2]1995, S. 749-789. Einen weiteren wichtigen Schritt auf dem Weg zur Anerkennung der bakterienbasierten Infektionspathologie stellte letztlich die Entdeckung des Tuberkelbazillus durch den Berliner Mikrobiologen Robert Koch (1843-1910) im Jahre 1882 dar, wenngleich hierauf eine lange Debatte mit dem Münchner Hygieniker Max Joseph von Pettenkofer (1818-1901) folgen sollte, welcher den zusätzlichen Einfluß von Umweltfaktoren für die Entwicklung und Ausbreitung von Infektionserkrankungen betont hat. Vgl. Harald Breyer, *Max von Pettenkofer. Arzt im Vorfeld der Krankheit*, Leipzig 1980, hier insbesondere S. 65-100; Volker Klimpel, »Zum Aufenthalt Max von Pettenkofers 1865 in Sachsen«, in: *Berichte zur Wissenschaftsgeschichte* 17 (1994), S. 117-121.

IV Die von Robert Koch vertretene Auffassung zur Pathogenese der Infektionskrankheiten, welche ihren Ursprung in der von seinem Lehrer Friedrich Gustav Jacob Henle (1809-1895) vertretenen Ansteckungslehre hat, ging auch unmittelbar in die von Koch selbst vorgelegten mikrobiologischen Postulate ein: (1) Der Erreger sollte in jedem spezifischen Krankheitsfall gefunden werden, (2) er sollte bei anderen Krankheiten nicht zu finden sein, (3) er sollte isoliert werden können, (4) er sollte anzuzüchten sein, (5) er sollte bei Überimpfung die gleiche Erkrankung wieder hervorbringen, und (6) er sollte schließlich von einem geimpften Tier zu gewinnen sein. Siehe Jacob Henle, »Von den Miasmen und Contagien und von den miasmatisch-contagischen Krankheiten«, in: *Pathologische Untersuchungen* 1 (1840), S. 1-82; K. Codell Carter, »Koch's Postulates in Relation to the Work of Jacob Henle and Edwin Klebs«, in: *Medical History* 29 (1985), S. 353-374. Vgl. EET, S. 27, 38, 43 und 122f.

V Es handelt sich hier um den Berliner Bakteriologen und Anaphylaxiespezialisten Ernst Friedberger (1872-1935), der von 1926 bis zu seinem frühen Tod als Direktor des Preußischen Forschungsinstituts für Hygiene und Immunitätslehre in Berlin-Dahlem wirkte. Die von Fleck erwähnte ubiquitäre Erregertheorie wurde ferner auch von dem Berliner Internisten Georg Johann Jürgens (1870-1966) vertreten. Vgl. Salomon Wininger, »Ernst Friedberger«, in: Salomon Wininger (Hg.), *Grosse jüdische National-Biographie, mit mehr als 8000 Lebensbeschreibungen namhafter jüdischer Männer und Frauen aller Zeiten und Länder*, Bd. 2, Czernowitz 1936, S. 326; Georg Jürgens, *Arzt und Wissenschaft. Erkenntnisse eines Lebens*, Hannover 1949. Für die von Fleck erwähnte ubiquitäre Erregertheorie siehe Richard Pfeiffer, Ernst Friedberger, *Lehrbuch der Mikrobiologie*, Jena 1919; Georg Jürgens, *Infektionskrankheiten*, Berlin 1920.

VI In der Tat sind diese Phänomene bis in die heutige Zeit bedeutsam geblieben und zeigen die Tragweite der Diskussionen, in die Koch, Pettenkofer und Fleck eingebunden waren, besonders eindrucksvoll auf. Siehe auch Gerald M. Oppenheimer, Ezra Susser, »Invited Commentary: The Context and Challenge of von Pettenkofer's Contributions to Epidemiology«, in: *American Journal of Epidemiology* 168 (2007), S. 1-3.

VII Ein Saprophyt [gr. *sapr-* für Fäulnis und *phyton* für Gewächs] ist ein Mikroorganismus, der auf der Oberfläche von toter, fauler Substanz lebt, wobei zwischen »obligaten« und »fakultativen« Saprophyten unterschieden wird. Letztere können als Parasiten auch auf lebenden Organismen vorkommen. Siehe *Pschy.*, s.v. Saprophyten, hier S. 1487.

VIII Richard Pfeiffer, Ernst Friedberger, *Lehrbuch der Mikrobiologie*, Jena 1919, S. 508-517.

IX Fleck benutzt durchgehend den veralteten Begriff der »Malignität« oder »Bösartigkeit«, während heute meistens der Begriff der »Virulenz« auch für Bakterien und andere Mikroorganismen benutzt wird. Vgl. Otto Kandler, »Stellung der Bakterien in der belebten Natur«, in: *Mikrobio*, S. 64-70, hier S. 64.

X Wilhelm Kolle (1868-1935) war ein deutscher Hygieniker und Bakteriologe; langjähriger Mitarbeiter von Robert Koch in Berlin. Vgl. Kurt Laubenheimer, »Wilhelm Kolle zum Gedächtnis«, in: *Münchener Medizinische Wochenschrift* 38 (1935), S. 919f. Zur Frage des Sistierens von Choleravibrionen im menschlichen Körper siehe Wilhelm Kolle, Rudolf Kraus, Paul Uhlenhuth (Hg.), *Handbuch der pathogenen Mikroorganismen*, Bd. 6, Teil 2, Jena, Berlin u.a. [3]1928, S. 1544f.

XI Der in Wien geborene Pathologe Leo Bürger (1879-1943) war ab 1931 als Professor für Urologie in New York tätig. Vgl. Anderson Birch, »Leo Buerger, 1879-1943«, in: *Practitioner* 211 (1973), S. 823. Zum Problem der Choleravibrionen siehe insbesondere: Leo Buerger, »Der Cholerabacillus der Cholera Asiatica«, in: Carl Guenther (Hg.), *Einführung in das Studium der Bakteriologie*, Leipzig [7]1906, S. 265-290.

XII Emil Gotschlich (1870-1949), der in Heidelberg Medizin studiert hatte, trat mit nur 26 Jahren das Direktorat des Gesundheitsamtes der Stadt Alexandria in Ägypten an, wo er insbesondere Methoden zur Sanierung der

Wasserversorgung erarbeitete und mikrobakteriologische Studien zur herrschenden Choleraepidemie anstellte. Während des Ersten Weltkriegs mußte Gotschlich jedoch Ägypten verlassen und nach Deutschland zurückkehren, wo er nacheinander akademische Stellen in Berlin, Halle und Saarbrücken bekleidete, bevor er zwischen 1918 und 1925 auf eine Hygieneprofessur nach Gießen, später schließlich an die Universität Heidelberg berufen wurde. Nach seiner Emeritierung 1935 wirkte er bis 1941 als Direktor des Hygieneinstituts von Ankara in der Türkei, wo er sich erneut mit angewandten sanitärmedizinischen Fragen beschäftigte. Siehe Nicole Gotschlich, *Emil Gotschlich (1870-1949) und die wissenschaftliche Hygiene*, Diss. med., Heidelberg 2000. Zu seinen Auffassungen über die Choleraübertragung vgl. insbesondere Emil Gotschlich, Walter Schürmann, *Leitfaden der Mikroparasitologie und Serologie*, Berlin 1920, S. 263-270. Mit Gotschlich setzt sich Fleck intensiv ein Jahr später in seinem Aufsatz »Über den Begriff der Art in der Bakteriologie« (1931a) auseinander.

XIII Joseph Simon, »Klinische Vorlesung über die Behandlung des Typhus bei Kindern«, in: *Der Kinderarzt* 4 (1891), S. 49f.; Ferdinand Dennemark, »Die Gruber-Widalsche Reaktion bei klinisch Gesunden in der Nähe Typhuskranker«, in: *Zentralblatt für Bakteriologie* 54 (1906), S. 374-384.

XIV Gotschlich, Schürmann, *Leitfaden der Mikroparasitologie* (wie EN XII), S. 267f.

XV Richard Scheller, »Beiträge zur Typhusepidemiologie«, in: *Centralblatt für Bakteriologie* 46 (1908), S. 385-388.

XVI Heinrich Conradi, »Über Mischinfektion durch Typhus- und Paratyphusbazillen«, in: *Deutsche Medizinische Wochenschrift* 12 (1904), S. 599-602.

XVII Otto Busse, *Typhus abdomninalis und Paratyphus in ihren Beziehungen zu den Bakterien der Typhus-Coli Gruppe*, Göttingen 1907.

XVIII Ulrich Friedemann, »Weitere Mitteilungen ueber das Bacterium tumefaciens«, in: *Zeitschrift für Hygiene* 84 (1918), S. 249-255.

XIX James A. Glover, »Observations among the Meningo Coccus Carrier Rate, and their Application to the Prevention of Cerebrospinal Fever«, in: Medical Research Council (Hg.), *Cerebrospinal Fever: Studies in the Bacteriology, Preventive Control and Specific Treatment of Cerebrospinal Fever among the Military Forces, 1915-19*, London 1920, S. 133-173.

XX Ulrich Friedmann, Arthur Elkeles, »Über Permeabilität der Blut-Hirnschranke für Bakteriengifte. I. Mitt. 1. Experimentelle Untersuchungen über die Diphtherievergiftung«, in: *Zeitschrift für die gesamte experimentelle Medizin* 74 (1929), S. 293-319.

XXI Bernhard de Rudder, *Das Durchseuchungsproblem bei den Zivilisationsseuchen (Masern, Scharlach und Diphtherie)*, Diss. med., Würzburg 1927.

XXII Hans Reiter, »Die Bedeutung der symptomlosen stummen Infektion für die Immunität«, in: *Deutsche Medizinische Wochenschrift* 51 (1925), S. 1102f.

XXIII In den 1870er Jahren unternahm Pasteur in Paris eine Vielzahl von Versuchen, um das physiologische Reservoir und die kritische Menge von Milzbranderregern bestimmen zu können, und kam zu dem Schluß, daß Milzbrand auch durch Blutserum allein übertragen werden kann und die Erreger in sogenannten Sporenzellen lange physiologische Phasen überleben können, bevor sie durch äußere Einflüsse wieder virulent werden. Nachdem sich Pasteur ab 1880 dann der Tollwut zuwandte, setzte er sich in diesen Laboruntersuchungen insbesondere mit dem Problem geringer therapeutischer Optionen auseinander. Anders als beim Erreger des Milzbrandes konnte er hier keine Sporen vorfinden, doch ergaben seine Experimente an Hunden, daß durchaus eine geringe körpereigene Immunität erzeugt werden könnte, wenn die Impfung mit Seren von einem an Tollwut erkrankten Tier bei einem neu infizierten direkt nach einem Kontakt oder einem Biß vorgenommen würde. Pasteur entwickelte dieses Prinzip schließlich 1885 bis zur Klinikreife fort und konnte auf diese Weise auch theoretisch zeigen, daß das *milieu intérieur* des Wirtsorganismus letztlich von entscheidender pathophysiologischer Bedeutung ist. Siehe etwa Gerald Geison, *The Private Science of Louis Pasteur*, Princeton 1995, insb. S. 160-196.

XXIV Ludwig Neufeld, »Über chronische Diphtherie«, in: *Deutsche Medizinische Wochenschrift* 20 (1904), S. 738-740.

XXV Diese Annahme Flecks hatte auch die Ärzte zu breitangelegten Impfungen mit dem BCG-Impfstoff bei Kindern ermutigt, ein klinischer Versuch, der letztlich durch das physiologische Umschlagen von attenuiertem in virulenten Impfstoff mit 72 Tuberkuloseinfektionen und zahlreichen Todesfällen unter vielen der geimpften Patienten führte. Die vorgenommenen klinischen Versuche und die nachfolgende juristische Aufarbeitung sind als sogenannter »Lübecker Impfskandal« von 1930 in die Geschichte der Medizin eingegangen und markieren eine Zäsur, durch die bereits frühe rechtliche Regelungen vorgeschlagen und erlassen worden sind, die nicht nur die Entwicklung der menschenverachtenden Experimente in der NS-Zeit, sondern auch die Diskussionen um den sogenannten »Nürnberger Kodex« in einem anderen Kontext erscheinen lassen. Siehe Christian Bonah und Philipp Menut, »BCG Vaccination around 1930: Dangerous Experiment or Established Prevention? Debates in France and Germany, the Lübeck Scandal, and the ›Reichs-Richtlinien‹«, in: Volker Roelcke, Giovanni Maio (Hg.), *Twentieth Century Ethics of Human Subject Research. Historical Perspectives on Values, Practices and Regulations*, Stuttgart 2004, S. 111-127, sowie die EN zu Flecks Aussagen bei den Nürnberger Ärzte-Prozessen.

XXVI Albert Calmette (1863-1933) war ein französischer Bakteriologe und Immunologe, der zwischen 1890 und 1918 als Abteilungsleiter des Institut Pasteur in Paris, Algier und Saigon arbeitete. Nach dem Ersten Weltkrieg wurde er leitender Direktor des Pariser Pasteur-Instituts, an dem er 1921 den teilweise nach ihm benannten BCG-Impfstoff gegen die Tuberkulose entwickelte und in die klinische Prüfung einführen konnte. Vgl. Barbara J. Hawgood, »Albert Camille (1863-1933) and Camille Guérin (1872-1961): the C and G of BCG Vaccine«, in: *Journal of Medical Biography* 15 (2007), S. 139-146.

XXVII Rudolf Kraus, *Über die Grundlagen der Schutzimpfung gegen Tuberkulose nach Calmette mit BCG*, Wien 1926.

XXVIII Gemeint ist der als Begründer der modernen Genetik geltende Gregor Mendel (1822-1884). Siehe Vítězslav Orel, *Gregor Mendel: The First Geneticist*, Oxford 1996.

XXIX Der holländische Genetiker Hugo de Vries (1848-1935) wurde 1877 als Professor der Botanik an die Universität von Amsterdam berufen, wo er sich insbesondere mit physiologischen Pflanzenhybridisierungsversuchen beschäftigte. Im Verlauf dieser Untersuchungen um 1900 stellte er fest, daß sich bereits Gregor Mendel 40 Jahre zuvor mit diesem Problem befaßt hatte. Insgesamt ging er jedoch zu Mendel kritisch auf Distanz, insbesondere weil er von der parallelen Vererbung größerer Merkmalseinheiten (den sogenannten »Pan-Genen«) überzeugt war. Vgl. Ida Stamhuis, Onno Meijer, Erik Zevenhuizen, »Hugo de Vries on Heredity, 1889-1903. Statistics, Mendelian Laws, Pangenes, Mutations«, in: *Isis* 90 (1999), S. 238-267.

XXX Arthur Seitz, *Bakteriologie für Zahnärzte. Einführung in die Mikrobiologie und Infektionskrankheiten*, Berlin ²1930, S. 34.

XXXI Adolf Gottstein, *Die Lehre von den Epidemien*, Berlin 1929, hier insbesondere S. 71-75. Vgl. dazu EET, S. 152-155.

XXXII Emil Gotschlich, »Über Cholera und Cholera-ähnliche Vibrionen unter den aus Mekka zurückkehrenden Pilgern«, in: *Zeitschrift für Hygiene und Infektionskrankheiten* 3 (1906), S. 281-305.

XXXIII L. Kandiba, »Zur Frage der ätiologischen Bedeutung der choleraähnlichen Vibrionen«, in: *Zeitschrift für medizinische Mikrobiologie und Immunologie* 69 (1911), S. 405-416.

XXXIV Napoleon Gąsiorowski, »Über einen choleraähnlichen Vibrio«, in: *Zeitschrift für Hygiene und Infektionskrankheiten* 9 (1912), S. 530-540.

XXXV Otto Nägeli (1871-1938) war ein Schweizer Hämatologe und Direktor der Zürcher Klinik für Innere Medizin. Nach dem Studium in Lausanne, Zürich, Straßburg und Bern wurde er in Zürich promoviert und erlangte dort auch die Venia legendi im Jahre 1900. Bis 1917 war er zunächst Ordinarius in Tübingen, bevor er wieder zurück nach Zürich ging. Vgl. Wenzel Maria Dufek, *Der Internist Otto Naegeli (1871-1938)*, Zürich 1983.

XXXVI Vgl. Otto Nägeli, *Allgemeine Konstitutionslehre in naturwissenschaftlicher und medizinischer Betrachtung*, Berlin 1928 [die zitierten Textpassagen sind jedoch in dieser Form im Buch nicht auffindbar].

XXXVII Vgl. Ludwik Hirszfeld, *Konstitutionsserologie und Blutgruppenforschung*, Berlin 1928, S. 1f.

XXXVIII Carl Eigenbrodt, »Über den Einfluß der Familiendisposition auf die Verbreitung der Diphtherie«, in: *Deutsche Vierteljahresschrift für öffentliche Gesundheitspflege* 25 (1893), S. 517-558; Wilhelm Spirig, »Studien über den Diphtheriebacillus«, in: *Zeitschrift für Hygiene und Infektionskrankheiten* 42 (1903), S. 420-460; Adolf Gottstein, *Die Lehre von den Epidemien*, S. 71-75; und Franz von Groër, »Über Diphtherie und Diphtherieschutz bei Neugeborenen«, in: *Zeitschrift für Kinderheilkunde* 25 (1920), S. 227-231.

XXXIX Werner Fischer, »Über den Diphtherie-Antitoxingehalt im Blut«, in: *Medizinische Wochenschrift* 9 (1930), S. 129-137.

XL Hanna Hirszfeld, Henryk Brokmann »Untersuchungen über Vererbung der Disposition bei Infektionskrankheiten, speziell bei Diphtherie«, in: *Klinische Wochenschrift* 3 (1924), S. 1308-1311.

XLI Unter der »Schick-Reaktion« beziehungsweise dem »Schick-Test« wird eine Intrakutanprobe bei den untersuchten Personen verstanden, welche dazu dient, Diphtherin-Antitoxine zu identifizieren und die Notwendigkeit einer Schutzimpfung für diese Personen festzulegen. Vgl. *Pschy.*, s.v. Schick-Test, S. 1497-1498.

XLII Anna C. Hagedoorn, Vorstheuvel La Brand, »Über die Resistenz der Maus gegen die Staphylokokken. Kleinere Mitteilungen«, in: *Zeitschrift für Vererbungslehre* 6 (1911), S. 268-281.

XLIII Paul A. Lewis, Dorothy Loomis, »Allergic Irritability; Anaphylaxis in the Guinea Pig as Affected by the Inheritance«, in: *Journal of Experimental Medicine* 41 (1925), S. 327-335.

XLIV Vgl. Hirszfeld, *Konstitutionsserologie* (wie EN XXXVII), S. 200.

XLV Vgl. ebd., S. 1 [bei der Verwendung des obigen Zitats hat Fleck Hirszfelds Satzbau umgestellt].

XLVI Charles Nicolle, Ernest Conseil, »Expériences concernant l'immunité«, in: *Annales de l'Institut Pasteur* 26 (1912), S. 275-280. Siehe dazu auch EET, S. 27.

XLVII Robert Doerr, Rudolph Pick, »Das Verhalten heterologer Immunsera im normalen und im allergischen Organismus«, in: *Zentralblatt für Bakteriologie* 62 (1912), S. 146-159.

XLVIII Edmund Weil, Frederick Breinl, »Untersuchungen über die experimentelle Fleckfieberinfektion und -immunität«, in: *Zeitschrift für Immunitätsforschung und experimentelle Therapie* 37 (1923), S. 60-74.

XLIX Reiter, *Die Bedeutung der symptomlosen stummen Infektion für die Immunität* (wie EN XXII), S. 1102-1103.

L Frederick Breinl, »Allergie, Anaphylaxie und Idiosynkrasie«, in: *Medizinische Klinik* 26 (1930), S. 608-611.

LI Vgl. Nicolle, Conseil, *Expériences concernant l'immunité* (wie EN XLVI), S. 275-280.

LII Gemeint ist wahrscheinlich das Buch von Louis R. Grote, *Grundla-*

gen ärztlicher Betrachtung. Einführung in begriffliche und konstitutionspathologische Fragen der Klinik für Studierende und Ärzte, Berlin 1921.

LIII Vgl. auch Emil Gotschlich, Walter Schürmann, *Leitfaden der Mikroparasitologie und Serologie*, Berlin 1920, S. 174-180.

LIV Norbert Ortner, *Lehrbuch der Differentialdiagnostik Innerer Krankheiten*, Berlin 1928, S. 66-70.

LV Georg Cornet, *Die Tuberkulose*, Berlin [2]1907.

LVI Karl Spengler, *Tuberkulose- und Syphilis-Arbeiten 1890-1911*, Davos 1911, insbesondere Kapitel 3.

LVII Carl Prausnitz, »Untersuchungen über die bakterientötende Kraft des menschlichen Blutes«, in: *Die Umschau* 30 (1926), S. 345-347.

LVIII Salomon Silberstein, »Über Abortivheilung der Syphilis«, in: *Archiv für Dermatologie und Syphilis* 143 (1923), S. 334-364; Werner S. Horn, »The Treatment of Syphilis at Hot Springs Arkansas«, in: *New England Medical Journal* 23 (1910), S. 215-219; Joseph V. Klauder, Harry C. Solomon, »Juvenile Paresis«, in: *The American Journal of the Medical Sciences* 166 (1923), S. 545-558.

LIX Samuel Weinberg, »Über die ambulatorische Behandlung syphilitisch Kranker«, in: *Wiener medizinische Wochenschrift* 19 (1869), S. 935-951. Auch nach langwierigen Recherchen bleibt unklar, welchen mikrobiologischen Autor Fleck mit »Aznar« meint. Die größtmögliche Übereinstimmung ergab sich mit folgender Arbeit: Charles Achard, Martin Loeper, Henri Grenet, »Séroréaction dans l'infection pyocyanique chez l'homme«, in: *Comptes Rendues de la Société de Biologie* 11 (1902), S. 1274-1276. Charles Achard (1866-1944) war ein französischer Internist, der an der Universität von Paris ausgebildet worden war, wo er 1895 als *Docteur aggregé* tätig wurde, bevor er 1910 eine Professur für Pathologie in Paris erhielt; klinisch blieb er dem *Hôpital Beaujon* verbunden. Siehe George Weisz, *The Medical Mandarins. The French Academy of Medicine in the Nineteenth and Early Twentieth Centuries*, Oxford 1995, S. 133f.

LX Leon A. Silber, Salomon I. Nikolskaja, »Über gemischte Bakterienkulturen«, in: *Zentralblatt für Bakteriologie* 112 (1929), S. 451-454.

LXI Friedrich Rolly, »Bazillenträger, ihre Entstehung und Bekämpfung«, in: *Münchner Medizinische Wochenschrift* 63 (1916), S. 1217-1219.

LXII Leon Nencki, »Über Mischkulturen«, in: *Zentralblatt für Bakteriologie und Parasitenkunde* 11 (1892), S. 225-228.

LXIII René Burri, Alois Stutzer, »Über einen interessanten Fall einer Mischkultur«, in: *Zentralblatt für Bakteriologie und Parasitenkunde* 16 (1894), S. 814-817.

LXIV Vgl. W. Kolle, R. Kraus, P. Uhlenhuth, *Handbuch der pathogenen Mikroorganismen*, 19 Bde., Jena, Berlin, u. a. [3]1929.

LXV Moritz Loewit, *Infektion und Immunität*, Berlin, Wien 1921.

Über den Begriff der Art in der Bakteriologie[1, I]

Sehr geehrte Kolleginnen und sehr geehrte Kollegen! Mir fällt zugleich eine leichte und eine schwere Aufgabe zu. Eine leichte, denn in jeder Zeitschrift finden Sie heute Arbeiten zur Variabilität der Bakterien, zur Konstanz der Arten und zu Methoden ihrer Differenzierung; eine schwere, denn alle diese Überlegungen erbrachten bislang kein unumstrittenes Ergebnis. Außerdem erleben wir derzeit in der Bakteriologie in bezug auf das Problem der Art einen Kulminations- und Wendepunkt, der – wie ich erwarte – dieses Problem endlich auf den Weg einer ruhigen Entwicklung bringen wird. Man muß also in einem Sammelreferat viel Vorsicht walten lassen, damit die darin vorkommenden Urteile nicht bereits in den nächsten Jahren der Lüge gestraft werden.

Nun nimmt die heute »herrschende« Nomenklatur der Botanik und Zoologie an, daß sich auf unserem Planeten eine strikt bestimmte Anzahl von Arten der Lebewesen befindet (*species*), die sich anhand von einfacher oder schwieriger zu erkennenden Merkmalen mit Sicherheit voneinander unterscheiden lassen und die sich unveränderlich in Hinsicht auf alle wesentlichen Eigenschaften durch Fortpflanzung reproduzieren. Eine Anzahl solcher Arten hat gemeinsame Merkmale und beweist damit eine nähere Verwandtschaft. Diese Arten faßt man zu einer Gattung (*genus*) zusammen. Die vielleicht besten Systematiker der Bakteriologie, Lehmann[II] und Neumann,[III] führen den Begriff der Art so ein: »In gewissen Gruppen des Pflanzenreiches entsprechen die tatsächlichen Verhältnisse recht gut diesem Schema. Die vorhandenen Individuen lassen sich leicht in eine Anzahl scharf charakterisierter, durch keine Übergänge verbundener Arten scheiden, je eine Anzahl Arten gruppiert sich natürlich in eine Gattung, und die Gattungen setzen eine natürliche scharf begrenzte Familie zusammen.«[IV] Hier hätten wir den sogenannten natürlichen Begriff der Art. Aber in anderen Bereichen der Botanik, z.B. unter *Rosacea*,[V] gibt es eine solche Vielheit und Verschiedenartigkeit der Formen, daß fast jeder Systematiker seine eigene Einteilung hat. Man könnte jeden Rosenstock separat benennen und – nachdem er nach bestimmten Merkmalen geordnet wurde – eine ganze Reihe von Übergängen schaffen,

1 Referat, gehalten auf einer Sitzung des Wissenschaftlichen Kreises des ärztlichen Laboratoriums der Krankenkasse in Lwów/Lemberg [ca. 1930/31].

oder auch könnte man eine Anzahl von besonders auffallenden und verbreiteten Formen als Arten wählen und den Rest als Unterarten, Abarten, untypische und Übergangsformen usw. klassifizieren. Auf diese Weise verliert der Begriff der Art bereits in komplizierteren Bereichen der Botanik seinen ursprünglichen natürlichen Charakter und wird konventionell. Wir können nicht mehr über die Arten als eine objektive Eigenschaft der Welt der Lebewesen sprechen, die tatsächlich in der Natur enthalten wäre, sondern nur als eine mehr oder weniger bequeme Klassifikationsmethode.

In der Bakteriologie wird diese Angelegenheit noch komplizierter. Wenn wir über den Begriff der Art sprechen, müssen wir uns dessen bewußt sein, daß wir eigentlich zwei verschiedene Fragen berühren: (1) Ob es hinreichend klare Merkmale gibt, die jeweils eindeutig eine Entscheidung ermöglichen würden, ob zwei Organismen in bezug auf die Art identisch oder verschieden sind? (2) Ob es hinreichend konstante Merkmale gibt, durch die die einmal herauskristallisierten Arten – bei Veränderungen im Laufe der Generationen – nicht verwischen würden? Diese zwei grundsätzlich verschiedenen Fragen können in der Bakteriologie nicht separat untersucht werden, weil jede Identifizierung oder Differenzierung des Mikroorganismus notwendigerweise auf mehreren – unter unterschiedlichen Bedingungen lebenden – Generationen durchgeführt werden muß.

In der Vorgeschichte der Bakteriologie gab es ursprünglich Versuche, die Mikroorganismen durch eine gewöhnliche Beobachtung der einzelnen Individuen zu erkennen, z.B. die Bestrebungen, die vor mehr oder weniger hundert Jahren von Ehrenberg[VI] unternommen wurden (*Die Infusionstierchen als vollkommene Organismen*, [Leipzig] 1838). Er fand bei manchen von ihnen (den heutigen Protozoen) Einzelheiten, die er für Mund, Magen, Eier etc. hielt. Wenn er bei den kleineren Mikroorganismen diese Organe nicht sah, schrieb er die Schuld ihrer Kleinheit zu. Er war also davon überzeugt, daß – im Grunde genommen – durch die Beschreibung der morphologischen Merkmale und der Bewegungs- sowie Fortpflanzungsweise der Begriff der Art bei Mikroorganismen analog zum Begriff der Art in anderen Bereichen der Lebewesen vergeben werden kann. In der Familie der *Vibrionia*, die von ihm als *animalia filiformia, distincte aut verisimiliter poligastrica* etc. beschrieben werden, finden wir zweifellos Bakterien, doch allein mit dem Begriff *bacterium* bezeichnet Ehrenberg ein *animal e familia vibrioniorum, divisione spontanea in catenam filifor-*

mem rigidulam abiens.[VII] Die späteren Beobachtungen und speziell die Forschungen in Fäulnis- und Krankheitsstoffen, die man für verwandt hielt, führten in Zusammenhang mit der verbreiteten und tiefverwurzelten Lehre von der Urzeugung[VIII] ein gewisses physiologisches Motiv ein, das bis heute blieb. Einer der Väter dieser Methode ist HALLIER,[IX] der um das Jahr 1870 systematische Untersuchungen zur »Gärung, Fäulnis und Verwesung, mit Berücksichtigung der Miasmen und Kontagien sowie der Desinfektion«[X] durchführte. Diese physiologischen Untersuchungen brachten HALLIER von der Morphologie, die er für wenig maßgeblich hielt, ab, denn er war davon überzeugt, daß unterschiedliche Böden verschiedene Formen derselben Art ergeben würden. Eine ähnliche physiologische Richtung repräsentierte LISTER.[XI] Noch weiter ging im Pleomorphismus BILLROTH,[XII] der als Arzt die Untersuchung von Mikroorganismen in die Pathologie übertrug und meinte, daß alle bakteriellen Formen zu einer einzigen Art der *Coccobacteria septica* gehören, die unter verschiedenen Bedingungen verschiedenartig ihre Gestalt verändert. Der Botaniker COHN,[XIII] ihr Zeitgenosse, war hingegen von Natur aus ein Anhänger der Morphologie, obgleich nicht einer ausschließlichen. Seine Aufteilung in *Tribus I sphaerobacteria* (mit der *Micrococcus*-Art), *Tribus II microbacteria* (mit der *Bacterium*-Art), *Tribus III desmobacteria* (mit der *Bacillus*- und *Vibrio*-Art) und *Tribus IV spirobacteria* (mit *Spirillum* und *Spirochaetae*-Art) ist sehr an die heutige angenähert.[XIV] Er äußerte sich auch als erster klar gegen die Zugehörigkeit der Bakterien zu den Tieren.

Seit Beginn der Geschichte der Bakteriologie zeichnete sich in dieser Weise ein Unterschied zwischen Botanikern und Ärzten, zwischen Anhängern der morphologischen Arten und der physiologisch-pathologischen Methoden ab. Diese Diskrepanz besteht eigentlich noch bis heute.

Die zur Differenzierung der Arten eingeführten physiologischen, pathologischen und serologischen Methoden hatten nicht nur in der Bakteriologie Bestand, sondern sie breiteten sich auch auf andere Gebiete der Biologie aus. Die späteren Bakteriologen schlugen meistens den Weg des Kompromisses ein. Sie stützten sich im Grunde genommen auf das System von COHN,[XV] ohne jedoch auf die Physiologie zu verzichten. FLÜGGE[XVI] stimmt 1890 mit physiologischen Kriterien in Differenzierung der Arten innerhalb der Gattungen überein, doch er betont deutlich, daß die naturwissenschaftlich unterschiedlichen

Arten solchen physiologisch abweichenden Formen nicht unbedingt entsprechen müssen.

Die Fixierung der physiologischen Kriterien in der Auffassung der bakteriellen Art resultierte vor allem aus dem Mangel an hinreichenden morphologischen Kriterien. Deutlich betonte dies 1890 MIGULA,[XVII] der sagte, daß wir zwar bei der Differenzierung der Arten nicht ohne physiologische Merkmale vorgehen können, wir aber uns darüber im klaren sein sollen, daß dies nur ein Ersatz, ein Hilfsmittel ist, das aus einer traurigen Notwendigkeit resultiert. Denn »die natürliche Entstehung von Arten, ihre Verwandtschaft und Abgrenzung kann eben nur durch morphologische sowie Entwicklungsmerkmale erkannt werden«. Dieser Satz erscheint uns auf den ersten Blick als abergläubisch. Warum sollten wir diejenigen Bestandteile, die durch morphologische Methoden zum Vorschein kommen, für natürliche Merkmale halten und jene hingegen, die bei der Anwendung der physiologischen Methoden in Erscheinung treten, für künstlich? Es steckt darin jedoch ein tieferer Sinn: Die Morphologie der Mikroorganismen können wir anhand von einer Generation untersuchen, indem wir sie am Leben lassen oder töten. Ihre Physiologie untersuchen wir dagegen an zahlreichen Generationen, indem wir sie in unterschiedliche künstliche und veränderte Umwelten verlegen. Und es ist nicht *a priori* sicher, ob wir dabei die untersuchte Art nicht verändern. Ist der Stamm, der sich nach mehreren Generationen an einen Nährboden angepaßt hat und – wie wir wissen – manchmal andere morphologische und antigene Merkmale besitzt, noch dieselbe Art? Eine solche physiologische Auffassung der Art ist etwas ganz Spezifisches und kann sehr fruchtbar und nützlich sein, doch bevor man sie konsequent anwendet, muß ihre Notwendigkeit bewiesen werden. Denn sogar heute finden wir – trotz der hochentwickelten Untersuchungsmethodik – keine hinreichende Zahl von klaren morphologischen Merkmalen, um die Differenzierung von Arten konsequent zu Ende zu führen. Außerdem gibt es morphologische Merkmale, die weitgehend inkonstant sind. Größe, Form, Färbbarkeit, Farbstoffbildung, sogar Sporenbildung oder die Existenz und Anordnung der Geißeln unterliegen Veränderungen in hohem Grade. Zweifellos können die Stäbchen bei einer schnellen Teilung ein körnchenartiges Aussehen annehmen (*bac[terium] prodigiosum*), und umgekehrt können die körnerförmigen Bakterien, die vor der Teilung ausgedehnt waren, wie Stäbchen aussehen (*strepto-* und *pneumococci*). Die Größe des Mikroorganismus verändert sich erheblich, abhängig von der Geschwindigkeit der Teilung, der Beschaffenheit des Bodens usw. Zwar wies man nach, daß sich diese Variabilität unter bestimmten Umständen und für eine bestimmte Entwicklungsperiode (z.B. bei sporenerzeugenden Bazillen) um einen Mittelwert gruppiert und eine auf beiden Seiten gleichmäßige Streuung der kleineren und größeren Individuen ergibt. BARUCH und HENRICI[XVIII] entdeckten sogar – durch den Nachweis einer bikuspidalen Variationskurve –, daß in einer gegebenen Population zwei Abarten eines Mikroorganismus existieren.

Von den anderen Merkmalen einer Zelle spielen für die Abgrenzung von Arten metachromatische Körperchen (eine *Corynebacterium*-Gruppe) sowie die Existenz des Häutchens und der Gewebeschicht (Schleimpilze, säurefeste Bazillen) eine Rolle.

Die Existenz eines separaten Keims ist immer noch umstritten, obwohl ENDERLEIN[XIX] jüngst die Keime und ihre Zusammensetzung aus einigen Urkeimen (*Mych*) sowie ihre Bedeutung in der Differenzierung der Art beschrieben hat. Sehr wichtig in bezug auf die Art sind die Sporen (*Autogamie*!), denn ihre Form, Anordnung und Keimung weisen wichtige differentiale Merkmale auf. Ein Milzbrandbazillus bildet Sporen, die polar keimen; der ähnliche Heubazillus keimt dagegen äquatorial. Wir kennen noch andere morphologisch nachweisbare Merkmale, z.B. Farbstoffaffinität (die von LONDON[XX] benannte Affinität des Kommabazillus zur Pikrinsäure oder die von UNNA und HOMBURGER[XXI] benannte Affinität der Gonokokken zum Neutralrot) und überdies Farb-Gruppenreaktionen, z.B. nach GRAM.[XXII] Dies alles ist selbstverständlich zu wenig, um die Arten abzugrenzen. Naheliegend ist es also, den ganzen physiologischen Apparat zu verwenden, d.h. die Untersuchung der Lebensfähigkeit in sauerstofffreier Atmosphäre (Anaerobier), die Untersuchung der schöpferischen Fähigkeit der Lebensenergie bei der Verbrennung des Ammoniaks zum Stickstoff und Nitrat oder des Schwefelwasserstoffes zum Sulfat (Nitrobakterien, Sulfobakterien), die Untersuchung der Resistenz gegen die Temperatur (thermophile Bakterien), gegen antiseptische Mittel, die Ionenkonzentration im Boden, die Untersuchung der Lebensfähigkeit ohne organische Komponenten im Boden oder an bestimmten organischen Komponenten, der Fähigkeit, Zucker zu zersetzen, der Gelatinelösung, der Eiweißverdauung, der Bildung von Schwefelwasserstoff oder Indol, der Farbstoffbildung, der Auslösung der Hämolyse, ferner durch die Untersuchung der Form und der äußeren

Erscheinung der Kolonien auf verschiedenen Nährböden, der Fähigkeit zur Bildung von Gift und anderen spezifischen Produkten des Bakterienstoffwechsels, zur Hervorrufung typischer Erkrankungen bei Tieren und zur Bildung charakteristischer spezifischer Antikörper. Zu diesen Methoden muß man noch die Versuche mit Bakteriophagen hinzufügen, mit deren Hilfe man zwei ähnliche, aber dennoch separate Stämme unterscheiden kann (K. Müller).[XXIII]

So entsteht der physiologische Begriff der Art als Träger von bestimmten Merkmalen und physiologischen Möglichkeiten unter verschiedenen bestimmten, meist künstlichen Bedingungen. Dies ist nicht mehr der Begriff einer aktuellen Art, wir suchen kein Gesamtbild der existierenden Merkmale, sondern eine Sammlung von physiologischen Möglichkeiten, die sich aus einem gegebenen Mikroorganismus extrapolieren lassen, und damit unterscheidet sich dieser Artbegriff grundsätzlich von dem in der Botanik oder Zoologie.

Sind aber diese Typhusstämme, die sich auf Agarboden im Reagenzglas befinden, als solche dem wirklichen Typhuserreger noch ähnlich genug, um anhand ihrer Merkmale und im Vergleich mit Merkmalen z.B. einer künstlichen Cholerakultur die Merkmale einer Art zu bestimmen? Verschwinden vielleicht nicht – unter den Bedingungen einer künstlichen Kultur, die für die sogenannten exakten Laboruntersuchungen notwendig sind, die wichtigsten Entwicklungsmerkmale, deren Untersuchung einfache und natürliche Arten ergeben würde? Untersuchen wir also vielleicht ausschließlich kranke, entartete, vereinfachte Individuen, die die charakteristischsten Merkmale verloren haben? Zu diesen Fragen werden wir noch zurückkehren, denn sie drängen sich von selbst auf, obgleich man anmerken muß, daß der hauptsächliche Verlauf unserer Wissenschaft mit gewisser Gleichgültigkeit an ihnen vorbeigeht.

Gotschlich[XXIV] schreibt:

Die Kenntnis von Stoffwechselprodukten ist ein ausgezeichnetes Mittel zur Unterscheidung nah verwandter Arten. Da man in neueren Zeiten eine Reihe von verwandten Arten, die sich morphologisch schwierig oder gar nicht von einem krankheitserregenden Vertreter gegebener Gruppe (Choleravibrio und ähnliche Vibrionen, Typhusstäbchen, *bakterium coli*, Stäbchen aus der Septikämie-Gruppe: *Bact[erium] septic[um] haemorrh[agicum]*) unterscheiden lassen, kennenlernte, lernte man die Wichtigkeit der biologischen Differentialmerkmale immer mehr zu schätzen. Doch auch hier stoßen wir auf gewisse Schwierigkeiten. Vor allem ist allein ein bestimmtes Stoffwechselprodukt oder eine bestimmte chemische Reaktion für einen Mikroorganismus sehr selten charakteristisch (abgesehen von spezifischen Immunreaktionen). Fast immer sieht die Sache so aus, daß eine chemische Wirkung in ganzer Reihe verschiedener Arten auftritt.

Außerdem »entsteht die Frage, ob die Stoffwechselprodukte für jede Art genug konstant sind, um darauf ein Charakteristikum einer Art aufzubauen«. »Auf jeden Fall sind Bandbreite der Variabilität und Art der Abhängigkeit von bestimmten Bedingungen konstant und können für die Differenzierung genutzt werden.«[XXV]

Ich gab GOTSCHLICHS Ansichten wörtlich wieder, weil sie uns genau jene charakteristischen Merkmale der physiologischen Auffassung der Art veranschaulichen, die ihre Existenz in erster Linie der praktischen, ärztlichen und industriellen Bakteriologie verdanken: (1) praktisches Ziel; (2) Mangel an spezifischen Merkmalen außer der Serologie; (3) Anerkennung der Variabilität und der Anpassung der Mikroorganismen sowie – im Hinblick darauf – die Suche nach einem Halt innerhalb der Bandbreite der Wandlungen und gemäß der Art der Abhängigkeit von den Bedingungen. Beschäftigen wir uns also mit dem Problem der Variabilität der Bakterien und der Bestimmung der Art, so wie es sich denjenigen darstellt, die die Art physiologisch begreifen!

Die ersten detaillierten Beobachtungen der so aufgefaßten Variabilität der Artmerkmale stammen von NEISSER[XXVI] und MASSINI,[XXVII] die circa 1906 den Stamm *Escherichia coli*, genannt *B[acterium] coli mutabile*, entdeckten. Dieser wächst auf *Endo*-Agarboden bei 37 °C, ist zuerst farblos und bildet nach ungefähr vier Tagen innerhalb der Kolonie rote Knöpfchen.[XXVIII] Die Abimpfung dieser roten Knöpfchen weist reine Linien der roten Kulturen auf, aus weißen Stellen hingegen bekommt man immer weiße Kulturen, die nach einigen Tagen wieder rote Knöpfchen bilden. Diese Autoren schlossen daraus, daß aus ihrem untypischen Stamm durch eine richtige Mutation ein typisches *B[act]. coli* entsteht, das Milchzucker zersetzt. Eine ähnliche Erscheinung beobachteten danach viele Autoren (BURG, SAUERBECK),[XXIX] und die Züchtung aus Knöpfen in den alten Kulturen auf Zucker-Nährböden wurde zu einer Methode, um Typhus- und Paratyphusstämme zu gewinnen (Reiner MÜLLER,[XXX] SOBERNHEIM[XXXI] und SELIGMANN[XXXII]). Gegen die Bezeichnung dieser Erscheinung als Mutation gab es begründete Bedenken seitens REICHENBACH und LEHMANN,[XXXIII] die darauf hinwiesen, daß man nicht von einer richtigen Mutation dort sprechen kann, wo es keine geschlechtliche Fortpflanzung gibt und wo die Genanalyse nicht möglich ist. Manche Autoren schlugen eher die Bezeichnung ›Dauer- und Nicht-Dauermodifikationen‹ vor (Naegeli, Jollos),[XXXIV] um so mehr, weil der Einfluß der äußeren Ursachen auf ihre Entstehung sichtbar und oft sehr einfach ist, z.B. die Gewöhnung an eine Zuckerart, an einen Wärmegrad usw. Reinke[XXXV] schlägt die Bezeichnung *allogonia* und Lehmann mit Toenniessen schlagen die Bezeichnung »Änderung« oder »Klon«-Umbildung (ein Klon = vegetative Nachkommenschaft) vor. Van Loghem[XXXVI] hält einen Klon überhaupt für ein Einzelwesen, ein Individuum, und die Variabilität – in gewissem Grade – für »physiologische Ereignisse im Leben eines Klons«.[XXXVII] Ein Einzelwesen, ein biologisches Individuum ist, seiner Meinung nach, kein einzelner Mikroorganismus, der eher einer Pflanzenzelle entspricht, sondern die ganze somatische Nachkommenschaft dieser Zelle. »Mit Unrecht untersuchte man bisher die verschiedenartigen Änderungen der Bakterien innerhalb der Genetik.«[XXXVIII] Diese seien nur »Unterschiede der individuellen Verfassung in einem und demselben Individuum zu verschiedenen Zeiten«,[XXXIX] die sich z.B. »mit starkem Haarwuchs oder sonstigen [pithekoiden][XL] Eigenschaften, welche infolge Störung einer endokrinen Funktion an den Tag treten können«,[XLI] vergleichen lassen. Oft handelt es sich also um eine Mutilation und nicht um eine Mutation. Über Genetik könne man in der Bakteriologie erst dann sprechen, nachdem wir die ganze individuelle Veränderlichkeit der Reaktionen kennengelernt und sie von phänotypischen und genotypischen Änderungen getrennt haben.[XLII]

Bezüglich der Variabilität aus inneren Ursachen ist Gotschlichs Vergleich mit dem Phänomen der chemischen Tautomerie interessant: Diese sollte – analog zu einer tautomeren Verlagerung – durch Verlagerung innerhalb der Protoplasmamoleküle entstehen. Die Blausäure existiert z.B. in zwei »fortwährend wechselseitig ineinander übergehenden Gleichgewichtszuständen, als H.C ≡ N (Zyanwasserstoff, Nitril) und C ≡ N.H (Carbimid, Isonitril)«.[XLIII]

Die Variabilität betrifft entweder ein bestimmtes Merkmal oder auch eine ganze Sammlung von Merkmalen, die offensichtlich in einem uns oft unbekannten Zusammenhang stehen (z.B. Gärungs- und serologische Eigenschaften). Viele Autoren wiesen darauf hin, daß der krankheitserregende Mikroorganismus in erheblich geringerem Umfang als ein Saprophyt[XLIV] der Variabilität unterliegt (van Loghem,

Anselmi[XLV]). Der Erreger ist mehr spezialisiert, und der Bereich seiner Anpassungsmöglichkeiten ist klein.

Unsere Laboruntersuchungen zur Variabilität umfassen erst einen Zeitraum von einigen Dutzend Jahren. Doch die Geschichte der ansteckenden Krankheiten und die Kulturgeschichte (Milch-, Weingärung usw.), außerdem die Entdeckung der Kokken, Bazillen und Stäbchen in der Stein- (Renault)[XLVI] und Braunkohle sowie im Torf (van Tieghem)[XLVII] weisen darauf hin, daß die Mikroorganismen als solche auf der Erde schon lange existieren und zumindest in manchen Fällen einer grundsätzlichen, sehr weitgehenden Veränderung unterliegen (Kruse).[XLVIII]

Gehen wir kurz die Beispiele zur Variabilität unter Laborbedingungen durch! Unter Staphylokokken sind virulente Stämme bekannt, die von Geiss[e][XLIX] künstlich aus nicht virulenten Stämmen gewonnen wurden. Außerdem beschrieb Neumann[L] einen goldenen Staphylokokkus, der – wie es scheint – spontan feste Abarten in Weiß, Gelb und Rosa herausbildete. Stinelli[LI] wandelte durch die Tierpassagen den goldenen Staphylokokkus in einen weißen um.

Unter den Streptokokken sind die Übergangsstämme zwischen *Streptococcus pyogenes* und Milchstreptokokkus (Heinemann und Seitz[LII]) sowie Pneumokokken (Kruse, Panzini, [Émile] Levy und Steinmetz, Schereschewsky, Kuczynski und Wolf und andere)[LIII] bekannt. Kruse und Panzini wandelten einen Pneumokokkus in einen Streptokokkus um.[LIV] Ein hämolytischer Streptokokkus läßt sich durch eine Passage auf der Maus schon innerhalb einiger Stunden in einen *Streptococcus viridans* verwandeln (Morgenroth und andere).[LV] Der erhaltene Stamm ist manchmal beständig, und gleichzeitig verändert er zusammen mit der Änderung der hämolytischen Fähigkeit seine Giftigkeit und Empfindlichkeit gegen Rivanol und Vuzin.[LVI] Schottmüller[LVII] gibt zu, daß eine solche Veränderung möglich ist, fügt sogar eine neue Gewinnungsmethode hinzu (die Fäden mit einer *Strept[ococcus]-haemol[yticus]*-Kultur in der Scheide einer gesunden Frau), doch er meint, daß ein so gewonnener Stamm nicht mit seinem *Streptococcuss viridans s[treptococcus] s[erum]* identisch ist. Dicks Scharlachstreptokokkus wird für eine Abart des hämolytischen Streptokokkus gehalten.[LVIII]

Unter den Pneumokokken unterscheidet man anhand der Arbeiten amerikanischer Autoren hauptsächlich vier Typen, von denen drei serologisch bestimmt sind und der vierte eine uneinheitliche, vermutlich saprophytische Gruppe darstellt, die laut Yamaguti eine Ausgangsform für die drei vorherigen darstellt.[LIX] Bekannt sind die Umwandlungen vom Typ I in den Typ II. Zwischen dem Typ III und *Streptococcus mucosus* gibt es zumindest eine nahe Verwandtschaft.

Unter Meningokokken fand man zwei (Eastwood, Griffith)[LX] oder – laut anderen – (Gordon, Nicolle und andere) vier Typen.[LXI] Es gibt Übergangsstämme und untypische Stämme. Außerdem haben wir Pseudomeningokokken von Lieberknecht[LXII] und Parameningokokken von Dopter.[LXIII]

Jötten[LXIV] beschreibt vier Typen von Gonokokken, die in Hinsicht der Virulenz, der Immunitätseigenschaften und des hervorgerufenen klinischen Bildes verschieden sind. Kandiba[LXV] beschrieb eine Abart, die durch ihre Gestalt an Pneumokokken erinnert. Zwischen Gonokokken und Meningokokken gibt es gewisse serologische Gemeinschaften.

Was die anderen Mikroorganismen betrifft, ist es wichtig, daß [Arthur] Klein[LXVI] zwei Typen von Pestbazillen entdeckte: einen längeren Bazillus und einen ovaleren Rattenbazillus. Neben typischen Bazillen züchtete Gotschlich[LXVII] aus einem Fall der chronischen Pest einen untypischen und avirulenten Stamm, der ein solches Serum ergab, das die Pestbazillen zusammenballte und sich plötzlich nach einigen Wochen im Eiskeller in einen typischen und virulenten Peststamm veränderte. Dies ist ein sehr belehrender Fall, weil ohne die Kenntnis des Verlaufs dieser Veränderung und der Quelle, aus der die Kultur stammte, die Diagnose des Stamms nicht möglich wäre.

Was den Milzbrandbazillus betrifft, erinnere ich nur daran, daß es zwischen *Bac. anthracis* und *Bac. pseudoanthracis* Übergänge gibt und man in manchen Fällen einen gegebenen Mikroorganismus beliebig entweder als einen beweglichen Milzbrandbazillus oder als einen krankheitserregenden Pseudomilzbrandbazillus bezeichnen kann.

Was die Cholera betrifft, darf man zwei bzw. vier Kolonietypen nicht vergessen, ferner den *El-Tor*-Vibrio (Gotschlich),[LXVIII] der sich in Hinsicht der Hämolyse und Toxizität von »echten« Choleravibrionen unterscheidet, sowie ferner den verwandten *Vibrio Nasik* und *Vibrio Kadi-Kjö*,[LXIX] außerdem die Stämme, die dem *Vibrio Metschnikoff* ähneln, der für die Tauben krankheitserregend ist, d. h. die Paracholera, und schließlich die unschuldigen Wasservibrionen, die man nicht ganz vom typischen Choleraerreger unterscheiden kann (Ermoljewa).[LXX] »Bei der Entdeckung des Choleravibrio schienen seine Eigenschaften so charakteristisch, daß eine Unterscheidung von den übrigen Bakterien für leicht gelten durfte. Seitdem sind erst wenige, dann immer mehr und schließlich so unübersehbare Reihen von Vibrionen in der Umgebung des Menschen gefunden [worden], daß sie längst nicht mehr mit besonderen Namen bezeichnet werden« (LEHMANN und NEUMANN).[LXXI]

Die Influenza stellt ein besonders wechselhaftes Gebiet dar. Nach JORDAN und SHARP[LXXII] findet hier eine kontinuierliche Variabilität statt, und jeder einzelne Stamm der Influenzastäbchen besitzt in bestimmtem Grade seine Individualität.

Das *Corynebacterium diphtheriae* weist eine Reihe von morphologischen Typen (ZUPNIK)[LXXIII] hinsichtlich des Aussehens der Kolonien (SCHICK und ERSETTIG),[LXXIV] der Farbstoffbildung (PRZEWOSKI)[LXXV] und der serologischen Eigenschaften (LANGER)[LXXVI] auf. Es ist wichtig, daß das Toxin bei allen giftigen Stämmen einheitlich und gleich ist. Als sicher gilt eine phylogenetische Beziehung zum *Corynebacterium pseudodiphtheriae*, welches man nicht immer von Diphtherieerregern unterscheiden kann: FOX, BERNHARDT und SCHMITZ[LXXVII] gelang es, das *Corynebacterium diphtheriae* in ein *Corynebacterium pseudodiphtheriae* zu überführen. Einige Autoren, die das Fehlen scharf bezeichneter Grenzen bemängelten, würden gerne – analog zu den *paracoli*, von der Paradiphtherie (LUBIŃSKI, BOHDANOWICZÓWNA und ŁAWRYNOWICZ)[LXXVIII] sprechen, wenn der gegebene Stamm bestimmte Schwankungsgrenzen nicht übertritt.

Die Tuberkelbazillen weisen – wie man weiß – einige phylogenetisch miteinander verbundene Typen (menschliche, bovine, Vogel-, kaltblütige und andere Typen) auf. In der Praxis gibt es zwischen ihnen nicht immer eine vollkommen scharfe Grenze. Interessant – allerdings nicht bestätigt – sind die Arbeiten von KOLLEGO, SCHLOSSBERGER und PFANNENSTIEL[LXXIX] zu Stammveränderungen der säurebeständigen Saprophyten, die nach der massenhaften Verabreichung an Meerschweinchen um so virulenter waren. Einige Autoren behaupten, daß man die Tuberkulose der Säugetiere in die Tuberkulose der Vögel und umgekehrt umwandeln kann (NOCARD, BANG).[LXXX] Man erhielt auch Zwischenstämme: RABINOWITSCH[LXXXI] [entdeckte] in der Affentuberkulose einen Stamm zwischen *[Bacterium] t[uberculosis] humanus* und *bovinus*. MUCH[LXXXII] akzeptiert grundsätzlich den Übergang vom *[Bacterium] t[uberculosis] bovinus* in *humanus* beim Menschen. Fügen wir die verschiedensten mehr oder weniger anerkannten Formen des Tuberkuloseerregers, also filtrierbare Formen, Stäbchengestalt nach GRAM-Färbung (FERRAN),[LXXXIII] säureresistente Gestalt (VAUDREMER)[LXXXIV] und aktinomykoseähnliche Gestalt hinzu, auf die wir noch später eingehen werden! Wir müssen zugeben, daß auch auf diesem Gebiet die Bestimmung der Grenzen zumindest schwierig ist.

Wir kommen zur Typhusseptikämie-Gruppe! Sicherlich rückt jetzt, geehrte Kollegen, eine bunte Reihe von Differential-, Zucker- und anderen Nährböden vor die Augen Ihres Bewußtseins. Sie erinnern sich an die Agglutinationsversuche, an die Paraagglutination und Gruppenagglutination, an die ältere Saturationsmethode von CASTELLANI,[LXXXV] an neuere Arbeiten zur Analyse der Rezeptoren, an Weils O- und H-Formen,[LXXXVI] ANDREWES'[LXXXVII] spezifische und unspezifische Phase, ARKWRIGHTS[LXXXVIII] S- und R-Kolonietypen, an biologische Versuche an Tieren und an die Kieler Kompromiß-Schule[LXXXIX] usw. – und es wird Ihnen der riesige und chaotische Reichtum an Möglichkeiten von Arten, die in dieser Gruppe vorkommen, klar. Aus Notwendigkeit müssen wir es hier bei einer flüchtigen Besprechung belassen. Wir kennen also ein typisches *Bakterium coli* und eine riesige Menge von untypischen Abarten. Wir wissen, daß die Grenzen zwischen ihnen schwanken. In der Praxis stehen wir oft vor der Frage, ob man einen Stamm noch *B. coli* oder *B. paracoli, coli comunior* oder *similecoli* benennen soll. Wir wissen, daß die Differentialmerkmale nicht nur unklar sind, sondern auch unbeständig und daß sie sich im Laufe der Generationen verändern. Ferner haben wir eine verhältnismäßig gut bezeichnete Art *Salmonella typhi* und ein ganzes Chaos von Paratyphusbazillen (Salmonella) in zumindest 20 Typen der menschlichen und tierischen sog. »Vergifter« und Saprophyten. Die keineswegs unbestrittene Differenzierung beruht innerhalb dieser Paratyphusgruppe auf Unterschieden der Krankheitssymptome, auf der Bildung des sogenannten Schleimzylinders sowie der Knöpfe auf Nährböden, aber vor allem auf der komplizierten Analyse des serologischen Antigens. Ferner haben wir einen Ruhrbazillus SHIGA-KRUSE[XC] und die Pseudodysenterie-Bazillen in zumindest vier oder – wie es Kruse will – neun Abarten. Neben ihnen muß man KRUSES bewegliche Paradysenterie-Bazillen, die *Bakterium coli* ähnlich sind, und schließlich die mehr oder weniger saprophytäre *Bact. lactis aerogenes* und *Bact. faecalis alcaligenes* erwähnen.

Zu diesem Schema muß man zahlreiche Abarten hinzufügen, die

noch stärker die Grenzen einzelner Typen verwischen. Wir kennen also den atypischen Typhusbazillus, der in bezug auf die Morphologie, Gärungs- und serologischen Fähigkeiten sowie die Indol-Bildung abweicht (Friedberger und Moreschi[XCI], Ernst[XCII], Meyer[XCIII], Neilson[XCIV] und andere). Es gibt Mandelbaums Abart,[XCV] das sogenannte Metatyphusbakterium, weiter das sogenannte *Bact. typhi flavum*. Ferner gibt es die Übergänge zwischen dem Typhusbazillus und Pseudotyphusbazillus, zwischen dem Typhusbazillus und Gärtners[XCVI] Enteritisbazillus. Wir kennen die Paratyphusbazillen, die keine Dextrose zerlegen (Oette, Wagner, Ohno),[XCVII] und solche, die den Milchzucker zerlegen; sie ähneln also dem *Bact. coli*. In der Pseudodysenterie-Gruppe haben viele Bazillen nicht fest bestimmte Formen, die ihre Eigenschaften langsam oder plötzlich verändern. Oft finden wir eine Diskrepanz zwischen serologischen Beziehungen und Züchtungsbeziehungen zweier Stämme. Analog zum früher besprochenen *Bact. coli mutabile* beschrieb Wagner *Bact. dysenteriae mutabile*.[XCVIII] Es gibt den Schmitz-Bazillus,[XCIX] der ein Zwischenglied zwischen *Bact. Shiga-Kruse* und dem *Bact. Pseudodysenteriae* ist, außerdem gibt es das Kruse-Sonne-Bakterium, das dem *Bact. coli* ähnelt. Jeder, der Kontakt mit der Praxis der Bakteriologie hat, weiß, daß solche Abarten, zu denen man noch die nicht agglutinierenden und paraagglutinierenden Stämme hinzufügen muß, gar keine Sammlung der »seltenen Marken« ohne praktische Bedeutung sind, sondern es sie oft gibt, in der Praxis sogar häufiger als in der Literatur, denn nur ein kleiner Teil von ihnen wurde beschrieben. Schließlich fügen wir hinzu, daß es auch gelungene Versuche gibt, die Kultur umzuwandeln, nämlich die Umwandlung von *Bact. typhi* in *Bact. paratyphi* und *Bact. paratyphi* in *Bact. enteridis* (Gärtner, Müller, Sobernheim, Seligmann), *Bact. typhi* in *Bact. alcaligenes* (Petruschki, Doebert, Piorkowski).[C] Schließlich muß man dazu sagen, daß wir außer diesen exakten Laborexperimenten noch Arbeiten haben, aus denen indirekt die Bakterien-Dissoziation sowie die Bildung der »Zwischenglieder in der Variabilitätskette der Mikroorganismen« (Zeydel)[CI] hervorgeht. Dies geschieht nicht nur unter irgendwelchen besonderen Umständen, aber z. B. in einfachen Blutaussaaten der Fleckfieberkranken, wobei die Formen entstehen, deren Zugehörigkeit zu bekannten Bakterientypen unmöglich zuzuordnen ist.

So sieht theoretisch das Chaos aus, gegen das wir praktisch unaufhörlich kämpfen, denn unsere ganze bakteriologische Diagnostik ist auf diesen physiologischen Methoden aufgebaut. Wie sieht angesichts dessen der Begriff der Art in der physiologischen Auffassung aus? Es ist meiner Meinung nach am ehrlichsten, zuzugeben, daß es ihn bislang nicht gibt. Es gibt Gestalten, Typen und Abarten. Es gibt eine riesige Zahl von Stämmen, deren Merkmale unbeständig sind und die sich in jeder Hinsicht in eine Linie mit kontinuierlichen Übergängen bringen. Auf dieser Linie gibt es gewisse sich klar abzeichnende Punkte, bestimmte Variabilitätszentren (Andrewes und Winslow),[CII] es gibt Spezifität als zeitweiliges Produkt einer immer wogenden Variabilität (Gotschlich).[CIII] Es gibt hin und wieder eine standardisierte Art als eine künstlich festgelegte Labornorm (Maximilian Neisser), und außerdem [gibt es] das verzweifelte Bekenntnis, daß »es heute noch keine Einstimmigkeit gibt, ob die gefundenen Differenzierungsmerkmale überhaupt reichen, um verschiedene Typen als Arten – in naturwissenschaftlicher Bedeutung – zu bezeichnen« (Pesch).[CIV] »Vollkommen unerfüllt ist die Hoffnung denjenigen geblieben, die meinten, daß neue Forschungen uns neue, bisher verborgene diagnostische Hilfsmittel erschließen, die uns die ersehnte Konstanz und scharfe Trennbarkeit der ›Arten‹ enthüllen!« (Lehmann und Neumann).[CV] Ich glaube, daß sie nicht nur enttäuschten, sondern sogar – wenn sie sich an die beschriebene Methodik halten –, grundsätzlich das Ziel verfehlen. Durch eine Untersuchung der Physiologie der Tiere, ihrer Verdauungs- und Anpassungsfähigkeiten zu bestimmten veränderten Bedingungen, ihrer chemischen oder antigenen Eigenschaften würden wir die heutige Systematik nicht entdecken. Es reicht zum Beispiel, daran zu erinnern, wie das sogenannte Forssman-Antigen[CVI] in der Tierwelt ohne Verhältnis zu irgendeiner Systematik verbreitet ist.

Diese Schwierigkeiten der physiologischen oder – sagen wir – ärztlichen Methode werden keineswegs verkannt. Es drängt sich dennoch von selbst die Frage auf, ob der Mangel an hinreichend klaren Merkmalen nicht einfach aus einer Unkenntnis der wichtigsten Merkmale der Mikroorganismen resultiert und der große Teil der sogenannten Variabilität der Arten aus der Unkenntnis des ganzen biologischen Zyklus ihres Lebenswechsels. Wir kehren so zu der Frage zurück, ob nicht die wichtigsten Entwicklungsstadien der Mikroorganismen, die den einfachen und natürlichen Begriff der Art liefern könnten, unserer Aufmerksamkeit entgehen oder unter Bedingungen einer künstlichen Züchtung verschwinden.

Die Antwort auf diese Frage tendiert in eine naturwissenschaftliche Richtung. Diese Richtung widersetzt sich, die Bakterien in der Welt der Lebewesen ganz unten einzuordnen; sie hält sie für Ableitungen höherer Formen, die den Pilzen ähneln und die durch ihre Anpassung an das Parasitenleben einen Teil ihrer Entwicklungsstadien verloren haben und auf diese Weise erst sekundär einer Vereinfachung im Bau und in der Biologie unterlagen (ALMQUIST, LÖHNIS, ENDERLEIN).[CVII] Diese Ansichten sind auf die Beobachtung spezieller Formen von Mikroorganismen gestützt: kugel- und keulenförmige [Formen], verzweigte oder amöbenförmige [Formen] (die sogenannten *Symplasma*), die zusammen mit möglichen ultramikroskopischen Stadien, die die Bakterienfilter durchlaufen, einen Entwicklungszyklus (*Zyklogenie*) der Bakterien ergeben würden – der zum Entwicklungszyklus der Pilze und Protozoen analog ist. Es sollen auch die Geschlechtsformen existieren (*Gameten*), ihre Kreuzung und ihr Geschlechtsnachwuchs. Die Zyklogenie stellt im Grunde genommen keine neue Errungenschaft dar. Schon zu Anfang der Bakteriologie beschrieb man weitere Entwicklungsstadien, und dies war die Grundlage zur Lehre vom Pleomorphismus der Bakterien.

Die Meinung der erwähnten Autoren, daß die Bakterien zurückgebliebene, morphologisch und biologisch vereinfachte Organismen darstellten, steht in Widerspruch zu deren riesigen Anpassungsfähigkeit. Mit diesem Merkmal läßt sich deutlich besser die Position von Kuczynski vergleichen, die wir bald besprechen werden.

Von allgemein anerkannten Tatsachen führe ich die verzweigten und keulenförmigen Formen der Kochschen Bazillen an (FISCHEL, [Bruno] KLEIN, DIXON, SEMMER und andere), die – FRIEDRICHS Meinung nach[CVIII] – keine degenerativen Formen sind, weil sie nicht unter schlechten Bedingungen auftreten, sondern im Gegenteil ein Ausdruck eines besonderen Energiezuwachses sind. Solche aktinomykoseähnlichen Formen der KOCHSCHEN Bazillen in der Kultur beschrieben auch LUBARSCH und insbesondere KARWACKI.[CIX] Ähnliche Formen der Leprabazillen beschrieben BABES, [Ernst] LEVY, CZAPLEWSKI und andere.[CX] Sie sind auch in der Diphtherie- (NEISSER, BABES, FRAENKEL und andere) und Rotz-Gruppe (MARX, LEVY, CONRADI)[CXI] bekannt. Aus diesem Grund verbinden SCHÜRER und LACHNER-SANDOVAL[CXII] die Diphtherie- und Tuberkuloseerreger mit der Aktinomykose und den Verwandten in eine separate Gruppe: *Actinomycetales*. Außerdem beschrieb man ähnliche Formen der Pest-, Blaueiter- und Influenzabakterien, in der *Bacterium-coli-* und Typhusgruppe, bei Tetanusstäbchen sowie bei Staphylokokken, Streptokokken und Pneumokokken. Die Keimung der Abzweigungen entsteht manchmal aus der speziellen Körnigkeit im Innern einer Zelle (Löhnis' *gonidia*).

Ähnlich beschrieb man oft filtrierbare Formen oder Stadien einer Reihe von Mikroorganismen. Hierzu gehören Muchs Körnchen und insbesondere die von Fontens, Durand und Vaudremer, Valtis und Calmette[CXIII] bearbeiteten, Filter passierenden Formen des Tuberkuloseerregers, weiter solche Formen [wie] Herzogs Gonokokken, Hauduroys und Hadleys Ruhrformen, Almquists, Friedbergers und Meissners Formen der Typhusbazillen und Horts Meningokokken.[CXIV] Die Erscheinung der durch Filter durchgehenden Bakterienformen steht in einer Beziehung mit der Bakteriophagie (Bail)[CXV] und der Entstehung der sogenannten sekundären Kulturen. Almquist hält diese Erscheinungen für einen Beweis, daß das, was wir für einen Einzelmikroorganismus halten, ein Aggregat der kleineren Individuen, der sog. Pro-Bakterien ist. Ähnlich erklärt sich Enderlein für einen komplexen Bau der Stäbchen, im Gegensatz zu den Kokken (die Mychiten, deren wesentlicher Bestandteil ein Urkeim, Mych, ist).

Angeblich sind vielgestaltige Formen der Mikroorganismen bekannt, die in Lösungen verschiedener Salzarten, insbesondere Lithiumsalz gezüchtet wurden. Es sind Formen von Körnchen, verworrenen Fasern, körperchengroßen Kugeln, Ganglien und anderen (Gamaleia, Maassen, Hata, Eisler, Klieneberger).[CXVI]

Diese Tatsachen, die man als festgestellt gelten [lassen] kann, dienen also den Anhängern der Zyklogenie-Theorie, um den ganzen Zyklus des Entwicklungswandels von Mikroorganismen aufzusetzen.

Almquist erkennt also folgende Stadien an: (1) das Myceloid-Stadium, das einem Myzel ähnelt und aus einem Geflecht von Fasergebilden besteht. Ähnliche Formen beobachteten bei Milzbrandbazillus und Blaueiterstäbchen Hintenberger und Reitmann[CXVII]; (2) das Kugel-Stadium, in dem Stäbchen, kommabazillenähnliche Formen oder kleine Kugeln (*gonidia*) entstehen. Ähnliche Formen des Erregers beschrieben Haag und andere; (3) die Periode der gestaltlosen Plasmodien; (4) speziell große Kugeln, die die Rolle der Sporangien, der Bildungsstätte von Sporen, spielen. Almquist sieht darin, was man allgemein für ein Individuum des Mikroorganismus, eine Sammlung von sog. Pro-Bakterien hält, erkennt die geschlechtliche Fortpflanzung mit reduzierter Teilung, wie in Geschlechtszellen der höheren Wesen, an. Er beschreibt sogar die Mischlinge, die durch die Kreuzung z. B. der Typhus- und Ruhrerreger entstanden.

Im Grunde genommen sind die Beobachtungen von Löhnis ähnlich. Wir haben hier *gonidia*, eine plasmodiale »Symplasma« und geschlechtliche Konjunktion mit der Bildung von Brücken zwischen den Zellen und dem Austausch vom Zelleninhalt. Auch Enderlein gibt ähnliche Beobachtungen über die Entwicklungsstadien an. Ihm zufolge entstehen unter schlechten Bedingungen körnchenartige Elemente, die den Gonidien entsprechen. Nach der Verbesserung der Bedingungen folgt die Rückkehr zu typischen Formen. Wenn die ungünstigen Bedingungen weiterdauern, kommt es zur Teilung der Gonidien in kleinere Goniten, aus denen in flüssigen Nährböden die Oidien [Eiähnliche] und Spermidien [Samenähnliche] entstehen. Die Kopulation findet in der flüssigen Umgebung statt, und nach der Befruchtung der Zelle beginnt wieder die Evolution zu höheren Formen. Enderlein beschreibt außerdem viele artspezifische charakteristische Merkmale einer Bakterienzelle, wie die Anzahl und Form der Keime, die Zusammensetzung der elementaren Mychiten usw. Eben mit diesen Details, die für die Mehrheit der Menschen bei der Verwendung sogar der besten Mikroskope außerhalb ihrer optischen Möglichkeiten sind, wie z. B. eine genaue Beschreibung der Konjunktion von Choleravibrionen, macht sich Enderlein Feinde. Doch wenn wir uns daran erinnern, wie viele Details Leeuwenhoek[CXVIII] durch seine Lupen sah, die später bestätigt wurden, müssen wir zugeben, daß solche besonderen Sehfähigkeiten im Grunde genommen möglich sind.

Haag[CXIX] beschrieb den Entwicklungszyklus von Milzbrandbazillen und gab an, daß sich diese Bazillen an der Ansteckungsstelle auflösen, wobei diese Bakteriolyse keineswegs zur Tötung der Bakterien führe. Danach bilden sich kugelförmige Gonidien und »Regenerativkörperchen«, die sich hauptsächlich im reticuloendothelialen System befinden, und schließlich findet eine Überflutung des Organismus durch die daraus entstandenen Zellwandformen der typischen Stäbchen statt. Außerdem gibt es angeblich Stadien, während deren sich der Milzbranderreger als ein Stäbchen nach der Gram-Färbung darstellt, das man zur *Bacterium-coli*-Gruppe hinzuzählen könnte (Sobernheim). Ferner gibt es ein Stadium, in dem der Milzbranderreger an kleine Grippe-Stäbchen erinnert, und schließlich eine sauerstofflose Periode, die – HAAG zufolge – mit dem bösartigen Geschwulst identisch ist.

Außer den erwähnten Forschern haben wir noch viele andere, die vom mehr oder weniger komplexen, artspezifischen Entwicklungszyklus der Bakterien überzeugt sind. Dazu gehören: HORT, MELLON, HADLEY, OESTERLE und STAHL, SCHMIDT-KEHL, BERGSTRAND, SCALES und andere.[cxx] Inwiefern sich unser Begriff der Art ändern müßte und wie völlig anders die bakteriologische Systematik aussehen würde, wenn diese Anschauungen allgemein verbreitet wären, braucht man wohl nicht hinzuzufügen. Es ist möglich, daß wir zu einer verhältnismäßig kleinen Zahl von bezeichneten »wahren« Arten kommen würden, wenn wir aus dem Chaos der bekannten Formen die Gestalten, die als Stadien einer Art zueinander gehören, verbinden würden, ähnlich wie man zu Insekten- und Wurmlarven, die früher als separate Arten beschrieben wurden, reife Gestalten fand (*imago*). Dies wäre die zweite Möglichkeit einer Auffassung der Art in der Bakteriologie.

Verwandt ist der dritte Weg, den z.B. KUCZYNSKI in seinen Überlegungen zum Fleckfiebererreger nahm. Wie man weiß, ist die Ätiologie dieser Krankheit sehr kompliziert. KUCZYNSKI beantwortet die Frage nach dem Verhältnis der *Rickettsie Prowazeki*,[cxxi] d.h. dieser Erregerform, die wir bei angesteckten Läusen finden, zu dem Proteus X, indem er diese beiden Mikroorganismen für genetisch verbunden hält und jene, die wegen der anderen Umwelt anders sind, für die Gestalten desselben Mikroorganismus hält. Im Organismus eines kranken Menschen befindet sich ein Erreger in einer vereinfachten, d.h. in ihren physiologischen Funktionen verarmten Form. Bei einer Laus verursacht er eben Rickettsien. Aus einem kranken Organismus kann man auf künstlichen Nährböden, insbesondere durch die sog. Fäulnisprobe, verschiedene Gestalten dieses Erregers züchten. Das sind aber im engeren Sinne keine Erreger mehr, sondern ihre saprophytären wilden Gestalten, die (im Gegensatz zur herausspezialisierten Erregerform) eine große Fähigkeit besitzen, sich – wie Allesfresser, an den künstlichen Boden anzupassen. Jenes Züchten aus einem kranken Organismus ist nicht, wie das die klassische Bakteriologie will, eine Isolierung, die Gewinnung einer reinen Züchtung, sondern ein künstliches »Entbinden«[cxxii] aus dem Organismus, eine Umwandlung des Erregers in einen wilden Proteus. KUCZYNSKI bekommt auf diese Weise verschiedene Stämme, die sich morphologisch in bezug auf die Farbstoffbildung, Bewegung, Züchtungs- und serologischen Eigenschaften voneinander unterscheiden. Sie alle sind Etappen von Umwandlungen ein und desselben Erregers in einen Saprophyten. Selbst im Organismus eines kranken Tiers läßt sich auch der Erreger in eine wilde Form umwandeln, wenn wir eine starke Erschöpfung des Organismus hervorrufen, z. B. durch eine Vergiftung mit Floridin. Schließlich wird diese Verwandlung begünstigt, wenn die Übertragung über eine Wanze erfolgte.

Was speziell die Serologie betrifft, meint KUCZYNSKI, daß die Anwesenheit solcher oder anderer Antikörper nicht nur vom Erreger, sondern auch von seinem Wirt abhängt. Das Meerschweinchen wandelt sogar den direkt eingeführten Proteus um, so daß er den Charakter des Antigens X verliert; deshalb zeigt es keine WEIL-FELIX-Reaktion[CXXIII] während der Typhusinfektion. Die Ratte dagegen besitzt die Tendenz zur Bildung des Antigens X, deshalb zeigt sie die WEIL-FELIX-Reaktion sogar dann, wenn sie mit dem – dem Flecktyphus verwandten – Felsen-Fieber, das beim Menschen keine WEIL-FELIX-Reaktion zeigt, geimpft wird.

Auf diese Weise fordert KUCZYNSKI eine Revision der allgemein geltenden Ansichten über die Differentialwerte der physiologischen und serologischen Methoden, und er hält bei der Artbezeichnung nicht die Untersuchung einer Möglichkeit aufgrund bestimmter Bedingungen der äußerlichen Gestalt eines Mikroorganismus für maßgebend, sondern die aller Möglichkeiten, die im Mikroorganismus versteckt sind und die durch eine Untersuchung der Beziehungen mit den verschiedenen Bedingungen und vor allem mit anderen Organismen erkannt werden können.

Dieser Standpunkt unterscheidet sich von der Zyklogenie, auf die sich KUCZYNSKI nicht ohne gewisse Zurückhaltung bezieht, denn Verwandlungen stellen hier keine geschlossenen Zyklen dar, sondern eher einseitige, phylogenetische (wenn man diese Bezeichnung in der Bakteriologie gebrauchen darf) Verwandlungen. Vielleicht könnte man sie auch eher – gemäß der Theorie von VAN LOGHEM – innerhalb der Ontogenese des Klons ansiedeln.

Die Umwandlung des Streptokokkus in einen Pneumokokkus in Passagen auf Mäusen wäre das zweite Beispiel der Verwandlung eines Erregers, die abhängig von dem Organismus ist, in dem er sich befindet, und ein Beweis dafür, daß wir diese zwei Gestalten nicht für getrennte Arten in naturwissenschaftlicher Bedeutung halten können. Ein weiteres Beispiel wäre die Verwandlung des Tuberkelbazillus des bovinen Typus in den menschlichen Typus, die sich regelmäßig beim Menschen vollzieht (Much), oder die Verwandlung des Pockenerregers in den Kuhpockenerreger beim geimpften Vieh.

Wie würden sich die Arten innerhalb z. B. der Ruhrbazillen-Gruppe und Paratyphus-Gruppe oder unter *Corynebacterium diphtheriae* und *paradiphtheriae* darstellen, wenn wir solche Verwandlungsmöglichkeiten berücksichtigen würden? Welche praktischen Resultate für die Epidemiologie wir bekommen würden, ist geradewegs schwer vorauszusehen. Kuczynskis Standpunkt zur Serologie, über den sich auch Weil als einer der Väter der Rezeptorenanalyse in seiner letzten Arbeit mit gewissem Kritizismus äußert, halte ich für besonders wichtig, denn nachdem er serologische Varianten des Bazillus OX-19 gefunden hatte, schrieb er, daß »dem serologischen Bau allein die Bedeutung eines Faktors, der die Arten rücksichtslos trennt, nicht zusteht«.[CXXIV]

Wenn wir jetzt am Ende unserer Ausführungen einen Schluß ziehen sollten, müssen wir zugeben, daß die Bakteriologie bislang keinen festen Begriff der Art hat. Die am meisten verbreitete physiologische Richtung verfügt über eine sehr hoch entwickelte Technik und über raffinierte physio-, patho- und serologische Untersuchungsmöglichkeiten. Die praktische Diagnostik ergibt eine große Vielzahl an Formen, Typen und Gruppen von Mikroorganismen, deren Grenzen sich stark verwischen und deren Verhältnis zum naturwissenschaftlichen Begriff der Art, Gattung oder Abart nicht bekannt ist; und ich zweifle sogar daran, ob er auf diesem Weg entdeckt werden kann. Die Optimisten sprechen von Genotypen, Mutationen und Variationen, wobei sie eigentlich diese Begriffe mißbrauchen.

Die zyklogenische Richtung nimmt sich die Wissenschaft über die Protozoen zum Muster und sucht nach zyklischen Entwicklungsetappen, sie verspricht sich, daß sie auf diesem Wege die natürliche Umwelt der Bakterien in der Welt der Lebewesen und ihre natürliche Teilung findet.

Außerdem gibt es Versuche, die Beziehungen zwischen den verschiedenen Gestalten der Mikroorganismen zu erfassen und die Art auf dem Weg der phylogenetischen Untersuchungen zu bestimmen, d. h. durch die Untersuchung der im Grunde genommen einseitigen Änderungen, die sich in den Generationen des Mikroorganismus durch die Umweltveränderungen vollzogen, sowie all seiner möglichen Gestalten, die auf diese Weise entdeckt werden konnten.

Van Loghems Idee, den Klon für ein Individuum zu halten und die individuellen Änderungen und Möglichkeiten von eventuellen phäno- und genotypischen Verwandlungen zu unterscheiden, ist vielversprechend. Ich vermute, daß auf der Grundlage dieser Idee vor allem der Begriff des Individuums und später der Begriff der bakteriologischen Art, gemäß dem Begriff der Art in anderen Bereichen der Biologie, herauswachsen werden. Die hochentwickelte Technik der Physiologen kann von den allzu extremen Blüten, an denen besonders die Serologie reich ist, befreit werden, und es würde sich – verbunden mit der von den Anhängern der Zyklogenie gepflegten, geduldigen Beobachtung sowie der Erfindungsgabe der dritten oben dargestellten Richtung – eine Kompromißmethode ergeben, die es erlauben würde, eine vielseitige Lösung unseres Problems zu erwarten.

I Ludwik Fleck, »O pojęciu gatunku w bakteriologii«, in: *Polska Gazeta Lekarska* 26 (1931), S. 522-524 und S. 536-539, SMF, S. 78-95. Aus dem Polnischen von Sylwia Werner. Komm.: FWS.

Die Beschäftigung Flecks mit der Variabilitätstheorie als Beispiel einer Denkstilumwandlung ist für die Ausbildung seiner Erkenntnistheorie zentral gewesen und prägte auch seine Auseinandersetzung mit der Syphilisforschung: »Der Syphiliserregergedanke führt in die Ungewißheit des bakteriologischen Artbegriffs und wird an dessen Schicksalen teilhaben.« Siehe in: EET, S. 28. Vgl. auch EET, S. 115: »Einige Monate vorher hatte ich auf Verlangen einiger Kollegen ein Sammelreferat über den Begriff der Art vorbereitet, das mir die Variabilitätserscheinungen der Bakterien nahebrachte. Es war hauptsächlich die Coli-Thyphusgruppe, deren systematische Schwierigkeiten, hervorgerufen durch besondere Variabilität, mich wieder einmal betroffen machten. Ich sammelte Angaben über Mutationen, Standortmodifikationen, sogenannte Überführungen der Keime usw. und sah, daß ohne Ordnung auf dem Gebiete der Veränderlichkeit kein konsequenter Artbegriff möglich sei. Diese Ordnung ist ihrerseits ohne gründliche Auseinandersetzung mit dem Begriffe des Individuums unausführbar.« Dazu Weiteres ebd., S. 27-29, 38, und 122-124, sowie: Ludwik Fleck, Olga Elster, »Zur Variabilität der Streptokokken« in diesem Band [CZ].

II Karl Bernhard Lehmann (1858-1940), Arzt und Bakteriologe, zählt zu den Pionieren der Mikrobiologie im deutschsprachigen Raum. In den Jahren

1894 bis 1932 war er ordentlicher Professor für Hygiene an der fränkischen Universität in Würzburg. Sein Institut zählte zu den bedeutenden hygienisch-toxikologischen Forschungsstätten Deutschlands in der Zwischenkriegszeit, und in seiner Eigenschaft als geschäftsführender Herausgeber von Hand- und Lehrbüchern entfaltete Lehmann großen Einfluß auf die Entwicklung dieses neuen Feldes. Vgl. Ferdinand Flury, »Karl Bernhard Lehmann (1858-1940)«, in: *Archiv für Gewebepathologie und Gewerbehygiene* 10 (1940), S. 87-92.

III Rudolf Otto Neumann (1868-1952) war ein deutscher Bakteriologe, der 1922 durch die Gesundheitsbehörde der Hansestadt Hamburg als Geheimer Medizinalrat ans dortige Hygieneinstitut berufen wurde. 1923 benannte man das Hamburger Institut anschließend in »Hygienisches Staatsinstitut« um, dessen Direktor Neumann bis 1937 war. Unter seiner Leitung entwickelte sich das Institut zu einem der größten seiner Art und gliederte zwei weitere Abteilungen aus, die sich mit I. Stadtreinigung und II. Gewerbe-, Bau-, Wohnungshygiene, Schädlingsbekämpfung, Sporthygiene, Heizung, Lüftung, Verkehrs- und Badewesen befaßten. Als Folge des 1933 erlassenen NS-Gesetzes zur »Wiederherstellung des Berufsbeamtentums« wurde er zwar formal seiner Position enthoben, konnte aber bis 1937 kommissarisch das Institut weiter leiten, bevor Karl Süpfle (1880-1942) als Nachfolger eingesetzt worden ist. Letzterer fiel fünf Jahre später in den Kämpfen vor Stalingrad. Vgl. Theodor Josef Bürgers, »In Memoriam Dr. Rudolf Otto Neumann«, in: *Centralblatt für Bakteriologie, Parasitenkunde und Infektionskrankheiten* 159 (1952), S. 1f.

IV Vgl. Karl Bernhard Lehmann, Rudolf Otto Neumann, *Bakteriologie, insbesondere bakteriologische Diagnostik*, Bd. II, *Allgemeine und spezielle Bakteriologie*, München [1]1927, S. 179.

V Als *Rosaceae* wird die Pflanzenfamilie der Rosengewächse bezeichnet, die weltweite Verbreitung hat. Ihre Vertreter sind Bäume, Sträucher oder krautige Pflanzen, welche meist prominente, sehr bunte Blüten und doppelte Blütenhüllen aufweisen. Gerd Grill, »Rosen«, in: *Meyers*, Bd. 18, S. 333f.

VI Christian Gottfried Ehrenberg (1795-1876), deutscher Zoologe, Ökologe und Geologe. Ab 1827 war er Professor für Medizin an der Friedrich-Wilhelms-Universität zu Berlin. Ein Jahr nach seinem Tod erhielt er als erster die Leeuwenhoek-Medaille, die für besondere Beiträge zur Mikrobiologie verliehen wird. Ehrenbergs wissenschaftliche Bedeutung beruht auf seinen Beobachtungen mikroskopischer Organismen, die er biologisch zu klassifizieren versuchte. In dem von Fleck erwähnten Buch über die Infusionstierchen ordnet Ehrenberg die Bakterien noch den Tieren zu, teilt sie dabei aber bereits in die Gattungen *Vibrio*, *Spirillum*, *Spirochaeta* und *Bacterium* ein. Ehrenberg nahm die Organisation der hochentwickelten *Rotifera* (Rädertierchen), die man später den Würmern zuordnete, zum Modell und versuchte bei den niedrigen Protozoen einen ebenso komplizierten Bau nachzuweisen, indem er namentlich den Infusionstierchen Magen und Darm, Nieren, Geschlechtsorgane und ein Gefäßsystem zuschrieb. Siehe Ilse Jahn, »Ehrenberg, Christian Gottfried«, in: *Gesch. Bio.*, S. 815.

VII Christian Gottfried Ehrenberg, *Die Infusionsthierchen als vollkommene Organismen*, Leipzig 1838, S. 75. Übersetzung der beiden lateinischen Zitate: »fadenförmige Tierchen, wirklich oder wahrscheinlich polygastrisch« [Übers. CZ], und: »ein Tier aus der Familie der Vibrionen [Zittertierchen], welches durch Selbstteilung steife Gliederfäden bildet« [Übers. CZ].

VIII Als »Urzeugungslehre« wird jene Annahme seit der Antike verstanden, wonach die biologischen Arten aus diskreten Vorläufern im einzelnen hervorgegangen sind und sich hieraus weiterentwickelt haben. Diese Sichtweise herrschte noch bis in die Zeit Carl von Linnés (1707-1778) fort, der seine Idealvorstellung von einer vollständigen Sammlung des Artenbestandes auf der Annahme von der Konstanz der Arten und dem Paradigma der Transformation von einer Art in eine weitere aufgebaut hat. Siehe auch *Gesch. Bio*, S. 235-242.

IX Ernst Hallier (1831-1904), deutscher Botaniker und Philosoph. In den Jahren 1865 bis 1884 war er außerordentlicher Professor am Pharmazeutischen Institut der Universität Jena. Siehe Jörg Schulz, »Hallier, Ernst Hans«, in: *Gesch. Bio.*, S. 842.

X Vgl. Ernst Hallier, *Gährungserscheinungen. Untersuchungen über Gährung, Fäulniss und Verwesung: Mit Berücksichtigung der Miasmen und Contagien sowie der Desinfection, für Ärzte, Naturforscher, Landwirthe, und Techniker*, Leipzig 1867. »Der Erfolg Halliers beruhte darauf, daß er ein dynamisches System mikrobiologischen Formenwandels entwickelte. Dieses vereinte nicht nur eine Vielzahl von Beobachtungen und war experimentell überprüfbar, sondern enthielt auch eine elegante und weitreichende These zur Ätiologie der Infektionskrankheiten. Polymorphismus war bei Hallier das Naturgesetz mikrobiologischen Lebens. Pilze, Hefen, Bakterien und anderes mehr waren keine Gattungen, die sich wiederum in Arten unterteilen ließen, sondern Entwicklungsstadien, sogenannte Morphen, in die sich Grundformen von Pilzen je nach Umwelt- und Ernährungsbedingungen hineinentwickeln konnten.« Vgl. Christoph Gradmann, *Krankheit im Labor: Robert Koch und die medizinische Bakteriologie*, Göttingen 2005, S. 50.

XI Joseph Lister (1827-1912), Mediziner und Professor an der schottischen Universität von Glasgow, führte Experimente mit Karbolsäure durch: Die im Verband und auf der Wundoberfläche vorhandenen Bakterien wurden durch die Karbolsäure wirkungsvoll abgetötet, die Wundheilung verlief auf diese Weise komplikationslos und schnell. Vgl. Peter Schneck, »Lister, Joseph Lord«, in: *Ärzte-Lex.*, S. 211 f.

XII Theodor Billroth (1829-1894), deutscher Chirurg, ab 1859 Professor an der Universität Zürich und seit 1867 an der Universität Wien. Er war Hauptvertreter des Pleomorphismus, vor allem auf der Grundlage seines Buches: *Coccobacteria septica*, Wien 1874, worin er Bakterien als polymorphe Lebewesen begriff, die die Folge von Entzündungen und nicht, wie Cohn [s. u.] annahm, deren Ursache seien. Vgl. Sonja Horn, »Billroth, Christian Albert Theodor«, in: *Ärzte-Lex.*, S. 47-49.

XIII Ferdinand Julius Cohn (1828-1298), deutscher Botaniker und Mikrobiologe, Begründer der modernen Bakteriologie; Professor am Pflanzenphysiologischen Institut der Universität Breslau. Im Hinblick auf den Zusammenhang von Infektionen und Bakterien Gegner von Theodor Billroth aufgrund seines Werkes: *Neue Untersuchungen über Bakterien*, Bonn, 1872-1875. Vgl. Christoph Gradmann, »Cohn, Ferdinand Julius«, in: *Ärzte-Lex.*, S. 82.

XIV Vgl. Ferdinand Julius Cohn, *Über Bakterien – die kleinsten lebenden Wesen*, Berlin 1872.

XV Ebd.

XVI Carl Georg Friedrich Wilhelm Flügge (1847-1923), deutscher Hygieniker und Bakteriologe; 1881 wurde er auf eine Professur am Institut für Hygiene der Universität Göttingen berufen, danach folgten Fakultätsstellen an den Universitäten Breslau und Berlin. Vgl. Michael Hubenstorf, »Flügge, Carl«, in: *Ärzte-Lex.*, S. 122. Fleck bezieht sich auf Flügges *Lehrbuch der hygienischen Untersuchungsmethoden. Eine Anleitung zur Anstellung hygienischer Untersuchungen und zur Begutachtung hygienischer Fragen. Für Ärzte und Chemiker, Sanitäts- und Verwaltungsbeamte, sowie Studierende*, Leipzig 1881, das 1890 auf Englisch unter folgendem Titel erschien: *Microorganisms with Special Reference to the Etiology of the Infective Diseases*, London 1890.

XVII Walter Migula (1963-1938), deutscher Botaniker; promovierte 1888 in Breslau, war ab 1893 Professor an der Technischen Hochschule Karlsruhe, danach an der Forstakademie von Eisenach. Sinngemäß, wenn auch nicht wörtlich finden sich diese Bemerkungen in: Walter Migula, *System der Bakterien: Handbuch der Morphologie, Entwicklungsgeschichte und Systematik der Bakterien*, Stuttgart 1897, S. 55f.

XVIII Ludwig Baruch, *Untersuchungen der Länge einiger Bakterienarten mit Berücksichtigung der Kollektivmasslehre*, Diss. med., Königsberg i. Pr. 1916; und Arthur Trautwein Henrici, *Morphologic Variation and the Rate of Growth of Bacteria*, Springfield, Ill. 1928.

XIX Günther Enderlein (1872-1968), deutscher Zoologe und Kustos am Zoologischen Museum der Berliner Friedrich-Wilhelms-Universität. Die Veröffentlichung seiner richtungweisenden Monographie *Bakterien-Cyclogenie. Prolegomena zu Untersuchungen über Bau, geschlechtliche und ungeschlechtliche Fortpflanzung und Entwicklung der Bakterien*, Berlin 1925, konnte aufgrund der zeithistorischen Entwicklungen erst in der Weimarer Republik erfolgen, obwohl Enderleins Forschungen bereits vor und während des Ersten Weltkriegs stattgefunden hatten. Zu Enderleins bahnbrechenden Entdeckungen auf dem Gebiet der Mikrobiologie zählen die Identifikation des Zellkerns der Bakterien, die Beschreibung ihres Entwicklungskreislaufs sowie der Nachweis, daß Bakterien als Blutparasiten überleben können. Zwischen 1891 und 1942 veröffentlichte er mehr als 500 wissenschaftliche Arbeiten, darunter allein 377 mit entomologischen Themen. Vgl. Elke Krämer, *Leben und Werk von Prof. Dr. phil. Günther Enderlein*, Sankt Goar 2006.

XX Berthold London, *Die Cholera und deren Vorbeugung*, Wien 1865, S. 3-5.

XXI Paul Gerson Unna, *Die Geschlechtskrankheiten*, Berlin 1926, S. 48-55, und Erwin Homburger, »Zur Gonokokkenfärbung«, in: *Centralblatt für Bakteriologie, Parasitenkunde und Infektionslehre I. Abt.* 6 (1900), S. 533-570.

XXII Hans Christian Gram (1853-1938), dänischer Bakteriologe und Mediziner, Professor für Pharmakologie in Kopenhagen. In den Jahren 1883 bis 1885 fand er eine Methode, die Erreger der Lungenentzündung *Streptococcus pneumoniae* sowie *Klebsiella pneumoniae* differentiell anzufärben und in ihrer Pathogenität zu unterscheiden (Gram-Färbung). Vgl. Ilse Jahn, »Gram, Hans Christian Joachim«, in: *Gesch. Bio.*, S. 836.

XXIII Kurt Müller, *Bakteriophagen des Kölner Kanalwassers und des Rheins*, Diss. med., Köln 1924.

XXIV Emil Gotschlich (1870-1949), deutscher Hygieniker und Schüler von Carl Flügge (1847-1923) während dessen späteren Jahren in Berlin. Siehe auch Nicole Gotschlich, *Emil Gotschlich (1870-1949) und die wissenschaftliche Hygiene*, Diss. med., Heidelberg 2000.

XXV Eine vergleichbare Bemerkung findet sich sinngemäß in: Emil Gotschlich, *Handbuch der hygienischen Untersuchungsmethoden*, Bd. 1, Stuttgart 1926, S. 472, sowie zur Differenzierung von Arten in Emil Gotschlichs und Walter Schürmanns gemeinsamem Buch *Leitfaden der Mikroparasitologie und Serologie*, Berlin 1920, S. 59: »Die Kenntnis der Bakterien-Stoffwechselprodukte ist von großem praktischen Wert. [...] Sie erweist sich als außerordentlich wertvolles diagnostisches Hilfsmittel zur Untersuchung nahe verwandter Arten, die sich rein morphologisch schwierig oder gar nicht voneinander trennen lassen. [...] Die Stoffwechselprodukte sind äußerst mannigfaltig; manche derselben kommen vielen Arten zu, während wieder andere nur von besonderen Arten geliefert werden.«

XXVI Maximilian Neisser (1869-1938), deutscher Bakteriologe und Hygieniker, Neffe des Dermatologen Albert Neisser, Assistent von Carl Flügge am Breslauer Hygiene-Institut; Seit 1909 Professor und Leiter des Hygiene-Instituts in Frankfurt/M. Vgl. Emmy Klieneberger-Nobel, »Hundert Jahre Professor Max Neisser«, in: *Centralblatt für Bakteriologie, Parasitenkunde und Infektionslehre Abt. I.* 215 (1970), S. 279-285.

XXVII Rudolf Massini (1880-1954), Schweizer Internist, Professor für Innere Medizin an der Universität Basel. Siehe Hans Staub, »Rudolf Massini zum Abschied«, in: *Basler Jahrbuch* 75 (1954), S. 201-205.

XXVIII Vgl. EET, S. 123.

XXIX Cornelis Leendert van der Burg, *De Geneesheer in Nederlandsch Indie*, 2. Bd., Batavia 1887, S. 174-180; und Ernst Sauerbeck, »Kapselbildung und Infektiösität der Bakterien«, in: *Zeitschrift für Hygiene, Infektionskrankheiten, Medizinische Mikrobiologie, Immunologie und Virologie* 63 (1909), S. 313-318.

XXX Reiner Müller, »Mutationen bei Typhus- und Ruhrbakterien«, in: *Centralblatt für Bakteriologie, Parasitenkunde und Infektionslehre Abt. I.* 58 (1911), S. 97-106.

XXXI Georg Sobernheim (1865-1963), deutscher Forscher, Internist und Bakteriologe, beschäftigte sich hauptsächlich mit den Infektionskrankheiten, wie Pocken, Cholera und Tuberkulose, führte Untersuchungen zur Variabilität von Mikroorganismen durch, entwickelte eine Schutzimpfung gegen Milzbrand. Curt Hallauer, »Professor Dr. Georg Sobernheim (1865-1963) zum Gedächtnis«, in: *Pathologia et Microbiologia* 28 (1965), S. 235.

XXXII Vgl. etwa Heinrich Alexander, Erwin Seligmann, »Zur Bakteriologie des Typhus im Kriege«, in: *Münchner medizinische Wochenschrift* 12 (1916), S. 50-53.

XXXIII Gustav Reichenbach, »Die Bedeutung der Bakterienkapseln für die Virulenz«, in: *Deutsche Medizinische Wochenschrift* 42 (1916), S. 1055 f.; und Gustav Lehmann, »Verlauf des Typhus abdominalis nach Schutzimpfung«, in: *Berliner medizinische Klinik* 15 (1919), S. 708-710.

XXXIV Vgl. Otto Naegeli, *Allgemeine Konstitutionslehre in naturwissenschaftlicher und medizinischer Betrachtung*, Berlin 1927; und Victor Jollos, »Ergebnisse und Probleme der Vererbungslehre«, in: *Berliner klinische Wochenschrift* 6 (1924), S. 1327-1369.

XXXV Friedrich Reinke, *Untersuchungen über das Verhältnis der von Arnold beschriebenen Kernformen zur Mitose und Amitose*, Diss. med., Kiel 1891.

XXXVI Johannes Jacobus van Loghem (1916-1941), niederländischer Mikrobiologe, Immunologe, Genetiker, Epidemiologe und Hygieniker. Er war vor dem Zweiten Weltkrieg Direktor des Hygienischen Instituts der Universität Amsterdam. Vgl. A. Charlotte Ruys, »Prof. Dr. J. J. Van Loghem (1916-1941)«, in: *Forstwissenschaftliches Centralblatt* 7 (1941), S. 189-197. Auf van Loghems Theorie geht Ludwik Fleck auch später in EET ein, siehe S. 116: »[...] was mich den diesbezüglichen Arbeiten der VAN LOGHEMschen Schule näherte. Auf dieser psychologischen Grundlage wuchsen die Beobachtungen des Streptokokkus.«

XXXVII Vgl. Johannes Jacobus van Loghem »Die Individualitätstheorie der bakteriellen Veränderlichkeit«, in: *Zeitschrift für medizinische Mikrobiologie und Immunologie* 110 (1929), S. 382-390, hier S. 388: »Die Änderungen eines Klons als die Individualität gehören nicht der Genetik, sondern der Physiologie und der Pathologie der Bakterien an.«

XXXVIII Ebd., S. 388.

XXXIX Ebd.

XL »Pithekoid« bedeutet in diesem Zusammenhang »haarig« beziehungsweise behaart (gr. *pithêkos* für: Affe, *-oideus* für ähnlich). Gebräuchlicher ist in der biomedizinischen Terminologie heute aber »trichoid« (gr. *trich-* für: Haar oder Wimper).

XLI Vgl. Loghem, »Die Individualitätstheorie« (wie EN XXXVII), S. 389.

XLII »Die Veränderlichkeitserscheinungen, welche sich uns aufdrängen und welche allerwegen an Tausenden von frischen und alten Laboratoriumsstämmen nachgeprüft werden, sind physiologische und pathologische Reaktionen der Bakterie-Individuen. Erst nachdem wir die Veränderlichkeit als individuelle Funktion kennengelernt und sie von phänotypischen und genotypischen Veränderungen getrennt haben, wird es möglich sein, mit Befunden aus der Mikrobiologie zur Genetik etwas beizutragen« (ebd., S. 390).

XLIII Emil Gotschlich, *Handbuch der pathogenen Mikroorganismen*, Bd. 1, Berlin 1927, S. 212f. Vgl. die von Gotschlich zur Erklärung der spontan und sprunghaft erfolgenden Variantenbildung aufgestellte strukturchemische Theorie, der zufolge eine tautomere Struktur des lebenden Plasmas anzunehmen ist.

XLIV »Saprophyten« (gr. *sapros* für: Fleisch und *phyton* für: Gewächs) bezeichnen Mikroorganismen, die auf toter organischer Materie leben.

XLV Diego Anselmi, »Untersuchungen über die Variabilität des Bacterium coli«, in: *Centralblatt für Bakteriologie, Parasitenkunde und Infektionslehre Abt. I.* 92 (1924), S. 518-526.

XLVI Maurice B. Renault, »Sur le Sigillaria Menardi«, in: *Neues Jahrbuch für Mineralogie* 2 (1886), S. 389-398.

XLVII Philippe Van Tieghem, *Traité de Botanique*, Paris 1884, S. 89-106.

XLVIII Walther Kruse (1864-1943), deutscher Hygieniker und Bakteriologe sowie einer der Namengeber für die *Shiga-Kruse-Bakterien*, ein Gifttyp der Ruhrerreger (Shigella dysenteriae), und die *Kruse-Sonne-Bakterien*. Karl-Heinz Karbe, »Kruse, Walther«, in: *Ärzte-Lex.*, S. 200f.

XLIX August Geisse, »Erzielung pathogener Eigenschaften bei saprophytischen Staphylokokken«, in: *Zeitschrift für Hygiene und Infektionskrankheiten, Medizinische Mikrobiologie, Immunologie und Virologie* 77 (1914), S. 1432-1831.

L Rudolf Otto Neumann, »Studien über die Variabilität der Farbstoffbildung bei Mikrococcus pyogenes et aureus (Staphylococcus pyogenes aureus) und einigen anderen Spaltpilzen«, in: *Archiv für Hygiene* 30 (1897), S. 1-31.

LI Francesco Stinelli, »Sul transformasi dello staphylococcus pyogenes aureus in albus nelle inoculazioni endovenose«, in: *La Riforma Medica* 25 (1909), S. 848-850.

LII Paul G. Heinemann, »The Variability of Two Strains of Streptococcus lacticus«, in: *Journal of Infectious Diseases* 16 (1915), S. 221-239; und Carl Seitz, *Grundriss der Kinderheilkunde für praktische Aerzte und Studirende*, Stuttgart 1894, S. 124-130.

LIII Walther Kruse, *Allgemeine Mikrobiologie. Die Lehre vom Stoff- und Kraftwechsel der Kleinwesen*, Leipzig 1910, S. 58; Alfredo Panzini, »Die Heilung der Pleuritis insbesondere der Pleuritis acutissima«, in: *Ziegler's Beiträge zur pathologischen Anatomie und allgemeinen Pathologie* 12 (1893), S. 435-445; Émile Levy, Carl Théophile Ludwig, »Studien über den Diplococcus pneumoniae Fränkel«, in: *Archiv für experimentelle Pathologie und Pharmakologie* 37 (1895/96), S. 89-99; Jan Schereschewsky, »Experimentelle Kaninchenblennorrhoe«, in: *Archiv für Dermatologische Forschung* 160 (1930), S. 299f.; Max H. Kuczynski, Erich K. Wolff, »4. Streptokokken-Mitteilung«, in: *Berliner klinische Wochenschrift* 29 (1921), S. 58-60.

LIV Walther Kruse, Alfredo Panzini, »Untersuchungen über die Strepto-Pneumokokken in ihren Beziehungen zueinander und zum Wirtsorganismus«, in: *Virchows Archiv für pathologische Anatomie und Physiologie und für klinische Medizin* 244 (1923), S. 97-158.

LV Julius Morgenroth, »Die Bedeutung der Variabilität der Mikroorganismen für die Therapie«, in: *Centralblatt für Bakteriologie, Parasitenkunde und Infektionskrankheiten* 63 (1924), S. 94-124.

LVI Rivanol ist ein auf vergärtem Alkohol basierendes Desinfektionsmittel, das häufig in einer Lösung von 0,1 % verwendet wurde; Vuzin stellt eine auf biologischem Gummi basierende, erweiterte Form solcher Desinfektionsmittel dar. Siehe etwa Julius Morgenroth, »Zur Vuzin-Tiefenantisepsis«, in: *Langenbeck's Archiv für Chirurgie* 165 (1921), S. 149-153.

LVII Hugo Schottmüller (1867-1936), deutscher Arzt und Bakteriologe, prägte die Definition der Sepsis und führte die Abgrenzung der verschiedenen Typhusformen durch. Vgl. Georg Budelmann, »Hugo Schottmüller (1867-1936). Das Problem der Sepsis«, in: *Internist* 10 (1969), S. 92-101.

LVIII George F. Dick, Gladys H. Dick, »Scarlet Fever«, in: *American Journal of Public Health* 14 (1924), S. 1022-1028.

LIX Kamewaka Yamaguti, »Untersuchungen über die grünen Kokken. Beitrag zur Bakteriologie der Mundhöhle«, in: *Centralblatt für Bakteriologie, Parasitenkunde und Infektionskrankheiten* 90 (1923), S. 345-360.

LX Arthur Eastwood, Fred Griffith, *Bacteriological Studies: 1. The Influence of Immune Serum on the Biological Properties of Pneumococci. 2. Bacterial Variation and Transmissible Autolysis*, Bd. 18, London 1923.

LXI Michael H. Gordon, »The Differentiation of Streptococci«, in: *Jour-*

nal of Pathology and Bacteriology 15 (1910/11), S. 323-332; Charles Nicolle, *Éléments de microbiologie générale*, Paris 1901.

LXII August Lieberknecht, »Ueber Pseudomeningokokken aus dem Rachen gesunder Schulkinder, verglichen mit echten Meningokokken, unter besonderer Berücksichtigung des Wachstums dieser Arten auf hämatinhaltigen Nährböden«, in: *Archiv für Hygiene* 68 (1908/09), S. 143-188.

LXIII Charles-Henri Albert Dopter, *Diagnostic et traitement de la méningite cérébro-spinale*, Paris 1918.

LXIV Karl Wilhelm Jötten, »Ueber Meningococcentypen«, in: *Archiv für Hygiene* 94 (1924/25), S. 174-190.

LXV L. Kandiba, »Ueber Kulturverfahren mit Gonokokken und deren Mutationsbildungen«, in: *Zeitschrift für Hygiene und Infektionskrankheiten* 96 (1922), S. 347-350.

LXVI Arthur Klein, »De pestbacil en de serotheraphie bij pest«, in: *Nederlands Tijdschrift voor Geneeskunde* 33 (1897), S. 569-583.

LXVII Gotschlich, *Handbuch der hygienischen Untersuchungsmethoden* (wie EN XXV), S. 69-71.

LXVIII Siehe etwa in: Anna Philine Schlagberger, *Die Vorstellungen und das Wissen von der Wirkweise des Choleraerregers Vibrio cholerae im Wandel der Zeit*, Diss. med., München 2009, S. 27f.

LXIX Nasik oder Nashik ist eine indische Stadt nordöstlich von Mumbay im Bundesstaat Maharashtra, wo das entsprechende Cholera Vibrio erstmals festgestellt wurde. »Kadi-Kjö« bezieht sich auf die Beschreibung der Phänomene der ägyptischen Cholera in arabischer Sprache. Vgl. Werner Köhler, Simon P. Hardy, »Zentralblatt für Bakteriologie – 100 Years Ago: Earlier Considerations of the El Tor Vibrios«, in: *International Journal of Medical Microbiology* 6 (2006), S. 333-340.

LXX Siehe auch: EET, S. 28, FN 44.

LXXI Vgl. Lehmann, Neumann, *Bakteriologie insbesondere bakteriologische Diagnostik* (wie EN IV), S. 540. Auch zitiert in: EET, S. 28, FN 44.

LXXII Edwin O. Jordan, William B. Sharp, »Influenza Studies; Immunity in Influenza«, in: *Journal of Infectious Diseases* 24 (1920), S. 463-468.

LXXIII Leo Zupnik, »Ueber Variabilitaet der Diphtheriebacillen«, in: *Berliner klinische Wochenschrift* 34 (1897), S. 1085-1087.

LXXIV Berthold Schick, Heinrich von Ersettig, »Zur Frage der Variabilität der Diphtheriebazillen«, in: *Wiener klinische Wochenschrift* 16 (1903), S. 993-995.

LXXV Witold von Przewoski, *Beitrag zur Kenntnis der Morphologie und Biologie der Diphtherie- und Pseudodiphtheriebazillen*, Diss. med., Jena 1912.

LXXVI Hermann Langer, »Neuere Kulturmethoden für Typhus, Ruhr, Cholera und Diphtherie«, in: *Berliner klinische Wochenschrift* 54 (1917), S. 130-133.

LXXVII Henry Fox, »Studies in Diphteroids«, in: *Journal of Medical Research* 32 (1915), S. 305-309; Martin Bernhardt, »Ueber die Beziehungen des Kniephänomens zur Diphtherie und deren Nachkrankheiten«, in: *Archiv für pathologische Anatomie und Physiologie und für klinische Medicin* 99 (1885), S. 393-410; Karl Ernst Friedrich Schmitz, *Beitrag zur Kenntnis der Diphtherie- und der sogenannten Pseudodiphtheriebazillen*, Diss. med., Berlin 1914.

LXXVIII Heinrich Lubiński, »Untersuchungen über die Frühsterblichkeit der Säuglinge. II. Die Frühsterblichkeit in Nürnberg«, in: *Zeitschrift für Hygiene und Infektionskrankheiten, Medizinische Mikrobiologie, Immunologie und Virologie* 112 (1931), S. 191-197; Zofia Bohdanowiczówna, Andrzej Ławrynowicz, *Über die Beständigkeit und Variabilität der Eigenschaften des Diphtheriebacillus*, Warschau 1928, S. 52-76.

LXXIX Nach EET, S. 28 sei es Paul Uhlenhuth (1870-1957) und Margarete Zülzer (1877-1943) gelungen, harmlose Wasserspirochitäen mittels Meerschweinchenpassagen in virulente zu verwandeln.

LXXX Eduard Nocard, »Microbes dans le sang du cheval à jeune ou après les repas«, in: *Comptes Rendus de la Société de Biologie* 47 (1895), S. 104-110, und Bernhard Bang, »Ueber die Eutertuberculose der Milchkühe und über ›tuberculöse Milch‹«, in: *Deutsche Zeitschrift für Thiermedizin und vergleichende Pathologie* 11 (1884), S. 45-46.

LXXXI Lydia Rabinowitsch, »Ueber die thermophilen Bakterien«, in: *Zeitschrift für Hygiene und Infektionskrankheiten, Medizinische Mikrobiologie, Immunologie und Virologie* 20 (1895), S. 154-164.

LXXXII Hans Much, »Neuere Ergebnisse über die Biologie des Tuberkelbazillus«, in: *Ergebnisse der wissenschaftlichen Medizin* 2 (1910/11), S. 207-224.

LXXXIII D. José Ferran, *Note pour revendiquer la priorité de la découverte de la vaccine contre le choléra*, Barcelona 1897.

LXXXIV Albert Vaudremer, »Le pléomorphisme du bacille tuberculeux«, in: *Médecine* 3 (1921/22), S. 622-624.

LXXXV Albert John Castellani, »Die Agglutination bei gemischter Infection und die Diagnose der letzteren«, in: *Zeitschrift für Hygiene und Infektionskrankheiten, Medizinische Mikrobiologie, Immunologie und Virologie* 40 (1902), S. 1-20.

LXXXVI Pierre Weil, »Kriegsdienstbeschädigung und Tuberkulose«, in: *Tuberkulose* 7 (1927), S. 42-46.

LXXXVII Vgl. Frederick Williams Andrewes, Ethel M. Christie, *The Haemolytic Streptococci: Their Grouping by Agglutination*, London 1932.

LXXXVIII Joseph A. Arkwright, »The Minute Bodies (rickettsia) Found in Trench Fever, Typhus Fever and Rocky Mountain Spotted Fever«, in: *Transactions of the Royal Society of Tropical Medicine and Hygiene* 12 (1919), S. 127-140.

LXXXIX Der Begriff der »Kieler Kompromiß-Schule« scheint sich auf die Typhusforschungen am 1891 gegründeten Hygienischen Institut der Christian-Albrecht-Universität Kiel zu beziehen. Zwischen 1928 und 1934 war dort Hermann Dold (1882-1962) Lehrstuhlinhaber sowie Leiter des Instituts. Seine Arbeitsschwerpunkte bildeten vor allem die Serologie und Bakteriologie, während praktisch-hygienische Gesichtspunkte in dieser Zeit weniger ins Gewicht fielen. Dabei setzte er die gemeinsam mit Emil von Behring (1854-1917) begonnenen Arbeiten zur Serumtherapie bei Typhuserkrankung fort und untersuchte die Übertragungswege der Typhuserkrankung. Dold war überzeugt davon, daß eine solche Impfung prinzipiell gelingen könnte, auch wenn immer wieder Erkrankungsfälle bei geimpften Personen auftraten. Hermann Dold, Chen Yü Hsiang, »Ueber das Verhältnis der tatsächlichen zur theoretisch möglichen Gefahr der Keimübertragung durch Fingerberührungen (illustriert am Typhus Bazillus)«, in: *Zeitschrift für Hygiene und Infektionskrankheiten, Medizinische Mikrobiologie, Immunologie und Virologie* 4 (1919), S. 266-284 [Florian Schmaltz].

XC Vgl. Kiyoshi Shiga (1871-1957), Walther Kruse, »Über die Ruhr als Volkskrankheit und ihren Erreger«, in: *Deutsche Medizinische Wochenschrift* 26 (1900), S. 637-639.

XCI Ernst Friedberger, C. Moreschi, »Vergleichende Untersuchungen über die aktive Immunisierung von Kaninchen gegen Cholera und Typhus«, in: *Centralblatt für Bakteriologie, Parasitenkunde und Infektionslehre* 125 (1905), S. 453-473.

XCII Hans Ernst, »Ueber ein eigenartiges Zusammentreffen von Meningitis epidemica und Typhus abdominalis«, in: *Münchner medizinische Wochenschrift* 71 (1924), S. 432-430.

XCIII Arthur Meyer, *Ein Fall von Lungengangrän bei Typhus abdominalis nebst einer Uebersicht über die Bedeutung des Eberth'schen Bacillus bei komplikatorischen Erkrankungen des Respirationsapparates*, Diss. med., Straßburg, 1908.

XCIV William H. Neilson, »Purpura«, in: *Wisconsin Medical Journal* 5 (1906/07), S. 105-114.

XCV Martin Mandelbaum, »Eine neue Verfeinerung der Wassermannschen Reaktion«, in: *Münchner medizinische Wochenschrift* 65 (1918), S. 294-300.

XCVI August Gärtner (1848-1934), deutscher Mediziner und Mikrobiologe, Entdecker des Erregers der Fleischvergiftung, des Bazillus *Salmonella enteritidis*, der schließlich nach ihm als »Gärtner-Bazillus« bezeichnet wurde.

XCVII Ernst Oette, »Ein abweichender Paratyphusstamm, der Zucker ohne Gasbildung zersetzt«, in: *Centralblatt für Bakteriologie, Parasitenkunde und Infektionslehre* 68 (1913), S. 1-8; Hans L. Wagner, »Notes Concerning the Seat of Latent Diphtheria«, in: *Transactions of the American Laryngological*

Association 35 (1913), S. 222-225; Kashiba Ohno, »Paratyphusbacillen ohne Gasbildungsvermögen«, in: *Centralblatt für Bakteriologie, Parasitenkunde und Infektionslehre* 75 (1915), S. 288-293.

XCVIII Hans L. Wagner, »Ein Bacterium dysenteriae mutabile«, in: *Münchner mediziniche Wochenschrift* 8 (1919), S. 190-192.

XCIX Vgl. Schmitz, *Beitrag zur Kenntnis der Diphtherie- und der sogenannten Pseudodiphtheriebazillen* (wie EN LXXVII).

C Johannes Petruschki, »Versuche zur specifischen Behandlung des Typhus abdominalis«, in: *Zeitschrift für Hygiene, Infektionskrankheiten, Medizinische Mikrobiologie, Immunologie und Virologie* 40 (1902), S. 567-594; Johannes Döbert, »Ueber Choleranährböden«, in: *Hygienische Rundschau* 16 (1906), S. 405-409; Max Piorkowski, »Zur Differenzierung der Bakterien der Coli-Typhusgruppe mittels gefärbter Nährböden und der Harngelatine«, in: *Centralblatt für Bakteriologie, Parasitenkunde und Infektionslehre* 79 (1916/17), S. 257-259.

CI Diese Variabilitätsfeststellung bei Fleckfieberbakterien wurde von Frl. Ruth Zeydel am Polnischen Staatsinstitut für Hygiene vorgenommen und in einer Kurznotiz in Frankreich veröffentlicht: *Comptes Rendus de la Société de Biologie* 114 (1932), S. 116.

CII Charles Edward Winslow, *Treatment of Typhoid Fever*, Philadelphia 1894.

CIII Gotschlich, *Handbuch der hygienischen Untersuchungsmethoden* (wie EN XXIV), S. 212f.

CIV Konstantin Pesch, »Ueber experimentell erzeugte Wunddiphtherie«, in: *Centralblatt für Bakteriologie, Parasitenkunde und Infektionslehre* 93 (1924), S. 261-265.

CV Vgl. Lehmann, Neumann, *Bakteriologie insbesondere bakteriologische Diagnostik* (wie EN IV), S. 186.

CVI John Forssman, »Heterogenetic Antigen and Antibodies«, in: *Svenska Läkare-Sällskapets Arbeten* 55 (1929), S. 65-71.

CVII Johan Almquist, *Biologische Forschungen über die Bakterien*, Stockholm 1925; Felix Löhnis, »Life Cycles of the Bacteria«, in: *Journal of Agricultural Research* 6 (1916), S. 675-702; Günther Enderlein, *Bakterien-Cyclogenie. Prolegomena zu Untersuchungen über Bau, geschlechtliche und ungeschlechtliche Fortpflanzung und Entwicklung der Bakterien*, Berlin 1925.

CVIII Gemeint ist der 1882 von Robert Koch (1843-1910) entdeckte Tuberkuloseerreger; Alfred Fischel, »Ueber die Behandlung der Tuberkulose mit Partialantigenen nach Deyck-Much«, in: *Wiener klinische Wochenschrift* 31 (1918), S. 273-302; Bruno Klein, *Die Indikationen des artifiziellen Abortes bei Tuberkulose*, Bonn 1913; Samuel Dixon, »The Branched Form of the Tubercle Bacillus, and Immunity to Tuberculosis«, in: *Journal of the American Medical Association* 40 (1913), S. 993-995; Erwin Semmer, »Versuche über die Uebertragbarkeit der Tuberkulose (Perlsucht) auf Rinder und andere Thiere«, in: *Deutsche Zeitschrift für Thiermedizin und vergleichende Pathologie* 2 (1875/76), S. 209-220; Hans Friedrich, »Was leistet die neue von Wassermann'sche Komplementbindungsreaktion zur Diagnose der Tuberkulose?«, in: *Centralblatt für Chirurgie* 51 (1924), S. 2088-2090.

CIX Otto Lubarsch, »Ueber Entstehungsweise, Infektions- und Verbreitungswege der Tuberkulose«, in: *Zeitschrift für ärztliche Fortbildung* 15 (1918), S. 141-175; Leon Karwacki, »Culture du bacille tuberculeux dans le liquide des pleurésies tuberculeuses«, in: *Comptes Rendus de la Société de Biologie* 92 (1925), S. 801-803.

CX Victor Babes, *Untersuchungen über den Leprabacillus und über die Histologie der Lepra*, Berlin 1898; Ernst Levy, »Ein neues aus einem Fall von Lepra gezüchtetes Bacterium aus der Klasse der Tuberkelbacillen; Studien über diese Klasse«, in: *Archiv für Hygiene* 30 (1897), S. 168-183; Eugen Czaplewski, »Ueber einen aus einem Leprafalle gezüchteten alkohol- und säurefesten Bacillus aus der Tuberkelbacillengruppe«, in: *Centralblatt für Bakteriologie, Parasitenkunde und Infektionskrankheiten* 23 (1898), S. 97-189.

CXI Heinrich Marx, »Bakteriologische Mittheilungen. I. Ueber den Nachweis von Bakterien. II. Die Pathogenität des Bacillus prodigiosus. III. Eine Bemerkung zur Farbstoffproduktion der Bakterien«, in: *Archiv für klinische Chirurgie* 62 (1897), S. 346-400; Heinrich Conradi, »Die Hyphomycetennatur des Rotzbacillus«, in: *Zeitschrift für Hygiene, Infektionskrankheiten, Medizinische Mikrobiologie, Immunologie und Virologie* 33 (1900), S. 161-177.

CXII Johannes Schürer, *Ueber Diphtherie-Disposition und Immunität*, Berlin 1919; Vincente Lachner-Sandoval, *Ueber Strahlenpilze, eine bacteriologisch-botanische Untersuchung*, Diss. phil., Bonn 1898.

CXIII Alberto Fontès, »Untersuchungen über die chemische Natur der den Tuberkelbacillen eigenen Fett- und Wachsarten und über das Phänomen der Säureresistenz«, in: *Centralblatt für Bakteriologie, Parasitenkunde und Infektionskrankheiten* 49 (1909), S. 317-321; Henri Durand, »Retour au type classique du bacille tuberculeux filtré, après passage par le péritoine du cobaye«, in: *Comptes Rendus de la Société de Biologie* 90 (1924), S. 916-1000; Albert Calmette, Jean Valtis, »Infection expérimentale transplacentaire par les éléments filtrables du virus tuberculeux«, in: *Comptes Rendus de l'Académie des Sciences de Paris* 181 (1925), S. 491-494.

CXIV Joseph Herzog, »Ueber die Involutionsformen des Gonokokken Neisser und ihre Rolle als intraepitheliale Zellparasiten«, in: *Virchows Archiv für pathologische Anatomie und Physiologie und für klinische Medizin* 243 (1913), S. 529-536; Paul Hauduroy, *Atlas de parasitologie*, Paris 1923; Edwin Hadley, »Three Cases of Diphtheria Treated by Antitoxin«, in: *Indiana Medical Journal* 14 (1895/96), S. 123-125; Emil Apollo Meissner, »Ueber Cholera infantum. Von Emil Apollo Meissner«, in: Richard von Volkmann (Hg.),

Sammlung klinischer Vorträge, in Verbindung mit deutschen Klinikern, Bd. 5, Leipzig 1875, Kapitel 157; Edward Collett Hort, »Tuberkulin in the Diagnosis and Treatment of Tuberculosis«, in: *Quaterly Journal of Medicine* 4 (1910/11), S. 377-384.

CXV Otto Bail, »Ueber das Freiwerden der bactericiden Leukocytenstoffe«, in: *Berliner klinische Wochenschrift* 34 (1897), S. 887-889.

CXVI Nikolaj Gamaleia, *Elemente der allgemeinen Bakteriologie*, Berlin 1900; Alexander Maassen, »Die Zersetzung der Nitrate und der Nitrite durch die Bakterien; ein Beitrag zum Kreislauf des Stickstoffs in der Natur«, in: *Arbeiten aus dem kaiserlichen Gesundheitsamte* 18 (1901), S. 21-77; Sahachiro Hata, »The Present Status and Future Problems of Chemotherapy«, in: *Contributions of the Peking Union Medical College* 37 (1922), S. 1-17; Max von Eisler, »Besteht ein Zusammenhang zwischen Agglutinabilität und Bindungsvermögen verschiedener Typhus- und Cholerastämme?«, in: *Zeitschrift für Immunitätsforschung und experimentelle Therapie* 9 (1911), S. 136-148; Carl Klieneberger, »Agglutination und Agglutinationstitration«, in: *Wiener klinische Rundschau* 29 (1915), S. 93-96.

CXVII Axel Hintenberger, Claus Reitmann, »Verschiedenes Wachstum des Bacillus pyocyaneus auf Nähragar je nach dessen Wassergehalt«, in: *Centralblatt für Bakteriologie, Parasitenkunde und Infektionskrankheiten* 37 (1904), S. 169-177.

CXVIII Der Kaufmann Anton van Leeuwenhoek (1632-1723) aus dem holländischen Delft erarbeitete sich seine mikroskopischen Techniken allein in autodidaktischer Weise und fertigte die dafür nötigen Linsen selbst an. 1674 gelang ihm so als einem der ersten Naturhistoriker, »Kleinstlebewesen« (Protozoen und Flagellaten) für das menschliche Auge sichtbar zu machen. Leeuwenhoek teilte diese Beobachtung in Briefen an die *Royal Society* in Großbritannien mit, wofür er von der internationalen Forschungsgemeinschaft große Anerkennung bekam. Siehe Ilse Jahn, »Leeuwenhoek, Antoni [Antony] van«, in: *Gesch. Bio.*, S. 884.

CXIX Friedrich Haag, »Kreislaufformen des Milzbrandbazillus«, in: *Centralblatt für Bakteriologie, Parasitenkunde und Infektionskrankheiten* 104 (1927), S. 222-225.

CXX Ralph R. Mellon, »Observation on the Origin of Biotypes (Microbic Dissociation) in Pure Lines of Bacteria«, in: *Proceedings of the Society for Experimental Biology* 20 (1922/23), S. 191-195; Otto Oesterle, Carl A. Stahl, »Untersuchungen über den Formenwechsel und die Entwicklungsformen bei Bacillus mycoides«, in: *Centralblatt für Bakteriologie, Parasitenkunde und Infektionskrankheiten* 79 (1929), S. 1-25; Ludwig Schmidt-Kehl, »Ueber Filtrierbarkeit und Größe des Bacterium coli«, in: *Archiv für Hygiene* 111 (1930), S. 307-316; Hilding Bergstrand, »Ueber sogenannte Corynebakterien und ihre Verwandten, nebst Bemerkungen über Bakterien im Allgemeinen«, in:

Acta Medicina Scandinavica 53 (1920), S. 209-302; Frederick M. Scales, »A New Method for Differential Staining of Bacteria«, in: *Journal of Infectious Diseases* 31 (1922), S. 494-498.

CXXI Stanislaus von Prowazek (1875-1915) wurde in Neuhaus in Böhmen geboren, studierte in Prag und Wien und arbeitete seit 1901 an dem von Paul Ehrlich (1854-1915) gegründeten Institut für experimentelle Serumtherapie in Frankfurt/M., bevor er 1903 an die Münchner Universität wechselte. In der bayerischen Metropole baute er das universitätseigene Protozoenlabor auf und beschäftigte sich im Verlauf seiner Karriere insbesondere mit der morphologischen und funktionellen Klassifikation von Bakterien und Protozoen. Vgl. Lothar Jaenicke, »Stanislaus von Prowazek (1875-1915). Prodigy between Working Bench and Coffee House«, in: *Protist* 152 (2001), S. 157-166.

CXXII [Original deutsch.]

CXXIII Die Weil-Felix-Reaktion, benannt nach dem Prager Hygieniker Edmund Weil (1880-1922) und dem polnischen Bakteriologen Arthur Felix (1887-1956), bezieht sich auf die spezifische Agglutination von X-Bakterien (Proteus X-Stämmen) mit den Serumantikörpern von Fleckfieberkranken. Sie läßt sich biologisch auf die Ähnlichkeit der Membranoberflächen von Rickettsien und Proteusbakterien zurückführen. Siehe: *Pschyr.*, s.v. Weil-Felix-Reaktion, S. 1809.

CXXIV Zitat so nicht nachweisbar; zur Sache vgl. Max H. Kuczynski, »Studien zur Ätiologie und Pathogenese des Fleckfiebers«, in: *Virchows Archiv für pathologische Anatomie und Physiologie und für klinische Medizin* 242 (1923), S. 355-423; z. B. S. 406f.: »Einmal steht es fest, daß das Läusevirus, die sog. *Rickettsia Prowazeki Rocha Lima*, der Erreger des Fleckfiebers ist. Dann aber hat sich jetzt herausgestellt, daß *eine Gattung Rickettsia nicht zu Recht besteht, sondern daß die Rickettsia eine besondere Form von Proteusbazillen vorstellt*, wie sie sich aus bestimmten biologischen Verhältnissen heraus gestaltet. Auch der X 19 ist nicht eigentlich der Erreger des Fleckfiebers, wenn er auch zu ihm in näherer verwandtschaftlicher Beziehung steht. Unsere bisherigen Erfahrungen am Fleckfieber gestatten uns nicht, zu der Frage der artlichen Gruppierung innerhalb der Proteusgruppe im besonderen, bei Bakterien überhaupt in fördernder Weise Stellung zu nehmen. Wir sehen jedenfalls, daß das Moment der Infektiosität so lange nicht als Kennzeichen artlicher Abgrenzung dienen darf, als nicht sehr erschöpfende Untersuchungen über die Potenz zur Infektiosität bei zahlreichen Angehörigen dieser Bakteriengruppe vorliegen; zumal da, wie wir sehen, vielleicht Infektiosität verloren geht. [...] Streng genommen müßte man heute auf eine artliche Bezeichnung Verzicht leisten.«

Zur Variabilität der Streptokokken[I]
(mit Olga Elster[II])

Der Stamm, welcher den Hauptgegenstand unserer Untersuchungen bildet, wurde aus dem Katheterurin einer Pyelozystitis-Kranken[III] gezüchtet. Unsere Aufmerksamkeit wurde ursprünglich durch dessen ungewöhnlich schnelles und üppiges Wachstum auf Nährböden sowie durch die bei Streptokokken so seltene Farbstoffbildung gefesselt. Die Untersuchungen dauerten acht Monate und führten zu interessanten Ergebnissen aus dem Bereiche der Variabilitätslehre.[IV] Sie dürften für die Biologie der Streptokokken von Belang sein, um so mehr, als wir bei drei anderen, zum Vergleich herangezogenen Streptokokkenstämmen ein sehr ähnliches Verhalten fanden.

1. Herkunft und allgemeine Eigenschaften des Stammes

Der Stamm wurde zum ersten Mal im Juni 1931 von uns gezüchtet; die Patientin leidet aber schon seit Jahren an bakteriologisch festgestellter Nierentuberkulose und Zystopyelitis.[V] Wir fanden im Urinsedimente neben sehr zahlreichen Leukozyten und spärlichen Erythrozyten zahlreiche, sehr lange Ketten rundlicher, grampositiver Kokken. Die Ketten bilden lange, gewundene Linien oder auch Knäuel. Die Zahl der Körner[VI] betrug bis 150, sogar 200 in einer Kette. Die Lagerung erinnerte stellenweise an Diplostreptokokken.[VII] Man sah auch kurze Ketten zu 3-6 Kokken, stellenweise schwächer nach Gram[VIII] gefärbt, einige Kokken fanden sich im Inneren von Leukozyten (Phagozytose?).[IX] Kapseln wurden nicht gefunden. Später haben wir noch 4mal innerhalb von ca. 5 Monaten den Urin untersucht und immer die soeben beschriebenen Mikroorganismen gefunden. Der Urin war trübe, enthielt 0,25-10 Prom[ille] Eiweiß. Auf Agar erschienen nach 24 Std. zahlreiche, runde, flache, matte, wellenförmig begrenzte Kolonien von 2-5mm Durchmesser und coliartiger Durchsichtigkeit. Der mikroskopische Aufbau der Kolonie erinnert durch deren lockige Struktur stark an Anthraxkolonien.[X] Diese erste Generation war gelblich gefärbt.

Das Verhalten auf anderen Nährböden siehe Tabelle.

(a) Die Beschreibung der Agaroberflächenkolonien im Text. (b) Stichkultur bei 37°: ein Nagel, dessen Kopf einer Oberflächenkolonie gleicht und dessen Schaft von welligen Säumen und Ausläufern in allen Richtungen umgeben ist. (c) Auf der Platte bei ca. 20° langsames, jedoch schon nach 48 Std. sichtbares Wachstum. (d) Bei 41° weniger üppig, über 42° kein Wachstum.	1	gewöhnl. Agar[XI]
Sehr üppig. Nach 24 Std. bei 37° Koloniendurchmesser bis zu 10 mm.	2	Ascites-Agar
Bei Zimmertemperatur nach 48 Std. zarte Kolonien. Gelatine wird auch nach langer Zeit nicht verflüssigt.	3	Gelatine
Bei 37° üppiges Wachstum, schon nach einigen Stunden sichtbar. Nach 24 Std. ein watteähnlicher Klumpen oder flockig-körniges Sediment. Bouillon darüber klar.	4	Bouillon
Gerinnt nach 20 Std. (37°). Keine nachträgliche Peptonisierung; keine Aufhellung (2 Wochen).	5	Milch
Rötung nach 20 Std. (37°), nachher Gerinnung; Weißwerden der Kuppe, zuletzt im ganzen Rot.	6	Azolithminmilch (HEIM)[XII]
Nach 14 Std. (37°) Reduktion des Farbstoffes im unteren Röhrchenteil, die sich steigert und den größeren Teil des Nährbodens einnimmt. In der Folge stufenweise Rückkehr zur blauen Farbe innerhalb von ca. 5 Tagen	7	Methylenblaumilch
Rötung ohne Gasbildung bereits nach 20 Std.	8	Dextrose
Rötung ohne Gasbildung bereits nach 20 Std.	9	Laktose
Nach 20 Std. bei 37° üppiges Wachstum. Ausgesprochene Hämolyse in Gestalt breiter, heller Säume.	10	Menschen- und Hammelblut-Agarplatte
Unverändert.	11	VOGES-Platte[XIII]
Üppiges Wachstum unter Paraffin.	12	Anaerob

(a) Unverdünnt; kein Wachstum. (b) Bei Zusatz von $^1/_3$ Dextrosebouillon: üppiges Wachstum	13	Galle
Bouillonkultur wird nicht aufgelöst.	14	10%iges taurocholsaures Na
Keine peptonisierenden Fermente.	15	Halberstarrtes Pferdeserum

Im übrigen wäre speziell der rostige Farbstoff hervorzuheben, welcher auf Agar, Serumagar, in Bouillon und Milch, aerob und anaerob, bei Zimmertemperatur wie im Brutschrank gebildet wird und seine Intensität von hellgelblich bis blutrot wechselt. Nach BEIJERINCKS[XIV] Einteilung gehört der Stamm zu den Chromatoparen, bei denen der Farbstoff im Gegensatz zu den Chromatophoren[XV] außerhalb der Zelle sich befindet. Im Bouillonsedimente oder auch sehr schön auf dem LOEFFLER-Nährboden[XVI] sieht man mit dem Mikroskop rostfarbene Pigmentteilchen außerhalb der farblosen Ketten. Der Farbstoff läßt sich durch Zentrifugieren flüssiger Kulturen von den Bakterienmassen trennen, mit Wasser und Azeton waschen und trocknen. Er stellt dann eine harte, bröckelige Masse von blutroter Farbe dar. Der Farbstoff löst sich in Alkohol, Äther, Benzol, Chloroform und Petroläther nicht, nur sehr schwach in Wasser, gut in 10prozentiger Kalilaugelösung, sehr gut in heißer, konzentrierter Kalilauge. Dabei entsteht eine rostbraune Lösung, die sehr an Eisenhydroxyd erinnert. In konzentrierter Essigsäure löst sich der Farbstoff mit gelber Farbe, in konzentrierter Salzsäure mit strohgelber, in konzentrierter Salpetersäure mit gelbgrüner, in konzentrierter Schwefelsäure mit tiefer blaugrüner Farbe. Nach Neutralisation der alkalischen und sauren Lösungen fällt der Farbstoff aus, aus den Lösungen läßt er sich weder mit Alkohol noch mit den anderen, oben genannten Lösungsmitteln extrahieren. Die farbigen Lösungen in Lauge und Säure zeigen im Spektroskop keine Absorptionsstreifen. Weder Wasserstoff in *statu nascendi* noch H_2O_2 verändern den Farbstoff. FEHLINGSCHE Lösung[XVII] wird von der alkalischen Lösung nicht reduziert; in der Asche des Farbstoffes fanden wir keine Schwermetalle.

Der Farbstoff erinnert sehr an Farbstoffe aus der Karotingruppe (siehe die ZOPFSCHE Lipocyanreaktion[XVIII] mit konzentrierter Schwefelsäure), unterscheidet sich aber von ihnen durch seine Petroläther- und Alkoholunlöslichkeit.

Von den anderen biologischen Eigenschaften unseres Stammes ist seine Empfindlichkeit gegen saure Reaktion des Nährbodens zu unterstreichen. Der Stamm stirbt z. B. in Dextrosebouillon, nachdem dieselbe vergoren ist, schnell ab. Sonst erhält er sich wochen- und monatelang beim Leben. Temperatur von 56° C tötet ihn sicher.

Was die Tierpathogenität des Stammes betrifft, so haben diesbezügliche Versuche ergeben, daß weiße Mäuse an der Stelle der subkutanen Injektion mit hämorrhagischem Infiltrat reagieren. Das Infiltrat zerfällt, es bildet sich ein Geschwür, das sich nachher mit einem blutigen Schorfe bedeckt. Im Wundsekrete fanden wir Streptokokken in kurzen Ketten, welche mit dem Infektionsstamme identisch waren. Die Mäuse magerten ab, ihr Fell war schweißbedeckt, die Bewegungen matt. Von 5 geimpften Mäusen starben 2 nach 3 bzw. 6 Wochen. Das Geschwür war in beiden Fällen bereits geheilt. Blutkulturen waren in allen 5 Fällen steril. Bei Kaninchen entstand nach Injektion lebender Keime in das Kniegelenk ein rotes, heißes Entzündungsödem der ganzen Umgebung. Im Gelenk und der Bursa suprapatellaris[XIX] bildete sich eine eitrigkäsige Masse, welche unseren Streptokokkus enthielt. Herzblutkulturen negativ. Bei Meerschweinchen fanden wir nach intraperitonealer Infektion ein sero-fibrinöses Exsudat, starke Erweiterung der Gefäße des parietalen und viszeralen Peritoneums. Kulturen aus dem Exsudat und Herzblut blieben negativ. Im großen und ganzen ist also die Tierpathogenität ziemlich gering.

Was die Menschenpathogenität betrifft, können wir nur über Komplementbindungsversuche berichten. Das Serum der Patientin bindet das Komplement in Verdünnung 1 : 50. Als Antigen wurde sowohl eine Aufschwemmung der Streptokokken in physiolog[ischer] Kochsalzlösung als auch ein Extrakt mit Aq[ua] dest[illatum] benützt. Als positive Kontrolle diente das Serum eines immunisierten Kaninchens, als negative zwei Wassermann-Sera.[XX]

Unser Stamm besitzt außer der Farbstoffbildung noch eine besondere Eigenschaft, und zwar, wie bereits angedeutet, ein ungewöhnlich schnelles und üppiges Wachstum. Zur Veranschaulichung dieser Eigenschaft sei berichtet, daß bereits nach 2-3 Std. Aufenthalt im Thermostaten mikroskopisch und nach 4-5 Std. mit bloßem Auge das Wachstum auf frisch besäter Agarplatte sichtbar ist. 24 Stunden-Kolonien auf gewöhnlichem Agar erreichen den Durchmesser von

5 mm, auf Aszitesagar von 10 mm. In Bouillon ist Wachstum bereits nach 3 Std. sichtbar, nach 24 Std. findet man auf dem Boden des Röhrchens mit ca. 8 ccm Bouillon ein Streptokokken-Konglomerat von Walnußgröße. In einem Kolben mit 200 ccm Bouillon sieht man nach 24 Std. ein Konglomerat von der Größe eines Hühnereies. Bei Zimmertemperatur sind Kolonien bereits nach 48 Std. sichtbar.

Zusammenfassend sei über unseren Keim gesagt, daß wir einen grampositiven Streptokokken vor uns haben, der zunächst sehr lange Ketten rundlicher Körner zeigte und sehr schnell und üppig auf den gebräuchlichen Nährböden wächst. Der Keim ist nicht hitzeresistent, verflüssigt Gelatine nicht, hämolysiert stark Hammel- und Menschenblut, ist gegen Galle unempfindlich, Milch wird rasch koaguliert. In flüssigen und festen Nährböden bildet er Farbstoff. Für Menschen wahrscheinlich pathogen, ruft er bei Tieren lokale, chronische Reaktionen und Kachexie hervor.

Wir möchten nicht viel Platz der Diskussion über die systematische Stellung des Stammes widmen. Wenn wir die ausführlichsten Berichte über die Streptokokken in Betracht nehmen, und zwar die von [Karl Bernhard] Lehmann und [Rudolf Otto] Neumann,[XXI] W. Lehmann (Weichardts Ergebnisse 1930)[XXII] oder Gundel (1929),[XXIII] können wir uns des Eindruckes nicht erwehren, daß der Streit um die Arteinheit oder Artverschiedenheit der Streptokokken noch nicht erledigt ist. Dies um so mehr, als unsere eigenen Erfahrungen über die Variabilität dieser Keime, über die weiter unten berichtet wird, solche Bezeichnungen wie *Streptococcus longissimus*, *Streptococcus conglomeratus*, *Str[eptococcus] opacus*, *Str[eptococcus] pleomorphus* usw. von vornherein als sich auf eine Variationsform und nicht auf eine Art beziehend erscheinen lassen. Jedenfalls ist die Zugehörigkeit unseres Stammes zu *Streptococcus lactis* (Lister)[XXIV] Löhnis,[XXV] *Str[eptococcus] mucosus*, *Str[eptococcus] faecalis* und den tierpathogenen Streptokokken den angegebenen Eigenschaften gemäß auszuschließen. Am nächsten steht ihm wohl der *Str[eptococcus] pyogenes* Rosenbach[XXVI] (Galle, Hämolyse, Milch, Tierpathogenität, Hitzeempfindlichkeit), von dem sich unser Stamm am augenfälligsten durch seine Farbstoffbildung unterscheidet.

Über ausgesprochen Farbstoff bildende Streptokokken findet man in der Literatur sehr wenige Berichte. Daß alte Kulturen gelblich oder sogar bräunlich werden, kommt oft vor, besonders »die unteren Abschnitte des Stieles« (Gelatinestich, Heim).[XXVII] Haag beschrieb einen zitronengelben Streptokokkenstamm,[xxviii] [Paul] DURAND und GIRAUD[xxix] 11 Stämme, die anaerob Farbstoff bildeten. SARTIRANA und PACCANARO berichteten im Jahre 1906 über einen *Streptococcus bombycis* genannten Stamm, der bei Seidenraupen vorkommt und »auf den Agarplattenkulturen kleine runde mit schwach wellenförmiger Kontur versehene, tiefbraun gefärbte, feinkörnige, feuchte Kolonien« bildet.[xxx]

Am ausführlichsten schreibt über farbstoffbildende Streptokokken PASQUALE, der im Jahre 1893 über 6 Stämme berichtete, die »in jungen Kulturen in Gelatine« »leicht gelbliche, gelbliche, bräunliche, blutrote, rote, gelbbraune und braune Pigmente« bildeten.[xxxi] Außerdem fand er 17 andere Streptokokkenstämme, welche »in alten Kulturen in Gelatine« diese Eigenschaft zeigten. Es ist interessant, daß von den 6 PASQUALESCHEN farbigen Stämmen 5 aus Tuberkulosematerial gezüchtet wurden, wie ja auch unser Stamm von einer T[uberkulose]-Patientin stammt. Die PASQUALESCHEN Stämme zeigen im Vergleich mit dem unseren wichtige Unterschiede: (1) Ihr Farbstoff entsteht am Ende des Stichkanals, »in dem Absatz am Boden der Bouillonkulturen und in der Kondensationsflüssigkeit der Agarkulturen«. »Auf Platten zeigen die oberflächlichen Kolonien niemals irgendeine Färbung. Unter den tiefer gelegenen Kolonien finden sich einige, die unter dem Mikroskope eine graurötliche, andere, die eine grau-gelbliche Färbung zeigen.« Unser Stamm gibt dagegen intensiv gefärbte Kolonien auch auf der Agaroberfläche. (2) Der PASQUALESCHE Farbstoff wurde mit dem Alter der Kultur intensiver, nach langer Zeit dagegen wiederum bleicher. Unser Farbstoff wird zwar in den ersten 48-72 Std. stärker, bleicht aber auch nach Monaten nicht ab. (3) Die PASQUALESCHEN Stämme waren für Kaninchen hochvirulent, so daß er »einen innigen Zusammenhang zwischen chromogenem Vermögen und Virulenz« annimmt. Mit unserem Stamm ließ sich kein einziges Mal (auf 4 Versuche) Septikämie hervorrufen. (4) Die PASQUALESCHEN Stämme koagulierten Milch nicht oder taten es erst nach etwa 9 Tagen, unser Stamm koaguliert Milch bereits in den ersten 24 Std.

Trotz dieser wichtigen Unterschiede bleiben diese Stämme doch dem unsrigen aus allen in der Literatur gefundenen am nächsten. PASQUALE,[xxxii] der sicher ein guter Beobachter war, beschreibt sogar die, wie bei unserem Stamme, anthraxähnliche Struktur mancher seiner Stämme: »manchmal habe ich bei langen Streptokokken durchsichtige, oberflächliche Kolonien gesehen, die [...] annähernd das Aussehen von Kolonien des Milzbrandbazillus boten«. Er zählt seine Stämme zu den pyogenen Streptokokken.[XXXIII]

II. Beschreibung der Variabilitätserscheinungen des Stammes

Die achtmonatige Beobachtung unseres Stammes ergab zahlreiche, in vielen Richtungen sich auswirkende Variationserscheinungen. Wir konnten nur die Variabilität in Betreff (1) der Struktur der Kolonie, (2) der Gestalt und Größe der einzelnen Zelle, (3) der Farbstoffintensität näher untersuchen und möchten in diesem Abschnitte das Beobachtete schlechthin nur beschreiben. Die Besprechung der Ergebnisse, das Vergleichen mit ähnlichen aus der Literatur und das Einreihen in entsprechende Fächer der Variabilitätslehre bleibt für den nächsten Abschnitt.

Unser Stamm zeigte während des angegebenen Zeitraumes etwa 30 unterscheidbare Kolonieformen, etwa 6 unterscheidbare Kokkenformen und etwa 5 Intensitätsstufen des Farbstoffes. Zusammen ergäbe das etwa 900 Kombinationen, welche die theoretisch möglichen, zu realisierenden Gestalten darstellen. Praktisch sind aber ihrer viel weniger zu finden (ca. 200), da Korrelationen zwischen einzelnen Eigenschaften vorkommen.

Die dritte oder vierte Bouillonpassage[XXXIV] unseres Streptokokkus zeigte auf der Agarplatte neben vielen oben beschriebenen anthraxähnlichen (»lockigen«) Kolonien mit welligem Rand einige kleine Kolonien, die unter dem Mikroskope homogen feingranulierte Struktur besaßen und eine glatt kreisförmige Begrenzung. Abgeimpft behielten diese Kolonien ihren Charakter, und wir erhielten auf diese Weise zwei Formen: die lockige »l« und die glatte »g«.

Die l-Form ist weniger durchsichtig, die Oberfläche mehr matt. Die Kolonien sind flacher, aber ausgebreiteter. Die g-Form ist durchsichtiger, die Oberfläche glatt, oft glänzend. Die Kolonien sind gewölbter, aber kleiner. Die l-Form haftet fadenziehend an dem Platindrahte,[XXXV] die g-Form besitzt diese Eigenschaft nicht.

Biochemisch, in bezug auf Farbstoffbildung und Virulenz für Tiere besteht kein Unterschied zwischen diesen beiden Formen. In Bouillon gibt die l-Form einen zusammenhängenden, wattebauschähnlichen

Pfropf am Boden des Röhrchens, die g-Form nach anfänglicher gleichmäßiger Trübung ein körniges Sediment, das leichter aufzuwirbeln ist.

Bei der Beobachtung der Kulturen auf hängenden Agartropfen oder auch der gewöhnlichen Plattenkulturen mit starken Trockenlinsen und noch besser beim Durchmustern der nach der ausgezeichneten Agarfixiermethode von Ph. KUHN[XXXVI] hergestellten Präparate bekommt man gute Einsicht in den Aufbau der Kolonien beider Typen.

Die l-Form[XXXVII] besteht aus langen, parallelgewundenen, fast in einer Ebene liegenden Kettensträngen. Die Stränge führen von einem Punkte in der Mitte der Kolonie zuerst radiär in der Richtung der Peripherie, dann als leicht gewundene zirkuläre Schlingen. Die Kolonie ist locker geflochten, die lockige Oberfläche ist aber nicht glatt genug, und deshalb erscheint die Kolonie weniger durchsichtig. Die g-Form[XXXVIII] zeigt in Kulturen auf dem hängenden Agartropfen ein sehr dichtes Gefüge der Kokken, die in kurzen, einander durchdringenden Reihen oder Gruppen liegen. In Präparaten nach KUHN aus ganz jungen Kulturen (6-8 Std.) sieht man überhaupt keine Ketten, sondern staphylokokkenförmige[XXXIX] Gruppierung. In Präparaten aus Bouillonkulturen sind kurze Ketten zu sehen. Das Gefüge der Kolonie ist dichter, die Oberfläche glatt, homogen, und deshalb ist die Durchsichtigkeit etwas größer.

Die Ketten der l-Form halten stark zusammen, deshalb zieht sich die berührte Kolonie dem Platindrahte nach. Die älteren (über 10 Std.) g-Kolonien zeigen wohl vereinzelte Ketten, im übrigen aber nur Gruppen- und Haufenanordnung. Sonst besteht zwischen diesen beiden Kolonieformen kein konstanter Unterschied in bezug auf Größe und Form einzelner Kokken.

Was die Stabilität dieser Formen betrifft, sind beide praktisch unbegrenzt in Passagen fortzüchtbar. Die Abimpfungen von Agar zu Agar – immer streng aus einer Kolonie – zeigen stets ausgeprägte Eigenschaften beider Formen, ohne daß mit der Generationsfolge Verwischung einträte.

Freilich sind fast nie zwei Koloniengenerationen ganz gleich, man kann sogar sagen, daß nie zwei Kolonien derselben Platte ganz gleich sind. Beimpft man eine Platte z.B. mit einer isolierten Kolonie der g-Form, so sieht man nach 24 Std. mehr oder weniger deutliche Unterschiede zwischen den Kolonien in bezug auf Größe und Dichte der

Oberflächengranulationen und Schärfe der Randzeichnung. Manchmal sind diese Unterschiede kaum sichtbar, und diese »Ruhe« kann viele Generationen dauern. Dann kommt aber die Periode der »Unruhe«. Es zeigen sich in einigen Kolonien Sektoren gröberer Granulationen oder mit weniger scharfer Randbegrenzung, auch weniger durchsichtige sektorenförmige Teile. Aus solchen bunten Kolonien entstehen durch Abimpfen ganze Platten bunter, differenter Kolonien. Dann schießen plötzlich aus einigen wenigen oder auch aus einer einzigen, noch immer g-förmigen Kolonie Ketten an einer Stelle der Peripherie hervor. Untersucht man eine solche Kolonie genau, so sieht man, wie die aus der Peripherie hervorgeschossene Kette tief in das Innere der Kolonie reicht, wo in einem sektorenförmigen Anteil der Kolonie neben dichtgefügten Kokken der g-Form Kettenwindungen und gestreckte Kettenlinien der l-Form vorkommen. Diese Ketten verleihen dem betreffenden Anteile der Kolonie sofort das locker geflochtene Gepräge, man sieht geradezu, wie sie durch ihre starke Flächenwachstumstendenz die dichtgefügten g-Kokken vor sich und zur Seite verschieben. Impft man solche Kettensektoren ab, so bekommt man die l-Form mehr oder weniger rein und ausschließlich.

Ähnlich tritt der Umschlag der l-Form in die g-Form in Erscheinung. Nur zeigt sich hier die andere Form in Gestalt einer kleinen Glatze[XL] in der lockigen Oberfläche der Kolonie, näher oder entfernter von der Peripherie, denn die l-Form umschließt durch ihr stärkeres Flächenwachstum die andere Form. Auch hier führt die Abimpfung aus der Glatze (die niemals ganz in der Mitte der Kolonie liegt) zu mehr oder weniger reinen und ausschließlichen g-Formen.

Dieser Formenwechsel ist in der Agar-Agar-Passagenfolge kein häufiges Ereignis. Es sei hier als Beispiel angeführt, daß das Erscheinen der l-Form in einer g-Reihe in einer einzigen Kolonie auf einige Hundert Kolonien einer Platte sich einstellte, welche die 25. Passage, immer in einer Linie genau aus einer isolierten Kolonie fortgeführt, darstellte, ohne daß vorher auch nur eine der im ganzen etwa 10 000 Kolonien etwas vom Formenwechsel zeigte. Vor diesen 25 kontrolliert reinen g-Passagen gab es noch mehrere wahrscheinlich reine, jedoch unkontrollierte.

Bouillon-, Galle-Dextrose-Bouillon-Passagen, Lithiumagar, Tierimpfungen oder Züchtung bei 41 °C begünstigen den Formenwechsel sehr ausgiebig. Es entstehen dabei außer den ausgesprochenen l- oder g-Formen auch Zwischenformen »lg«, die mehr oder weniger angedeutete Lockenzeichnung der matten Oberfläche, aber mehr oder weniger glatt kreisförmige Begrenzung der Kolonien zeigen. Im Präparat nach KUHN ist diese Zwischenstellung gut sichtbar; der lokkere Aufbau mit angedeuteter Lockenbildung, der kreisrunde Rand, an welchem starke Vergrößerung sowohl Kurzkettenbildung als auch staphylokokkenförmige Kokkengruppen zeigt.[XLI]

Diese Zwischenformen lg stellen ihrerseits auch einen Gleichgewichtszustand dar, indem sie sich während langer Passagen unverändert übertragen lassen, ohne irgendeiner Dissoziation zu unterliegen. Eigentlich haben wir nicht bloß eine Zwischenform, sondern verschiedene, je nachdem sie sich mehr der l- oder der g-Form nähern. Alle stellen sie aber Gleichgewichtszustände dar, und der Formenwechsel zu l, g oder andersartiger Zwischenform geschieht im Grunde genauso wie der Formenwechsel der reinen l- oder g-Form.

Zu diesen wie auch zu den anderen Versuchen wurden natürlich »reine Linien« verwendet oder wenigstens angestrebt. Je eine seit einigen Passagen bekannte reine l- oder g-Form wurde in je 1 Röhrchen Bouillon verteilt, sehr gut durchgemischt und auf Agar sehr dünn ausgesät; eine der wenigen Kolonien, welche auf der Platte gewachsen sind und von denen man annehmen konnte, daß sie aus einer einzigen Zelle stammen, wurde auf eine zweite Platte ebenso ausgesät und nach 24 Std. dasselbe noch einmal wiederholt. Es ist fast mit Sicherheit zu schließen, daß wir auf diese Weise wenn nicht 3mal, so doch wenigstens 1mal einen Einzellzweig erhielten. Mit den so erhaltenen Zweigen der l- und g-Form wurden dann Proben der Stabilität ausgeführt und eventuelle Umschläge beobachtet.

Zur Bestimmung der Stabilität in Bouillonpassagen wurde aus solchen Passagen der reinen l-Linie alle 24 Std. eine Agarplatte besät und [es wurden] 300 Kolonien ausgezählt. In 32 Passagen gab es nur 9mal außer reinen l-Kolonien auch lo-Kolonien,[1] zusammen auf 300 × 32 = 9600 l-Kolonien waren es 16 lo-Kolonien bzw. lo-Einschlüsse. Eine ebenso ausgeführte Untersuchung der reinen g-Linie gab in 23 Passagen 17mal außer reinen g-Kolonien auch gl- oder go-Kolonien, zusammen auf 23 × 300 = 6900 g-Kolonien waren es 117 gl-Kolonien und 52 go-Kolonien. Die Zahlen sind mit Vorsicht zu vergleichen, da in g-Kolonien leichter jede Strukturänderung zu bemerken ist als in den l-Kolonien.

Es gehört vielleicht hierher, eine Beobachtung anzuführen, die wir

1 Über die lo-Form siehe weiter unten.

mehrmals machten: Die l-Kulturen sind länger haltbar als die g-Kulturen, welche leichter absterben. Aus mehrmonatigen, zuerst reinen g-Bouillonkulturen ist oft nur die inzwischen als Formenumschlag erschienene l-Form zu züchten.

Wir haben mehrere Male strenge Einzellkulturen[XLII] angelegt. Doch wachsen nicht aus jedem isolierten Kokkus Kolonien, denn scheinbar ist nicht jeder entwicklungsfähig, so daß man viel Zeit verliert und am Ende nichts Besonderes findet.

Alle Stabilitätsversuche zeigen uns die Stabilitätsverhältnisse des verwendeten Zweiges und nur während der Beobachtungszeit. Andere Zweige und auch derselbe zu einem anderen Zeitabschnitt schlagen schneller oder langsamer um – stets in wenigen Kolonieexemplaren –, auch andere Verteilung der neuentstehenden Formen kommt vor, doch ist Stabilität in durchschnittlich 20-30 Umimpfungen immer zu beobachten.

Die soeben beschriebenen l-, g- und lg-Formen sind nur in der Agaroberflächenkultur, die im Brutschranke gewachsen ist, zu unterscheiden. Bedeckt man dagegen die mit beiden Formen beimpfte Agaroberfläche mit einer zweiten Agarschicht, so daß die Kultur sich zwischen 2 Agarschichten befindet, und läßt sie im Brutschrank wachsen, oder läßt man eine gewöhnliche Agarkultur bei Zimmertemperatur wachsen, dann bekommt man nur gleichförmige oder fast gleichförmige, grob granulierte Kolonien, die keinem der beschriebenen Typen gleichen. Desgleichen ist auf Gelatinezimmerkulturen zu sehen oder auf der Loefflerschen Serumplatte, und dies gleichgültig, ob bei Zimmertemperatur oder im Thermostaten. Aber sogar eine lange Reihe von Übertragungen in diesen Verhältnissen hindert nicht, daß bei entsprechenden Verhältnissen die ursprüngliche Form sofort in ihrer ganzen Charakteristik zum Vorschein kommt. Wir bezeichnen diese undifferenzierten Formen [mit] (l), (g) oder (lg), um zu unterstreichen, daß ihre Struktur, zwar larviert, unsichtbar, aber dennoch konstitutionell vorhanden ist und jederzeit sich bei entsprechenden Bedingungen offenbaren kann.

Diese Art Vielgestaltigkeit ergibt also 6 in Passagen fortzüchtbare Formen: l, g, lg, (l), (g) und (lg), von denen die 3 ersten oder die 3 letzten gleichzeitig und in praktisch denselben Umweltverhältnissen leben können.

Die Entwicklung und der Aufbau der Kolonie gehorchen eigenen Gesetzen, die schon im Erreichen einer in engen Grenzen bestimmten Größe oder auch darin ihren Ausdruck finden, daß der ursprünglich radiäre Verlauf der Kettenlinien der l-Form nach Erreichen einer gewissen Größe der Kolonie zum zirkulären wird. Die genaue Bearbeitung dieser Verhältnisse bleibt für eine andere Arbeit vorbehalten, wir möchten hier nur einige Momente aus der Morphogenese der Kolonie beschreiben, die zur Vielgestaltigkeit der Kolonien Beziehung haben und ihrerseits zu ihr auch beitragen.

Eine isolierte und über genug freien Raum verfügende Kolonie umgibt sich mit einer Art flacher Wallbildung, die von der eigentlichen Kolonie durch eine linienförmige Einkerbung getrennt ist. Liegen die Kolonien nahe nebeneinander, bilden sich die Wälle nur von der freiesten Seite, oder es entsteht auch manchmal eine Art Belag auf den Kolonien. Dieses sekundäre Wachstum zeigt meistens keine ausgesprochenen Charaktere der l- oder g-Struktur, sondern besteht aus dickeren oder dünneren verflochtenen Ketten, identisch für l- und g-Kolonien. War eine Kultur kurz im Brutschrank, etwa 15 Std., so entwickelt sie bei Zimmertemperatur ein sehr ähnliches Sekundärwachstum auf der ganzen Oberfläche, das nach 3-4 Tagen die eigentliche Struktur der Kolonie mehr oder weniger vollkommen verdeckt und ihr ein opakes, gleichmäßiges Gepräge verleiht, das bei l und g gleich erscheint. Alle diese Arten der Strukturverwischung sind aber nur (s. v. v.)[XLIII] phänotypisch, da eine Abimpfung vom Wall oder der sekundär opaken Kolonie immer die primäre Form der Kolonie wachsen läßt. Konstitutionell bleiben also auch diese Erscheinungen der l-, g- oder lg-Form zugehörend und sind gleichfalls mit (l), (g) oder (lg) zu bezeichnen.

Außer diesen sekundären, opaken Kolonien fanden wir auch primär opak wachsende »o«-Form, welche passagierbar ist. Diese Form zeigt etwas dickere, undurchsichtige Kolonien von matter, grobgranulierter trockener Oberfläche.

Junge Kolonien lassen dicke Ketten glänzender Kokken besonders an der Peripherie erkennen, bei älteren ist der Rand kreisförmig, fast wie bei der g-Form, aber nicht so regulär. Junge Kolonien dieses Typus zeigen bei Bewegungen der Mikrometerschraube[XLIV] stark glänzende Punkte und ebensolche kurze Linien.

In Präparaten nach Kuhn sieht man in jungen o-Kolonien ein Geflecht dicker Ketten, die im Gegensatze zur l-Form keine parallele[n], in einer Richtung verlaufende[n] Stränge zeigen, sondern in allen Richtungen neben- und durcheinander, in stark gewundenen und gekrümmten Linien verlaufen. Die Stellen der Krümmungen der Ketten entsprechen den glänzenden Punkten, die man in nativen Kulturen beobachtet. Das Geflecht der Ketten wird mit dem Alter immer dichter, und die Kolonie wird deshalb bald vollkommen undurchsichtig.

Die o-Form unseres Streptokokkus besteht aus sehr dicken, meist quer oval in der Kette liegenden Kokken. Ihre Färbbarkeit nach Gram ist im allgemeinen deutlich stärker, es kommen aber auch mißgestaltete Formen von fast gramnegativer Färbung vor. Die biochemischen Eigenschaften dieser Form zeigen keine Unterschiede im Vergleich zur l- und g-Form, nur scheint die Hämolyse im allgemeinen etwas schwächer zu sein.[2] Die Temperaturresistenz gleicht derjenigen der anderen Formen. Was die Farbstoffbildung betrifft, siehe später unten.

In Bouillon bildet [die] o[-Form] einen krümeligen Bodensatz, dessen Aussehen nach Aufwirbeln eine Mittelstellung zwischen aufgewirbelten Bouillonkulturen vor l und g einnimmt: Es erscheinen weder die Watteflocken der l-Form noch die feinen Körner der g-Form, sondern unregelmäßige Krümchen.

Das Erscheinen der primären o-Form tritt genauso ein wie das Erscheinen der l- oder g-Form. Man findet in g- oder l-Kolonien Einschlüsse glänzender dicker Kokken in stark gewundenen Ketten. In l-Kolonien reichen sie fast nie bis zum Rande, da das Flächenwachstum der o-Form schwächer ist als das der l-Form. In g-Kolonien bilden sie ebenfalls Einschlüsse aus lockerem Geflecht dicker Kokken oder solche Sektoren, die jedoch bis an den Rand reichen. Die Einschlüsse und Sektoren reifen dann, bis sie undurchsichtige opake Stellen darstellen.

Allmählicher, während einer langen Passagenreihe eintretender Übergang der l- und g-Kolonien in dickkokkige, opake und schließlich in ausgesprochene o-Form ist ebenfalls möglich. Auch gibt es Zwischenformen, und zwar lo-Form mit mehr oder weniger ausgeprägter Lockenzeichnung der Oberfläche, aber dickeren Kokken, glänzenden Punkten und trocken-opakem Charakter. Der Rand bleibt von der l-Gestalt. Desgleichen go-Formen mit kreisrundem Rand und dichtem Gefüge, aber glänzenden Punkten und trocken opaker Oberfläche und endlich log-Formen, in denen alle 3 Charaktere vermischt sind.

2 In bezug auf das hämolytische Vermögen variiert unser Stamm deutlich, und es kommen stärker und schwächer hämolysierende Zweige oder Kolonien vor.

Was die Stabilität der o-Form betrifft, sind die Verhältnisse nicht von ähnlich klassischer Einfachheit wie bei der l- und g-Form. Die o-Form als primär im Brutschrank gewachsene Kolonie (oder Kolonieteil) mit unregelmäßigem Wirrnis dicker Ketten erschien während der 8-monatigen Beobachtungszeit etwa 10mal, sowohl aus l-Zweigen wie auch aus g-Zweigen. Hiervor zeigte die Mehrzahl Rückschlag zur Mutterform l nach 3-5 Umimpfungen oder stetige Abspaltung der g- und o-Form nach jeder Umimpfung. Eine besonders stabile Abzweigung zeigte folgende Verhältnisse:

Versuchsanordnung wie bei Bouillonpassagen auf S. 186[XLV] [in diesem Band, S. 135]. In 22 Passagen gab es nur einmal außer reinen o-Formen lg-Kolonien, und zwar 12 solche auf im ganzen 6 600 reine o-Kolonien. Es scheint also zwei Arten der primären o-Form zu geben: eine unfixierte, die vielleicht eine Degenerationsform darstellt, und eine stabile, die der l- und g-Form als dritte Form in ihrer Bedeutung gleichzustellen wäre.

Es scheint, daß Zwischenformen lo, lg und besonders lgo immer stabiler sind, denn es gelangen mehrmals etwa 20 Agar-Agar-Passagen, immer in reiner Linie aus einer isolierten Kolonie fortgeführt.

Wenn wir jetzt zur weiteren Beschreibung der sekundären Wachstumserscheinungen zurückkehren, so sind außer den erwähnten Wall- und Belagbildungen sowie dem Opakwerden der Kolonie noch sekundäre Kolonien in Gestalt von Warzen an der Peripherie der Kolonie und an der Peripherie des Walles zu nennen, die am häufigsten auf l- und lo-Kolonien erscheinen. Diese Warzen stellen ein lo- oder o-Gepräge dar. Für die g-Kolonien ist ein Tiefenwachstum vorbehalten in Gestalt kompakter, gelblicher, runzeliger Auswüchse unterhalb der Kolonie, die in den Agar hineinwachsen. Man kann die Kolonie mit einem an der Platinöse haftenden Wassertropfen abspülen, ohne die kompakten Auswüchse zu zerstören. Solches Tiefenwachstum kommt bei der l- und o-Form nie vor.

Außer den beschriebenen Formen und Eigenschaften der Kolonien gibt es noch einige Merkmale, die zur Buntheit der Variabilitätsbilder beitragen und mehr oder weniger konditionellen Charakter haben. Hier[zu] gehört der feuchte Hochglanz mancher g- und l-Kolonien, das kriechende Wachstum mancher l-Kulturen, die als sehr flacher Rasen, fast wie ein Hauch mit schneller Oberflächenausbreitung auf ungetrockneten Platten erscheinen. Dem verwandt sind terrassenförmige lo-Kolonien, die manchmal 3 oder 4 plane Etagen zeigen. Weiter das kuppelartige, gewölbte Wachstum mancher g-Kolonien oder eine Art Nabelbildung an ihnen.

Manche dieser Formen lassen sich 2 bis höchstens 3 Generationen fortführen, in der Regel verwischt sich aber ihre Besonderheit schon während dieser Passagen immer mehr.

Was die Form und Größe der einzelnen Zellen betrifft, kommen folgende Arten vor:

(1) kleine, runde, sehr gleichmäßige Kokken in den glattesten g-Kolonien, größere, weniger gleichmäßige runde Kokken in anderen g-Kolonien. Am Rande der g-Kolonie findet man freilich fast immer einige ovale Kokken.

(2) Manche g-Kolonien zeigen einen auffallenden Pleomorphismus: ausgesprochen ovale Kokken, einzeln und in kurzen Ketten, sehr große, wie geschwollene Kugeln; birn[en]artige, biskuitförmige und endlich bazillenartige Gebilde; manchen von ihnen sieht man die Zusammensetzung aus einigen (2-3-4) unvollständig geteilten Kokken an. Diese bazillenartigen Gebilde zeigen – besonders bei Gram-Färbung – oft die Gestalt von Corynebakterien: keulenförmige Anschwellungen, leichte Krümmung, parallele oder fingerförmige Gruppierung.

(3) Vorwiegend runde, in der Mehrzahl etwas größere als die kleinsten unter (1) beschriebenen Kokken, fast immer in der Diplostreptokokkenanordnung, findet man in den l-Kolonien. Oft leicht ovale Kokken, aber in der Minderzahl. Sehr selten Pleomorphismus[XLVI] wie unter (2) beschrieben, aber nie so ausgesprochen, nur in wenigen Zellexemplaren.

(4) Große runde, große leicht ovale und besonders ebenso große, aber querovale wie gedrungene Kokken kommen in o-Kolonien vor, und zwar in der Anordnung von stark gewundenen Ketten, manchmal als Diplostreptokokken.

Der Umschlag der Kokkengröße ist sehr schön in g-Kolonien zu sehen, und zwar in der Form von scharf gezeichneten Sektoren, deren Gipfel nie bis zur Mitte der Kolonie reicht. Über die Bedeutung dieser bunten Kolonien für den Formenwechsel der Kolonie siehe oben. Im großen und ganzen [sind] Kokkengröße und Anordnung an die Kolonieform gebunden und mit derselben übertragbar.

Die Pleomorphie, ausgesprochen nur bei g-Kolonien gefunden, ist nicht übertragbar, obwohl eine Art von Disposition zur Pleomorphie in manchen Zweigen unleugbar erscheint. Zum Beispiel zeigten die von einer polymorphen g-Kolonie abstammenden Kolonien nur gleichmäßige runde Kokken; die von diesen abstammende 3. Koloniegeneration wiederum starke Pleomorphie mit vielen Stäbchenformen. Die 4. Koloniegeneration nur sehr schwache Pleomorphie: ovale Kokken. Die 5. Koloniegeneration: mäßig starke Polymorphie in einigen Kolonien. Die 6. Koloniegeneration: gleichmäßige Kokken usw. – Zum Vergleich untersuchte Nachkommen von 3 anderen g-Kolonien (mit gleichmäßigen Kokken) zeigten in derselben Zeit kein einziges Mal Pleomorphie.

Es bleibt endlich über Farbstoffintensitätsschwankungen zu berichten. Unser Stamm wuchs ursprünglich auf Agarplatten gelblich, in Stichkulturen etwas dunkler. So war es bei allen 4 Primärkulturen. Nach einer Reihe Umimpfungen – ohne spezielle Auswahl – erhielten einige Zweige intensivere Färbung. Auf Agarplatten erschienen gelbliche, rostfarbene und bräunliche Kolonien. Manche Kolonien waren homogen gefärbt, bei anderen war das Zentrum intensiver gefärbt als die Peripherie, und zwar mit allmählichem Übergang oder auch mit scharfer Abgrenzung beider Anteile. Ein umgekehrtes Verhältnis, d. h. stärker gefärbte Peripherie, kam nie vor. Wir erhielten schließlich eine Stufenleiter von 5 unterscheidbaren Färbungsgraden: (1) weiße, (2) gelbliche, (3) hellrostfarbene, (4) bräunliche und (5) rote Kolonien. Das Erscheinen einer bestimmten Farbe war im großen und ganzen unberechenbar: Das Abimpfen einer z. B. roten Kolonie ergab in der nächsten Generation keinen größeren Prozentsatz roter Kolonien als das Abimpfen einer gelblichen. Größere Nährbodenmenge begünstigt die Farbstoffbildung: Auf dick ausgegossenem Agar oder in Bouillonkolben mit viel Bouillon wachsen die Streptokokken stärker gefärbt. Manche Bouilloneditionen, obwohl genauso hergestellt wie andere und von derselben H-Ionenkonzentration, lassen den Keim merklich mehr Farbstoff bilden. Verschiedene Zusätze wie: in kleinen Mengen Sulfate, Phosphate, Kochsalz, Thyrosin, blieben entweder ohne Wirkung oder mit wenig verstärkender Wirkung.

Eine interessante Beobachtung machten wir zufällig. Neben einer zufälligen Kolonie eines Luftmikrokokken und noch mehr neben einer Kolonie eines gramnegativen Stäbchens färbten sich unsere Streptokokken stärker. Diese Stäbchen, allein farblos, veranlaßten dann in gemeinsamer Bouillonkultur mit unserem Streptokokken diesen letzteren zu besonders starker Farbstoffbildung. Der Versuch gelingt auch in dieser Anordnung, daß man die Stäbchen zuerst 24 Std. in Bouillon wachsen läßt, sie durch Aufkochen abtötet und nachher die Streptokokken einsät. Irgendein Stoffwechselprodukt des Bazillus wirkt also stimulierend auf die Farbstoffbildung unseres Stammes.

Im großen und ganzen war also die Farbstoffbildung stark von äußeren Bedingungen abhängig und fluktuierte stets, so daß die Farbe unberechenbar und in Passagen nicht fortführbar erschien, bis auf einmal eine rostfarbene Bouillonkultur, wie es scheint, im Zusammenhange mit einer neuen Bouillonportion tiefrot wurde. Weitere Bouillonimpfungen aus dieser Kultur, auch in einer anderen Bouillon, die an sich keine Verstärkung der Farbstoffbildung zeigte, blieben während 23 Umimpfungen[3] (je 24 Std.) rot.

Ähnliche Fixierung der Farbstoffintensität in Bouillonkulturen gelang (1) mit einer weißen Bouillonkultur, und zwar auf 21 Umimpfungen,[4] (2) mit einer gelblichen Kultur auf 44 Umimpfungen, (3) mit einer rostfarbenen Kultur auf 15 Umimpfungen.[5]

Mit diesen Zweigen – oder eigentlich Populationen – besäte Agarkulturen zeigten zwar ein buntes Bild verschiedenfarbener Kolonien, aber im Durchschnitt waren die aus der roten Bouillonkultur stärker gefärbt als die aus der rostfarbenen, die wiederum einen im ganzen dunkler gefärbten Sektor der Agarplatte lieferten als die gelbliche Kultur. Es kommen aber ebenso einzelne rote Kolonien aus der weißen Kultur als auch weiße Kolonien aus der roten Bouillonkultur vor.

Durch Auswahl roter Kolonien aus der roten Population versuchten wir eine rote Linie zu erlangen, welche aus isolierten Kolonien fortführbar wäre. Dies gelingt nur unter fortwährender Auswahl, da immer – eventuell nach 2-3 rein roten Koloniegenerationen – rote und hellere Kolonien wachsen. Beide Arten – rote und hellere Kolonien – geben wiederum rote und hellere. Aber auch mit fortwährender Auswahl gelang es nicht, mehr als 13 rote Koloniegenerationen – immer nach je 48 Std. abgeimpft – zu erhalten, denn nach dieser Zahl der Generationen bekamen wir immer hellere, und zwar gelbliche oder weiße Kolonien. Nach einer Anzahl solcher Generationen erschien wiederum allmählicher Umschlag. Nur eine weiße Linie schien stabil: Wir erhielten einmal 16 weiße Koloniegenerationen, die aus ausschließlich weißen Kolonien bestanden, ein anderes Mal 23 ebensol-

3 Länger wurde nicht paßagiert [!].

4 Wie oben.

5 Wie oben.

che Generationen. Nach dieser Anzahl wurden die Passagen abgebrochen, ohne daß Umschlag eingetroffen wäre. Alle diese weißen Zweige hatten die o- oder lo-Struktur; es besteht also Korrelation zwischen der Farblosigkeit und der o-Struktur, und nur in diesem Zusammenhang ist die Farblosigkeit (weiße Farbe) fixiert.

Der Farbenumschlag geschieht auf verschiedene Weise: (1) entweder allmählich, fast unmerklich während einiger Generationen oder (2) als Erscheinen einiger »Gegenden« der Platte, die hellere, eventuell dunklere Kolonien zeigen (Verschiedenheit des Mikroklimas). Manchmal sind alle abseitsstehenden Kolonien dunkler, manchmal sind sie heller. Manchmal sind an der Peripherie der Platte, wo die Agarschicht etwas dicker ist, die Kolonien dunkler.

Oder (3) als Erscheinen 2-farbiger, scheckiger Kolonien. Es sind kleine oder – öfter – große Teile der Kolonie andersfarben: eine Hälfte, ein Kreisabschnitt, eine zirkuläre Zone, selten ein Sektor. Besteht die Kolonie auf diese Weise aus zwei verschiedenfarbenen Anteilen, so ist fast immer der größere heller, der kleinere intensiver gefärbt.

Vergleicht man diese Variabilitätsrichtung unseres Stammes mit dessen Variabilität in bezug auf Koloniestruktur, so fällt ins Auge die Abhängigkeit des Farbenwechsels von den Umweltfaktoren und parallel dazu dessen Unfixierbarkeit in reiner Linie. Anfänglich war jede Fixierung unmöglich, später gelang die Fixierung der Durchschnittsfarbe einiger Populationen und die Fixierung der Farblosigkeit bei einigen Zweigen, aber nur gekoppelt an die o-Struktur. Ein richtungsgebender Einfluß der Umweltfaktoren auf den Strukturwechsel ist nicht vorhanden, dagegen auf den Farbenwechsel deutlich ausgeprägt. Äußere Bedingungen, z.B. Temperatur, können das Ausbilden der Struktureigenschaft zwar verhindern, aber nicht dieselbe vernichten, denn in entsprechenden Verhältnissen kommt die ehemalige Struktur des Zweiges auch nach langer, während mehrerer Generationen dauernder Latenz sofort zum Vorschein. Auch kommt ein allmählicher, während der Generationen sich vollziehender Übergang von l in g oder umgekehrt nicht vor, wie er beim Farbenwechsel ständig stattfindet. Bei dem Strukturumschlag ist fast immer ein ganz kleiner Teil einer einzigen Kolonie auf sehr viele homogene andersartig. War es Umschlag von g in l, so kann man die Ketten der neuentstehenden l-Form weit hinein verfolgen bis zur Stelle im Sektorenscheitel, wo man die einzige Zelle als Stammutter der neuen Form vermuten kann. Bei dem Farbenumschlag sind dagegen fast immer große

Teile der Mehrzahl der Kolonien einer Generation andersfarben. Wir möchten besonders betonen, daß Sektorenvariation bei Farbenumschlag selten und die zirkuläre Zonenvariation oder Kreisabschnittvariation bei der Strukturänderung überhaupt nicht vorkommen. Auf die Bedeutung dieser Beziehungen werden wir noch zurückkommen.

Die am intensivsten gefärbten Kolonien waren fast immer von der sehr glatten, feinkokkigen g-Form. Weiße Zweige, welche stabil waren, gehörten durchwegs der o- und lo-Form an. Es besteht also eine gewisse Korrelation zwischen der Kokkengröße bzw. Koloniestruktur und der Farbe, obwohl es auch weiße feinkörnige g-Kolonien gibt, die aber bald in gefärbte umschlagen. Rote o-Kolonien haben wir nie erhalten.

Zum Schluß möchten wir die Zahl der beobachteten Kolonieformen berechnen: es gibt also 10 Grundformen: l, g, lg, (l), (g), (lg), o, lo, go, log. Hiervon können 6, und zwar l, g, lg, lo, go, log, 1) mit Wall, (2) mit Oberflächensekundärwachstum, (3) mit Wall und Oberflächenwachstum und (4) ohne diese Sekundärwachstumserscheinungen wachsen. Diese Zahl 6 ist also mit 4 zu multiplizieren, gibt 24

Dazu die Formen (l), (g), (lg) und o 4

Die 4 g-Formen können noch aus pleomorphen Kokken bestehen 4

32

Zusammen sind es also 32 unterscheidbare Formen, welche in 4 Farbstoffstufen erscheinen können, gibt 128

In roter Farbe haben wir nur 28

da es keine roten o, lo, go und log gibt.

Dazu sind zu addieren die verschiedenen glänzenden, kriechenden, kuppelartigen und nabelförmigen Kolonien ca. 50

Zusammen gibt es also ca. 200 Formen.

Die zusammengesetzten »bunten« Kolonien sind nicht mitgerechnet.

III. Besprechung der Variabilitätserscheinungen

Wenn wir uns jetzt der Besprechung und Bewertung der beobachteten Erscheinungen zuwenden, sei zunächst gesagt, daß das gesammelte Tatsachenmaterial keineswegs auf Vollständigkeit Anspruch hat. Es war uns leider unmöglich, die serologischen und die Virulenzänderungen sowie auch die eventuelle Variabilität der biochemischen Eigenschaften zu untersuchen. Trotzdem aber sind einige allgemeinere Schlüsse und Vergleiche aus unseren Beobachtungen zu ziehen.

Wir hatten vor uns 3 Variationsrichtungen: (1) in bezug auf Kokkenanordnung und Struktur der Kolonie: die l-g-o-Richtung, (2) in bezug auf Kokkengröße und Form: die runden (kleiner oder größer), die ovalen, die querovalen dicken und die pleomorphen Kokken, (3) in bezug auf Farbe: die 5 Farbstoffstufen.

Hiervon ist die Variabilität der Kokkengröße und -form stark an die Koloniestrukturveränderung gebunden und gehört dorthin. Eine Sonderstellung nimmt nur die Pleomorphie ein, die wahrscheinlich eine Teilungsstörung der Zellen darstellt, welche aus unbekannten Gründen fast nur in der g-Kolonie vorkommt.

Die o-Form stellt vielleicht eine Degenerationsform dar – wenigstes in der Mehrzahl der o-Erscheinungen mit Ausnahme der stabilen o-Form, wofür folgende Eigenschaften sprechen: schwächere Hämolyse, bedeutend schwächere Farbstoffbildung, das Erscheinen sehr ähnlicher Kokken und Strukturformen nach Wachstum bei Zimmertemperatur oder im Sekundärwachstum, der allmähliche Übergang der l- und g-Formen in lo und go und schließlich in die o-Form, die oft größere Stabilität der Zwischenformen lo, go und lgo als der ausgesprochenen o-Form und endlich die veränderte Färbbarkeit der o-Kolonien. Diese beiden Variabilitätserscheinungen möchten wir also pathologische Vielgestaltigkeit nennen.

Die l-g-Variabilität läßt eine innere Ursache vermuten, die zum spontanen Umschlag einer Zelle führt und die Eigenschaften der Nachkommenschaft so tief und andauernd bestimmt, daß dieselben unrealisiert, verdeckt doch bestehen können und viele Generationen auf die Möglichkeit der Realisierung warten. Wir könnten diese Verhältnisse direkt dem Phäno- und Genotypus vergleichen.[XLVII] Diese Variabilität möchten wir als fixierte konstitutionelle oder endogene Vielgestaltigkeit betrachten.

Dieselbe läßt die verbreitete Meinung von der artdifferenziellen Bedeutung der Kurz- oder Langkettigkeit eines Stammes problematisch erscheinen, und falls sie sich als allgemeine Erscheinung bestätigen würde, erlaubt sie eine Art Generationswechsel bei Streptokokken anzunehmen und von Kettenphase und Haufenphase der Streptokokken zu sprechen. Dann hätten wir hier eine zyklische Vielgestaltigkeit. Vielleicht gehört hierher auch die stabile o-Form.

Die Farbstoffvariabilität zeigt offenbare Beeinflußbarkeit durch äußere Faktoren. Sie ist so gut wie unfixiert, wenn auch gewisse Zusammenhänge mit der Kokkengröße und Struktur der Kolonie vorkommen, die eine bedingte Fixierbarkeit verursachen. Die Ausdehnung dieser Variabilität, der Grad der Beeinflußbarkeit sind natürlich konstitutionell bedingt, ebenso das in großen Wellen an- und absteigende mittlere Niveau der Farbstoffintensität eines Zweiges. Diese Art der Variabilität wäre eine bedingt konstitutionelle, grundsätzlich unfixierte Vielgestaltigkeit und entspricht gut der oszillierenden oder genotypischen Variabilität der Botaniker.

Die Morphogenese der Kolonie, ihre Entwicklung, ihr Altern verursachen ihrerseits Polymorphie, die wir die Entwicklungsvielgestaltigkeit nennen wollen. Hierher gehören Wälle, sekundäre Tochterkolonien, sekundäres Wachstum auf der ganzen Oberfläche, welches die eigentliche Struktur der Kolonie verdeckt.

Umweltfaktoren wie Nährboden, Feuchtigkeitsgrad, Temperatur usw. verursachen endlich ihrerseits weitere Formverschiedenheiten, welche auf Seite 189 [in diesem Band, S. 139f.] aufgezählt wurden. Wir möchten dieselben als konditionelle Vielgestaltigkeit absondern; sie entspricht den ökologischen Modifikationen der Botaniker.

Wir sind uns dessen bewußt, wie vage der Konstitutionsbegriff[XLVIII] speziell in bezug auf Mikroorganismen ist. Auch wissen wir, daß Umweltfaktoren immer nur die auf einen Ton abgestimmte Saite der Konstitution treffen und umgekehrt konstitutionelle Mechanismen eines Reizes zur Auslösung bedürfen. Trotzdem erscheint doch das Unterscheiden endogener, d. h. konstitutioneller und exogener, d. h. konditioneller Faktoren nützlich.

Betrachtet man die Topographie einer nicht homogenen Kolonie, so sieht man die andersartigen Anteile in Form einer zirkulären Zone, eines Kreisabschnittes oder eines Sektors, eventuell mehrerer solcher. Die zirkuläre Zone entsteht dadurch, daß eine Kokkengeneration (d. h. die zu einer bestimmten Epoche des Koloniewachstums ringsherum durch Teilung neuentstandenen Kokken) primär oder sekundär anders geraten ist als die vorherige oder nachherige. So ein Ring entspricht also den zu einem Zeitpunkt herrschenden Bedingungen und ist fast immer an allen Kolonien einer Platte zu sehen. Die Veränderung der Kokken, die er darstellt, ist konditionell und nicht passagierbar. Ist das Entstehen solcher Ringe nicht an einen bestimmten Moment und dessen augenblickliche Umweltbedingungen, sondern an einen Alterszeitpunkt der Kolonie gebunden, so stellt es ein Entwicklungsmerkmal der Kolonie dar und kann ebenfalls nicht der Ausgangspunkt in Passagen fortführbarer Variabilität sein.

Die Kreisabschnitte oder andersgeformten Teile der Kolonie, die nicht durch zur Mitte der Kolonie konvergierende Atrie[LIII] begrenzt sind, stellen Standortmodifikationen der Zellen dar, falls sie natürlich aus einer Zelle stammen und nicht etwa aus zwei zusammenfließenden Kolonien gebildet wurden. Dies entspricht auch der konditionellen Formänderung und ist nicht passagierbar oder – wie die anderen konditionellen Formveränderungen – 2-3mal umimpfbar mit allmählicher Verwischung der Merkmale.

Die Sektoren haben zur Mitte der Kolonie konvergierende Arme, die Spitze reicht aber fast nie bis zur Mitte, sondern liegt in einer gewissen Entfernung von derselben. Sie stellen die Klonnachkommenschaft der in der Spitze liegenden veränderten Zelle und zeigen schon durch ihre Gruppierung, daß die Änderung innerhalb der die Kolonie aufbauenden Zellgenerationen fixiert ist und mit der Teilung der Kokken weitergeführt wird. Diese Änderung kann also passagierbar sein. Es ist sehr unwahrscheinlich, daß die Umweltbedingungen für eine einzige Zelle anders sind als zu gleicher Zeit für ihre nächsten Nachbarn. Der Umschlag erfolgte also aus inneren Ursachen, ist konstitutionell bedingt.

Wir nennen eine Änderung fixiert, wenn mit großer Wahrscheinlichkeit vorausgesagt werden kann, daß in den nächsten Generationen das neue Merkmal vorkommen wird, und zwar ohne speziell begünstigende Umweltfaktoren, also z. B. auf derselben Platte neben einem Zweige mit entgegengesetzten Merkmalen. Konstitutionelle Vielgestaltigkeit kann mit so häufigen Rück- und Umschlägen behaftet sein, daß man nie mit nennenswerter Wahrscheinlichkeit voraussagen kann, welche Form man nach einer Umimpfung zu sehen bekommt. Dies wäre die konstitutionelle unfixierte Vielgestaltigkeit, deren Beispiel wir bei weiter unten beschriebenen Streptokokken gesehen haben.

Es ist sehr wichtig, daß der Sektorenscheitel fast nie bis zur Mitte der Kolonie reicht, denn dies beweist, daß der Umschlag erst nach mehreren Zellgenerationen auf dem Nährboden eingetroffen ist und nicht etwa im Momente der Übertragung der Keime von einem alten Nährboden in einen frischen oder in den ersten Zellgenerationen, in welchem Falle die Veränderung auf konditionelle Bedingtheit verdächtig wäre.

Es ist also das Unterscheiden konstitutioneller und konditioneller Faktoren auch von diesem Kolonie-morphogenetischen Standpunkte aus berechtigt.

Bevor wir uns über die biologische Bedeutung der beobachteten Variabilitätserscheinungen Rechenschaft geben, ist deren Häufigkeit und Verbreitung bei anderen Streptokokken zu prüfen.

Wir haben also drei ohne Auswahl sich aus dem laufenden Untersuchungsmaterial bietende Stämme daraufhin untersucht.

Der erste war ein hämolysierender Streptokokkenstamm aus einem Pleuraempyem, den wir in der Primärkultur als glatte Kolonien, der g-Form entsprechend, erhielten. Nach etwa 30 Passagen durch Galle-Dextrosebouillon und Lithiumbouillon erschienen Übergangsformen lg, aus denen die typische l-Form in der nächsten Generation entstand. Diese Formen behielten ihre Struktur in Agar- und Bouillonpassagen (geprüft wurden 14 Passagen), aus der fünften l-Bouillonpassage wuchsen auf der Agarplatte neben den typischen l-Formen vereinzelte g-Kolonien. Die g-Form zeigte Tiefenwachstum, wie auf Seite 139f. beschrieben.

Der zweite Stamm war ein grünwachsender Streptokokkus aus einem auf Gonorrhoe untersuchten Harnröhrenausfluß. Die Primärkultur entsprach der Übergangsform lg, aus der dann die Isolierung der g-, der l- und der o-Form gelang. Bei diesem Keime war die Vielgestaltigkeit zuerst vollkommen unfixiert, da z. B. aus reinen l-Kolonien immer l, o und lg entstanden. Erst nach 14 Agarpassagen mit sorgfältiger Auslese der typischen Kolonien gelang es, relativ fixierte Kolonieformen zu erhalten, die erst nach etwa 10 Bouillonpassagen Rückschläge in Form von Sektoren zeigten. Auch hier zeigte die g-Form ausgesprochenes sekundäres Tiefenwachstum.

Der dritte Stamm war ein grünwachsender, aus dem Blute gezüchteter Streptokokkus. Die Primärform entsprach der g-Form, zeigte aber schon in den nächsten Generationen Mischkolonien mit locker geflochtenen Kettenpartien gröberer Kokken. Die Isolierung der reinen o-Form gelang bis jetzt nicht, da fortwährende Formenumschläge nach Abimpfungen stattfinden.

Es scheint also, daß die Verbreitung und Häufigkeit der beschriebenen Variationsformen unter den Streptokokken sehr groß ist, wenn nicht allgemein. Nur erscheinen verschiedene Stämme in der Primärkultur in verschiedenen Formen und ist die Fixierung der einzelnen Formen verschieden.

Das häufige Vorkommen des Formenumschlages und Rückschlages und die große, vielleicht allgemeine Verbreitung analoger Vielgestaltigkeit bei Streptokokken verbieten uns, die Bezeichnung Mutation zu gebrauchen, deren Berechtigung in der Bakteriologie übrigens bekanntlich auch aus prinzipiellen Rücksichten strittig ist. Die Bezeichnung Dissoziation, die jetzt sehr beliebt ist, scheint uns wenigstens für die von uns beobachteten Erscheinungen unzutreffend, da ja hier doch nichts dissoziiert, d. h. aufgespalten oder abgespalten wird. Diese Bezeichnung läßt eine präexistierende Assoziation vermuten, die erst dissoziieren könnte.

Für unsere Betrachtungen genügt die einfache und klare Bezeichnung Vielgestaltigkeit. Kämen außer Gestaltverschiedenheiten noch andere in Betracht, z. B. chemische oder serologische, so wäre es vielleicht angebracht, allgemein von Allogenie zu sprechen, welcher dann die Isogenie[6] gegenübergestellt werden könnte. Dieses Begriffspaar könnte bei Organismen ohne geschlechtliche Vermehrung und Amphimixis[XLIX] anstatt der Begriffe Variabilität und Vererbung, die im Grunde hier unberechtigt sind (Jollos),[L] in Gebrauch treten.

Was die biologische Bedeutung der von uns beobachteten wichtigsten l-g-Vielgestaltigkeit und vielleicht der dazugehörenden stabilen o-Form betrifft, möchten wir hier an eine Art Generationswechsel denken, der vielleicht eine besondere Rolle im Lebenszyklus der Streptokokken spielt. Die l-Form, das Kettenstadium, besitzt ausgesprochene Flächenwachstumstendenz, die g-Form, das Haufenstadium, hat Tiefenwachstumstendenz, und zwar bei allen untersuchten Streptokokken. Welche biologische Bedeutung dem weiter zukommt, wissen wir freilich nicht.

Die Literatur über die Variabilität der Streptokokken ist sehr umfangreich. Gehören doch diese Keime nach [Fred Julius] Neufeld[LI] zu den stark fluktuierenden Bakterienarten. Die große Mehrzahl der

6 Freilich gebraucht die Genetik diese Bezeichnung in vollkommen anderer Bedeutung.

Arbeiten bezieht sich auf Fragen der biochemischen und pathogenetischen Variabilität der Streptokokken, und nur ein kleiner Teil hat Beziehung zu den uns hier beschäftigenden Problemen.

Über anthraxähnlich gebaute Streptokokkenkolonien findet man ziemlich zahlreiche Notizen. Im klassischen Atlas von LEHMANN und NEUMANN[LII] findet sich eine Abbildung solcher Kolonie, die freilich nach unserer Erfahrung nicht der reinen l-Form entspricht, sondern lo-artig ist.

In den Beschreibungen anderer Autoren findet man manche den unseren verwandte Beobachtung. BAERTHLEIN[LIII] berichtete über zwei verschiedene Wuchsformen: zarte, durchscheinende Kolonien mit kleinen, feinen Kokkenformen und trübe, gelblich-weiße mit etwas plumperen Kokken. Beide Formen zeigten eine ausgesprochene Konstanz und Umschlag bzw. Rückschlag erst nach Monaten. Die helle Form bewirkte Hämolyse, die die trübe vermissen ließ. Da die Struktur der Kolonie nicht genau untersucht wurde, können wir leider nicht entscheiden, ob diese Beobachtungen sich auf g- und l-Formen oder auf l- und o-Formen beziehen.

ANDREWES[LIV] unterscheidet die durchsichtige, glatte, relativ avirulente S- und die rauhe, virulente R-Form. TODD und LANCEFIELD[LV] sahen zwei Typen: »matt« und »glossy«. Sie fanden in den Mattformen die typenspezifische Substanz M, die in den glossy-Formen nicht nachgewiesen werden konnte.

Die von der MORGENROTHSCHEN Schule[LVI] behauptete Überführung von Pneumokokken in Streptokokken, bei der aus nach unserer Nomenklatur glatten Kolonien Kettenkolonien entstehen, hat vielleicht einen Zusammenhang mit der von uns beobachteten Vielgestaltigkeit der Streptokokkenkolonien.

Ziemlich ausführlich schreibt über die Streptokokkendissoziation GRUMBACH,[LVII] der fand, daß »mehr als 60 Prozent der laufend isolierten Streptokokken Flatterformen und über 80 Prozent Dissoziationsformen zeigen«. GRUMBACH ist geneigt, eine enge Beziehung dieser beiden Erscheinungen anzuerkennen. Wir haben in unserem Falle am Anfang der Untersuchungen ebenfalls Flatterformen und die *substance vitreuse* nach TWORT-GRATIA[LVIII] gesehen; der wahrscheinliche Bakteriophage ging uns leider bei Verstärkungsversuchen durch Filtration und Passagieren der Flatterformen verloren. Wir können aber nichtsdestoweniger die Möglichkeit irgendeines Zusammenhanges unserer Vielgestaltigkeit mit der Bakteriophagie nicht ausschließen.

Die Mehrzahl der von GRUMBACH[LIX] beschriebenen Formen entspricht unserer Entwicklungsvielgestaltigkeit. Dies sind Wälle, Knötchen und andere sekundäre Wachstumsformen. Nur zwei Dissoziationsformen wären unserer l- und g-Vielgestaltigkeit verwandt, nämlich die Dissoziation in »wenige größere, bräunlich-opake Kolonien mit scharfem Rand und daneben massenhaft kleinste glasige transparente Formen«. Im zweiten Falle gab es »größere, tautropfenähnliche, leicht schleimige Kolonien und kleinere opake«. Beide Fälle sind durch Abbildungen veranschaulicht. Aber weder die Beschreibung noch die Abbildungen erlauben, diese Formen mit den unseren zu vergleichen. Über Stabilität und Umimpfungen schreibt GRUMBACH nichts, berührt aber das Verhältnis seiner Formen zu S und R, ohne es zu entscheiden.

Mit Streptokokkendissoziation befaßt sich COWAN.[LX] Ihre S-Form wächst in bläulich-transparenten, scharf begrenzten Kolonien, die R-Form bildet weißlich-opake, grob granulierte, unscharf begrenzte Kolonien. Die Kokken der R-Form sind größer, bilden längere Ketten und in Bouillon einen kräftigen Bodensatz, während die S-Form die Bouillon diffus trübt und im Tierversuch virulenter sein soll. Die Behandlung mit der R-Form schützt Tiere vor der S-Infektion. Diese Beschreibung, trotzdem in manchem unseren Beobachtungen ähnlich, entspricht ihnen dennoch nicht vollkommen. Die S-Form ist unserer g-Form ähnlich: sie ist durchsichtiger, scharf begrenzt, jedoch trübt unsere g-Form nur anfänglich die Bouillon diffus und ist nicht virulenter als l. Die R-Form ist wie unsere l-Form weniger durchsichtig; aber über die so augenfällige Lockenstruktur berichtet COWAN nichts; man könnte schließen, daß sie in ihrer R-Form nicht vorkommt, diese könnte vielleicht unserer o-Form entsprechen.

DUTTON[LXI] beschreibt die R-, S- und intermediären Formen der Streptokokken, außerdem Varianten, die mit Bakteriophagie im Zusammenhang stehen. Seine R-Form läßt sich nicht in [die] S[-Form] überführen. Ähnliche Dissoziationen beschreiben [David] HADLEY[LXII], FALK[LXIII], HARRISON[LXIV], MCKINNEY[LXV] und STUPPY[LXVI]. HADLEYS Ansicht in bezug auf die Zugehörigkeit der glasigen und matten Kolonien zum R- und S-Typus ist der von COWAN[LXVII] entgegengesetzt.

Wir halten das Bemühen, die beobachteten Formen dem R-S-Schema zuzuordnen, für wenigstens verfrüht, wenn nicht für überhaupt unnötig. Wir wissen ja viel zu wenig über die biologische Bedeutung dieser Typen und kennen von ihnen – vorläufig – kein einziges verläßliches, strenges Merkmal. Es ist also besser, das Beobachtete nur ausführlich zu beschreiben. Man kann aber nicht leugnen, daß unsere g-Form einige Ähnlichkeiten mit dem S-Typus hat: das glatte Aussehen, die anfänglich gleichmäßige Trübung der Bouillon, vielleicht auch schwächere Stabilität und Empfindlichkeit gegen Altern. In der l- oder der o-Form wäre dann der R-Typus zu suchen, jede Entscheidung ist uns aber unmöglich.

Angaben über Pleomorphie der Streptokokkenzellen findet man oft. Wir zitieren die Stäbchenformen von Kraskowska und Nitsch[LXVIII], die den unseren (siehe Abbildungen) sehr ähnlich sind, die Stäbchenformen von Sperling[LXIX], die Formen, »die man als Kurzstäbchen bezeichnen muß«, von Gundel[LXX], die diphtheroiden und pseudodiphtheroiden Formen von Grumbach[LXXI], die »diphtheroid Phase of Streptococci« von Jensen und Morton[LXXII] und »ausgezogene Formen, die Stäbchen vortäuschen«, von Belenky[LXXIII]. Es sind also diese Formen sehr verbreitet.

Über Veränderlichkeit des Streptokokkenfarbstoffes lesen wir bei Pasquale[LXXIV], daß »längs des Gelatinestiches neben den lebhaft roten Körnern der Kultur oft auch vollkommen ungefärbte Kolonien sich befinden. Durch Auswahl der Kolonien gelingt es, Kulturen zu erhalten, die vollständig gefärbt, resp. ungefärbt sind. Indessen sind diese Varietäten wenig konstant, da schon in den nächsten Generationen die Unterschiede sich verwischen.« Diese Verhältnisse sind den unseren sehr ähnlich.

Es wird über einen farbstoffbildenden Streptokokkenstamm berichtet, der aus einem Fall von Nierentuberkulose und Zystopyelitis gezüchtet wurde und systematisch dem Streptococcus pyogenes Rosenbach am nächsten steht. Der Stamm zeigt ausgesprochene Vielgestaltigkeit der Kolonien, starke Pleomorphie der Zellen und 5 Modifikationen in bezug auf Farbstoffintensität.

Es werden (1) Standortmodifikationen, (2) oszillierende Variabilität, (3) pathologische Variabilität und (4) durch den Entwicklungsgang verursachte Vielgestaltigkeit (morphogenetische Vielgestaltigkeit) unterschieden. Außerdem aber erscheint (5) eine besondere Variabilitätsrichtung streng endogen, konstitutionell bedingt zu sein und erlaubt[,] an eine Art Generationswechsel zwischen Kettenphase mit Oberflächenwachstumstendenz und Haufenphase mit Tiefenwachstumstendenz zu denken.

In drei anderen ohne Auswahl aus dem laufenden Untersuchungsmaterial sich bietenden Streptokokkenstämmen (1 Str[eptococcus] pyogenes, 1 Saprophyt, 1 grünwachsender Stamm aus dem Blute) wurden analoge Verhältnisse in bezug auf Variabilität gefunden, so daß große Verbreitung oder Allgemeinheit des Gefundenen bei Streptokokken vermutet wird.

Literatur

[Alessandro] Pasquale, [»Vergleichende Untersuchungen über Streptokokken«, in:] *Beitr. Path. Anat.* [= *Zieglers Beiträge zur Pathologischen Anatomie*] 12 (1893), [S. 432-493]; [Arthur] Grumbach, [»Über Streptokokkenbakteriophagen und Dissoziationserscheinungen an Streptokokken«, in:] *Zbl. Bakter.* [= *Centralblatt für Bakteriologie, Parasitenkunde und Infektionskrankheiten*] I Orig. 118 (193[0]), [S. 206-216]; [Servazio] Sartirana u. [Augusto] Paccanaro, [»Der Streptococcus bombycis in bezug auf die Ätiologie der Auszehrung und Schlaffsucht der Seidenraupe«, in:] *Zbl. Bakter.* I Orig. 40 (1906), [S. 207]; [Lindsay O.] Dutton, [»Microbic dissociation in streptococci«, in:] *J. Bakter.* [=Journal of Bakteriology] 1928, [S. 1-16]; [Mary L.] Cowan, [»Variation phenomena in streptococci, with special reference to colony form, hemolysin production and virulence«, in:] *Brit. J. exper. Path.* [=*British Journal of experimental Pathology* 3 (1922), S. 187], 4 (1923), [S. 241 u. 5. (1925), S. 226]; [Ludwig] Heim u. [Karl] Schlirf, [»Was ist es mit der Einheit der Streptokokken? Eine zeitgemäße Frage«, in:] *Zbl. Bakter.* I Orig. 100 (1926), [S. 24-47]; [M.] Klimmer u. [H.] Haupt, [»Beitrag zur Trennung verschiedener tierpathogener und saprophytischer Streptokokken«, in:] *Zbl. Bakter.* I Orig. Bd. 101 (1927), [S. 126-148]; [H.] Haupt, [»Streptococci in Bovine Mastitis«, in:] *Zbl. Bakter.* I Orig., 120 (1931), [S. 291ff.]; [Ludwika] Kraskowska u. [Roman Franciszek Henryk] Nitsch, [»Zur Morphologie der Streptokokken«, in:] *Zbl. Bakter.* I Orig. 82 [(1919), S. 264-270]; [Erich] Wirth, *Zbl. Bakter.* I Orig. 99 (1926), S. 266-292, 266-292 u. 438-460; [Kurt] Meyer u. [Hertha] Schönfeld, [»Über die Unterscheidung des Enterococcus vom Strept. viridans und die Beziehungen beider zum Streptococcus lactis«, in:] *Zbl. Bakter.* I Orig. 99 (1926), S. 402-416; [Max] Gundel, [»Das biologische System der Streptokokken« in:], *Zbl. Bakter.* I Orig. 115 (19[29]), [S. 44-66]; [Ludwig] Heim, [»Milchsäure und andere Streptokokken,« in:] *Z. Hyg.* [= *Zeitschrift für Hygiene, Infektionskrankheiten, Medizinische Mikrobiologie, Immunologie und Virologie*] 101 [(1924), S. 104-118]; [Frederik B.] Jennings, [»Dissociation of a Streptococcus Hemolyticus«, in:] *Proc. Soc. Exper. Biol. and Med.* [= *Proceedings of the Society for Experimental Biology and Medicine* 25] (1928), [S. 145-146]; [Isidore Sydney] Falk, [Roland Wendell] Harrison, [Ruth Alden] McKinney, [George William] Stuppy, [»Experiments on the etiology of the influenza epidemic of 1928-1929«, in:] *Zbl. Bakter.* I Ref. 103, [(1931), S. 186-187, Referat, Baltimore, MD 1931]; [Ruth] Tunnicliff, [»Dissociation of Hemolytic Streptococci from Erysipelas, Scarlet Fever and Septic Sore Throat«, in:] *J. Inf. Dis.* [= *Journal of Infectious Diseases*] 1931, [S. 511-525]; [Philaletes] Kuhn u. [Käthe] Sternberg, [»Über Bakterien und Pettenkoferien«, in:] *Zbl. Bakter.* I Orig. 121 [(1931), S. 113ff.)]; [Otfried] Bischoff, [»Zur Frage der Trennung verschiedener tier- und menschenpathogener Streptokokken von dem Streptococcus mastitidis (Erreger des »Gelben Galtes«) und dem Streptococcus lactis« in:] *Zbl. Bakter.* I Orig. 117 [(1930), S. 396-411]; [Lisa] Jensen u. [Harry] Morton, [»The diptheroid phase of streptococci«, in:] *J. inf. Dis.* [= *Journal of Infectious Diseases*] 49 [(1931), S. 425-435]; [Carl] Hüttig, [»Erwiderung auf die Arbeit von E. Klieneberger: ›Über die Brauchbarkeit unserer Züchtungsverfahren für bakterielle Umwandlungstudien«, in:] *Zbl. Bakter.* I Ref. 104 [(1932), S. 583-584]; [J.] Idzerda u. [W. A. G. van] Everdingen, [»Zur Kenntnis der Änderungen, die in Blutnährböden durch Streptokokken Typus a (Brown) verursacht werden«, in:] *Zbl. Bakter.* I Orig. 123 [(1932), S. 401-414]; D[avid]. E. Belenky, [»Studien über die Begleitbakterien der Pockenlymphe. (Über die in der Pockenlymphe vorkommenden Streptokokken)«, in:] *Zbl. Bakter.* I Orig. 115 [(1930), S. 18-43]; [J. J.] van Loghem, [»Zur Terminologie der bakteriellen Veränderlichkeit«, in:] *Zbl. Bakter.* I Orig. 120 [(1931), S. 318-320]; [Philipp] Eisenberg, [»Über Mutation bei Bakterien und anderen Mikroorganismen«, in:] *Erg. Hyg.* 1 [= Wolfgang Weichardt (Hg.), *Ergebnisse der Hygiene, Bakteriologie, Immunitätsforschung und experimentellen Therapie*, Berlin] (1914), [S. 28-142]; [Emmy] Kli[e]neberger, [»Bakterienpleomorphismus und Bakterienentwicklungsgänge«, in:] *Erg. Hyg.* 11 (1930), [S. 499-555]; [Wilhelm] Lehmann, [»Atlas der Bakteriologie«, in:] *Erg. Hyg.* 11 (1930), [S. 2930-2990]; [Victor] Jollos, [»Variabilität und Vererbung bei Mikroorganismen in ihrer Bedeutung für die Medizin«, in:] *Klin. Wschr.* [= *Klinische Wochenschrift*] 1 (1932), [S. 1-6]; [Karl Bernhard] Lehmann u. [Rudolf Otto] Neumann, [*Atlas und Grundriss der Bakteriologie und Lehrbuch der speziellen bakteriologischen Diagnostik*, München] [7]1927; [W.] v. Lingelsheim, »Streptokokkeninfektionen«, in: [W.] Kolle, [R.] Kraus u. [P.] Uhlenhuth [(Hg.) *Handbuch der pathogenen Mikroorganismen*, Bd. 4, Wien] 1928; [Friedrich] Czapek, *Biochemie der Pflanzen*, [Jena] 1913; [Ph.] Eisenberg, [»Untersuchungen über die Variabilität der Bakterien. 1. Mitteilung. Über sporogene und asporogene Rassen des Milzbrandbazillus«, in:] *Zbl. Bakter.* I Orig. 66 (1912), [S. 1-19]; [Otto] Naegeli, *Allgem*[*eine*] *Konstitutionslehre* [*in naturwissenschaftlicher und medizinischer Betrachtung*, Berlin] 1927.

Erklärung der Tafelabbildungen

Fig. 1: Die g-Form unseres Streptokokkenstammes. 20 Std. alte Agarkultur bei 37 °C. Makam, Zeiss Obj. A, Ok. 8×. Vergr. 64×.

Fig. 2: Die g-Form unseres Streptokokkus. 14 Std. alt (37 °C), Präparat nach der Agarfixiermethode von Kuhn, Gramfärbung. Makam, Zeiss Obj. A, Ok. 8×. Vergr. 64×.

Fig. 3: Der Rand einer in *Fig. 2* dargestellten g-Kolonie. Zeiss Im. 1/12 (90×) Ok. 15× Peripl. Gewöhnl. Plattenkamera von Rodenstock, 6 ½ × 9, Auszug 28 cm, Vergr. ca. 1400×.

Fig. 4: Die l-Form unseres Streptokokkenstammes. 20 Std. alte Agarkultur bei 37 °C. Makam, Zeiss Obj. A, Ok. 8×. Vergr. 64×.

Fig. 5: Die l-Form präpariert und vergrößert wie *Fig. 2*.

Fig. 6: Der Rand einer in *Fig. 5* dargestellten l-Form, präpariert und vergrößert wie *Fig. 3*.

Fig. 7: Eine Zwischenform lg unseres Streptokokkus, 15 Std. bei 37 °C. Präparat nach Kuhn, Gramfärbung. Zeiss Obj. A, Ok. 10×, Rodenstock, Auszug 17 cm, Vergr. ca. 58×.

Fig. 8: Der Rand einer in *Fig. 7* dargestellten Zwischenform lg. Zeiss Im. 1/12 (90×) Ok. 15× Peripl., Rodenstock, Auszug 17 cm. Vergr. ca. 900×.

Fig. 9: Die o-Form unseres Streptokokkenstammes. Agarkultur 8 Tage alt, davon 24 Std. bei 37 °C Makam, Zeiss Obj. A, Ok. 15× Vergr. ca. 120×.[7]

Fig. 10: Die o-Form unseres Streptokokkus. Agarkultur 36 Std. alt. Zeiss Obj. A, Ok. 15×, Rodenstock, Auszug 17 cm. Vergr. ca. 85×.

Fig. 11: Die o-Form unseres Streptokokkus. 8 Std. alte Agarkultur. Präparat nach Kuhn, Gramfärbung. Ältere Kolonien haben so dichte Ketten, daß keine Strukturpräparate gelingen. Zeiss Obj. A, Ok. 10×. Rodenstock, Auszug 17 cm. Vergr. ca. 58×.

Fig. 12: Der Rand einer in *Fig. 11* dargestellten o-Kolonie. Technik wie *Fig. 3* und *6*. Man vergleiche die Kokkengröße und -form.

Fig. 13: Formenumschlag. g- und l-Kolonien unseres Streptokokkus. Wallbindungen. 2 Wochen alte Agarkultur, davon 24 Std. im Brutschrank. Makam, Zeiss Obj. A, Ok. 8×. Vergr. 64×.[8]

Fig. 14: Formenumschlag. Agarkultur, 48 Std. alt. Man sieht 2 l-Kolonien, 2 lg-Kolonien und eine o-Kolonie unseres Streptokokkus (in der Mitte). Zeiss Obj. A, Ok. 15×. Rodenstock, Auszug 17 cm. Vergr. ca. 85×.[9]

Fig. 15: Formenumschlag. 2 Wochen alte Agarkultur. Man sieht einen l-Sektor in einer g-Kolonie unseres Streptokokkus. Wallbindung, sekundäre Toch-

7 Die Fotografie wurde um die Hälfte verkleinert.

8 Wie oben.

9 Wie oben.

terkolonien. Zeiss Obj. A, Ok. 10×. Rodenstock, Auszug 17 cm. Vergr. ca. 58×.[10]

Fig. 16: Eine kleine o-Kolonie neben einer größeren g-Kolonie. Unser Streptokokkenstamm, 13 Std. alte Agarkultur. Präparat nach Kuhn, Gramfärbung, Zeiss Imm. 1/12 (90×), Ok. 10×. Rodenstock, Auszug 17 cm. Vergr. 600×.

Fig. 17: In einer g-Kolonie unseres Hauptstammes entstandener o-Einschluß. Präparat nach Kuhn aus 13 Std. alter Agarkultur. Zeiss Imm. 1/12 (90×), Ok. 15×, Rodenstock, Auszug 17 cm. Vergr. ca. 900×.

Fig. 18: Formenumschlag bei dem auf S. 194 [in diesem Band, S. 146f.] erwähnten saprophyt. Streptokokkenstamm. Die l- und die o-Form. Präparat nach Kuhn, Gramfärbung. Zeiss Obj. A, Ok. 15× peripl., Rodenstock, Auszug 17 cm. Vergr. ca. 58×.

Fig. 19: Eine besondere kombinierte Form unseres Streptokokkus. Die Kolonie stammt aus einer lg-Passage. Nach 10 Std. Aufenthalt im Brutschrank war eine typische lg-Form zu sehen, während des 9tägigen Aufenthaltes bei Zimmertemperatur ist sekundäres Wachstum erschienen, außerdem die Wallbildung und warzenförmige Tochterkolonien. Nach Abimpfung erhielten wir aus der Kolonie wiederum typische lg-Kolonien. Zeiss Obj. A, Ok. 5×, Rodenstock, Auszug 17 cm. Vergr. ca. 30×.

Fig. 20: Formenumschlag bei dem auf der Seite 195 [in diesem Band, S. 148] erwähnten pyogenen Streptokokkenstamm. g- und lg-Formen. Agarkultur 20 Std. alt. Zeiss Obj. A, Ok. 5×. Rodenstock, Auszug 17 cm. Vergr. ca. 30×.

Fig. 21: Eine Stelle der in *Fig. 20* dargestellten Kultur, stärker vergrößert. Zeiss Obj. A, Ok. 15×. Rodenstock, Auszug 17 cm. Vergr. ca. 85×.

Fig. 22: Die g-Form unseres Hauptstammes. Wallbildung aus der freien Seite. Einige kleine Tochterkolonien. Die Kultur ist 12 Tage alt, davon 24 Std. im Brutschrank. Zeiss Obj. A, Okular 8×, Makam. Vergr. ca. 64×.[11]

Fig. 23-26: 20-48 Std. alte g-Kolonien unseres Streptokokkus, in denen der Umschlag in die l-Form stattfindet. Siehe Beschreibung im Text. *Fig. 24* Zeiss Obj. A, Ok. 15×, *Fig. 23, 25* und *26* Zeiss Obj. DD, Ok. 5×. Rodenstock, Auszug 17 cm. Vergr. 85× bzw. 130×.

Fig. 27-29: Pleomorphe, stäbchenförmige Gebilde unseres Streptokokkus. Ausstrichpräparate aus 12-15 Std. alten g-Kolonien. Gramfärbung. Zeiss Obj. A, Imm. 1/12 (90×), Ok. 15× peripl., Rodenstock, Auszug 27 cm. Vergr. ca. 1400×.

Fig. 30: Eine g-Kolonie unseres Streptokokkus mit grobkörnigen Sektoren (siehe S. 185) [in diesem Band, S. 133f.]. Die Kolonie war rostfarben, ein spindelförmiger Anteil war rot (auf der Photographie schwarz). Das Abimpfen der grobkörnigen Sektoren ergab kleinere grobkörnige und größere

10 Wie oben.

11 Wie oben.

feinkörnige g-Kolonien, welche in *Fig. 31* dargestellt sind. Die kleinen hellen Flecken in der Kolonie in *Fig. 30* entsprechen Tiefenwachstumsfortsätzen unterhalb der Kolonie. Wallbildungen auf *Fig. 30* und *31*. Die Kultur ist 48 Std. alt. Zeiss Obj. DD, Ok. 5×. Rodenstock, Auszug 17 cm. Vergr. 130×.

Fig. 31: Siehe Beschreibung zu *Fig. 30*. Zeiss Obj. A, Ok. 10×. Rodenstock, Auszug 17 cm. Vergr. ca. 58×.

Fig. 32: Eine stark gewölbte g-Kolonie unseres Hauptstammes mit rotgefärbter Mitte und hellrostfarbener Peripherie. Hervorstehende rote Sektoren. Wallbildung. Die Kultur war im Brutschrank 35 Std. und 7 Tage bei Zimmertemperatur; sie stammt aus dem roten spindelförmigen Teile in *Fig. 30*. Zeiss Obj. A, Ok. 10×. Rodenstock, Auszug 17 cm. Vergr. 58×.

Fig. 33: Eine g-Kolonie unseres Stammes 11 Std. 37 °C und 7 Tage bei Zimmertemperatur, während welcher leichtes Opakwachstum stattgefunden hat. Die Kolonie besteht aus 3 zirkulären Zonen: im inneren eine rote, dann eine gelbliche, an der Peripherie ein grauer Wall, einige kleine Sektoren mit feineren Kokken. Längs der Platinösenfurchen Tiefenwachstum. Die schwarzen Punkte in der Kolonie bedeuten ebenfalls Tiefenwachstum. Zeiss Obj. DD, Ok. 5×. Rodenstock, Auszug 17 cm. Vergr. 130×.

Fig. 34: Aus einem roten Sektor einer g-Kolonie besäte Agarplatte. Man sieht alle 5 Farbstoffstufen: weiße periphere Ringe der großen, isolierten Kolonien. Gelbliche Kolonien in der linken Ecke, hellrosafarbene in der Mehrzahl, bräunliche Mitte der großen isolierten Kolonien und rote (in der Photographie schwarze), verschiedenförmige Teile der mittelgroßen Kolonien. Die Kultur ist 4 Tage alt, hiervon 48 Std. im Brutschrank. Reichert Obj. 1b, Ok. 5×. Rodenstock, Auszug 17 cm. Vergr. ca. 13×.

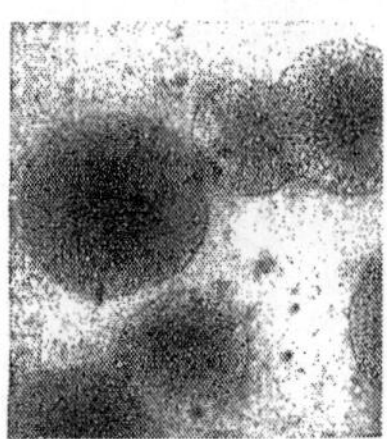

Fig. 1

Fig. 2

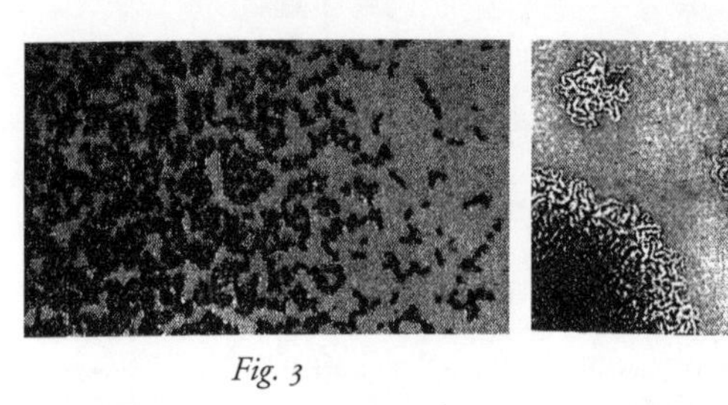

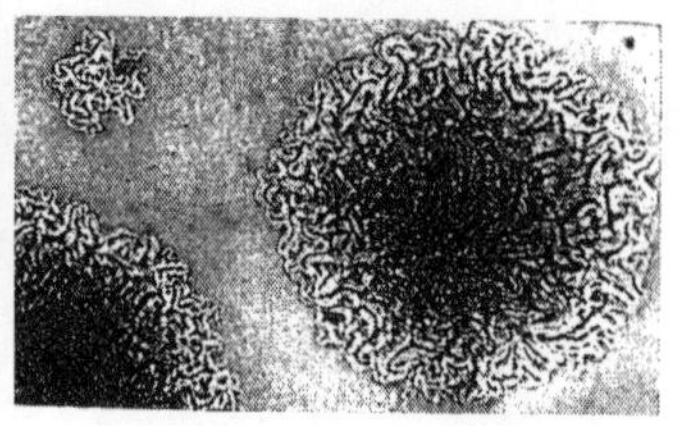

Fig. 3

Fig. 4

Fig. 5

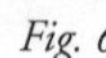

Fig. 6

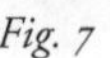

Fig. 7

Fig. 8

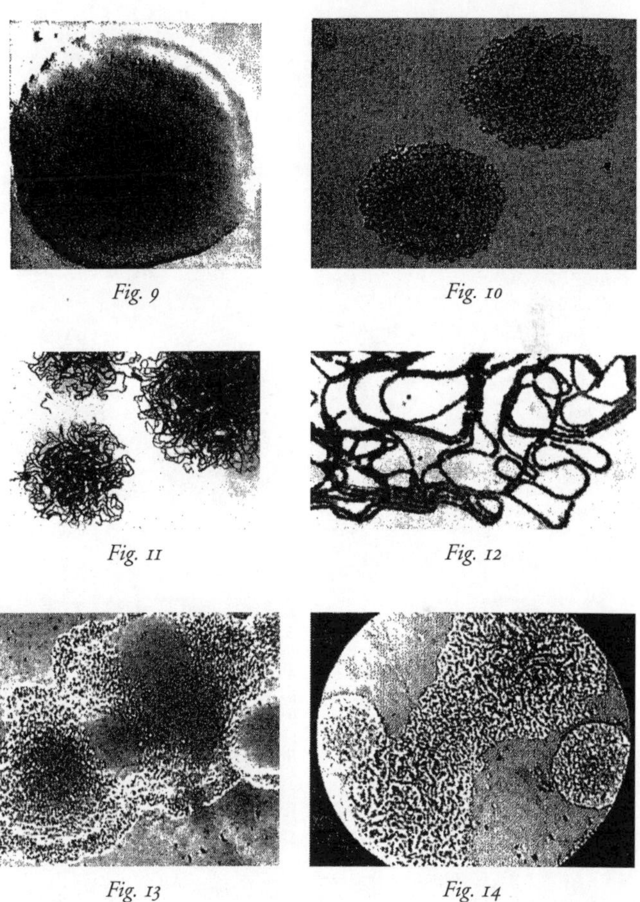

Fig. 9 *Fig. 10*

Fig. 11 *Fig. 12*

Fig. 13 *Fig. 14*

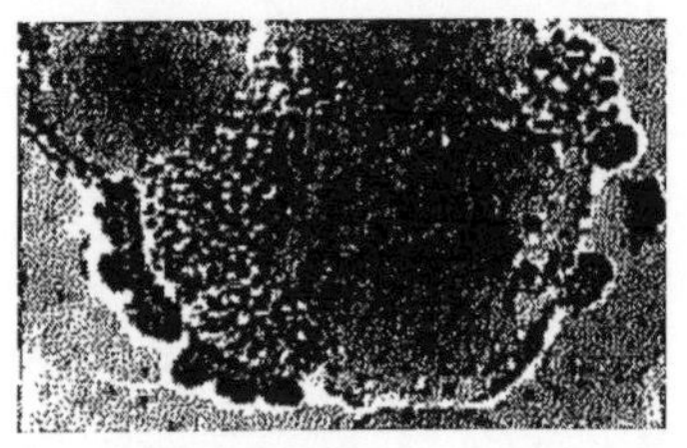
Fig. 15

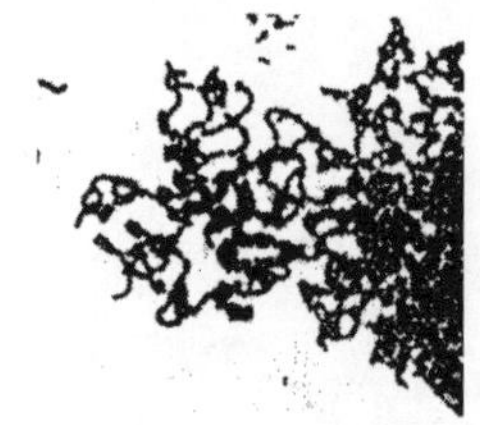
Fig. 16

Fig. 17

Fig. 18

Fig. 19

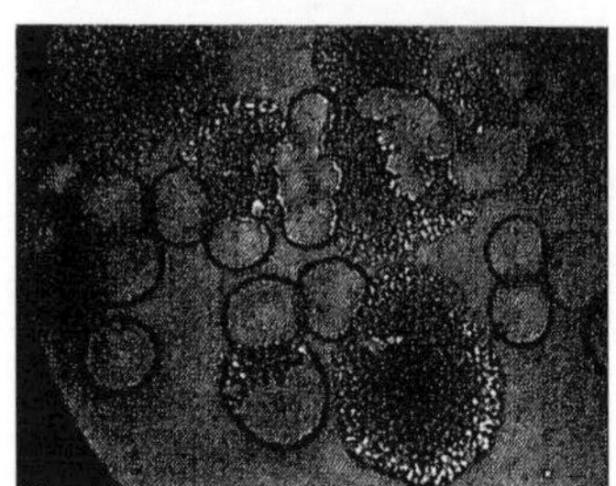
Fig. 20

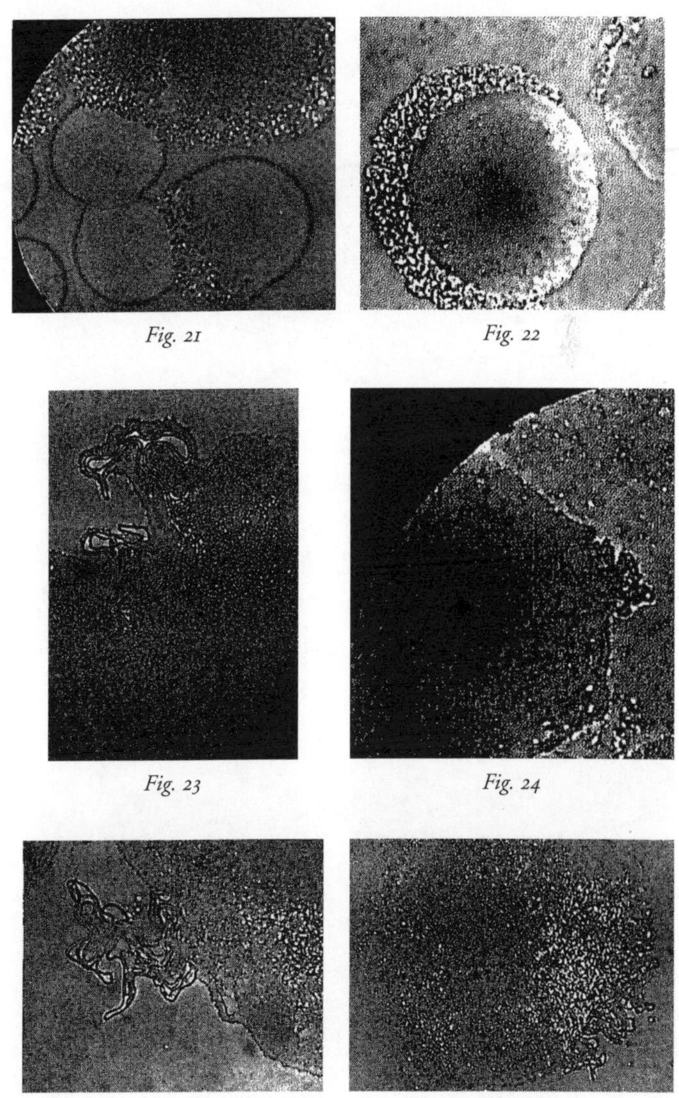

Fig. 21

Fig. 22

Fig. 23

Fig. 24

Fig. 25

Fig. 26

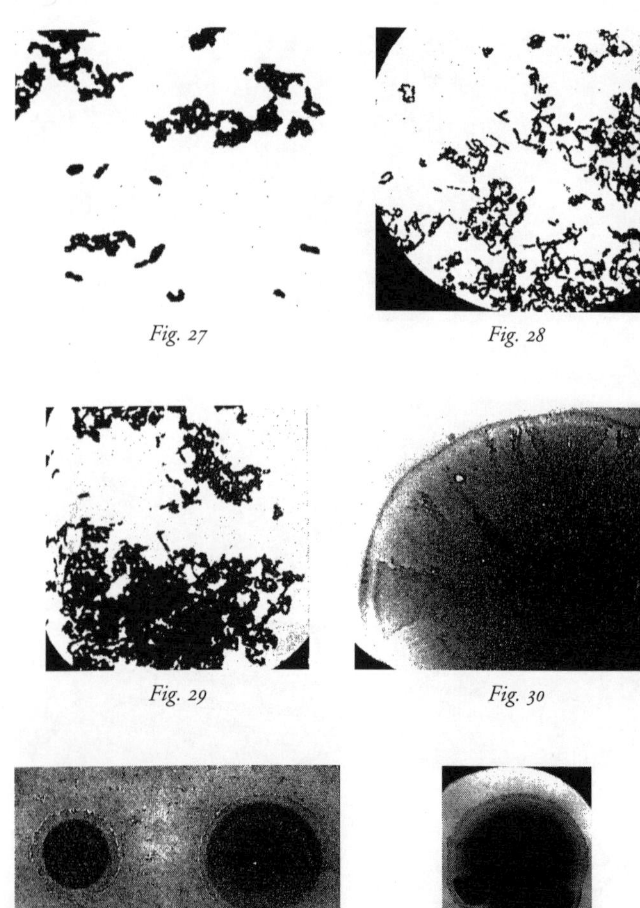

Fig. 27

Fig. 28

Fig. 29

Fig. 30

Fig. 31

Fig. 32

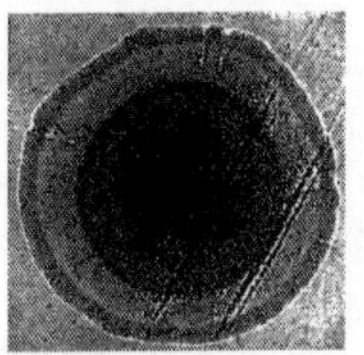

Fig. 33

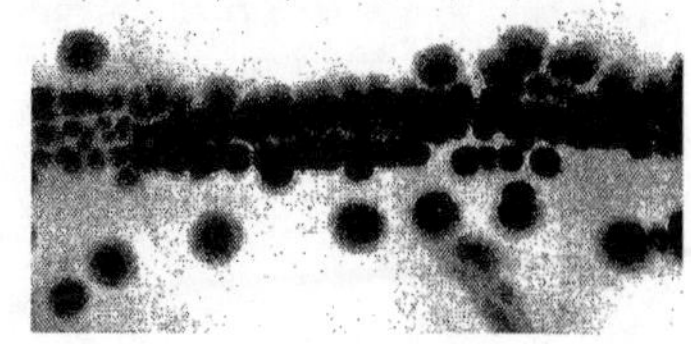

Fig. 34

I Ludwik Fleck, Olga Elster, »Zur Variabilität der Streptokokken«, in: *Zentralblatt für Bakteriologie, Parasitenkunde und Infektionskrankheiten* 125 (1932), S. 180-200. Komm.: FWS u. CZ. Florian Schmaltz hat diverse biographische Lebensdaten anhand deutscher Quellen und Datenbanken in diesem Beitrag überprüft und korrigiert.

Auf diesen Aufsatz sowie auf »Über den Begriff der Art in der Bakteriologie« (1931a) verweist Fleck in ETT, S. 115f., um seine erkenntnistheoretischen Überlegungen zum Artbegriff zu belegen. Die Streptokokkenforschung liefert Fleck hier das Anschauungsmaterial, um die im Wiener Kreis vertretene Erkenntnistheorie des Logischen Empirismus als unzulänglich vorzuführen. Es könne, so heißt es in EET weiter, »die Geschichte aus dem Bereiche der Streptokokkenlehre [...] erkenntnistheoretisch als Beispiel dienen. Sie zeigt 1. das zufällig sich bietende Material; 2. die richtungsgebende psychologische Stimmung; 3. die kollektivpsychologisch (aus Fachgewohnheiten) motivierten Assoziationen; 4. die unreproduzierbare und retrospektiv nicht klar zu fassende ›erste‹ Beobachtung: *ein Chaos*; 5. das langsame und mühsame Herausarbeiten und Bewußtwerden, ›was man eigentlich sieht: *Erfahrungssammlung*; 6. daß das Herausgearbeitete und kurz im wissenschaftlichen Satz Zusammengefaßte ein künstliches Gebilde ist, sowohl zur ursprünglichen Absicht als zum Inhalte der ›ersten‹ Beobachtung nur in genetischer, sonst in keiner anderen Beziehung stehend: Es muß die Ausgangsbeobachtung nicht einmal zu jener Klasse der Tatsachen gehören, die aus ihr hervorging. Folglich sind überhaupt keine Protokollsätze aufstellbar, die sich auf unmittelbare Beobachtung beziehen würden und aus denen durch logisches Schließen die Ergebnisse folgten« (ebd., S. 117f.).

II Mit Dr. Olga Elster (1901-1951) beteiligte sich Fleck 1941 auch an den gemeinsamen therapeutischen Versuchen, Fleckfieberimpfstoff aus dem Urin von Fieberkranken im Lemberger Ghetto zu isolieren. Vgl. in diesem Band: Fleck, »Untersuchungen zum Flecktyphus im Lemberger Ghetto in den Jahren 1941-1942«.

III Eine »Pyelozystitis« (gr. *pyelo-* für: Eiter und *kystos* für: Blase) ist eine durch Bakterien verursachte Entzündung der Harnblase, die mit fakultativem sekundären Befall der zuführenden Harnleiter wie auch des Nierenbekkens und der Niere einhergehen kann. Zusätzlich zu den eiterbildenden Streptokokken werden für dieses Erkrankungsbild heute verschiedene Subarten anderer sexuell übertragbarer Krankheiten (STDs) als Ursache für die häufig wiederkehrenden Pyelozystitiden und Pyelonephritiden verantwortlich gemacht.

IV Zum Themenkomplex der evolutionsbezogenen Variabilitätslehre von Bakterien siehe in diesem Band auch Flecks Beitrag »Serologische Beweise der Evolution«.

V Die Begriffe der »Zystopyelitis« und »Pyelozystitis« können wahlweise verwendet werden. Meist wird hierbei davon ausgegangen, daß die Pathogenese der Erkrankung in demjenigen Körperteil oder -abschnitt erfolgt, der in der entsprechenden heteronymen Begriffsbildung vorangestellt und somit betont ist. Vgl. *Pschyr.*, s.v. Pyelonephritis, S. 1394-1396.

VI Mit »Körnern« sind hier die beerenartigen Verklumpungsstrukturen der Streptokokken (gr. *streptos* für: Kette und *kokkos* für: Beere) in der Einstellung des Mikroskopbildes gemeint. Siehe auch Helmut Hahn, Paul Klein und Peter Giesbrecht, »Allgemeine Bakteriologie«, in:. *Mikrobio.*, S. 12-21.

VII Der Begriff der »Diplostreptokokken« (gr. *diplos* für: doppelt) bezieht sich auf solche Bakterien aus der Gruppe der Streptokokken, die sich auf Grund ihrer Oberflächenstrukturen typischerweise in paarigen Strukturen im Mikroskop darstellen. Ebd., S. 11.

VIII Der dänische Mikrobiologe Hans Christian Joachim Gram (1853-1938) studierte Medizin und Botanik zwischen 1871 und 1878 an der Universität Kopenhagen, bevor er zu einer Forschungsreise durch mehrere europäische Länder aufbrach. Nach seiner Rückkehr wurde er ab 1891 Professor für Pharmakologie ebendort und entwickelte 1884 das wichtigste differentialdiagnostische Verfahren der Mikrobiologie. Vgl. Ilse Jahn, »Gram«, in: *Gesch. Bio.*, S. 836.

IX Der Prozeß der »Phagozytose« (gr. *phagein* für: fressen) von körperfremden Materialien kann etwa im Rahmen der Immunabwehr bei spezialisierten Freßzellen (Phagozyten) aus der Gruppe der weißen Blutkörperchen festgestellt werden. *Pschyr.*, s.v. Phagozytose, S. 1291.

X Gemeint ist das Bakterium *Bacillus anthracis*, der Erreger des Milzbrandes, einer gefürchteten Sekundärinfektion, die besonders bei Unfallverletzten und Kriegsversehrten bei starken Verunreinigungskontexten in Erdgruben oder bei sumpfigem Untergrund gefunden wird.

XI *Agar-Agar* (malajisch für: Seetang) bezeichnet Lösungen aus Seetang, die in Petrischalen getrocknet werden und sich für die Anzüchtung von Bakterienkolonien hervorragend eignen. Früher wurden Agarnährböden besonders aus Stangenagar hergestellt, während sie heute aus vorfabrizierten Pulvern gewonnen und angesetzt werden. Vgl. Paul Klein, Helmut Hahn, »Allgemeine Bakteriologie«, in: *Mikrobio.*, S. 31.

XII Dr. Ludwig Heim (1857-1939) war Professor und Direktor des Hygienisch-Bakteriologischen Instituts der Universität Erlangen und verfaßte ein vielbeachtetes Lehrbuch der Bakteriologie, das durch annähernd 10 Auflagen ging. Ludwig Heim, »Milchsäure- und andere Streptokokken«, in: *Zeitschrift für Hygiene, Infektionskrankheiten, Medizinische Mikrobiologie, Immunologie und Virologie* 101 (1924), S. 104-118.

XIII Daniel Wilhelm Otto Voges (geb. 1867) war ein deutscher Bakteriologe am Robert-Koch-Institut in Berlin. Otto Voges, »Die Differentialdiagnose der verschiedenen in die Gruppe der Bakterien der hämorrhagischen Septikämie gehörigen Mikroorganismen mit Hilfe der spezifischen Serumreaktion«, in: *Zeitschrift für Hygiene, Infektionskrankheiten, Medizinische Mikrobiologie, Immunologie und Virologie* 15 (1902), S. 645-650.

XIV Martinus Willem Beijerinck (1851-1931) war ein holländischer Mikrobiologe und Hygieniker. Geboren in Amsterdam, studierte er zunächst Botanik, um dann über seine Arbeit im Industrielabor der »Nederlandsche Gist- & Spiritusfabriek NV« in Delft zu Fragen der Mikrobiologie und der spezifischen Umweltwachstumsbedingungen von Bakterien zu finden. In seinen letzten Lebensjahren wurde er zum Inauguralprofessor des Lehrstuhls für Mikrobiologie an der Technischen Hochschule von Delft ernannt. Zwischen 1898 und dem Ende seiner beruflichen Karriere beschäftigte er sich dann insbesondere mit den Phänomenen des Tabakmosaikvirus. Siehe Adolf Mayer, »Der holländische Botaniker, Bakteriologe und Biologe M. W. Beijerinck«, in: *Die Naturwissenschaften* 19 (1931), S. 302-305.

XV »Chromatoparen« (gr. *par-* für: neben, auf gleicher Höhe) kennzeichnen nach dieser Definition Bakterien oder Zellen, die die gleiche Farbeigenschaft besitzen. Demgegenüber zeichnen sich die »Chromatophoren« (gr. *phorein* für: tragen) durch spezifische Farbränder aus, hinsichtlich deren sich die bakteriellen Einzeller gleichen. Darüber hinaus findet der Begriff auch bei den spezifischen Pigmentzellen des menschlichen Körpers Anwendung, wo diese etwa in der Haut, der Iris und der Choroidea vorkommen. Vgl. *Pschyr.*, s.v. Chromatophoren, S. 285.

XVI Friedrich Loeffler (1852-1915) war ein direkter Schüler von Robert Koch (1843-1910), Bakteriologe und Hygieneprofessor an der norddeutschen Ernst-Moritz-Arndt-Universität in Greifswald. Nach dem Studium der Medizin in Würzburg und Berlin (1870-1874) sowie anschließender Zeit am Berliner Kaiserlichen Gesundheitsamt befaßte er sich besonders mit den Erkrankungsbildern der Diphtherie und des Rotlaufs. Auf der Ostseeinsel Riems gründete er das erste Hygieneinstitut und wurde 1913 nach dem Tode Kochs als Leiter des Robert-Koch-Instituts zurück nach Berlin berufen. Als Eponym ist in der Bakteriologie der nach ihm benannte serumhaltige Nährboden (auch: Loeffler-Platte) für Diphteriebakterien mit seinem Namen verbunden. Vgl. Anja Moschell, *Friedrich Loeffler (1852-1915): Ein Beitrag zur Geschichte der Bakteriologie und Virologie*, Mainz [Diss. med., Johannes-Gutenberg-Universität] 1994.

XVII Bei der nach dem langjährigen Chemieprofessor der Stuttgarter Technischen Hochschule Hermann Fehling (1811-1885) benannten Lösung handelt es sich um eine quantitative Nachweisreaktion von Zucker im Harn durch den Prozeß der Titration. Für die Redoxreaktionen wird zunächst eine hellblaue Fehling-Lösung I verwendet, die eine Kupfersulfatlösung darstellt, sowie anschließend die Fehling-Lösung II, welche eine alkalische Kaliumnitratlösung ist. Der Zuckernachweis wird durch einen bläulichen Farbumschlag der chemischen Reaktion hervorgerufen und hat seither vielfältige Anwendungsgebiete in der Medizin – etwa zum Nachweis des *Diabetes mellitus* – gefunden. Vgl. Karl Franz, »Hermann Fehling«, in: *Zentralblatt für Gynäkologie und Geburtshilfe* 127 (1925), S. II-IV.

XVIII Wilhelm Zopf, »Ueber eine neue, auch mikroskopisch verwendbare Reaction des Calycins«, in: *Zeitschrift für wissenschaftliche Mikroskopie* 3 (1894), S. 495-499.

XIX Die *Bursa suprapatellaris* (lat. für oberhalb der Kniescheibe gelegene Tasche) bezeichnet einen oberhalb der Patella beziehungsweise des Quadrizepsmuskels befindlichen Schleimbeutel, der anatomisch mit der Kniehöhle verbunden ist. *Pschyr.*, s.v. Bursa suprapetellaris, S. 248.

XX Zu Wassermann siehe in diesem Band, EN XLIV zu »Wie entstand die Bordet-Wassermann-Reaktion und wie entsteht eine wissenschaftliche Entdeckung im allgemeinen?«.

XXI Karl Bernhard Lehmann, Rudolf Otto Neumann, *Atlas und Grundriss der Bakteriologie und Lehrbuch der speziellen bakteriologischen Diagnostik*, 7. Aufl., München 1927.

XXII Wilhelm Lehmann, »Atlas der Bakteriologie«, in: Wolfgang Weichardt (Hg.), *Ergebnisse der Hygiene, Bakteriologie, Immunitätsforschung und experimentellen Therapie*, Berlin 1930, S. 2930-2990.

XXIII Max Gundel, »Das biologische System der Streptokokken«, in: *Centralblatt für Bakteriologie, Parasitenkunde und Infektionslehre* (Abt. I) 115 (1929), S. 44-66.

XXIV Joseph Lister (1827-1912) wurde neben seinen bakteriologischen und hygienischen Studien besonders durch seine antiseptische Methodik in der operativen Chirurgie bekannt. Vgl. Peter Schneck, »Lister, Joseph Lord«, in: *Ärzte-Lex.*, S. 211f.

XXV Felix Löhnis (1874-1930) war ein deutscher Agrarbiologe. Zwischen 1913 und 1924 emigrierte er in die Vereinigten Staaten und arbeitete dort in der Bakteriologischen Abteilung des US-Landwirtschaftsministeriums in Washington, bevor er 1925 auf eine Professur und als Direktor des Instituts für

Landwirtschaftliche Bakteriologie und Bodenkunde an die Universität Leipzig nach Deutschland zurückkehrte und dort über die Frage des Bakterienpleomorphismus arbeitete. Vgl. Anonymus, »Felix Loehnis«, in: *Nature* 127 (1931), S. 99f.

XXVI Friedrich Julius Rosenbach (1842-1932) war ein deutscher Mediziner und Bakteriologe. Zu seinem Spezialgebiet zählten insbesondere die Wundinfektionen des Menschen. Siehe Wolfgang Hillenkamp, *Friedrich Julius Rosenbach (1842-1923)*, Göttingen [Diss. med., Georg-August-Universität Göttingen] 1949.

XXVII Vgl. auch EN XI.

XXVIII Friedrich Erhard Haag, *Beitrag zur Frage der Intrakutanreaktion*, Würzburg 1923.

XXIX Paul Durand, Pierre Giraud, »Les stréptocoques chromogènes«, in: *Comptes Rendus Hebdomadaires de l'Académie des Sciences, Paris* 177 (1923), S. 1333-1335.

XXX Servazio Sartirana, Augusto Paccanaro, »Der Streptococcus bombycis in Bezug auf die Ätiologie der Auszehrung und Schlaffsucht der Seidenraupe«, in: *Centralblatt für Bakteriologie, Parasitenkunde und Infektionslehre* 41 (1906), S. 331-337.

XXXI Alessandro Pasquale, »Vergleichende Untersuchungen über Streptokokken«, in: *Ziegler's Beiträge zur pathologischen Anatomie* 12 (1893), S. 433-494.

XXXII Alessandro Pasquale (gestorben 1935?) war ein süditalienischer Bakteriologe und Professor der Medizin, Hygiene und Medizingeschichte an der Universität von Neapel. Vgl. Ariane Dröscher, *Die Zellbiologie in Italien im 19. Jahrhundert*, Halle, Saale, 1996, S. 176.

XXXIII Pasquale, »Vergleichende Untersuchungen über Streptokokken« (wie EN XXXI), S. 488.

XXXIV Als »Bouillonpassage« werden die verschiedenen wiederkehrenden Wachstumsphasen der Bakterien in Laborkultur bezeichnet, die zur Anzüchtung für die experimentellen Versuche zur Erregerübertragung oder zum Studium der Kulturbedingungen oder des Wachstumsverhaltens führen. Siehe auch Hahn, Klein, Giesbrecht, »Allgemeine Bakteriologie« (wie EN VI), S. 12-15.

XXXV Die bogenförmige Spitze des Transferinstruments, mit dem in der Mikrobiologie einzelne Bakterien oder Kolonieteile von einer Agarplatte auf eine andere übertragen werden, wird auch als Platinöse bezeichnet. Platin als besonders hitzebeständiges Edelmetall wird für diese Spitze verwendet, so daß sich das Instrument zur Sterilisation in eine Bunsenbrennerflamme halten läßt. Ebd, S. 221-223.

XXXVI Philaletes Kuhn und Käthe Sternberg, »Über Bakterien und Pettenkoferien«, in: *Centralblatt für Bakteriologie, Parasitenkunde und Infektionskrankheiten*, Abt. I, Orig. 121 (1931), S. 113ff.

XXXVII Die L-Form (heute auf das Zellwandantigen L zurückgeführt) der Streptokokken zählt auch zu den hämolysierenden, Blut zersetzenden Bakterienunterarten. Diese morphologische Unterscheidung ist aktuell noch in der Veterinärmedizin, besonders bei der Auswahl spezifischer Antibiotika zur Behandlung der Eutererkrankungen von Milchvieh (etwa durch Bakterien aus der Gruppe *Streptococcus dysgalactiae*), von praktischer Bedeutung. Vgl. Volker Krömker, *Kurzes Lehrbuch Milchkunde und Milchhygiene*, Stuttgart 2007, S. 58.

XXXVIII Die G-Form der Streptokokken läßt sich auf das Zellwandantigen G reduzieren. Ebd., S. 58.

XXXIX »Staphylokokken« (gr. *staphylos* für: Weintraube) sind im Mikroskop traubenartig angeordnete Bakterien, die häufig blutauflösende Hämolysine bilden und ausschütten. Verschiedene Keimarten der Staphylokokken sind ferner den hochresistenten Hospitalkeimen zuzuordnen, die sich kaum mit verfügbaren Hygienemaßnahmen eindämmen lassen und bis heute ein großes Gesundheitsproblem darstellen. *Pschyr.*, s.v. Staphylokokken, S. 1587.

XL Das Bakterienwachstum in Form von Kolonienbildung auf dem Agar einer Petrischale verläuft selten vollkommen homogen. Meistens kommt es zu einer Ausdünnung der Bakterienanordnung in der relativen Mitte jener Kolonien – was sich im Mikroskopbild in Form einer »Glatze« darstellt – und zu einem gehäuften Auftreten an deren Rändern in Form von Bakterienauren oder von Bakterienwällen. Ebd., s.v. Bakterien, S. 166.

XLI Vgl. etwa Kuhn, Woithe, »Zur Technik der Agglutination« (wie EN XXXVI), S. 1631.

XLII Für bestimmte Zwecke kann es geboten sein, Kulturen zu gewinnen, die zweifelsfrei von einem einzigen Keim (als »Einzellkulturen«) ausgehen. Diese Vorstellung geht letztlich auf Robert Kochs Isolationspostulate zurück, die einen deterministischen Zugang sowie die manipulative Handhabung spezifischer Bakterienkeime im Experiment garantieren sollten, so daß eine Infektionskrankheit auf genau einen isolierbaren Erreger zurückgeführt werden könne. Siehe etwa: Ludwig Heim, *Lehrbuch der Bakteriologie mit besonderer Berücksichtigung der Untersuchungsmethoden, Diagnostik und Immunitätslehre*, Stuttgart 1911.

XLIII *Sit venia verbo* (lat. für: um es mit Verlaub zu sagen).

XLIV Durch die an den zeitgenössischen Mikroskopen meist am Stativ angebrachten Mikrometerschrauben ließen sich die Feineinstellung und die Entfernung des Objektivs relativ zum Objektträger genau austarieren. Zugleich diente die durch die Hand des Untersuchers bewegbare Mikrometerschraube zur Bestimmung der Gesamtvergrößerung im mikroskopischen Bild. Vgl. auch Brian Bracegirdle, *A History of Microtechnique*, London 1978, S. 221.

XLV Diese internen Seitenangaben beziehen sich auf die ursprüngliche

Publikationsfassung dieses Artikels, vgl. Fleck, Elster, »Zur Variabilität der Streptokokken« (wie EN I), S. 180-200.

XLVI Unter dem Pleomorphismus (gr. *pleion* für: mehr und *morph-* für: die Gestalt) der Bakterienanordnung unter dem Mikroskop werden unterschiedliche Phänotypen der gleichen Bakterienart verstanden, wobei sich letztere nicht nach diesem Erscheinungsbild allein identifizieren lassen.

XLVII Die Begriffe des »Phänotypus« und des »Genotypus« wurden im Jahre 1909 von dem dänischen Genetiker Wilhelm Johannsen (1857-1927) in die Biologie eingeführt. Als Genotyp verstand er das Vorliegen spezifischer Anlagen des Erbmaterials eines Individuums, während der Begriff des Phänotyps insbesondere für das äußere Erscheinungsbild des Organismus und die Ausprägung seiner Erbmerkmale bestimmt war. Vgl. Jörg Schulz, »Begründung und Entwicklung der Genetik nach der Entdeckung der Mendelschen Gesetze«, in: *Gesch. Bio.*, S. 550.

XLVIII Die »Konstitutionslehre« (lat. *constitutio* für: Beschaffenheit) geht davon aus, daß die Summe aller genetischen Anlagen die Beschaffenheit des Körpers determiniert ist und daß diese Annahme universelle Gültigkeit in der Biologie hat – so gesehen vom Einzeller bis zum Menschen. In der Mikrobiologie vertrat bereits Robert Koch einige wichtige Ansichten der Konstitutionslehre, welche später in der Humanmedizin vor allem in der Konstitutionslehre des Marburger Arztes und Psychiaters Ernst Kretschmer (1888-1964) Anwendung auf die Körperformen des Menschen fand. *Pschyr.*, s.v. Konstitution, S. 891.

XLIX Der Prozeß der »Amphimixis« (gr. *amphi-* für: beid[e] und *mixis* für: Vermischung oder Verschmelzung) kennzeichnet in der Biologie die Verschmelzung von Keimzellen getrenntgeschlechtlicher Individuen und die Vereinigung väterlichen und mütterlichen Erbguts in einer Zygote. Siehe etwa die grundlegende Arbeit von Friedrich Leopold August Weismann, *Amphimixis, oder die Vermischung der Individuen*, Jena 1891.

L Der in Odessa geborene Victor Jollos (1887-1941) studierte und promovierte in München, war von 1926 bis 1929 Professor in Berlin, von 1930 bis 1933 Professor in Kairo und emigrierte nach der Machtergreifung der Nationalsozialisten in Deutschland in die USA. Vgl. *Gesch. Bio.*, S. 867. Zur Arbeit, auf die Fleck Bezug nimmt: Victor Jollos, »Variabilität und Vererbung bei Mikroorganismen in ihrer Bedeutung für die Medizin«, in: *Klinische Wochenschrift* 1 (1932), S. 1-6.

LI Fred Julius Neufeld, Willi Rimpau, »Weitere Mittheilungen über die Immunität gegen Streptokokken und Pneumokokken«, in: *Zeitschrift für Hygiene, Infektionskrankheiten, Medizinische Mikrobiologie, Immunologie und Virologie* 51 (1905), S. 283-290.

LII Vgl. Lehmann, Neumann, *Atlas und Grundriss der Bakteriologie und Lehrbuch der speziellen bakteriologischen Diagnostik* (wie EN XXI), S. 119f.

LIII John Baerthlein, »Ueber Mutationserscheinungen bei Bakterien«, in: *Centralblatt für Bakteriologie, Parasitenkunde und Infektionskrankheiten* 50 (1911), S. 128-134.

LIV Vgl. Frederick Williams Andrewes, Ethel M. Christie, *The Haemolytic Streptococci: Their Grouping by Agglutination*, London 1932.

LV E[rnst] W. Todd, R[ebecca] Lancefield, »Variants of Hemolytic treptococci, Their Relation to Type-specific Substance, Virulence, and Toxin«, in: *Journal of Experimental Medicine* 48 (1928), S. 751-768.

LVI Julius Morgenroth, »Die Bedeutung der Variabilität der Mikroorganismen für die Therapie«, in: *Centralblatt für Bakteriologie, Parasitenkunde und Infektionskrankheiten* 63 (1924), S. 94-124.

LVII Arthur Grumbach, »Über Streptokokkenbakteriophagen und Dissoziationserscheinungen an Streptokokken«, in: *Centralblatt für Bakteriologie, Parasitenkunde und Infektionskrankheiten* I Orig. 118 (1930), S. 206-216; ders., ebd., 120 (1931).

LVIII Frederick William Twort, »An Investigation on the Nature of Ultramicroscopic Viruses«, in: *The Lancet* 189 (1915), S. 1241-1243, und André Gratia, »Preliminary Report on a Staphylococcus Bacteriophage«, in: *Proceedings of the Society for Experimental Biology and Medicine* 18 (1921), S. 217-219.

LIX Grumbach, »Über Streptokokkenbakteriophagen und Dissoziationserscheinungen an Streptokokken«, (wie EN LVII), S. 206-216.

LX M[ary] L. Cowan, »Variation Phenomena in Streptococci, with Special Reference to Colony Form, Haemolysin-production, and Virulence«, in: *British Journal for Experimental Pathology* 8 (1922), S. 187-195.

LXI L[indsay] O. Dutton, »Microbic Dissociation in Streptococci«, in: *Journal of Bacteriology* 16 (1928), S. 2-16.

LXII D[avid] Wright Hadley, »The Cultivation of Streptococci from Pasteurised Milk«, in: *Journal of Pathology and Bacteriology* 33 (1930), S. 809-855.

LXIII Isidore Sydney Falk, Roland Wendell Harrison, Ruth Alden McKinney, George William Stuppy, »Experiments on the Etiology of the Influenza Epidemic of 1928-1929«, in: *Centralblatt für Bakteriologie, Parasitenkunde und Infektionskrankheiten* I Ref. 103 (1931), S. 186-187 [Referat, Baltimore, MD 1931].

LXIV F[resen] C. Harrison, »Le trait à la machine et le trait à la main. Quelques considerations bactériologiques«, in: *Laiterie* 10 (1909), S. 92-102.

LXV Harold Hall McKinney, »Influence of Soil Temperature and Moisture on Infection of Wheat Seedlings«, in: *Journal of Agricultural Research* 26 (1923), S. 195-218.

LXVI Vgl. Roland Wendell Harrison, Ruth Alden McKinney, George William Stuppy, *Experiments on the Etiology of the Influenza Epidemic of 1928-1929*, Baltimore, MD 1931.

LXVII Cowan, »Variation phenomena in streptococci« (wie EN LX), S. 187.

LXVIII Ludwika Kamilla Kraskowska, Roman Nitsch, »Zur Morphologie der Streptokokken«, in: *Centralblatt für Bakteriologie, Abt. I* 82 (1918), S. 264-270.

LXIX Helmut Sperling, »Der Streptococcus lacticus Kruse in seiner Beziehung zur Zahnkaries«, in: *Deutsche Monatsschrift für Zahnheilkunde* 6 (1922), S. 129-144.

LXX Gundel, »Das biologische System der Streptokokken« (wie EN XXIII), S. 187.

LXXI Grumbach, »Über Streptokokkenbakteriophagen und Dissoziationserscheinungen an Streptokokken« (wie EN LVII), S. 206-216.

LXXII L[isa] B. Jensen, [Harry] B. Morton, »The Diptheroid Phase of Streptococci«, in: *Journal of Infectious Diseases* 49 (1931), S. 425-435.

LXXIII Vgl. D[avid] E. Belenky, »Studien über die Begleitbakterien der Pockenlymphe. (Über die in der Pockenlymphe vorkommenden Streptokokken)«, in: *Centralblatt für Bakteriologie, Parasitenkunde und Infektionskrankheiten* I Orig. 115 (1930), S. 18-43.

LXXIV Pasquale, »Vergleichende Untersuchungen über Streptokokken« (wie EN XXXI), S. 435.

[Buchbesprechung von] Gustav Mie: »Naturwissenschaft und Theologie«[1, 1]

Den Angelpunkt, um den sich der Gedankengang des Verfassers dreht, bildet die Frage: »Ob wir mit den objektiven Methoden der Experimentalwissenschaften, die alles Subjektive ausschalten, über die Wirklichkeit auch die volle Wahrheit erfahren?« (S. 22). Er antwortet: Nein, denn erstens hat KANT den Nachweis geführt, »daß wir[,] gerade um objektiv urteilen zu können, von vornherein gewisse Prinzipien unseres ordnenden Verstandes in das Weltbild hineintragen, beispielsweise das Kausalitätsprinzip« (S. 22). Zweitens aber ist für ihn Wahrheit »ein metaphysischer Begriff« (S. 26)[,] und dies beruht darauf, daß zu ihrer Entdeckung ein »höchst rätselhaftes und unerklärliches Vermögen des Geistes, die Wahrheit zu durchschauen, nötig ist, welches KANT Urteilskraft nennt. Sie ist ein göttliches Geschenk, das dem Menschen gegeben wird und das er sich nicht erarbeiten kann« (S. 27). »Ein logisches oder mathematisches Kriterium (der Wahrheit) gibt es nicht« (S. 29). Ein gewisses inneres Licht erlaubt erst, »Dinge klar und nüchtern – was dasselbe ist wie: sittlich – zu beurteilen« (S. 29).

So folgernd, sucht der Verfasser Zuflucht vor seinen erkenntnistheoretischen Sorgen in der Theologie, und zwar unter reichlichen Bibelzitaten und Sätzen wie: »Um überhaupt lebensfähig zu bleiben, muß sie (d. h. die Naturwissenschaft) notwendigerweise den Glauben an Gott, welchen die Theologie lehrt, übernehmen in der Form des Glaubens an eine objektive Wahrheit und an eine den Dingen innewohnende Vernunft« (S. 37). Oder: »Von Ungeduld verzehrt, verläßt er den Boden der Wahrheit und der objektiven Wirklichkeit. Er bildet sich ein, seltsame, tiefliegende Verflechtungen in dem natürlichen Geschehen zu entdecken. Er gaukelt sich Erfolge vor, die ihm seine fabelhaften Erkenntnisse verschaffen, Erfolge, die nur in seiner überhitzten Phantasie bestehen. Was ich hier geschildert habe, nennt man Zauberei« (S. 37).

1 Die Arbeit erschien ursprünglich in der Zeitschrift *Die Christliche Welt* 1931, Nr. 22 und 23 (Leopold Klotz Verlag, Gotha), jetzt als separate Broschüre, Leipzig: Akademische Verlagsgesellschaft 1932, 39 S., 13 × 20 cm. Preis RM 2.–.

Wie man sieht, bringt dieses Büchlein nicht viel Neues, weder zur Geschichte des Streites zwischen der Vernunft und dem Glauben noch zur Erkenntnistheorie selbst. Der Verfasser nimmt seine Sorgen sicher ernst und gewissenhaft. Was sollen wir aber unter »volle Wahrheit« verstehen? Soll es die vollständige Summe aller möglichen Erkenntnisinhalte über eine Frage bedeuten? Dann ist die volle Wahrheit überhaupt nicht bei der Naturwissenschaft zu suchen, denn die Naturwissenschaft begrenzt ihr Gebiet, sie sucht ja nur mit Hilfe bestimmten Denkstiles und bestimmter Methoden gewisse Relationen festzustellen. Die Begriffe des Subjektiven und Objektiven haben in der Naturwissenschaft die Bedeutung des individuell Gültigen und des allgemein oder kollektiv Gültigen, nicht etwa des Trügerischen und des real Existierenden.

Man stimmt gerne der Erkenntnis bei, daß bei der Entdeckung und Bewahrheitung wichtiger Beziehungen oft ein noch unerklärtes und bis jetzt rätselhaftes Vermögen des Forschers eine wichtige Rolle spielt. Aber weshalb sollten wir sofort verzagen und Hilfe in einer mystischen Intuition oder gar Inspiration suchen, anstatt gründlich und ruhig, wissenschaftlich diese Tätigkeit zu untersuchen? Ich glaube nicht, daß mit Sätzen wie: »Der menschliche Geist ist ein Organismus, der in dem ewigen Weltgeist wurzelt« viel geholfen wird (S. 3). Psalmenzitate, auch wenn drei aufeinanderfolgen (S. 20 und 21), bilden heute keine besonders starken Beweise.

Man müßte noch einige evidente Irrtümer berichtigen, die sich in dem Aufsatze von Mie befinden. Es entspricht nicht der geschichtlichen Tatsache, daß erst in den letzten hundert oder hundertundfünfzig Jahren »die geistige Kultur, wozu auch die Sittlichkeit und die Kunst jeder Gattung zu rechnen ist, sich von der Kirche ablösten und ein selbständiges Leben zu gewinnen suchten. Heute sieht man mit erschrecklicher Deutlichkeit, was sich daraus ergeben hat« (S. 5). Wir wissen im Gegenteil, daß im Zeitalter der Aufklärung (18. Jahrhundert), wie auch im 17. Jahrhundert oder 16. Jahrhundert, bereits kein rechter Zusammenhang zwischen Kunst oder Wissenschaft und Kirche bestand. Wir müßten nicht 150 Jahre, sondern etwa 600 Jahre zurückgreifen, um in ein, freilich nicht erfreuliches, Zeitalter der kirchlichen Supremation über die Kulturwerte der Menschheit zu gelangen.

Mie befaßt sich auf vollen zwei Seiten mit mir (S. 31 und 32) und bezichtigt mich wegen meines erkenntnistheoretischen Standpunktes des Atheismus.[11] Diese Bezeichnung ist irrtümlich, da ich mich mit theologischen Fragen überhaupt nicht befasse. Meine ganze Arbeit hat nur den Zweck, die Begriffe des Objektes und des Subjektes sowie des Erkennens und Seins etwas umzuformen, um dieselben nützlicher zu machen. Freilich wird dadurch manches komplizierter, besonders bis man sich daran gewöhnt, es wird aber sicher nicht sittlich schlimmer.

1 Ludwik Fleck, »Mie, Gustav, Naturwissenschaft und Theologie«, in: *Die Naturwissenschaften* 20, 30 (1932), S. 566. Komm.: CZ.
Gustav Mie (1868-1957) hatte in den ersten Dekaden des 20. Jahrhunderts bedeutende Beiträge zur theoretischen und experimentellen Physik vorgelegt, darunter 1908 Berechnungen der Streuung einer elektromagnetischen Welle an einer homogenen dielektrischen Kugel – der sogenannten Mie-Streuung. Er hatte sich auch mit Arbeiten zum Elektromagnetismus und der allgemeinen Relativitätstheorie einen Namen gemacht und eine eigene Materietheorie entworfen. Die von Fleck rezensierte Schrift indes war 1932 zuerst in der Zeitschrift *Die Christliche Welt*, dann als Separatdruck veröffentlicht worden und an ein religiöses Publikum gerichtet. Mie diagnostiziert in ihr den sittlichen Zerfall der Gesellschaft infolge ihrer Abwendung von der Kirche und deren Werten. Nur die Naturwissenschaften seien »von den Krankheitssymptomen des geistigen Lebens noch nicht mit ergriffen« worden (ebd., S. 5). Insbesondere verweist Mie hier auf die Physik, die ein vollständiges, in sich geschlossenes Weltbild offeriere (ebd., S. 11). Im Glauben an die *eine* wissenschaftliche Wahrheit gebe sich zudem letztlich der Glaube an den wahrhaftigen Gott zu erkennen (ebd., S. 29). Mie war jedoch nicht entgangen, daß Fleck 1929 in seinem Aufsatz »Zur Krise der ›Wirklichkeit‹« die moderne Physik gerade gelobt hatte, weil sie einen Pluralismus neu zu gestaltender Wirklichkeiten verheiße. Mie wählt Fleck, den er für einen Psychiater hält, zum exemplarischen Gegner, an dem sich seine Weltanschauungskritik festmachen läßt. Fleck antwortet in vorliegender Rezension mit einer Kritik an der von Mie praktizierten Vermischung verschiedener Denkstile. Wenn Fleck in seinen späteren Texten immer wieder betont, daß Menschen verschiedenen Denkstilen zugleich angehören können, spielt er wahrscheinlich auf Mie an, z. B. wenn er konstatiert, daß man Wissenschaftler und »außerdem religiös sein« könne. Denn in einem Individuum kreuzten »sich bisweilen widersprechende, manchmal sorgfältig voneinander isolierte Denkstile (vgl. einen Physiker, der religiös ist)«. (Fleck, »Das Problem einer Theorie des Erkennens«. ET, S. 114, hier S. 289). Vgl. Johannes Fehr, »… und nichts als sie. Eine epistemologische Rhapsodie«, in: *variations, Literaturzeitschrift der*

Universität Zürich 15 (2007), S. 133-148; Eva Hedfors, »Fleck in Context«, in: *Perspectives on Science* 15, 1 (2007), S. 49-86, hier S. 68f.

11 Vgl. Mie, ebd., S. 31: »Ich bin jedoch in der Lage, um zu zeigen, was richtiger Atheismus ist, mich auf eine sehr konsequente Darstellung stützen zu können, die sich in der Zeitschrift *Die Naturwissenschaften* im Jahrgang 1929 findet. Sie rührt von einem Mediziner her, dem Psychiater Ludwig Fleck [...]. Man sieht, hier ist der Versuch gemacht und wirklich auch, soweit es geht, durchgeführt: den Begriff der objektiven Wahrheit aus der Erkenntnistheorie ganz auszuschalten. Das ist konsequenter Atheismus.« Flecks Position, so Mie weiter, impliziere entweder einen extremen Idealismus oder Relativismus.

Zur Frage der labormedizinischen Analytik[1]

In der gegenwärtigen Zeit ist die labormedizinische Analytik ein wichtiges und eigenständiges Gebiet des ärztlichen Wissens. Durch die Entwicklung der Bakteriologie und der physiologischen Chemie ist sie zu einem komplexen und inhaltsreichen Spezialgebiet geworden, das sowohl eine vieljährige allgemeinärztliche als auch eine fachärztliche Ausbildung erfordert. Der Beruf des Laborarztes verlangt Fachkenntnise aus den Bereichen der Chemie, Zytologie, Mikrobiologie, Pathologie und Epidemiologie. Ein Laborarzt muß sich mit der chemischen Präparation sowie der Methodik der biologischen Experimente auskennen, die Fortschritte in seinem Wissensgebiet verfolgen und an ihnen teilhaben. Er steht vor besonderen technischen und theoretischen Aufgaben und übernimmt eine wichtige Rolle im Kampf gegen die epidemischen und venerischen Krankheiten. Jedes ärztliche Labor ist ein außerordentlich wichtiger Forschungsraum, denn es ist für die praktischen Ärzte manchmal die einzige Quelle, um theoretische Fragen zu klären. Auch hängen von den Entscheidungen im Labor die gesellschaftlichen und sanitären Verordnungen ab. Das Erkennen – vor allem die Früherkennung – von Diphtherie, Fleck- und Bauchfieber, Tuberkulose, Syphilis, Gonorrhoe usw. hängt von der Leistungsfähigkeit des ärztlichen Labors ab, und alle Isolierungsmaßnahmen sowie die allgemeinen Hygieneverordnungen docken sich an dieses ärztliche Spezialgebiet an.

Unabhängig davon ist die Bedeutung zu betonen, die dem medizinischen Labor im Falle eines Krieges zukommt. Naturgemäß sind es die klinischen Chemiker und die Bakteriologen, die jene Fachärzte auszubilden haben, die man braucht, wenn bei einem Kampf chemische und bakteriologische Stoffe eingesetzt werden. Niemand glaubt, daß nach einem mehrtägigen Kurs ein Arzt, der zuvor mit Chemie nichts zu tun hatte, während eines chemischen Krieges zu einem fachkundigen und ideenreichen Mitarbeiter ausgebildet werden kann. Er kann allenfalls schablonenhafte Aufträge erledigen. Doch die Chemie zu durchschauen, also den eingesetzten Stoff zu erkennen und herauszufinden, wie dieser unschädlich gemacht wird, gegebenfalls Mittel zu einer Desinfektion zu improvisieren, Geräte und Schutzanlagen auf ihre Undurchlässigkeit und Wirksamkeit zu überprüfen und Wasser und andere Lebensmittel zu untersuchen, die insbesondere die Zivilbevölkerung braucht; all das bildet ein Gebiet, auf dem am besten ein Laborarzt tätig ist, der sowohl Laien als auch Ärzte aus anderen Fachgebieten unterweisen kann. In noch größerem Maße gilt all das bei einem eventuellen Einsatz bakteriologischer Waffen. Wir möchten auf die Rolle der Laborärzte in diesem Bereich heute so wichtiger Probleme insbesondere deshalb aufmerksam machen, weil es bislang an einem allgemeinen Verständnis dafür mangelt.

Im völligen Gegensatz zur gesellschaftlichen Relevanz der Labormedizin steht die Art, wie dieses Spezialgebiet von den Ärzten und der Regierung behandelt wird. Die Ärzte versuchen, unser Spezialgebiet zu »diagnostischen Hilfsuntersuchungen« abzuwerten, wodurch sie sich selbst am meisten schaden, denn statt einer gründlichen Besprechung mit einem Facharzt bekommen sie von einem unmotivierten Labormitarbeiter nur Ziffern, die mechanisch wie nach einem Diktat erstellt worden sind und die sie oft noch nicht einmal auswerten können. Ein praktischer Arzt soll dem Analytiker keine »Aufträge« erteilen, z. B. die Zuckermenge im Blut zu untersuchen, sondern soll mit ihm zusammen den Krankheitsfall besprechen und bestimmen, welche funktionalen Proben durchgeführt werden müssen. (Nach welcher Belastung? Bei welcher Diät? Soll die glykämische Kurve festgelegt werden? Wird gleichzeitig der Urin untersucht? Sind der allgemeine Nierenzustand, der Verdauungskanal und seine Funktion sowie der Zustand der endokrinen Drüsen berücksichtigt worden?) Auch im Falle eines Verdachts, z. B. auf Bauchtyphus oder Syphilis, ist es besser, wenn sich der praktische Arzt mit dem Laborarzt verständigt und ihn zu Rate zieht, bevor er einfach eine WIDAL- oder WASSERMANN-Probe veranlaßt, denn es kann sich herausstellen, daß im gegebenen Fall man eher eine Blutaussaat als die WIDAL-Probe anwenden oder eher eine Untersuchung der blassen Spirochäten statt der WASSERMANN-Probe durchführen sollte.

Die Einstellung der Regierung zur labormedizinischen Analytik müssen wir als vollkommen unangemessen bezeichnen. Unter Berufung auf veraltete Sitten und Gesetze erlaubt man allen möglichen unausgebildeten Personen, Laboruntersuchungen durchzuführen, darunter z. B. Pharmazeuten mit unabgeschlossenem Studium oder Philosophen oder Chemie-Ingenieuren, die alle, nachdem sie unter Umständen lediglich einen mehrmonatigen Kurs absolviert haben, bereits die Berechtigung erlangen, selbständig ein ärztliches Labor zu leiten! Es sind seriöse Forschungszentren, die solche Schulungen organisieren und nach wenigen Monaten einige Dutzend »Diplomierter« ausstoßen, während gleichzeitig Fortbildungskurse für Laborärzte fehlen, die ihr Wissen erweitern und auffrischen möchten. Es gibt auch weder Schulen noch Kurse, in denen Laborfachkräfte ausgebildet werden, was zur Folge hat, daß der jetzige Zustand das Entstehen von zahlreichen kleinen Laboren begünstigt, es aber für das Gründen von größeren, entsprechend besser ausgestatteten und von einem Facharzt geleiteten Instituten, in denen außer den Laborärzten auch technische Hilfskräfte zweckdienlich arbeiten könnten, keine Bedingungen gibt. Kein Wunder, daß die Labormedizin von Ärzten mit anderer Spezialisierung geringgeschätzt wird und daß es an adäquatem Nachwuchs fehlt. Ein junger Arzt widmet sich lieber im Ansehen höherstehenden und ergiebigeren Gebieten der ärztlichen Kunst, in denen es keine Konkurrenz seitens der Apotheken, Chemiker, Biologen etc. gibt. Die Folge ist die, daß sich für die Analytik solche Ärzte interessieren, die aus irgendwelchen Gründen meinen, für andere Gebiete der ärztlichen Kunst nicht befähigt zu sein. Auf diese Weise gerät man in einen Teufelskreis, der die labormedizinische Analytik immer weiter ruiniert.

Noch einmal möchte ich betonen, welche große gesellschaftliche und staatliche Bedeutung der labormedizinischen Analytik zukommt, denn es ist meine Pflicht, auf den beschriebenen Mißstand aufmerksam zu machen und die Kollegen dazu einzuladen, sich zu diesem Thema zu äußern. Meinerseits möchte ich mit Nachdruck erklären, daß ich alle Anstrengungen, um unser Spezialgebiet, das eine berufliche, gesellschaftliche und staatliche Mission zu erfüllen hat, zu verbessern, für unwirksam halte, solange man nicht dieses Spezialgebiet gesetzlich schützt und dafür ausschließlich Laborärzte zuläßt.

Den technischen Hilfskräften muß das selbständige Arbeiten ohne Aufsicht eines leitenden Arztes verboten werden, ihnen muß jeder Kontakt mit dem Patienten untersagt werden, und ihre Rechte sollen – in der Form, wie man dies bei Zahntechnikern getan hat – eingeschränkt werden.

Auch den Apotheken soll man es verbieten, daß sie labormedizinische Analysen durchführen, schon auch aus sanitären Gründen, denn es widerspricht den hygienischen Grundsätzen, daß in ein und demselben Raum und durch die gleichen Mitarbeiter der Urin oder der Stuhl eines Kranken untersucht wird und gleichzeitig Arzneimittel zubereitet und verkauft werden. In Apotheken gibt es so gut wie niemals eine separate Toilette, um Analysen durchzuführen, und das Material, das häufig ansteckend ist, wird in der Regel an derselben Stelle angenommen, wo auch die Medikamente ausgegeben werden.

Dies ist eine strafwürdige Mißachtung der menschlichen Gesundheit und muß verboten werden.

Von einem Arzt, der sich der labormedizinischen Analytik widmen will, soll man verlangen, daß er zusätzlich zu dem für alle Ärzte obligatorischen Krankenhaus-Jahr zumindest noch drei Jahre Erfahrung in den entsprechenden Instituten sammelt. Außerdem sind wir der Meinung, es sei wünschenswert, daß der junge Arzt auch eine wissenschaftliche Arbeit anfertigt, durch die er die für die spätere Laborpraxis nötige Exaktheit und Kritikfähigkeit lernen würde.

Schließlich halten wir es für notwendig, Fortbildungskurse zu organisieren, die neben dem Laborwissen auch die sanitäre Gesetzgebung, insbesondere das militärärztliche, chemische und bakteriologische Wissen vermitteln sollen.

1 Ludwik Fleck, »W sprawie analityki lekarskiej« [wörtlich: »Zur Frage ärztlicher Analytik«. Im deutschsprachigen Raum verwendet man als entsprechende Fachtermini: »Labor- oder Laboratoriumsmedizin« und »labormedizinische Analytik«], in: *Nowiny społeczno-lekarskie* 8, 5 (1934), S. 87f. Aus dem Polnischen von Sylwia Werner. Komm.: SW. Die Zeitschrift *Nowiny społeczno-lekarskie* [Gesellschaftlich-ärztliche Neuigkeiten] erschien in den Jahren 1927-1939 zuerst in Lwów (Lemberg), dann (ab 1928) in Warschau. Sie versammelte Berichte und Nachrufe und gab medizinisch-gesellschaftlichen Diskussionen Raum. Ludwik Hirszfeld hatte in seinem Aufsatz »W sprawie obsługi bakteriologicznej Państwa« [Zur Frage des staatlichen bakteriologischen Dienstes], in: *Lekarz Polski* [Der polnische Arzt] 5 (1934), die Diskussion über die Situation der Labormedizin eröffnet. Fleck sprang ihm mit einer Serie von drei Artikeln bei, zwei weitere folgten noch im selben Jahr. Der erste (1934f) erschien in der Zweiwochenschrift *Lekarz Wojskowy* [Der Militärarzt] unter dem Titel »W sprawie braku dostatecznej liczby lekarzy bakteriologów« [Zur Frage der mangelhaften Anzahl an Ärzte-Bakteriologen], in dem Fleck aus dem oberen Text zitiert, und über diesen hinausgehend konkrete Umformulierungsvorschläge für Gesetzesparagraphen macht. In seinem anderen Artikel »W sprawie obsługi bakteriologicznej Państwa« [Zur Frage des staatlichen Dienstes], der – wie Hirszfelds Text – auch in *Lekarz Polski* [Der polnische Arzt] (1934b) erschien, kritisiert Fleck zudem die wis-

senschaftliche Einstellung der Bakteriologen zu ihrem eigenen Fachgebiet: »Wenn speziell von der Bakteriologie die Rede ist, muß man hier betonen, daß das intellektuelle Milieu bei uns völlig unorganisiert ist: Es gibt entweder keinen oder nur einen unzulänglichen Gedankenaustausch, es fehlt an öffentlichen Diskussionen zu aktuellen Themen und an gegenseitigem Interesse an den Arbeiten der Kollegen. [...] Außerdem frage ich oft die wisenschaftlich arbeitenden Bakteriologen, wie viele Briefe sie zu den von ihnen veröffentlichten Arbeiten von Kollegen aus dem Inland erhalten haben, und bitte sie, diese Zahl mit der Anzahl der aus dem Ausland erhaltenen Briefe zu vergleichen. Bei uns werden die Arbeiten nach den Autoren und nicht die Autoren nach den Arbeiten bewertet. [...] Unser bakteriologisches intellektuelles Milieu hat in seinem gegenwärtigen Zustand keinerlei Anziehungskraft« (ebd., S. 164f.).

Wie entstand die Bordet-Wassermann-Reaktion und wie entsteht eine wissenschaftliche Entdeckung im allgemeinen?[I]

Unsere Kenntnisse über Entdeckungen fußen fast immer auf einer spezifischen Tradition, welche von den Zeitzeugen an andere Personen und von den Lehrern an ihre Schüler weitergegeben wird. Eine solche Tradition, wie sie etwa aus dem subjektiven Bericht eines Entdeckers selbst oder aus den nicht weniger einseitigen Erinnerungen von Zeugen, die mit ihm in unmittelbarem Kontakt standen, hervorgegangen ist, kreiert eine Legende, die hernach gewaltsam an die Meinung der jeweiligen Umwelt oder etwa an den Nationalstolz angepaßt wird. Diese Entwicklung vollzieht sich in Etappen, über Jubiläumsreden, Nekrologe oder Erinnerungen, die ein halbes Jahrhundert zurückliegen, sowie populärwissenschaftliche Beiträge, welche zu pädagogischen Zwecken verfaßt werden. Es ist allgemein bekannt, was von der Glaubwürdigkeit solcher Quellen zu halten ist und daß diese beständig dazu neigen, jene Individuen zu überschätzen und beinahe zu vergöttlichen. Deswegen treten in den wissenschaftlichen Legenden, ähnlich wie in allen anderen Legenden, auch sogenannte Genies auf, oder es entscheidet letztlich das Schicksal, also das Glück oder der Zufall. Darüber hinaus begehen diese traditionellen Legenden aber noch einen weiteren und wesentlich schwereren Fehler: Der historische Gedankenlauf wird rationalistisch, d. h. *als logische Entwicklung einer Idee* und nicht *als ein organisches Sich-Entwickeln einer Idee*, dargestellt.[II] Die Entstehung der Bordet-Wassermann-Reaktion[III] hat man z. B. folgenderweise dargestellt: »Bordet[IV] und Gengou[V] hatten die geniale Idee, die sogenannte Komplementbindungsreaktion anzuwenden. Wassermann wandte diese dann zweckmäßig auf die Syphilis an. Der glückliche Zufall [aber] erlaubte es, diese Technik erheblich vereinfachen zu können, und machte die Reaktion dann allgemein anwendbar.« Doch eine solche Darstellung der Entstehungssituation ist eine Legende, die sich zu den wirklichen Ereignissen sowie den Zusammenhängen auf diesem Gebiet so verhält wie etwa die Legende über Bolesław den Kühnen zur wirklichen Geschichte des damaligen Konflikts zwischen der weltlichen und kirchlichen Macht in Polen.[VI] Die heldenhafte Beschreibung der Bor-

DET-WASSERMANN-Legende ist, obgleich schön und belehrend, im Grunde genommen schädlich, denn zusammen mit anderen solchen Entdeckungslegenden verhindert sie, daß eine wissenschaftliche Theorie des Erkennens[VII] entwickelt werden kann. Aus ihr geht nämlich die irrtümliche, jedoch sehr weit verbreitete Ansicht hervor, daß die sogenannte »Wahrheit« fertig, von uns unabhängig, uralt und mehr oder weniger bedeckt oder verhüllt existiere. Man brauche nur die wagemutige Hand eines »Entdeckers«, der – von einer genialen Intuition geleitet – die Vorhänge herunterreißt und sie [die Wahrheit] für alle sichtbar werden läßt. Völlig anders stellt sich demgegenüber die Entstehung des Wissens dar, wenn wir auf dem Weg einer sachlichen, fast unpersönlichen wissenschaftlichen Analyse an sie herantreten. Genius, Verstand und Zufall hören dann auf, die tragenden Helden der Handlung zu sein, während das kulturelle Umfeld, der historische Moment und die spezifische Entwicklung des wissenschaftlichen Denkens, die eigene *Regeln* aufweist, jetzt in den Vordergrund treten. Die Hauptrolle spielt nun nicht mehr das Individuum und sein beschränkter menschlicher Verstand, sondern eine *Denkgemeinschaft* von Menschen, deren spezifische *intellektuelle Stimmung* zusammen mit den historischen und technischen Möglichkeiten [der Zeit] einen spezifischen *Denkstil* erschafft. Die »Wahrheit« ist dann der jeweilige Ausdruck dieses Stils, der meist vollständig determiniert ist,[VIII] alleinig für eine bestimmte Gemeinschaft gilt und sich nicht unmittelbar mit den Wahrheiten einer anderen Gemeinschaft vergleichen läßt. Wir müssen also nicht [länger] auf eine rätselhafte Intuition zurückgreifen, um so erklären zu können, wie ein »Entdecker« – entgegen allen Tragödien des Irrtums – eine Wahrheit gefunden hat. Wir sollten es vielmehr vermeiden, eine [Sieger-]Pose der verächtlichen Ironie gegenüber vergangenen Jahrhunderten einzunehmen, deren Ansichten uns heute unsinnig erscheinen. Ebensowenig sollten wir die Geschichte zurechtbiegen, um so in künstlicher Weise ein rationalistisches Bild von der logischen Entwicklung des Denkens zu entwerfen; vielmehr sollte das Feld für die lächerlichen und kleinlichen sowie individuellen und nationalistischen Ambitionen verschwinden. Wir erhalten statt dessen die Möglichkeit, auf eine soziologische, psychologische und spezifisch erkenntnistheoretische Weise die Wissenschaft erforschen zu können. In diesem Sinne möchte ich nun darstellen, wie die WASSERMANN-Reaktion historisch entstanden ist.[IX]

Die WASSERMANN-Reaktion ist eine Methode, mit der eine bestimmte Bluteigenschaft bei Syphiliskranken festgestellt werden kann. Bevor wir jedoch dazu kommen, die Entwicklungsgeschichte dieser Reaktion zu besprechen, wird es notwendig sein, sich zumindest kurz mit dem Begriff der Syphilis selbst zu beschäftigen. Für uns, die Ärzte von heute, die einen ätiologischen Begriff der Krankheit gebrauchen, stellt die Syphilis eine spezifische Spirochätose dar, eine Krankheitseinheit [also], die sich von anderen scharf und auf eindeutige Weise abgrenzen läßt. Lediglich ihr Verhältnis zu derjenigen Krankheit, die als *Framboesia tropica*[X] bezeichnet wird, und zur Kaninchenspirochätose wird noch diskutiert. Darüber hinaus wissen wir jetzt, daß die Syphilis grundsätzlich nicht mit der Lepra und der Gonorrhöe verwandt ist. Doch noch im Jahre 1851 schrieb SIMON[1]: »*Morbus Gallicus*, die Syphilis oder Lustseuche, die aus den ansteckenden, aussätzigen Genitalaffektionen resultiert, ist eine Tochter des Aussatzes und kann unter gewissen Umständen wieder zur Mutter des Aussatzes werden.« Noch einige Jahrzehnte später trennte man im allgemeinen Syphilis von Gonorrhöe, weichem Schanker, Skrofulose und *Lupus vulgaris* gar nicht ab.[XI] Dagegen hielt die Mehrheit der Ärzte die progressive Paralyse sowie den *Tabes dorsalis* für Krankheiten, die von der Syphilis vollkommen unabhängig sind. Wenn wir weiter in das 18. und 17. oder 16. Jahrhundert zurückgehen, stoßen wir auf einen Syphilisbegriff, der mit dem unseren noch inkommensurabler ist.[XII] Es gab hier nämlich überhaupt keine Krankheit und auch kein Symptom, das nicht mindestens einmal auf die Syphilis bezogen worden wäre. Alle Ausschlagsarten, sogar die Krätze und die Pokken, darüber hinaus auch die Mykosen, die Knochen-, Haut- und Drüsentuberkulose oder – nach der heutigen Benennung – die Konstitutionskrankheiten, wie etwa die Gicht, wurden zur Syphilis hinzugezählt.[XIII] Die Losung dieser Ansichten war [nämlich], daß »*lues venera est morbus proteiformis*«[XIV] und sich so alle Gestalten dieses Proteus – dank einiger zum Teil stimmungsbedingter, zum Teil, wie wir es heute sagen würden, pathogenetischer und schließlich empirisch-therapeutischer (Quecksilber) Ideen[XV] – zu einer Einheit verbinden ließen.

Die älteste und stärkste einer solchen Verbindung bestand in der

1 [Friedrich Alexander] SIMON [1793-1869], *Ricord's Lehre von der Syphilis*, [Hamburg] 1851, S. 15 [vgl. EET, S. 11].

spezifisch *emotionalen*[XVI] *Art, sich auf die damalige Syphilis zu beziehen*, und diese hat sich unter den Menschen bis heute erhalten. Von Anfang an war die Syphilis nämlich eine *entehrende Krankheit*, die mit dem Signum der Sünde behaftet war. »In ihrer Wiedererzeugung auf so dunkle Weise mit dem geheimnisvollen Akte verbunden, der die Fortpflanzung des menschlichen Geschlechtes vermittelt, lastet sie wie ein böser Alp auf den zartesten Beziehungen, haftet wie Pesthauch an Jugend und Schönheit, hängt sich gleich einer immer wachsenden, ungeheuren Sündenlast an einen einzigen Fehltritt, vergiftet das Blut der noch ungeborenen, schuldlosen Frucht etc.«, schrieb GEIGEL.[2]

Der venerische Charakter[XVII] der Syphilis, also ihre Verbindung mit dem menschlichen Koitus, welche in der europäischen Kultur eine besondere ethische Färbung hat, ist der Grund für den spezifischen stimmungsvollen Bezug zur Syphiliserkrankung.[XVIII] Jene Verbindung wurde seit dem ersten Auftreten dieser Krankheit betont und ist bereits 1497 deutlich in der Literatur wiederzufinden.[3] Auch viele andere Krankheiten und insbesondere die schweren Krankheiten wie die Lepra, die Tuberkulose oder die Blindheit haben in der Gesellschaft eine gemütsbetonte Färbung, jedoch ist diese von einer ganz anderen Art. Lepra wird als ein tragischer Fluch verstanden, eine Bestimmung, die ihrerseits Entsetzen und Mitleid hervorruft, und ihre stimmungsbetonte Färbung wurde so zum Grund für eine Isolierung (*leprosoria*)[XIX] der Kranken sowie dafür, daß Mönche für die Pflege der Kranken ihr Leben opferten. Tuberkulose gilt als eine poetisch-romantische Krankheit, und als solche hat sie auch viele literarische Motive geliefert.[XX] Blindheit nahm eine philosophische Färbung an, und das Volk hat mit ihr gemeinhin die Propheten geschmückt.[XXI] Doch der Syphilis hat man in unserer Kultur das entehrende Gepräge der Lustsünde verliehen und kein Mitleid mit dem Kranken gezeigt: Noch im 18. Jahrhundert wurde der Kranke [sogar] vor der Einlieferung in ein Krankenhaus zu einer Leibesstrafe verurteilt und im 20. Jahrhundert ein Soldat, der sich eine venerische Krankheit zugezogen hatte, bestraft. Man bemitleidete ihn jedoch, wenn er z.B. einmal eine Fleischvergiftung erlitten hatte. Der schlechte Ruf der Sy-

2 [Alois] GEIGEL, *Geschichte, Pathologie und Therapie der Syphilis*, [Würzburg] 1867, S. 1 [EET, S. 103].

3 Joh[annes] WIDMANN, *Tractatus de pustulis et morbo qui vulgato nomine mal Franzos appellatur*, [Straßburg] 1497 [vgl. auch: EET, S. 5].

philis führte somit auch dazu, daß man ihr einen besonders schlechten Einfluß auf den menschlichen Charakter zusprach. Auf die folgende Weise beschrieb etwa 1894 ein Arzt eine Familie von Luikern: »Die ganze Familie Cattolupino war außer Rand und Band: Excessivität, Gewalttätigkeit, rohe Art des Auftretens, Hochmut, Selbstüberschätzung, Mißtrauen bis zu den äußersten Grenzen des überhaupt Möglichen. [Zanksucht, Widerspruch,] Streitsucht, Virtuosität im Zungendreschen, Glossenmachen und Besserwissen, Menschenunkunde, tiefe Unwissenheit, gänzliche Abwesenheit von Takt, [Rücksicht und Vorsicht,] verächtliche Kriecherei vor dem Mammon« etc., etc. »Allen den genannten moralischen Übeln müssen notwendig leibliche Übel ernster Art zu Grunde liegen [...]. Es ist mit Gewißheit anzunehmen, daß seinerzeit erworbene Lues zu ererbter kam.«[4]

Die *spezifische Stimmung* der Gesellschaft zur Syphilis ist somit der erste und auch der deutlichste Faktor, der den *morbus proteiformis* in eine Einheit, d. h. in eine bestimmte begriffliche Gestalt einbindet. Mit diesem ist überdies ein anderer Faktor unmittelbar verbunden, der in unserer Epoche durch die sogenannte WASSERMANN-Reaktion ausgedrückt wird.

Dieser zweite Faktor, durch den sich aus dem Chaos sich aufdrängender Formen, Anzeichen und Folgen einer Krankheit eine bestimmte Gestalt herausgebildet hat, bestand in einer *spezifischen pathogenetischen Idee*, welche sich im Laufe der Jahre und Jahrhunderte hatte entwickeln können.[XXII] Über den Mechanismus der Entstehung von luischen Veränderungen machte man sich – selbstverständlich gemäß den damaligen ärztlichen Anschauungen – bereits seit den ersten Arbeiten zur Syphilis Gedanken. Es dominierte hierbei jedoch die uralte Dyskrasie-Lehre von einer schlechten Zusammensetzung oder schlechten Mischung der »organischen Säfte«. Jene Dyskrasie sollte das Wesen aller oder fast aller Krankheiten erklären, wobei die *alteratio sanguinis* als eine schlechte Veränderung des Blutes zur Lieblingsphrase beim Erklären von Fieber, Ausschlag, psychischen Störungen etc. wurde.[XXIII] Die Sache ist aber die, daß – obwohl die Verwendung dieser Phrase zur Erklärung anderer Krankheiten immer

4 [Eduard] REICH, *Über den Einfluss der Syphilis auf das Familienleben*, [Amsterdam] 1894. [Das deutsche Originalzitat findet sich in FN 25, in: EET, S. 102, und wird hier oben im Text wiedergegeben. Fleck übersetzt diese Stelle nicht ganz vollständig ins Polnische und so, daß sich der folgende Abschnitt über die Dyskrasie besser anschließt.]

seltener und nutzloser wurde, *ihre Bedeutung für die Syphilis doch beständig zunahm und, um neue Inhalte bereichert, immer öfter angewendet und ausprobiert worden ist.* Gerne hat man alle Hautausschläge als einen Vorgang des Ausstoßens schädigender Stoffe aus dem Blut beschrieben – eine Ansicht, deren Überreste bis heute in der Eso- und Exophylaxie der Dermatologie herumgeistern. Eine bekannte arabische Theorie erklärte ferner die im Mittelalter verbreiteten Pocken, an denen die Menschen bereits im Kindesalter erkrankten, als durch den Organismus des Kindes ausgestoßene Gifte, die etwa aus einer unterdrückten Menstruation der schwangeren Mutter stammen sollten.[XXIV] Da man im 16. Jahrhundert gerne alle Ausschläge der Syphilis selbst zurechnete, blieb die Vorstellung der *alteratio sanguinis* besonders stark der Syphilis verhaftet. Das also, was von unserem heutigen Standpunkt aus betrachtet ein Fehler gewesen war, wurde dann jedoch zu einem besonders fruchtbaren Faktor für die wachsende Erkenntnis der Syphilis. Überdies wurde durch die Vererbung der Syphilis die Aufmerksamkeit allgemein auf das Blut gelenkt, das damals aber nicht als zirkulierendes und nahrhaftes flüssiges Gewebe gesehen wurde,[XXV] für das es nach der heutigen Ansicht gehalten wird, sondern als eine mystische Flüssigkeit, die die Geschlechter verband, Feinde trennte, Freundschaften besiegelte und sogar die Schmach tilgte. Dieser Kern der [physiologischen] Lebenskraft, der Herd menschlicher Charaktere, dieses – laut den damaligen Ansichten – wesentlichste Anzeichen des Lebens und des Todes, drängte sich aber noch aus einem anderen Grund auf, denn im Chaos anderer Proteusformen suchte man hernach immer dieses einzig *unveränderliche und wesentliche* Anzeichen *im luischen Blut.* Noch Bruck[5] schreibt beispielsweise: »Die Versuche, die Diagnose der Syphilis aus dem Blut zu ermöglichen, reichen bis zu der Zeit zurück, in der die Erkenntnis von der Pathologie dieser Erkrankung überhaupt festere Formen annahm und die ungeheure Vielgestaltigkeit des klinischen Bildes immer mehr vor Augen trat.«[XXVI]

Nicht die Logik oder eine rätselhafte Intuition verbanden die Syphilis und das Blut, sondern ein spezifischer Stil des damaligen Denkens. Und diese Beziehung, deren Ausdruck die Wassermann-Reaktion bis heute geblieben ist, war nicht – nach der heutigen Auffassung

5 [Carl] Bruck, [*Handbuch der Serodiagnose der Syphilis, erweiterte und im Titel veränderte Auflage*] *Die Serodiagnose der Syphilis,* [Berlin] 1924, S. 1.

von Rationalität – vernünftig, weil die damalige Syphilis, d.h. die Syphilis des 16., 17. und 18. Jahrhunderts, zu der etwa auch die Gonorrhöe, Krätze, Skrofulose und der *Lupus vulgaris* gehörten, keine einheitliche Entsprechung im Blut besessen hat. Mit der nachfolgenden Veränderung des Syphilisbegriffs veränderte sich auch die allgemeine Auffassung vom Blut selbst wie auch die Auffassung von den »Veränderungen der Bluteigenschaften«, obwohl die starre Kopplung dieser Begriffe dennoch über Jahrhunderte erhalten geblieben ist. Und mehr noch: Sie ist zu einem Motor für die Veränderungen des Begriffs der ›Syphilis‹ und der ›Blutprobe‹ geworden. Jene Periode und insbesondere das 19. Jahrhundert können wir heute im Lichte jener hartnäckigen Bemühungen verstehen, die ein besonderes Problem lösen sollten: »Wie muß man den Syphilis-Begriff und den Blutprobe-Begriff umwandeln, um die Beziehung zwischen Syphilis und Blut veranschaulichen zu können?«[XXVII]

Die starre Koppelung der für sich betrachtet noch unklaren und instabilen Begriffe, aus der sich – nach einer Herauskristallisierung der fertigen Begriffe – schließlich der wissenschaftliche Gedanke entwickeln konnte, bezeichne ich als eine *Präidee*[XXVIII] *dieses Gedankens.* Dies ist in der Geschichte der Wissenschaft eine ziemlich verbreitete Erscheinung, die jedoch rationalistisch völlig unerklärbar ist. Wir hatten eine Präidee des heliozentrischen Weltsystems lange vor Kopernikus,[XXIX] die Präidee des Atoms lange vor Dalton,[XXX] die Präidee des chemischen Elements schon vor Lavoisier[XXXI] und die Präidee des Mikroorganismus bereits vor Leeuwenhoek[XXXII] etc.

Die Theorie des Erkennens übergeht die Präideen stillschweigend, als ob sie Arten eines *lusus naturae*[XXXIII] seien, wenn sie nicht noch schlimmer verfährt und diese als wundersame Volksintuitionen deutet. Dabei vergißt sie jedoch, daß diese wundersame Intuition einerseits die Existenz der luischen Veränderung des Blutes hätte *vorhersehen* können müssen, obgleich sie doch andererseits die Syphilis, aber auch das Blut selbst vollkommen falsch verstand. Eine solche Annahme ist daher ein offenkundiger Unsinn. Man kann die Existenz der Präideen zudem auch nicht so erklären, daß sich im Kreis der mehr oder weniger phantastischen und unklaren Ideen irgendwelche richtige finden ließen, die dort dauerhaft verblieben seien, während die falschen ganz verschwunden sind. Denn solche Ideen sind an sich weder richtig noch falsch, sondern vielmehr unklar. Sie stellen eher eine Denkrichtung als einen fertigen Gedanken, eher eine Aufgabe als eine Lösung dar. Sie sind jenes Ursprüngliche in der Entwicklung von wissenschaftlichen Thesen, das, was die Richtung dieser Entwicklung vorgibt. Bei entsprechend starkem gesellschaftlichen Druck, der aus einer spezifischen Stimmung der Gesellschaft resultiert, wie wir es für den Syphilis-Begriff oben beschrieben haben, muß früher oder später dann eine klare und fertige wissenschaftliche Anschauung erzeugt werden. In allgemeiner Form kann man dies folgendermaßen darstellen: Es gab zunächst ein besonderes gesellschaftliches Interesse an Krankheiten, die als venerisch galten, welches aus einer besonderen Einstellung zum Geschlechtsakt hervorging. *Dank historischer und gefühlsbeladener Momente hat dieses Interesse das Problem der venerischen Krankheiten an das genauso tief und stark haftende Symbol des Blutes gekoppelt; und diese Kopplung gab dann die Richtung der Erkenntnisentwicklung auf diesem Gebiet vor.* Die Stimmung lieferte somit die Triebkraft, und die Präidee wies die Richtung an: Als Ergebnis konnten hieraus dann die WASSERMANN-Reaktion sowie die späteren serodiagnostischen Reaktionen entstehen, und wenn wir heute zurückblicken, dann erliegen wir einer Täuschung, nämlich daß das Ergebnis, das wir erreichten, mit dem Ziel, das wir verfolgten, identisch sei, d. h., daß wir jene *alteratio sanguinis luetica*, die man jahrhundertelang gesucht hat, gefunden hätten. Doch dies ist deshalb nur eine Täuschung, da die heutige Syphilis eine völlig andere Bedeutung hat als die Syphilis der vergangenen Jahrhunderte, und auch das Blut wird heute ganz anders als damals verstanden. Letztlich läßt sich diese Täuschung darauf zurückführen, daß wir die Gedanken der damaligen Menschen mit den heutigen Worten ganz und gar nicht wiedergeben können und den Unterschied der Denkstile verkennen.

In der [folgenden] detaillierten Darstellung der Präidee der Beziehung zwischen dem Blut und der Syphilis werde ich zahlreiche Zitate aus dem 16., 17. und 18. Jahrhundert, die von *sanguis melancholicus, sanguis corrumptus, sanguis malus, abunde fervens et crassus, sanguis commaculatus, immutatus, infectus* etc. handeln, fortlassen.[XXXIV] Ärzten wird es leicht gelingen, Analogien zu den noch lebendigen Volksansichten über das *unreine Blut* in der Syphilis zu finden. Im 19. Jahrhundert wird unsere Präidee schon konkreter, wenn wir beispielsweise – nachdem von den Autoren alle möglichen und unmöglichen Anzeichen der Syphilis aufgezählt worden sind – jenen Satz lesen: »*Dies alles ist mit Notwendigkeit auf die abgeänderte Chemie des Blutes zurückzuführen«*[6] oder: »*Das Blut Syphilitischer weicht unbedingt von dem Gesunder ab«*[XXXV].

Es fehlte nicht an empirischen Versuchen, die diese *alteratio sanguinis* tatsächlich nachweisen wollten. So fand GAUTHIER[XXXVI] z.B. heraus, daß luisches Blut weniger Wasser und Kochsalz enthält. Später versuchten dann andere die Unterschiede in der Anzahl von Blutkörperchen im Hämoglobin- oder im Eisengehalt (NEUMANN [und] KONRIED, REISS, STANKOV [und] SELIN, LIÈGEOIS, MALASSEZ, RILLE, OPPENHEIM, LÖWENBACH[XXXVII]) zu finden. MONOD, VERROTTI, SORRENTINO und JUSTUS[XXXVIII] fanden eine Resistenzverminderung der Blutkörperchen; RICORD, GRASSI und andere[XXXIX] eine erhöhte Eiweißmenge und andere eine abgewandelte Reaktion und einen veränderten Gefrierpunkt. In der Zeit der Immunologie wurden schließlich die Klumpungs- sowie die hämolytischen Reaktionen zwischen dem normalen und luischen Blut usw. aufgezeigt[7, XL] 1872 trat LOSTORFER[8, XLI] mit der Beobachtung spezieller mikroskopischer Inklusionen[XLII] im Blut der Luiker auf, und etwa im Jahre 1890 schreibt HERMANN hierüber, *daß eine Untersuchung des Luiker-Blutes mit allen möglichen chemischen und physikalischen Mitteln durchgeführt wurde, um das »Dogma des luischen Blutes«* zu beweisen. BIERKOWSKI[XLIII] schreibt über die sich immer mehr verbreitende Ansicht, daß Syphilis eine Beziehung mit dem veränderten Blut hat.

Dies alles fand aber zu derjenigen Zeit statt, als die Abgrenzung von Syphilis noch nicht wie heute vorgenommen werden konnte, da man – allgemein oder zumindest im hohen Grade – tuberkulöse und mykotische Erkrankungen sowie andere venerische Krankheiten zu ihr hinzugezählt hat. Bereits vor WASSERMANN[XLIV] gab es also einen *Schrei nach einer Blutprobe*[XLV] der durch das historische Zusammentreffen verschiedener Umstände ausgelöst worden ist. *Für keine andere Krankheitseinheit finden wir* [*historisch*] *eine vergleichbare Beziehung mit dem Blut.*

Der dabei immer lauter und immer präziser werdende Schrei der Gesellschaft fand schließlich durch die Vermittlung eines Laien –

6 [Wie FN 4] REICH, [*Über den Einfluss der Syphilis auf das Familienleben*], l.c. [deutsch zitiert in: EET, S. 20].

7 Nach BRUCK [WIE FN 5], l.c.

8 [Josef] HERMANN, *Es gibt keine konstitutionelle Syphilis* [*Ein Trostwort für die gesamte Menschheit*], Hagen 1890, [S. 32].

Althoff, der preußischer Ministerialdirektor war – bei Wassermann Gehör.[XLVI] Von ihm ermutigt, setzte Wassermann 1906 in seiner Arbeit zur Syphilis ein Instrument ein, welches er unmittelbar zur Hand hatte: Schon seit geraumer Zeit wurde von ihm die Komplementbindungsreaktion, die 1901 von Bordet und Gengou für die Identifizierung des Bauchtyphus, der Hirnhautentzündung und letztlich auch der Tuberkulose propagiert worden war, diagnostisch eingesetzt. Wichtig ist hierbei, daß Wassermanns Arbeiten über den Vorgang der Komplementbindung im Zusammenhang mit der Tuberkulose vollkommen identisch mit seinen ersten Arbeiten über die Syphilis aufgebaut gewesen sind. Mit Hilfe von Immunseren zeigte er die Existenz von Tuberkuloseantigen in dem Extrakt tuberkulöser Organe auf und umgekehrt: er stellte durch den Einsatz des Tuberkuloseantigens (Tuberkulin) die jeweilige Existenz von Antikörpern im Blut (Antituberkulose) fest. Von dieser Arbeit blieb jedoch nicht viel übrig, da viele andere Forscher, darunter auch Weil,[XLVII] die Versuche schlicht für fehlgeschlagen hielten.

Wenn ich jetzt zur detaillierten Beschreibung von Wassermanns schrittweisem Suchen nach der *alteratio sanguinis luetica* übergehe, so wird es hierbei mein Ziel sein, zu beweisen, daß: (1) *eine Gemeinschaft, ein bestimmtes Denkkollektiv* und nicht ein einzelnes Individuum der Autor dieser (wie auch der vorherigen) Zeitperiode gewesen ist. August Wassermann war – wie alle Individuen bei allen anderen erfolgreichen wissenschaftlichen Entdeckungen – nur eine Person, die dieses Kollektiv vertrat.[XLVIII] (2) Das aber, was dieses engere Kollektiv absichtlich angestrebt hatte, war jedoch völlig verschieden von dem, was es letztlich erreichte. (3) Die *Triebkraft* der Erkenntnis bildeten – auch hier – *nicht* irgendwelche *rationalen* Motive, sondern jene spezifische *soziale Stimmung*[XLIX] gegenüber der Syphilis, die ich oben beschrieben habe. Letztendlich triumphierte also genau diese Stimmung, nicht jedoch die bewußte Idee, die Wassermann und seine Mitarbeiter zuvor gehabt hatten. (4) Noch während man dabei war, die ersehnte Blutprobe zu verwirklichen und zu veranschaulichen, vollzog sich damit zugleich eine spezifische Entwicklung eines Denkstils, der den wissenschaftlichen Begriff und die wissenschaftliche Technik letztlich so bestimmte und veränderte, daß die ersten Versuche Wassermanns und seiner Mitarbeiter unverständlich und unreproduzierbar wurden. Und sogar diejenigen Personen, die selbst daran gearbeitet hatten, hörten schließlich auf, ihre ersten Arbeiten zu verstehen.

Die erste Arbeit über die Serodiagnostik der Syphilis kam am 10. Mai 1906 unter dem Titel »Eine serodiagnostische Reaktion bei Syphilis« heraus und wies WASSERMANN, NEISSER und BRUCK als Autoren aus.[L] NEISSER lieferte das klinische Material, und WASSERMANN arbeitete als Laborleiter zusammen mit seinem Assistenten BRUCK. Die Seren wurden von SIEBERT und die Extrakte von SCHUCHT, den Assistenten NEISSERS, beigesteuert, dessen Name bereits in der zweiten Arbeit unter allen Autoren aufgeführt wurde. Der Leitgedanke der Autoren war, eine spezifische Immunreaktion zu finden, und aus dem Inhalt der Arbeit geht hervor, daß sie zunächst die Absicht hatten, mit Hilfe der Komplementbindung[LI] die Existenz des luischen Antigens in den Organen und im Blut von Lueskranken nachzuweisen. *Erst in zweiter Linie* sollte die Existenz von Antikörpern im Blut bestätigt werden.[LII] Für die erste Kreuzreaktion benutzten die Autoren das Serum noch mit luischem Material von immunisierten Affen sowie ein Gewebeextrakt der untersuchten Personen, wobei sie besonders gerne dasjenige von deren defibriniertem Blut verwendeten. Die Ergebnisse hielten sie für zufriedenstellend, und diejenigen Fälle, die ihre Erwartung nicht erfüllt hatten, schrieben sie einem zu tiefen Titer des Affenserums zu.[LIII] Um bessere Bedingungen für die Züchtung sowie Immunisierung ihrer Affen zu erhalten, begaben sie sich in tropische Länder, da sie die Nachweisbemühungen der Antikörper im Krankenblut für weniger aussichtsreich hielten.

Es unterliegt also keinem Zweifel, daß das, was diese erste Arbeit beabsichtigt und öffentlich verkündet hat, sehr verschieden von der jetzt gebräuchlichen »WASSERMANN-Reaktion« gewesen ist: Heute sucht niemand mehr nach einem Antigen, sondern vielmehr nach einem Amboceptor.[LIV] Das Affenserum und die Extrakte aus dem defibrinierten Blut sind jetzt gänzlich verschwunden.

Die zweite Arbeit wurde von den vier erwähnten Forschern dann ebenfalls im Jahre 1906 und unter dem Titel »Weitere Mitteilungen über den Nachweis spezifisch-luetischer Substanzen durch Komplementverankerung«[LV] veröffentlicht. Auch hier zählen die Autoren an erster Stelle ihre Versuche, das Antigen zu entdecken, und erst an zweiter Stelle diejenigen des Nachweises von Antikörpern auf. Die Statistik jener Ergebnisse sah folgendermaßen aus: Von 76 untersuchten Extrakten aus luischen Organen ließ sich insgesamt bei 64 ein entsprechendes Antigen nachweisen, d.h., es gab in 84 Prozent günstige Ergebnisse. Ein Nachweis von Amboceptoren gelang hingegen nur in 49 Fällen aus allgemein 257 Versuchen, d.h., in diesem Fall konnten nur 19 Prozent günstige Ergebnisse gefunden werden. Es ist demzufolge kein Wunder, daß die Autoren dem ersten Ansatz ein viel größeres Gewicht beigelegt haben, und man muß außerdem noch hinzufügen, daß alle 14 Kontrollversuche mit den Extrakten von normalen Organen negative Befunde ergeben haben, insgesamt waren dies also 100 Prozent günstige Ergebnisse.[LVI] In diesen beiden Arbeiten zeigten die Autoren sich also vollkommen davon überzeugt, daß die erhaltenen Ergebnisse einer spezifischen serologischen Immunreaktion entsprechen, was übrigens bald die Untersuchungen von Bab[LVII] und Mühlens bestätigen konnten. Jene wiesen nach, daß die Verwendbarkeit der für die Extrakte verwendeten Organe in paralleler Form von der tatsächlichen Anzahl der in ihnen enthaltenen Spirochäten abhing.[LVIII] (Auch von dieser These blieb jedoch nichts übrig.) *Die ersten Erfahrungen Wassermanns sind völlig unreproduzierbar geworden*: Heute kann niemand mehr auch nur in 84 Prozent das luische Antigen in Wasserextrakten luischer Organe nachweisen oder mit den Extrakten nichtluischer Organe noch 100 Prozent negative Ergebnisse erzielen. Bereits 1921 waren diese Ergebnisse für die anderen Wissenschaftler absolut unverständlich geworden, wie aus der breiten Diskussion hervorgeht, die sich in der *Berliner Klinischen Wochenschrift* abgespielt hat,[LIX] und die Ergebnisse konnten nur als ein außergewöhnliches Zusammentreffen lokaler Umstände erklärt werden.

Die beiden ersten Arbeiten Wassermanns und seiner Mitarbeiter entsprechen damit gar nicht dem sagenhafen Bild, welches üblicherweise von diesen ersten Entdeckungen gezeichnet wird. Sie sind nicht nur nicht »*im Prinzip gut und vielversprechend, nur in Details noch unfertig*«, sondern sie sind vielmehr »*in ihren Prinzipien falsch, in ihren Versprechungen täuschend und in Details unverständlich*«. Dabei wurden sie aber zu einem Keim, aus dem sich nachfolgend eine wertvolle wissenschaftliche Methode entwickeln sollte!

Dank eines außergewöhnlich starken Interesses für das luische Blut wurden die zwei Arbeiten nach ihrer Veröffentlichung bereits sehr schnell von der wissenschaftlichen Gemeinschaft aufgenommen und gelangten hierdurch in den Gedankenumlauf. Die Reaktionen des wissenschaftlichen Kollektivs verliefen selbst aber in drei Richtungen: Vor allem verzichtete man auf die Suche nach einem Antigen, denn es hatte sich vorher gezeigt, daß die normalen Gewebe eine Komplementbindung mit dem luischen Blut eingehen. Zweitens verwendete man Alkohol- und Wasserextrakte von *normalen Organen* mit hervorragenden Ergebnissen für den Nachweis der scheinbar luischen Amboceptoren. Auf diese Weise brach WASSERMANNS Leitidee aber komplett zusammen, denn man konnte nun nicht mehr behaupten, daß in jener Reaktion die spezifische Immunreaktion, die WASSERMANN ja gesucht hatte, wirklich vorkommt. Die beiden Veränderungen der Blutproben vollzogen sich gleichzeitig und unabhängig in den anschließenden Arbeiten von vielen neuen Autoren, wobei die Literatur allein neun Namen nennt, die um die Siegespalme gekämpft hatten.[LX]

Die dritte Veränderung vollzog sich noch viel deutlicher als das Ergebnis einer Gemeinschaftsarbeit und nicht nur als dasjenige eines Individuums. Sie ging aus einer subtilen quantitativen und qualitativen Anpassung aller ins Spiel kommenden Reagenzien hervor, jener technischen Reifung der WASSERMANN-Reaktion, die statt der anfänglichen 15-20 Prozent günstiger Ergebnisse vielmehr 70-90 Prozent solcher Ergebnisse in den späteren Statistiken ergab. Diese *Reifung* der WASSERMANN-Reaktion ging in erster Linie auf die jeweilige Ausbildung der Forscher und ihrer Gehilfen beziehungsweise auf deren gemeinschaftliche Vereinbarung [darüber] zurück, welchen Grad an Hämolysehemmung man letztlich als positives Ergebnis heranziehen sollte, welche Konzentration der Antigene und des Patientenserums als zulässig zu gelten hatte etc. Dazu gehört auch eine gemeinsame Vereinbarung hinsichtlich der sogenannten Vorversuche sowie der Titriermöglichkeiten, der benutzten Reagenzien und der Art und Weise, wie diese angefertigt und aufbewahrt worden sind etc. Im periodischen serologischen Schrifttum kann man den Verlauf der historischen Reifung der WASSERMANN-Reaktion tatsächlich genau und Schritt für Schritt verfolgen. So läßt sich etwa aufzeigen, daß bewußte Absichten von den einzelnen Autoren hier überhaupt keine entscheidende Rolle gespielt haben, daß sie [die historische Reifung] sich nämlich sowohl unter dem Einfluß der Intention eines Individuums als auch gegen sie vollzogen hatte. Die hieraus resultierenden Mißverständnisse haben dabei einen genauso schöpferischen Einfluß gehabt wie das geteilte Verständnis. Ebenso kann man zeigen, daß sich die entscheidenden Änderungen oft in einer gemeinschaftlichen Atmosphäre aller Autoren vollziehen und somit keiner allein als Autor gelten konnte. Es lief hier vielmehr ein verwickeltes Gruppenspiel ab, dessen Verlauf nicht die einfache Summe der individuellen Arbeiten gewesen ist, genauso wie ein Chorlied nicht allein als die Summe der einzelnen beteiligten Stimmen gelten kann. Statt dessen ereignete sich ein sozialer Prozeß, in dem soziale Mittel, wie Presse, Kongresse, Gesetzgebungen etc., zum Einsatz kamen.[LXI]

Dieser soziale und gemeinschaftliche Prozeß ist der Urheber der Wassermann-Reaktion, d. h. der eigentliche Entdecker einer Beziehung zwischen der Syphilis und dem Blut: Daß diese Reaktion in der Tat jene *alteratio sanguinis luetica* vor Augen führt und zu sehen erlaubt, verdanken wir nur ihm. Das, was früher existierte, ist nämlich genauso problematisch wie z.B. die serologischen Versuche Wassermanns auf dem Gebiet der Tuberkulose,[LXII] denen es an der nötigen sozialen Unterstützung gefehlt hat, um sich selbst weiterentwickeln zu können. So stellt die Tuberkulose [im Vergleich] keine Krankheit mit ethischer Färbung dar, da sie in der Geschichte nicht an das Symbol des Blutes gekoppelt worden war. Für jene Versuche Wassermanns gab es also kein vergleichbares soziales Interesse, wie es sich jedoch von Anfang an für die serologische Bestimmung der Syphilis eingestellt hatte. Es gab daher kein Ministerium, das die nötigen Mittel vergeben hätte, keine überzeugten Kliniker, keine begeisterten Assistenten, noch gab es Dutzende von Kritikern oder Hunderte von Forschern, die hier kontrollierten beziehungsweise die Untersuchungen beneideten.[LXIII] Kurz gesagt: Es gab keinen vergleichbaren sozialen Druck, der in der wissenschaftlichen Forschung ein Ventil gesucht hätte oder sich durch andere vernünftige Gründe hätte ersetzen lassen. Deswegen kann sich die Tuberkuloseforschung auch nicht annähernd solcher Resultate wie derjenigen der Wassermann-Reaktion oder des Salvarsans[LXIV] rühmen. Die gesellschaftliche Bedeutung der Wassermann-Reaktion spiegelt sich zudem in den Dutzenden von Modifikationen und Vereinfachungen der Blutproben, wie sie später von Sachs und Meinicke bis Sciar[r]a und Anthony entwickelt worden sind, oder auch den Gesetzgebungsbemühungen hinsichtlich der Durchführung der Wassermann-Reaktion, den ihr gewidmeten internationalen Kongressen oder der zahlreichen Literatur, wie sie anhand der von mir referierten Arbeiten durchaus auf zehntausend Einzelpositionen geschätzt werden kann.[LXV]

Als dann im Jahr 1921 eine breite, persönliche Diskussion über die Entstehung der WASSERMANN-Reaktion ausbrach, stellte sich heraus, daß die beteiligten Autoren – sogar diejenigen, die gemeinsam gearbeitet hatten – sich nicht darüber einigen konnten, wo diese eigentlich hergekommen war. WASSERMANN selbst war davon überzeugt, daß er von Anfang an beliebige und nicht spezifische spirochätozide Antikörper gesucht hatte. Daß er in erster Linie auf der Spur nach einem Antigen gewesen war, hatte er dabei ganz vergessen. BRUCK war der Meinung, daß nur durch einen glücklichen Zufall die WASSERMANN-Reaktion hatte entdeckt werden können[LXVI] und daß sie im Prinzip bereits in den ersten Arbeiten vollständig beschrieben gewesen war. Nach fünfzehn Jahren vollzog sich jedoch in WASSERMANNS Denken eine Identifizierung der Ergebnisse und der Absichten, während BRUCK seine eignen Ergebnisse mit der ursprünglichen Formulierung identifizierte: Beide also setzten ihre Ergebnisse mit ihrem jeweiligen eigenen Arbeitsanteil gleich. (Der erste Arbeitsplan stammte ja von WASSERMANN und die Redigierung des Artikels angeblich von BRUCK.)

Die Zickzacklinie der Entwicklung, deren jeweilige Windungen die Autoren sicherlich lebhaft mitgefühlt hatten, verwandelte sich in der Retrospektive jedoch zu einem geraden und zielbewußten Weg.[LXVII] Kein Wunder also, daß sie das Verständnis für ihre ersten Arbeiten verloren hatten, d. h., daß sie sich nicht wieder in ihre frühere Autoren-Position zurückversetzen konnten. Seit der Zeit der Entstehung dieser Arbeiten hatte sich bei ihnen – parallel zur Entwicklung der WASSERMANN-Reaktion – also eine wissenschaftliche Entwicklung vollzogen. Die Wissenschaftler hatten zwar Erfahrungen gesammelt, zugleich verloren sie dabei aber das Verständnis für ihre vorherigen Irrtümer. Nun wäre es ihnen selbst nicht mehr möglich, auf 76 syphilitischen Extrakten 64mal das Antigen nachzuweisen[LXVIII] und bei 14 richtigen Extrakten auch nur eine Bindung mit dem Antigen zu bekommen.

Auch die anderen Wissenschaftler konnten die Entstehung der WASSERMANN-Reaktion nicht mehr verstehen. Sie sahen sie als das Ergebnis eines glücklichen Zufalls oder einer genialen Intuition.[LXIX] Dies war aber kein Wunder, da sie nach einer Lösung dieses Rätsels auf dem *rationalistischen Wege* suchten, d. h., sie wollten in der Entwicklung des wissenschaftlichen Gedankens seine logische Entfaltung und den *Weg ihrer individuellen Geschichte* sehen und verkannten so vollkommen den gemeinschaftlichen Charakter ihrer wissenschaftlichen Entdeckung.

Wenn wir hieraus aber verstehen lernen, daß der Motor einer Entdeckung nicht der rationale Plan eines einzelnen Individuums, sondern vielmehr die Stimmung einer Denkgemeinschaft ist und daß die Entwicklung nicht von der Arbeitsrichtung des einzelnen Individuums, sondern vielmehr [von] der Gesamtheit aller Individuen abhängt, die das Kollektiv bilden, dann wird für uns die Entdeckung [der] *alteratio sanguinis luetica* wirklich erforschbar und verständlich.[LXX] Es ist Zufall, wenn ein Stein nach einem Wurf in ein Loch trifft, auf das man nicht gezielt hat. Notwendigkeit ist aber, daß sich Staub, der durch den Wind aufgewirbelt wird, in verschiedenen Mulden sammelt, da er sich so lange nicht wird setzen können, bis er sich in diesen Mulden vor dem Wind versteckt hat. Unser Problem, »wie aus zahlreichen Irrungen und Fehlern doch eine Wahrheit entsteht«,[LXXI] läßt sich mit einem Vergleich lösen: »Wie treffen alle Flüsse ins Meer, obwohl ihre ursprüngliche Richtung eine andere ist und ihre Wege zickzackförmig sind?«: *Es gibt kein Meer an sich, wir nennen nur diese tiefste Stelle, die einzige, wo sich die Wässer ansammeln können, das Meer.* Wenn es dann einen Wasserstandunterschied gibt, also ein Gravitationsfeld, und genug Wasser in den Flüssen vorhanden ist, dann müssen die Wässer endlich ins Meer treffen. *Wenn es eine richtunggebende gemeinschaftliche Stimmung sowie ausreichend viele mitarbeitende Individuen gibt, dann muß sich eine Wahrheit finden lassen.* Es kommt hierbei gar nicht auf die meist ziellose Richtung eines einzelnen Wassertropfens an, der von verschiedenen kleinen Hindernissen abprallt, kreiselt, zurückkehrt, Klebrigkeit annimmt, also irgendwo anhaftet oder verdampft etc., sondern nur einzig und allein auf die allgemeine Wirkung der Gravitation.

Die gerade kurz dargestellte Geschichte der WASSERMANN-Reaktion bezieht sich nur auf das konkrete Beispiel einer einzigen wissenschaftlichen Entdeckung. Man kann jedoch auch bei allen anderen Entdeckungen aufzeigen, daß der *eigentliche Autor nur ein Denkkollektiv* mit seiner spezifischen intellektuellen Stimmung und Entwicklung ist. Stets gleicht das Individuum jenem hin und her geschleuderten Wassertropfen, von dem die Richtung der Hauptströmung gar nicht abhängt. Diese Einsicht führt uns zu einer *kollektiven Erkenntnistheorie, die sich von einer klassischen, individualistischen* [*Erkenntnis-*

theorie] unterscheidet. Dieser Ausgangspunkt bietet uns die Möglichkeit, nun eine *positive Wissenschaft des Erkennens* zu entwickeln, die es erlaubt, eine Reihe von bislang vernachlässigten Phänomenen zu untersuchen, jene bisher eher als wunderlich angesehenen Beziehungen zu verstehen und eine neue Anschauung der Wirklichkeit zu gewinnen, die von der allgemein gültigen abweicht.[LXXII]

Drei grundsätzliche Phänomene zwingen uns dabei, das Erkennen und – allgemein gesagt – das Denken als eine soziale und gemeinschaftliche Handlung anzunehmen. Das erste ist die *Denkdifferenzierung einer Gesellschaft.*[LXXIII] Es gibt Menschen, die sich untereinander verständigen können, die gleich oder ähnlich denken, und Menschen, die sich auf keinen Fall verstehen. Die Naturforscher, Philologen, Theologen oder Kabbalisten können sich zwar innerhalb der eigenen Gruppen ausgezeichnet verständigen, doch die Verständigung eines Physikers mit einem Philologen ist schwierig, mit einem Theologen sehr schwierig, und mit einem Kabbalisten oder Mystiker ist sie gar unmöglich. Der Gegenstand des Gesprächs spielt dabei keine Rolle, denn sogar bei der gleichen Sache, z.B. angesichts einer Krankheit oder einer Himmelserscheinung, wird der Physiker den Biologen verstehen, sich aber nicht mit einem Theologen oder Gnostiker verständigen können. Sie werden deshalb aneinander vorbei und nicht zueinander sprechen, weil sie einer anderen Denkgemeinschaft angehören und einen ganz anderen Denkstil haben. Was für den einen offenkundig ist, ist für den anderen kompletter Unsinn. Aus dem gleichen Grund lassen sich die Denkstile früherer Jahrhunderte heute nicht verstehen: Alchemie, Renaissancestil und sogar das 18. Jahrhundert sind unserer wissenschaftlichen Gemeinschaft fremd.[LXXIV] Bereits nach einigen in einem Gespräch ausgetauschten oder in einem Buch gelesenen Sätzen stellt sich dabei entweder das Gefühl einer Denksolidarität ein, das die Zugehörigkeit zu einem identischen Denkkollektiv anzeigt, oder aber das Gefühl der Fremdheit, wonach sich die Divergenz der Kollektive weiter verstärkt.[LXXV]

Neben diesen mehr oder weniger festgelegten Kollektiven, die sich um bestimmte soziale Gebilde wie etwa gewisse Disziplinen, Berufe oder Religionen herum gruppieren, gibt es auch vorübergehende und zeitweilige Kollektive, die beispielsweise beim Gedankenwechsel innerhalb zufälliger Menschenmengen entstehen können. Jeder Mensch hat bestimmt einmal im Leben die Beobachtung gemacht, daß während eines lebhaften, absorbierenden Gesprächs in einer Gruppe von

Menschen nach gewisser Zeit ein besonderer Zustand entsteht, der die Teilnehmer dazu bringt, Gedanken zu äußern, die sie in einer anderen Gemeinschaft niemals äußern würden. Nach einer gewissen Zeit führt dies zu einer gemeinsamen Denkstimmung, wobei aus der gegenseitigen Verständigung, aber auch aus zufälligen Mißverständnissen heraus nun ein spezifisches Denkgebilde entsteht, dessen Autorschaft keiner Person, sondern nur jenem Kollektiv als Ganzem zugehört. Das Auftauchen einer neuen Person zerstört oder modifiziert bereits die Stimmung und ändert dadurch sofort jenes gemeinsame Denkgebilde. Eine sehr intensive gemeinsame Stimmung kann darüber hinaus sogar zu sogenannten Massensuggestionen und -halluzinationen führen.[LXXVI] In ähnlicher Weise führt die disziplinierte und gleichmäßige Stimmung in stabilen Kollektiven zu Weltanschauungen.

Die Existenz von solchen Denkgruppen – also der Denkkollektive – ist das erste grundsätzliche Phänomen. Das zweite ist die *Tatsache, daß der Gedanken-Kreislauf nie ohne Transformation stattfinden kann.* Wenn ich an etwas denke, dann wird dieser Gedanke immer von einem Vorbehalt, einem Gegensatz, einer Abweichung oder gar dem ganzen Erlebniskomplex begleitet. Wenn ich einen Gedanken äußere, so verlasse ich jene gleichklingenden Töne und entscheide mich, eine gewählte Richtung zuungunsten einer anderen zu betonen; *ich schaffe erst einen bestimmten Gedanken, indem ich mich an das Kollektiv, zu dem ich spreche, anpasse.* Allein schon der Aufbau einer Rede, die Gewohnheiten oder allgemein gültige Normen und auch der Wille selbst zwingen mich dazu, verständlich zu werden. Das, was ich ausdrücke, ist immer anders als das, was ich denke. Das, was verstanden wird, ist ebenfalls immer verschieden von dem, was ich gesagt habe usw.[LXXVII] Es gibt jedoch spezielle Kräfte, die innerhalb von Denkkollektiven wirksam sind und die verursachen, daß jene Transformationen nicht chaotisch, sondern gerichtet verlaufen können. Diese Kräfte gehen aus der spezifischen sozialen Struktur der Kollektive hervor, die wir unten näher beschreiben werden. Wenn sie nicht existieren würden, dann wäre die Entstehung und Stabilisierung von Anschauungen, Systemen oder Wissenschaften gänzlich unmöglich. Statt einer Denk-Zusammenarbeit gäbe es dann nur noch die Kakophonie von diskrepanten, chaotischen oder vorübergehenden Gedanken. Der soziale Faktor wirkt hier wie ein Ventil in eine Richtung, ohne das eine Verdichtung von Gedanken[LXXVIII] angesichts der Vielseitigkeit des individuellen Denkens nicht möglich wäre. Diese Verdichtung ist aber zur Erzeugung eines Effektes notwendig.

Das dritte grundsätzliche Phänomen liefern uns die *Erfahrungen der Pädagogik.* Die Einführung in ein beliebiges Gebiet der Erkenntnis muß eine Phase durchlaufen, während welcher ausschließlich eine autoritäre Gedankensuggestion stattfindet und die sich durch keine rationale Vorlesung ersetzen läßt. Das abgeschlossene System einer Disziplin, z.B. der Physik, ihr Aufbau aus letzten Grundprinzipien ist für einen Fachmann allein maßgeblich, doch dem Neuling vollkommen unverständlich.[LXXIX] Sogar das Sehen muß man lehren, indem man die Dispositionen zum Sehen bestimmter Eigenschaften und Phänomene schafft. Die Ärzte wissen, daß ein Hautarzt anders sieht als ein Internist und umgekehrt. Subtile Unterschiede von Hautveränderungen sind für einen Internisten, dessen Augen auf den allgemeinen *habitus* des Kranken geschult worden sind und dabei Etliches in ihm sehen, was für den Hautarzt unsichtbar ist, nicht wahrnehmbar. Ein solches Erzeugen der gerichteten Dispositionen und die Einübung in gewisse Gewohnheiten des Denkens ist im Prinzip mit den aus der Ethnologie bekannten Mysterien der Einweihung in die Welt des Denkkollektivs identisch, und es beweist, daß auch unsere aus einzelnen Individuen bestehenden Denkkollektive durch das Spezifische eines Denkstils abgeschlossen werden.

Die soziologischen, wissenschaftshistorischen, psychologischen und pädagogischen Tatsachen zwingen uns also, die soziale Natur des Erkenntnisprozesses anzuerkennen. Ich kann hier die Konsequenzen dieses Standpunkts zwar nicht im einzelnen entwickeln, doch möchte ich auf gewisse einfache, aber wichtige Phänomene aufmerksam machen: Denn alle Denkkollektive weisen ein gemeinsames Strukturmerkmal auf, weil sie einerseits aus Menschen bestehen, die ein unmittelbares Verhältnis zu den gegebenen Denkgebilden haben, und andererseits aus solchen, die sich auf diese Gebilde nur durch eine Vermittlung der ersten beziehen können. *Für jede Idee gibt es quasi einen esoterischen Kreis unmittelbarer Teilnehmer und einen größeren, exoterischen Kreis, der mit dieser Idee indirekt verbunden ist.*[LXXX] In der Wissenschaft haben wir Fachleute, die unmittelbar ein gegebenes Gebiet, wie etwa die Radioaktivität, untersuchen, und einen großen Kreis von Menschen, die ein gegebenes Wissen mehr oder weniger blind akzeptieren. In religiösen Kollektiven gibt es die Priester und eine Schar von Gläubigen. In der Philosophie, Mystik und Kunst, in Kollektiven des nationalen oder eines anderen Gedankens läßt sich immer ein esoterischer von einem exoterischen Kreis unterscheiden. Diese Struktur ist prinzipiell allen Kollektiven gemeinsam, und aus ihr leitet sich eine Regel ab, wie sich der Gedanken-Kreislauf innerhalb eines Kollektivs auf die Denkwerte der jeweiligen Teilnehmer dieses Kollektivs auswirkt.

Der exoterische Kreis ist mit der esoterischen Mitte durch spezifische gesellschaftliche Kräfte verbunden. Einerseits beruht diese Beziehung also auf dem Vertrauen der Laien zu den Eingeweihten, andererseits gibt es auch eine besondere Abhängigkeit der Fachleute von der öffentlichen Meinung wie auch dem sogenannten gesunden Menschenverstand. Der Effekt jener beiden Kräfte ist letztlich identisch: Aufgrund seines Vertrauens tendiert der Laie dazu, die Möglichkeiten des Fachmanns zu überschätzen und dessen Beschränkungen nicht zu sehen. Jedes Denkgebilde eines Fachmanns – ob das eine künstlerische oder religiöse Idee oder irgendein wissenschaftlicher Gedanke ist – wird also während seiner Wanderung zu den Laien an größerer Sicherheit, Rücksichtslosigkeit, Evidenz und Bedeutung gewinnen. Die Abhängigkeit von der naturgemäß konservativen Meinung der Öffentlichkeit veranlaßt den Fachmann seinerseits dazu, jede Neuheit an den geltenden Anschauungen auszurichten. Auf diese Weise stattet er sie automatisch mit gleichen Eigenschaften und größerer Sicherheit wie Bedeutung aus. *Jedes Wandern eines Gedankens innerhalb des Kollektivs potenziert und verstärkt es also ipso sociologico facto.*[LXXXI] Zusätzlich gefördert wird diese Wanderung durch das oben erwähnte allgemeine, intellektuelle Solidaritätsgefühl aller Mitglieder einer Denkgemeinschaft wie auch den Umstand, daß die Fachleute vorher Laien waren und somit jeder Fachmann den großen Teil seiner Allgemeinausbildung nun diesem fixierten, konservativen und exoterischen Wissen verdankt.

Betrachten wir den Prozeß nun an einem Beispiel aus unserem Gebiet: Ein *Serologe* untersucht eine Blutprobe und findet nach der zweiten Phase heraus, daß die Hämolyse der Blutkörperchen eines Widders nicht erfolgt war. Alle verordneten Kontrollen und Parallelversuche sind aber in Ordnung gewesen, doch den Prinzipien zufolge müßte die Untersuchung letztlich ein positives Resultat ergeben haben. Für den Serologen haben dieser Versuch und sein Ergebnis zwei Seiten: Zum einen sieht er ihn als eine Summe von soundso vielen und soundso vielen Elementen seiner eigenen Laborarbeit, von denen jedes irgendwie das Gesamtergebnis beeinflußt hat. Zum anderen sieht er die WASSERMANN-Reaktion als eine Ganzheit, als eine Begriffsgestalt, was durch seine allgemeine ärztliche und theoretische Laborausbildung möglich geworden ist. Er weiß, daß ihr Ergebnis mit dem Prozeß der Erkenntnis der Syphilis verbunden ist. Wenn er ein positives Ergebnis hervorbringt – und anders kann er nicht handeln –, betont er bereits die andere Seite, d. h., er trennt das Ergebnis von der Summe aller Handgriffe und Laborelemente ab und vereinigt es mit jener idiopathischen Gestalt, die »WASSERMANN-Reaktion« heißt, und mit der Syphilis. Ein *praktischer Arzt* aber, der ein Ergebnis bekommt, erfährt selbst schon nichts mehr von den Vorbehalten und Einschränkungen, die jedem Serologen sofort im Ohr klingeln, wenn er etwa solche Worte wie *»der Komplementbindungsversuch bewies die Hemmung der Hämolyse«* ausspricht oder hört. Für ihn ist das nur eine konventionelle, sakramentale Formel, und ihr einziger Inhalt besteht darin, auszudrücken, daß eine Verbindung mit Syphilis festgestellt worden ist. *Der Rest ist eine Frage des Vertrauens gegenüber dem Serologen.*[LXXXII]

Auf diese Weise führte bereits der erste Schritt – vom esoterischen zum exoterischen Kreis – im Rahmen der Aussage des Serologen zu *einer Verstärkung,* er verlieh ihr eine *größere Sicherheit, entfernte sie von der Gesamtsumme irgendwelcher Elemente und näherte sie dem Zustand einer getrennten Ganzheit an.* Der zweite Schritt – *vom Arzt-Praktiker zum Patienten-Laien* – wird das gleiche in noch höherem Maße umsetzen. Der Patient erfährt schlicht nur, daß sein Blut unrein ist, da er Syphilis hat. Es gibt keinen Zweifel daran, weil er ja nicht deswegen zum Arzt gekommen ist. Er erfährt nichts von der Überprüfung, nichts über die Ergebnisse der Untersuchungen, sondern nur, daß er Syphilis hat: *eine konkrete, greifbare Krankheitsgestalt. Der Rest ist eine Frage des Vertrauens gegenüber dem Arzt.* Kurz gesagt: *das Vertrauen der exoterischen Kreise zum esoterischen Zentrum sowie die Abhängigkeit dieses Zentrums von der exoterischen Meinung vereinfachen und verstärken den innerhalb des Kollektivs kreisenden Gedanken, ja sie verleihen ihm erst eine spezifische Gestalt.* Daß die Bereitschaft zum Wahrnehmen solcher spezifischer Gestalten letztlich ein Hauptbestandteil dessen ist, was wir als den Denkstil bezeichnet haben, ergibt sich daraus, wie ein Denkstil entsteht: nämlich durch das Kreisen der Gedanken innerhalb eines Kollektivs.

Wenn wir nun die wissenschaftliche Entdeckung beschreiben als das Wahrnehmen einer neuen Gestalt, einer neuen Ganzheit oder eines neuen Inhalts, immer dort, wo es bislang nur sinnloses Chaos gegeben hat,[LXXXIII] dann ist ihre Entstehung auf zwei Wegen möglich gewesen: entweder (1) *als ein Ausdruck im wissenschaftlichen Stil irgendeiner mehr oder weniger unklaren Präidee, die spontan entstand,* oder (2) *auf dem Weg der beschriebenen Verdichtung irgendeines Gedankens aufgrund seiner Wanderung innerhalb eines Kollektivs.*

I Ludwik Fleck, »Jak powstał odczyn Bordet-Wassermanna i jak wogóle powstaje odkrycie naukowe?«, in: *Polska Gazeta Lekarska* 13 (1934), S. 10f. und 181f. und S. 203-205, SMF, S. 96-112. Aus dem Polnischen von Sylwia Werner, Komm.: FWS und CZ.

II Zu dieser erkenntnistheoretischen Position im Werk Flecks siehe auch: EET, S. 31-39, sowie weiterführend für die Leitmotive und Grundannahmen einer epistemologischen Perspektive für das historiographische Arbeiten: Hans-Jörg Rheinberger, *Historische Epistemologie zur Einführung*, Hamburg 2007. In »Über die wissenschaftliche Beobachtung und die Wahrnehmung im allgemeinen« (hier S. 227) erklärt Fleck, daß er mit seiner soziologischen Erkenntnistheorie einen doppelten Ansatz verfolgt. Zum einen beschreibe er die über drei verschiedene Etappen sich vollziehende Evolution dessen, »was wir ›wirklich‹ nennen«. Doch dies sei »nur ein Weg, auf dem Erkenntnis entsteht. Der andere Weg, der auf der Entwicklung der Erkenntnis aus einer gewissen Art Kollektivvision beruht, ist nicht Gegenstand der Erörterung dieser Arbeit.« Die dazugehörige Fußnote verweist auf den vorliegenden Aufsatz.

III Die Bordet-Wassermann-Reaktion stellt einen Komplementbindungsprozeß dar, der für die Diagnosestellung der Syphiliserkrankung entwickelt wurde und auf der Basis von Blutseren bzw. des Gehirnrückenmarkswassers angewendet wird. Als Antigen verwendet man hierbei ein mit Alkohol versetztes Muskelextrakt, das aus Rinderherzen gewonnen wird, wobei die chemisch reaktive Substanz aus dem Lipid »Cardiolipin« besteht, das zunächst nichts mit der Syphiliserkrankung selbst zu tun hat. Dennoch reagiert es stark mit Antikörpern, die aus dem Blut von erkrankten Patienten gewonnen wurden, wobei der Reaktionsverlauf mit dem Infektionsgrad einhergeht und die Restitution der Syphiliserkrankung erst nach einem Verlauf von mehreren Jahren Reaktionsfreiheit möglich werden kann. Siehe hierzu auch Martin Mandelbaum, »Eine neue Verfeinerung der Wassermannschen Reaktion«, in: *Münchner medizinische Wochenschrift* 65 (1918), S. 294-300, und weiterführend: Ton van Helvoort, »Bacteriological and Physiological Research

Styles in the Early Controversy on the Nature of the Bacteriophage Phenomenon«, in: *Medical History* 36 (1992), S. 243-270, hier insbesondere S. 244-248.

IV Jules Bordet (1870-1961) war zwischen 1894 und 1901 am Institut Pasteur in Paris tätig, dann in Brüssel von 1907 bis 1935 als Professor für Bakteriologie, Parasitologie und Epidemiologie. Für seine Entdeckung des Keuchhustenerregers wurde Bordet 1919 mit dem Nobelpreis für Physiologie oder Medizin ausgezeichnet. Siehe: Ilse Jahn, Isolde Schmidt, »Bordet, Jules-Jean Baptiste Vincent«, in: *Gesch. Bio.*, S. 873.

V Octave Gengou (1875-1975) war fast über seine gesamte Karriere am Institut Pasteur in Paris tätig. Gemeinsam mit Bordet arbeitete er an der Entdeckung des Keuchhustenerregers (*Bordetella pertussis*) und züchtete ihn erstmals 1906 in Reinkultur an. Darüber hinaus betätigte er sich intensiv an der Entwicklung serumdiagnostischer Verfahren für vielfältige infektiöse Erkrankungen, wie etwa der Bordet-Wassermann-Reaktion zur Identifizierung der Syphilis. Vgl. Maurice Millet, »Gengou (Octave)«, in: *Biographie Nationale de Belgique* 39 (1976), S. 379-390.

VI Bolesław II., der Kühne, genannt der Großzügige (1042-1082), war in den Jahren 1076 bis 1079 König Polens. Seine Herrschaft ist in der Geschichte vor allem durch einen von vielen Legenden umrankten Konflikt mit dem Bischof von Krakau, Stanisław (ca. 1030-1079), bekannt. Vermutlich hatte der Krakauer Bischof die einflußreiche politische Opposition bei ihren Plänen unterstützt, den König zu stürzen und durch dessen Bruder, Władysław Herman (ca. 1043-1102), zu ersetzen. Für die Beteiligung an dieser Verschwörung und jene politische Ungehorsamkeit wurde der Bischof grausam vom König bestraft, der ihm die Hände und die Füße abhacken ließ und ihn so zum Märtyrer machte. Das brutale Vorgehen des Königs stärkte indes die Opposition, die schließlich Bolesław II. zur Flucht nach Ungarn zwang. Die genauen Umstände und Ursachen des Konflikts sind jedoch unbekannt und Anlaß unterschiedlicher Deutungen seitens polnischer Historiker geworden, die den Bischof teils als Verräter, teils als Helden dargestellt haben. Vgl. Rudolf Jaworski, Christian Lübke, Michael. G. Müller (Hg.), *Eine kleine Geschichte Polens,* Frankfurt/M. 2000, S. 61f.

VII Vgl. dazu: »Das Problem einer Theorie des Erkennens«, im vorliegenden Band.

VIII Vgl. EET, S. 131.

IX Ähnlich auch in EET, S. 71-108.

X ›*Framboesia Tropicana*‹ ist eine durch *Treponema pertenue* verursachte tropische Infektionserkrankung, die häufig in frühen Kindheitsjahren und unter mangelhaften Hygienebedingungen erworben wird. Sie ist in den feucht-warmen Gebieten Südamerikas, Afrikas und Asiens beheimatet, und die Übertragung geschieht insbesondere durch Kontakt mit den Primärläsionen etwa im Gesicht oder an den Extremitäten des Körpers. Vgl. *Pschyr.*, s.v. Frambösie, S. 539f.

XI Zu diesen verschiedenen sexuell übertragbaren Krankheiten siehe etwa: Christian Tauchnitz, »Allgemeine Bakteriologie«, in: *Mikrobio.*, S. 528-532.

XII Zum Wandel des Syphilisbegriffs in den letzten vierhundert Jahren siehe etwa die instruktive Studie von Claudia Stein, *Negotiating the French Pox in Early Modern Germany*, Aldershot 2009.

XIII Vgl. EET, S. 3.

XIV *Lues venera est morbus proteiformis* – lat. für: der mit dem Geschlechtsakt in Verbindung stehende »Wolf« (harter Schanker) ist eine Krankheit, die viele Formen annimmt. Siehe in: Ernst Gabler, *Lateinisch-deutsches Wörterbuch für Medicin und Naturwissenschaften*, Berlin 1857, S. 288, sowie auch: EET, S. 19.

XV Zum Einsatz der Quecksilbertherapie für die Behandlung der Syphilis aus einem empirischen Verständnis heraus siehe etwa Edward Henry Douty, *Quecksilber bei Syphilis. Seine Geschichte und Anwendung*, Davos 1900.

XVI In EET, S. 5: »gemütsbetont«.

XVII Der Begriff der Venerologie (Venus war die römische Göttin der Liebe) bezieht sich auf die wissenschaftliche Lehre von den venerischen, d. h. sexuell übertragbaren Krankheiten (engl. *sexually transmitted diseases* – STD), bei denen überdies gesundheitsamtliche Meldepflicht besteht.

XVIII Vgl. EET, S. 5.

XIX Siehe Martin Uhrmacher, *Leprosorien in Mittelalter und früher Neuzeit*, Köln 2000.

XX Vgl. EET, S. 5. und S. 102.

XXI Zur Frage der sozialen Deutungskategorien von Krankheiten und Seuchen, die immer auch ihren Niederschlag in der zeitgenössischen Kunst und Literatur gefunden haben, siehe etwa Dietrich von Engelhardt, *Medizin in der Literatur der Neuzeit*, Hürtgenwald 1991.

XXII Vgl. EET, S. 17-24.

XXIII Die antike Lehre von den Dyskrasien hatte eine langanhaltende Konjunktur noch bis ins 19. Jahrhundert hinein. Sie läßt sich etwa bis in die Lehre zur Tumorentstehung im Werk des Wiener Chirurgen und Pathologen Karl Freiherr von Rokitansky (1804-1878) nachweisen. Vgl. etwa in: Martin Müller, »Rokitanskys Krasenlehre«, in: *Sudhoffs Archiv für Geschichte der Medizin und der Naturwissenschaften* 23 (1930), S. 10-39.

XXIV Siehe etwa: Paul Richter, »Beiträge zur Geschichte der Pocken bei den Arabern«, in: *Archiv für Geschichte der Medizin* 5 (1912), S. 311-331.

XXV Zu den konzeptionellen Veränderungen des »Blutes« und der »Blutzirkulation«, die besonders mit den anatomischen und physiologischen Untersuchungen des englischen Mediziners William Harvey (1578-1657) auftraten, siehe die Studie von Thomas Fuchs, *Die Mechanisierung des Herzens*, Frankfurt/M. 1992.

XXVI Zitat auch in: EET, S. 19. Fleck gibt dort den Ort und das Datum der Erstausgabe von Brucks Buch als: Berlin 1909 an. Bruck (1879-1944) war Chefarzt am Krankenhaus von Altona in Hamburg, Mitglied der deutschen Reichsexpedition zur Erforschung der Syphilis auf Java und gemeinsam mit Wassermann und Neisser Begründer der Serodiagnostik der Syphilis gewesen. Durch das NS-Gesetz zur »Wiederherstellung des Berufsbeamtentums« wurde er gezwungen, 1935 seine ärztliche Position aufzugeben: Er nahm sich 1944 in einem Akt der Verzweiflung gemeinsam mit seiner Frau das Leben, um so der bevorstehenden Deportation in ein Konzentrationslager zu entgehen. Zu Brucks Arbeiten vgl. etwa: Ilana Löwy, »Testing for a Sexually Transmissible Disease, 1907-1970: The History of the Wassermann Reaction«, in: Virginia Berridge, Philip Strong (Hg.), *AIDS and Contemporary History*, Cambridge 1993, S. 74-92.

XXVII Vgl. EET, S. 128.

XXVIII Zu Flecks Verständnis von »Präideen« oder »Urideen« als Richtlinien der Entwicklung einer Erkenntnis vgl. EET, S. 35-39.

XXIX Nikolaus Kopernikus (1473-1543), im polnischen Thorn geboren, war Mathematiker, Astronom, Arzt und Domherr zu Frauenburg, wo er das revolutionäre, heute noch akzeptierte Weltbild unseres Sonnensystems entwickelte. Über die »kopernikanische Wende« im modernen astronomischen Weltbild siehe Margaret J. Osler, »The Canonical Imperative: Rethinking the Scientific Revolution«, in: Margaret J. Osler (Hg.), *Rethinking the Scientific Revolution*, Cambridge 2000, S. 3-24.

XXX John Dalton (1766-1844) war ein britischer Physiker und Chemiker. 1808 stellte er in seinem dreiteiligen Hauptwerk (*A New System of Chemical Philosophy*, London 1808) seine chemische Atomtheorie vor.

XXXI Der in Paris geborene Antoine Laurent de Lavoisier (1743-1794) war ein französischer Chemiker, der im Zentrum der »chemischen Revolution« des 18. Jahrhunderts stand. Lavoisier widmete sich zeit seines Lebens der Chemie und der Untersuchung der physischen wie physiologischen Phänomene mit Mitteln der modernen chemischen Analyse. Hatte er seine Karriere noch als Anhänger der verbreiteten Phlogiston-Theorie begonnen, realisierte er bald die inneren Widersprüche dieser Theorie und entwickelte selbst gasvolumetrische Verfahren, mit denen nun neue Erkenntnisse zur chemischen Gastheorie möglich wurden. Dabei gelang ihm der Nachweis des Sauerstoffs (als *air pur*), und Lavoisier beteiligte sich darüber hinaus an der Analyse des Wassers in seinen elementaren Anteilen. Hubert Laitko, »Lavoisier, Antoine Laurent de«, in: Dieter Hoffmann, Hubert Laitko, Staffan Müller-Wille (Hg.), *Lexikon der bedeutenden Naturwissenschaftler*, Heidelberg, Berlin 2003, S. 375-378.

XXXII Der Kaufmann Anton van Leeuwenhoek (1632-1723) aus dem holländischen Delft erarbeitete sich seine mikroskopischen Techniken allein in autodidaktischer Weise und fertigte die dafür nötigen Linsen persönlich an. 1674 gelang ihm so als einem der ersten Naturhistoriker, »Kleinstlebewesen« (Protozoen und Flagellaten) für das menschliche Auge sichtbar zu machen. Leeuwenhoek teilte diese Beobachtung in Briefen der *Royal Society* in Großbritannien mit, wofür er von der internationalen Forschungsgemeinschaft große Anerkennung bekam. Siehe Ilse Jahn, »Leeuwenhoek, Antoni [Antony] van«, in: *Gesch. Bio.*, S. 884. Vgl. auch die Kontroverse zwischen Fleck und Bilikiewicz.

XXXIII Der Begriff des *Lusus naturae* bezieht sich in der Naturforschung des Mittelalters und der frühen Neuzeit auf ein »Wunder der Natur« oder ein »Naturspiel«. Hierunter wurden Lebewesen oder Objekte verstanden, die sich nicht in die herkömmlichen Ordnungsschemata einfügen ließen, die aber dennoch einer teleologischen Entwicklungslinie folgen sollten. Die Natur, so wurde angenommen, habe sich als göttliche Gestalterin Ausnahmen von den starren Regeln der Ordnung erlaubt. Lorraine Daston, Katharine Park, *Wunder und die Ordnung der Natur 1150-1750*, Frankfurt/M. 2003, S. 301-354.

XXXIV Vgl. die dazu passenden Belege in EET, S. 18f.

XXXV Reich, *Über den Einfluss der Syphilis auf das Familienleben* (wie FN 6), l. c., auf deutsch zitiert in: EET, S. 20.

XXXVI Aubert P. Gauthier, *Observations pratiques sur le traitements des maladies syphilitiques par l'odure de Potassium*, Lyon 1845.

XXXVII Rudolf Otto Neumann, A[nton] Konried, »Eine Studie über die Veränderungen des Blutes in Folge des syphilitischen Processes«, in: *Wiener klinische Wochenschrift* 6 (1893), S. 340-345; Wilhelm Reiss, »Ueber die im Verlaufe der Syphilis vorkommenden Blutveränderungen im Bezug auf die Therapie«, in: *Archiv für Dermatologie und Syphilis* 32 (1895), S. 207-230; Eduard Stankov, »La valeur comparée des réactions de Bordet-Wassermann dans la séro-diagnostique de la syphilis«, in: *Annales des maladies vénériennes* 1 (1930), S. 956-960; Alexander Selin, »O siphiliticheskikh stradaniyakh nervnikh tsentrof«, in: *Voyenno-Meditsinskiy Zhurnal* 103 (1868), S. 136-211; Charles Liègeois, »Un cas d'adénopathic bronchique de nature syphilitique«, in: *Concours médicale de Paris* 5 (1993), S. 280-283; Louis Charles Malassez, *Travaux, 1867-1893*, Paris 1894; Hans Wolfgang Rille, *Ueber seltenere Lokalisationen des syphilitischen Primäraffektes am Stamme*, Zeulenroda 1927; Martin Oppenheim, »Bluntuntersuchungen bei recenter Syphilis unter dem Einflusse der Quecksilbertherapie, mit besonderer Berücksichtigung des Eisengehaltes«, in: *Verhandlungen der Gesellschaft deutscher Naturforscher und Ärzte* 73 (1902), S. 412-415; Gustav Löwenbach, Martin Oppenheim, »Blutuntersuchungen bei ulcerösen und gummösen Formen der Syphilis mit besonderer Berücksichtigung des Eisengehaltes«, in: *Deutsches Archiv für klinische Medizin* 75 (1902), S. 22-36.

XXXVIII Gustav Monod, »Syphilis of the Stomach«, in: *Proceedings of the Royal Society of Medicine* 15 (1922), S. 1-11; Gustavo Verrotti, »La siero-reazione Wassermann«, in: *La medicina practica* 7 (1922), S. 223-230; Ugo Sorrentino, »Sull'importanza della citoscopia cefalo rachidiana nei sifilitici«, in: *Lavori di Congresso di medicina internationale* 21 (1912), S. 268-272; Friedrich Justus, »The Test for Syphilis«, in: *Medical Press & Circulation* 67 (1899), S. 437-440.

XXXIX Philippe Ricord, *A Practical Treatise on Venereal Diseases; or, Critical and Experimental Researches on Inoculation, Applied to the Study of these Affections, with a Therapeutical Summary and Special Formulary*, Philadelphia [2]1889; Guido B. Grassi, »La cutireazione nella sifilide (la reazione alla luetina di Noguchi)«, in: *Medicina Italiana* 1 (1920), S. 15-17.

XL Vgl. EET, S. 22: »Agglutinabilität von Lues und Normalblut«.

XLI Vgl. den ganzen Passus in: EET, S. 21, dort wird hervorgehoben, daß Hermann diese Versuche kritisiert. Vgl. ebenda, S. 11.

XLII Laut EET, S. 21: »Syphiliskörperchen«.

XLIII Ludwik Józef Bierkowski, *Choroby syfilityczne, czyli weneryczne oraz sposoby ich leczenia* [*Syphilitische, also venerische Krankheiten und ihre Heilungsarten*], Krakau 1833.

XLIV Der im fränkischen Bamberg geborene August von Wassermann (1866-1925) studierte zwischen 1884 und 1889 Medizin an den Universitäten von Erlangen und Straßburg, bevor er 1891 Mitarbeiter von Robert Koch im Preußischen Institut für Infektionskrankheiten wurde. Im Jahre 1906 ernannte man ihn zum Leiter der Abteilung für experimentelle Therapie und Serumforschung, und er veröffentlichte im gleichen Jahr die grundlegenden Arbeiten, die zur Entwicklung der nach ihm benannten serodiagnostischen Methode für die Feststellung der Syphiliserkrankung geführt haben. Vgl. Frank Stahnisch, »Wassermann, August Paul von«, in: William F. Bynum, Helen Bynum (Hg.), *Dictionary of Medical Biography*, Bd. 6, Westport, London 2007, S. 1290f.

XLV Vgl. EET, S. 11 und S. 103.

XLVI Vgl. EET, S. 90. Zu dem immensen Einfluß, den der preußische Ministerialbeamte Friedrich Althoff (1839-1908) auf die allgemeine Universitäts- und Forschungslandschaft ausübte, was der Berliner Medizinhistoriker Rolf Winau (1937-2006) sogar als ein übergreifendes »System Althoff« beschrieb, siehe die Publikation des letzteren: Rolf Winau, *Medizin in Berlin*, Berlin 1987, S. 299-301.

XLVII Gemeint ist hier der Prager Hygieniker Edmund Weil (1880-1922). 1911 beschrieb er gemeinsam mit dem Wiener Neuropsychologen Viktor Kafka (1881-1955), der zu dieser Zeit ebenfalls an der Prager Psychiatrischen

Klinik tätig war, die bakteriologische Hämolysinreaktion, die später den Namen »Weil-Kafka-Reaktion« erhielt. Siehe auch: Hans Braun, »Edmund Weil«, in: *Klinische Wochenschrift* 31 (1922), S. 1583.

XLVIII Vgl. EET, S. 104: »doch *die eigentliche Autorschaft gebührt dem Kollektiv*«.

XLIX Vgl. EET, S. 104.

L Vgl. EET S. 92. Gemeint sind hier Maximilian Neisser und Carl Bruck. Siehe FN 5.

LI Vgl. EET, S. 92f.

LII Vgl. EET, S. 93.

LIII Vgl. EET, S. 112.

LIV Als Ambozeptor (lat. *ambo* für: beide und *capere* für: greifen oder fassen) wird ein bakteriologischer Antikörper bezeichnet, der in Verbindung mit Komplement kurzzeitig antigentragende Zellen permeabel werden läßt. Hierbei kann deren Innensubstanz austreten, was meist zum Absterben dieser Zellen führt.

LV In: *Zeitschrift für Hygiene und Infektionskrankheiten, Medizinische Mikrobiologie, Immunologie und Virologie* 55 (1906), S. 451-477. Vgl. EET, S. 93.

LVI Vgl. EET, S. 101.

LVII Bei Fleck falsch angegeben: als »Bas«.

LVIII Vgl. EET, S. 94: »[...] die eine Parallelität zwischen der Spirochätenzahl in den gebrauchten Lebern und der Wirksamkeit ihrer Extrakte beweisen sollten.«

LIX Vgl. EET, S. 99.

LX Vgl. EET, S. 97.

LXI Vgl. auch EET, S. 101-106.

LXII Zum Verständnis der Tuberkulose als »romantischer Krankheit« und zum Folgenden vgl. EET, S. 102f.

LXIII Vgl. EET, S. 103.

LXIV Salvarsan war als wichtiges neues Arzneimittel im Jahre 1909 in die medikamentöse Therapie der Syphilis eingeführt worden. Doch trotz der hier von Fleck angeführten Fortschritte in der Therapie blieb die Einführung des Salvarsans gefährlich für die Patienten, da die Arzneimittel nur unzureichend und meist nur im Tierversuch erprobt worden waren. Bis zu Beginn der Weimarer Republik gab es noch keine allgemeinen Richtlinien zur Erprobung und Zulassung von Arzneimitteln, und erst im Jahr 1921 hat der Reichsgesundheitsrat die ersten »Richtlinien für die Anwendung der Salvarsanpräparate« verabschiedet. Fernerhin war unklar, inwieweit die Salvarsantherapie überhaupt als eine Heilungsoption bei den problematischen Sekundär- und Tertiärstadien der Syphiliserkrankung verstanden werden konnte, da noch 1913 Hideyo Noguchi (1876-1928) am Rockefeller Institute in New

York Syphilisspirochäten im Gehirn gestorbener Paralytiker gefunden hatte. Zur Debatte um die Einführung des Salvarsans siehe etwa Henk van den Belt, *Spirochaetes, Serology and Salvarsan. Ludwik Fleck and the Construction of Medical Knowledge about Syphilis*, Wageningen 1997.

LXV Aus medizinhistoriographischer Perspektive vgl. etwa die einschlägige Arbeit von Lutz Sauerteig, *Krankheit, Sexualität, Gesellschaft. Geschlechtskrankheiten und Gesundheitspolitik in Deutschland im 19. und frühen 20. Jahrhundert*, Stuttgart 1999.

LXVI Vgl. EET, S. 98f.

LXVII Vgl. EET, S. 101.

LXVIII In EET, S. 101: »[...] auf ›69 Extrakte syphilitischen Gewebes 64mal das spezifische Antigen nachzuweisen‹ und dabei 14 Kontrolluntersuchungen ohne Ausnahme negativ zu bekommen.«

LXIX Vgl. EET, S. 101: »Folgender Sachverhalt, der als Paradigma vieler Entdeckungen [gilt], steht also fest: *Aus falschen Voraussetzungen und unreproduzierbaren ersten Versuchen ist nach vielen Irrungen und Umwegen eine wichtige Entdeckung entstanden.* Die Heroen der Handlung können uns nicht unterrichten, wie dies geschah: sie rationalisieren, idealisieren den Weg. Unter den Augenzeugen sprechen die einen vom glücklichen Zufall und die Gutgesinnten von genialer Intuition.«

LXX Vgl. EET, S. 104f.

LXXI Vgl. EET, S. 104: »Das Problem: wie entsteht aus falschen Voraussetzungen, aus unklaren ersten Versuchen, aus vielen Irrungen und Umwegen doch eine ›wahre‹ Erkenntnis?«

LXXII Vgl. dazu: »Zur Krise der ›Wirklichkeit‹«, in diesem Band.

LXXIII Zum Begriff der »Denkstildifferenzierung« vgl. EET, S. 51 und S. 142f.

LXXIV Vgl. dazu den 2. Abschnitt in: »Das Problem einer Theorie des Erkennens«, in diesem Band.

LXXV Zum Begriff der »Denksolidarität« vgl. EET, S. 140.

LXXVI Vgl. EET, S. 145, FN 7.

LXXVII Vgl. zur nach dem Vorbild der »stillen Post« beschriebenen Zirkulation von Gedanken: EET, S. 58.

LXXVIII »Verdichtung« ist ein Ausdruck des Wiener Philosophen Wilhelm Jerusalem (1854-1923), vgl. EET, S. 53, FN 21, und S. 64.

LXXIX Zum wissenschaftshistorischen Problem der Vermittlung etwa spezialisierten Expertenwissens durch das Moment der »Einführung« in Vorlesungen, Kursen, Textbüchern etc. siehe EET, S. 136f., oder auch: Barbara Wittmann, »Vom Tuch der Gespenster: Einführung«, in: Johannes Endres, Barbara Wittmann, Gerhard Wolf (Hg.), *Ikonologie des Zwischenraums: Der Schleier als Medium und Metapher*, Paderborn 2005, S. 185-191.

LXXX Zum Begriffspaar »esoterisch/exoterisch« vgl. EET, S. 138f. und

S. 150 sowie die 1936 entstandene Schrift, »Das Problem einer Theorie des Erkennens«, in diesem Band.

LXXXI Vgl. EET, S. 140.

LXXXII Vgl. zu diesem Problem Flecks im gleichen Jahr erschienene Schrift: »Zur Frage der labormedizinischen Analytik«, in diesem Band.

LXXXIII Zu Flecks Verhältnis zu den zeitgenössischen Gestaltheoretikern siehe seinen Aufsatz: »Über die wissenschaftliche Beobachtung und die Wahrnehmung im allgemeinen«, in diesem Band und die dortigen Anmerkungen. Vgl. auch Frank Stahnisch, »Disharmonien der Täuschung: Warum blieb Ludwik Flecks dynamische Erkenntnistheorie selbst so lange statisch?«, in: WTW, S. 111-132, hier S. 120f.

Über die wissenschaftliche Beobachtung und die Wahrnehmung im allgemeinen[I]

Bis vor kurzem herrschte unter den Naturwissenschaftlern uneingeschränkt die Überzeugung, die in dem Satz POINCARÉS ausgedrückt ist: »Wenn ein Forscher über unendlich viel Zeit verfügte, genügte es, ihm zu sagen: Schaue, aber schaue gut.«[II] Aus der Beschreibung seiner Beobachtungen aller Ereignisse sollte sich das ganze Wissen ergeben.

In einer solchen Meinung steckt eine Reihe heute bereits unmöglicher Voraussetzungen. Kann die Beobachtung wirklich nur »gut« oder »schlecht« (bzw. »besser« oder »schlechter«) sein, und führt jede »gute« Beobachtung zu denselben Ergebnissen? Hat es einen Sinn, von »den Beschreibungen aller Ereignisse« zu sprechen, als ob diese Beschreibungen grundsätzlich immer addierbar wären, als ob sie alle zusammen unbedingt eine irgendeinen gewissen Sinn darstellende Ganzheit ergäben? Hat der Ausdruck »alle Ereignisse« einen Sinn? Hat überhaupt der Begriff »das ganze Wissen«, »ein allgemeines Wissen« Sinn? Ist ein isolierter Forscher möglich, selbst wenn er über unendlich viel Zeit verfügte?

In diesen Fragen verlassen sich die Theoretiker hauptsächlich auf die Erfahrung des vorigen Jahrhunderts und dabei überwiegend auf die Erfahrung der Physiker. Das Problem der Beobachtung schien damals bedeutend einfacher, als es sich heute darstellt. Man urteilte z. B., daß die Beobachtung grundsätzlich keinen Einfluß auf den Zustand des beobachteten Gegenstands hat. Heute folgt aus der Quantentheorie, daß jede Beobachtung atomarer Phänomene Einfluß auf ihren Ablauf ausübt. Aber vollkommen zeigt sich die Verwicklung des Problems der Beobachtung erst in den biologischen Wissenschaften als den weniger deduktiven und weniger abstrakten.

Mein Beruf zwingt mich, täglich von einem bestimmten Standpunkt aus sehr einfache Dinge zu beobachten: Mikroskoppräparate. Wenn ich mir ein Mikroskoppräparat anschaue, z. B. Diphtheriekulturen,[III] dann, in der Umgangssprache gesagt, sehe ich allein eine gewisse Menge Striche von gewisser eigentümlicher Struktur (bzw. Färbung), gewisser Gestalt und gewisser Anordnung. Doch ich versuchte vergebens, diese drei Elemente des Bildes so zu beschreiben, um für den Laien mit Worten das Bild dieser charakteristischen Gestalt eindeutig wiederzugeben, wie sie ein geschulter Beobachter sieht, aber ein Laie anfangs einfach zu sehen außerstande ist. Nach kurzer Zeit jedoch erwerben fast alle Schüler die Fähigkeit, sie wahrzunehmen, und gelangen zu (zumindest in einem hohen Prozentsatz) übereinstimmenden Ergebnissen. Man muß also erst lernen, zu schauen, um das wahrnehmen zu können, was die Grundlage der gegebenen Disziplin bildet. Man muß eine gewisse Erfahrung, eine gewisse Geschicklichkeit erwerben, die sich nicht durch Wortformeln ersetzen lassen. Angesichts dessen ist ein vollständiger axiomatischer Aufbau des Wissens unmöglich, weil keinerlei Worte noch Sätze ausreichen, seinen ganzen Inhalt wiederzugeben. Ein solcher Aufbau ist nur dem Fachmann verständlich, für den Laien entspricht er dem gegebenen Wissenszweig nicht. Die Notwendigkeit, den Fachmann vom Laien zu unterscheiden, die Notwendigkeit einer gewissen Erfahrung und [die Notwendigkeit,] eine gewisse Geschicklichkeit zu erwerben, führen einen grundsätzlichen alogischen Faktor in das Wissen ein.

Noch krasser tritt die Notwendigkeit, spezifisch zu schulen, gewisse Gestalten wahrzunehmen, z.B. in der Dermatologie hervor. Ein Laie auf diesem Gebiet, der irgendwo anders sogar ausgezeichnet beobachtet, sagen wir dazu: ein Fachmann in der Bakteriologie, unterscheidet und erkennt Hautveränderungen nicht. Er hört – zumindest anfangs – den Beschreibungen der Dermatologen wie ausgedachten Märchen zu, obwohl der beschriebene Gegenstand vor ihm steht.

Es ist also notwendig, sich persönlich in der Wahrnehmung spezifischer Gestalten aus verschiedenen Wissensbereichen zu schulen, und man kann diese Gestalten nicht durch eine Beschreibung in den Ausdrücken irgendeiner allgemeinen Sprache eindeutig wiedergeben. Man kann also nicht allgemein über gutes und schlechtes Beobachten sprechen, sondern nur über mit einem bestimmten Wissenszweig übereinstimmendes und nicht mit ihm übereinstimmendes Beobachten.

Zu beobachten ist keine allgemeine Fähigkeit, sie umfaßt nicht alle Wissensgebiete zugleich. Im Gegenteil, sie beschränkt sich immer nur auf einen bestimmten Bereich. Ich habe einen ausgezeichneten Chirurgen gekannt, einen Spezialisten der Bauchhöhle, der mit einigen Blicken und einigen Berührungen des Bauches den Krankheitszustand eines Wurmfortsatzes fast unfehlbar erkannte, oft in Fällen, in denen andere Ärzte »nichts sahen«. Derselbe Spezialist konnte nie lernen, unter dem Mikroskop einen Strang Schleim von einem Hyalinzylinder[IV] zu unterscheiden. Auch habe ich einen Bakteriologen gekannt, einen Assistenten einer großen Universität, der sehr geringfügige krankhafte Veränderungen an geimpften Tieren bemerkte und unterschied, nicht aber ein Mäusemännchen von einem Weibchen zu unterscheiden vermochte.

Ein in einem gewissen Bereich nicht geschulter Beobachter ist nicht imstande, eine brauchbare Beschreibung zu geben. Im besten Fall gibt er eine ausgedehnte, viele Einzelheiten enthaltende Beschreibung, von denen die Mehrzahl unwesentlich oder überhaupt zufällig sein wird, gibt aber nicht die charakteristischen Züge an und unterstreicht nicht die hauptsächlichen Merkmale. Das Abbild seiner Beobachtung ist wie eine überbelichtete Photographie: überzeichnet, ohne Kontraste. Der Hintergrund ist nicht leer oder diskret zurücktretend, die Gestalt hebt sich nicht von ihm ab, tritt nicht hervor, kommt nicht aus dem Hintergrund »heraus«.

Ich gebe hier absichtlich Beispiele von Personen an, die sich beruflich damit beschäftigen zu beobachten, man könnte jedoch eine große Menge von Beispielen aus dem Alltagsleben anführen, in denen eine genau begrenzte Scharfsichtigkeit mit einer auf gewisse andere Phänomene beschränkten Blindheit verbunden ist. Schmucke Frauen[V] nehmen sehr feine Merkmale von Kleidungsstoffen wahr und sind gegenüber großen Phänomenen der Natur oder Technik oft blind. In solchen Fällen aus dem Alltagsleben spielen vor allem emotionale Faktoren eine Rolle, die sich aus der ganzen Psyche der gegebenen Person ergeben und eine gerichtete Bereitschaft zu gewissen Wahrnehmungen erzeugen. In der wissenschaftlichen Beobachtung gibt es die bestimmte Bereitschaft zu gewissen Beobachtungen ebenfalls, sie ist aber vor allem durch eine gewisse Schulung, durch eine gewisse wissenschaftliche Tradition hervorgerufen.

Man könnte urteilen, daß der hypothetische Forscher POINCARÉS, der über unendlich viel Zeit verfügt, ganz einfach ein Spezialist für alles wäre, ein Fachmann der Allwissenschaft, er nähme also die spezifischen Gestalten in allen Bereichen wahr. Aber das ist psychologischer Unsinn, denn wir wissen, daß das Entstehen der Fähigkeit, bestimmte Gestalten wahrzunehmen, vom Schwinden der Fähigkeit begleitet wird, bestimmte andere wahrzunehmen. Für einen Arzt, der einen Kranken untersucht, bleibt es oft einfach unsichtbar, daß er schmutzig ist. Diese spezifische Blindheit – mehr oder weniger beabsichtigt – ermöglicht erst die medizinische Beobachtung, indem sie verhindert, daß ein Ekelgefühl entsteht. Beim Lesen bemerken wir oft die Buchstaben nicht, denn uns beschäftigen Worte und Sätze. Beim Korrigieren eines Drucks sehen wir die Worte nicht, denn wir sind durch die Buchstaben absorbiert. Ein Arzt, beruflich geschult im Beobachten der stets veränderlichen und kapriziösen Formen der Pathologie, ist in der Regel ein schlechter Beobachter sich ständig wiederholender regelmäßiger Phänomene: Sie interessieren ihn nicht, er bemerkt sie nicht, er soll sie nicht bemerken, wenn er ein guter Pathologe sein will. Ein Naturwissenschaftler bemerkt in der Regel soziologische Phänomene nicht, manchen kann man sie überhaupt nicht zeigen. Vom absichtlichen Abstrahieren von gewissen Gestalten bis zur Unfähigkeit, sie wahrzunehmen, ist es also ein stetiger Übergang. Um irgendeine bestimmte Gestalt aus irgendeinem Gebiet zu sehen, muß man in der Lage der spezifischen Denkbereitschaft sein, die ebenso aus dem mehr oder weniger zwangsläufigen Abstrahieren von den Möglichkeiten anderer Gestalten besteht. Jeder Beobachter ist im Grundsatz in der Lage eines Menschen, der vor einer klecksographischen[VI] Figur steht: Man kann sich aus ihr verschiedene Gestalten zusammensetzen, man stellt aber (man sieht) ungewollt diejenigen zusammen, die der spezifischen Bereitschaft des Schauenden entsprechen. Gewisse Einzelheiten denken wir hinzu, von anderen abstrahieren wir, und erst so entsteht ein bestimmtes Bild.

Der lateinische große Buchstabe A kann mannigfaltige Gestalt haben.[VII] Um ihn erkennen zu können, muß man eine gewisse Erfahrung haben. Seine Schenkel können von gleicher oder verschiedener Länge sein, sie können mehr oder weniger geöffnet sein, sie können gerade oder krumm sein. Der Querstrich kann höher oder tiefer liegen, er kann gerade, länger oder kürzer sein, er kann aus zwei zueinander in einem Winkel liegenden Teilen bestehen oder eine krumme Linie sein. Die Schenkel können zwei parallele Geraden darstellen, oben durch eine Gerade oder einen Bogen verbunden, es können auch zwei nach oben hin auseinanderlaufende Geraden sein, aber durch einen Bogen oder eine Gerade verbunden. Mit einem Wort, man kann die mannigfaltigsten Modifikationen im Aufbau dieses Buchstabens durchführen, ohne daß er aufhört, der Buchstabe A zu sein. Es läßt sich nicht schildern, nach wie großen Modifikationen wir aufhören, den Buchstaben als solchen zu sehen, denn das hängt davon ab, wer schaut, und auch von der Umgebung, in der sich der

Buchstabe befindet: In einem Wort, aus entsprechend stilisierten anderen Buchstaben zusammengesetzt, erkennen wir ihn leichter, denn wir sind schon von vornherein darauf eingestellt, daß dies der Buchstabe ist und daß er stilisiert ist. Einen allein stehenden, selbst genau den gleichen, erkennen wir vielleicht nicht mehr. Um irgendeine Gestalt wahrzunehmen, ist also eine spezielle Bereitschaft notwendig, deren grundsätzliche Quote durch die gewöhnliche Erziehung gegeben ist; und in den Fällen, die von den gewöhnlichen abweichen, muß durch spezielle Umstände ein notwendiger Mehrbetrag hinzugefügt werden. Wichtig ist, daß diese Bereitschaft eigene Gesetze hat, die wir während der Wahrnehmung befolgen müssen: Der Buchstabe A z. B. kann seinen Querstrich in der Regel in unterschiedlicher Entfernung von der Basis haben, zwischen $^1/_3$ der Höhe des Buchstabens von unten und $^1/_3$ von oben. Wenn dieser Buchstabe jedoch aus zwei nach oben auseinanderlaufenden Geraden besteht, die oben durch eine Gerade oder einen Bogen verbunden sind, dann muß der Querstrich in der oberen Hälfte des Buchstabens liegen; sobald wir ihn in der unteren Hälfte unterbringen, erkennen wir das A nur mit Schwierigkeiten oder überhaupt nicht.

Selbst die einfachste Beobachtung, z. B. das Beobachten demonstrativer naturwissenschaftlicher Experimente in der Schule, verlangt eine gewisse geistige Bereitschaft, die sich übrigens durch einige Gesten und einige Sätze erzeugen läßt. Jeder Lehrer hat sich sicherlich vielfach davon überzeugt, daß Schüler auf die Frage »Was siehst du?« oftmals für ihn phantastische Beobachtungen beschreiben, bei denen sie das zu einer eigenen Gestalt verbinden, was der Lehrer als zufällig und unwesentlich erkennt, und gerade die wesentlichen, wichtigsten Elemente fortlassen. Ein großer Teil der Bildung eines Kindes beruht gerade darauf, das sehen zu lernen, was die Älteren sehen, und dabei parallel die wahrhaft kindliche, »polyvalente« Fähigkeit zu verlieren, phantastische Gestalten zu sehen. Wer weiß, wieviel zukünftiges Wissen, wie viele Beobachtungen, die das Wissen einmal anerkennt, in solchen Phantasien stecken? Gewisse entoptische Phänomene wie z. B. die *mouches volantes*[VIII] werden bedeutend häufiger von Kindern beobachtet und bei Kindern gekannt als bei Erwachsenen, und man muß annehmen, daß die Wissenschaft hier einmal ein Phänomen entdeckt hat, das die elementare Erziehung in der Regel zu verkennen lehrt.

Es könnte jemand einwenden, daß eine bestimmte Gestalt wahrzunehmen keine eigentlich wissenschaftliche Beobachtung ist, sondern höchstens psychologisches *malum necessarium* [notwendiges Übel]. Daß der Forscher nur die einfachsten Elemente des Bildes wahrnehmen sollte, die unmittelbar gegeben sind, aus denen sich die Gestalt automatisch zusammensetzt oder nachträglich als eine Hypothese gewisser Art geordnet wird, mehr oder weniger subjektiv gefärbt. Daß diese einfachsten Elemente für »normale« Menschen unzweifelhaft sind, sich restlos beschreiben lassen und daß es in ihren Beschreibungen keinen Platz für irgendeine spezifische, gefärbte, geistige Bereitschaft gibt.

Ich halte es für zwecklos und unnötig, sich grundsätzlich mit diesem »atomistischen« Standpunkt auseinanderzusetzen. Die Anhänger des unmittelbar elementar Gegebenen diskreditieren sich selbst, indem sie sich untereinander nicht darüber verständigen können, was eigentlich als jene unmittelbar gegebenen Elemente angesehen werden soll. Was ist das für ein unmittelbar *Gegebenes*, das man derart suchen muß? Und in welcher Weise ist es *unmittelbar* gegeben, wenn man einen solchen Wortstreit um es führen muß? Es genügt, in der Zeitschrift *Erkenntnis* Band II (S. 432) und Band III (S. 215)[IX] zu vergleichen, um sich davon zu überzeugen, wie sich CARNAP mit seinen Protokollen (Protokollsätzen) verwickelt hat, und die völlige Fruchtlosigkeit der ganzen Sache festzustellen. Sie führt notwendigerweise entweder zum Dogmatismus oder zum Relativismus und gibt in beiden Fällen keine neuen Forschungsmöglichkeiten. Meiner Meinung nach besitzt nur die Theorie einen Wert, die neue Forschungsfelder, neue Denkmöglichkeiten schafft, und nicht die, die zukünftigen Forschungen den Weg versperrt.

Trotzdem aber will ich am oben angegebenen Beispiel der Beobachtung eines Präparats von Diphtherieerregern konkret überlegen, ob es möglich ist, mit Hilfe der Ausdrücke einer allgemeinen Sprache eindeutig zu beschreiben, und wie die Wissenschaft in diesem Fall das Problem der Beobachtung und Beschreibung löst.

Das mikroskopische Bild eines Präparats einer Kultur von Diphtherieerregern, gefärbt z. B. nach GRAM,[X] ist für einen Laien von gewisser allgemeiner Ausbildung, als solcher mit dem Mikroskop vertraut, eine Sammlung dunkler Striche auf hellem Hintergrund. Er wird außerdem etwaige Fehler des Glases sehen, gewisse Punkte, nämlich Ausfällungen des Farbstoffs, irgendeine zufällig aus jenen Strichen gefügte Figur, z. B. eine zerklüftete Insel. Nicht möglich ist es, aus ihm eine Beschreibung herauszuholen, die der fachmännischen ähnlich wäre, ohne ihm suggerierende Fragen zu stellen (Sind die Striche in ihrer ganzen Länge gleich stark? Sind sie gerade? Färben sie sich homogen? Liegen sie parallel? usw.). Nicht möglich ist es auch, die sich ihm aufdrängenden Bilder (z.B. jenes Bild der Insel) ohne gewisse Suggestionen zu zerschlagen (z.B. vergleiche andere Stellen, achte nicht auf diese Einzelheit, denn sie ist zufällig, das ist ein Färbungsfehler usw.).

Je geringer die Bildung des beobachtenden Laien ist oder, besser gesagt, je entfernter sie von der Ausbildung eines Fachmanns unseres Gebiets ist, um so verschiedener ist das von ihm gesehene Bild von dem, was der Fachmann sieht, um so entfernter ist auch die Beschreibung. Jemand, der mit dem Mikroskop nicht vertraut ist, wird überhaupt kein Bild sehen, er wird nicht ins Okular schauen, nicht das Licht erfassen, nicht das Präparat einstellen. Der Suggestion der Form des Mikroskops unterworfen, sucht das Auge den Untersuchungsgegenstand auf dem Tisch, er richtet den Spiegel auf sich und schaut in ihn hinein. Wenn er weiß, daß man in das Okular schauen soll, sieht er die eigenen Wimpern, akkomodiert auf die Oberfläche des Okulars, blickt schräg und sieht die dunkle Innenwand des Tubus oder schließlich »einen hellen Kreis auf dunklem Hintergrund«.

Je näher die Bildung des beobachtenden Laien der Bildung des Fachmanns ist, desto näher ist auch das gesehene Bild. Doch sogar ein Botaniker, der sich mit allgemeiner Bakteriologie beschäftigt und aus der Literatur mit den Merkmalen der Diphtheriebazillen vertraut ist, wird diejenigen Merkmale des Präparats nicht sehen, auf die sich der Fachmann stützt, und wird sie nicht erkennen können, d. h., er wird keine Korrespondenz zwischen den ihm aus dem Buch bekannten Worten und den von ihm gesehenen Merkmalen des Bildes finden. Selbst die gründlichsten Beschreibungen können fehlende praktische Erfahrungen nicht ausgleichen.

Stellen wir also die Ergebnisse der Beobachtungen verschiedener Beobachter zusammen, erhalten wir eine ganze Skala: von dem mit dem offiziellen Wissen übereinstimmenden Bild, das vom Fachmann wahrgenommen wird, über verschiedene »Phantasien« bis zur Unmöglichkeit, überhaupt ein Bild wahrzunehmen. Welches von diesen Beobachtungsergebnissen ist dazu berechtigt, durch jene geforderte, eindeutige, allgemein gültige Beschreibung dargestellt zu werden?

(1) Man könnte meinen, jedes. Es muß jedoch festgestellt werden,

daß ein gewisser Teil dieser »Beobachtungsergebnisse« gerade überhaupt unausdrückbar ist. Der völlig unvertraute Laie erhält keinerlei Ergebnis, keinerlei faßbare Gestalt, denn er erlebt nur ein Chaos schillernder, jeden Augenblick wechselnder Empfindungen und Stimmungen, die in sich widersprüchlich sind und sich gegenseitig zunichte machen. Wenn wir sein Erlebnis unbedingt mit Worten wiedergeben wollten, entspräche ihm noch am besten die Losung: »Ich suche« oder »Ich habe ein Chaos«. Keine anderen Worte bilden sein Erlebnis ab.

Manche Resultate lassen sich konkreter ausdrücken. Aus dem Chaos taucht eine mehr oder weniger greifbare Gestalt auf. In gewissen Fällen ist das eine Gestalt, die völlig entfernt von der ist, die ein Fachmann sieht, die sogar im Verständnis des Fachmanns nichts Gemeinsames mit dem Präparat der Diphtherieerreger hat. Sie steht dagegen mit dem Beobachtungsergebnis im allgemeinen im Zusammenhang oder mit dem Gebrauch des Mikroskops im allgemeinen usw. Also geben auch diese »Beobachtungen« nicht jenes einfache Protokoll, aus dem auf dem Wege von Schlußfolgerungen Wissen über die Diphtherie entstehen könnte.

Andere Beobachtungsergebnisse nähern sich schließlich an das an, was der Fachmann für seinen Untersuchungsgegenstand hält, d. h. an das Präparat der Diphtherieerreger. Leider kann man nicht genau bestimmen, was zu einem Präparat von Diphtherieerregern gehört und was nicht mehr dazugehört (z. B. die Merkmale des Objektglases? Fleckchen ausgefällten Farbstoffes? Ein Rest des Nährbodens, auf dem die Bakterien gewachsen sind? Schatten zerfallener Bakterien?). Es kann also immer strittige Fragen darüber geben, was Merkmal des untersuchten Gegenstands ist und was nicht mehr. (Wenn wir nicht das Präparat des Erregers, sondern die Erreger selbst für den Gegenstand der Beobachtung nehmen, wird die Sache noch schwieriger: Niemand weiß heute, was für Formen und Zustände ein Erreger durchläuft; man kann also nie *in concreto* abgrenzen, was ein Erreger ist und was nicht.) Angesichts dessen müssen in der Bestimmung eines Beobachtungsgegenstandes immer Diskrepanzen auftreten. Sie werden geringer sein, wenn der Beobachter mehr Ausbildung und fachliche Erfahrung besitzt, nie jedoch verschwinden sie ganz. Die Beobachtungen aus dem Gebiet der Chlamydozoen[XI] oder Pettenkoferien,[XII] von manchen Forschern für Phantasien gehalten, ausgesponnen auf dem Hintergrund von Artefakten, beweisen, daß solche Diskrepanzen sogar unter Fachleuten auftreten.

Wir haben es also mit zwei miteinander verbundenen Schwierigkeiten zu tun: (1) die Notwendigkeit einer gewissen standardisierten Ausbildung und Einübung des Beobachters, ohne die von einem Beobachten des gegebenen Gegenstands keine Rede sein kann, und (2) die Unmöglichkeit der völligen Verständigung sogar unter den ausgebildeten Beobachtern über den Rahmen dieses Gegenstands.

Beide Schwierigkeiten verkennen die Theoretiker. In ihren Anschauungen ist implizit die Meinung enthalten, daß die »Fachmäßigkeit« oder zumindest die »Vorbereitung zur Beobachtung« Zustände seien, die erstens von der gewaltigen Mehrzahl der Menschen immer erreichbar sind, zweitens sich überhaupt genau bestimmen oder bezeichnen lassen oder sogar einen fast metaphysischen absoluten Wert haben. Was die zweite Schwierigkeit angeht: Zwar ist es den Wissenschaftlern fast allgemein bekannt, daß »überhaupt der Begriff der Beobachtung eine Willkür (enthält), indem er wesentlich darauf beruht, welche Gegenstände mit zu dem zu beobachtenden System gerechnet werden« (Bohr),[XIII] doch führt sie das meistens zum erkenntnistheoretischen Konventionalismus, weil sie meinen, daß jene »Willkür« vom Willen des Forschers abhänge, der sich in seiner Auswahl nach einem Ziel richtet, wodurch er eine stillschweigende »wissenschaftliche Vereinbarung« schafft. Der Forscher hat aber kein Bewußtsein der Auswahl, im Gegenteil, die Auswahl drängt sich ihm direkt und bindend auf, indem sie aus seiner Denkstimmung, aus dem Komplex seiner geistigen Bereitschaften, aus seinen Denkgewohnheiten hervorgeht – kurz gesagt: aus dem, was ich *Denkstil* nenne.

Der so gefaßte Denkstil ist das Ergebnis theoretischer und praktischer Ausbildung der gegebenen Person, und indem er vom Lehrer auf den Schüler übergeht, stellt er einen gewissen traditionellen Wert dar, der einer spezifischen geschichtlichen Entwicklung und spezifischen soziologischen Gesetzen unterliegt. Die beiden oben erwähnten Schwierigkeiten lassen sich auf die Frage des Denkstils zurückführen: Es ist anzunehmen, daß jeder der genannten Beobachter die Beobachtungen seinem Denkstil gemäß ausgeführt hat. Diese Stile sind mehr oder weniger verschieden, je verschiedener, desto entfernter sind die Beobachtungsergebnisse. Zwischen Fachleuten entsteht eine grundsätzliche Gemeinschaft des Denkstils, es bleiben nur geringfügige individuelle oder »richtungsmäßige« (von der »Schule« abhängige) Stilunterschiede. Wenn es eine völlige Identität und Unveränderlichkeit des Denkstils gäbe, würde jede Entdeckung, d. h. das

Wahrnehmen von etwas Neuem, unmöglich. Jede neue Beobachtung ist Experiment: Es geht darum, an die gegebenen Bedingungen mitten aus dem Vorrat der vorhandenen Gestalten (eventuell aus völlig anderen Bereichen) die passendste Kombination anzupassen. Die Vielfältigkeit dieser Vorräte ist also Notwendigkeit, und eine Gemeinschaft von Forschern läßt sich nicht durch einen, selbst einen über unendlich viel Zeit verfügenden Forscher ersetzen.

Nicht allein die Abgrenzung des Beobachtungsobjekts ist (bis zur völligen Verschiebung der Grenzen) durch den Denkstil des Beobachters bestimmt. Genauso hängen das Akzentuieren gewisser Elemente und das Degradieren anderer vom Denkstil ab. Man muß also sagen, daß zwei Beobachter, deren Denkstile weit genug voneinander entfernt sind, keine gemeinsamen Beobachtungsgegenstände haben, sondern jeder von ihnen im Grundsatz einen anderen Gegenstand beobachtet. Wenn es um die Protokolle ihrer Beobachtungen geht, kompliziert sich die Sache noch dadurch, daß sie andere Ausdrücke oder die gleichen Ausdrücke in anderer Bedeutung verwenden werden. Es kann also keine Rede davon sein, daß es möglich wäre, die Protokolle zwischen diesen Beobachtern im ganzen oder auch in irgendwelchen Teilen auszutauschen. Unmöglich ist es also, mit Hilfe der Ausdrücke einer allgemeinen Sprache ein Beobachtungsergebnis irgendwie eindeutig zu beschreiben.

(2) Man könnte meinen, daß keines dieser psychologisch bedingten Beobachtungsergebnisse unmittelbar berechtigt ist, dafür gewürdigt zu werden, Protokolle einer wissenschaftlichen Beobachtung zu liefern. Daß – wie wir oben erwähnt haben – ein Forscher durch kritische Analyse aus seinem Beobachtungsergebnis alle subjektiven oder zumindest persönlichen Elemente ausschließen sollte, um das zu erhalten, was wir eine wissenschaftliche Beobachtung nennen.

Ist aber diese kritische Analyse nicht ebenfalls psychologisch und geschichtlich bedingt? Vom Standpunkt der vergleichenden Theorie des Erkennens ist sie nichts anderes als die Stilisierung einer Beobachtung: Anfangs bewußt gemäß den traditionellen Rezepten ausgeführt, wird sie später zur Denkgewohnheit des Beobachters, bis der routinierte Forscher schließlich einfach nicht imstande ist, »unkritisch zu beobachten«. Trotzdem bewahrt dieser kritische Sinn zahlreiche individuelle Merkmale, und, mehr noch, er unterliegt der ständigen Evolution. Anders wäre es unmöglich, neue Einzelheiten im alten Material wahrzunehmen, was ja in der Wissenschaft ständig vorkommt. In den Grundelementen eines legitimierten Wissenschaftssystems sind Stilmerkmale gleich gegenwärtig wie in einer rohen Beobachtung.

Statt sich in eine allgemeine Analyse einer solchen kritischen, gereinigten, unpersönlich wissenschaftlichen Beobachtung einzulassen, betrachten wir an unserem Beispiel des Präparats von Diphtherieerregern, wie eine offizielle wissenschaftliche Beobachtung und eine ebensolche Beschreibung aussieht.

In dem bekannten und allgemein anerkannten Lehrbuch von LEHMANN/NEUMANN (*Bakteriologische Diagnostik*, 1927, II, S. 676)[XIV] lesen wir die folgende Beschreibung der Lagerung von Diphtheriebazillen:

> Die Lagerung ist sehr charakteristisch; neben dem großen Formenreichtum (s. o.) ist die Lagerung meist durchaus unregelmäßig (ungeordnet), so daß man sie schon mit chinesischen Schriftzeichen verglichen hat. Im Gegensatz dazu zeigt die Pseudodiphtherie in Form und Lagerung weit größere Gesetzmäßigkeit. Die Lagerung in Form ausgespreizter Finger oder einer römischen V, weiterhin das palisadenförmige Zusammenliegen ist mehr für Pseudodiphtherie charakteristisch, kommt aber gelegentlich auch bei echter Diphtherie vor.[XV]

Wenn diese Beschreibung ein Fachmann liest, ist er geneigt, seine Übereinstimmung auszudrücken: Er stimmt darin überein, daß die Lagerung der Diphtheriebazillen charakteristisch ist, d. h., daß sich das Erkennen dieser Bazillen zu einem großen Teil auf sie stützen kann, und daß die Lagerung ungeordnet ist, daß die Pseudodiphtherie häufiger eine geordnete Lagerung aufweist, palisadenförmig [ist] oder an ausgespreizte Finger erinnert.

Wenn diese Beschreibung ein sogenannter gebildeter Laie liest, muß er eine gewisse Verwunderung verspüren: Er liest ja, daß die Lagerung charakteristisch ist, und gleich darauf, daß es in ihr keinerlei Regel gibt. Kann denn eine chaotisch ungeordnete Lagerung charakteristisch sein?

Nun, die Sache ist die, daß in diesem Falle »charakteristisch« bedeutet: »spezifisch trotz allem Chaos und einen Unterschied in der Beziehung zu dem aufweisend, was praktisch unterschieden werden muß, d. h. zur Pseudodiphtherie«. Und dieser Unterschied beruht darauf, daß die Lagerung chaotischer ist in der Unterscheidung von der regelmäßigeren Lagerung der Pseudodiphtherie. Diese regelmäßigere Lagerung ist hingegen in den folgenden Sätzen der Beschreibung von LEHMANN/NEUMANN dargestellt. Hier fällt dem Laien erneut die unerwartete Wortfolge und jenes »mehr« auf, das dem letzten Satz von LEHMANN/NEUMANN einen gewissen polemischen Ton verleiht. Man hätte zu erwarten gehabt, daß die zwei letzten Sätze der Beschreibung ungefähr so lauteten: »Im Gegensatz dazu zeigt Pseudodiphtherie in Form und Lagerung weit größere Gesetzmäßigkeit: man beobachtet die Lagerung in Form ausgespreizter Finger oder einer römischen V, weiterhin das palisadenförmige Zusammenliegen – obwohl freilich diese Lagerung auch bei echter Diphtherie vorkommt«[XVI]. Die zwei letzten Sätze bei LEHMANN/NEUMANN lauten so, als ob die Autoren eine entgegengesetzte Meinung bekämpften. Und in der Tat, sie polemisieren hier mit der Vergangenheit, auch mit der eigenen wissenschaftlichen Vergangenheit, darüber unten mehr.

In jedem Fall beruht die angeführte Beschreibung auf (1) der einfachen Feststellung der Spezifität des Bildes, (2) der Berücksichtigung des praktischen Erfordernisses des Forschers (die Diphtherie von der Pseudodiphtherie zu unterscheiden), nicht aber darauf, ein allgemeines Bild anzugeben, abgeleitet aus gewissen grundlegenden Elementen, die jedem Beobachter unmittelbar gegeben zu sein hätten. (3) Sie beruht darüber hinaus auf der Einnahme eines gewissen Standpunkts gegenüber der historischen Beschreibung aus einer vergangenen Epoche. (4) Sie verwendet gewisse Vergleiche (der Buchstabe V, ausgespreizte Finger, eine Palisade), die für den Laien unerwartet sind und ebenfalls der Geschichte der Wissenschaft über die Diphtherie entstammen, darüber unten mehr.

Kurz gesagt, diese Beschreibung geht nicht über den Rahmen des spezifischen Denkstils des Bakteriologen, seiner Erfordernisse, seiner geschichtlichen Evolution, seiner geschichtlichen Vergleiche hinaus. Ob man ihn anders zusammensetzen kann, werden wir später überlegen.

Im ebenso bekannten und fast ebenso geschätzten Lehrbuch von KOLLE und HETSCH (*Die experim[entelle] Bakteriologie*, 1919, II, S. 669)[XVII] lesen wir:

Recht charakteristisch ist die Lagerung der einzelnen Individuen in gefärbten Präparaten, mögen diese aus Reinkulturen oder direkt aus Diphtheriemembranen hergestellt sein. Die Bakterien lagern sich nämlich gern parallel nebeneinander, wodurch eine palisadenartige Anordnung zustande kommt. Bis zu einem gewissen Grade typisch ist ferner, daß die Diphtheriebazillen, wenn sie in Gruppen vereinigt sind, mit dem einen Endteile zusammenhängen, während sie am entgegengesetzten Ende divergieren. Es entsteht so das Bild gespreizter Finger.[XVIII]

Auch mit dieser Beschreibung stimmt ein Fachmann überein. Der Vergleich mit einer Palisade ist durch das Wort »gern« gemildert (also nicht »immer«, nur »gern«), mit den Fingern durch die Worte »bis zu einem gewissen Grade typisch« (also ebenso nicht »unbedingt«, nur »bis zu einem gewissen Grade«). Zwar ist die Beschreibung von LEHMANN/NEUMANN ohne Vergleich ausgereifter, aber auch diese ist nicht falsch.

Der Laie muß den Eindruck davontragen, daß diese Beschreibung zu der vorhergehenden im Widerspruch steht. Im Grunde ist ihnen nur gemeinsam, daß die Lagerung der Diphtheriebakterien als charakteristisch bestimmt wird, darüber hinaus scheint die Beschreibung von KOLLE/HETSCH der Beschreibung von LEHMANN/NEUMANN ganz entgegengesetzt zu sein: Die eine behauptet, die palisadenförmige und fingerartige Lagerung sei typisch, die andere – sie sei es gerade nicht.

Im Lehrbuch von KISSKALT/HARTMANN (*Praktikum der Bakteriologie und Protozoologie*, 1914, I, S. 43)[XIX] heißt es: »besonders charakteristisch ist ihre Lage: sie bilden meist einen Winkel miteinander, mehrere zusammen liegen wie gespreizte Finger«.[XX] Bei PRZESMYCKI (*Abriß der praktischen Bakteriologie*, 1927, S. 55):[XXI] »Die diphtherischen Bazillen [...] lagern sich gewöhnlich palisadenförmig oder erinnern auch an die ausgespreizten Finger einer Hand.« Bei [Bernhard] FISCHER (*Anleitung zu hygien. Untersuchungen*, 1912, S. 237)[XXII] heißt es über die Diphtheriebazillen: »Häufig winklig in V-Form, auch gekreuzt oder in unregelmäßigen Haufen gelagert.«[XXIII] Über die Bazillen oder Pseudodiphtherie: »meist kürzer und dicker als (jene), vorwiegend palisadenartig gelagert«.

Für jeden Laien sind diese Beschreibungen widersprüchlich, für einen Fachmann sind sie es nicht, denn er weiß, daß man sie *cum grano salis* nehmen muß: Jedes von ihnen bringt gewisse Bilder, die vorgefunden werden *können*, aber nicht überall vorgefunden werden *müssen*. Das Wichtigste, das Wesentlichste ist, daß die Lagerung *charakteristisch* ist, was alle deutlich oder undeutlich unterstreichen. Um dieses Charakteristische zu beschreiben, geben sie traditionelle, gewohnte Vergleiche an, die sich ebensogut eignen, wenn wir sie dazu benutzen, die Ähnlichkeit zwischen ihnen und dem betrachteten

Bild hervorzuheben, wie auch dann, wenn wir sie dazu benutzen, die Unterschiede hervorzuheben. Die Lagerung der Diphtheriebazillen stellt eine spezifische Gestalt dar. Man muß lernen, sie zu sehen, dann ist sie *»spezifisch« und nichts mehr*, wie das spezifische Aussehen des Buchstabens A trotz aller Veränderlichkeit. Vorher, bevor man lernt, die Gestalt zu sehen, drängen sich verschiedene Vergleiche auf. Aber die Beziehung dieser Gestalt zu der verglichenen, anderswoher bekannten flimmert uns in den Augen: Einmal sehen wir die Ähnlichkeit, einmal den Unterschied. Genau so lernen wir eine neue Gestalt zu schaffen. Wenn wir sie schon kräftig erfassen, entfallen die Vergleiche oder haben nur einen didaktischen Wert, d. h. für den, der zu sehen lernt.

Es ist lehrreich, die Entwicklung von Beobachtung und Beschreibung in diesem Bereich zu betrachten. In der Ausgabe ihres Lehrbuchs aus dem Jahre 1920 schreiben LEHMANN/NEUMANN (II, S. 554).[XXIV] »Charakteristisch ist die Lagerung übereinander wie ausgespreizte Finger. Auch palisadenförmig oder wie eine römische V zusammenliegend. Die letzteren beiden Merkmale treffen auch besonders für Pseudodiphtherie zu.«[XXV] Die Autoren führten damals den Vergleich mit einer Palisade und dem Buchstaben V in einem bedeutend positiveren Sinne als sieben Jahre später an. Das Wort »charakteristisch« wiederholt sich, aber seine Explikation ist eine andere, scheint fast entgegengesetzt.

In der Ausgabe aus dem Jahre 1899 (II, S. 371)[XXVI] heißt es:

Die kurzen Formen sind mehr parallel gelagert, die langen mehr gekreuzt, fingerförmig in Rosetten angeordnet und s[o] f[ort]. Nach KURTH wächst die Wahrscheinlichkeit, einen pathogenen Stamm vor sich zu haben, wenn es gelingt festzustellen, daß in Klatschpräparaten junger Kulturen, (6 St. bei 35 °C) auf LÖFFLER-Serum gezüchtet, mindestens eine Anzahl langer Formen (7mal so lang als breit) oder fünfer (V-)förmige Gebilde vorhanden sind. Weiter legt KURTH Wert darauf, die jungen Stäbchen gelagert zu sehen wie die Finger zweier übereinander gespreizter Hände.[XXVII]

Die mehr oder weniger gleichzeitige Beschreibung von MARX (*Diagnostik* etc., 1902, S. 129)[XXVIII] lautet: »... man erhält in Klatschpräparaten von 6stündigen Culturen Bacterienanordnungen, die M. NEISSER treffend mit Bildern vergleicht, die entstehen, wenn man die Hände mit ausgespreizten Fingern in allen möglichen Lagen übereinander legt. Später liegen sie vornehmlich nebeneinander, palisadenförmig.«[XXIX] BESSON (*Technique microbiologique*, 1898, S. 324):[XXX]

»Ces bacilles peuvent être disposés parallèlement les uns aux autres ou associés par deux bout à bout; souvent encore, ils sont unis par deux à angle plus ou moins aigu de manière a figurer un V ou un accent circonflexe.«

Die Beschreibungen werden überwiegend länger, sie enthalten zahlreiche Vergleiche, zitieren deren Autoren, geben ausführlich genau die Bedingungen an. Im Vergleich zu ihnen ist die Beschreibung von LEHMANN/NEUMANN aus dem Jahre 1927 sehr karg, insbesondere wenn wir den polemischen letzten Satz auslassen, der ja nur ältere Anschauungen berichtigt. Es ist so, als ob die Autoren mit der Zeit darauf resignierten, passende Vergleiche zu finden: 1927 schreiben sie bereits nur, daß die Lagerung ungeordnet, chaotisch, wie ein chinesisches Schriftzeichen ist – aber dennoch spezifisch, charakteristisch.[XXXI] In vielen neueren Lehrbüchern, z.B. in KOLLE/KRAUS/UHLENHUTHS *Handbuch der pathog. Mikroorganismen*, Band V, Teil 1, S. 460 (Aufsatz von GINS aus dem Jahre 1928),[XXXII] lesen wir Sätze, die der modernen Beschreibung von LEHMANN/NEUMANN sehr ähnlich sind: »Wenn das Charakteristische einer LÖFFLER-Reinkultur im Tuscheanstrich bezeichnet werden soll, so ist es meines Erachtens die Tatsache, daß kaum zwei kongruente Stäbchen nebeneinander liegend angetroffen werden.«[XXXIII] Im Lehrbuch von CALMETTE/BOUQUET/NÈGRE (*Manuel technique* etc., 1933)[XXXIV] geben die Autoren überhaupt keine Beschreibung der Lagerung von Diphtheriebazillen an, obwohl sie deren Charakterhaftigkeit mit Sicherheit nicht in Frage stellen. Sie resignieren auf eine Beschreibung, weil sie wissen, daß die Lagerung spezifisch, mit nichts zu vergleichen ist. Sie sehen eine Spezifität sofort unmittelbar ein, ein Vergleich ist nicht nötig und sogar schädlich.

Die Evolution der Beobachtungen von Diphtheriebazillen, die in der offiziellen Bakteriologengesellschaft (*Denkkollektiv*) stattgefunden hat, sieht also folgendermaßen aus:

Um 1900 herum, also 16 Jahre nach der Entdeckung des Erregers, sahen die Fachleute in der Lagerung dieser Bazillen eine Reihe anderswoher bekannter Bilder und Figuren; ausgespreizte Finger, die Finger zweier übereinander liegender Hände, den Buchstaben V, den *accent circonflexe*, Palisaden. Einmal schien das eine Bild das passendste zu sein, einmal ein anderes – man schob also einmal solche, ein anderes Mal andere Bilder auf den Müllhaufen der scheinbaren Diphtherie (Pseudodiphtherie) weg. Man bemühte sich, diese widersprüchlichen oszillierenden Gestalten, die sich abwechselnd dem Beobachter aufdrängten, irgendwie zu festigen. Man untersuchte die Bedingungen, sie zu gewinnen, und einigen Autoren schien es, daß sie sie beinahe festgestellt haben.

Später, um 1915-1920 herum, beginnen sich die Spezifitäten des Bildes der Lagerung der Diphtheriebazillen zu offenbaren. Sie unterstreichen, daß es charakteristisch ist, aber die Ähnlichkeit zu traditionellen Vergleichsbildern verwischt sich ihnen. Diese Vergleiche sind nicht mehr so ausführlich, es treten Vorbehalte und Einschränkungen auf.

Schließlich, nach 1925, sehen sie die spezifische Gestalt dieser Lagerung unmittelbar, sie wissen, daß es unmöglich ist, sie synthetisch zu beschreiben, daß die Analyse nur dazu führt, sie in ein ungeordnetes Chaos zu zerschlagen. Es entstand also bereits die spezifische Bereitschaft, eine bestimmte besondere Gestalt wahrzunehmen. Die Vergleiche haben nur noch historischen oder didaktischen Wert, denn neue Mitglieder des Kollektivs führt man (d.h., man erzeugt jene Bereitschaft) auf historischem Wege ein.

Gleichzeitig vollzog sich eine parallele Evolution der Begriffe: Was man als echte Diphtherie, was als scheinbare zu betrachten hat, wie auch, ob und welche Grenzen zwischen der echten und scheinbaren Diphtherie verlaufen. Diese Begriffsevolution bewirkt, daß die Bedeutung des Wortes »Diphtheriebazillus« und »Bazillus der scheinbaren Diphtherie« heute gerade eine andere ist, als sie es um 1900 war. Man kann also in der heutigen Sprache nicht die Sätze aus dieser Zeit verstehen; sogar die Autoren selbst haben die Möglichkeit verloren, ihre damaligen Äußerungen so zu verstehen, wie sie sie damals besaßen. Darauf beruht die Abhängigkeit der Anschauungen und Beobachtungen von der Epoche, und ohne diese Abhängigkeit ist eine Entwicklung des Erkennens nicht möglich.

Wo sind denn jene »kritischen Beobachtungen«, jene »allein guten Beobachtungen«, die für alle maßgebend, unveränderlich, für immer verpflichtend sind, aus denen wie aus Ziegelsteinen durch einfache Apposition die Wissenschaft zu wachsen hätte?

Es gibt eine Gemeinschaft von Menschen mit gemeinsamem Denkstil. Dieser Denkstil entwickelt sich und ist in jeder Etappe mit seiner Geschichte verbunden. Er schafft eine gewisse bestimmte Bereitschaft, er verleiht sie den Mitgliedern der Gemeinschaft auf soziologischen Wegen, und er diktiert, was und wie diese Mitglieder sehen.

Dieses Bild erscheint zuerst als Ergebnis einer Art Gedankenexperiment: Aus dem Vorrat traditioneller Bilder paßt man bestimmte Bilder und deren Kombinationen an, verwirft darauf einen Teil, stilisiert andere um, macht gewissermaßen einen Kampf mit den sich abwechselnd aufdrängenden Bildern durch – bis man schließlich eine neue Bereitschaft erzeugt, d. h. die Bereitschaft, eine neue, spezifische Gestalt zu sehen. Dieser verwickelte Weg ist gewöhnlich: Die sich auf die Soziologie des Denkens und die soziologische Geschichte der Wissenschaftsentwicklung stützende Theorie des Erkennens kann sie erforschen. Diese Wissenschaft, die verschiedene Denkstile vergleicht und den Kreislauf der Gedanken innerhalb der verschiedenen Denkstile untersucht, stellt fest, daß das Erkennen drei grundsätzliche Etappen durchläuft: Eine Entdeckung erscheint zuerst als ein schwaches Widerstandsaviso,[xxxv] das die sich im schöpferischen Chaos der Gedanken abwechselnden Denkoszillationen hemmt. Aus diesem Aviso entsteht auf dem Weg des sozialen, stilisierenden Kreisens der Gedanken ein beweisbarer, d. h. ein Gedanke, der sich im Stilsystem unterbringen läßt. Die weitere Entwicklung verändert ihn in einen – im Rahmen des Stils – selbstverständlichen Gedanken, in eine spezifische, unmittelbar erkennbare Gestalt, in einen »Gegenstand«, dem gegenüber sich die Mitglieder des Kollektivs wie gegenüber einer außerhalb existierenden, von ihnen unabhängigen Tatsache verhalten müssen. So sieht die Evolution dessen aus, was wir »wirklich« nennen. Das ist nur ein Weg, auf dem Erkenntnis entsteht. Der andere Weg, der auf der Entwicklung der Erkenntnis aus einer gewissen Art Kollektivvision beruht, ist nicht Gegenstand der Erörterung dieser Arbeit.[1]

Das Beispiel, das wir verwandten (die Beobachtung unter dem Mikroskop), scheint vielleicht allzu kompliziert und künstlich. Man kann ihm vorwerfen, daß dies kein Beispiel einer Beobachtung selbst ist, weil, um durch ein Mikroskop zu schauen, eine gewisse technische Fertigkeit nötig ist. Daß es auch einfache Beobachtungen gibt, einfach ein »Schauen und Sehen«. Eine allgemeine, abstrakte Erörterung über das Thema, ob es ein solches »einfaches Schauen« gibt, halte ich nicht für zweckmäßig; einen besseren Dienst leistet ein konkretes

1 Ludwik Fleck, »Jak powstał odczyn Bordet-Wassermanna i jak wogóle powstaje odkrycie naukowe?« [Wie entstand die Bordet-Wassermann-Reaktion, und wie entsteht eine wissenschaftliche Entdeckung im allgemeinen?], in: *Polska Gazeta Lekarska* 13 (1934) [S. 181f., 203-205; vgl. auch in diesem Band].

Beispiel, das zugleich unsere bisherige Betrachtung ergänzt, indem es nicht nur die Entwicklung des Schauens auf einem gewissen Gebiet angibt, sondern auch dessen Anfänge. Das Beispiel der Diphtheriebazillen in dieser Richtung zu erweitern, wäre für Nichtfachleute schwierig.

Im Mittelalter gab es eine spezifische, traditionelle Anatomie, die auf GALEN zurückging, aber durch eine lange Kette von Vermittlern verformt und auf in Text und Bild ärmliche, oft kindlich-primitive, durch Spekulation vervollständigte Schemata gebracht worden war. Gewöhnlich stellt man das Entstehen der neuzeitlichen Anatomie so dar: Die Anatomie GALENS behauptete sich über Hunderte von Jahren, weil der mittelalterliche Gelehrte nicht beobachtete und insbesondere keine Sektion vornahm. Mit dem Moment jedoch, in dem er »sich endgültig den Schlaf aus den Augen gerieben hat und nun darangeht, scharfen, naturoffenen Blickes die anatomische Form zu mustern und das Gesehene zu fixieren« (SUDHOFF, *Tradition und Naturbeobachtung*, 1907, S. 8),[XXXVI] mußte sie zusammenbrechen und die neuzeitliche Anatomie entstehen.

Ebendiese Legende ist verkehrt. Vor allem glaubte man GALEN nicht deshalb, weil man keine Beobachtungen machte, sondern man machte deshalb keine Beobachtung in der heutigen Bedeutung dieses Wortes, weil es dafür kein Erfordernis gab: GALEN – und das war ein vereinfachter GALEN – genügte den damaligen Gelehrten völlig.[2] Man kann jedoch nicht feststellen, daß der mittelalterliche Gelehrte überhaupt keinerlei positives Verhältnis zur Beobachtung gehabt hätte. Sicherlich, dieses Verhältnis war qualitativ und quantitativ anders als das heutige, aber es bestand. Wir lesen z. B. bei einem Autor eines illustrierten Manuskripts aus dem Jahre 1158,[XXXVII] also aus der Tiefe des Mittelalters, daß er nacheinander Venen, Nerven und Sehnen »ne forte erret inspector eorum, sed agnoscat ea ita ut videt«.[XXXVIII] Also wurde auch damals in Rechnung gezogen, den wahren Stand der Dinge zu besehen und [seiner] gewahr zu werden. Man rechnete auch mit dem »Trug der Sinne«, d. h., es gab ein kritisches Beobachten, nur war es anders als heute, denn Kritik ist Stilisieren, Abstimmen auf den Denkstil. Das damalige Schauen und Sehen war anders, aber es ist naiv zu meinen, daß der damalige Mensch schlief und erst in der Epoche der Renaissance den Schlaf von sich abschüt-

2 Ludwik FLECK, »Zur Krise der ›Wirklichkeit‹«, in: *Die Naturwissenschaften* 17, 23 (1929) [S. 425-430; vgl. auch in diesem Band.

telte. Technische Hindernisse, wie sie für Organe auftreten könnten, die erst die anatomische Sektion sichtbar gemacht hat, hat es z.B. im Bezug auf die Osteologie nicht gegeben: Das 16. Jahrhundert war in der Lage, Knochen in der Nähe von Friedhöfen zu finden und sie zu studieren, aber das Mittelalter hatte einfach kein intellektuelles Bedürfnis zu solchen Beobachtungen; wenn es also auf einen Knochen schaute, konnte es nur das sehen, was man auch ohne zu schauen in Büchern fand. Allgemein herrschte die Überzeugung, daß der Mann an der linken Seite eine Rippe weniger als an der rechten hat, denn das folgte aus der Bibel, und der damalige Mensch glaubte ganz einfach, d.h., er wollte und er konnte sich nicht davon überzeugen, daß dies nicht wahr ist. Und doch wäre es so einfach für uns: Wir Heutigen können ohne irgendwelche technischen Mittel an uns selber oder an anderen feststellen, daß die Zahl der Rippen auf beiden Seiten und bei beiden Geschlechtern die gleiche ist.

Bei BERENGAR (um 1520)[XXXIX] lesen wir in der Frage des alten Streits um den Ursprung der Venen: Nach ARISTOTELES kommen die Venen vom Herzen, nach GALEN von der Leber. »Dico tamen ... quod venae non oriuntur nec a corde nec ab hepate, nisi improprie et metaphorice, et dico eas ita metaphorice oriri magis ab hepate quam a corde, et in hoc magis teneo cum medicis: quam cum Ari ...«[XL] Es ist klar, daß alle heutige logische Diskussion und alles Demonstrieren *ad oculos* gegenüber BERENGAR machtlos wären: Wir kennen den Begriff des »metaphorischen und uneigentlichen Ursprungs der Venen« nicht. Wir kennen nur den morphologischen, phylogenetischen oder den ontologischen »Ursprung« der Venen. Für uns ist der Organismus keine Sammlung solcher Metaphern und Symbole – obwohl wir keinen logischen Grund angeben können, dessentwegen wir den Denkstil gewechselt haben. BERENGAR hätte nicht nur die heute bekannten Beziehungen nicht selbst sehen können, man könnte sie ihm nicht einmal zeigen: Was für uns wichtig ist, ist für ihn unwesentlich, unverständlich, fremd, wie umgekehrt für uns sein Denken fremd ist. Man kann etwas Neues und Abgeändertes nicht einfach und sofort sehen. Zuerst muß sich der ganze Denkstil verändern, muß die ganze intellektuelle Stimmung ins Wanken kommen, muß die Gewalt der gerichteten Denkbereitschaft aufhören. Es muß eine spezifische intellektuelle Unruhe und eine Wandlung der Stimmungen des Denkkollektivs entstehen, die erst die Möglichkeit und die Notwendigkeit dazu schafft, etwas Neues, Abgeändertes zu sehen.

Man kann zeigen, daß die Frage der Opposition gegen GALEN und die Tradition von den anatomischen Einzelheiten unabhängig war: Die einen verurteilen den Galenismus im Grundsatz, aber hatten im einzelnen nichts anderes zu sagen (BERENGAR), die anderen verteidigten ihn grundsätzlich und unbedingt, obwohl sie den Neuerern zugestanden, im einzelnen recht zu haben. Und es gab auch solche, die den merkwürdigen Standpunkt einnahmen, daß es besser ist, mit den Alten zu irren, als sich mit den Neuerern zur Wahrheit zu bekennen. Diese intellektuelle Unruhe in der Gesellschaft der Anatomen in dem der neuen Epoche vorangehenden Zeitabschnitt spiegelt sich in den Individuen wider: dem voller Widersprüche steckenden, fortwährend zurückweichenden, durch seine eigenen Entdeckungen entsetzten Vorläufer VESALS. BERENGAR veranschaulicht das hervorragend. Wenn wir Arbeiten aus dieser Zeit lesen, scheint es uns, daß die Autoren an einem spezifischen Schwindel litten, daß es ihnen vor den Augen flimmerte, daß sie die mittelalterliche Welt und den Weg zur neuen Welt abwechselnd sahen. Wenn es diese Zeit der Unruhe nicht gegeben hätte, so hätte VESALIUS nicht die Leute gefunden, die ihm zuhörten:[XLI] Es wäre nicht möglich gewesen, die Gesellschaft umzustimmen, d.h. eine abgeänderte intellektuelle Stimmung zu schaffen, die erlaubt, neue Gestalten zu sehen.

Auf diese Weise sind die Fragen der intellektuellen Stimmung erste Bedingung der Entdeckung. Es ist so, als ob zuerst eine Tendenz zur Veränderung auftrete, eine unbestimmte »Abgeändertheit« der Anschauungen, und erst danach kristallisierten sich diese »abgeänderten Einzelheiten«, die Entdeckungen und Beobachtungen heraus, die jene Abgeändertheit konkretisieren.

Was die Einzelheiten betrifft: Jede selbst sehr kleine Einzelheit bleibt mit den allgemeinen Anschauungen in Zusammenhang, und ihre Entdeckung ist von diesem Zusammenhang abhängig. Ähnlich wie die Anzahl der Rippen im Zusammenhang mit der religiösen Anschauung bei Männern anders als bei Frauen ausfiel, so waren auch später, zu Beginn der neuzeitlichen Anatomie, die neuen Beobachtungen in ihrem Inhalt und ihrem Erscheinen von gewissen mit ihnen zusammenhängenden Ideen oder Mythen abhängig. Das Entdecken der anatomischen Einzelheiten spielte sich nicht in mechanischer Reihenfolge ab, z.B. nach Körpergebieten, der Größe oder Deutlichkeit der Einzelheiten, sondern es entschied die Legende, die allgemeine Anschauung, die sich aufdrängende Zweckmäßigkeit usw. Auch der Inhalt der Beobachtungen, also *was* man an der gegebenen Stelle sah, hing vom herrschenden Denkstil ab: Jede neue Schicht von Entdeckungen hat ihre stilgemäße Begründung, alle Einzelheiten einer bestimmten Epoche haben einen bestimmten gemeinsamen Stil.

Entdeckungen werden von einer gewissen Verschiebung des Interesses begleitet, und mit dem Erscheinen irgendwelcher neuer Einzelheiten verschwinden häufig bestimmte frühere Einzelheiten. Noch in den Anatomien des 17. Jahrhunderts finden sich lange Kapitel, die sogenannte *ossa sesamoidea*[XLII] beschreiben und aufzählen, die man in den heutigen Lehrbüchern mit wenigen Sätzen abtut: Heute stehen sie gewissermaßen außerhalb des Knochensystems, weder ontogenetisch noch morphologisch noch physiologisch stellen sie viel Interessantes dar. Damals dagegen waren sie in Beziehung zu gewissen alten Mythen wichtig, die behaupteten, daß sich aus einem dieser Knöchelchen »sicut planta ex semine«[XLIII] der ganze Körper entwikkelt, um sich zum Jüngsten Gericht zu stellen. Im 16. und 17. Jahrhundert, als selbst der Name noch nicht als ein konventionelles Zeichen galt, sondern wie ein wesentliches Merkmal des Gegenstandes behandelt wurde, finden wir in den Beschreibungen anatomischer Einzelheiten lange etymologische und pseudoetymologische Betrachtungen des Namens. In einem bestimmten Lehrbuch der Anatomie aus der Mitte des 17. Jahrhunderts habe ich in einem Abschnitt über das Oberschenkelbein (*femur*) 135 Worte gezählt, die sich auf eine solche Etymologie des Wortes *femur* bezogen, und nur 31, die eine Beschreibung in der heutigen Bedeutung des Wortes gaben.[XLIV]

Es ist wichtig und läßt sich an alten anatomischen Abbildungen verfolgen, daß sich zuerst die allgemeine Gestalt des Organs zeigt, etwas in der Art seiner symbolischen Vorstellung, und erst bedeutend später die Wiedergabe der Elemente dieser Gestalt. So stellen die alten anatomischen Abbildungen dar: nicht *die Rippen* in bestimmter Anzahl und gewisser Form, sondern eine symbolische »*Geripptheit*«[XLV] auf beiden Seiten des Brustkorbs; nicht bestimmte *Schlingen* der Därme im Bauch, sondern zahlreiche schneckenförmige, sie *symbolisierende* Linien; nicht bestimmte *Ganglien des Hirns*, sondern eine gekräuselte »*Ganglienförmigkeit*« der ganzen Hirnoberfläche usw. Die Sektionen des Auges sehen wie die einer Zwiebel aus, weil sie nicht eine bestimmte Anzahl von Schichten in der Augapfelwand demonstrieren, sondern ihre »*Vielschichtigkeit*«. Dann entstehen aus den Symbolen einer gewissen Gestalt stufenweise Schemata, die grell gewisse Merkmale unterstreichen. Diese Abbildungen stellen ihren Gegenstand in spezifischer, *stilgemäßer Perspektive* dar, indem sie gerade die stilgemäßen Merkmale unterstreichen. Man kann zeigen, daß auch die heutigen Abbildungen diese Perspektive enthalten, daß es überhaupt unmöglich ist, ohne sie [etwas] darzustellen, und daß der Naturalismus jeder Epoche auf einem solchen Unterstreichen der Merkmale beruht, das mit dem Stil der gegebenen Epoche und der gegebenen Gesellschaft übereinstimmt, aber für seine Mitglieder unsichtbar ist.

Also spielt sich eine neue Beobachtung, d. h. eine Entdeckung, so ab, daß inmitten einer Epoche des Gleichgewichts eine gewisse intellektuelle Unruhe und Neigung zum Wechsel auftaucht: ein Chaos widersprüchlicher, einander abwechselnder Bilder. Das bis dahin feststehende Bild zerfällt in Kleckse, die sich zu verschiedenen, widersprüchlichen Gestalten formen. Aus anderen Gebieten, vorher abgetrennt oder vernachlässigt, schließen sich gewisse Motive an; historische, fast zufällige Zusammenhänge, verschiedene intellektuelle Überbleibsel und Relikte, häufig auch sogenannte Irrtümer und Mißverständnisse fügen von ihrer Seite andere Motive hinzu. In diesem schöpferischen Moment verkörpert sich in einem oder mehreren Forschern die geistige Vergangenheit und Gegenwart des gegebenen Denkkollektivs. Mit ihnen sind alle körperlichen und geistigen Väter, alle Freunde und Feinde. Jeder dieser Faktoren zieht zu seiner Seite, treibt voran oder bremst. Daher jenes schillernde Chaos. Von der Stimmungsspannung des Forschers hängt ab, ob ihm die neue Gestalt inmitten dieses Chaos als symbolische, grelle Vision erscheint oder auch als schwaches Aviso eines Widerstands, der die ungebundene, fast willkürliche Auswahl unter den sich abwechselnden Bildern bremst. In beiden Fällen muß man die neue Gestalt vor der Auflösung schützen: Man muß sie von dem absondern, was von nun an unwichtig, zufällig sein wird. Man muß ein gerichtetes Interesse schaffen, man muß feindliche Interessen zerstören. Man muß eine andere Denkbereitschaft schaffen und Menschen zu ihr erziehen. Wenn dies gelingt, werden alle, die an ihr teilnehmen, die neue Gestalt unmittelbar, direkt durch Augenschein sehen, wie wenn es eine vom Menschen unabhängige, einzige, ewige Wahrheit wäre. Erst die nächste Umstimmung erlaubt wahrzunehmen, daß sie stilgemäß bedingt und historisch determiniert zufällig war.

Wo ist denn jene reine, vorurteilsfreie Beobachtung? Die »gute«

Beobachtung, gültig ein für allemal und für alle, unabhängig von der Umgebung, ihrer Tradition und von der Epoche? Sie gibt es nirgends, weder in der Geschichte noch im gegenwärtigen Moment, unmöglich ist sie auch als Ideal, an das man sich durch Analyse oder Kritik annähern könnte, weil alles »Legitimieren« von Beobachtungsdaten genauso dem Denkstil unterliegt, was sich immer in den letzten Elementen des logischen Aufbaus einer Wissenschaft zeigen läßt.

Unmöglich ist ein wirklich isolierter Forscher, unmöglich ist eine ahistorische Entdeckung, unmöglich ist eine stillose Beobachtung. Ein isolierter Forscher ohne Vorurteile und ohne Tradition, ohne auf ihn wirkende Kräfte einer Denkgesellschaft und ohne Einfluß der Evolution dieser Gesellschaft wäre blind und gedankenlos. Das Denken ist eine kollektive Tätigkeit wie der Chorgesang oder das Gespräch. Es unterliegt spezifischen Veränderungen mit der Zeit; es zeigt die geschichtliche Kontinuität dieser Veränderungen auf. Sein Ergebnis ist ein gewisses Bild, sichtbar nur für den, der an dieser sozialen Tätigkeit teilnimmt, oder ein Gedanke, ebenso klar nur für die Mitglieder des Kollektivs. Was wir denken und wie wir sehen, hängt vom Denkkollektiv ab, dem wir angehören. Von uns gesehene Bilder besitzen neben einer genetischen, geschichtlichen Bedingtheit auch eine innere, stilgemäße Determination. Ein Beispiel einer solchen stilgemäßen Determination ist der oben angeführte Zusammenhang zwischen der Lage des Querstrichs im Buchstaben A und dem zwischen seinen Schenkeln gebildeten Winkel. In den Naturwissenschaften, die einen bestimmten Denkstil erfaßten und in ein System führten, nennen wir den stilgemäßen Determinismus die naturwissenschaftliche Wirklichkeit. Sie entwickelt sich parallel mit der Entwicklung des naturwissenschaftlichen Denkstils.

»Sehen« heißt: im entsprechenden Moment das Bild nachzubilden, das die Denkgemeinschaft geschaffen hat, der man angehört.

I Ludwik Fleck, »O obserwacji naukowej i postrzeganiu wogóle«, in: *Przegląd Filozoficzny* 38 (1935), S. 57-76; SMF, S. 113-132. Aus dem Polnischen von Bogusław Wolniewicz und Thomas Schnelle, durchgesehen von Sylwia Werner. Komm.: CZ.

II Eigentlich: »Schaue, und schaue richtig.« Aus: Henri Poincaré: *Wissenschaft und Methode*, übers. v. F. und L. Lindemann, Leipzig, Berlin 1914, S. 4.

Zitat auch in: »Zur Frage der Grundlagen der medizinischen Erkenntnis«, in diesem Band, S. 240.

III Mit der Geschichte der Beobachtung von Diphtheriebakterien befaßte sich Fleck bereits in: »Der moderne Begriff der Ansteckung und der ansteckenden Krankheit«, in diesem Band.

IV Hyaline Harnzylinder (Hyalinzylinder) sind glatte, durchsichtige, zylindrisch geformte Gebilde im Harnsedimenent, die vorwiegend aus Eiweiß bestehen.

V Schnelle/Wolniewicz: »Modepuppen« [poln. »strojnisie«]. Zur »Denkgemeinschaft der Modewelt« siehe EET, S. 141 f.

VI Der Ausdruck ›Klecksographie‹ wurde ursprünglich von Justinus Kerner (1786-1862) geprägt, der Blätter mit Tintenklecksen faltete und wieder entfaltete und das Resultat dann mit Gedichten versah. 1921 hatte Hermann Rorschach einen psychodiagnostischen Tintenkleckstest (Rorschach-Test) entwickelt, den er Formdeuteversuch nannte.

VII Vgl. dazu die Zeichnungen in »Schauen, Sehen, Wissen« [ET, S. 149 f.], in diesem Band, S. 393. Dort beruft sich Fleck sehr unbestimmt auf Lehren der »Psychologie« über das Gestaltsehen. Ebenso in EET, S. 121 ff. Bislang war nicht herauszufinden, woher genau seine Beispiele stammen. Schnelle vermutet, daß Fleck sich an die Grazer Schule der Gestaltpsychologie von Alexius Meinong und Christian von Ehrenfels anlehnt, da diese durch Twardowski in Lemberg präsent gewesen war. Siehe TSF, S. 152-158. Der einzige konkrete Hinweis jedoch, den Fleck gibt, findet sich in EET, S. 39, FN 4, wo er ein Sammelreferat von Wolfgang Metzger anführt, das Arbeiten zur Gestalttheorie in der Musikpsychologie Erich von Hornbostels vorstellt: Wolfgang Metzger, »Psychologische Mitteilungen«, in: *Die Naturwissenschaften* 45 (1929), S. 843-848. Hornbostel zählte zur Berliner Schule der Gestalttheorie um Max Wertheimer und Wolfgang Köhler. Manche ähnliche Formulierungen legen nahe, daß Fleck wahrscheinlich Köhlers Buch, *Die physischen Gestalten in Ruhe und im stationären Zustand*, Braunschweig 1920, konsultiert hat.

VIII *Mouches volantes* sind entoptische Erscheinungen (optische Erscheinungen also, die ihre Ursache innerhalb des Sehsystems haben), die durch Trübungen des Glaskörpers im Auge entstehen, sie erscheinen z. B. als schwarze Punkte (Mücken), Flusen, Fädchen oder Leuchtfunken. Ihre Wahrnehmung wurde mit dem Sehen durchs Mikroskop bereits früher verglichen, vgl. A. Bühler, »Beobachtung der Blutbewegung im Auge«, in: *Pflügers Archiv für die gesamte Physiologie der Menschen und Thiere* (1916), S. 150-156.

IX Rudolf Carnap, »Die physikalische Sprache als Universalsprache der Wissenschaft«, in: *Erkenntnis* 2 (1931), S. 432-465; ders., »Über Protokollsätze«, in: *Erkenntnis* 3 (1932), S. 215-228. Vgl. dazu EET, S. 121, FN 3: »Das System von Carnap (›Der logische Aufbau der Welt‹ [1928]) wird vielleicht der letzte ernste Versuch sein, aus ›Gegebenen‹, aus ›unmittelbaren Erlebnissen‹ als letzten Elementen die ›Welt‹ aufzubauen. Da Carnap bereits diesen Standpunkt selbst – etappenweise – verlassen hat (vgl. *Erkenntnis* 2, S. 432), erübrigt sich dessen Kritik. In bezug auf seinen Standpunkt, der den Absolutismus der Protokollsätze schon verwirft (vgl. *Erkenntnis* 3, S. 215), ist ihm noch eines zu wünschen: er möge die soziale Bedingtheit des Denkens endlich entdecken. Dann wird er vom Absolutismus der Denknormen frei werden, freilich aber auf die ›Einheitswissenschaft‹ verzichten müssen.«

Auch später, insbesondere in einem Diskussionsbeitrag, hält Fleck an seiner Kritik an den Protokollsätzen fest. Vgl. »Man kann keine Wissenschaft als ›ein Satzsystem‹ verstehen, denn jede von ihnen ist eine verschlungene kulturelle Erscheinung, die man von der historischen, soziologischen, psychologischen Seite etc. untersuchen soll. In jeder Wissenschaft verändern sich ständig Sätze und Begriffe, sowohl hinsichtlich des Inhalts als auch der Form. Man kann die Aussagenlogik von der Bezeichnungslogik nicht unterscheiden, denn die ganzen Sätze werden manchmal zu Bezeichnungen und die Bezeichnungen, unter bestimmten Umständen, zu Sätzen. Es existieren keine elementaren hinzufügbaren »Protokollsätze«, denn jede einfachste Beobachtung ist von der logischen Seite eine verschlungene Hypothese, angelehnt an viele Grundkonzeptionen und Konventionen, d. h., unter identischen physikalischen Bedingungen wären immer verschiedene Aussagen über ein Beobachtungsresultat möglich. Von der methodologischen Seite ist jede Beobachtung eine Funktion des Denkstils, d. h., sie ergibt sich aus der Geschichte und Soziologie eines Denkkollektivs«. (Ludwik Fleck, Diskussionsbeitrag zum Vortrag von Jerzy Łoś: ›O możliwości badań metasystemowych języka fizykalnego‹ [Über die Möglichkeit metasystemischer Untersuchungen der physikalischen Sprache], in: *Sprawozdanie z działalności Towarzystwa Filozoficznego i Psychologicznego w Lublinie w latach 1945-1947 oraz uzupełnienie za rok 1948*, Lublin 1948, S. 65. Übers.: SW).

X Das Gramsche Färbungsverfahren dient zur isolierten Färbung von Bakterien. Gram-positive Bakterien färben sich violett, gram-negative Bakterien rot. Vgl. EET, S. 150.

XI Chlamydozoen sind einzellige Organismen, zu denen auch die in Fleckfieber-Läusen vorkommende Protozoenart der Rickettsia Prowatzeki gehört.

XII Pettenkoferien sind nach dem deutschen Chemiker Max von Pettenkofer benannte veränderliche Strukturen oder Formen, die unter bestimmten Bedingungen in Bakterienkulturen zu beobachten und als protozoenähnliche Parasiten anzusehen seien. Theorien, die die als Pleomorphismus bezeichnete Vielgestaltigkeit der verschiedenen Bakterienformen annahmen, standen im Gegensatz zu dem auf Louis Pasteur und Robert Koch zurückgehenden und bis heute vorherrschenden Monomorphismus, der eine Umwandlung unterschiedlicher Mikroorganismenarten ineinander als unmöglich ansieht. Letztere Sichtweise bezeichnet Fleck als ›starren bakteriologischen Denkstil‹ des ›klassischen Zeitalters Pasteur/Koch‹. Vgl. EET, S. 122, sowie Ludwik Fleck/Olga Elster: »Zur Variabilität der Streptokokken«, in diesem Band.

XIII [Original deutsch.] Vgl. Niels Bohr, »Das Quantenpostulat und die neuere Entwicklung der Atomistik«, in: *Die Naturwissenschaften* (1928), S. 245-257, hier S. 245. Das Zitat findet sich auch in »Zur Krise der ›Wirklichkeit‹«, in »Zur Frage der Grundlagen der medizinischen Erkenntnis« und in »Schauen, Sehen, Wissen«, im vorliegenden Band S. 58, 250, 405.

XIV Karl Bernhard Lehmann, Rudolf Otto Neumann, *Atlas und Grundriß der Bakteriologie und Lehrbuch der speziellen bakteriologischen Diagnostik*, 2 Bde., München [6]1919/1920.

XV [Original deutsch.]

XVI [Original deutsch.]

XVII Wilhelm Kolle, Heinrich Hetsch, *Die experimentelle Bakteriologie und die Infektionskrankheiten mit besonderer Berücksichtigung der Immunitätslehre. Ein Lehrbuch für Studierende, Ärzte und Medizinalbeamte*, 2 Bde., Berlin, Wien 1919.

XVIII [Original deutsch.]

XIX Karl Kißkalt, Max Hartmann, *Praktikum der Bakteriologie und Protozoologie*, Jena 1914/1915.

XX [Original deutsch.]

XXI Feliks Przesmycki, *Zarys bakterjologji praktycznej dla studentów i lekarzy* [*Abriß der praktischen Bakteriologie für Studenten und Ärzte*], Warschau 1947 [1927].

XXII Bernhard Fischer, *Kurzgefaßte Anleitung zu den wichtigeren hygienischen und bakteriologischen Untersuchungen*, Berlin [3]1918.

XXIII [Original deutsch.]

XXIV Lehmann, Neumann, *Atlas und Grundriß der Bakteriologie und Lehrbuch der speziellen bakteriologischen Diagnostik* (wie EN XIV).

XXV [Original deutsch.]

XXVI Ebd.

XXVII [Original deutsch.]

XXVIII Ernst Marx, *Die experimentelle Diagnostik, Serumtherapie und Prophylaxe der Infectionskrankheiten*, Berlin 1902.

XXIX [Original deutsch.]

XXX Albert Besson, *Technique microbiologique et sérothérapique. Guide pour les travaux du laboratoire*, Paris 1898. Vgl. EN XLIII zu »Zur Frage der Grundlagen der medizinischen Erkenntnis«, in diesem Band.

XXXI Lehmann, Neumann, *Atlas und Grundriß der Bakteriologie und Lehrbuch der speziellen bakteriologischen Diagnostik* (wie EN XIV). Fleck bringt das Belegzitat in: »Zur Frage der Grundlagen der medizinischen Erkenntnis«, in diesem Band, S. 251.

XXXII H. A. Gins, »Diphtherie«, in: W. Kolle, R. Kraus, P. Uhlenhuth (Hg.), *Handbuch der pathogenen Mikroorganismen*, V. Band, 1. Teil, Jena, Berlin, u.a. 1928, S. 451-524.

XXXIII [Original deutsch.]

XXXIV A. Calmette, A. Bouquet, L. Nègre, *Manuel technique de microbiologie et sérologie*, Paris 1933.

XXXV Als ›Widerstandsaviso‹ bezeichnet Fleck in EET den Moment im Erkenntnisprozeß eines Forschers, wenn dieser nach anfänglichem chaotischen Beobachten und unsicherem Tasten auf einen Widerstand trifft, dem gegenüber er sich passiv verhalten kann: »So entsteht *die Tatsache: Zuerst ein Widerstandsaviso im chaotischen anfänglichen Denken, dann ein bestimmter Denkzwang, schließlich eine unmittelbar wahrzunehmende Gestalt.* Und sie ist immer ein Ereignis denkgeschichtlicher Zusammenhänge, immer ein Ergebnis bestimmten Denkstiles [...]. Da das Trägertum des Denkstiles dem Denkkollektiv zukommt, können wir sie [die Tatsache] kurz als ›*denkkollektives Widerstandsaviso*‹ bezeichnen« (EET, S. 124 und 129).

XXXVI Karl Sudhoff, *Tradition und Naturbeobachtung in den Illustrationen medizinischer Handschriften und Frühdrucke vornehmlich des 15. Jahrhunderts*, Leipzig 1907, S. 8. Zitat mit kritischem Kommentar Flecks auch in: »Zur Frage der Grundlagen der medizinischen Erkenntnis«, in diesem Band, S. 247.

XXXVII Abgebildet in diesem Band in: »Zur Frage der Grundlagen der medizinischen Erkenntnis«.

XXXVIII »[...] daß er nicht etwa in sie hineinschaut, sondern sie erkennt, wie er sie sieht« – Übersetzung von Schnelle und Wolniewicz.

XXXIX Jacopo Berengario da Carpi (1470-1530) gilt als der bedeutendste Wiederhersteller der Anatomie im 16. Jahrhundert vor Vesalius. Berengar war 1505 bis 1521 Professor der Chirurgie, erst zu Pavia, dann zu Bologna, und starb in Ferrara. Er war der erste, der die Syphilis mit Quecksilber zu heilen versuchte. Die seinen Werken *Commentaria, cum amplissimis additionibus super anatomia Mundini*, Bologna 1521, und *Isagogae in Anatomia humani corporis* [...], Bologna 1523, beigefügten Holzschnitte gehören zu den frühesten anatomischen Abbildungen.

XL Jacopo Berengario da Carpi, *Commentaria Super Anatomia Mundini*, Bologna 1514, zitiert nach: Moritz Roth, *Andreas Vesalius Bruxellensis*, Berlin 1892, S. 41, FN 3: »Ich sage aber [...], daß die Venen ihren Ursprung weder aus dem Herzen noch aus der Leber nehmen, es sei denn in einem uneigentlichen und metaphorischen Sinn, und ich sage, daß sie in einem metaphorischen Sinn ihren Ursprung eher aus der Leber nehmen, und hierin halte ich es mehr mit den Ärzten als mit Aristoteles« – Übersetzung von Schnelle und Wolniewicz. Vgl. EET, S. 50f., und »Zur Frage der Grundlagen der medizinischen Erkenntnis« in diesem Band. Flecks Neubewertung der anatomischen Beobachtungen Berengars erfolgt offenkundig vor dem Hintergrund der Kritik an dessen vermeintlich unzulänglicher Anatomie durch Moritz Roth (1892), der urteilt, Berengar sei, obwohl er sich von Galen habe absetzen wollen, letztlich mit seinen Beobachtungen nicht über diesen hinausgekommen. Von Roth übernimmt Fleck dabei nicht nur die charakteristischen Zitate aus dessen Fußnoten, sondern er paraphrasiert auch dessen Haupttext.

XLI Vgl. Roth, *Andreas Vesalius Bruxellensis* (wie EN XL), S. 54: Berengar und seine antigalenischen Mitstreiter »hielten an der Zergliederung fest und zogen die Autorität in Zweifel. [...] Dieser italienischen Schule verdankte Vesal nicht nur Gelegenheit zur Zergliederung, sondern vor allem, daß er Menschen fand, die seine Wahrheit hören konnten.«

XLII »Sesamähnliche Knochen«; in EET, S. 183, und in »Zur Frage der Grundlagen der medizinischen Erkenntnis« (in diesem Band, S. 248) verweist Fleck als Quelle auf das Kapitel »De ossibus sesamoideis« aus Thomas Bartholinus, *Anatome ex omnium veterum retentiorumque observationibus*, Leiden 1673, S. 756ff. Einen historischen Abriß anatomischer Studien zum Sesamknochen hatte kurz zuvor Kassatkin veröffentlicht: S. Kassatkin, »Die Sesambeine der Hand und des Fußes des Menschen«, in: *Zeitschrift für Anatomie und Entwicklungsgeschichte* 102, 5 (1934), S. 635-654.

XLIII »Wie die Pflanze aus dem Samen«, in »Zur Frage der Grundlagen der medizinischen Erkenntnis« (in diesem Band, S. 248) leicht verändert zitiert. Das Zitat stammt aus Agrippa, *De occulta philosophia*, I. Buch, Kap. 20, Lyon ca. 1531, S. 126, und lautet korrekt: »velut planta ex semine, in resurrectione mortuorum, corpus nostrum repullulascet«.

XLIV In EET, S. 179, und »Zur Frage der Grundlagen der medizinischen Erkenntnis« (in diesem Band) zitiert Fleck diese Stelle und gibt als Quelle an: *Andreas Vesalii Brux. Suorum humani corporis Fabrica librorum Epitome, cum adnotationibus Nic. Fontani*, Amsterdam 1642. Vgl. auch EET, S. 48f.

XLV Andernorts nennt Fleck diese »graphischen Darstellungen« von Ideen »Ideogramme« und gibt Abbildungsbeispiele. Vgl. EET, S. 181-186, und »Zur Frage der Grundlagen der medizinischen Erkenntnis«, in diesem Band, S. 243.

Zur Frage der Grundlagen der medizinischen Erkenntnis[1]

Die heutige wissenschaftliche Medizin ist mit der Naturwissenschaft unzertrennlich verbunden, doch bezieht sich dieses Bündnis viel mehr auf die Untersuchungsmethoden als auf den gedanklichen Aufbau. Jede physikalische oder chemische Methode findet sehr bald Verwertung in der Medizin, die gedanklichen und begrifflichen Errungenschaften der Naturwissenschaft, wie sie z. B. aus der Atomphysik hervorgehen, bleiben aber der Medizin noch immer vollkommen fremd, die manche veraltete Begriffe verwendet. Und doch verspricht eine Zusammenarbeit gerade in dieser Hinsicht beiderseitigen Nutzen: für die Medizin Anregung und Überwindung veralteter Gedankengänge, für die Naturwissenschaft viel neues Material für eine rationelle Erkenntnistheorie.

Die Medizin verfügt über viele Kenntnisse, deren Entstehung und Entwicklung geschichtlich sehr gut zu verfolgen sind; über den Ursprung einfacher Beobachtungen besitzen wir Dokumente, wie sie in der Naturwissenschaft kaum möglich sind, da gleichwertige physikalische Beobachtungen seit dunklen, prähistorischen Epochen bestehen und infolgedessen in ihrer Entstehung unerforschbar sind. Deshalb neigen viele Naturforscher in dieser Hinsicht zu mythischen, anekdotenhaften oder naiven Vorstellungen.

Außerdem haben ärztliche Probleme, die das höchste Gut des Individuums, Leben und Gesundheit, betreffen, eine individuelle und soziale Bedeutung, wie sie unmittelbar keinem physikalischen oder chemischen Problem zukommt. Deshalb war ihre Behandlung jederzeit reger, sie fand [eine] größere Zahl begeisterter Forscher und größeres soziales Interesse. Jederzeit ist die Zahl medizinischer Werke und eventuell Zeitschriften größer als [die] der rein naturwissenschaftlichen, ein Beweis, daß die Wandlung ärztlicher Probleme innerhalb der menschlichen Gesellschaft lebendiger vor sich geht als die der rein naturwissenschaftlichen. Deshalb eignet sich medizinische Wissenschaft besser zur Untersuchung der sozialen Bedingtheit des Erkennens und des Erkannten.

Wir beschränken uns auf Betrachtungen über *die Beobachtung* als eine der Grundlagen der Erkenntnis. Der älteren Naturwissenschaft galt Beobachtung als ein Prozeß, der dergestalt zwischen zwei getrennten Instanzen: dem sogenannten erkennenden *Subjekt* und dem sogenannten zu erkennenden *Objekt*, abläuft, daß die erste Instanz sich rein passiv verhält und die zweite grundsätzlich von ihm unbeeinflußt bleibt. Jede produktive Aktivität von Seiten des Subjektes während der Beobachtung, jede Beeinflussung des Objektes, galt als Verfälschung der reinen Beobachtung. Die Wissenschaft faßte also die Rolle des Subjektes (»ich beobachte«) als eine Art »passiver Tätigkeit« auf und die Rolle des Objektes (die Möglichkeit, beobachtet zu werden) als eine »aktive Passivität«, wobei der Widerspruch solcher Begriffsbildungen unbemerkt blieb.

In der letzten Zeit entstand in dieser Hinsicht eine grundsätzliche Wendung: »der eigentliche Kern der klassischen Physik, der Glaube an den objektiven, von jeder Beobachtung unabhängigen Ablauf von Ereignissen in Raum und Zeit wurde durch die experimentellen Entdeckungen erschüttert, die in ihren Konsequenzen zur Bohrschen Theorie des Atombaues geführt haben« (Heisenberg, 1934).[II] Bohr behauptet, daß »weder den Phänomenen noch dem Beobachtungsmittel eine selbständige physikalische Realität im gewöhnlichen Sinne zugeschrieben werden kann« (1928),[III] Jeans beweist an der Hand der Entwicklung der Physik während der letzten Jahrzehnte, daß immer mehr das, was der Physiker Natur nennt, zu etwas von ihm Geschaffene[n] oder zumindest Ausgewählte[n] oder durch Abstraktion Gewonnenen wird und sich dadurch immer mehr der einst scharfe Gegensatz zwischen dem Physiker und der Natur mildert (1934).[IV] Beobachten ist also im Grunde dasselbe wie erschaffen, »Subjekt« und »Objekt« des Erkennens treten hierbei in Wechselbeziehung, überhaupt kann keinem von ihnen sinnvoll eine selbständige Existenz zugesprochen werden.[1]

Noch Poincaré behauptete, für den Forscher, der über unendliche Zeit verfügen könnte, genüge der Rat: »Beobachte, und beobachte richtig.«[V] Die Summe der richtigen Beobachtungen aller Phänomene ergebe das gesamte Wissen. Nach der heutigen Auffassung ist diese Behauptung aus mehreren Gründen falsch: Erstens sind die Beobachtungen nicht einfach additiv, da die Art der beobachtbaren Phänomene vom Beobachter abhängt, man kann also nicht von

1 Vgl. L. Fleck, »Zur Krise der ›Wirklichkeit‹«, in: *Die Naturwissenschaften*, 1929 [vgl. auch in diesem Band].

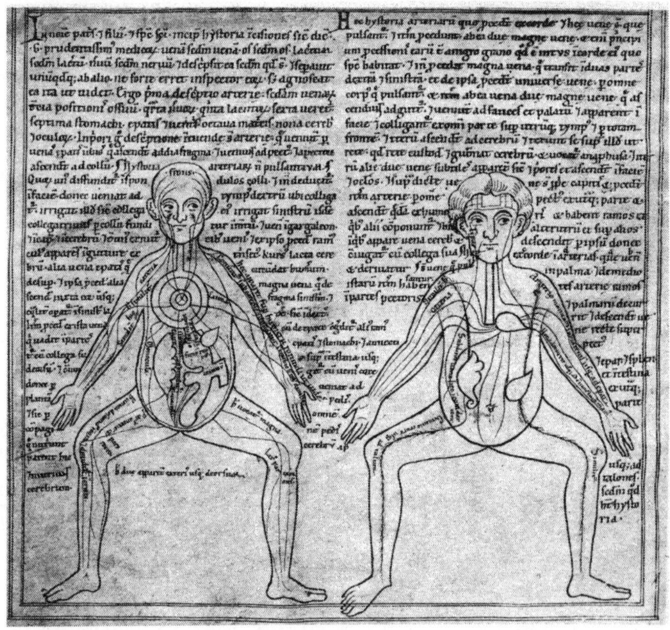

Abb. 1. Anatomische Abbildung aus dem 12. Jahrhundert. Nach S*UDHOFF*: *Arterien und Venen.*[VI]

einer universellen Summe der Beobachtungen aller Phänomene sprechen. Außerdem könnte ein Forscher, auch wenn er über unendliche Zeit verfügte, auf keine Weise alle Beobachtungsmöglichkeiten erschöpfen, ebensowenig wie, bildlich gesprochen, ein Beobachter, der in *einem* Spiegel unendlich viele Abbilder sehen kann, jemals in diesem Spiegel den eigenen Nacken zu Gesicht bekommt. »Unendlich viel« ist eben nicht identisch mit »alles«. Exakt beweist dies SCHRÖDINGER in seiner Abhandlung über die Milieubedingtheit der heutigen Physik (1932).[VII] Die Bezeichnung »alle Phänomene« hat überhaupt keinen eindeutigen Sinn. Auch kann man den Begriff der »richtigen Beobachtung« nicht mehr allgemein eindeutig definieren, da »unvoreingenommene, reine Beobachtung« psychologisch wie erkenntniskritisch sich als ein Unding erwies. Schließlich ist das Kollektiv der Forscher und dessen kulturhistorische Entwicklung durch keinen singulären Forscher ersetzbar, verfügte er auch über unendliche Zeit.

Wie man sieht, hat sich die *Auffassung der Beobachtung* in der Naturwissenschaft prinzipiell geändert. Es wäre festzustellen, wie sich das medizinische Material dazu verhält. Unseres Erachtens sind die dargestellten physikalischen Grundgedanken für das medizinische Material nicht nur von heuristischer Bedeutung, sondern sie finden in ihm auch eine Stütze und eine harmonische Erweiterung.

Dies ergibt sich schon aus der Geschichte der anatomischen Beobachtung, die wir wie keine andere in Abbildungen und Beschreibungen genau verfolgen können. Betrachtet man älteste anatomische Abbildungen (s. Abb. 1), so drängt sich uns zunächst deren schematischer und primitiv symbolischer Charakter auf: Wir sehen Schemen in konventionell-uniformer Haltung, die Organe sind symbolisch angedeutet, wie z. B. der kreisförmige Gang in der Brusthöhle, der den Zirkulationsweg des Pneuma in der Brust darstellen soll, oder darunter rechts die schematische 5-lappige Leber. Vor uns liegen also Sinnbilder, die wohl die zeitgenössische Auffassung, *nicht* aber die *naturgetreue* Form – wie sie unserer Auffassung entspricht – zur Darstellung bringen. Wenn z. B. Darmwindungen dargestellt werden (s. Abb. 2), so sehen wir nicht eine bestimmte Zahl in bestimmte[r] Weise gelagerter Abschnitte, sondern schneckenartige Linien, die die Windungen symbolisieren. Wir sehen auch nicht bestimmte Gehirnwindungen, sondern die »Kräuselung der Gehirnoberfläche im allgemeinen«;[VIII] nicht eine bestimmte Zahl der Rippen, sondern die »Rippung (der Brustwand) im allgemeinen« (s. Abb. 2); nicht eine bestimmte Zahl der Wandschichten eines Augenquerschnittes, sondern schematisch dargestellt die Mehrschichtigkeit dessen, wodurch das Bild einem Zwiebelquerschnitte ähnlich wird.[IX] Spätere Abbildungen, z. B. die von Vesal, muten zwar nicht mehr im ganzen wie bildliche Darstellungen gewisser Ideen (sei es auch nur gewisser Gestaltideen) an, haben aber neben dem im heutigen Sinne anatomischen Inhalt noch eine gemütsbetonte Bedeutung. Siehe Abb. 3: Skelett in pathetischer Hamlet-Stellung, Inschrift mit Todesgedanken auf dem Grabmale. Diese Abbildung stellt das Skelett dar, aber gleichzeitig auch das Symbol des Todes. Andere Figuren, z. B. Muskelmänner, symbolisieren das Märtyrertum, weibliche Situsbilder[X] zwingen durch ihr Beiwerk (z. B. Geburtsstuhl und Mienenspiel), an den Geburtsakt zu denken, Kinder oder Feten werden in konventionell amorettenhafter

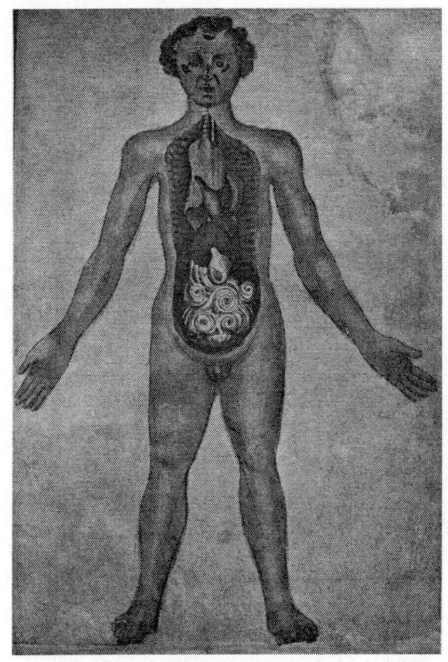

Abb. 2. Anatomische Abbildung aus dem 15. Jahrhundert. Nach SUDHOFF: *Aderlaßfigur.*[XI]

Art dargestellt.[XII] Auch isolierte Organe stellen Vorstellungen und Auffassungen dar: *Wir haben Ideogramme vor uns, d. h. graphische Darstellungen gewisser Ideen*, und dieser Eigenschaft verdanken die Bilder ihren besonderen Charakter. Dasselbe kann man an orientalischen, z. B. persischen anatomischen Abbildungen beobachten.

Es drängt sich die Frage auf, wie steht es mit den heutigen anatomischen Bildern?[XIII] Wir wollen das Skelett naturgetreu, als Ergebnis der reinen Beobachtung, ohne ideographisches Beiwerk abbilden, zeichnen es aber als Knochengerüst, d. h. als *Gerüst* des Körperbaues: mit eingezeichneten Ansatzstellen der Bänder und Muskeln, wenn es sich um einzelne Knochen handelt, und als aufgebautes planmäßiges Gerüst, wenn es sich um das Ganze handelt. *Das ist aber auch Ideographie und nicht reine »Naturtreue«.* Abb. 4 stellt den Brustkorb in moderner Fassung dar: Mechanisch-technische Korbmotive klingen

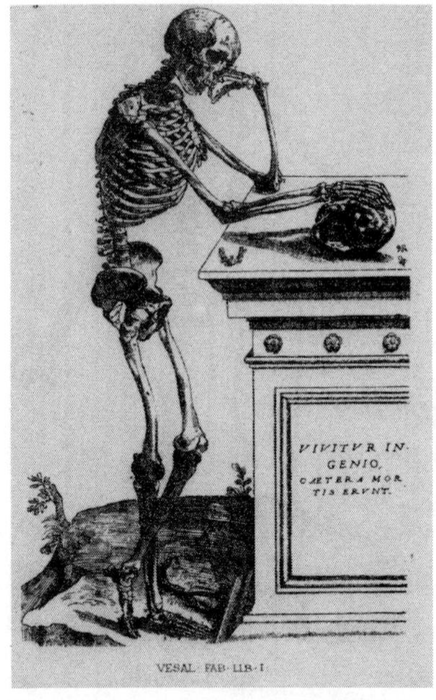

Abb. 3. VESALSCHE *Skelettfigur. Nach* ROTH.
[M. Roth, Andreas Vesalius Bruxelensis, Berlin 1832, Abb. 3]

hier genauso mit, wie pathetisch-philosophische bei VESAL, durch die Zusammenstellung, die eingezeichneten Ansatzlinien usw. genauso hervorgehoben wie dort durch die Stellung und Inschrift. Unserer Darstellung liegt der moderne Begriff der Schwerkraft zugrunde, er ist in das Bild eingezeichnet, dieses Bild kann als Symbolisierung unserer Mechanik wirken. Wenn wir es nicht sofort als solche empfinden, so liegt es darin, daß wir unsere Mechanik als selbstverständliche Notwendigkeit zu betrachten gewöhnt sind.

Die Geschichte lehrt, daß der moderne Begriff der Schwerkraft[XIV] nicht der einzig mögliche ist: Ich erinnere an die allgemein bekannten ARISTOTELISCHEN Begriffe aus diesem Bereiche. Auch ist in den folgenden Zitaten eine uns befremdende Auffassung der Schwerkraft zu finden:

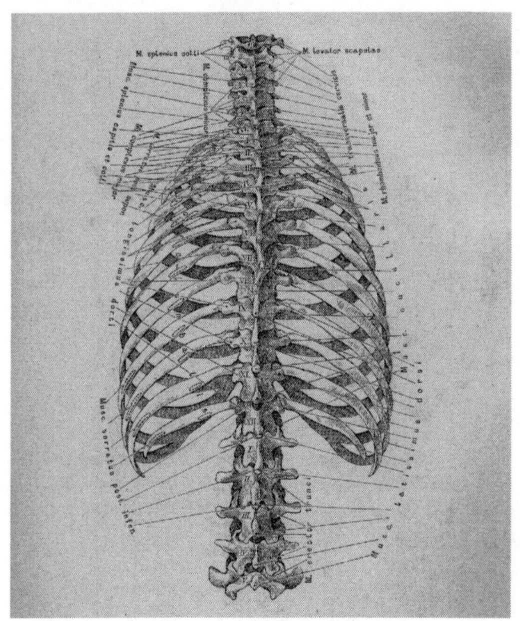

Abb. 4. Skelett des Brustkorbes in moderner Darstellung. Nach HEITZMANN.[XV]

Warum ist ein Mensch nüchtern schwerer als nach dem Essen? Weil durch die Speisen die Geister vermehrt werden, welche wegen ihrer luftigen und feurigen Natur den menschlichen Körper erleichtern, denn Feuer und Luft machen insgemein leicht. Daher ist auch ein fröhlicher Mensch viel leichter als ein trauriger, weil ein fröhlicher Mensch mit mehreren Geisterlein begabet ist, als ein betrübter. Auch ist ein Toter weit schwerer, als ein noch lebendiger, weil dieser voller Geisterlein ist, jener aber derselben beraubt ist (O. SCHREGER, Studiosus jovialis, Pedeponti 1751).[XVI]

Noch im Jahre 1815 schrieb ein Autor, daß »die Todesruhe der Gestorbenen ein Zurücksinken in die Metallwelt ist und alle Lebendigen im Tode schwerer oder metallisch werden« (Dr. med. et chir. LOEW, Über den Urin, Landshut 1815).[XVII]

Diese Begriffe der Schwere sind von dem unseren wesentlich verschieden; kein Wägen möchte zur Verständigung helfen, da jede Beziehung zwischen dem Ergebnis des Wägens und dem Problem der »Schwere«, wie sie von SCHREGER oder LOEW aufgefaßt wird, von diesen abgelehnt würde. Ihnen (wenigstens was die Lebewesen betrifft) gilt eine andere Mechanik, ihrer Meinung gemäß kann das Skelett kein stützendes, formgebendes Gerüst des Körpers bilden. Vielmehr sind es die »geistigen Feuerlein« oder »feurigen Geisterlein«, die den Körper zusammen und aufrecht halten; das Skelett, als das metallische, grobe, stört nur dabei. Für sie wären unsere Bilder graphische Darstellungen unserer (falschen) Theorien und nicht naturgetreue Abbildungen. Sie würden bei konsequentem Vorgehen die Knochen als einen Haufen unbeholfener, massiver Stücke zeichnen, der das Irdisch-Allzuirdische des Menschen bedeutet. Dies ergäbe ein Bild, wie wir z.B. das Fettgewebe anatomisch behandeln: als Klumpen, die man wegschneidet, deren formelle Ganzheit nichts oder fast nichts zu sagen hat.

Aus solchen Betrachtungen ergibt sich, daß man eine Abbildung eines beobachteten Gegenstandes auf keine Weise von ideographischen Elementen befreien kann. Diese Elemente ermöglichen es sogar erst, die Abbildung, ein selbständiges Bild, eine ausgesprochene Gestalt zu schaffen.

Um einen Gegenstand beobachtbar zu machen, muß man ihn zunächst begrenzen, d. h. isolieren und von einem Hinter- oder Untergrunde hervortreten lassen. Es handelt sich nicht nur um die grobmateriellen Grenzen eines Dinges, auch jede seiner Eigenschaften, jedes seiner Elemente muß begrenzt werden. Um ein Skelett zu beobachten, muß man es zielvoll (also nicht unvoreingenommen!) herauspräparieren und als Ganzes zielvoll zusammenstellen. Jeder einzelne Knochen muß planvoll herausgeschnitten werden (egal, ob mit dem Messer oder durch Kochen oder Faulenlassen), wobei die Härte als definierende Eigenschaft dienen mag. Nun muß also auch diese bestimmte Härte oder – wenn man die histologische Struktur als begrenzende Eigenschaft zu Hilfe nimmt – diese Struktur der Knochen begrenzt werden: Man muß festsetzen, welcher Härtegrad bzw. welche Struktureigenschaften als bezeichnend anerkannt werden usw. Solche Festsetzungen führen schließlich hinaus auf das gesamte Gebiet der Technik, der wissenschaftlichen Tradition und der überhaupt zur Verfügung stehenden Mittel. Es hängt also in letzter Linie von der gesamten Kultur und deren Entwicklungsgange ab, was und wie man beobachtet. Man muß annehmen, daß nur aus dem Grunde vorgefaßter Meinungen heraus die Beobachtung distinkter Gegenstände möglich sei: Eine leere Seele vermag überhaupt nicht zu sehen. *Es gibt keine anderen naturgetreuen Beobachtungen als die kulturgetreuen!*[XVIII]

Bestimmte Kulturinhalte definieren die Beobachtungen nicht nur etwa im positiven Sinne (d. h. ermöglichen sie), sondern sie machen auch gewisse andere Beobachtungen unmöglich (d. h., sie hemmen und vernichten Beobachtungen, die von anderen Kulturinhalten gefördert werden). Man erinnere sich, wie viele Gegenstände das Mittelalter beobachtete, die wir nicht mehr sehen: wundervolle Zeichen am Himmel und auf Erden, leibhafte Teufel, Froschregen, bizarre Tiere und Pflanzen usw. Epidemien mit unmöglichen Symptomen, fremde Länder mit wunderbaren Eigenschaften, fremde Menschen von unmöglichem Bau usw.

Noch 1907 konnte kein Geringerer als SUDHOFF behaupten, daß es in der Geschichte der Anatomie einen Augenblick gab, »in welchem der mittelalterliche Gelehrte sich endgültig den Schlaf aus den Augen gerieben hat und nun darangeht, scharfen, naturoffenen Blickes die anatomische Form zu mustern und das Gesehene zu fixieren«.[XIX] Nein, nicht der Schlaf lag in den Augen der mittelalterlichen Menschen, sondern ihr andersartiger *Denkstil.* Nicht schärfer ist unser Auge – man vergleiche die mittelalterlichen handschriftlichen Initiale – nicht naturoffener, sondern *der Stil unserer gedanklichen Beobachtungsmittel,* unserer Vorstellungen und Auffassungen ist anders geworden und demgemäß anders auch unsere Beobachtungen: die Natur, wie wir sie sehen.[2, XX]

Die Wandlung des Denkstiles, die sich während der Renaissance vollzog, entwickelte sich schrittweise, begleitet von vielen Schwankungen, mit Rückschlägen und Vorstößen. Man kann diese Erscheinungen an BERENGAR,[XXI] sogar an VESAL studieren, bei denen noch eine gewisse Furcht vor den eigenen Entdeckungen nachweisbar ist.[XXII] Die bekannten VESALSCHEN Abb. 5 und 6 des Muskelsystems zeigen den *Musc. rectus abdom.* und *Musc. scalenus*[XXIII] der GALENISCHEN Lehre gemäß, d. h. wie sie bei den Hunden, nicht bei den Menschen vorkommen, »ne quis Galeni lectioni nimium contra sectione confisus, aliquos me praeteriisse musculos praeter meritum nugetur«.[XXIV]

2 In unserer Zeit liegen wiederum Ansätze einer Umwandlung des anatomischen Denkstiles vor. Vgl. Begriffe wie »das endokrine System«, »das reticulo-endotheliale System«. Vgl. auch die Diskussion zwischen BETHE und den Anatomen in der *Klinischen Wochenschrift,* 7 (1928).

Alter und neuer Denkstil kämpfen hier miteinander. VESAL, einer der Mitschöpfer des neuen Stiles, gibt wissentlich dem alten den Vorzug. Komplizierter sieht das bei BERENGAR und anderen Zeitgenossen aus, die an einem »Streit der geistigen Gesichtsfelder«[XXV] zu leiden scheinen: Sie sehen einmal mittelalterlich, dann wieder neuzeitig und stehen oft ratlos vor der Entscheidung.

Liest man alte anatomische Beschreibungen, so bemerkt man sofort, daß sie einer spezifischen geistigen Bereitschaft für zeitgenössisch[e], [durch] den Stil bedingte Beobachtungen entspringen. Der Unterschied zwischen diesem fremden Denkstile und dem unseren beruht nicht einfach und nur darauf, daß wir mehr wissen: Was in ihrer Wirklichkeit mehr Wert besitzt als in unserer, davon haben die Alten auch mehr zu berichten. Wir finden z. B. bei BARTHOLINUS[3] ein Kapitel »De ossibus sesamoideis«, das länger ist als das Kapitel »De musculis cervicis seu colli« und aus etwa 20-30mal mehr Worten besteht als das wenige, was moderne Anatomen über diese Knochen berichten. TOLDT schreibt nur: »Sesambeine oder Gelenkbeine sind knöcherne, meistens kleine Einlagerungen in Sehnen.«[XXVI] Für unsere Osteologie sind diese Knochen ohne Belang, sie stehen heute sozusagen jenseits des Systems der Knochen. Für BARTHOLINUS sind sie aber höchst wichtig, denn bei ihm lebt noch ein Überrest der uralten phantastischen Sage von der Bedeutung dieser Knöchelchen als Samen, aus dem die Körper einst wieder aufwachsen werden »velut planta ex semine«.[XXVII] Er glaubt zwar nicht sehr daran, muß aber die anderen Autoren zitieren, muß über den Zweck dieser Knochen diskutieren, ihre Gestalt und Lage behandeln, staunt über die Variabilität ihrer Zahl usw. Kurz: er ist auf ihre Beobachtung eingestellt und hat darüber mehr zu sagen als wir, mehr als über die Muskeln des Halses, die heute ein sehr großes Gebiet der Myologie ausmachen. Ähnlich schreibt er beinahe 5 Seiten »De hymene«, worüber uns ein bis zwei Sätze genügen.

Viel Platz beansprucht bei den alten Anatomen das Zählen der anatomischen Bestandteile. Bei FONTANUS[4] lesen wir: »Calvariae ossa

3 Thomas BARTHOLINUS, *Anatome ex omnium veterum retentiorumque observationibus*, Leiden 1673. [Vgl. »Über die wissenschaftliche Beobachtung und die Wahrnehmung im allgemeinen«, in diesem Band, und ab hier für die folgenden Seiten: EET, S. 183ff.]

4 And. Vesalii Brux, *Suorum humani corporis Fabrica librorum Epitome cum adnotationibus Nic. FONTANI*, Amsterdam 1642.

viginti sunt, octo quidem capitis et maxillae superioris duodecim«[XXVIII] oder daß es 28 Knochen der Zehen gebe, daß die Zahl der menschlichen Knochen überhaupt 304[XXIX] betrage, daß 7 Paare Muskeln das Auge bewegen und 4 Paare die Wangen und Lippen, daß die Pfortader 5 Zweige bilde usw. Ähnliches liest man bei fast allen alten Anatomen, aber auch z. B. in der indischen Medizin. Heute ist ein solches Zählen unmöglich, da wir es oft für willkürlich halten, ob z. B. 3 oder 4 separate Knochen in einem Knochenverbande abgegrenzt werden. Für jene Denkstile ist die Zahl nicht Mittel der Beschreibung, sondern an sich wichtig: Die Zahl hat magischen Sinn. Bei FONTANUS ist es wohl nur ein Rudiment der Zahlenmystik, aber bei den Indern oder Chinesen gibt es ein bis zur reichen Zahlen-Kabbala ausgearbeitetes System, in dem den Zahlen besonderer Sinn beigelegt wird und sie miteinander in bedeutungsvolle Verbindungen gebracht werden.

Auch der Name eines anatomischen Teiles hat anderen Sinn als heute: Er ist nicht eine beliebige, konventionelle oder zufällig-geschichtliche Bezeichnung, sondern höchst wichtige Eigenschaft des Benannten; er enthält unmittelbar Bedeutung und Sinn des bezeichneten Teiles. Noch krasser: Der Name ist zuweilen magisches Äquivalent des Gegenstandes. Deshalb ist die Untersuchung des Namens ein wichtiger oder sogar der wichtigste Teil der Wissenschaft von einem Gegenstande. Wir lesen also noch im 17. Jahrhundert Namenanalysen, die halbe Seiten einnehmen, mit Zitaten, Auseinandersetzungen, Schlüssen, Stellungnahmen. In der zitierten *Epitome* von FONTANUS finden wir im Kapitel vom Schenkelknochen (*femur*) nur 31 Worte, die sich auf dessen anatomischen Bau im heutigen Sinne des Wortes beziehen, aber 135 Worte, die der Betrachtung des Namens »femur« gewidmet sind und dessen Bedeutung bei PLINIUS, PLAUTUS, VIRGILIUS, HORATIUS usw. Bei BARTHOLINUS (l. c.) lesen wir z. B. »Ventriculus dictus quasi parvus venter«,[XXX] »testes seu testiculi, quasi attestantes virilitatem«,[XXXI] »Cor a currendo ab motum dictum«,[XXXII] »Claviculae, κλείδες, quod thoracem claudunt et instar clavis firment scapulam cum sterno: vel quod claves aedium ...«[XXXIII]

Charakteristisch ist die besondere Anschaulichkeit alter anatomischer Beschreibungen und Abbildungen. Über die Niere schreibt BARTHOLINUS: »Figura est phaseoli, item folii asari, si planam superficiem spectes. Exterius in dorso seu ad ilia gibbosa et rotunda est figura; inferius ad partem supremam et imam gibba, sed ad mediam concava et sima.«[XXXIV] Man findet in den Anatomiebüchern des 17. und

18. Jahrhunderts Nervenmänner oder Adermänner von geradezu wunderbarer Anschaulichkeit, die man vergebens in neuen Lehrbüchern suchen würde. Auch solche Bilder stellen Ideogramme vor: bildhafte Darstellungen eines Sinnes, einer Art der Auffassung, einer idealen Gestalt. Dieses fortwährende »Sehen eines Sinnes« bildet den Grund einer sehr detaillierten, naiven Teleologie als Streben[,] den Sinn in jeder Einzelheit zu finden. »Inferiores vero costae breviores sunt, ne ventriculus repletus nimium comprimatur et eandem ob causam molliores.«[xxxv] Die Knochennähte des Schädeldaches bezwecken, »Vapores« aus dem Schädel entweichen zu lassen.[xxxvi] Daß die Finger gerade dreigliedrig sind, daß die Knorpelringe der Trachea nicht vollständig geschlossen sind usw., usw. – jede Einzelheit hat einen einfachen, mechanischen Zweck.

Wir müssen also annehmen, daß die Grenzen des Gegenstandes einer anatomischen Betrachtung sich verschoben haben und sich fortwährend verschieben. Nicht nur der Umfang, auch der Inhalt jeder anatomischen Beobachtung hat sich stilgemäß verändert. Das heutige Kniegelenk (eine mechanische Einrichtung) verbindet mit dem »genu« der alten Anatomie (der Sitz der Erbarmung: *genu misericordiae consacrata sunt*) fast nichts als die Geschichte der anatomischen Forschung. Man kann sich Veränderungen des Denkstiles vorstellen, bei denen der Gegenstand der Beobachtung vollständig verschwindet oder auch erst erscheint: »entdeckt« wird.[xxxvii]

Bohrs Feststellung, man könne weder den Phänomenen noch den Beobachtungsmitteln eine selbständige Realität zuschreiben, muß so verstanden werden, daß zu den Beobachtungsmitteln die gesamten technischen und gedanklichen Mittel einer Beobachtung (also auch Apparatur) gerechnet werden.[xxxviii] Nicht spekulative Betrachtungen, sondern die tägliche wissenschaftliche Praxis zwingt uns dazu, wie folgende Beispiele zeigen. Beobachtet man ein mikroskopisches Präparat, etwa der *Diphtheriebacillen*, so hat man (wie es scheinen könnte) nur eine Anzahl gefärbter kleiner Striche von besonderer Form, Struktur und Lagerung vor sich, die zusammen ein charakteristisches Bild geben. Vergeblich wäre die Bemühung, mit bloßen Worten das Charakteristische des Bildes zu beschreiben, das der Fachmann sofort sieht, das vom Laien aber zunächst nicht erkannt wird. Diesen muß man erst vorbereiten: durch Gleichnisse, die ihm bekannte Figuren enthalten, und durch Vergleiche mit anderen mikroskopischen Bildern, schließlich durch Gewöhnung an das Zuordnen entsprechender fach-traditioneller Worte; man muß eine gerichtete Bereitschaft für das Wahrnehmen dieser besonderen Gestalt erwekken, die die Wissenschaft schuf. Besonderer Erfahrung und Fertigkeit bedarf es für jede Beobachtung; wenn dies die Fachleute vergessen, so geschieht es nur, weil sie diese besitzen. Aus gleichem Grunde vergißt man es bei den Beobachtungen des Alltaglebens.

Jeder kleinste Abschnitt der Geschichte der Wissenschaft zeigt uns, wie solche Bereitschaft kunstgerecht aufgebaut wird. Um bei dem Beispiele der *Diphtheriebacillen* zu bleiben, vergleichen wir miteinander die Beschreibungen einiger Auflagen des bekannten LEHMANN-NEUMANNSCHEN Handbuches (*Die bakteriologische Diagnostik*).[XXXIX]

Im Jahre 1899 heißt es (Bd. II, S. 371):[XL]

Die kurzen Formen sind mehr parallel gelagert, die langen mehr gekreuzt, fingerförmig in Rosetten angeordnet usf. Nach KURTH wächst die Wahrscheinlichkeit, einen pathogenen Stamm vor sich zu haben, wenn es gelingt, festzustellen, daß in Klatschpräparaten junger Kulturen, (6 Stunden bei 35°) auf LÖFFLER-Serum gezüchtet, mindestens eine Anzahl langer Formen (7mal so lang als breit) oder fünfer-(V-)förmige Gebilde vorhanden sind. Weiter legt KURTH Wert darauf, die jungen Stäbchen gelagert zu sehen, wie die Finger zweier übereinander gespreizter Hände.

Im Jahre 1927 (Bd. II, S. 554): »Charakteristisch ist die Lagerung übereinander wie ausgespreizte Finger. Auch palisadenförmig oder wie eine römische V zusammenliegend. Die letzteren beiden Merkmale treffen auch besonders für Pseudodiphtherie zu.« Im Jahre 1927 (Bd. II, S. 676)[XLI]:

Die Lagerung ist sehr charakteristisch; neben dem großen Formenreichtum ist die Lagerung meist durchaus unregelmäßig (ungeordnet), so daß man sie schon mit chinesischen Schriftzeichen verglichen hat. Im Gegensatz dazu zeigt Pseudodiphtherie in Form und Lagerung weit größere Gesetzmäßigkeit. Die Lagerung in Form ausgespreizter Finger oder einer römischen V, weiterhin das palisadenförmige Zusammenliegen, ist mehr für Pseudodiphtherie charakteristisch, kommt aber gelegentlich auch bei echter Diphtherie vor.

Diese 3 Beschreibungen – innerhalb eines Vierteljahrhunderts – zeigen wichtige Unterschiede:

(1) Die früheste, 15 Jahre nach der Entdeckung gegebene ist die üppigste. Sie hebt eine Einteilung in kurze und lange Formen hervor, macht 5 Angaben über die Lagerung (parallel, gekreuzt, fingerförmig in Rosetten, fünfer-(V-)förmig, wie die Finger zweier

übereinander gespreizter Hände), zitiert einen Autor, beschreibt Bedingungen.

(2) Die zweite führt die Bezeichnung »charakteristisch« ein, denn inzwischen hat das Bild einen eigenen Charakter gewonnen. Deshalb ist die Zahl der bildfördernden Angaben auf 3 gesunken (wie ausgespreizte Finger, palisadenförmig, wie eine römische V): die Angaben scheinen nicht mehr so wichtig (vgl. Einschränkung: »auch besonders für«), bekommen aber zugleich eine Prägnanz in der Fassung, die beweist, daß sie schon traditionelles Bürgerrecht haben (»ausgespreizte Finger« an Stelle »fingerförmig in Rosetten« und »wie die Finger zweier übereinander gespreizter Hände«, was nicht dasselbe ist). Angaben über Autor und Bedingungen sind verschwunden, da inzwischen aus dem persönlichen und einmaligen ein allgemeines Wissen geworden ist. Der sehr künstliche (oder kunstgerechte) Begriff der Pseudodiphtherie wird eingeführt.

(3) Die dritte unterstreicht die Bezeichnung »charakteristisch« (»*sehr* charakteristisch«) und verzichtet zugleich auf eine Analyse des Bildes, d. h. auf Zurückführung auf irgendwelche Gestalten aus anderen Gebieten (»großer Formenreichtum«, »durchaus unregelmäßig [ungeordnet]«). Die vergleichenden Angaben über die Lagerung werden abgeschwächt und haben bloß die Bedeutung einer Stellungnahme zur Geschichte (»man sie *schon* mit chinesischen Schriftzeichen verglichen hat«, »ist *mehr* für Pseudodiphtherie charakteristisch, kommt *aber* gelegentlich *auch* vor«).

Kurz zusammenfassend: Innerhalb eines Vierteljahrhunderts ist die beobachtete Gestalt reifer und selbständiger geworden. Sie wurde einfach charakteristisch, sie warf die Krücken des Vergleiches in die Rumpelkammer der Geschichte, sie ließ die Autorennamen verschwinden. Gleichzeitig mit der Reifung der Gestalt reifen die Begriffe, es baut sich die Stellungnahme zum Begriffspaar der »Diphtherie-Pseudodiphtherie« aus.

Daß diese Beschreibungen Entwicklung und nicht Zufall darstellen, beweist der Vergleich mit den Beschreibungen anderer Handbücher.

So bei Marx (*Diagnostik*, 1902, S. 129):[XLII] »... man erhält in Klatschpräparaten von 6-stündigen Kulturen Bakterienanordnungen, die M. Neisser treffend mit Bildern vergleicht, die entstehen, wenn man die Hände mit ausgespreizten Fingern in allen möglichen Lagen übereinander legt. Später liegen sie vornehmlich nebeneinander, palisadenförmig.« Oder bei BESSON (*Technique microbiologique*, 1898, S. 324):[XLIII] »Ces bacilles peuvent être disposés parallelment les uns aux autres ou associés par deux bout à bout; souvent encore, ils sont unis par deux à angle plus au moins aigu de manière à figurer un V ou un accent circonflexe.« Also das gleiche wie bei LEHMANN und NEUMANN um diese Zeit: üppig-verlegenes Vergleichen (s. alte anatom[ische] Beschreib[ungen]!). Zitate von Autoren und Bedingungen. Und endlich bei GINS (KOLLE/KRAUS/UHLENHUTH, Bd. V, I. Teil, S. 460, 1928):[XLIV] »Wenn das Charakteristische einer LÖFFLER-Reinkultur im Tuscheausstrich bezeichnet werden soll, so ist es meines Erachtens die Tatsache, daß kaum zwei kongruente Stäbchen nebeneinander liegend angetroffen werden.« Also charakteristisch, zugleich unregelmäßig – wie bei LEHMANN und NEUMANN um diese Zeit.

Auf diese Weise entwickelt sich die intellektuelle Bereitschaft für eine Beobachtung oder, was dasselbe bedeutet, eine sinnvolle und selbständige Gestalt, d. h. das beobachtete Phänomen.

Wir müssen uns also mit den Physikern verständigen: Nicht nur das zur Beobachtung atomarer Phänomene unumgängliche Licht verändert diesen Gegenstand der Beobachtung, sondern jede Beobachtung, auch die größte und einfachste, verlangt entsprechende Bedingungen (technische und besonders intellektuelle) und wird von ihnen in bezug auf Umfang und Inhalt beeinflußt. Es gibt keine Wahrnehmung ohne Vorbildung, ohne verwickelte geistige Arbeit, aus der erst eine selbständige beobachtbare Gestalt entsteht. Um bei dem Skelettbeispiele zu bleiben: Das Knochensystem als Ganzes und jeder einzelne Knochen sind nur bei bestimmten gedanklichen und technischen Mitteln denkbar und sichtbar, können in diesem Sinne nicht als unabhängig von ihnen gelten. Sogar das bloße Zeigerablesen an physikalischen Apparaten verlangt die geschulte Fähigkeit, die Gestalten des Zeigers und der Skala abzugrenzen, als sehenswürdige Gegenstände erfassen zu können, ist also nicht eine »einfache«, sondern eine kulturbedingte Beobachtung.

Diese Feststellung bildet aber nicht den Schluß, sondern den Anfang einer rationellen Erkenntnistheorie: Die besondere Fähigkeit, ganz gleich, ob sie Vorbildung, Fachkenntnisse, Beobachtungsgabe, Fertigkeit oder wie immer genannt wird, kann und muß untersucht werden. Man darf sie nicht (wie es leider geschieht) als ein metaphysisches Agens, als ein Sakrament betrachten, das absolut, durch ihr Dasein wirkt. Sie folgt besonderen Gesetzen, sie bildet als spezifische Bereitschaft für ein gerichtetes Wahrnehmen das Hauptelement eines Denkstiles. Denkstile stellen geschlossene Gebilde vor und haben eine eigene geschichtliche Entwicklung. Der alte Glaube an den unveränderlichen allgemeinen menschlichen Verstand, der nur *richtig* oder *unrichtig* funktioniere, ist nicht mehr haltbar. Niemand weiß dies besser als wir Ärzte, die mit Glaube und Aberglaube, sehr altem und sehr neuem Wissen, dem Denken des Volkes und der Gebildeten, der Hysterie, der Psychose, dem affektbetonten Denken der Leidenden, der Kinder usw. täglich zu tun haben.

Der Denkstil ist ein soziales Erzeugnis, d.h. er bildet sich innerhalb eines Kollektivs durch Wirkung sozialer Kräfte aus. Dieser Umstand verbindet naturwissenschaftliche Probleme mit der Soziologie und besonders mit der Soziologie des Denkens, einer Wissenschaft, die leider noch sehr vernachlässigt wird, aber bald sicher in den Mittelpunkt geistigen Interesses vorrücken wird. Die Medizin wird für sie vieles liefern können, worauf hier ausführlicher einzugehen der Raum verbietet.[5]

I Ludwik Fleck, »Zur Frage der Grundlagen der medizinischen Erkenntnis«, in: *Klinische Wochenschrift* 14 (1935) 35, S. 1255-1259. Komm.: CZ. Dieser Aufsatz sowie »Über die wissenschaftliche Beobachtung und die Wahrnehmung im allgemeinen« erscheinen 1935 parallel zum Hauptwerk EET. Fleck wendet sich mit diesen Texten jeweils an ein unterschiedliches Zielpublikum, an Mediziner, an Fachphilosophen und an Wissenschaftstheoretiker verschiedener Couleur, und präsentiert dabei über weite Strecken das gleiche Material. Die Texte unterscheiden sich in einzelnen Formulierungen, Akzentuierungen und Kontextualisierungen. Ihr Vergleich zeigt, wie Fleck darum ringt, in alternativen Darstellungen seine Erkenntnistheorie zu profilieren. Vgl. ferner die englische Übersetzung und dazugehörige Einführung von Jürgen Trenn, »Ludwik Fleck's ›On the Question of the Foundations of Medical Knowledge‹«, in: *The Journal of Medicine and Philosophy* 6 (1981), S. 237-256.

II Werner Heisenberg, »Wandlungen der Grundlagen der exakten Natur-

5 Vgl. FLECK, *Entstehung und Entwicklung einer wissenschaftlichen Tatsache*, Basel: Benno Schwabe 1935.

wissenschaft in jüngster Zeit«, in: *Die Naturwissenschaften* 22 (1934) 40, S. 669-675, hier S. 670.

III Niels Bohr, »Das Quantenpostulat und die neuere Entwicklung der Atomistik«, in: *Die Naturwissenschaften* 16 (1928) 15, S. 245-257, hier S. 245. Das Zitat findet sich auch in »Zur Krise der ›Wirklichkeit‹«, »Über die wissenschaftliche Beobachtung und die Wahrnehmung im allgemeinen« und in »Schauen, Sehen, Wissen«, ET, S. 52f. und 163, vgl. in dieser Ausgabe, S. 58, 250 und 405.

IV James Jeans, *The New Background of Science*, Cambridge 1934. Fleck übernimmt weitgehend die Darstellung von Arthur Haas' Rezension, »James Jeans' ›The New Background of Science‹«, in: *Die Naturwissenschaften* 22 (1934) 30, S. 511f. »In der Form eines Überblickes über das Gesamtgebiet der modernen Physik sucht die neue Schrift in gemeinverständlicher Weise zu zeigen, wie die Entwicklung der Physik von der materialistischen Auffassung des 19. Jahrhunderts zu einer ›mentalistischen‹ Auffassung führte; dies geschah, indem immer mehr das, was der Physiker Natur nennt, zu etwas von ihm Geschaffenen oder zumindest Ausgewählten oder durch Abstraktion Gewonnenen wurde, und sich dadurch immer mehr der einst scharfe Gegensatz zwischen dem Physiker und der Natur milderte.«

V Eigentlich: »Schaue, und schaue richtig.« Aus Henri Poincaré, *Wissenschaft und Methode*, übers. v. F. und L. Lindemann, Leipzig, Berlin 1914, S. 4. Zitat auch in »Über die wissenschaftliche Beobachtung und die Wahrnehmung im allgemeinen«, in diesem Band, S. 211.

VI Karl Sudhoff, *Tradition und Naturbeobachtung in den Illustrationen medizinischer Handschriften und Frühdrucke vornehmlich des 15. Jahrhunderts*, Leipzig 1907, S. 53: »Aus einem Münchener Codex latinus 13002, geschr. 1158 im Kloster Prüfling bei Regensburg.«

VII Erwin Schrödinger, *Über Indeterminismus in der Physik. Ist die Naturwissenschaft milieubedingt? Zwei Vorträge zur Kritik der naturwissenschaftlichen Erkenntnis*, Leipzig 1932. Vgl. dazu: »Wissenschaft und Umwelt«, in diesem Band.

VIII Vgl. die Abb. der Gehirnoberfläche aus Andreas Vesalius, *Epitome*, Basel 1543, in: EET, S. 182.

IX Der hier gemeinte Augenquerschnitt aus Karl Sudhoff, *Tradition und Naturbeobachtung* [wie EN VI], S. 24, ist abgebildet in EET, S. 182. Es handelt sich um das Titelblatt eines 1539 in Straßburg erschienenen anonymen Augentraktats: *Eyn Newes hochnutzliches Büchlin / und Anothomi eynes auffgethonen augs / auch seiner Erklärung* [...].

X Weibliche Situsbilder zeigten den (virtuell) geöffneten Leib einer Schwangeren.

XI Sudhoff, *Tradition und Naturbeobachtung* [wie EN VI], Studienheft 1, Tafel IXa: »Anatomische Aderlaßfigur, Miniatur aus einer italienischen

Handschrift vom Anfang des 15. Jahrhunderts; im Besitze des Münchener Antiquars Herrn Jacques Rosenthal.« Fleck bringt diese Abbildung auch in EET, S. 182, und in »Schauen, Sehen, Wissen«, in diesem Band.

XII Fleck interpretiert hier die Abbildungen aus den Kapiteln »Weibliche Situsbilder« und »Kindslagen«. Vgl in Sudhoff, *Tradition und Naturbeobachtung* (wie EN VI), S. 77-90 und 67-75. Derartige Deutungen finden sich jedoch bei Sudhoff nicht.

XIII Vgl. EET, S. 48f., S. 181f., und »Über die wissenschaftliche Beobachtung und die Wahrnehmung im allgemeinen«, hier S. 231.

XIV Vgl. EET, S. 167, »Das Problem einer Theorie des Erkennens« und »Antwort auf die Bemerkungen von Tadeusz Bilikiewicz«.

XV Carl Heitzmann, *Deskriptive und topographische Anatomie des Menschen in 637 Abbildungen*, Wien, Leipzig 1888, S. 79, Abb. 99: »Der Brustkorb, *Thorax*, und die Wirbelsäule von hinten, mit den Ansätzen der breiten und einiger langen Rückenmuskeln.«

XVI Odilo Schreger, *Studiosus jovialis seu auxilia ad jocose et honeste discurrendum, in gratiam et usum studiosorum*, Pedeponti 1751, S. 337. Vgl. EET, S. 167, sowie in diesem Band: »Das Problem einer Theorie des Erkennens« und die »Antwort auf die Bemerkungen von Tadeusz Bilikiewicz«, auch »Schauen, Sehen, Wissen«, wo Fleck auf diesen Text ebenfalls Bezug nimmt. Schreger (1697-1774) war ein geistlicher Schriftsteller, der durch seine praktisch-lehrhaften und unterhaltsamen Werke große Popularität erlangte. Auch sein 860 Seiten starker *Studiosus jovialis* (1749) ist eine scherzhafte Schrift, die in Gestalt eines Sammelsuriums von Merksätzen, theologischen Axiomen, philosophischen Aphorismen, heiteren Rätseln, Wortspielen und Schwänken alltagspraktische Volksweisheiten, aber auch naturkundliche Erkenntnisse und laienmedizinisches Erfahrungswissen darbot. Die von Fleck zitierte Frage nach der Schwere ist das 39. der sogenannten »Teutschen Problemata«.

XVII Joseph Loew, *Über den Urin, als diagnostisches und prognostisches Zeichen in physiologischer und pathologischer Hinsicht. Eine von der königl. Medic. Sektion zu Landshut mit dem med. chirurg. Doktorgrad gekrönte Preisschrift*, Landshut 1809. In EET widmet Fleck diesem Text 9 Seiten! Vgl. EET, S. 168-176. Fleck thematisiert indes nicht, daß man Loews 256 Seiten starke Arbeit zwar mit dem Doktortitel belohnte, sie in der Fachwelt jedoch nur mit Befremden aufgenommen wurde. Vgl. die Rezension in der *Allgemeinen Literaturzeitung*, 31. 10. 1811, S. 417-419, in: ⟨http://zs.thulb.uni-jena.de/receive/jportal_jparticle_00029424⟩ (Zugriff: 24. 8. 2010). Keineswegs versteht sich Loew, wie Fleck behauptet, als ›nüchternen Forscher‹ (EET, S. 170), sondern bezeichnet es im letzten Satz des Buches als Tugend des Arztes, daß dieser »vom Geiste einer höheren Natur durchdrungen [...] wie ein Gottbegeisterter Seher« wirke.

XVIII Vgl. das Motto aus EET, S. 48: »In der Naturwissenschaft gibt es gleich wie in der Kunst und im Leben keine andere Naturtreue als die Kulturtreue.«

XIX Karl Sudhoff, *Tradition und Naturbeobachtung* [wie EN VI], S. 8. Zitat auch in »Über die wissenschaftliche Beobachtung und die Wahrnehmung im allgemeinen«, in diesem Band, S. 228.

XX Vgl. Albrecht Bethe, »Kritische Betrachtungen über den vorklinischen Unterricht«, in: *Klinische Wochenschrift* 7 (1928), S. 1481-1483; Bethe trat dafür ein, den Anatomieunterricht im Studium zu reduzieren, da in diesem Bereich es vergleichsweise wenige neue Erkenntnisse gebe. Nach Protesten von Anatomieprofessoren erweiterte er seine Kritik, darauf verweisend, daß den Studenten im Anatomieunterricht eine der modernen Medizin inadäquate Beobachtungsweise beigebracht werde: »Es ist auch von mehreren Herren auf die Anschaulichkeit und Greifbarkeit der anatomischen Ergebnisse hingewiesen und darin ihr besonderer didaktischer Wert, eine Vorbereitung auf die Beobachtung am Krankenbett gesehen. Zweifellos! der Student muß lernen, zu beobachten und sich den Menschenkörper durchsichtig vorzustellen. Aber er muß auch lernen – und das ist mindestens ebenso wichtig – *in Vorgängen zu denken*, denn der Kranke ist keine Leiche, Krankheit kein Zustand, sondern ein Geschehen« (Albrecht Bethe, »Form und Geschehen im Denken des Heutigen Arztes«, in: *Klinische Wochenschrift* 7 [1928], S. 2402-2405, hier S. 2404). Auch Hans Petersen, der später eine Rezension zu EET schreiben wird (»Ludwik Flecks Lehre vom Denkstil und dem Denkkollektiv«, in: *Klinische Wochenschrift* 15, 7 [1936], S. 239-242), beteiligt sich an der Debatte: Hans Petersen, »Über die Rolle der Anatomie im Lehrgang des künftigen Arztes«, in: *Klinische Wochenschrift* 7, 39 (1928), S. 1872-1875, und versucht im Anschluß an Heinrich Rickert und Jakob von Uexküll, das naturwissenschaftliche Denken in Kausalitäten vom medizinischen Denken zu unterscheiden: »Für das ärztliche Denken darf man wohl das Denken in Sinnzusammenhängen als wesentlich bezeichnen« (ebd., S. 1873). Auf diese Debatte nimmt Fleck auch Bezug in EET, S. 51, FN 19.

XXI Vgl. EET, S. 50, sowie »Über die wissenschaftliche Beobachtung und die Wahrnehmung im allgemeinen« und den dortigen Kommentar zu Berengar, in diesem Band, S. 237f.

XXII Vgl. das Berengar-Zitat bei Roth (wie S. 244) S. 45: »Was ich gegen Avicenna und andere sagte, geschah im Vertrauen auf die Beobachtung, wenn auch unter Furcht.«

XXIII *Musculus rectus abdominis* (= Gerader Bauchmuskel), *Musculus scalenus* (= Rippenhaltermuskel).

XXIV »[...] damit niemand in zu großem Vertrauen auf das, was er bei Galen über die Sektion liest, behauptet, daß ich einigen der Muskeln nicht die gebührende Aufmerksamkeit schenke und sie unerwähnt lasse.« Zu Vesals Umgang mit Galen siehe z.B. Nancy G. Siraisi, »Vesalius and the Reading of Galen's Teleology«, in: *Renaissance Quarterly* 50 (1997) 1, S. 1-37.

XXV Zitat aus: Wilhelm Jerusalem, »Die soziale Bedingtheit des Denkens und der Denkform«, in: Max Scheler u.a. (Hg.), *Versuche zu einer Soziologie des Wissens*, München 1924, S. 182-207, hier S. 193. Nachweis in EET, S. 67, FN 40. In EET, S. 121, auch: »Streit der gedanklichen Gesichtsfelder«.

XXVI Carl Toldt, *Anatomischer Atlas für Studierende und Ärzte*, Bd. 1, Wien, Leipzig 1896. Zitat so nicht nachweisbar, vgl. aber dort die Bildlegende zu Fig. 444. Vgl. EET, S. 183, FN 26 und »Über die wissenschaftliche Beobachtung und die Wahrnehmung im allgemeinen«, in diesem Band, S. 231.

XXVII »[...] wie eine Pflanze aus dem Samen wächst.« Das Zitat stammt aus Agrippa, *De Occulta Philosophia*, I, Cap. 20, S. 126 und lautet korrekt »velut planta ex semine in resurrectione mortuorum, corpus nostrum repullulascet«.

XXVIII »Es gibt zwanzig Schädelknochen, davon acht im Kopf und zwölf im Oberkiefer.«

XXIX EET, S. 185: »364«.

XXX Nicolas Fontanus, *De Humani Corporis Fabrica Epitome*, Amsterdam 1642, S. 66. »Zum Bauch als Magen sagt man auch kleiner Bauch.«

XXXI Fontanus, *Epitome* (wie FN 4), S. 208. »Die Hoden oder Testikeln attestieren die Männlichkeit.«

XXXII Fontanus, *Epitome* (wie FN 4), S. 353. »Das Herz (*cor*) wird, weil es beständig läuft (*correre*), so genannt.« Bereits der Name bringt also die konstante Bewegung des Herzens zum Ausdruck.

XXXIII Fontanus, *Epitome* (wie FN 4), S. 745. »Das Schlüsselbein [*clavicula*, griech. *kleides*] wird so genannt, weil es den Brustkorb abschließt und wie ein Schlüssel [*clavis*] das Schulterblatt mit dem Brustbein zusammenschließt: oder weil es einem Hausschlüssel ähnelt.« Vgl. auch EET, S. 176-179.

XXXIV Bartholinus, *Anatome* (wie FN 3), S. 177; vgl. auch EET, S. 179. »Ihre Form ist die einer Bohne, oder des Blattes eines Leberblümchens [*Anemone hepatica*], das man flach von der Seite betrachtet. Außen auf dem Rükken und ebenso im Krummdarm ist ihre Form buckelig und rund; im Inneren ist die Form der obersten und untersten Teilen bucklig, in der mittleren Sektion aber konkav und stupsnasig.«

XXXV Fontanus, *Epitome* (wie FN 4), S. 7; vgl. auch EET, S. 183. »Die unteren Rippen sind kürzer, damit der volle Magen nicht eingedrückt wird, und aus dem gleichen Grund sind sie auch biegsamer.«

XXXVI Fontanus, *Epitome* (wie FN 4), S. 3. »Vapores« sind Dämpfe.

XXXVII Dieser Absatz findet sich nicht in EET.

XXXVIII Vgl. Niels Bohr, »Das Quantenpostulat« (wie EN III).

XXXIX Karl Bernhard Lehmann, Rudolf Otto Neumann, *Atlas und*

Grundriß der Bakteriologie und Lehrbuch der speziellen bakteriologischen Diagnostik, 2 Bde., München 1927.

XL Ebd.

XLI Ebd.

XLII Ernst Marx, *Die experimentelle Diagnostik, Serumtherapie und Prophylaxe der Infectionskrankheiten*, Berlin 1902.

XLIII Albert Besson, *Technique microbiologique et sérothérapique. Guide pour les travaux du laboratoire*, Paris 1898. »Diese Bakterien können parallel zueinander angeordnet werden oder paarweise mit den Enden miteinander verbunden. Öfter noch sind zwei in einem mehr oder weniger spitzen Winkel verbunden, und zwar so, daß sie wie ein V oder ein Zirkumflex-Akzent aussehen« (Übersetzung: CZ).

XLIV H. A. Gins, »Diphtherie«, in: W. Kolle, R. Kraus, P. Uhlenhuth (Hg.), *Handbuch der pathogenen Mikroorganismen*, Bd. V, 1, S. 451-524, Jena, Berlin u. a. 1928.

Das Problem einer Theorie des Erkennens[I]

I.

Ein Grundfehler vieler Betrachtungen aus dem Gebiet der Theorie des Erkennens ist, daß (mehr oder weniger offenkundig) mit einem symbolischen epistemologischen Subjekt operiert wird, genannt »der menschliche Geist«, »der menschliche Verstand«, »der Forscher« oder einfach »der Mensch« (»Jan«, »Sokrates«), das keinerlei konkrete Lebenslage hat, grundsätzlich keinen Veränderungen unterworfen ist, selbst über Jahrhunderte hinweg, und, ungeachtet des Milieus und der Epoche, jeden »normalen« Menschen repräsentiert. Es hat also absolut, unveränderlich und allgemein zu sein.

Da sagt man z. B., daß die Quelle des Wissens des »Menschen« empirische Erfahrungen sind, und man denkt dabei nicht daran, daß bei uns in Europa die Quelle fast allen Wissens jedes Menschen seit langem ganz einfach das Buch und die Schule sind. Diese Bücher und diese Schulen entstammen wiederum Büchern und Schulen usw. Selbst wenn wir annehmen, daß dieser Weg letzten Endes seinen Anfang in irgend jemandes empirischen Erfahrungen nahm, so mangelt es doch bislang an seriösen Untersuchungen darüber, ob allein das Übermitteln des Wissens, seine Wanderung von Mensch zu Mensch, von der wissenschaftlichen Zeitschrift in ein Lehrbuch, seinen Inhalt nicht verändert, und insbesondere, ob es ihn nicht in irgendwie gerichteter Weise verändert. Gibt es also vielleicht gewisse Elemente des Wissens, deren Genese weder empirisch noch spekulativ, sondern allein soziologisch ist, d. h. die während und aufgrund ihrer Wanderung innerhalb der Gesellschaft entstehen? Es gibt bisher auch keine Untersuchungen, die darüber aufklärten, wie ein bestimmter Vorrat an Kenntnissen den Akt weiteren Erkennens beeinflußt. Geht das Erkennen, unternommen durch einen Fachmann irgendeines Wissensbereichs, nicht grundsätzlich anders als das Erkennen durch einen Laien vor sich? Gibt es nicht ein Einstimmen der neuen Erkenntniselemente auf den Charakter, auf den Stil der alten? Wächst ein entwickelter Wissenszweig nicht nach anderen Gesetzen als ein erst aufkeimender Zweig? Gibt es also nicht Wissenselemente, deren Genese allein historisch ist, d. h. die allein aufgrund eines geschichtlichen Zusammentreffens von Umständen entstanden sind?

Dies sind grundsätzliche Fragen. Jener symbolische »menschliche Geist« ist ein asoziales und ahistorisches Wesen: Da er der eine, einzige, also einsam ist, verkehrt er mit niemandem, führt er keine Diskussion, ahmt er nicht nach, hat er weder Gefährten, Freunde oder Feinde. Deshalb kommt es zur Vernachlässigung der Soziologie des Erkennens. Der »menschliche Verstand«, dieser fiktive Vertreter des Verstands aller Menschen, soll darüber hinaus in seiner »logischen Struktur« immer und überall derselbe, sogar überhaupt der einzig mögliche sein. Daraus ergibt sich, daß sowohl entwicklungsgeschichtliche Untersuchungen des Denkens wie auch die vergleichende Wissenschaft über das Denken vernachlässigt werden: Alle Formen des archaischen und exotischen Denkens werden einfach als nicht untersuchenswert übergangen. Es gibt hier eine engstirnige Fiktion des »normalen Geistes«: Was andersartig ist, ist eigentlich nicht untersuchbar, kann lediglich als genial angebetet oder mitleidsvoll als wahnsinnig behandelt werden.

Man redet zuviel davon, wie das erkennende Denken aussehen *sollte*, und zuwenig davon, wie es konkret aussieht. Wissen wir jedoch wirklich so viel davon, wie es sein sollte? Kennen wir wenigstens ein einziges Beispiel vollkommenen Denkens, das es wert wäre, für immer festgehalten zu werden, damit es keiner Veränderung mehr unterliege? Ich kann mich hier nicht des Vergleichs mit der spekulativen »anatomia imaginabilis«[II] der Epigonen des Mittelalters erwehren, die sich aus einigen armseligen traditionellen Schemata und vielen ergänzenden Spekulationen zusammensetzte und nicht untersuchte, wie der Körperbau aussieht, sondern wie er aussehen *sollte*, um den Anforderungen der Wissenschaft Genüge zu tun: Die traditionelle *epistemologia imaginabilis* ist dieser Anatomie sehr ähnlich.

Einen Ansatz zu einer modernen Theorie des Erkennens stellen die Untersuchungen der Schule von Durkheim[III] und Lévy-Bruhl[IV] über die Soziologie des Denkens und das Denken der Urvölker dar. Auch Gumplowicz,[V] Jerusalem und andere unterstreichen die »soziale Bedingtheit des Denkens und seiner Formen«.[VI] Diesen Ansätzen fehlt jedoch die Konsequenz, denn sie konnten sich nicht von dem Vorurteil befreien, nach dem das heutige, europäische wissenschaftliche Denken eine grundsätzliche Ausnahme darstelle, es »objektiv« sei, dem Grundsatz sozialer Bedingtheit nicht unterworfen. Lévy-Bruhl glaubt z. B. an objektive Merkmale der Phänomene, auf die sich die Aufmerksamkeit automatisch richte, sobald nur die mystischen Elemente des Denkens verschwinden.[VII] Genauso schreibt JERUSALEM über eine Möglichkeit des rein »objektiven« Feststellens der Tatsachen, die das Individuum angeblich erlangt, wenn es sich aus der vollkommenen sozialen Abhängigkeit befreit.[VIII]

Besonders fällt jedoch das fast völlige Fehlen an Untersuchungen – und sogar des Vermögens solcher Untersuchungen – über archaische Denkformen auf. Wir verstehen nur ironisch zu lächeln, wenn wir in alten wissenschaftlichen Abhandlungen Beschreibungen von Phänomenen lesen, die fast ausschließlich aus einer Analyse des Namens dieses Phänomens bestehen, oder wenn wir dort auf eine »Vermengung« der übertragenen Bedeutungen des Ausdrucks mit seiner realen Bedeutung stoßen. Die wunderliche, mitunter höchst verzwickte Symbolik alter Abbildungen, die doch die Aufgabe hatten, Dinge und Ereignisse naturalistisch darzustellen, Gerichtsurteile gegen tote Gegenstände, z. B. gegen die Glocke, die SAVONAROLA Achtung erwies;[IX] Aufschriften, die während einer Epidemie an Häusern angebracht wurden, um die Pest irrezuführen, daß »in diesem Hause keine Kinder seien«: All das und ähnliche Erscheinungen sind für uns nur Kuriositäten, über die wir nur lachen können, aber wir verfügen über keinen Standpunkt, von dem aus wir sie einheitlich erfassen und untersuchen könnten. Wir sind auch nicht dazu imstande, die intellektuelle Persönlichkeit alter Denker zu erfassen: In den Geschichtsbüchern sind sie Genies, bei der Lektüre ihrer eigenen Arbeiten stoßen wir jedoch oftmals auf primitives Denken, schwankende Anschauungen, naive Theorien. Ein TYCHO BRAHE, dessen Hauptargument es war, daß die Bewegung, als edleres Phänomen, eher den Sternen als der schwerfälligen Erde zusteht, erscheint in dieser doppelten Beleuchtung als etwas Irrationales. Ähnlich KEPLER, der der Meinung war, daß die Kometen da seien, damit der Raum des Weltalls nicht allzu leer sei (Gott hat es gefallen, auch die Fische zu erschaffen, damit das Meer nicht leer stünde),[X] oder KANT, der meinte, »daß die Würde der Menschheit an dem Tag geboren war, an dem der Mensch zum ersten Mal zum Schafe sagte: den Pelz, den du trägst, hat dir die Natur nicht für dich, sondern für mich gegeben, ihm ihn abzog und sich selbst anlegte«.[XI]

Rationalität oder Irrationalität sind jedoch nicht Merkmale der Phänomene, sondern Beleg von Tauglichkeit oder Untauglichkeit der angewandten verstandesgemäßen Methoden. Daraus folgt also, daß wir bislang über keine tauglichen Methoden zur Untersuchung der genannten Phänomene verfügen.

II.

Meiner Meinung nach muß die Wissenschaft vom Erkennen von drei grundlegenden Phänomenen ausgehen.[XII] Das erste ist *die Denkdifferenzierung der Menschen in Gruppen*: Es gibt Menschen, die sich miteinander verständigen können, d. h. die irgendwie ähnlich denken, die gewissermaßen derselben Denkgruppe angehören, und Menschen, die sich nicht im mindesten einigen und miteinander verständigen können, als ob sie verschiedenen Denkgruppen (-gemeinschaften) angehörten. Naturwissenschaftler, Philologen, Theologen oder Kabbalisten können sich innerhalb ihrer Gemeinschaften ausgezeichnet verständigen, aber die Verständigung eines Physikers mit einem Philologen ist schwierig, mit einem Theologen sehr schwierig und mit einem Kabbalisten oder Mystiker unmöglich. Der Gegenstand des Gesprächs spielt keine entscheidende Rolle, denn sogar bei einem scheinbar identischen Gegenstand, z. B. in der Frage einer gewissen Krankheit oder eines Phänomens am Himmel, versteht der Physiker einen Biologen, verständigt sich aber nicht mit einem Theologen oder Gnostiker. Sie werden aneinander vorbei und nicht zueinander sprechen: Sie gehören einer anderen Denkgemeinschaft, also einem Denkkollektiv an, sie haben einen anderen *Denkstil*. Was für den einen wichtig, sogar wesentlich ist, ist für den anderen Nebensache, keiner Erwägung wert. Was der eine für evident hält, das hält der andere für Unsinn. Was für den einen selbstverständlich ist, ist für den anderen Unsinn. Was für den einen Wahrheit ist (evtl. »erhabene Wahrheit«), ist für den anderen eine »schäbige Erdichtung« (evtl. eine naive Täuschung). Schon nach einigen Sätzen stellt sich das eigentümliche Gefühl der Fremdheit ein, das die Divergenz der Denkstile bestätigt, ähnlich wie wir in anderen Fällen schon nach ein paar Sätzen eine eigentümliche Denksolidarität mit einem Menschen empfinden, mit dem wir sprechen, was die gemeinsame Zugehörigkeit zu einem identischen Denkkollektiv bestätigt.

Als Beispiel wollen wir vergleichen, was der Philosoph Bergson und was der Physiker Maxwell über die Bewegung schreiben: Bergson, *Einführung in die Metaphysik*, übersetzt von Błeszyński, S. 70 [hier Jena 1929, S. 30]:[XIII]

Betrachten wir z. B. die Veränderlichkeit, die der Homogeneität am nächsten ist, die Bewegung im Raum. Ich kann mir an dieser Bewegung, ihrer ganzen

Ausdehnung nach, mögliche Stillstände vorstellen: dasjenige, was ich die Lagen des Beweglichen nenne oder die Punkte, durch die das Bewegliche hindurchgeht. Aber mit Lagen, wenn sie auch in unendlicher Anzahl gegeben wären, werde ich keine Bewegung bilden. Sie sind nicht Teile der Bewegung; sie sind ebenso viele von ihr genommene Ansichten: Sie sind – könnte man sagen – nur Möglichkeiten von Stillständen. Niemals ist das Bewegliche wirklich in einem der Punkte; höchstens kann man sagen, daß es durch ihn hindurchgeht. Aber das Hindurchgehen, das eine Bewegung ist, hat nichts gemein mit einem Stillstand, welcher Unbewegtheit ist.

S. 39 [hier S. 4]:

»Wenn jemand den Arm erhebt, führt er eine Bewegung aus, von der er innerlich die einfache Wahrnehmung hat; aber äußerlich, für mich, der ihn ansieht, bewegt sich sein Arm durch einen Punkt, dann durch einen andern Punkt, und zwischen diesen beiden Punkten werden wieder andere Punkte liegen, so daß, wenn ich zu zählen anfange, das Verfahren endlos weitergehen wird. Von ihnen gesehen ist ein Absolutes also ein Einfaches.«

Maxwell, *Substanz und Bewegung*, übersetzt von Dickstein, S. 24 [hier Braunschweig 1876, S. 19f.]:[XIV]

Wird die Veränderung in der Configuration eines Systemes bloss mit Rücksicht auf seine beiden Zustände vor und nach der Veränderung betrachtet und ohne Bezug auf die Zeit, während welcher diese Veränderung sich vollzieht, so nennt man sie eine Dislocation des Systemes. Richten wir unsere Aufmerksamkeit auf den Process der Veränderung selbst, als etwas, was sich in einer gewissen Zeit und in stetiger Weise vollzieht, dann schreiben wir die Veränderung in der Configuration der Bewegung des Systemes zu.

S. 31 [hier S. 25]:

Wenn wir sagen, daß ein Körper in Ruhe ist, so bedienen wir uns hierbei allerdings einer Redeweise, welche etwas über den Körper, für sich allein betrachtet, festzustellen scheint, und wir könnten glauben, daß die Geschwindigkeit eines anderen Körpers, bezogen auf den in Ruhe befindlichen Körper, seine wahre und einzige absolute Geschwindigkeit sei. Aber der Ausdruck »in Ruhe« hat im bürgerlichen Verkehre die Bedeutung »ohne Geschwindigkeit in Beziehung auf das, worauf der Körper steht«, so z.B. in Beziehung auf die Erdoberfläche oder auf das Verdeck eines Schiffes. Mehr kann damit nie gemeint sein. Deshalb ist es unwissenschaftlich, zwischen Ruhe und Bewegung zu unterscheiden, als zwischen zwei verschiedenen Zuständen eines Körpers an sich, da es unmöglich ist, von einem Körper als in Ruhe oder in Bewegung befindlich zu sprechen ohne eine – ausgesprochene oder verschwiegene – Beziehung auf irgend einen anderen Körper.

Diese zwei Menschen könnten sich in der Frage der Bewegung nicht verständigen: BERGSON sucht das »Absolute«, er meint, daß das Ideal der Erkenntnis das Erleben »von innen« ist. MAXWELL sucht Beziehungen und Verbindungen mit der Umgebung; Grundlage seiner Erkenntnis ist ein Relativismus. Nach BERGSON untersucht MAXWELL einen Ersatz der Bewegung, nach MAXWELL untersucht BERGSON Hirngespinste ohne konkreten Inhalt. BERGSON wirft MAXWELL vor, daß er überhaupt nicht »die Bewegung als solche« untersucht, sondern ihre Erscheinungen relativ zur Konfiguration des Systems. MAXWELL wirft BERGSON vor, daß Bewegung erleben keineswegs bedeutet, sie wissenschaftlich zu erkennen, sondern im Gegenteil deren Erkenntnis oft unmöglich macht.

Es zeigt sich, daß die Worte eine andere Bedeutung für BERGSON und eine andere für MAXWELL haben: die »Bewegung« BERGSONS ist etwas anderes als die »Bewegung« MAXWELLS, genauso hat das Wort »erkennen« bei beiden verschiedene Bedeutung. Im Grunde genommen haben fast alle Wörter bei ihnen einen anderen Sinn: nicht so, daß ein Wort eines von ihnen eine Sache bezeichnete, die durch den anderen anders benannt wird, sondern so, daß die von dem einen irgendwie benannte gewisse Sache für den anderen gar nicht existiert. Deshalb kann die Rede des einen von ihnen überhaupt nicht in die Sprache des anderen übersetzt werden. Eine Bewegung BERGSONS, eine Bewegung an sich, eine absolute Bewegung, existiert für MAXWELL überhaupt nicht, er hat und braucht kein Wort, um sie auszudrücken; das gleiche gilt für jenes »Wahrnehmen von innen« BERGSONS. Im allgemeinen hat dieser Philosoph eine bedeutend reichere Sprache, der Physiker beschränkt seinen Wortschatz sehr deutlich, und er macht das auf der Grundlage einer spezifischen Tradition der Wissenschaftlichkeit: Eine gewisse durch die Wissenschaftsgeschichte geschaffene Denkdisziplin läßt ihn manches Wort als nutzlos verwerfen. Den Philosophen verpflichtet diese Disziplin nicht, ihn verpflichtet hingegen die spezifische Tradition der Philosophen, die grundsätzlich auf keinen Begriff verzichten, der sich aus irgendeinem Zeitraum des Denkens erhalten hat.

Noch anders sieht der Denkstil der Mystiker aus. SWEDENBORG[1] meinte, »daß jedes sichtbare, sinnliche Ding – Tier, Felsen, Fluß, Luft –

1 [Ralph Waldo] EMERSON, *Repräsentanten der Menschheit*, Leipzig 1895, Seite 98f. und 105. [Fleck zitiert im Original nach der polnischen Übersetzung von Kreczowska: *Przedstawiciele ludzkości*, Krakau, Warschau 1909, S. 114 und 115.]

ja auch Raum und Zeit, nicht seiner selbst wegen existiere noch irgend einen materiellen Endzweck, sondern nur die Bedeutung einer Bildersprache habe, um uns eine andere Schilderung der Dinge und Pflichten zu geben«. »Jeder Mensch sollte bei allen Gegenständen nach ihrer Bedeutung fragen: Warum hält der Horizont mich mitsamt meiner Freude und meinem Schmerze in diesem Kreise fest? Warum höre ich aus zahllos verschiedenen Stimmen heraus denselben Gedanken, und warum muß ich eine nie ganz klar ausgedrückte Thatsache in endlosen Bildersprachen wieder und immer wieder lesen?« Bei SWEDENBORG bedeutet das Pferd sinnliches Erfassen, der Baum das Empfinden, der Mond den Glauben usw., in seinen Büchern lesen wir solche Sätze: »Im Himmel ist es keinem erlaubt, hinter einem anderen zu stehen und auf dessen Hinterkopf zu sehen: Denn das würde den von Gott ausströmenden Einfluß stören.« Mit diesem Menschen könnte sich weder MAXWELL noch BERGSON verständigen, und doch hatte und hat er seine Anhänger – eine ganze Denkgruppe mit einem gemeinsamen Denkstil. Der Mond SWEDENBORGS ist etwas anderes als der Mond MAXWELLS, sein Himmel und sein Gott haben weder bei BERGSON noch bei MAXWELL Entsprechungen. Sein Erkennen, d. h. zu enträtseln, was ein gewisser Gegenstand »bedeutet«, ist etwas anderes als das Erkennen BERGSONS, d. h., sich in diesen Gegenstand einzufühlen, oder das Erkennen MAXWELLS, d. h., ihn zu vermessen.

Die *erwähnten* Vertreter der drei Denkgemeinschaften können sich also nicht miteinander verständigen, obwohl sie sich innerhalb der eigenen Gemeinschaften nicht nur verständigen, sondern sogar ihre Anschauungssysteme in Zusammenarbeit mit anderen Mitgliedern der Gruppe ausbauen. Ihr Denkstil ist keine individuelle Eigenschaft, sondern eine der Gruppe: Er stützt sich auf eine bestimmte Erziehung (Schulung) und auf eine bestimmte geschichtliche Tradition. Man muß also von einem getrennten philosophischen, naturwissenschaftlichen und mystischen Denkstil sprechen. Jeder von ihnen hat eine spezifische Evolutionsgeschichte durchgemacht und nimmt einen spezifischen Platz im geistigen Leben der Menschheit ein. Solche Denkgruppen (Gemeinschaften, Kollektive), die Träger von mehr oder weniger gesonderten Denkstilen sind, gibt es sehr viele. Sie werden durch mannigfaltige besondere Formen kollektiven Denkens geschaffen, z. B. von bestimmten Disziplinen wie der Physik, der Philologie, der Ökonomie, vom Wissen bestimmter praktischer Berufe wie dem Handwerk, der Kaufmannschaft, weiter vom Wissen religiöser, ethnographischer, politischer Gesellschaften usw. Von den philosophischen Systemen bestimmter Schulen, von der Weltanschauung des sogenannten gesunden Menschenverstandes usw. Manche Denkstile sind einander sehr ähnlich, z.B. der physikalische und der biologische, andere sind weiter entfernt, z.B. der physikalische und der philologische, andere schließlich sind so verschieden wie z.B. der physikalische und der mystische. Man kann also von gesonderten Stilen und von Abweichungen der Stile sprechen und analog von verwandten und von entfernten Denkgemeinschaften.

Verständigung ist grundsätzlich nur innerhalb einer Gemeinschaft möglich, zwischen verwandten Gemeinschaften spielt sie sich schon mit gewisser Komplikation ab: der Austausch eines Gedankens zwischen den Gruppen ist immer mit seiner mehr oder weniger deutlichen Umänderung verbunden. Von einer Gruppe in die andere übergehend, ändern die Worte ihre Bedeutung, die Begriffe erhalten eine andere Stilfärbung, die Sätze einen anderen Sinn, die Anschauungen einen anderen Wert. Sind die Gruppen sehr voneinander entfernt, so kann der Gedankenaustausch ganz unmöglich sein, die Transformation eines Gedankens besteht dann in seiner völligen Vernichtung.

III.

Das zweite grundlegende Phänomen der Wissenschaft vom Erkennen ist die Tatsache, daß *der Kreislauf eines Gedankens grundsätzlich immer mit dessen Umgestaltung verbunden ist.*

Wenn ich aus dem Komplex des im gegebenen Moment aktuell Erlebten heraus einen Gedanken formuliere, d.h. eine Aussage, also eine Wortfolge bilde, so bin ich vor allem durch den Aufbau der Sprache gebunden, die ich benutze, durch die in dem Milieu geltenden Normen und Gebräuche, zu dem ich gehöre. Ich muß jedoch darüber hinaus auf die Person oder das Milieu Rücksicht nehmen, für das ich meine Aussage forme, denn ich will doch zu irgendeinem bestimmten Zweck verstanden werden. Jeder formulierte Gedanke, zum tatsächlichen Gebrauch bestimmt, trägt also ein Herstellerzeichen und eine Bestimmungsadresse. Ein formulierter Gedanke, eine Aussage, ist also (wenn man diese Bezeichnung hier gebrauchen darf) eine gerichtete vektorielle Größe. Ein alleinstehender Satz, ohne Herstellerzeichen und Bestimmungsadresse und auch ohne Rücksichtnahme auf jene sozialen Kräfte, die seine Richtung und seinen Kreislauf bestimmen, ist unvollständig und eignet sich nicht für Betrachtungen einer vernünftigen Wissenschaft vom Erkennen. Nur der Satz in seinem natürlichen Zusammenhang, also in seiner sozialen Bedeutung innerhalb der Gesellschaft, enthält einen bestimmten Sinn, ein alleinstehender Satz kann unterschiedlich verstanden werden: Er kann vieldeutig oder sinnlos sein, abhängig vom Milieu des Empfängers.

Wenn ich einen Gedanken für die Mitglieder eines anderen Denkkollektivs formuliere, gestalte ich ihn so um, daß er dem dortigen Stil nahekommt. Ich bin also bestrebt, ein gemeinsames Kollektiv zu schaffen, ein irgendwie mittleres, ärmer an Inhalt, aber breiter. Ich bin bemüht, den Gedanken umzustilisieren. *Ein solcher Versand eines Gedankens heißt Propaganda.* Als Beispiel kann hier die aus der Geschichte bekannte, von den Jesuiten im China des 18. Jahrhunderts betriebene Propagierung des Christentums genannt werden, die eine weitgehende Umgestaltung christlicher Ideen für die Zwecke des chinesischen Kollektivs vornahm.

Wenn ich einen Gedanken von Erkenntnisinhalt für Mitglieder des eigenen Kollektivs formuliere, kann dies bezwecken: (1) seine *Popularisierung*, wenn es um Laien aus diesem Kollektiv geht, (2) die *Information* über ihn, wenn es um gleichwertige Fachleute geht, oder schließlich (3) seine *Legitimierung* im Rahmen des stilgemäßen Ideensystems, d. h. seine offizielle Formulierung, gültig für das Kollektiv als solches.

Jedermann wird der Meinung zustimmen, daß Popularisierung gleichermaßen wie Legitimierung die Veränderung des sozialen Werts einer Aussage verursachen. Die *Popularisierung* bedient sich der Umgangssprache, also ungenauer Ausdrücke, sie läßt Kritik und Einwände unter den Tisch fallen, und sie hebt durch Bilder und Gleichnisse gewisse Aspekte der Sache hervor. Der Laie schenkt dem Fachmann sein Erkenntnisvertrauen, hat aber keine Möglichkeit, ihn zu kontrollieren. In einer populären Darstellung wird also die Aussage des Fachmanns viel apodiktischer. Als Beispiel können wir irgendeine Aussage aus dem Gebiet der Hygiene in ihrer fachlichen und in ihrer populären Formulierung vergleichen.

Die *Legitimierung* einer Aussage löst sie aus ihren genetischen, psychologischen und geschichtlichen Zusammenhängen heraus und paßt sie den Schemata des Gesamtsystems an. Sie reißt sie also sozusagen aus dem Mutterboden heraus und verpflanzt sie in einen gemeinsamen künstlichen Garten; sie nimmt ihr die individuelle Eigentümlichkeit weg, indem sie sie in die Uniform des Kollektivdienstes kleidet. Sie läßt sie an der Glaubwürdigkeit und am Ansehen des ganzen Systems teilhaben, das von der Denkgemeinschaft als das einzig gute, sogar als das einzig mögliche betrachtet wird. Die Aussage gewinnt dadurch die Merkmale von Objektivität und Gewißheit (Beständigkeit). Als Beispiel vergegenwärtigen wir uns, wie sich der Wert einer Aussage verändert, sobald sie aus einem Zeitschriftenaufsatz in ein Lehrbuch gelangt: Derselbe Satz hat dann schon eine andere Bedeutung, er trägt nicht mehr den Charakter einer Behauptung des Autors X, sondern den Charakter eines anerkannten Elements des gegebenen Wissenszweiges.

Informative Aussagen, ausgetauscht unter in dem gegebenen Gebiet gleichrangigen Fachleuten, spielen im wirklichen, sozial relevanten Gedankenaustausch die geringste Rolle. Von einer informativen Aussage kann man nur dann sprechen, wenn ihr Empfänger das spezifische Vertrauen zu den Erkenntnisfähigkeiten des Absenders (Erkenntnisvertrauen) hat und zugleich über alle Möglichkeiten verfügt, ihren Inhalt zu kontrollieren. Es ist klar, daß Informationsaussagen in diesem Verständnis nur eine gewisse Grenzmöglichkeit darstellen. Die Erfahrung lehrt nämlich, daß ein Fachmann einer neuen, von einem anderen Fachmann vermittelten Nachricht entweder mit übermäßigem Vertrauen und fehlender Kontrollmöglichkeit begegnet, also wie ein untergeordneter Faktor, d. h. gewissermaßen wie ein Laie, oder mit einem Übermaß an Legitimierungslust, also wie ein übergeordneter Faktor. Ein Gleichgewicht von Kritik und Vertrauen unter Fachleuten stellt sich vor allem dann ein, wenn der Inhalt des Gedankenaustausches nicht neue Erkenntnis, sondern festgelegte und allgemein anerkannte Bereiche betrifft. Je ausgereifter das gegebene Gebiet ist, je entwickelter die gegebene Denkgruppe (oder besser gesagt: je weniger lebhaft die Entwicklung der gegebenen Gruppe zu einem gewissen Moment), desto mehr Informationsaussagen gibt es oder, genauer gesagt, desto näher kommen die Aussagen unter den Fachleuten an das Ideal einer Informationsaussage heran. Gleichzeitig gewinnen sie desto mehr den Charakter konventioneller Parolen der gegebenen Denkgemeinschaft.

Der beabsichtigte Kreislauf eines Gedankens, d. h. sein Kreislauf in beabsichtigten Richtungen innerhalb einer oder zwischen Denkgruppen, ist also fast immer mit einer Umgestaltung verbunden. Es gibt hier vor allem den Kreislauf zwischen dem Schaffenden oder, allgemeiner gesagt, der Denkelite und der Masse, währenddessen es zu der Umgestaltung kommt, die wir die popularisierende Umgestaltung nennen. Danach, innerhalb der Masse kreisend, interferiert der neue Gedanke mit deren Gedankenvorrat und paßt sich dem spezifischen Denkstil der Gemeinschaft an. Jeder neue Gedanke unterliegt der Legitimierung nach den Regeln dieses Stils, wird also einer Umgestaltung durch Legitimierung unterworfen. Nur wenn der Stil sich zeitweilig stabilisiert, d. h., wenn sich die Denkgruppe für eine Weile im Ruhezustand befindet, entwickeln sich Kreise gleichrangiger Fachleute. In einem solchen sozialen Organismus kann er *zeitweilig* mit einer nur minimalen Umgestaltung kreisen, in idealen Fällen sogar ohne Umgestaltung als ein Austausch konventioneller Parolen. Aber jede Erschütterung, jeder neue schöpferische Herd zerstört die Bahnen des unveränderlichen Kreisens und leitet erneut ein umgestaltendes Kreisen ein.

Der beabsichtigte Gedankenkreislauf, dessen Motor der Verständigungswille ist, ist nicht die einzige Möglichkeit. Andere soziale Kräfte, unter anderem die durch Neugierde hervorgerufene Kraft, bringen es mit sich, daß ein Gedanke auch an einen Empfänger gelangt, für den er nicht bestimmt war. Ein solcher unbeabsichtigter Gedankenkreislauf ist vom Standpunkt der Soziologie des Denkens aus sehr wichtig, und er ist mit den deutlichsten Verdrehungen verbunden, manchmal mit der völligen Veränderung des Sinns. Worte und Sätze gehen von einer Denkgruppe in die andere über, von einem Individuum übertragen, für das sie nicht bestimmt waren, und auf dieser Wanderung ändert sich ihr Sinn bisweilen dermaßen, daß nur noch eine lose, entfernte Ähnlichkeit bleibt. Als Beispiel mag hier die Verunstaltung ärztlicher Gedanken dienen, wenn sie von unausgebildetem Hilfspersonal unter das Volk gebracht werden (*falsche Popularisierung*). Oder naturwissenschaftliche Gedanken in journalistischer Redaktion. Oder ein exotischer religiöser Gedanke in der Vorstellung von Kolonialoffizieren.

In eine fremde Gruppe übertragen, macht ein Gedanke Verschiedenes durch. Er kann zu einem mystisch unfaßbaren Motiv werden, um das herum sich ein hintergründiger Kult gruppiert (*Apotheose des Gedankens*). In einem anderen Fall wird er lächerlich und Gegenstand des Spottes (*Karikieren des Gedankens*). Überwiegend befruchtet und bereichert er den fremden Stil, wobei er sich umstilisiert und assimiliert: Der Inhalt verändert sich bisweilen bis zur Unkenntlichkeit, selbst wenn das Wort das gleiche blieb. Als Beispiel führe ich das Wort und den Begriff »Rasse« an, übertragen aus dem naturwissenschaftlichen bzw. anthropologischen in den politischen Stil. Oder das Wort und den Begriff »Hexe«, übertragen aus dem mittelalterlichen in den neuzeitlichen Stil.

Keine der angegebenen Formen des Gedankenkreislaufs – die keineswegs alle bestehenden Formen ausschöpfen (z. B. die Pädagogik) – tritt in Wirklichkeit völlig getrennt auf. Die Popularisierung wird immer – oder fast immer – mit Propaganda und Legitimierung verbunden, die Information wird von Popularisierung oder Propaganda und Legitimierung begleitet, eine bewußt adressierte Sendung von einem unbeabsichtigten Empfang usw. Das ergibt sich daraus, daß das Individuum vielen Denkgruppen zugleich angehört, und indem es Fachmann (Mitglied der Elite) in der einen ist, ist es gleichzeitig Laie in den anderen. Dies bringt mit sich, daß praktisch jeder Gedankenkreislauf sowohl mit einer Stilisierung (Verstärkung) wie auch mit einer Umstilisierung (Verdrehung) verbunden ist. *Gewisse Elemente des aktuellen Denkinhalts können also verfasserlos sein.* Aus Verständigung und Mißverständnissen, aus mehrmaligen Umgestaltungen und Überarbeitungen wächst allmählich im sozialen Kreislauf ein Gebilde heraus, in dem nichts mehr aus den ursprünglichen Bestandteilen enthalten ist. Wie in jenem legendären Messer, an dem im Laufe der Jahrhunderte einmal der Griff, einmal die Klinge ausgewechselt wurden und das trotzdem weiterhin als »dasselbe« gilt, obwohl nichts mehr an ihm unverändert geblieben ist – außer einem gewissen, von ihm dargestellten symbolischen Wert. Ähnlich verändern Gedankengebilde im sozialen Kreislauf ihre Bestandteile und nehmen neuen Inhalt an, der nicht durch ein Individuum erzeugt wurde, sondern seinen Ursprung *a motu sociali* hat.

Man kann das bei jeder lange genug andauernden Diskussion beobachten: Im Kreuzfeuer der Sätze, Polemik, Bestätigungen, Richtigstellungen und Mißverständnissen wird irgendein Wort zum Schlagwort, obwohl dies von niemandem beabsichtigt worden ist; um es herum verdichten sich unter dem Einfluß der gemeinsamen Stimmung bestimmte Postulate, oft nicht einmal deutlich ausgesprochen, aber in den Aussagen *implicite* enthalten. Jemand wird sie später formulieren, das Kollektiv wird ihn als den Entdecker anerkennen, aber ihr Urheber ist eigentlich nicht er, sondern die kollektive Stimmung.

IV.

Das dritte grundlegende Phänomen der Wissenschaft vom Erkennen ist *das Vorhandensein einer spezifischen historischen Entwicklung des Denkens, die sich weder auf eine logische Entfaltung der Denkinhalte noch auf ein einfaches Anwachsen der Einzelkenntnisse zurückführen läßt.*

Jedem, der altertümliche wissenschaftliche Literatur zur Hand nimmt, fällt auf, wie weitgehend unverständlich sie ist. Ein alchimistisches Buch scheint uns ein verflochtenes Gewirr phantastischer Bilder, empirischer Beobachtungen und verunstalteter Anschauungen vergangener Jahrhunderte zu sein. Wir finden dort Symbole, die wie Dinge behandelt werden, und Dinge, die Eigenschaften von Symbolen haben. Mystische Korrelationen von Erscheinungen, die nach unserer Auffassung voneinander weit entfernt sind. Eine merkwürdige Stimmung schwülstiger Geheimniskrämerei, eine ungeschickte Art der Beweisführung und des Ausdrucks von Gedanken, komische Zusammenstellungen. Kein Bild unserer Wirklichkeit läßt sich für die dort angetroffenen Beschreibungen ersetzen, keine Fragestellung deckt sich mit den heutigen, keine Lösung läßt sich genau rekonstruieren.

Ein medizinisches Buch stellt unmögliche oder (unserer Auffassung nach) nicht zueinander gehörige Einzelheiten zu einem übertriebenen oder undeutlichen Bild zusammen, dem heute nichts entspricht. Wir lesen die Beschreibung einer Seuche, und es scheint uns, daß wir sie erkennen, d. h. sie mit einer heutigen Infektionskrankheit identifizieren könnten, z. B. mit der Syphilis. Doch der archaische Verfasser gibt z. B. an, daß an ihr gleichzeitig Haustiere und Fische in den Flüssen erkrankten oder daß sie von seltsamen meteorologischen Erscheinungen begleitet war. Infolgedessen läßt sich diese Beschreibung ganz einfach nicht in die Sprache des heutigen Denkens übersetzen.

Beschreibungen merkwürdiger Abenteuer und Reisen, Beschreibungen solcher Tiere wie der Greif oder der Phönix, Beschreibungen solcher Ereignisse wie ein Froschregen, wunderliche Heil- und Wirtschaftsanweisungen (z. B. wie man Mäuse los wird) usw. usw., zeigen *eine uns völlig fremde, aber eines spezifischen Stils nicht beraubte Welt.* Diese altertümlichen Anschauungen kann man durch keinerlei logische Operationen in heutige überführen, sie würden sich auch nicht grundsätzlich verändern, wenn allein die Zahl der erkannten Einzelheiten vergrößert würde. Für gewöhnlich tun wir diese »Märchen und Vorurteile« mit Gelächter ab. Eine nähere Untersuchung zeigt in ihnen jedoch Elemente auf, aus denen sich unsere heutigen Begriffe und Ansichten entwickelt haben; sie erlaubt auch zu vermuten, wie sich diese Entwicklung im Prinzip vollzieht.

In den *Gesprächen über die Zusammensetzung menschlicher Glieder, von Aristoteles sowie anderen Weisen entnommen* (1535), von Andreas von Kobylin[2, xv] lesen wir (S. 87): »Warum untersagen es die Ärzte, bei einem Mittagessen Milch und Fisch zu essen? Antwort: Weil diese zwei Speisen sehr kalt sind, darum sie vereinigt das große Phlegma vermehren, welches den Menschen zu Aussatz oder zur wilden Krätze, das heißt zur französischen Krankheit führt.« Diese Kälte entspricht dem Inhalt nach nicht im geringsten unserem Kältebegriff: Sie ist, wie wir sagen würden, eine dauerhafte chemische Eigenschaft oder ein chemisches Element, nicht aber ein physikalischer Zustand. Aber sie hat noch eine andere Bedeutung. S. 105: »Warum dieselben bitteren Sachen (Gewürze) nicht so in den Eingeweiden brennen wie in dem Mund? Antwort: Weil dieses Brennen von ihrer natürlichen Hitze kommt. Aber da die Hitze in den Eingeweiden (wie auch oben erwähnt) weit größer ist, darum wird es die kleinere, die in demselben Gewürz ist, bescheidener machen und sogar löschen, ihm die Kraft entziehend, darum sie nicht so schaden und sich in den Eingeweiden nicht so fühlbar aufhalten.« Also verhält sich diese gleichsam chemische Eigenschaft doch wie ein physikalischer Zustand. An anderer Stelle wiederum bedeutet das Begriffspaar »kalt – warm« bei unserem Verfasser das, was wir heute Eigenschaften des Temperaments nennen. Wir lesen also, daß »Männer mehr Wärme als Frauen haben«, daß Mut, Ärgerlichkeit, Scharfsinn usw. von der Wärme abhängen. Daß das Alter kalt ist, deshalb im Alter »die Melancholie, die kalt und trocken ist«, häufiger werde. Oder daß das Blut, »vom Zorn angesiedet, wenn es das Herz berührt, es um so stärker erhitzt«.

2 [Andrzej z Kobylina, *Gadki o składności członków człowieczych, z Arystotelesa i też inszych mędrców wybranych*,] hg. v. Józef Rostafiński, Krakau 1893. [Vgl. die Parallelstelle in Flecks Aufsatz: »Wissenschaft und Umwelt«, und dort die FN 2.]

Mit der »Subtilität« und der Lebenskraft oder Intelligenz bleibt diese Wärme in den folgenden Beispielen in Zusammenhang: »Warum gibt das Herzklopfen auf der rechten sicherere Zeichen als auf der linken Seite? Antwort: Das ist für die Herzwärme, die auf der rechten Seite ihre stärkere Kraft zeigt« (S. 51). Deshalb »sind die rechten Hände subtiler und stärker als die linken« (S. 39). Oder wir lesen anderswo, daß die Sinne der Fische stumpf seien, »weil sie keine Wärme haben« (S. 92).

Aber dies sind nicht, wie wir meinen könnten, irgendwelche übertragenen metaphorischen Anwendungen des Wortes Wärme, denn wir lesen, daß die Kälte des Alters die Fingernägel und das Haar bleicht, »weil alle Kälte bleicht, wie die Hitze sengend rötet«, oder daß »der Wein den Alten natürliche Wärme verleiht, die in ihnen schon nachläßt«. Oder daß »die Glut des Hungers rohe Speisen garen und sie verdaulich machen kann«. Diese Glut, diese Wärme, ist also in all ihren Formen identisch, weil sie sich austauschbar ersetzen können: Ihr Wesen bleibt gleich.

Wann ist der Körper wärmer: vor dem Mittagessen oder nach dem Mittagessen? Antwort: Es steht fest, daß sich die Wärme im Körper viel mehr anstrengt, wenn Sie Speise auflegen, wie auch das Feuer mit der Auflage von Holz stärker wird. Hier sollte man wissen, daß natürliche Wärme auf drei Arten stärker wird. Erstens mit dem Betragen der Größe, und das, indem man sich warme Sachen auflegt, wie es Pelze, Federbetten, junge Kinder oder auch Tiere sind; diese Dinge verleihen Wärme. Zweitens nimmt die Hitze in der Qualität zu: wie das durch Arznei und auch heißes Gewürz ist. Drittens wird die Hitze nach beiden, dem Betragen der Größe und der Qualität gemeinsam, stärker, und das ist durch warme Speise, die wir verzehren (S. 66).

Wir haben somit ein vollendetes Anschauungssystem: ein und dasselbe ist die Wärme des Feuers, die Hitze des Temperaments oder Affekts, die »heiße« Würze der Speisen, das Brennen des Hungers, die Wärme des Federbetts und junger Kinder usw. Und andererseits ist ein in seinem Wesen identisches Phänomen auch die Kälte des Frosts, das kalte Temperament der Phlegmatiker, die Kälte des Alters, die Kälte der Angst, die Kälte des Todes usw. Es gibt keine Differenzierung dieser für uns verschiedenen Arten der Wärme und verschiedenen Arten der Kälte. *Alles, was anregend wirkt, was die Lebenskraft erhöht, und alle Formen der Lebenskraft sind irgendwie verbunden oder werden vielmehr nicht von der Hitze, vom Feuer getrennt. Implicite* ist darin die Anschauung enthalten, daß »Feuer« und »Leben« irgendwie gekoppelt sind, keineswegs bloß in übertragener oder symbolischer Art: Sie sind irgendwie in ihrem Wesen identisch. Dies ist ein sehr alter Gedanke, zu ihm paßt – abgesehen nur vom lebendigen Aussehen des Feuers selbst –, daß viele heftige Affekte anregend wirken und zugleich eine Blutwallung im Gesicht hervorrufen, ähnlich wie die physikalische Hitze, und daß das Empfinden des Brennens, von reizenden, würzigen Speisen hervorgerufen, ähnlich dem Empfinden der Hitze ist. Weiter auch, daß der Körper nach dem Tode abkühlt und einige lähmende Affekte wie »Todesängste« dazu führen, daß man erblaßt. Es bestand also ein unklarer, aber zu einem System ausgebauter Gedanke einer grundsätzlichen Identität von »Feuer« und »Leben«. Es bestand ein auf ihm gestütztes Begriffspaar »kalt – warm«, das jenen Gedanken der Verbindung des Feuers und des Lebens enthält. Diese Begriffe haben sich umgestaltet: Sie haben sich differenziert und sozusagen in mehrere Bedeutungen geteilt. Eine gewisse Bedeutung hat den Wert einer »physikalischen Bedeutung« angenommen, ein anderer den Wert einer »übertragenen Bedeutung«, einer uneigentlichen, poetischen, d. h. auf einer »Täuschung« beruhenden Bedeutung. Der spezielle Denkstil, der sich inzwischen entwickelt hat, der Stil der modernen Physik, hat die »Kälte« verworfen und der Wärme einen ganz anderen Inhalt als den gegeben, den sie früher hatte: Nichts verbindet den energetischen Begriff der Wärme mehr mit der Wärme eines Gefühls – mit Ausnahme der Geschichte und dem sich auf sie stützenden traditionellen Sprachgebrauch.

Gehen wir heute mit unserem wissenschaftlichen Denkstil an die Lektüre alter wissenschaftlicher Schriften heran, unterstellen wir den Worten unwillkürlich die heutigen Inhalte. Unter »Wärme« möchten wir die heutige »physikalische Wärme« verstehen oder auch die heutige »Wärme in poetischer, übertragener Bedeutung«. Aber dieses Wort bedeutete sowohl das eine wie das andere zugleich, denn eine solche Differenzierung hat es damals noch nicht gegeben. Deshalb läßt es sich überhaupt nicht genau in die heutige Sprache übersetzen. Deshalb sind mit solchen Begriffen zum Ausdruck gebrachte Anschauungen für uns voller Symbolik, Phantasie, Aberglauben – Quatsch. Doch damals hat es eine *solche* Abgrenzung der Symbolik von der Naturalistik, der Phantasie von der Beobachtung, wie es heute der Fall ist, ganz einfach nicht gegeben. Dies beweisen mittelalterliche Abbildungen unwiderlegbar, es genügt z. B., die Aufmerksamkeit darauf zu lenken, daß »ein großer Gutsherr« gewöhnlich in größeren Ausmaßen als die Mitglieder seines Gefolges dargestellt wird. Daß die dargestellten Gebäude nicht viel größer als die Figuren der Menschen sind, wenn diese Hauptgegenstand des Bildes sind. Ebenso treten Köpfe unproportional groß auf. Geometrische Größe und soziale Größe oder der Rang aus irgendeinem anderen Grund werden nicht genau unterschieden.

Begriffe unterliegen somit wichtigen Veränderungen. Diese Veränderungen folgen aus keiner Analyse der Eindrücke, die zu ihrer Umgestaltung in irgendeiner bestimmten Richtung zwänge. Sie sind weder logisch noch sachlich notwendige Entwicklung des Gedankens. Schließlich ergeben die Anschauungen des Mittelalters ein geschlossenes System, in dem es im Grunde nicht mehr logische Fehler als im heutigen gibt. Nichts berechtigt uns auch zu der Meinung, als ob ein solcher Prozeß, wie ihm z. B. der mittelalterliche Begriff der »Wärme« unterlag, der allein mögliche gewesen wäre. Man hätte z. B. den Begriff der Wärme als eines chemischen Elements bewahren können: noch zur Zeit LAVOISIERS[XVI] war das eine aktuelle Frage. Die heutige Energetik hätten wir dann nicht, aber die Frage nach der Veränderung von Elementen wäre einfacher gewesen und früher geklärt worden; vielleicht wären wir durch sie schließlich zu derselben Energetik gekommen, vielleicht aber nicht. Die Begriffsentwicklung geht eigene Wege, hat ihre eigenen geschichtlichen, nicht logischen, Bedingungen, ist – so werde ich sagen – passiv, nicht aktiv. Unsere Erkenntnis enthält gewisse Elemente, die weder spekulativ noch empirisch sind, sondern *ab evolutione historica* stammen.

Begriffe sollte man natürlich nicht als gesonderte, nur an sich bestehende Bausteine auffassen, aus denen sich der gegebene Gedanke zusammensetzt.[XVII] Wir isolieren ihn natürlich erst künstlich *ex post* aus diesem Gedanken, aus einem ganzen Gedankenkomplex, aus einem ständigen Denkprozeß. Doch selbst isolierte Begriffe weisen, wie man sieht, eine spezifische, für den gegebenen Denkstil charakteristische Stilfärbung auf.

In dem Begriff der Wärme und Kälte, den wir erörtert haben, steckt *implicite* der charakteristische allgemeine Gedanke einer Analogie (oder eher einer Identität oder eines Zusammenhangs) von Feuer und Leben. Dieser Gedanke ist auch in anderen Begriffen vieler Jahrhunderte enthalten, nie bewiesen, lange nicht offen formuliert, doch hatte er seine Folgen (die Analogie von Rauch und Geist: Rauch,

Dunst, Geist, Seele, »die Seele aushauchen«; die Vorstellung der Seele als eines »gasförmigen Wirbeltieres«, Pneuma usf.). Er ist für seine Denkgruppe ganz selbstverständlich, natürlich, er erfordert keine Begründung, weil er sich als unumgängliche Notwendigkeit aufdrängt. Wichtig ist also, daß ein solcher Urgedanke diesen selbstverständlichen Charakter selbst bewahrt, nachdem sich die ihn enthaltenden Begriffe differenziert haben, d. h., selbst nachdem sie zerfallen sind und sich so verwandelt haben, daß er in den Begriffen selbst nicht mehr unmittelbar vorhanden ist. Dann wird er zur unbewußten Leitlinie für die Begriffsentwicklung, die sich so gestaltet, daß er bewiesen werden kann.

Genau so war der Lauf des Urgedankens von der Identität von Feuer und Leben. Die ihn enthaltenden Begriffe der Wärme und Kälte haben sich grundsätzlich verändert. Viele der Ähnlichkeiten zwischen Feuer und Leben haben ihre reale Bedeutung verloren, »feuriges Temperament« oder »feuriges Getränk« sind heute lediglich poetische Ausdrücke, doch der Begriff des Lebens und der Begriff der Wärme haben sich so entwickelt, so abgegrenzt und eine solche Bedeutung angenommen, daß der spezifische Zusammenhang zwischen ihnen erhalten worden ist: »Das Leben« faßten verschiedene Etappen der Entwicklung des Gedankens energetisch auf, um parallel zur Entwicklung des Wärmebegriffs zum Beweis zu gelangen, daß das Wesen des Lebens die Verbrennung ist. *Ex post* kann die ganze Entwicklung des Wissens in diesem Bereich als die Lösung des Problems aufgefaßt werden: Wie ist das Feuer zu bestimmen, und wie ist das Leben zu bestimmen, damit zwischen diesen beiden Bestimmungen dieser Zusammenhang bleibt, den die Vorgeschichte als selbstverständlich empfand.

Und schließlich wäre es *theoretisch* möglich gewesen, daß die Entwicklung des Lebensbegriffs z. B. in morphologischer, nicht funktionaler Richtung gegangen wäre. Dann hätten z. B. die Kristalle zu den Lebewesen zählen können, und das so aufgefaßte Leben (d. h. die Fähigkeit, spezifische Gestalten zu erzeugen) stünde zur Verbrennung in keinerlei Beziehung. Man hätte der Morphogenese der Lebensformen mehr Aufmerksamkeit gewidmet, und vielleicht hätte es nicht bis Pasteurs Zeiten gedauert, bevor der Gedanke Fuß faßte, daß jedes Lebewesen, auch das einfachste und kleinste, von Lebewesen stammt. Oder es wäre umgekehrt möglich gewesen, daß der Wärmestoff chemisches Element geblieben wäre, wie es Lavoisier wollte, infolgedessen wäre dann die Entwicklung der Thermodynamik und der Energetik überhaupt gehemmt worden. In diesem Fall wäre das Leben, d. h. der Stoffwechsel (sofern die Entwicklung dieses Begriffs trotzdem die funktionale Richtung eingeschlagen hätte) ebenfalls nicht die Verbrennung; es fände dann ein symbolisches Bild, z. B. in einem Bach oder Strom. Und man muß wissen, daß es einen Ansatz des Grundgedankens einer solchen Analogie gegeben hat, wenn auch viel weniger stark als der Urgedanke der Analogie mit dem Feuer. Ich behaupte nicht, daß solche Möglichkeiten praktisch bestanden, d. h., daß eine konkrete und eingehende Untersuchung aller Faktoren, die in allen Epochen wirkten, erlaubte, sie anzunehmen. Im Gegenteil, ich bin überzeugt, daß, je genauer wir die Entwicklung der ins Spiel kommenden Begriffe untersuchten, wir desto vollständiger ihre geschichtliche Determination fänden. Ich will genau diese spezifische geschichtliche Determination der Entwicklung des erkennenden Denkens unterstreichen, im Unterschied zur logischen oder sachlichen, von der nur innerhalb eines mehr oder weniger gefestigten Stils die Rede sein kann.

Wie spielt sich also die ursprüngliche Entwicklung des Denkens ab?

Denkgemeinschaften erzeugen Meinungen, Anschauungen, Denkzusammenhänge und Vorstellungen auf eine Art, die der Bildung von Wörtern, Redewendungen und Sprachgebräuchen sehr ähnlich ist. Die Worte sind ursprünglich nicht konventionelle Namen des Dings, sondern seine reale Entsprechung, sie sind »eine Übertragung der Erlebnisse und Gegenstände in ein Material, das leicht formbar und stets bei der Hand ist« (HORNBOSTEL).[XVIII] Das Wort ist das lebendige Bild des Gegenstandes, mehr sogar: sein magisches Äquivalent. Ähnlich entstehen Vorstellungen und Begriffe, und auch Meinungen, d. h. deren Verbindungen. *Dies sind spontane Übertragungen der Erlebnisse.* Der Glaube an eine Analogie von Feuer und Leben ist nicht als logischer Schluß aus einer gewissen Anzahl von Prämissen entstanden, sondern *er ist Ausdruck des Erlebens dieser Analogie, mehr sogar: Er ist das unmittelbare Erleben dieser Analogie selbst.* Er ist eine Vision des Denkkollektivs, von der sein Geistesleben so tief erschüttert wurde, daß man sie nicht mehr verwerfen kann. An sich ohne festen Sinn, denn sie gibt die gegenseitige Beziehung der Begriffe an, deren Inhalt noch nicht festgesetzt worden ist, wird sie Leitlinie zur Festsetzung dieses Inhalts. Bevor sich der Inhalt des Begriffs »Leben« festigte, gab es einen unklaren Urgedanken von der Identität des Wesens von Leben und Feuer. Dieser unklare Gedanke wurde zur Leitlinie für die Entwicklung der Begriffe des Lebens und des Feuers: Heute werden sie so gefaßt, daß sie jenem Urgedanken Genüge tun. Wenn wir heute *ex post* alte Ansichten über das Feuer und das Leben lesen, finden wir einen »wahren«, d. h. einen mit unserem identischen Gedanken. Und wenn wir dabei keine Beweise finden, sind wir geneigt, irgendeine wunderbare Volksintuition anzunehmen. Aber das ist nur eine Täuschung: Jener Urgedanke hatte einen anderen Sinn, als wir ihn in ihm mutmaßen, weil »Leben« und »Feuer« damals etwas anderes als heute bedeuteten. Aber diese Begriffe haben, einmal durch ihn gekoppelt, trotz weitgehender Entwicklungsveränderungen im Umkreis beider ihren gegenseitigen Denkzusammenhang bewahrt.

In der Wissenschaftsgeschichte finden sich genügend weitere, ähnlich dauerhafte Urgedanken, die richtungsweisend für die spätere Entwicklung gewisser Bereiche waren. Sie haben zu wissenschaftlichen Anschauungen geführt, deren ursprünglicher Keim, ein für uns heute unklarer gedanklicher Gärstoff, vor der modernen Empirie und vor der modernen Art, sie zu verstehen, bestand, und die Entwicklung aus diesen Keimen ist gleichzeitig die Entwicklung der Empirie und der Begriffe. Die jeweilige Etappe ist also empirisch und systematisch legitimiert, und sie imponiert den Mitgliedern als die einzige Möglichkeit, als Äquivalent des unabhängigen äußeren Seins, d. h. der »Wirklichkeit«.

An anderem Ort[3] ist von uns der Urgedanke einer *alteratio sanguinis luetica* angeführt worden, viel älter als der heutige Begriff des Bluts und der Begriff der Syphilis. Dieser Urgedanke wurde zur Leitlinie für die Entwicklung dieser beiden Begriffe und realisiert sich heute in der sogenannten *Wassermann-Reaktion*. Zwischen dieser Reaktion und jener unklaren Uridee gibt es keinen logischen Zusammenhang, es gibt dagegen einen rein genetischen Zusammenhang, und man kann die Entwicklung des Wissens in diesem Bereich als Lösung der Frage betrachten: *Wie sind der Begriff der Blutprobe und*

3 [Ludwik] Fleck, »Jak powstał odczyn Bordet-Wassermanna i jak wogóle powstaje odkrycie naukowe?« [Wie entstand die Bordet-Wassermann-Reaktion und wie entsteht eine wissenschaftliche Entdeckung im allgemeinen?], in: *Polska Gazeta Lekarska* 13 (1934) [S. 181f. und 203-205]; ders., *Entstehung und Entwicklung einer wissenschaftlichen Tatsache*, Basel 1935.

der Begriff der Syphilis zu gestalten, damit zwischen ihnen eine bestimmte, voraus entschiedene Beziehung auftritt?

Es gab auch eine Uridee des Atoms, des chemischen Elements und der chemischen Zusammensetzung, der Erhaltung der Materie, der Kugelgestalt der Erde, des heliozentrischen Systems usw. Alle diese Gedanken waren vor den heutigen Beweisen da (d. h., sie waren unterschiedlich motiviert). Die Begriffe, die sie ausdrückten, unterlagen einer grundsätzlichen Wandlung, und doch blieb diese Beziehung zwischen ihnen, sie war sogar eine der Leitlinien der Entwicklung jener Begriffe.

Es gab auch den unklaren Gedanken, daß das Wesen der Krankheit ein Wurm oder ein Gift sei, das den Körper zerfrißt. Mal war es ein Wurm, mal ein böser Geist oder ein Gift, mal zahlreiche kleine Würmchen, sichtbare oder unsichtbare, große oder kleine. Diese Phantasie kann man bei verschiedenen Völkern und in unterschiedlichen Epochen finden: ähnlich verbreitet wie der Bogen oder die Schleuder. Bei M. T. VARRO (*Rerum rusticarum libri III*) lesen wir: »Animadvertendum etiam, siqua erunt loca palustria, quod crescunt animalia quaedam minuta, quae non possunt oculis consequi et per aera intus in corpus per os ac nares perveniunt atque efficiunt difficiles morbos.«[XIX] Für uns klingt das wie eine moderne, populäre Beschreibung der FLÜGGESCHEN Tröpfchentheorie der Infektion durch *animalia quaedam minuta*, d. h. Bakterien.[XX] Nur daß der Malariaparasit, der in Sümpfen auftritt, nicht durch Nase oder Mund eintritt, sondern durch einen Mückenstich. Der Gedanke der *animalia minuta* (Varro hatte sie wahrscheinlich von den Griechen übernommen) hat sich in die Bakteriologie entwickelt, aber er bezieht sich nicht auf solche Krankheiten, welche unter den von Varro beschriebenen Bedingungen auftreten, und nicht auf solche *bestiola*, über welche er schrieb. Man kann ihn vom heutigen Standpunkt aus weder als falsch noch als richtig bezeichnen: Sachlich für Sumpfkrankheiten falsch, enthält er doch eine unklare, aber als Keim wichtige Idee. Das war keine »Intuition«, denn das, was man erreichte, ist verschieden von dem, was man erwartete. Das war also auch keine Vermutung, um so mehr, als es nicht den Charakter einer angenommenen Möglichkeit, sondern den eines fertigen Urteils hatte. Das war ein Vorurteil, und es wurde so zur Wahrheit, wie sich die Bedingung des Teufelspakts in der Ballade MICKIEWICZS bewahrheitete: Das Wirtshaus erhielt den Namen »Rom«, damit sich Twardowski in Rom einfände.[XXI]

Man muß also annehmen, daß die Urgeschichte der Gedanken gewisse Leitlinien für die weitere Entwicklung des Denkens übermittelte, in der Gestalt einer Reihe unklarer Komplexe, mutmaßlicher Zusammenhänge und Analogien. Im Laufe der späteren Entwicklung haben sich die Begriffe grundsätzlich nach jenen Richtlinien entwikkelt, doch haben hier noch andere Faktoren gewirkt.

Sobald es ein Kollektiv zum Entstehen eines spezifischen Stils gebracht hat und die Arbeit an der Legitimierung der Begriffe gemäß den festgelegten Stilprinzipien beginnt, differenziert sich deren Bedeutung: Die Worte werden vieldeutig, und jede Bedeutung beginnt, ein gesondertes Leben zu führen. In einem Buch aus dem Jahr 1751 (Odilo Schreger, *Studiosus jovialis*, Pedeponti)[XXII] lesen wir z. B.:

> Warum ist ein Mensch nüchtern schwerer als nach dem Essen? Weil durch die Speisen die Geister vermehrt werden, welche wegen ihrer luftigen und feurigen Natur den menschlichen Cörper erleichtern, denn Feuer und Lufft machen insgemein leicht. Dahero ist auch ein fröhlicher Mensch viel leichter, als ein trauriger, weil ein fröhlicher Mensch mit mehrern Geisterlein begabet ist, als ein betrübter. Auch ist ein Todter weit schwerer, als ein noch Lebendiger; weil dieser voller Geisterlein ist, jener aber derselben beraubt ist.

Der Begriff der Schwere, mit dem wir es hier zu tun haben, unterscheidet sich völlig vom heutigen physikalischen: Er enthält einen undifferenzierten Komplex von Inhalten der heutigen Begriffe der Schwere, der Schwerfälligkeit, des Schwermuts und der Schwierigkeit (Unhandlichkeit) beim Heben. Dieser archaische Schwerebegriff stellt jedoch eine geschlossene und stilvolle Ganzheit dar: Ihm stellt sich als Entsprechung die »Leichtheit« entgegen, und der Unterschied zwischen den entsprechenden Erscheinungen findet in der Anwesenheit oder im Fehlen jener Geister der Lebenskraft, die mit Luft und Feuer zusammenhängen, eine einheitliche Erklärung. Gegen einen solchen Schwerebegriff kann man nichts einwenden, weder vom logischen noch vom empirischen Standpunkt aus. Die Waage ist keineswegs ein Instrument, diese Schwere zu messen, im übrigen bestätigt eine nicht im luftleeren Raum gebrauchte Waage, daß ein warmer Körper leichter als ein kalter ist, und angewendet, nachdem man die Luft aus dem Raum entfernt hat (wenn ein solches Experiment den Anhängern des gegebenen Stils nahegebracht werden könnte), geben die Wägungen die »Schwere« falsch an, denn »Lufft macht insgemein leichter«: Augenscheinlich war in einem Lebendigen und Satten mehr

Luft (d. h. Gegen-Schwere), deshalb haben sie nach der Entfernung der Luft eine gegenüber der Schwere eines Toten oder Hungrigen gleiche oder größere Schwere angenommen.

Es läßt sich kein Experiment erdenken, das unseren Autor überzeugen würde, wobei wir sogar übergehen, daß er sich mit einem neuzeitlichen Experiment nicht einverstanden erklären würde, weil er den Zusammenhang zwischen dessen Voraussetzungen und seiner Behauptung nicht sähe: Unsere physikalische Wirklichkeit ist ihm völlig fremd. Erst nach einem Wechsel des Denkstils könnte er in dem für ihn vorher einheitlichen Schwerebegriff mehrere Bedeutungen unterscheiden und eventuell einer von ihnen einen mit dem klassischen physikalischen Schwerebegriff identischen Entwicklungslauf geben. Danach, im Laufe der weiteren Entwicklung des Stils, begegnete er sicherlich der Notwendigkeit, diesen Schwerebegriff weiter zu entfalten usw. – ähnlich wie die Physik gezwungen war, die »Schwere« von der »Masse« zu unterscheiden –, und sicherlich wird sich jeder dieser Begriffe in der Zukunft noch zerteilen, auf eine Weise, die sich *heute* nicht vorhersehen läßt, was auch unnötig ist.

Außer der Differenzierung der Begriffe tragen noch viele andere Phänomene zur Entwicklung des Denkstils bei. Einige Begriffe und Probleme verschwinden, andere entstehen. Das spielt sich ohne Betracht sachlicher oder logischer Argumente ab: Man verwirft z. B. das Problem des Steins des Weisen, d. h. des Mittels zu ewiger Jugend und zugleich zur Veredelung der Metalle, nicht deshalb, weil alle Suche bisher ohne Erfolg war (viele Alchemisten haben im übrigen behauptet, ihn zu besitzen), sondern deshalb, weil dieses Problem nicht mit unserem Denkstil übereinstimmt (wir wissen auf der Grundlage allgemeiner Grundsätze, daß das unmöglich ist). Nach unzerbrechlichem Glas hat man ebenso gesucht, ebenso ohne Ergebnis, aber man verwirft diese Frage nicht, weil sie mit unserem Denkstil übereinstimmt.

Es entsteht eine spezifische Bereitschaft, dem Stil entsprechende Gestalten wahrzunehmen, es verschwindet dagegen parallel das Vermögen, nicht stilgemäße Phänomene wahrzunehmen, es entsteht eine entsprechende Technik usw. Es ist im Rahmen des Aufsatzes leider nicht möglich, alle diese Phänomene der Entwicklung des Denkens, d. h. der geschichtlichen Wandlungen der Denkstile, eingehender auszuarbeiten.

V.

Soll die Theorie des Erkennens eine entwicklungsfähige Wissenschaft sein, nützlich und reich an konkretem Inhalt, muß sie den Bereich ihrer Interessen erweitern. Sie kann sich nicht auf die Untersuchung der im gegebenen Moment offiziell anerkannten Wissensbereiche und -etappen beschränken, sondern muß, indem sie die Mannigfaltigkeit der Denkstile und Vielheit der Denkgemeinschaften in Betracht zieht, *vergleichende Wissenschaft* werden. Sie muß auch das *Entwicklungsmoment* berücksichtigen und, indem sie die Anfangsstadien des Erkennens umfaßt, zu Methoden gelangen, das unklare, schwankende und undeutliche Erkennen zu untersuchen. Sie muß grundsätzlich und genau die *soziale Natur des Denkens und Erkennens* berücksichtigen.

Sie muß also *psychologische*, *soziologische* und *historische* Methoden umfassen. Ihr Gegenstand wird die Gesamtheit des Erkenntnislebens, dessen Organisation, zeitliche Fluktuationen und Entwicklungseigenheiten, lokale Merkmale, die Eigenheiten seiner mannigfachen Formen; sie untersucht die *pädagogischen Methoden* vom Standpunkt der Theorie des Erkennens, sie findet Anknüpfungspunkte an die *Ökonomie*, die *Technik* (den Apparat!), die *Kunst* und sogar an die *Politik*. Sie berücksichtigt schließlich die *Mythologie* und *Psychiatrie.*

Eine so gefaßte Theorie des Erkennens ist die Wissenschaft von den Denkstilen. Indem sie Denkstile vergleicht, ihre historische Genese, ihre Entwicklung, die sie erschaffenden und erhaltenden sozialen Kräfte, die Methoden des Einführens in das Denkkollektiv untersucht, gelangt sie zu einer geeigneten Anschauung des heutigen offiziellen wissenschaftlichen Wissens, seiner Möglichkeiten und seines philosophischen Werts. Sie kann eine spezifische Anschauung des Problems der Wirklichkeit, Wahrheit, Täuschung, Entdeckung und des Irrtums hervorbringen. Sie kann nützliche Faktoren und Hinweise für die Einzelwissenschaften liefern.

Wenn das Wahrnehmen irgendeiner Gestalt, wenn die Entdeckung irgendeiner Einzelheit, wenn das Erzeugen irgendeiner Anschauung von der spezifischen intellektuellen Bereitschaft, von der stilgemäßen intellektuellen Stimmung abhängig sind – wie ich es in meiner Arbeit »Über die wissenschaftliche Beobachtung«[4] darzulegen suchte – und

4 [Ludwik Fleck, »O obserwacji naukowej i postrzeganiu wogóle«, in:] *Przegląd Filo-*

wenn diese Stimmung ein soziales Phänomen ist und seine Bedingung in der spezifischen Tradition des Denkkollektivs hat, dann ist die *Untersuchung der Soziologie des Denkens die erste Aufgabe.* Erkennen ist eine kollektive Tätigkeit, denn es ist nur auf der Grundlage eines gewissen Wissensvorrats möglich, der von anderen Menschen erworben ist und erst den allgemeinen Hintergrund hergibt, gegen den sich eine wahrgenommene oder begrifflich erfaßte Gestalt abhebt. Der Satz »Jan hat das Phänomen P erkannt« ist unvollständig: Man muß ihm hinzufügen »im Denkstil S«, eventuell noch »aus der Epoche E«. Träger und Schöpfer des Denkstils ist ein Denkkollektiv, also eine Denkgemeinschaft.

Es gibt zeitweilige und beständige Denkkollektive. Jeder hat sicher beobachtet, daß während einer lebhaften, absorbierenden Unterhaltung mehrerer Menschen nach einer gewissen Zeit ein besonderer Zustand entsteht, der bewirkt, daß die Teilnehmer Gedanken aussprechen, die sie in anderer Gemeinschaft so nie äußern. Es stellt sich eine gemeinsame intellektuelle Stimmung ein, und schließlich wird aus gegenseitigem Verständnis und genauso aus gegenseitigen Mißverständnissen ein spezifisches Denkgebilde geboren, dessen Urheberschaft keiner Person, sondern nur jenem Kollektiv zukommt. Das Hinzukommen einer neuen Person zerstört oder modifiziert jene Stimmung, und im Nu verändert sich das betreffende gemeinsame Denkgebilde. Eine sehr intensive gemeinsame Stimmung kann zur sogenannten kollektiven Suggestion und Halluzination führen, ähnlich wie eine eingeschulte, gleichförmige Stimmung beständiger Kollektive zu Weltanschauungen und deren praktischer Anwendung führt.

Außer solchen fortwährend entstehenden und verschwindenden zeitweiligen Kollektiven gibt es auch beständige, die sich um gewisse feststehende soziale Gebilde gruppieren, wie um gewisse Wissenschaften, Religionen, praktische Berufe, dauerhafte Vereine mit bestimmten Zielen wie z. B. die Sportvereine usw. Sooft die Kräfte, die eine Gruppe von Menschen zusammengebracht haben, länger wirken, entstehen solche dauerhaften Kollektive. Es festigt sich dann mit dem Lauf der Zeit eine beständige Stimmung, die sich aus zwei eng voneinander abhängenden Seiten zusammensetzt: aus der Bereitschaft zum gerichteten Wahrnehmen und einer Bereitschaft zum entsprechend bestimmten Vorgehen. Auf diese Weise entsteht ein spezifi-

zoficzny 38 (1935) [S. 57-76]. [Über die wissenschaftliche Beobachtung und die Wahrnehmung im allgemeinen, in diesem Band].

scher Denkstil. Dieser Stil wird von Generation zu Generation überliefert, durch die »Einweihung«, Schulung, Erziehung oder andere Einrichtungen, die die Einführung in das Kollektiv zum Ziel haben. Er entwickelt sich, wächst an und schafft ihm entsprechenden Ausdruck in Gestalt der Religion, Wissenschaft, Kunst, des Volksbrauchs, Staats usw.

Eine grundlegende Eigenschaft aller beständigen Kollektive ist deren mehr oder weniger strenge *Abgrenzung*. Formal grenzt sich eine Denkgemeinschaft durch Gewohnheiten und Statuten ab, die die Aufnahme eines Mitglieds von gewissen Vorbedingungen und gewissen Zeremonien (Aufnahmesakramente) abhängig machen, siehe die Bedingungen und Zeremonien der Aufnahme in die Reihe der Mitglieder bestimmter Religionen, eines bestimmten Berufs usw. Auch einzelne Disziplinen haben solche Aufnahmebedingungen, die keineswegs logisch begründet sind, sondern ausschließlich traditionell. Die klassische (griechisch-römische) Bildung zu durchlaufen ist z.B. in Europa Bedingung, um in die Reihe der Naturwissenschaftler aufgenommen zu werden, sie ist, obwohl logisch durch nichts begründet, einer der Bestandteile des naturwissenschaftlichen Denkstils. Zu den formalen Abgrenzungsfaktoren einer Denkgruppe kann man noch die in dieser Gruppe gebräuchlichen besonderen Wörter (»technische Bezeichnungen«) zählen, bisweilen besondere Redewendungen und sogar eine Sondersprache (Latein!).

Bisher gibt es keine besonderen Untersuchungen über die erkenntnistheoretische Bedeutung technischer Termini, ich kann jedoch nicht versuchen, hier diese Lücke zu schließen, weil man darauf zuviel Raum verwenden müßte. Der grundlegende Punkt ist, daß ein technischer Terminus innerhalb seines Denkkollektivs etwas mehr ausdrückt, als seine logische Definition enthält: Er besitzt eine spezifische Kraft, er ist nicht bloß Name, sondern auch Schlagwort oder Symbol, er besitzt etwas, das ich einen eigentümlichen Denkzauber nennen möchte. Davon kann man sich leicht überzeugen, wenn man an die Stelle des technischen Terminus eine bedeutungsgleiche Beschreibung einsetzt, die aber nicht über jene spezifische sakramentale Kraft, jenen Zauber verfügt: Ein »König« ist mehr als ein »Regierender«; ein »Meister« ist mehr als ein »Mann, der die fragliche Kenntnis besitzt«, ein »Element« ist mehr als ein »Bestandteil eines Bausteins« usw. Wir sprechen von einem »königlichen Auftreten«, einem »meisterhaften Werk«, einem »elementaren Phänomen«, und in jeder dieser Bestimmungen ist eine gewisse spezifische Stilfärbung, die nur herausfühlen kann, wer durch den betreffenden Denkstil erfaßt ist. Setzen wir in einer Sage für den Terminus »König« »Erbpräsident«, verwandeln wir sie in eine Parodie, zerstören wir ihre spezifische Stimmung. Das trifft insbesondere auf alte Termini zu, die ein dauerhafter Denkstil begründet und dem Denken eingeprägt hat. Wird in einer Gruselgeschichte für das Wort »Geist« die Beschreibung: »der seinen Tod überlebende menschliche Bestandteil« gesetzt, wird die ganze Stimmung zerstört, wird sie lächerlich gemacht. Dasselbe trifft für ein patriotisches Gedicht zu, in dem »Oberfläche des Globus« für »Erde« gesetzt wird. Doch auch moderne wissenschaftliche Termini besitzen diesen spezifischen Stilzauber, diese spezifische sakramentale Kraft.

Sie steckt in solchen Termini wie »Art« (Zoologie und Botanik), »Atom« (Physik und Chemie), »Analyse« (Chemie), »Diagnose« (Medizin), »Keimblätter« (Embryologie), »Organ« (Anatomie), »Funktion« (Mathematik) usw. Keiner dieser Termini läßt sich restlos durch eine logische Explikation ersetzen, denn die Tradition der betreffenden Disziplin, ihre historische Entwicklung haben sie mit jener spezifischen sakramentalen Kraft umhüllt, die die Mitglieder des Kollektivs stärker anspricht als der logische Inhalt. Gäbe es nicht die Kraft des Terminus »Art«, wäre der Kampf um den Evolutionismus und Darwinismus nicht möglich gewesen, gäbe es nicht eine ähnliche Kraft des Terminus »Quadratur des Kreises«, hätte sich vielleicht niemand um sie gekümmert.

Ähnlich wie mit den technischen Termini verhält es sich mit besonderen Redewendungen, Denkgewohnheiten usw.: All dies sind spezifische Merkmale der Denkstile, für Fremde unzugänglich, für Eingeweihte im gewissen Sinne heilig. Sie durch andere Ausdrücke und Wendungen zu ersetzen, auch wenn im logischen Inhalt identisch, aber der Stilmerkmale beraubt, erzeugt eine Satire oder Parodie. Zahlreiche Satiren VOLTAIRES sind so entstanden (vgl. *Zadig* oder *Candide*).[XXIII]

Der Stil ist also eine begrenzte Einheit, ein geschlossener Organismus, und es gibt keine Möglichkeit, auf irgendeinem allgemeinmenschlichen, einem sogenannten »logischen« oder »rationalen« Weg zu ihm Zugang zu finden. Alle Pädagogen wissen, daß die Einführung in irgendeinen Gedankenbereich immer über eine »Lehrlingszeit« führen muß, in der nur Autorität und Suggestion wirken, nicht hingegen irgendeine allgemeine »rationale« Erläuterung. Diese Einführungen haben in allen Bereichen den Wert eines aus der Ethnologie bekannten *Einweihungssakraments.*[XXIV] In keine Disziplin kann man durch das Studium ihres abgeschlossenen Begriffssystems eindringen, immer muß es eine teils historische, teils anekdotische und dogmatische »Einführung« geben. Sie ist eine Übung darin, sich der spezifischen Kollektivstimmung zu fügen. Kein Gebiet kann man verstehen, ohne seine geschichtliche Entwicklung zu kennen, man kann jedoch auch diese Entwicklung nicht verstehen, wenn man nicht seine heutigen Begriffe kennt: Schon das allein macht ein rationalistisches Unterrichten unmöglich.

Alle beständigen Denkkollektive, als Träger organischer Denkstile, verfügen über eine identische allgemeine innere Struktur, wenn sie auch im einzelnen verschiedene Formen annehmen kann. Die das Kollektiv erhaltende und seine Mitglieder vereinende Kraft erwächst aus der Gemeinschaft in *kollektiver Stimmung.* Diese Stimmung erzeugt eine Bereitschaft zum gleichgerichteten Wahrnehmen, Bewerten und Anwenden des Wahrgenommenen, d. h. einen gemeinsamen Denkstil. Sie ist ebenso die Quelle jenes Gefühls gruppeninterner Denksolidarität, die wir oben erwähnt haben, jener spezifischen Kollegialität, die den »Genossen«, den »Landsmann«, den »Mitgläubigen«, den »Kollegen« u. dgl. erschafft. Das Gegenstück ist das Gefühl der Feindseligkeit gegenüber dem »Fremden«, gegenüber dem, der fremde Götter anbetet, fremde Wörter gebraucht, denen der im Kollektiv empfundene geheimnisvolle Zauber entzogen ist. Er ist »sprachlos«, und seine Sätze sind Unsinn oder Täuschung (vgl. die »Scheinprobleme«[XXV] moderner Naturwissenschaften). Seine Äußerungen, die die intellektuelle Stimmung des Kollektivs zerstören, wecken Haß.

Nicht alle Mitglieder eines Denkkollektivs stellen sich in gleicher Weise zu den von ihm erschaffenen Gebilden: Ein gewisser – kleinerer – Teil spielt gegenüber dem – größeren – Rest die Rolle eines Vermittlers bestimmter Art. Auf diese Weise entwickelt sich um jede Schöpfung kollektiven Lebens herum ein kleinerer *esoterischer Kreis,* zusammengesetzt aus den Mitgliedern, die in einem direkten Verhältnis zu diesem Produkt stehen, und ein größerer *exoterischer Kreis,* zusammengesetzt aus Mitgliedern, die nur durch die Vermittlung jener an ihm partizipieren. In Kollektiven religiösen, künstlerischen, wissenschaftlichen usw. Denkens finden wir den esoterischen Kreis in Gestalt von Priestern, Künstlern, Fachleuten usw. und den exoterischen Kreis in Gestalt von Gläubigen, dem Publikum, den Laien usw. Jede wissenschaftliche Idee, jeder künstlerische oder irgendein anderer Gedanke hat seine nicht zahlreichen »Eingeweihten« und seine zahlreicheren »Anhänger«, die ihn im Vertrauen auf die Eingeweihten annehmen: Ohne eine solche Rollen- und Arbeitsteilung wäre ein Zusammenleben im Kollektiv nicht möglich. Erst diese Teilung bewirkt, daß das Kollektiv nicht die einfache Summe der Individuen ist, daß der Gedankenkreislauf in ihm schöpferische Fähigkeiten annimmt, deren Ergebnis nicht individuelles, sondern eben kollektives Werk ist. Ein Kollektiv besteht aus einer Vielzahl solcher sich überschneidender eso- und exoterischer Kreise; das Individuum gehört zu vielen exoterischen Kreisen und zu wenigen – oder zu keinem – esoterischen Kreis. Es gibt verschiedene *Grade der Einweihung*, zahlreiche sie miteinander vereinende Bande, ähnlich wie es Wege und Bande gibt, die verschiedene Kreise verbinden.

Der exoterische Kreis ist mit dem esoterischen durch spezifische soziale Kräfte verbunden. Einerseits ist dies das spezifische Vertrauen der Laien zu den Eingeweihten oder Fachleuten, andererseits die spezifische Abhängigkeit ebenderselben von der sogenannten öffentlichen Meinung und von dem sogenannten gesunden Menschenverstand. Die Wirkung beider dieser Kräfte ist identisch: Sie verstärken, steigern, verwirklichen jeden im Kollektiv kreisenden Gedanken, verleihen den Schöpfungen dieses Gedankens das spezifische Gepräge außerindividuellen, »wirklichen« Seins. Der Laie hat infolge seines Vertrauens die Neigung, die Möglichkeiten des Fachmanns zu überschätzen und seine Beschränkung zu unterschätzen. Jede Denkschöpfung eines Fachmanns, z.B. eine künstlerische oder religiöse Idee oder auch ein wissenschaftlicher Gedanke, gewinnt also auf ihrer Wanderung zu den Laien die Eigenschaften höherer Gewißheit, höherer Unbedingtheit, größerer Selbstverständlichkeit und Gewichts. Doch auch der Fachmann ist von den Laien nicht unabhängig: Seine Abhängigkeit von der naturgemäß konservativen »öffentlichen Meinung« und vom »gesunden Menschenverstand« veranlaßt den Fachmann, jede Neuigkeit an den bereits bestehenden Komplex von Anschauungen anzupassen, und stattet sie so automatisch mit den gleichen Merkmalen höherer Gewißheit und Gewicht aus. Dies begünstigt das allgemeine Gefühl der intellektuellen Solidarität aller Mitglieder der Denkgesellschaft, die wir oben erwähnt haben, zusätzlich und darüber hinaus den Umstand, daß sich Fachleute aus den

Reihen der Laien rekrutieren, daß also jeder Fachmann den riesigen Anteil seiner Allgemeinbildung diesem festgesetzten konservativen exoterischen Wissen verdankt.

Daher kommt es, daß jede Bewegung eines Gedankens innerhalb des Kollektivs ihn – *ipso sociologico facto* – steigert und ent-individualisiert, ähnlich wie ihn sein Kreisen zwischen Kollektiven verändert und umgestaltet. Das sind allgemeine Regeln, allen Kollektiven eigen.

Außer dem beschriebenen Vertrauen des Laien und der Abhängigkeit des Fachmanns gibt es noch andere, innerhalb des Kollektivs wirkende soziale Kräfte. Erwähnen muß man z. B. die charakteristische Konkurrenz zwischen Elite und Masse,[XXVI] den Widerstand der Masse gegen die Elite, der verursacht, daß der Laie den »Priester« bespöttelt, und die Abneigung der Elite gegenüber der Masse, die verursacht, daß der Fachmann den Laien verachtet.

Die Verwicklung menschlichen Lebens äußert sich in der gleichzeitigen Koexistenz vieler verschiedener Denkkollektive und in den gegenseitigen Einflüssen dieser Kollektive aufeinander. Der moderne Mensch gehört – zumindest in Europa – nie ausschließlich und in Ganzheit einem einzigen Kollektiv an. Von Beruf z. B. Wissenschaftler, kann er außerdem religiös sein, einer politischen Partei angehören, am Sport teilnehmen usw. Darüber hinaus partizipiert jeder am Kollektiv des praktischen Gedankens des »täglichen Lebens«. Auf diese Weise ist das Individuum Träger der Einflüsse eines Kollektivs auf das andere. In ihm kreuzen sich bisweilen widersprechende, manchmal sorgfältig voneinander isolierte Denkstile (vgl. einen Physiker, der religiös ist),[XXVII] sie übertragen manchmal Elemente von einem zum anderen Stil, sie geraten aneinander, unterliegen der Modifikation, assimilieren sich. Die äußeren Einflüsse werden zu einem der Faktoren, die jenes schöpferische Chaos schillernder, sehr verwandelbarer Möglichkeiten ergeben, aus dem später durch die stilisierende Wanderung innerhalb des Kollektivs eine neue Gestalt, eine neue »Entdeckung« entsteht.

Auf diese Weise gibt es drei Quellen, die den konkreten Inhalt jedes Denkstils bedingen: (1) die vorgeschichtliche Ideogenese aus der Zeit des Anfangs des Stils, aus der Zeit, als sich der Stil als Variante eines anderen Stils abspaltete. Hierher gehören die Urideen.

(2) Veränderungen, hervorgerufen durch die dauernde Gedankenwanderung innerhalb des Kollektivs, diktiert durch die im Kollektiv

wirkenden Kräfte: Stilisierung, Systematisierung, Legitimierung, Widerstand, Denkrevolution.

(3) Die fortwährenden Einflüsse fremder Stile.

Die soziale Struktur der Denkkollektive, die wir in den allgemeinen Umrissen oben beschrieben haben, nimmt in den einzelnen Kollektiven verschiedenartige Formen an. Die Beziehung des kleineren esoterischen Kreises zum größeren exoterischen, die eine aus der Soziologie der Beziehung der Elite zur Masse bekannte Gestalt ist, kann sich mannigfaltig formen. Kollektive, in denen die Stellung der Menge (der Masse) stärker als die Stellung der Elite ist, weisen gewisse demokratische Eigenschaften auf: Die Elite bemüht sich um das Vertrauen und die Anerkennung der Masse, sie unterstreicht, daß sie dem Allgemeinwohl dient, und schmeichelt der öffentlichen Meinung. Höchstes Kriterium ist die »Anerkennung aller«, über jede Wahrheit kann und soll man diskutieren. Solche Denkkollektive haben offene Grenzen, gern nehmen sie neue Mitglieder auf; aus ihren Grundsätzen geht eine Tendenz zu Entwicklung und Fortschritt hervor: Ihr Ideal liegt in der Zukunft, nach der man durch Arbeit streben soll. Beispiel eines solchen Kollektivs ist die Gemeinschaft der Naturwissenschaftler.

Andere Merkmale weisen Kollektive auf, in denen die Stellung der Menge schwächer als die Stellung der Elite ist. Die Elite strebt danach, Distanz zu wahren, sie isoliert sich. Sie unterstreicht die übernatürliche Herkunft der Ideen, die sie vertritt, und der eigenen Bedeutung, sie fordert Gehorsam und Unterordnung. Das Kriterium findet sich in irgendeinem, oft mythischen, Meister. In solchen Kollektiven blühen Zeremonie und Dogmatik auf. Sie sind mehr oder weniger streng abgegrenzt und konservativ: Ihr Ideal liegt in der Vergangenheit, in Ereignissen, Berechtigungen und Offenbarungen, die einst stattgefunden haben. Beispiel eines solchen Kollektivs ist die Mehrzahl religiöser Gemeinschaften.

In manchen Denkkollektiven finden wir kompliziertere Strukturen. So weist z. B. die Denkgesellschaft der entwickelten schönen Künste neben den Künstlern und dem sogenannten Publikum noch Kritiker auf, die zwischen ihnen vermitteln und ihrerseits Einfluß sowohl auf die Künstler wie auch auf das Publikum ausüben. Die Kritiker schaffen ein spezifisches Wissen über die Kunst, und in diesem Wissen stellen sowohl die Künstler wie auch das Publikum den exoterischen Kreis dar. So besitzt dieses Denkkollektiv also zwei esoterische

Zentren, die miteinander gekoppelt und in vieler Hinsicht einander entgegengesetzt sind: das Zentrum der Künstler und das Zentrum der Kritiker, und zwei exoterische Gebiete fallen teilweise zusammen. Zum einen ist das das Publikum und die Kritiker, zum anderen das Publikum und die Künstler. Aus der Bizentrizität des Kollektivs folgt, daß eine Festigung des Standpunkts des Individuums gegenüber den spezifischen Schöpfungen des Kollektivs ausbleibt: Es oszilliert unablässig zwischen einfacher Bewunderung und Kritik. Infolge dieses Oszillierens sind die Schöpfungen dieses Kollektivs stets in einem Stadium des Schillerns, den im Wissenschaftskollektiv nur Neuentdeckungen aufweisen. Wir sagen, daß diese Schöpfungen subjektiv sind, vom Standpunkt abhängig. So etwas gibt es in der Volkskunst, die keine Kritiker hat, nicht: Für das Volk sind die Gebote seiner Kunst ebenso objektiv, zwingend, einzig möglich wie die Gesetze der Natur oder die Dogmen der Religion.

Eine spezifische soziale Denkstruktur weist die Gruppe von Menschen auf, die sich zur Kleidermode bekennen. In diesem Kollektiv hat das esoterische Zentrum ein klares Übergewicht über die exoterische Peripherie, sein Charakter ist also aristokratisch. Von einem religiösen Kollektiv unterscheidet es sich jedoch dadurch, daß die Elite zwar streng Abstand von der Masse wahrt, zeremoniös und auf ihre Art dogmatisch ist, gleichzeitig jedoch das Pathos vermeidet, das in bezug auf ihre Person die Mitglieder einer religiösen Elite pflegen. Die bescheidene Diskretion der Elite der Modewelt spiegelt sich im Charakter der Modeschöpfungen wider: Modisch zu sein gilt als »äußerliches« Merkmal und ist (trotz der ganzen, für die Mitglieder des Kollektivs zwingenden Macht, die um so stärker wird, je weiter sich das Individuum in der exoterischen Peripherie findet) nie von einem gewissen ironischen Beigeschmack frei.

Auf das Schaffen eines Denkkollektivs üben neben seiner Struktur viele andere soziologische Faktoren Einfluß aus. Ein großes Kollektiv arbeitet anders, weil die Kontinuität seiner Arbeit von der Dauer des Lebens des Individuums unabhängig ist, als ein kleines Kollektiv, dessen Arbeit mit dem Tod eines Individuums zusammenbricht oder sogar abreißt. Ein kleines Kollektiv bringt es nie zu einem so ausgedehnten und organisch verbundenen Aufbau, wie ihn z. B. die Denkgesellschaft der Naturwissenschaftler ergab. Andererseits wird die Größe eines Kollektivs jedoch zur Ursache seines Zerfalls, d. h. seiner Differenzierung in einige kleinere Kollektive. Auch diese Beziehung können wir in der Entwicklungsgeschichte der Gesellschaft der Naturwissenschaftler beobachten, in der die sogenannte Spezialisierung dazu führt, daß einige gesonderte Denkstile entstehen. Je größer das Kollektiv ist, um so mehr Formalisterei und weniger anderer Inhalt. Durch den ständigen Wechsel der Zeit- sowie Raumebenen wird er gleichzeitig auf der Distanz zum Bild- bzw. Textgeschehen gehalten. Dadurch wird er zu einem aufmerksamen Ermittler. Deutlichen Einfluß übt darüber hinaus der Organisationsgrad des Kollektivs aus: Also sind die Schöpfungen eines Kollektivs von dauerhaftem Organisationsskelett, festen Normen, wie man innerhalb des Kollektivs miteinander umgeht usw., anders als die Schöpfungen von organisatorisch unausgereiften Kollektiven.

Zur Soziologie des Denkens würde gleichfalls gehören, die gegenseitigen Einflüsse eines Kollektivs auf das andere zu untersuchen. Diese Einflüsse vollziehen sich entweder dadurch, daß ein Individuum an mehreren Denkgesellschaften teilnimmt, wovon wir oben gesprochen haben, oder auch in Gestalt eines Zusammenstoßes zwischen den Mitgliedern verschiedener Kollektive.

Grundsätzlich gibt es zwischen völlig gesonderten Kollektiven, d. h. Kollektiven, die nichts Gemeinsames haben, keinen Kontakt. Wenn zwei mehr oder weniger abweichende Kollektive in irgendeine Verbindung treten, dann entsteht – eventuell sehr kurzlebig und sehr inhaltsarm – ein gemeinsames Kollektiv. Je fremder jene zwei Kollektive sind, um so inhaltsärmer ist dieses gemeinsame Kollektiv: Unter gewissen Bedingungen hat es einen sehr primitiven Inhalt, nämlich Haß und physischen Kampf. Wenn beide Kollektive noch abweichender voneinander sind, hört jeglicher Kontakt und Einfluß auf.

VI.

Im vorliegenden Abschnitt möchte ich die angegebenen denksoziologischen Grundsätze auf die Untersuchung der heutigen Wissenschaft anwenden, insbesondere auf die Naturkunde.

Das heutige wissenschaftliche Denkkollektiv muß man demokratisch[XXVIII] nennen: Das Wahrheitskriterium liegt – zumindest im Grundsatz – bei der »Allgemeinheit«, d. h. bei der Masse (»allgemeine Überprüfbarkeit«) und nicht bei der Elite, die deutlich unterstreicht, daß sie der »Allgemeinheit« dient. Es gibt keine geheimen

Berechtigungen, man kann sich nicht auf eine aus höheren Sphären erhaltene Mission berufen, sondern man muß jeden Erkenntnisakt aus allgemeinen Berechtigungen, die allen zustehen, und allgemein angenommenen Formen herleiten.

Den *esoterischen Kreis* bilden Fachleute, wobei es eine ganze Skala der Fachkenntnis und eine ausgedehnte Spezialisierung ihres Bereichs gibt. Die *exoterische Peripherie* bilden die Laien, für die wir ein spezifisches »populäres Wissen« haben. Die Grenzen dieser Peripherie sind für jedermann offen, eine Aufnahme verlangt keinerlei formales Zeremoniell. Das Demokratische des wissenschaftlichen Kollektivs kommt auch darin zum Vorschein, daß jeder Fachmann eines bestimmten wissenschaftlichen Bereichs Laie in der Mehrzahl der anderen ist, im Gegensatz z.B. zum Kollektiv des religiösen Denkens, in dem die Priester eine totalitäre Elite darstellen. Daher rührt die spezifische Beziehung der Elite zur Masse, ein für den Denkstil des ganzen wissenschaftlichen Kollektivs entscheidender Faktor: Der Fachmann eines bestimmten Bereichs verfügt in populärer Form über eine Allgemeinbildung in bezug auf andere Bereiche und ist durch sie in seinem fachlichen Schaffen gebunden. Daraus ergeben sich wichtige Eigenschaften des wissenschaftlichen Fortschritts, auf die wir unten zurückkommen (*selbstreflexive Verfassung*: die Masse unterliegt der Elite, aber die Elite hängt auch von der Masse ab).

Die demokratische Verfassung des wissenschaftlichen Denkkollektivs drückt sich – wie bekannt – nach außen in wirklich demokratischen Einrichtungen wie Kongressen, der wissenschaftlichen Presse, der wissenschaftlichen Diskussion aus und im demokratischen Feststellen der Anschauungen »der Mehrheit der Forscher«, d.h. im Entstehen der öffentlichen Meinung. Dies sind relativ junge Merkmale, denn sie haben sich endgültig erst im 19. Jahrhundert entwickelt, mit ihnen steht und fällt jedoch der heutige wissenschaftliche Denkstil. Als Erbe vorhergehender Epochen blieben manche Merkmale des wissenschaftlichen Kollektivs erhalten, wie die gestaffelte Titulatur der Fachleute (»Magister«, »Doktor«, »Professor«), gewisse Universitätszeremonielle, eine gewisse altertümliche Exklusivität der Fachleute usw.

Das esoterische Zentrum des wissenschaftlichen Kollektivs teilt sich heute in Fachleute im engeren Sinne (*Spezialisten*), d.h. Fachleute eines bestimmten Problems, z.B. ein Fachmann für Anilinverbindungen, und in *allgemeinere Fachleute*, z.B. Chemiker. Die exoterische Peripherie verfügt ebenso über eine spezifische Abstufung: Es gibt hier *»allgemeingebildete« Laien* und das *»breite Publikum«* ohne solche Bildung. Die Spezialisten rekrutieren sich fast immer aus den Reihen der allgemeineren Fachleute, ihre Stellung als Spezialisten ist oft eine vorübergehende: Sie wechseln ihre Spezialität oft, und wenn sie die Untersuchungen in einer bestimmten Richtung beendet haben, kehren sie in den Kreis der allgemeinen Fachleute zurück, mit dem sie im ständigen Kontakt bleiben. Der allgemeine Fachmann rekrutiert sich fast immer aus den Menschen mit Allgemeinbildung. Zwischen dem Kreis der allgemeingebildeten Laien und dem »breiten Publikum« gibt es unter den heutigen sozialen Bedingungen hingegen keinen direkten Übergang: Die Allgemeinbildung erwirbt man vor dem Reifealter, wer sie nicht in der Schule erwirbt, bleibt meistens für immer im Kreis des breiten, ungebildeten Publikums. An dieser Stelle also haben wir die unpassierbarste Grenze sozialer Schichten, hier findet sich naturgemäß eine erkenntnistheoretisch sehr wichtige Bresche der demokratischen Grundsätze.

Normalerweise ist es so, daß der heranwachsende Mensch eine Allgemeinbildung erwirbt, die vom Standpunkt der vergleichenden Wissenschaft vom Erkennen aus den Wert *einführender Weihen* hat (Einweihungssakrament). Nachdem diese Etappe durchlaufen ist, deren Wesen in der autoritativen Einführung in die Grundsätze des traditionellen wissenschaftlichen Denkstils liegt, wirkt dieser Stil schon als Zwang, so und nicht anders zu denken. Erst von da an werden die wissenschaftlichen Probleme verständlich, die Beweise bindend, die wissenschaftlichen Gegenstände sichtbar, die Ergebnisse überprüfbar und anwendbar.

Der »gesunde Menschenverstand«, die Personifikation des Denkstils des Alltagslebens, wird in Richtung der Grundsätze des spezifischen wissenschaftlichen Denkstils ausgefeilt. Beispiel einer Wandlung mag hier der Austausch des Begriffspaars »oben – unten« durch den Begriff der »Entfernung von der Erdmitte« oder des Begriffspaars »warm – kalt« durch »Temperatur« und »Wärmemenge« dienen.

Jene Grenze der sozialen Schichten ist natürlich nicht absolut: Die wissenschaftliche Bildung sickert ja auch ohne Anteil der offiziellen Schule zur Schicht des breiten Publikums durch, und es kommt vor, daß ein ungebildeter Laie sogar im reifen Alter den Zutritt zum Kreis der allgemeingebildeten Laien erwirbt. Nichtsdestoweniger jedoch ist die Kluft zwischen dem breiten Publikum und den Gebildeten sehr deutlich. Ihre Folge ist vor allem ein gewisser Widerspruch zwischen dem wesentlichen Postulat der Wissenschaft, die allgemeinmenschlich sein will, und ihrer auf die Grenzen des Kollektivs beschränkten Bedeutung. Die Tendenz des wissenschaftlichen Denkstils zwingt dazu, auf den »gesunden Menschenverstand« Rücksicht zu nehmen, der spezifisches Ergebnis der Traditionen und der im Alltagsleben wirkenden Kräfte ist, aber die eigene Entwicklung dieses Stils gebietet häufig, dem gesunden Menschenverstand zu widersprechen: Daher der Widerspruch zwischen *Anschaulichkeit*[xxix] und *Systemfähigkeit*[xxx] wissenschaftlicher Begriffe, sichtbar heute in der Physik.

Den Schichten des wissenschaftlichen Kollektivs entsprechen besondere Formen wissenschaftlichen Denkens. Der Spezialist äußert sich in der wissenschaftlichen *Zeitschrift*, die allgemeinen Fachleute im wissenschaftlichen *Lehrbuch*, den Laien dagegen entspricht das *populäre Buch*.

Im Zeitschriftenstadium trägt die Wissenschaft deutliche persönliche und vorläufige Merkmale: Das sind die Ansichten des Autors X, noch nicht »allgemein angenommen«. Sie geben noch kein Bild, haben verschiedene Vorbehalte, sind gewissermaßen nur ein Steinchen, das darauf wartet, in ein Mosaik eingesetzt zu werden. Der Autor ist sich ihrer Vorläufigkeit bewußt und will sie kompensieren: daher jener *pluralis modestiae*, diese Invokation des Kollektivs, die den Spezialisten sich hinter einer imaginären Menge verstecken läßt. Hierher gehört auch die charakteristische Vorsicht der Zeitschrift: Ein disziplinierter Autor schreibt, daß er »*versucht* habe zu beweisen, daß ...« oder daß »es Tatsache zu sein *scheint*, daß ...«. Erst im Lehrbuch lesen wir Sätze wie: »Es ist *bewiesen*, daß ...«, »*Tatsache ist*, daß ...«, denn ein Urteil über das Bestehen oder das Nichtbestehen irgendeines Phänomens kommt in einem demokratischen Kollektiv dem vielgliedrigen Kollegium, nicht dem Individuum zu.

Das Lehrbuch verwandelt das subjektive Urteil des Autors in eine bewiesene Tatsache. Es vereinigt sie mit dem ganzen System der Wissenschaft, sie wird von nun an anerkannt und gelehrt, sie wird zur Grundlage weiterer Tatsachen, zur Leitlinie für das, was man sehen und verwenden wird, solange eine neue Entwicklungswelle sie nicht wegspült. Inzwischen geht sie in die populäre Literatur über.

Das populäre Buch veranschaulicht jene Tatsache, macht aus der mit dem System der Wissenschaft übereinstimmenden, bewiesenen Tatsache – eine unmittelbar wahrnehmbare Gestalt. Der Beweis tritt in den Schatten zurück, zu wirken beginnen Autorität, die Magie der einfachen Angabe, »die Gelehrten haben entdeckt, daß ...« und die entsprechende Apotheose der Helden der Wissenschaft. Die soziale Entfernung verwandelt den Autor von einem Schöpfer in einen Entdecker. Die wachsende wissenschaftliche Tatsache verwandelt sich von einer Denkschöpfung in einen Gegenstand, wird unpersönlich, selbständig, wird zur Sache.

Aber der Fachmann ist außerhalb seines Fachs – Laie. Die eingeimpften populären Begriffe trägt er in sein Gebiet hinein, er stimmt seine Denkgebilde auf sie ab. Das allgemeine Ideal des Erkennens schöpft er aus dem populären Wissen: Daher stammt der Begriff der Wahrheit als einer Abbildung der vom Erkennenden unabhängigen Wirklichkeit, der mit dem reifenden Fachmann in das Fachwissen zurückkehrt. So schließt sich der Kreis der sozialen Wanderung des Gedankens im wissenschaftlichen Kollektiv. Die währenddessen sich *a motu sociali* abrollende Tatsachengenese durchläuft drei grundsätzliche Stadien: (1) das Widerstands*aviso* gegen die wechselnden Denkmöglichkeiten (vgl. »Über die wissenschaftliche Beobachtung«[5]), (2) die bewiesene Tatsache, (3) die wahrnehmbare Gestalt (Sache).

Das ist natürlich ein sehr oberflächliches, schematisches Bild. Eine genaue Ausarbeitung der Soziologie des wissenschaftlichen Denkens erforderte wohl ganze Bände. Allein die Analyse des Übergangs von der Zeitschriften- in die Lehrbuchetappe erfordert viel mehr Raum, als man ihr in diesem Aufsatz widmen kann, noch umfangreicher müßte die Analyse des populären Wissens sein.

Ich möchte nur noch zwei Mittel erwähnen, über die der wissenschaftliche Denkstil verfügt, um seinen Schöpfungen den Charakter einer Sache zu verleihen.

Eines von ihnen sind *technische Termini*, deren allgemeine Bedeutung wir oben erwähnt haben. Die spezifische Kraft wissenschaftlicher technischer Termini beruht in hohem Maße darauf, das, was sie bedeuten, von der erkennenden Person abzutrennen, also darauf, eine »objektive« Bedeutung festzulegen. Dadurch wird der bezeichnete Gegenstand selbständig, gewissermaßen etwas absolut Existierendes. Selbst wenn der Name des Autors in der technischen Bestimmung enthalten ist, ist die Sachlichkeit des bestimmten Gegenstands

5 [Ludwik] Fleck, »O obserwacji naukowej i postrzeganiu wogóle« [»Über die wissenschaftliche Beobachtung und die Wahrnehmung im allgemeinen«, in diesem Band], in: *Przegląd Filozoficzny* 38 (1935) [S. 57-76].

gegeben: vgl. z. B. die »WA-Reaktion«. Eher wird der Personenname Bestimmung der Sache (man sagt z. B. »den WASSERMANN machen« anstatt »die von WASSERMANN angegebene Reaktion machen«), als daß der technische Terminus seine entpersönlichende Bedeutung verlöre. Manche Probleme bestehen nur noch, weil sie sich mit einem Stilterminus verbinden: z. B. das BESREDKA-Antivirus,[xxxi] die LÖWENSTEIN-Antikutine.[xxxii]

Wissenschaftliche Termini sind oft nicht willkürliche Wörter, sondern sind auf systematische Weise aus Stammwörtern und Suffixen aufgebaut, deren Bedeutung von vornherein übernommen ist (siehe die eben angegebenen Beispiele). Solche Termini entscheiden von vornherein, daß der bezeichnete Gegenstand einen festen Platz im System der gegebenen Wissenschaft einnimmt, ihre Suggestion ist also besonders stark. Von ihnen ist es zu wissenschaftlichen Zeichen (z. B. chemischen) und zum Rechnen mit Zeichen (Logistik, Mathematik) nur noch ein Schritt. In diesem Stadium ist die Objektivierung der Denkprodukte am stärksten: Sie nehmen die Merkmale einer vom Menschen vollkommenen Unabhängigkeit an.

Das zweite Mittel ist *das wissenschaftliche Gerät.* Eine Analyse der erkenntnistheoretischen Bedeutung des wissenschaftlichen Geräts erforderte ebenfalls ein besonderes Studium. Kurz kann man erwähnen, daß das wissenschaftliche Gerät, als Verwirklichung gewisser Ergebnisse des bestimmten Denkstils, das Denken automatisch in die Bahnen dieses Stils richtet. Meßgeräte zwingen, einen solchen Einheitsbegriff zu verwenden, für den sie gebaut worden sind, mehr noch, sie zwingen, solche Begriffe anzuwenden, aus denen sie hervorgegangen sind: Wer eine Waage benutzt, der kann einen solchen Schwerebegriff, wie er in den Zitaten auf Seite 281 enthalten ist, bereits nicht mehr benutzen, wer ein Thermometer benutzt, der kann die auf Seite 274 angegebenen Begriffe der Wärme und Kälte nicht benutzen. Im Gegenteil, er muß solche Begriffe für unmöglich, für falsch halten. Das Fernrohr macht es unmöglich, in den Wolken »phantastische«, d. h. dem Wissenschaftlichen stilfremde Gestalten zu sehen, d. h., es richtet auf den wissenschaftlichen Stil aus, genauso wie geschmolzenes Wachs, ein Kartenspiel oder andere ähnliche Werkzeuge die Wahrsager auf ihren Denkstil ausrichten. Indem wir inmitten von Geräten und Einrichtungen leben, die sich aus dem heutigen wissenschaftlichen Denkstil herleiten, empfangen wir ständig »objektive« Anstöße, so und nicht anders zu denken. Daher rührt die Überzeugung von der vom Menschen unabhängigen, »sachlichen« Bedeutung dieses Stils und die Überzeugung von der »sachlichen« Natur der Erzeugnisse dieses Stils. Das Fernrohr zeigt z. B. den den Saturn umgebenden Ring; ein im wissenschaftlichen Denkstil erzogener Mensch begreift nicht mehr, daß man, um den Zusammenhang zwischen dem im Fernrohr gesehenen Bild und einem entfernten Planeten einzusehen, in diesem Stil denken muß. Mehr noch: Schon allein solche Begriffe des »Planeten«, des »im Fernrohr gesehenen Bildes«, der »Entfernung« oder des »Zusammenhangs« beinhalten diesen Stil in sich. In ein Fernrohr zu sehen und in ihm *dieses* Bild zu sehen (und nicht z. B. die Widerspiegelung der eigenen Wimpern) und die Disposition, von dem, was man in diesem Rohr sieht, auf das zu schließen, was »am Himmel« ist, sind bereits Elemente des wissenschaftlichen Denkstils. Wer es versteht, in ein Fernrohr zu schauen und an den Saturn zu denken, benutzt damit allein bereits einen bestimmten Denkstil. Für ihn gibt es bereits keine andere Möglichkeit mehr: Er muß den Saturnring als von ihm unabhängige Wirklichkeit und den eigenen Denkstil als den einzig »guten« anerkennen. Darauf beruht die Rolle des Denkstils: Für die, die an ihm teilhaben, gibt es keine zwei Möglichkeiten, für die, die an gesonderten Denkstilen teilhaben, gibt es keine Verständigung.

Wenn wir über den Denkstil sprechen, müssen wir daran erinnern, daß allein das aktuelle soziale Kreisen der Gedanken innerhalb des Kollektivs nicht der einzige den Stil determinierende Faktor ist. Die oben gegebenen Beispiele (Wärme – Leben, Blut – Syphilis) illustrieren, wie der geschichtliche Lauf gegenseitiger Einflüsse der verschiedensten Kollektive aufeinander über das Schicksal der Probleme entscheidet. Aus dem geschichtlichen Zusammentreffen sich kreuzender Stileinflüsse (*a congressu historico*) sind zahlreiche Elemente des heutigen wissenschaftlichen Denkstils hervorgegangen. Ein typisches Beispiel ist der Begriff des chemischen Elements, der aus der Synthese des antiken bzw. mittelalterlichen Elementbegriffs und des urheberlosen, *a motu sociali* innerhalb des Kollektivs gebräuchlichen modernen Schwerebegriffs entstammt.

Jede Etappe der Wissenschaft ist eine Funktion der vorhergehenden und der Einflüsse fremder Denkstile. »*Das wissenschaftliche Denken setzt die Ganzheit der vorwissenschaftlichen Erfahrungen und Begriffsbildungen* voraus und ergänzt, verschärft und korrigiert das vorwissenschaftliche Weltbild« (P. Jordan, »Über den positivistischen

Begriff der Wirklichkeit«, in: *Die Naturwissenschaften* 29: 485[-490], 1934 [hier: 487f.]).[xxxiii] *Ein ahistorisches, von der Geschichte abgetrenntes Erkennen ist unmöglich, ähnlich wie auch ein asoziales, von einem isolierten Forscher ausgeführtes Erkennen unmöglich ist.* Der »leere Geist« nimmt nicht wahr, vergleicht nicht, ergänzt nicht, vertieft nicht: Er denkt nicht. Jeder Forscher muß eine Schulung durchlaufen, die an die Tradition anknüpft, und er muß die wissenschaftliche Arbeitsteilung anerkennen: Diese beiden Momente schaffen automatisch die soziale Frage und verleihen den sozialen und geschichtlichen Kräften einen Verlauf. Eine Erkenntnistheorie, die das nicht berücksichtigt, ist Spielerei.

Die Naturwissenschaften, deren Ideal (die Erkenntnis der Wahrheit) in der Zukunft liegt, im Gegensatz zu aristokratischen Kollektiven, deren Ideal (z.B. offenbarte Wahrheiten) in der Vergangenheit liegt, vergleicht man oft mit einer Kolonne auf dem Marsch: An der Spitze ist die Vorhut, bestehend aus den den Weg bahnenden Spezialisten, dann kommt die Hauptabteilung, deren Kern der Generalstab (allgemeine Fachleute) und deren Hauptkraft das Gemeinwesen der Kollektivmitglieder (Laien) bilden. Man könnte sogar von einer Nachhut und verschiedensten Marodeuren sprechen. Eben ähnlich wie sich die jeweilige Stellung der marschierenden Kolonne nach der Lage der Hauptabteilung bestimmt, nicht aber nach der fortwährend veränderlichen, unbeständigen Stellung der Vorhut, bestimmt sich auch die offizielle Stellung »der Wissenschaft« nach der Stellung der allgemeinen Fachleute, nicht aber nach den »individuellen« Auffassungen der führenden Spezialisten. So gehen die Gelehrten zumindest in der Praxis vor. Aber die klassischen Erkenntnistheorien, die die geschichtliche Entwicklung des Denkens und die Soziologie des Denkens nicht anerkennen, haben damit nicht geringe Schwierigkeiten.

Sie nehmen an, daß der Übergang irgendeiner Feststellung eines Spezialisten von der Zeitschrift in das Lehrbuch allein von der Überprüfung dieser Feststellung abhängt oder allein abhängen sollte und im Prinzip nur Ausdruck dieser Überprüfung ist (oder sein sollte). Der Spezialist entdeckt, der allgemeine Fachmann überprüft. Aber in sich entwickelnden Wissenschaften, und im Prinzip entwickeln sich alle Wissenschaften, geht mit der »Verifikation« einer früheren Entdeckung eine sie mehr oder weniger modifizierende neue Entdekkung des Spezialisten einher. Die Verifikation der Feststellung vollzieht sich also gleichzeitig zu ihrem Verfall: Sobald ein systematisches Lehrbuch herauskommt, ist es immer schon veraltet. Auf eine Frage, die irgendeine spezielle Frage aus einem sich entwickelnden Wissenschaftsbereich berührt, muß man immer eine Antwort geben, die mit dem Lehrbuchstand (dem offiziellen Stand) des Wissens und einer Reihe anderer Lösungen übereinstimmt, die die persönliche Auffassung gewisser führender Spezialisten bzw. gewisser Schulen ist.

Wo liegt denn die Wahrheit im Verständnis der klassischen Erkenntnistheorie? In welcher Etappe des wissenschaftlichen Erkennens? Das Urteil eines modernen Lehrbuchs beruht auf einer Verifikation, es hat sich also »als wahr erwiesen«, aber eines der persönlichen Urteile geht irgendwann ebenfalls in ein zukünftiges Lehrbuch ein, »erweist« sich also ebenfalls »als wahr«, und auf diesem Wege, bevor das geschieht, werden bereits neue Feststellungen bestehen, die ihm widersprechen. Der Begriff der Wahrheit in der klassischen Bedeutung als vom Erkennenden und den gesellschaftlichen Kräften unabhängigen Wert, zwingt zur Annahme, daß die Wahrheit ein unerreichbares Ideal ist, und die Geschichte der Wissenschaften lehrt überdies, daß wir uns diesem Ideal nicht einmal asymptotisch nähern, weil die Entwicklung der Wissenschaft nicht einbahnig ist und nicht nur vom Eintreffen neuer Kenntnisse abhängt, sondern auch von der Widerlegung alter.[6, xxxiv] Die klassischen Erkenntnistheorien müssen also voneinander unterscheiden: (1) die ideale, unerreichbare Wahrheit, (2) die offiziellen »Wahrheiten«, die sich irgendwie an sie annähern »sollen«, (3) Täuschungen und Irrtümer. Außerdem müssen sie anerkennen, daß es kein allgemeines Kriterium der Wahrheit gibt. Die materialen Schwierigkeiten dieser Auffassungen außer acht gelassen (besonders in der Untersuchung der Geschichte der Wissenschaften), erinnern sie schon formal an die schwerfällige Theorie der Epizykel. Das Problem des Erkennens und der Wahrheit scheint von diesem Standpunkt im Grunde ununtersuchbar, der Wissenschaftler empfindet

6 Diese Schwierigkeiten hat selbst die mehrwertige (Łukasiewicz, Post, Zawirski) oder Wahrscheinlichkeitslogik (Reichenbach) nicht gelöst, weil die logische Kalkulation nur in bezug auf gleichermaßen klare (verständliche) Sätze möglich ist, nicht jedoch, wenn unter anderem Sätze von unklarem Inhalt und unvergleichbare Begriffe ins Spiel kommen, d. h. Sätze, die in einem fremden Stil oder in einem sich gerade in einer Periode schnellerer Entwicklung befindlichen Stil ausgedrückt werden.

die Beschäftigung damit als eine bestimmte Art von Unanständigkeit.

Die Theorie des Erkennens als der Wissenschaft von den Denkstilen, ihre geschichtliche und soziologische Entwicklung, betrachtet die *Wahrheit als aktuelle Etappe der Veränderungen eines Denkstils.* Sie vereinfacht dieses Problem nicht, macht es aber untersuchbar. Sobald sich aber eine solche Möglichkeit einmal einstellt, beseitigt sie nichts und niemand mehr auf Dauer.

Jede wissenschaftliche Erkenntnis ist in erster Linie eine Enttäuschung, denn indem sie das Erstaunen befriedigt, zerstört sie das Staunen. Aber in der nächsten Etappe schafft jede Lösung eine Reihe neuer Fragen, deshalb folgt auf die Erkenntnisenttäuschung ein neues und tieferes Staunen. Es ist zu erwarten, daß auf die Enttäuschung, die den Verfall der im gewissen Sinne naiven klassischen Erkenntnistheorie begleiten muß, durch die Perspektiven, die die Theorie der Denkstile eröffnet, eine Periode tieferer Bezauberung folgt. Auch wenn sie nur jenen bösen, verbohrten Zauber zu Boden wirft, mit dem Fanatiker des eigenen Stils Menschen eines abweichenden Stils bekämpfen, erweist sich ihre kulturelle Rolle bereits als wertvoll. Wenn sie nur den Mechanismus der Wirkung jeder Propaganda aufdeckt, immunisiert sie bereits dagegen, sich ihr bedenkenlos zu unterwerfen: Sie lehrt, daß der Mensch über der Idee steht, denn er ist ihr Schöpfer.

Vor allem aber wirft die Theorie der Denkstile ein spezifisches Licht auf die Beziehung zwischen der »Wirklichkeit« und dem »Erkennen«: Es verschwindet die Kluft zwischen »Natur« und »Kultur«, weil die Erkenntnistätigkeit (*nota bene* kollektive, die einen besonderen Denkstil erzeugt) nicht einseitige Handlung wie z. B. die plastische Wiedergabe irgendeines Gegenstands ist, sondern auf beiderseitiger Wechselwirkung beruht: Der Denkstil *erschafft* die Wirklichkeit nicht anders als andere Schöpfungen der Kultur und macht zugleich selbst gewisse harmonische Veränderungen durch.

1 Ludwik Fleck, »Zagadnienie teorii poznawania«, in: *Przegląd Filozoficzny* [*Philosophische Rundschau*] 39, 1936, S. 3-37; SMF, S. 215-251. Aus dem Polnischen von Bogusław Wolniewicz und Thomas Schnelle, durchgesehen von Sylwia Werner. Komm.: CZ. Dieser Text Flecks bildet den Ausgangs-

punkt einer Kontroverse mit Izydora Dąmbska. Vgl. dazu die Beiträge in F-ST.

II Vgl. zur spekulativen Anatomie in der Tradition der Medizin Flecks Ausführungen und Exempel in »Zur Frage der Grundlagen der medizinischen Erkenntnis« sowie die dortigen Kommentare, in diesem Band, S. 247f. u. 257.

III Èmile Durkheim (1858-1917) begründete eine neue Richtung in der empirischen Soziologie, die mittels systematisch vergleichender Methode »soziale Tatsachen« feststellen zu können glaubte und die die historische Analyse einsetzte, um die Entstehungsprozesse von Kollektivvorstellungen und mithin des Erkennens zu erklären. Fleck rezipiert die sogenannte Durkheim-Schule, zu der auch Marcel Mauss, Henri Hubert und Lévy-Bruhl (s. u.) zählten, indirekt (vgl. EET, S. 62) über die Vermittlung von Wilhelm Jerusalem (s. u.), der Gedanken aus Durkheims 1912 erschienener Schrift *Les formes élémentaires de la vie religieuse* [*Die elementaren Formen des religiösen Lebens*] in seinen Vorbemerkungen zu Lucien Lévy-Bruhl, *Das Denken der Naturvölker*, Wien, Leipzig 1921 [übers. von Paul Friedländer, hg. v. Wilhelm Jerusalem], paraphrasiert (ebd., S. VII). Jerusalem und Lévy-Bruhl verweisen auf mehrere Aufsätze Durkheims, die auf Deutsch unter dem Titel *Schriften zur Soziologie der Erkenntnis*, Frankfurt/M. 1993, vorliegen.

IV Der französische Philosoph Lucien Lévy-Bruhl (1857-1939) wandte sich zu Beginn des 20. Jahrhunderts der Ethnologie zu, in der er mit zahlreichen Publikationen insbesondere zu den kollektiven Denkstrukturen sogenannter ›primitiver‹ Gesellschaften immer mehr Einfluß gewann: *La morale et la science des mœurs*, Paris 1903; *Les fonctions mentales dans les sociétés inférieurs*, Paris 1910. *Das Denken der Naturvölker*, (wie EN III); *La mentalité primitive*, Paris 1922; *L'âme primitive*, Paris 1927; *Le surnaturel et la nature dans la mentalité primitive*, Paris 1931; *La mythologie primitive. Le monde mythique des Australiens et des Papous*, Paris 1935; *L'expérience mystique et les symboles chez les primitives*, Paris 1938. In EET wirft Fleck Lévy-Bruhl unter anderem vor, daß er bei seiner Unterscheidung zwischen primitiver »mystisch-prälogischer« Mentalität und wissenschaftlichem Denken letzteres überschätze, da dieses nur vermeintlich »objektiver« sei und letztlich ebenso abhängig von kollektiven Vorstellungen und sozialen Bräuchen.

V Der aus Krakau stammende polnisch-jüdische Jurist Ludwig Gumplowicz (1838-1909) lehrte Staats- und Verwaltungsrecht an der Universität Graz in Österreich und gilt als einer der Begründer der europäischen Soziologie. Gumplowicz vertrat sozialdarwinistische Positionen und beschrieb die Konflikte zwischen Staaten als Kämpfe von Rassen, später von Gruppen. Zu seinen in ganz Europa einflußreichen Werken zählten sein *Grundriss der Soziologie*, Wien 1885; *Der Rassenkampf, soziologische Untersuchungen*, Wien ²1900; *Die soziologische Staatsidee*, Innsbruck ²1902; *Geschichte der Staatstheorien*, Innsbruck 1905; und die postum erschienene *Sozialphiloso-*

phie im Umriss, Innsbruck 1910. Weiterführende Materialien und Texte unter ⟨http://gams.uni-graz.at/fedora/get/collection:lge/bdef:Collection/get⟩ (Zugriff: 26. 8. 2010). Zur Rezeption Gumplowiczs in Polen vgl. Franciszek Mirek, *System socjologiczny Ludwika Gumplowicza. Studium krytyczne* [*Das soziologische System des Ludwig Gumplowicz*], Posen 1930; sowie Ewa Czerwińska-Schupp, »The Reception of Ludwik Gumplowiczs Ideas in Poland«, in: *Archiwum Historii Filozofii i Myśli Społecznej* 52 (2007), S. 231-249. Fleck beruft sich auf Gumplowicz auch in EET, S. 62f., und in »Schauen, Sehen, Wissen«, in diesem Band, S. 412, und zitiert ihn dort jeweils nach Wilhelm Jerusalem, »Die soziale Bedingtheit des Denkens und der Denkformen«, in: Max Scheler (Hg.), *Versuche zu einer Soziologie des Wissens*, München 1924, S. 182-207, hier S. 182, sowie nach dessen Vorbemerkungen zu Lévy-Bruhl, *Das Denken der Naturvölker*, Wien [2]1926, S. V-XVII. Fleck interessiert an Gumplowicz offenbar primär dessen Gegnerschaft zur Individualpsychologie, wie das in EET, S. 63, von Jerusalem (aus Gumplowicz, *Grundriß der Soziologie*, Wien [2]1905, S. 268) übernommene Zitat belegt: »Sehr prägnant sprach Gumplowicz die Bedeutung des Kollektivs aus: ›Der größte Irrtum der individualistischen Psychologie ist die Annahme, der *Mensch* denke. Aus diesem Irrtum ergibt sich dann das ewige Suchen der Quelle des Denkens im Individuum und der Ursachen, warum er so und nicht anders denke, woran dann die Theologen und Philosophen Betrachtungen darüber knüpfen oder gar Ratschläge erteilen, wie der Mensch denken solle. Es ist dies eine Kette von Irrtümern. Denn erstens, was im Mensch denkt, das ist gar nicht er, sondern seine soziale Gemeinschaft. Die Quelle seines Denkens liegt gar nicht in ihm, sondern in der sozialen Umwelt, die er atmet, *und er kann gar nicht anders denken als so*, wie es aus den in seinem Hirn sich konzentrierenden Einflüssen der ihn umgebenden sozialen Umwelt mit Notwendigkeit ergibt.«

VI Der österreichisch-jüdische Philosoph Wilhelm Jerusalem (1854-1923) war ab 1920 als außerordentlicher Professor für Philosophie und Pädagogik an der Wiener Universität tätig, wo er eine von Wilhelm Wundt, Gumplowicz, Durkheim und Lévy-Bruhl beeinflußte soziologische Erkenntnistheorie mit stark antimetaphysischer und empiristischer Grundtendenz entwikkelte, die ihn in die Nähe des Wiener Kreises brachte. Siehe Moritz Schlick: »Wilhelm Jerusalem zum Gedächtnis (1928)«, in: ders., *Gesamtausgabe. Die Wiener Zeit*, Bd. 6, Wien 2009, S. 133-141. Zu Flecks Kritik an Jerusalem siehe EET S. 62-69; allgemein zu seinem Verhältnis zur Soziologie: Rainer Egloff, »Leidenschaft und Beziehungsprobleme: Ludwik Fleck und die Soziologie«, in: WTW, S. 79-93.

VII Lévy-Bruhl, *Das Denken der Naturvölker* (wie EN III), S. 342.

VIII Jerusalem, »Die soziale Bedingtheit des Denkens« (wie EN V), S. 188.

IX Der charismatische Dominikanermönch und Bußprediger Girolamo

Savonarola (geb. 1452) wurde am 23. Mai 1498 in Florenz wegen Ketzerei auf der Piazza Signoria öffentlich gehenkt und seine Leiche verbrannt, worauf schließlich die Wiedererrichtung der Medici-Herrschaft folgte. Die Glocke seines Klosters, San Marco, hatte ihn angeblich vor seiner Festnahme durch Sturmläuten gewarnt, weshalb auch ihr der Prozeß wegen Verrats gemacht wurde. Sie wurde vom Großen Rat der Stadt schuldig gesprochen, vom Turm genommen, durch die Straßen geschleift, ausgepeitscht und für 50 Jahre aus der Stadt verbannt.

x Zu Keplers teleologischem Weltverständnis siehe: Johannes Kepler, *Harmonice Mundi*, Linz 1619 (dt. *Weltharmonik*, übers. und eingel. von Max Caspar, Darmstadt 1967).

xi Immanuel Kant, »Mutmaßlicher Anfang der Menschengeschichte«, in: *Akademie-Ausgabe*, Bd. 8, S. 114.

xii Vgl. hierzu Flecks Aufsatz: »Wie entstand die Bordet-Wassermann-Reaktion und wie entsteht eine wissenschaftliche Entdeckung im allgemeinen?«, in diesem Band.

xiii Fleck zitiert im Original nach der polnischen Übersetzung: *Wstęp do metafizyki*, Krakau 1910. Es handelt sich hierbei um einen längeren programmatischen Aufsatz Bergsons von ca. 35 Seiten, der zuerst 1903 unter dem Titel *Introduction à la métaphysique* erschienen war und eine Einführung in dessen Denken darstellt. Henri Bergson (1859-1941), Sohn eines polnisch-jüdischen Vaters, war der Hauptvertreter der Lebensphilosophie in Frankreich, aber auch in ganz Europa und nicht zuletzt in Polen mit seinem antipositivistischen Intuitionismus immens einflußreich. Vgl. dazu Stanisław Borzym, *Bergson a przemiany światopoglądowe w Polsce*, Breslau 1984. Speziell in Lemberg gab es ebenfalls eine starke Bergson-Rezeption. Roman Ingarden (1893-1970) z.B. hatte bei Husserl in Freiburg mit der Arbeit »Intuition und Intellekt bei Henri Bergson« [erschienen in: *Jahrbuch für Philosophie und phänomenologische Forschung* V (1922), S. 285-461] 1917 promoviert und kehrte kurz darauf nach Lemberg zurück, wo er ab 1925 zunächst als Privatdozent, dann ab 1933 als Professor an der Universität lehrte.

xiv Fleck zitiert im Original nach der polnischen Übersetzung: *Materja i ruch*, Warschau 1879. James Clerk Maxwell (1831-1879) war der Naturwissenschaftler des 19. Jahrhunderts mit dem größten Einfluß auf die Physik des 20. Jahrhunderts. Der schottische Physiker begründete mit den nach ihm benannten Maxwellschen Gleichungen die neuere Elektrizitätslehre und den neueren Magnetismus und entwickelte eine kinetische Gastheorie. Weiterführend vgl. Falk Müller, *Gasentladungsforschung im 19. Jahrhundert*, Berlin, Diepholz 2004; ders., »Maxwell, James Clerk, A Treatise on Electricity and Magnetism«, in: *Das neue Kindlers Literatur Lexikon*, Stuttgart 2009.

xv Zu Andrzej Glaber von Kobylin siehe EN xv zu »Wissenschaft und Umwelt«, in diesem Band, S. 339.

XVI Zu Flecks Auffassung von Lavoisiers Elementbegriff vgl. FN 3 in »Zur Krise der ›Wirklichkeit‹«

XVII Fleck meint hier Rudolf Carnaps Werk *Der logische Aufbau der Welt*, Berlin 1928. Vgl. auch EET, S. 121, FN 3.

XVIII Vgl. EET, S. 38f. Dort zitiert Fleck Hornbostel nach der Rezension von Wolfgang Metzger, in: *Die Naturwissenschaften* 17, 43 (1929), S. 846: »Parallel der Bedeutungsentwicklung der Worte nach Hornbostel gibt es auch eine Ideenentwicklung, die nicht etwa durch Abstraktion vom Besonderen zum Allgemeinen, sondern durch Differenzierung (Spezialisierung) vom Allgemeinen zum Besonderen geht.« Zu Hornbostel siehe auch EN VII zu »Über die wissenschaftliche Beobachtung und die Wahrnehmung im allgemeinen« in diesem Band, S. 234.

XIX »Man muß in der Nähe von Sümpfen Vorsicht walten lassen, da dort Lebewesen entstehen, die so klein sind, daß man sie mit den Augen nicht sehen kann, und die über die Luft durch Mund und Nase in den Körper eindringen und auf diese Weise schwere Krankheiten erzeugen.« Vgl. EET, S. 36f. Fleck übernimmt hier wie dort stillschweigend das Zitat aus Marcus Terentius Varros *Rerum Rusticarum* (I, 12, 2) plus Kontext aus dem von W. Kolle und August Wassermann herausgegebenen *Handbuch der pathogenen Mikroorganismen*, Bd. 1, Jena 1903, S. 7f.; ebd. schreibt Rudolf Abel in seinem »Ueberblick über die geschichtliche Entwicklung der Lehre von der Infektion, Immunität und Prophylaxe«: »Schon im Alterthum begegnet man der Ahnung davon, daß kleinste Lebewesen in den Körper dringen und Krankheiten erzeugen« und bringt als Beleg just diese Varro-Stelle.

XX Carl Flügge, *Die Mikroorganismen. Mit besonderer Berücksichtigung der Ätiologie der Infectionskrankheiten*, 2 Bde., Leipzig ^{3}1896.

XXI Die Geschichte des Teufelspaktes von Herrn Twardowski ist in Polen eine Volkslegende. Ihr zufolge hatte Twardowski den Teufel zu überlisten versucht, indem er den Pakt mit ihm unter der Bedingung schloß, daß der Teufel sich nur in Rom seiner Seele bemächtigen dürfe, wohin zu reisen er schlicht zu vermeiden gedachte. Auf diese Weise entging er jahrelang seinem Schicksal, bis er gedankenlos in ein Wirtshaus namens *Rzym* (Rom) einkehrte, wo ihn der Teufel holte. In der von Fleck zitierten Version der Ballade *Pani Twardowska* (Frau Twardowski) von 1822 aus der Feder des bedeutendsten polnischen Dichters Adam Mickiewicz versucht Twardowski, als er im Wirtshaus namens Rom vom Teufel erwischt wird, mit einer weiteren List seine Haut zu retten. Mephistopheles solle vorher drei Aufgaben lösen. Zwei erfüllt dieser, dann aber verlangt Twardowski, daß der Teufel an seiner Statt ein Jahr mit Frau Twardowski treu und gehorsam zusammenleben müsse. Diese Prüfung versucht der Teufel gar nicht erst zu bestehen, und Twardowski kommt davon. Fleck führt diese mit der doppelsinnigen Verwendung des Begriffs »Rom« spielende Ballade gewiß nicht ganz zufällig an, heißt doch der

Gründer der von ihm bekämpften und auf Eindeutigkeit der Begriffe verpflichteten Lemberg-Warschauer Schule in der Philosophie Kazimierz Twardowski. Izydora Dąmbska war dessen enge Schülerin.

XXII Odilo Schreger, *Studiosus jovialis seu auxilia ad jocose et honeste discurrendum, in gratiam et usum studiosorum*, Pedeponti [2]1751, S. 337. Vgl. die Hinweise zu Schreger in EN XVI zu »Zur Frage der Grundlagen der medizinischen Erkenntnis«, in diesem Band.

XXIII *Zadig ou la déstinée, histoire orientale* (1747) [*Zadig oder das Schicksal. Eine morgenländische Geschichte*] und *Candide ou l'optimisme* [*Candide oder der Optimismus*] (erschien anonym in Genf 1759) sind die beiden bekanntesten der philosophisch-satirischen Kurzromane Voltaires (1694-1778), des Hauptvertreters der französischen Aufklärung.

XXIV Beispielsweise Levy-Bruhl, *Das Denken der Naturvölker* (wie EN III), S. 312-322.

XXV Vgl. dazu z.B. Rudolf Carnap, *Scheinprobleme in der Philosophie. Das Fremdpsychische und der Realismusstreit*, Berlin 1928, oder Wolfgang Köhler, »Ein altes Scheinproblem«, in: *Die Naturwissenschaften* 17, 22 (1929), S. 395-401, doch vor allem Abschnitt I: »Problem und Scheinproblem«, aus dem Aufsatz von Pascual Jordan, »Über den positivistischen Begriff der Wirklichkeit«, in: *Die Naturwissenschaften* 22, 29 (1934), S. 485-490, den Fleck weiter unten zitiert. Es war ein Schachzug der positivistischen Methode, traditionelle Probleme der Philosophie schlicht zu Scheinproblemen zu erklären. Jordan definiert diese so: »Als Scheinproblem werden wir im wissenschaftlichen System ein Problem bezeichnen müssen, welches *aus dem Wesen der wissenschaftlichen Untersuchungsmethoden heraus* (nicht nur auf Grund eines *derzeitigen* Ungenügens unseres Wissens und Könnens) wissenschaftlicher Untersuchung *unzugänglich* ist.«

XXVI Zu Flecks Verständnis der »Massen« vgl. EET, S. 145, FN 7.

XXVII Vgl. Flecks »Besprechung: G. Mie, Naturwissenschaft und Theologie« in diesem Band.

XXVIII Zu Flecks Vision einer »demokratischen Wissenschaft« siehe weiterführend: Hans-Jörg Rheinberger, »Zur Historizität wissenschaftlichen Wissens: Ludwik Fleck, Edmund Husserl und die Kunst, eine demokratische Wirklichkeit zu formen«, in: ders., *Epistemologie des Konkreten. Studien zur Geschichte der modernen Biologie*, Frankfurt/M. 2006, S. 21-36.

XXIX [Original deutsch.]

XXX [Original deutsch.]

XXXI Der aus Odessa stammende französische Bakteriologe Alexandre Besredka hatte 1920 am Pasteur-Institut in Paris ein Verfahren entwickelt, mit dem er glaubte nachweisen zu können, daß bei der Züchtung von Bakterien Stoffe ausgeschieden werden, die das Bakterium, von dem das »Antivirus« stammte, angreifen und daher für die Immunisierung genutzt werden können. Besredkas Antivirus-Therapie war daraufhin bis in die frühen 1930er Jahre in Europa weithin angewendet worden. Im ersten Gutachten der American Medical Association von 1934 wurde die Antivirus-Idee verworfen. Vgl. M. D. Eaton, S. Bayne-Jones, »Bacteriophage Therapy«, in: *Journal of the American Medical Association* 103 (1934), S. 1769-1776, 1847-1853 und 1934-1939. Vgl. dazu weiterführend Milton Wainwright, »Besredka's ›Antivirus‹ in Relation to Fleming's Initial Views on the Nature of Penicillin«, in: *Medical History* 34, 1 (1990), S. 79-85, und Ilana Löwy, »›The Terrain is All‹: Metchinkoff's Heritage at the Pasteur Institute«, in: Christofer Lawrence, George Weisz (Hg.), *Greater than the Parts. Holism in Biomedicine 1920-1950*, Oxford 1998, S. 257-283.

XXXII Löwenstein meinte, er könnte nachweisen, daß, wenn man das Serum von Tuberkulosepatienten mit Tuberkulin vermischt, letzteres neutralisiert werde. Die so gewonnenen Antikörper nannte er Antikutine. Vgl. R. Kraus, E. Löwenstein, R. Volk, »Zur Frage des Mechanismus der Tuberkulinreaktion«, in: *Deutsche medizinische Wochenschrift* 37, 9 (1911), S. 389-391.

XXXIII Das Zitat geht weiter: »[...] und ergänzt, verschärft und korrigiert das vorwissenschaftliche Weltbild, indem es gleichzeitig einerseits zu neuen, komplexen Begriffsbildungen vorwärtsschreitet, andererseits rückwärtsschreitend die grundlegenden Begriffe immer eingehender analysiert. Die nähere Betrachtung dieser Zusammenhänge führt auf die bedeutungsvolle Frage nach der Abhängigkeit oder Unabhängigkeit des wissenschaftlichen Weltbildes vom vorwissenschaftlichen.« Der theoretische Physiker Pascual Jordan (1902-1980) war maßgeblich an der konzeptuellen Entwicklung und mathematischen Formulierung der Quantenmechanik beteiligt. 1933 trat er der NSDAP und der SA bei. Er selbst bekannte sich zum Positivismus und hatte sowohl in den *Naturwissenschaften* als auch in der Zeitschrift des Wiener Kreises *Erkenntnis* eine Reihe von erkenntnistheoretischen Artikeln publiziert, die unmittelbar vor dem Erscheinen von Flecks Aufsatz lebhaft diskutiert worden waren. Die Diskussion, an der Moritz Schlick, Otto Neurath, Philipp Frank, Edgar Zilsel, Hans Reichenbach sich beteiligten, kreiste insbesondere um die Frage nach dem Verhältnis von Quantenmechanik und Biologie. Siehe Pascual Jordan, »Die Quantenmechanik und die Grundprobleme der Biologie und Psychologie«, in: *Die Naturwissenschaften* 20, 45 (1932), S. 815; ders., »Quantenmechanische Bemerkungen zur Biologie und Psychologie«, in: *Erkenntnis* 4 (1934), S. 215; ders., »Über den positivistischen Begriff der Wirklichkeit«, in: *Die Naturwissenschaften* 22, 29 (1934), S. 485; ders., »Bemerkungen zu meinem Aufsatz: ›Über den positivistischen Begriff der Wirklichkeit‹«, in: *Die Naturwissenschaften* 22, 35 (1934), S. 596; ders., »Ergänzende Bemerkungen über Biologie und Quantenmechanik«, in: *Erkenntnis* 5 (1935), S. 348-352. Otto Neurath, »Jordan, Quantentheorie und Willensfreiheit«, in: *Erkenntnis* 5 (1935), S. 179-181; Hans Reichenbach, »Metaphysik bei Jordan?«, in: *Erkenntnis* 5 (1935), S. 178f.; Moritz Schlick, »Ergänzende Bemerkungen über P. Jordans Versuch einer quantentheoretischen Deutung der Lebenserscheinungen«, in: *Erkenntnis* 5 (1935), S. 181; Edgar Zilsel, »P. Jordans Versuch, den Vitalismus quantenmechanisch zu retten«, in: *Erkenntnis* 5 (1935), S. 56-64; Philipp Frank, »Jordan und der radikale Positivismus«, in: *Erkenntnis* 5 (1935), S. 184; ders., »Zeigt sich in der modernen Physik ein Zug zu einer spiritualistischen Auffassung?«, in: *Erkenntnis* 5 (1935), S. 65-80. Zu Jordan siehe weiterführend: *Pascual Jordan (1902-1980). Mainzer Symposium zum 100. Geburtstag*, erschienen als Preprint 2007: ⟨www.mpiwg-berlin.mpg.de/Preprints/P329.pdf⟩ (Zugriff am 28.10.2010).

XXXIV Bei den in der Fußnote erwähnten vier Logikern handelt es sich um: (1). Jan Łukasiewicz (1878-1956), einen der Hauptvertreter der Lemberg-Warschau-Schule und seinerzeit Professor an der Universität Lemberg. Seine Bemühungen, den Indeterminismus zukünftiger Ereignisse logisch zu beschreiben, führten ihn zur Entdeckung einer nichtklassischen, mehrwertigen Logik, in der der Satz vom ausgeschlossenen Dritten nicht gilt. In mehrwertigen Logiken können die Sätze außer den zwei Werten »wahr« und »falsch« auch andere, sogar unendlich viele Werte annehmen. Vgl. weiterführend: Grzegorz Malinowski, »Sur une philosophie de la plurivalence logique« ⟨http://www.elv-akt.net/recherches/conference.php?id_conference=11&mode=html⟩ (Zugriff 1.5.2011), sowie den Überblick von Kazimierz Ajdukiewicz, »Der logistische Anti-Irrationalismus in Polen«, in *Erkenntnis* 5 (1935), S. 51-161. (2). Der aus Polen stammende, aber in den USA tätig gewesene Logiker Emil Leon Post (1897-1954) hatte zur gleichen Zeit unabhängig von Łukasiewicz Systeme mehrwertiger Aussagenlogik betrachtet und in seiner Dissertation *Introduction to a General Theory of Elementary Propositions* (1920/1921) die Vollständigkeit und Konsistenz des Aussagenlogikkalküls von Russells *Principia Mathematica* bewiesen und auch für mehrwertige Logiken verallgemeinert. (3). Der im galizischen Tarnopol geborene polnische Logiker Zygmunt Zawirski (1882-1948) war ebenfalls einer der wichtigsten Repräsentanten der Lemberg-Warschau-Schule und ein enger Schüler Twardowskis. Zawirski interessierte sich insbesondere für die Möglichkeiten, wie man die dreiwertige Logik von Łukasiewicz für die Lösung von Schwierigkeiten nutzen könnte, die durch die aktuellen Entwicklungen in der Quantenphysik aufgetaucht waren. So könne man den Widerspruch zwischen Wellen- und Korpuskularbild zu einem scheinbaren entschärfen, wenn man sich auf den Standpunkt stelle, daß es neben Wahrheit und Falschheit noch einen dritten Wert gebe, den unsere Aussagen zulassen, nämlich Möglichkeit. Fleck bezieht sich sehr wahrscheinlich auf den Aufsatz von Zawirski, »Znaczenie logiki wielowartościowej i związek jej z rachunkiem prawdopodobieństwa« [Die Bedeutung der mehrwertigen Logik und des Wahrscheinlichkeitskalküls], in: *Przegląd Filozoficzny* 37 (1934), S. 393-398, womöglich aber auch bereits auf den ebenfalls

1936 erschienenen Aufsatz Zawirskis: »Über die Anwendung der mehrwertigen Logik in der empirischen Wissenschaft«, in: *Erkenntnis* 6 (1936), S. 430-435, in dem sich Zawirski mit Łukasiewicz und Reichenbach auseinandersetzt. Zu Zawirski siehe Irena Szumilewicz-Lachman, *Zygmunt Zawirski. His Life and Work. With Selected Writings on Time, Logic & the Methodology of Science*, Boston 1994. (4). Der dem Wiener Kreis nahestehende Philosoph und Physiker Hans Reichenbach (1891-1953) war einer der maßgeblichen Vertreter des Logischen Empirismus. Gemeinsam mit Rudolf Carnap gab er ab 1930 die Zeitschrift *Erkenntnis* heraus, die Fleck regelmäßig konsultierte. Wie Zawirski arbeitete auch Reichenbach in den 1930er Jahren an der logischen Beschreibung der Quantenmechanik. Zu diesem Zweck entwickelte er eine dreiwertige Logik (Quantenlogik), die mit den Wahrheitswerten wahr, falsch und unbestimmt operiert.

Izydora Dąmbska
Ist die intersubjektive Ähnlichkeit der Sinneseindrücke eine unentbehrliche Voraussetzung der Naturwissenschaften?[I]

»Εἰ καὶ καταλήπτόν ἀλλα τοί γε ἀνέξοιστον καὶ ἀνερμήνευτον τῷ πέλας. Selbst wenn man etwas erkennen könnte, könnte man dieses Wissen in keiner Weise einem anderen mitteilen.« So lautet die dritte der allgemein bekannten Thesen von Gorgias von Leontinoi,[II] jene These, die man gewöhnlich für eine sophistische Paradoxie im Dienste des rhetorischen Glanzes hielt. Nichtsdestoweniger bereitet ein etwas modifizierter Folgesatz dieses Konzessivsatzgefüges nicht wenige echte Sorgen denjenigen, die sich mit Fragen der Erkenntnistheorie befassen. Dieser modifizierte Folgesatz der Gorgiasschen These lautet: Nie kann man entscheiden, ob andere Menschen dieselben bzw. ähnliche Bedeutungsinhalte erleben, wenn sie dieselben Sätze wie wir aussprechen. Manche sind geneigt, daraus den Schluß zu ziehen, intersubjektives Wissen existiere nicht oder, vorsichtiger: niemals könne man die Intersubjektivität der Erkenntnis feststellen. Jeder von uns ist in der Welt seiner eigenen Empfindungen eingesperrt und für immer von den anderen abgeschnitten. Und jede Kontrolle und jede Überprüfung der eigenen Behauptungen durch den Vergleich mit anderen erweckt nur einen trügerischen Anschein von Verständigung.

Wenn aber die Wissenschaft *ex definitione* ein intersubjektives Gebilde ist, der Kontrolle vieler, eine gemeinsame Sprache sprechender normaler Menschen zugänglich ist, so folgt aus der Verneinung der Möglichkeit von intersubjektiver Erkenntnis die Verwerfung der Möglichkeit von Wissenschaft.[III] In der Diskussion über die sich abzeichnende Frage bieten sich vier Antworten an:

(1) entweder ist der Folgesatz der These von Gorgias falsch, und man kann auf seiner Grundlage nichts über die Intersubjektivität der Wissenschaft aussagen;

(2) oder er ist grundsätzlich unentscheidbar, daher auch als Denkprämisse nutzlos;

(3) oder er ist richtig, und es folgt daraus die Verneinung der Intersubjektivität von Erkenntnis und damit entweder die Unmög-

lichkeit der Wissenschaft oder die Änderung der Ansicht über ihr Wesen;

(4) oder schließlich ist er wahr, aber die Intersubjektivität der Wissenschaft setzt seine Negation nicht voraus.

Die erste Eventualität wird von verschiedenen epistemologischen Richtungen, die sich dem Solipsismus entgegenstellen, mehr oder weniger dogmatisch in Anspruch genommen, die dritte Eventualität führt zum Agnostizismus, manchmal zum Irrationalismus in der Erkenntnistheorie. Die zweite und die vierte Eventualität in der engeren Formulierung bilden das Thema der vorliegenden Betrachtungen. Es drängt sich die Frage auf, ob, wenn es wahr wäre, daß die These über die intersubjektive Ähnlichkeit der Eindrücke falsch oder grundsätzlich unentscheidbar ist, es auch wahr sein müßte, daß die Behauptungen der Naturwissenschaften eines intersubjektiven Charakters entbehren. Oder einfacher: Ist die Intersubjektivität der empirischen Sätze durch die intersubjektive Ähnlichkeit der Eindrücke notwendig bedingt? Die Aufgabe der weiteren Ausführungen ist es, eine Begründung zu versuchen im Sinne einer negativen Antwort.

Betrachten wir zunächst die Argumente, die man zugunsten einer bejahenden Antwort, d. h. zugunsten der These anführen kann, daß die Intersubjektivität der empirischen Sätze die Ähnlichkeit der Eindrücke voraussetzt. Eines dieser Argumente entwickelte u. a. der namhafte deutsche Physiker Schrödinger in der Abhandlung »Quelques remarques au sujet de la connaissance scientifique« ([Rivista di] Scientia XXIX. 1935, Nr. 3 [S. 181-191]).[IV] Sein Gedankengang sieht folgendermaßen aus:

Nur unter der Voraussetzung, daß andere Menschen gleiche oder zumindest ähnliche Eindrücke haben – fügen wir hinzu: unter gleichen oder ähnlichen Wahrnehmungsbedingungen – ist es in der Wissenschaft legitim, die Ergebnisse der von anderen Forschern durchgeführten Experimente zu nutzen. Dann berufen wir uns nämlich auf fremde Sinneswahrnehmungen so, als ob sie unsere eigenen wären. Kein Physiker wiederholt schließlich selbst alle experimentellen Untersuchungen, sondern er verläßt sich auf die Informationen und Berichte anderer Personen. Er könnte dies nicht tun, wenn er nicht an die intersubjektive Ähnlichkeit der Eindrücke glauben würde. Die Hypothese der intersubjektiven Ähnlichkeit der Eindrücke ist daher für Schrödinger eine notwendige Voraussetzung der Naturwissenschaften. Schrödingers Argument ist nicht überzeugend; es beruht, wie es scheint, auf der Verschiebung des Problems vom Terrain der Epistemologie auf das Terrain der Psychologie. Es geht hier nämlich darum, woran der Wissenschaftler glaubt, wenn er das Ergebnis eines fremden Experimentes nutzt, und nicht um die notwendige Prämisse von Wissenschaft. Desgleichen könnte man beweisen, daß der Wissenschaftler, indem er sich auf die Ergebnisse fremder Experimente stützt, an die Aufrichtigkeit seines Informanten glaubt, jedoch ist die These »Andere Wissenschaftler lügen im allgemeinen nicht« keine Prämisse empirischer Wissenschaft. Außerdem scheint SCHRÖDINGERS Argument, als Satz für sich betrachtet, nicht wahr zu sein. Den Forscher interessieren nicht, während er Wissenschaft betreibt, die Sinnesempfindungen anderer Wissenschaftler, sondern ihre Urteile, und zwar Urteile, die zumindest prinzipiell entscheidbar sind.

Angesichts der Ablehnung von SCHRÖDINGERS Argument drängt sich unvermeidlich die Frage auf, in welchem Sinne die Wissenschaft die Hypothese über die intersubjektive Ähnlichkeit der Eindrücke voraussetzen kann. Niemandem, der Werke zur Physik, Chemie oder Biologie liest, ist dort wohl je der Satz »Andere Menschen haben unter ähnlichen Wahrnehmungsbedingungen die gleichen Eindrücke wie ich« begegnet; mehr noch: Keine Behauptung über die physischen Gegenstände kann sich aus dieser Hypothese oder aus ihrer Verneinung ergeben.

Solange wir im Bereich der Naturwissenschaften verbleiben, solange wir Physik, Chemie oder Biologie betreiben, so lange haben wir mit der erwähnten Hypothese nichts zu tun. Keine Behauptung dieser Wissenschaften folgt daraus oder verifiziert sie. Erst im Bereich der Metawissenschaft[V] erhält das in dieser Hypothese liegende Problem seinen eigentlichen Sinn. Auf dieser Ebene kann man zwei weitere Argumente formulieren, die für die These über die intersubjektive Ähnlichkeit der Eindrücke sprechen und mit denen wir uns auseinandersetzen werden.

Das eine wird von der einst recht populären und zu Unrecht als positivistisch bezeichneten Ansicht über das Wesen der Naturerkenntnis geliefert. Dieser Ansicht zufolge besteht das Ziel der Naturwissenschaften darin, möglichst einfache Gesetze zu formulieren, die die Verhältnisse ausdrücken, welche zwischen den in der Sinneserfahrung gegebenen Gegenständen bestehen. Da die gegebenen Erfahrungsdaten sich aber auf die Systeme von Sinneseindrücken zurückführen lassen, kann man den Sätzen der Naturwissenschaften nur unter der Voraussetzung einer intersubjektiven Ähnlichkeit der Eindrücke einen objektiven Charakter zuschreiben. Auch dieses Argument scheint nicht überzeugend zu sein. Und zwar aus folgenden Gründen:

(1) Wenn die positivistischen Äußerungen über die Aufgaben der Naturwissenschaften (z.B. folgender Satz von HEISENBERG: »Die Physik soll nur den Zusammenhang der Wahrnehmungen formal beschreiben«[1, VI] u.a.) – wie es u.a. PLANCK[2] will – so zu verstehen wären, daß die Positivisten den physischen Gegenständen die Realität absprechen und bereit sind, nur von Eindruckskomplexen als von etwas Realem zu reden, dann sollte man diese Anschauung über die Aufgabe der Naturwissenschaften für falsch erachten. Es ist nämlich bekannt, daß die Naturwissenschaften stets dazu tendieren, die Sätze über die Sinnesqualitäten zu eliminieren und sie durch Sätze über die Verhältnisse, die zwischen den quantitativ faßbaren Größen des Zeitraumes bestehen, zu ersetzen.

(2) Selbst wenn man dieser falschen Bestimmung des Gegenstandes von empirischen Sätzen beipflichtete, würde deren Objektivität die intersubjektive Ähnlichkeit der Eindrücke noch nicht voraussetzen. Nicht die *Eindrücke*, sondern gewisse zwischen ihnen bestehende *Verhältnisse* wären Gegenstand dieser Sätze. Diese [Verhältnisse] wiederum könnten intersubjektiv erkennbar sein, obgleich das genannte Merkmal für die Eindrücke selbst nicht gelten würde.

Das dritte Argument, das man zugunsten der These über die notwendige Voraussetzung der intersubjektiven Ähnlichkeit der Eindrücke anführen könnte, bereitet die größten Schwierigkeiten. Man kann es so formulieren: Das endgültige Fundament der Naturerkenntnis ist die sinnliche Erfahrung. Diese Erfahrung wird vom Erleben gewisser sinnlicher Inhalte bestimmt. Wenn also diese Inhalte grundsätzlich nicht kommunizierbar sind, so ist auch die allerletzte Grundlage der empirischen Urteile, die ihre wissenschaftliche Berechtigung garantieren soll, des intersubjektiven Charakters beraubt, sie ist etwas Subjektives, nicht Kommunizierbares, der Merkmale rationaler Erkenntnis beraubt. Aber auch dieses Argument ist nicht entscheidend. Man kann auch hier versuchen, die Voraussetzung der intersubjektiven Ähn-

1 [Werner] HEISENBERG, »Über den anschaulichen Inhalt der quantentheoretischen Kinematik und Mechanik«, in: *Zeitschrift für Physik* 43 (1927), S. 197.

2 [Max] PLANCK, *Positivismus und reale Außenwelt*, Leipzig 1931.

lichkeit der Eindrücke zu eliminieren. Die Eliminierung müßte in diesem Fall darin bestehen, daß man entweder die Wahrnehmungssätze aus den Naturwissenschaften verbannt oder aber aufzeigt, daß ihr Erkenntniswert nicht darin besteht, daß man auf [Sinnes-]Empfindungen von anderen Bezug nimmt.

Die Wahl des ersten Weges würde zugleich die Ablehnung der Existenzmöglichkeit der empirischen Wissenschaften bedeuten, denn sie wäre damit gleichzusetzen, den empirischen Wissenschaften die grundlegenden synthetischen Urteile zu nehmen. Dies ist also wahrscheinlich nicht der richtige Weg. Es bleibt die zweite Möglichkeit: aufzuzeigen, daß der objektive Erkenntniswert der grundlegenden Sätze der Naturwissenschaften nicht von der Feststellung abhängig ist, daß eine intersubjektive Ähnlichkeit der Eindrücke besteht. Dieser zweite Weg scheint verlockender zu sein. Ist er möglich? Man darf es versuchen, und solche Versuche finden auch statt. Meistens nehmen sie die Form diverser mehr oder weniger radikaler Konventionalismen an. So besteht z. B. laut POPPER die intersubjektive Überprüfbarkeit empirischer Sätze darin, daß man aus diesen Sätzen auf andere, ebenfalls intersubjektiv überprüfbare Sätze schließen kann. Man kann aber nicht endlos überprüfen, man muß bei einer Klasse von Sätzen stehenbleiben und sie als grundlegend annehmen.[3] Die Wahl dieser Klasse von Sätzen ist bis zu einem bestimmten Grad Sache von Konventionen.[VII] Aber warum fällt diese Wahl stets auf Sätze eines bestimmten logischen Typus? Wäre dabei die Rücksicht auf die Einfachheit bzw. Eleganz von wissenschaftlichen Theorien entscheidend? Es ist nicht erst seit heute bekannt, wie viele verschiedene und komplexe Bedeutungen der Terminus »Einfachheit der Theorie« in sich birgt. Im folgenden wird sich herausstellen, daß diese Wahl ihre Begründung in anderen Gesichtspunkten hat als in ästhetisch-konstruktiven. Das gleiche gilt, wenn sich eine ähnliche Frage von einem anderen, konventionalistischen Standpunkt aus zwangsläufig aufdrängt, nämlich vom Standpunkt POINCARÉS aus.

POINCARÉ betont mit Nachdruck, daß die Hypothese über die intersubjektive Ähnlichkeit der Eindrücke grundsätzlich unentscheidbar ist. Wir verfügen nämlich über kein Mittel, uns zu überzeugen, wie ein anderer wahrnimmt und ob er wahrnimmt. Fremde Eindrücke sind uns für immer versperrt. Das, was objektiv und intersubjektiv

3 [Karl] POPPER, *Logik der Forschung. Zur Erkenntnistheorie der modernen Naturwissenschaft*, Wien 1935 [1934], S. 18f., 60.

ist, muß in der Sprache kommunizierbar und ausdrückbar sein. Eigene Eindrücke, genauer ihre Qualität, kann man niemals einem anderen mitteilen.

Nehmen wir an, sagt POINCARÉ, daß der Mohn und die Kirsche bei mir den Eindruck *A* erwecken, bei jemand anderem jedoch den Eindruck *B*, das Laub erzeugt bei mir den Eindruck *B* und beim anderen *A*. Es ist klar, daß wir nichts darüber wissen, welche Eindrücke es sind, wenn ich den Eindruck *A* rot nenne und *B* grün, während der andere den ersten grün nennt und den zweiten rot. Ich kann feststellen, daß für ihn der Mohn und die Kirsche die gleiche – auch wenn ich nicht weiß, welche – Farbe haben, wenn er, um sie zu bezeichnen, in beiden Fällen denselben Ausdruck benutzt. Das, was kommunizierbar ist, was der intersubjektiven Erkenntnis zugänglich ist, sind nicht Qualitäten, sondern Verhältnisse und strukturelle Eigenschaften der Gegenstände.[4]

Aufgrund des oben skizzierten Standpunktes kann man eine ausreichende Garantie für die Intersubjektivität der empirischen Sätze darin sehen, daß normale Menschen unter gegebenen Wahrnehmungsbedingungen im allgemeinen geneigt sind, die gleichen Behauptungen anzuerkennen. Für die Objektivität empirischer Sätze ist es nicht wesentlich, welche Eindrücke diese Menschen haben, was sie erleben, wenn sie diese Sätze anerkennen. Das wichtigste ist, daß sie gelernt haben, sich in bestimmten Situationen übereinstimmend zu verhalten. Aber warum verhalten sie sich so übereinstimmend? Ist es nur Zufall? Und wenn es Zufall ist, kann man dann noch von einer *Garantie* für die Intersubjektivität empirischer Erkenntnis sprechen? Es scheint, daß es nicht nur Zufall ist; eine gewisse Erklärung für die übereinstimmende Verhaltensweise kann man in der biologischen Auffassung von Erkenntnis, wie sie z. B. von WŁADYSŁAW WITWICKI[VIII] entwickelt wurde,[5] finden. In bezug auf diese Position würde man etwa so sagen: Die übereinstimmende Anerkenntnis bestimmter grundlegender empirischer Sätze durch die Menschen ist kein Werk des Zufalls, sondern eine Folge davon, daß die empirischen Wissenschaften nicht eine Traum- und Märchenwelt beschreiben, sondern eine Welt, wie sie sich den Menschen darstellt, während sie wach sind, richtig voraussehen, effektiv handeln und zusammenwirken. Dort,

4 Henri POINCARÉ, *La valeur de la science*, Paris 1920, S. 262 f.

5 Vgl. z. B. [Władysław] WITWICKI, »Z filozofii nauki« [Von der Philosophie der Wissenschaft], in: *Przegląd Warszawski* 24 (1923), S. 289-298.

wo der Mensch mit empirischem Material umzugehen hat, wird die Willkürlichkeit seines Tuns durch die Androhung von Natursanktionen beschränkt. Die Willkürlichkeit im Handeln und in den Urteilen hört auf. Wer im empirischen Material eine Sache gestaltet, muß sich in seinen Tätigkeiten nach diesem Material richten. »Natura nisi parendo vincitur.«[IX] Aber um hören zu können, muß man wissen, was die Naturgesetze sagen und wie sie es gebieten. Dieses Wissen geben uns empirische Sätze, und darin liegt ihr Vorzug, ihre Legitimation und ihr Geheimnis der intersubjektiven Allgemeingültigkeit. Die empirischen Wissenschaften verlangen auch eine solche Einstellung gegenüber den Erscheinungen und den Dingen, und darum stellen sie die Wahrnehmungssätze als grundlegend heraus und kümmern sich dabei nicht um die Inhalte fremder Sinnesempfindungen, sondern um die empirischen *Gegenstände*, die sie beachten müssen. Ohne Rücksicht darauf, was die Metaphysik für das Wesen dieser Gegenstände hält: die Demokritischen Atome oder die Elemente von Mach.[X]

Darum auch scheint mir die vor kurzem in *Przegląd Filozoficzny* von Dr. Fleck[6] formulierte Ansicht falsch zu sein, daß es nur eine Sache des »Stils« des Denkens sei, ob man ein Empiriker oder ein Mystiker ist, und daß kein Stil von der Erkenntnistheorie bevorzugt werden dürfe als jener, der eher als die anderen zur Wahrheit führt und nicht zur Falschheit oder zu unverständigen Einbildungen. Laut Dr. Fleck können sich die Menschen nur insofern miteinander verständigen, als sie sich durch den gleichen oder einen ähnlichen Denkstil auszeichnen. Unter Kollektiven mit entfernten Denkstilen kann es keine Verständigung geben, weil ihre Angehörigen mit denselben Worten ganz und gar verschiedene Bedeutungen verbinden. Doch unabhängig davon, durch welchen Denkstil sich jemand auszeichnet, durch einen philosophischen, mystischen, naturwissenschaftlichen oder sonstigen, scheint es doch, daß einen Denkstil fast jeder bereit ist zu verstehen: Der erleuchtetste Prophet, Dichter oder Mystiker findet in bestimmten Lebenssituationen mit dem nüchternen Naturwissenschaftler eine gemeinsame Sprache, zusammen gehören sie einem Stil an. Welche Situationen sind das? Die, in denen sie nicht schlafen und ernstlich mit Bedingungen des Lebens rechnen müssen. Dieser gemeinsame, allgemeinmenschliche Denkstil ist der, in dem ein Mensch zu Wahrnehmungsurteilen Zuflucht nimmt. Er würde

6 [Ludwik] Fleck, »Zagadnienie teorii poznawania« [Das Problem einer Theorie des Erkennens], in: *Przegląd Filozoficzny* 39 (1936), S. 3[-37].

gar nichts von der Welt, in der er lebt, wissen, er würde gar jämmerlich untergehen, wenn er aufhören würde, mit den empirischen Thesen konsequent zu rechnen. In dieser biologischen Rolle der empirischen Sätze steckt vielleicht die Quelle ihres intersubjektiven Wertes. Diese These ist nicht mit einer pragmatistischen These gleichzusetzen. Sie setzt keineswegs voraus, daß die Wahrheit der grundlegenden empirischen Sätze durch deren Nützlichkeit (man weiß, wie unklar dieser Begriff ist) bedingt ist. Es ging dabei nicht um das Wahrheitskriterium, sondern um den Versuch, die beinahe allgemeine Übereinstimmung zu erklären, die den intersubjektiven Wert der empirischen Erkenntnis bedingt. Diese Betrachtungen kurz zusammenfassend, können wir sagen:

(1) Die Voraussetzung der intersubjektiven Ähnlichkeit der Sinneseindrücke scheint eine notwendige Voraussetzung für die Naturwissenschaften zu sein.

(2) Die Intersubjektivität der empirischen Sätze ist durch die beinahe allgemeine Übereinstimmung, mit der normale, unter die gleichen Wahrnehmungsbedingungen gestellte Menschen diese empirischen Sätze anerkennen, ausreichend garantiert.

(3) Dieser annähernde »consensus omnium« hat seine Quelle in der biologischen und erkenntnisbezogenen Rolle der empirischen Urteile, welche die natürliche, angemessene Reaktionsweise des Menschen auf die ihn umgebenden Erscheinungen und Dinge darstellen.

1 Izydora Dąmbska, »Czy intersubiektywne podobieństwo wrażeń zmysłowych jest niezbędnym założeniem nauk przyrodniczych?«, in: *Przegląd Filozoficzny* 40, 3 (1937), S. 288-294; SMF, S. 251-258. Aus dem Polnischen von Barbara Lipińska, durchgesehen und bearbeitet von Jacek Kołtan. Aus: F-ST, S. 109-118, abermals durchgesehen von CZ und SW. Komm.: CZ.

Izydora Dąmbska (1904-1983) war eine polnische Philosophin und Logikerin, Vertreterin der Lemberg-Warschau-Schule, Absolventin der Jan-Kazimierz-Universität Lwów (Lemberg), Assistentin von Kazimierz Twardowski. Nach dem Krieg war sie Professorin am Institut für Philosophie der Jagiellonen-Universität Kraków (Krakau), wo sie in den 1960er Jahren aus politischen Gründen (wegen ihrer Marxismus-Kritik) entlassen wurde. Seit 1964 war sie mit dem Institut für Philosophie und Soziologie der Polnischen Akademie der Wissenschaften verbunden. Zu ihren wichtigsten Arbeiten gehören:

O prawach w nauce [Über Gesetze in der Wissenschaft], Lwów [Lemberg] 1932; »Sur certains principes methodologiques dans les ›Principia Philosophiae‹ de Descartes‹«, in: *Revue de metaphysique et de morale* 62 (1957), S. 57-66; O *narzędziach i przedmiotach poznania* [Über Instrumente und Gegenstände der Erkenntnis], Warschau 1967; *Znaki i myśli* [Zeichen und Gedanken], Warschau 1975; *O konwencjach i konwencjonaliźmie* [Über Konventionen und Konventionalismus], Wrocław [Breslau] 1975. Zu Dąmbska weiterführend: Krzysztof Szlachcic, »Konwencje, style myślenia i relatywizm. Kilka uwag o sporze I. Dąmbska – L. Fleck«, in: *Studia Philosophica Wratislaviensia* 1, 1 (2006), S. 27-45.

II Die drei Haupteinwände der sophistischen Antimetaphysik aus Gorgias' (etwa 480-380 v. u. Z.) Fragment *Über das Nichtseiende* lauten, erstens »daß gar nichts ist«; zweitens »wenn aber doch etwas ist, sei es unerkennbar« und drittens (der griechische Satz wurde von Dąmbska weder vollständig übersetzt noch korrekt wiedergegeben, was hier zu korrigieren war) »wenn aber doch etwas sowohl ist als auch erkennbar ist, sei es jedoch anderen nicht zu verdeutlichen« [»πρώτον ὅτι ούδεν ἔστιν, δεύτερον ὅτι εί καὶ ἔστιν, ἀκατάληπτον ἀνθρώπω, τρίτον ὅτι εἰ καὶ καταληπτόν, άλλα τοί γε ἀνέξοιστον καὶ ἀνερμήνευτον τῷ πέλας«] Gorgias von Leontinoi, *Reden, Fragmente und Testimonien*, Hamburg 1989, S. 41.

III Bereits der in der Lemberg-Warschau-Schule stark rezipierte Franz von Brentano (*Psychologie vom empirischen Standpunkt*, Leipzig 1874) hatte das Problem, wie man Wissen über Bewußtseinsinhalte anderer gewinnen könne, beschrieben. Husserl spitzte dann die Problematik zu und knüpfte die Möglichkeit strenger Wissenschaft an deren Intersubjektivierbarkeit (insbesondere in seinen *Ideen zu einer reinen Phänomenologie und phänomenologischen Philosophie*, Halle 1913). Der Logische Empirismus, sowohl in der Wiener als auch der Lemberg-Warschauer Spielart, versuchte, durch die Entwicklung einer Universalsprache das Intersubjektivitätsproblem zu lösen. Thematisch nah zur Streiftrage zwischen Fleck und Dąmbska stehen auch Husserls Versuche, das Intersubjektivitätsproblem am Beispiel des Verstehenkönnens fremder Kulturen vorzuführen, so in seinen einflußreichen *Cartesianischen Meditationen* (1929), § 58, die 1931 unter dem Titel *Méditations Cartésiennes. Introduction à la Phénoménologie* in Paris erschienen waren.

Der für diese Diskussion zentrale Begriff der Intersubjektivität wird von Fleck in seiner Erwiderung bemerkenswerterweise noch nicht einmal zurückgewiesen, sondern ostentativ übergangen.

IV Erwin Schrödinger (1887-1961) war kein deutscher, sondern ein österreichischer Physiker, Pionier der Quantenmechanik, Wissenschaftstheoretiker und kulturtheoretischer Querdenker, auf den sich auch Fleck mehrfach berufen hat, so zuvor in: »Zur Frage der Grundlagen der medizinischen Erkenntnis«, in diesem Band, S. 241.

v Alfred Tarski hatte in seinem später zum Klassiker gewordenen Aufsatz »Der Wahrheitsbegriff in den formalisierten Sprachen« (in: *Studia Philosophica Commentarii Societatis philosophicae Polonorum* 1 [1935], S. 261-405) das Programm einer solchen Metawissenschaft entfaltet. Bei der Untersuchung einer formalen deduktiven Wissenschaft müsse man zunächst immer »zwischen der Sprache, von der wir sprechen, und der Sprache, in der wir sprechen, sowie auch zwischen der Wissenschaft, die Gegenstand der Betrachtung ist, und der Wissenschaft, in der die Betrachtung angestellt wird, deutlich unterscheiden. Die Namen der Ausdrücke der ersten Sprache und der zwischen ihnen bestehenden Relationen gehören schon zu der zweiten Sprache, der sog. Metasprache (welche übrigens die Grundsprache als Fragment enthalten kann); die Beschreibung dieser Ausdrücke, die Definition der komplizierteren – und zwar besonders der mit dem Aufbau einer deduktiven Wissenschaft verknüpften – Begriffe (wie des Begriffs der Folgerung, des beweisbaren Satzes, etwa der wahren Aussage), die Bestimmung der Eigenschaften dieser Begriffe ist schon die Aufgabe der zweiten Wissenschaft, die als Metawissenschaft bezeichnet wird« (ebd., S. 282).

vi [Original deutsch.]

vii Gemeint sind Poppers »Basissätze«, das sind besondere Beobachtungsaussagen, auf denen die Überprüfung von Gesetzen und Theorien basiert. Sie sind von einfachen Wahrnehmungssätzen zu unterscheiden, die als psychologische Aussagen gelten und gemäß dem bisherigen Stand der Wissenschaft nicht intersubjektiv nachprüfbar sind. Basissätze sollen aber intersubjektiv nachprüfbar sein, dazu müssen sie solche Vorgänge beschreiben, bei denen im Prinzip jeder Mensch anhand seiner eigenen Sinneseindrücke überprüfen kann, ob der behauptete Sachverhalt tatsächlich existiert. Nur die prinzipielle intersubjektive Nachprüfbarkeit macht empirisch-wissenschaftliche Sätze zu *objektiven* Sätzen. Dennoch räumt Popper ein, daß die Basissätze durch Beschluß oder Konvention anerkannt werden, sie seien, »logisch betrachtet, *willkürliche Festsetzungen*«. Vgl. Karl Popper, *Die Logik der Forschung*, Wien 1935, S. 17, 71 und 74.

Dies ist der einzige Beleg dafür, daß Fleck von Poppers Standardwerk zur Wissenschaftstheorie des 20. Jahrhunderts zumindest Kenntnis bekommen hat.

viii Dąmbska war Schülerin des polnischen Philosophiehistorikers, Psychologen und Künstlers Władysław Witwicki (1878-1948), eines Mitglieds der Lemberg-Warschau-Schule, der sich als Platon-Übersetzer einen Namen gemacht hatte.

ix Vgl. FN 3 zu Flecks Erwiderung »In der Angelegenheit des Artikels von Frau Izydora Dąmbska«, in diesem Band.

x Vgl. z. B. Ernst Mach, *Die Mechanik in ihrer Entwicklung historisch und kritisch dargestellt*, Leipzig [9]1933, S. 457-458.

Ludwik Fleck
In der Angelegenheit des Artikels von Frau Izydora Dąmbska in »Przegląd Filozoficzny« (Jg. 40, Heft III)[1]

Ich weiß nicht, ob die Behauptung, daß »die normalen Menschen unter den gegebenen Wahrnehmungsbedingungen im allgemeinen geneigt sind, dieselben Behauptungen anzuerkennen«, begründet ist. Die Erfahrung lehrt, daß die in gewissen Arten von Beobachtungen ungeschulten Menschen unter gegebenen Bedingungen sehr verschiedene Behauptungen anerkennen. Jeder Richter weiß, wie widersprüchlich die Aussagen selbst von vollkommen glaubwürdigen Zeugen sind, und dies sogar in einfachen Situationen, bei denen sie nicht emotional involviert sind. Abweichend, ja äußerst voneinander abweichend sind auch Beschreibungen von sich gerade abspielenden Ereignissen, und zwar jeweils abhängig von Ausbildung, Alter, Gemütsart, Geschlecht, Beruf, Milieu, Epoche etc. des Beobachters. Jeder Lehrer weiß, wie widersprüchlich die von Kindern gegebenen Beschreibungen von Erscheinungen und Gegenständen sind. Die Geschichte lehrt, wie widersprüchlich in verschiedenen Epochen die Beschreibungen und Abbildungen der Naturgegenstände waren. Die Ethnologie lehrt, wie fremd und unbegreiflich für uns Beschreibungen sind, die primitive Menschen geben. Ein Mann und eine Frau, ein Maler und ein Nicht-Maler haben meistens eine andere Beziehung zu Farben und Schattierungen, ein musikalischer Mensch spricht oft ganz andere Behauptungen über einen Ton aus als ein unmusikalischer [Mensch].

Um allgemein gleiche Behauptungen zu bekommen, muß man Menschen dafür eigens schulen oder sehr künstliche Laborbedingungen für die Wahrnehmung schaffen. Doch im ersten Fall haben wir eben eine Gemeinschaft des Denkstils vor uns, und im zweiten kann weder von der Autorschaft der Behauptungen die Rede sein noch davon, daß die bei diesem Versuch beteiligten Personen die volle Verantwortung für ihre Behauptungen anerkennen: Wir setzen sie auf eine von uns bestimmte Schiene; kein Wunder, daß sie sich alle auf derselben Bahn bewegen. Indem wir eine Frage stellen, bestimmen wir zum großen Teil bereits die Antwort. Es kommt nur ein Echo unserer eigenen Behauptungen zu uns zurück – die Behauptungen der unter diesen Bedingungen untersuchten Personen erfahren wir nicht.

Unabhängig davon möchte ich auf die Unbestimmbarkeit des Terminus »ein normaler Mensch« zu sprechen kommen, der völlig unbrauchbar ist, wenn wir einen wirklich großen Kreis verschiedener Menschen in Betracht ziehen: Was für Neger im Urwald normal ist, kann für Bücherwürmer anormal sein, was für ein vierjähriges Kind normal ist, muß für einen dreißigjährigen Mann nicht normal sein und *vice versa.* Schwangere Frauen – ein angeblich ganz normaler Zustand – akzeptieren sehr oft unter den gegebenen Wahrnehmungsbedingungen Behauptungen, die ihrer Umgebung sehr wunderlich vorkommen. Das betrifft vor allem Geruchs- und Geschmackswahrnehmungen. »Die Gesamtheit der normalen Menschen« ist, so verstanden, eine Chimäre, eine anachronistische Schulfiktion.

Man kann also nicht behaupten, daß »normale Menschen unter den gegebenen Wahrnehmungsbedingungen im allgemeinen geneigt sind, dieselben Behauptungen anzuerkennen«,[II] sondern man muß gemäß dem modernen Wissen sagen, daß »Menschen unter den gegebenen Wahrnehmungsumständen geneigt sind, mehr oder weniger voneinander abweichende Urteile anzuerkennen, wobei man eine Reihe kleinerer oder größerer Gruppen von Menschen unterscheiden kann, die ähnliche oder sogar identische Urteile fällen«. Das ist eben der Ausgangspunkt der Denkstillehre.[1]

Ich kann nicht anerkennen, daß »die empirischen Wissenschaften [. . .] solch eine Welt beschreiben, wie sie sich den Menschen darstellt, wenn sie wachen, richtige Vorhersagen treffen, effektiv handeln und zusammenarbeiten«.[III] Eine von traditionellen, heute bereits veralteten Vorurteilen freie Beobachtung lehrt, daß Tatmenschen sich die Welt ganz anders vorstellen, als sie aus wissenschaftlicher Sicht erscheint. Flieger, Matrosen, Leistungssportler, Spieler, politische Aktivisten, Leiter großer Unternehmen und Führer großer Nationen sind fast immer abergläubische Menschen, die z. B. »Maskottchen«[2] haben und solche Arten von Aberglauben anerkennen wie schwarze Tage, aufgetragene

1 Jeder Mensch meint, daß die Mitglieder seiner Denkgruppe einzig »normale« Menschen sind und daß die anderen mehr oder weniger »nicht-normal« sind. Jeder meint auch, daß seine Gruppe die maßgebliche »Gesamtheit« ist und daß die anderen nicht zählen.

2 [Umberto] NOBILE tapezierte in seinem Luftschiff »Italia« die ganze Wand mit Maskottchen. [Es ist dennoch abgestürzt.]

Missionen und irrationale, mystische Glaubensvorstellungen usw. Ich bezweifle, ob sie ohne diese, so auf die kühle Art, effektiv und intensiv handeln und insbesondere zusammenarbeiten und führen könnten. Der praktische Mensch erkennt gleichzeitig mehrere in ihren Konsequenzen widersprüchliche Theorien an, bloß weil sie für ihn in bestimmten Bereichen bequem sind. Der systematische Aufbau der wissenschaftlichen Theorien und deren Anspruch, konsequent überall und immer zu gelten, stehen im Gegensatz zur Gelegenheits- und Nützlichkeitsnatur der Ansichten von Tatmenschen. Diese schätzen zwar oft die Experten, akzeptieren diese aber nicht und mißachten den Grundglauben der Menschen der Wissenschaft, daß man von einer Denkposition aus die ganze Welt erfassen könne.

Ihnen stellt sich also die Welt ganz anders dar, als dies aus den Beschreibungen der empirischen Wissenschaften hervorgeht: Der Bezug der Theorie zur Praxis ist sehr verworren:

Weder ist die Praxis eine ausschließliche Anwendung der Theorie (es geht dabei viel mehr um ein intuitives Spüren, als die Theoretiker dies vermuten), noch geht die Theorie ausschließlich aus der Praxis hervor, weil sie immer auch die Phantasien des Theoretikers beinhaltet, ohne die nicht einmal die einfachste Synthese auskommt.[3]

Doch der Autorin geht es vielleicht gar nicht um die Psychologie der Menschen, wenn sie handeln, obwohl sie darüber spricht, wie sich ihnen die Welt darstellt. Es geht ihr eher um die sogenannte privilegierte Anwendbarkeit der Wahrnehmungssätze (und ihrer Konsequenzen) als solche, d. h. in völliger Isoliertheit davon, wer zu ihnen gelangt und wie. Doch die Wahrnehmungssätze sind eine unzweckmäßige Fiktion; man kann nämlich keinen Satz aussprechen, der nur ausschließlich Wahrnehmungsdaten beinhalten würde; es hängt von der Position ab (die man bei den Überlegungen einnimmt), welchen Teil eines gegebenen Satzes man für einen Wahrnehmungssatz hält. Darüber hinaus: In den empirischen Wissenschaften spielen Wahrneh-

3 Die Autorin schreibt: *Natura nisi parendo vincitur* [nach Francis Bacon, *Novum Organum* 1, 3; dort: »Natura enim non nisi parendo vincitur.« »Die Natur ist nur beherrschbar, wenn man ihr gehorcht.«]. Das scheint mir ein Mißverständnis zu sein: Die Naturgesetze befehlen nichts; ich bezweifle, ob es heute einen ernsthaften Naturforscher gibt, der im Ernst unter Naturgesetzen etwas anderes begreifen würde als die kleinen Regeln der Naturforscher, die dazu da sind, um schnellstens verändert zu werden. Sie sind alle unvollkommen, niemand »hört« heute auf sie, sondern jeder möchte sie möglichst schnell verbessern. Darin besteht doch der Fortschritt der Wissenschaft.

mungssätze gar keine grundlegende Rolle. Je tiefer wir sie in einem bestimmten Fall analysieren, desto mehr schrumpft und verflüchtigt sich der Wahrnehmungsinhalt in dieser nach meiner Überzeugung völlig zwecklosen Bedeutung. Detailliert habe ich darüber andernorts geschrieben, ich möchte mich daher nicht wiederholen.[4] Was und wie wir sehen, hängt vom Denkstil ab. Sehen heißt, unter den gegebenen Bedingungen das Bild wiederzugeben, das die Denkgemeinschaft, zu der man gehört, geschaffen hat.[IV]

Die Erkenntnistheoretiker dürfen vor allem eins nicht vergessen: Der Regreß zur Anwendbarkeit als Prüfstein für den biologischen Wert irgendeines Erkenntnisprozesses führt nur scheinbar an ein Ende, weil das Feststellen der Effektivität oder Nichteffektivität einer Handlung (die aus dieser Erkenntnis resultiert) ebenfalls ein Erkenntnisakt ist. Aller Aberglaube, Zauberei, alles Wissen der vergangenen Jahrhunderte, wie z. B. die Astrologie und die Alchemie, die ganze mittelalterliche Medizin und schließlich das für uns phantastisch bizarre Wissen der primitiven Völker – all diese Anschauungen haben ihre »Beweise«, die aus eingetroffenen Vorhersagen und erklärten Enttäuschungen hervorgehen, nicht anders als bei unseren Naturwissenschaften. Sie alle scheinen ihren Anhängern anwendbar zu sein – wer würde sich sonst zu ihnen bekennen? Ein afrikanischer Urwaldbewohner »geht« überhaupt nicht »erbärmlich unter«, obwohl keine Rede davon sein kann, daß er in unserem Sinne die »empirischen Thesen« konsequent berücksichtigt;[V] ein mittelalterlicher Hexen- und Häretikerbezwinger »ging« nicht »erbärmlich unter«; sehr wirksam handelte der abergläubische Römer, obwohl er nichts ohne die Wahrsagerei aus tierischen Eingeweiden unternahm, die ihm sagten, was er wie zu tun hatte.[5]

»Der inspirierteste Prophet, Dichter oder Mystiker findet in gewissen Lebenssituationen eine gemeinsame Sprache mit einem nüchter-

4 *Entstehung und Entwicklung einer wissenschaftlichen Tatsache*, Basel 1935. »O obserwacji naukowej i postrzeganiu w ogóle« [Über die wissenschaftliche Beobachtung und Wahrnehmung im allgemeinen], in: *Przegląd Filozoficzny* 38 (1935), S. 58-76 [vgl. auch in diesem Band].

5 Als Marc Aurel die Wohltaten aufzählte, die ihm die Götter schenkten, vergaß er nicht, seine prophetischen Träume zu erwähnen, durch die ihm Heilmittel gegen Blutspeien und Kopfschwindel offenbart wurden [M. Aurelii Antonini ad se ipsum I 17, 20]. So verschieden von der unseren war die »Welt« der Römer, wie anders sahen sie!

nen Naturforscher, und sie gehören zu einem Stil«[6] – nur in dem Fall, wenn sie in demselben Alltagsmilieu leben. In diesem Fall denken und handeln der Prophet, Dichter, Mystiker und Naturforscher nicht als Prophet, Dichter etc., sondern als die Mitglieder derselben Denkgemeinschaft: eines bestimmten Kollektivs des Alltagslebens. Wenn sie jedoch in verschiedenen Milieus leben und einer von ihnen z. B. ein kanadischer Fünfling[VI] und der andere ein Kuli ist oder wenn einer ein Hindi aus der Brahmanen-Kaste und der andere ein durchschnittlicher europäischer Intellektueller ist, finden sie nicht einmal in so simplen Angelegenheiten des Lebens wie z. B. sich waschen oder essen eine gemeinsame Sprache. Obwohl »sie nicht schlafen und die Lebensbedingungen nicht ernsthaft berücksichtigen müssen« oder vielleicht eben deswegen. Denn jede Reaktionsweise ist »natürlich«.

Man kann also nicht behaupten, daß »die empirischen Wissenschaften solch eine Welt beschreiben, wie sie sich den Menschen darstellt, wenn sie wachen und effektiv handeln«,[VII] sondern man müßte diese Behauptung wie folgt modifizieren: *In allen Kollektiven gibt es das gleiche Verhältnis zwischen Anschauungen und Taten, im allgemeinen Sinne nämlich eine Harmonie und in der konkreten Konfrontation eine Diskrepanz.* Sowohl diese Harmonie als auch diese spezifische Diskrepanz sind soziologisch bedingt. Die Anschauungen entstehen als Transpositionen von Erlebnissen innerhalb eines sehr plastischen Materials, welches sich leicht von einem Mitglied des Kollektivs auf ein anderes übertragen läßt: in Worten. Ihr Zweck ist die Verständigung der Mitglieder eines Kollektivs. Doch wenn sie selbst zum Zweck werden, d. h., wenn sie sich in den Dienst einer separaten Gesellschaftsschicht stellen und anfangen, eigene Tendenzen auszubilden (z. B. eine konsequente Systematik), entsteht daraus eine Diskrepanz zwischen Theorie und Praxis, die aus der unterschiedlichen psychischen Struktur des Theoretikers und des Praktikers resultiert. *Diese Diskrepanz weist ein spezifisches Merkmal auf. Sie zeigt sich aus verschiedenen sozialen Perspektiven unterschiedlich: Vom Standpunkt des Theoretikers betrachtet, verschwindet sie völlig oder scheint zum Verschwinden zu tendieren, von der Seite des Praktikers gesehen erscheint sie aber als eine grundsätzliche Unzulänglichkeit der Theorie und führt dazu, daß die Tatmenschen die Schamanen, Intellektuellen und Philosophen verachten.*

Man kann keine Ansichten unabhängig von der Gesamtgestalt einer Kultur einer gegebenen Gesellschaft in einer bestimmten Epo-

6 Dąmbska.

che untersuchen. Der Ausgangspunkt muß eine Gemeinschaft zusammenlebender Menschen sein, und solch eine Methode führt vor allem anderen zu einer Soziologie des Denkens, die, weil sie eine vergleichende Wissenschaft sein kann, die allgemeinsten Auffassungen umfaßt. In der Epoche, der wir uns nähern, der Epoche der Synthese und des Verschwindens von Partikularismen, wird sie unvermeidlich sein. Die Spezialisierung und die Differenzierung innerhalb der Gesellschaft wächst und wird weiter wachsen. Von einer bleibenden Wirkung der Versuche, den Menschen auf brutale Weise gleichzuschalten, kann keine Rede sein. Verständigung ist nur auf der Grundlage der Vergleichsmethode möglich: Nur so schafft man das gemeinsame Denkkollektiv, frei durch Kritizismus und allgemein durch Toleranz.

Darin besteht der Inhalt und Wert der Wissenschaft von den Denkstilen, und von diesem Standpunkt müßte man sie, wie ich glaube, untersuchen. Das sind weder Sophismen, noch geht damit eine Relativierung der Wahrheit einher. Ich behaupte nicht, daß das alchemistische Gold das echte Gold in unserem Sinne war. Ich behaupte, daß die Alchemisten Gold und überhaupt die materiellen Elemente anders begriffen haben als wir. Sie suchten nicht unser Gold; unsere Elemente wurden erst später eine nützliche Konzeption. Ich behaupte nicht, daß eine Negertrommel ein besseres, sondern ein genauso gutes Kommunikationsmittel auf Entfernung ist wie der drahtlose Telegraph; ich behaupte jedoch, daß das, was ein Neger von dem ihn elektrisierenden Rhythmus der Trommel unmittelbar erfährt, nicht durch eine radiotelegraphische Depesche ersetzt werden kann.

Wenn ich über die Zweckmäßigkeit und Notwendigkeit der Stiltheorien spreche, möchte ich darauf hinweisen, daß wir nur durch die Soziologie des Denkens und die vergleichende Wissenschaft über die Stile einige Fragen untersuchen können wie: die historische Entwicklung des Denkens im allgemeinen und den Wandel in den empirischen Wissenschaften im besonderen, z.B. die Entstehung der wissenschaftlichen Anschauungen, die wissenschaftliche Zusammenarbeit, die Rolle der Grenzgebietswissenschaften etc. Man kann doch weder auf die Denkmäler der vergangenen Epochen ausschließlich mit hilflosem Lachen reagieren noch auf die Entdeckungen und wissenschaftlichen Arbeiten mit genauso hilfloser Bewunderung. Darüber hinaus ist die Rolle der Ausbildung und die erkenntnistheoretische Bedeutung des Fachwissens zu untersuchen, die man heute naiv für eine Art mystischen Sakraments hält. Durch eine bestimmte Schulung[VIII] erwirbt man angeblich irgendein absolutes Recht auf die Repräsentation des »menschlichen Verstandes«, der von nun an die »Logik der Natur« [direkt] von Angesicht zu Angesicht sehen kann. Kann man noch lange glauben, daß eine Ansicht, die für einen auf einem gegebenen Gebiet eine gewisse Anzahl von Jahren arbeitenden Menschen klar ist, ein Prüfstein für irgendeine unabhängig existierende Realität ist, statt vielmehr bloß ein Kriterium für seine Ausbildung zu sein?

Die Denkstiltheorie befreit von vielen veralteten Vorurteilen und enthüllt riesige Gebiete, die sich zu untersuchen lohnen. In dieser Bedeutung, d. h. für ihre befreiende und heuristische Rolle, ist sie, glaube ich, wahr.

I Ludwik Fleck, »W sprawie artykułu p. Izydory Dąmbskiej w *Przeglądzie Filozoficznym*, rocz. 40 zesz. III«, in: *Przegląd Filozoficzny* 41 (1937), S. 192-195; SMF, S. 258-263. Aus dem Polnischen von Sylwia Werner. Komm.: CZ.

Fleck bezieht sich hier auf den Artikel von Izydora Dąmbska »Czy intersubiektywne podobieństwo wrażeń zmysłowych jest konieczną przesłanką nauk przyrodniczych« [Ist die intersubjektive Ähnlichkeit der Sinneseindrücke eine unentbehrliche Voraussetzung der Naturwissenschaften?], in: *Przegląd Filozoficzny* 40 (1937), S. 288-294, in diesem Band.

II Zitat der These Dąmbskas.

III Zitat Dąmbska.

IV Freies Selbstzitat des Schlußsatzes von: »Über die wissenschaftliche Beobachtung und die Wahrnehmung im allgemeinen«, in diesem Band, S. 233.

V Dąmbska zufolge gehen indes nicht »afrikanische Urwaldbewohner« erbärmlich unter, sondern alle Menschen, die sich nicht auf empirische Thesen stützen.

VI Das ist eine seinerzeit aktuelle Anspielung auf die berühmten kanadischen eineiigen Dionne-Fünflinge, das waren fünf Mädchen, deren Geburt 1934 großes Aufsehen erregt hatte.

VII Zitat Dąmbska; Fleck kürzt »richtig voraussehen« und »zusammenwirken« heraus.

VIII Fleck hatte bereits früher am Beispiel der Labormedizin öffentlich gegen Ausbildungsformen Stellung bezogen, die den Absolventen durch Diplome bescheinigen, sie hätten Fachkenntnisse, ohne daß diese jedoch vorher vermittelt worden waren. Vgl. Fleck, »Zur Frage der labormedizinischen Analytik«, in diesem Band.

Wissenschaft und Umwelt[I]

Die Frage nach der Abhängigkeit der Wissenschaft von ihrer Epoche und Umwelt ist heute besonders aktuell. Es geht hierbei nicht um die Abhängigkeit der wissenschaftlichen Arbeit und ihrer Bedingungen, um eine raschere oder langsamere Entwicklung der Wissenschaft unter bestimmten Umständen oder um ähnliche Probleme, sondern um die *Abhängigkeit des wissenschaftlichen Gegenstands selbst, der Problemstellungen der Wissenschaften, ihrer Anschauungen und faktischen Data.* Zweifellos sind diese beiden Seiten der Abhängigkeit der Wissenschaft von der Epoche und Umwelt miteinander verbunden, denn veränderte Arbeitsbedingungen verändern ihre Ergebnisse. Doch ebendieses sich immer stärker aufdrängende Phänomen der Verbindung zwischen wissenschaftlichen Anschauungen und der Umwelt sowie der Epoche fasziniert und beunruhigt die Menschen der Wissenschaft.

Die Philosophiehistoriker situieren seit langem philosophische Systeme vor dem Hintergrund allgemeiner kultureller Epochenmerkmale und berücksichtigen die Beziehungen zwischen der Philosophie und der Natur sowie der Kunst und der gegenwärtigen Politik eines Landes.[II] Die Wissenschaftshistoriker hegten jedoch den Glauben, daß gewisse Elemente einer »wahren Wissenschaft« von Zeit und Ort unabhängig sind. Die »wahre Wissenschaft« und besonders die empirische Wissenschaft, die sich konsequent ungefähr seit dem 16. Jahrhundert entwickelte, aufstieg und ihre Triumphe im 19. und im 20. Jahrhundert erlebte, sollte doch irgendwie definitiv sein.

Mittlerweile mehren sich selbst unter den Fachspezialisten Reflexionen über die Umweltbedingtheit der wissenschaftlichen Anschauungen. Ich erinnere an die Arbeit SCHRÖDINGERS *Ist die Naturwissenschaft milieubedingt?* (1932), in der dieser hervorragende Physiker die Verwandtschaft zwischen der modernen Physik und bestimmten Merkmalen der zeitgenössischen Kunst (*Die reine Sachlichkeit*) oder besonderen Merkmalen unseres gesellschaftlichen Lebens (*Methodik der Massenbeherrschung teils durch rationelle Organisation, teils durch fabrikmäßige Vervielfältigung*; *die statistische Methode ein Charakterzug unserer Zeit* usw.)[III] aufzeigt.

Ich möchte auch an JAN DEMBOWSKIS anregenden Artikel über die »Evolutionstheorie in den biologischen Wissenschaften« erinnern, in dem der Verfasser aufzeigt, daß »die Wissenschaft nicht eine Treibhausblume ist, die in völliger Isolation von der Welt gezüchtet wird. Sie wird von Menschen geschaffen, die Gesellschaften angehören, und die wichtigen gesellschaftlichen Erscheinungen konnten daher nicht anders, als einen mächtigen und dauerhaften Einfluß auf die Psychologie der Menschen auszuüben und folglich auch auf die Psychologie des Gelehrten.«[IV]

Zusammenhänge zwischen der Wissenschaft und der Gesamtheit des Kulturlebens einer Epoche wurden besonders schön und detailliert von TADEUSZ BILIKIEWICZ in seiner Arbeit über *Die Embryologie im Zeitalter des Barock und des Rokoko*[1] herausgearbeitet, wobei er eine »Parallelität zwischen den Anschauungen auf diesem speziellen Wissensgebiet und den gegenwärtigen Entwicklungsphasen eines kulturellen Milieus überhaupt«[V] aufzeigt. Diese Arbeit ermöglicht es, »diese komplizierte und geheimnisvolle Erscheinung des geistigen Kollektivlebens von einem völlig speziellen Standpunkte zu betrachten«.[VI] Wenn also der politische Absolutismus an der Schwelle zwischen dem Barock und dem Rokoko zusammenzubrechen beginnt, kommt es – parallel zum Drang nach individueller Freiheit im Leben – in der Embryologie zur Entdeckung der Spermien, die als unabhängige *vita propria* mit Eigenleben verstanden wurden. Zu den Animalkulisten zählten: LEEUWENHOEK, HARTSOEKER, ANDRY[VII] und andere. Zugleich mit der wachsenden Bedeutung von Frauen (das 18. Jahrhundert gilt als das Jahrhundert der Frau)[VIII] kommen die Ovulisten (VALLISNIERI, BOURGUET)[IX] auf, und »BUFFON geht in bezug auf die Anerkennung der Gleichberechtigung der Geschlechter so weit, daß er vermeintlich die weiblichen Samentierchen entdeckt«.[X] Der Kampf des Präformismus mit der Epigenetik und des Vitalismus mit dem Mechanismus findet seinen eigenen politischen, künstlerischen, philosophischen und kulturellen Hintergrund. Jede Etappe der Wissenschaft steht unter dem Einfluß der Gesamtheit der Kräfte und Erscheinungen einer Epoche.

Dieses Phänomen der Abhängigkeit des wissenschaftlichen Gegenstandes von der Epoche und Umwelt, das um so deutlicher wird, je länger die Entwicklungsspanne der Wissenschaften ist, über die wir verfügen, und je extremer sich in der heutigen stürmischen Zeit die gesellschaftlich-politischen Bedingungen voneinander unterscheiden,

1 Tadeusz BILIKIEWICZ, *Die Embryologie im Zeitalter des Barock und des Rokoko*, Georg Thieme: Leipzig 1932.

muß für das Erkennen genutzt werden. Man muß es so fassen, daß es einen heuristischen – nicht einen skeptischen – Wert hat, daß es zu einem Ausgangspunkt für nützliche Forschungen wird und nicht eine Quelle für oberflächliche Phrasen über die Nichtexistenz »voraussetzungsloser Wissenschaft«[XI] oder wehmütige Reflexionen über die »Unsicherheit jeglichen menschlichen Wissens« ist.

In der Tat sind wir an einer wunderbaren Biegung auf dem Entwicklungsweg der Wissenschaft angelangt, von der sich der Ausblick auf eine ganz und gar unbegreifliche und exotische Landschaft öffnet.[XII] Während die »gut erzogenen«, also konservativen Gelehrten mit einiger Furcht ihre Augen vor dem Neuen der gerade entstehenden Aspekte verschließen, verarbeiten schlaue Politiker schnellstens die erhaschten Informationen zu demagogischen Parolen. Aus der Tatsache der soziologischen, gemeinschaftlichen Natur des Erkennens wurde zuerst die politische Parole eines sozialen, klassenbedingten Wissens gebildet, und dann schuf die gegnerische politische Richtung den National- und den Rassengeist, um durch die Epochen einen weltanschaulichen Mythos weiterzuspinnen. Da jedes Wissen von der Umwelt abhängig ist, muß folglich der Prozeß umgedreht werden: Zu der künstlich veränderten Umwelt muß ein passendes Wissen angefertigt werden. Denn es gibt sowieso keine objektive Wissenschaft! Also muß man schnell eine linke oder rechte, proletarische oder nationale Physik, Chemie usw. »machen«. Zu den politisch nötigen, vorher feststehenden Ergebnissen werden wir die Beweise beschaffen. Wir werden eine Planwirtschaft für das Denken einführen, freies Schaffen wird durch bürokratische Zentren ersetzt, Propaganda wird an die Stelle des autonomen Durchdringens der Gesellschaft treten.

Diese Maßnahmen wären lächerlich, wären sie nicht so gefährlich. Ein ungebildeter oder eher ein halbgebildeter Mensch, der etwas von den Resultaten der künstlichen Zucht von Pferderassen gehört hat, versucht, ein Pferd mit Flügeln zu züchten... Doch vor allem droht die folgende Gefahr: Die Generation der zukünftig wissenschaftlich Arbeitenden wächst im Glauben heran, daß es die Wahrheit im guten alten Sinne des Fachs nicht mehr gibt. Einige werden zu Fanatikern, da man ihnen das Vertrauen in die Vernunft genommen hat, andere werden zynisch, denn sie erkennen, daß es keine noch so große Dummheit gibt, die nicht dank schlauer intensiver Propaganda Anerkennung fände.

Das ist der Grund, weshalb die Frage nach der Abhängigkeit des Wissens von der Umwelt und der Epoche heute besonders aktuell ist.

Doch ein solcher – eher künstlerischer und literarischer als wissenschaftlicher – Ansatz, der von den Autoren hauptsächlich verfolgt wird und der auf einem intuitiven Erfühlen von Gemeinsamkeiten (Schrödinger: glatte Flächen in der Architektur – leere, unausgefüllte Bereiche in der Wissenschaft; Bilikiewicz: *Kampf zwischen Verstand und Gefühl* im Leben – *Kampf des Mechanismus mit dem Vitalismus* in der Wissenschaft oder des Präformismus und des Mechanismus in der Biologie als ein Analogon des zeitgenössischen politischen Absolutismus) und Zusammenhängen beruht (siehe den oben dargestellten Zusammenhang zwischen dem Aufkommen des Individualismus und der Entdeckung von Spermien), eignet sich noch nicht für die Forschung. Zu viel Literarisches und Beliebiges ist darin: Aus einem schönen Text herausgerissene Sätze überzeugen bei kalter Betrachtung niemanden. Der Forschungsgegenstand löst sich auf, verschwindet wie ein spiritistisches Trugbild im Tageslicht. Bei ruhiger Überlegung scheint es unbegreiflich zu sein, welchen Zusammenhang es z.B. zwischen dem Individualismus und dem ersten Erblikken eines Spermiums geben kann. Denn das hängt nur davon ab, wie man durch das Mikroskop auf die Samen blickt! Wozu braucht man hier den Individualismus?

Richtig, heute reicht es, nur zu schauen.[XIII] Doch die Entdeckung, das erste Erblicken findet nicht in einem ruhigen Geisteszustand statt. Man braucht eine spezifische, unruhige Stimmung, *um etwas Neues zu suchen.*[XIV] Man braucht eine gerichtete Denkbereitschaft, *um etwas Neues zu erblicken.* Und diese Unruhe und diese Bereitschaft entstehen unter dem Einfluß der Umwelt. Den unklaren Umriß einer neuen Wahrnehmung in den Rang eines von der Forschung fokussierten Gegenstandes zu erheben, sich stur auf es zu konzentrieren, es hervorzuheben, zu benennen und so zu beschreiben, damit diese Beschreibung irgendwelche Reflexionen bei den anderen Menschen erweckt – dies sind klarerweise Angelegenheiten der Umwelt. Zur Umwelt gehören aufgeschnappte Worte, täglich mit der Umgebung ausgetauschte Meinungen, Kränkungen und Reize des Alltagslebens, die abgeschlossene Schulausbildung etc. Diese schaffen eine gerichtete Denkbereitschaft, die der Forscher in die Arbeit mit hineinträgt. Er dachte an eine unabhängige, freie Persönlichkeit – also war er bereit, diese überall zu erblicken, und deswegen entdeckte er frei bewegliche, »unabhängige«, selbständige Spermien. Man muß dabei betonen, daß Freiheit damals Bewegungsfreiheit bedeutete. In einer anderen Stimmung, also in einer anderen Umwelt, würde er jenen beweglichen Kommata kein Gewicht beimessen, sie weder untersuchen noch beschreiben, und er würde selbst jenes unklare erste Bild, das inmitten so vieler anderer geformt werden konnte, vergessen. *Eine zu einem gemeinsamen Denkstil führende, gerichtete kollektive Erkenntnisstimmung – das erst ist ein für die Wissenschaftsforschung geformter Gegenstand.*

Deswegen scheint mir, daß der Ausgangspunkt für ein positives Erforschen des Einflusses einer Epoche auf die Wissenschaft nur die allgemeine Soziologie des Denkens sein kann. Diese führt zwangsläufig zu den Konzepten der Denkgemeinschaft und des Denkstils, die dem Wandel der Zeit unterliegen.

Die Historiker überschätzen, wie mir scheint, die Bedeutung der einzelnen Epochen. Es gibt zweifellos viele gemeinsame Merkmale einer ganzen Gesellschaft in einer bestimmten Zeit, doch aus der historischen Perspektive überschätzt man leicht diese Gemeinsamkeiten, und das um so leichter, wenn eine Epoche anhand einiger repräsentativer Individuen definiert wurde. Weit realer bewerten wir die Geschichte des Geisteslebens, wenn wir *einzelne Denkgemeinschaften* und ihre Entwicklungen, Wechselwirkungen, Gegenwirkungen und ihr Zusammenwirken durch die Epochen untersuchen.

Vor allem lernen wir auf diese Weise die Genese und Entwicklung einzelner Denkstile kennen, z. B. des Denkstils der Chemie, Anatomie, Astronomie etc. Wir sind näher an den Problemen eines Gebiets sowie an deren Lösungen und an einer wissenschaftlichen Tatsache und ihrer Entdeckung. Wir lernen die *stilbedingte Aura* von Begriffen kennen, archaische, unverständliche Sätze erhalten einen Sinn, wir stellen fest, wie die heutige Bedeutung aus einer primitiven entstand.

Künstlerische Eindrücke, intuitive Vermutungen und subjektives Erfühlen lassen sich auf diesem Wege in Zusammenhänge umwandeln, die sich aus den unabhängigen Gesetzen der Soziologie des Denkens und der Entwicklung des Denkens herleiten. Wir vermeiden es, einer unfruchtbaren *Ideologienlehre* zu verfallen, und erhalten eine Wissenschaft vom Erkennen, die entwicklungsfähig und reich an Details ist.

Mir scheint, daß es weniger wichtig ist, ganze Anschauungen und Theorien zu untersuchen, wie etwa solche zum embryologischen Evolutionismus des 18. Jahrhunderts, als einzelne Sätze im Text nach dem Muster der Analyse einer unbekannten Chiffre zu analysieren.[2, xv] Man kann nicht mit heutigen Worten den Gehalt einer Anschauung einer vergangenen Epoche wiedergeben, denn die einzelnen Begriffe dieser Epoche sind mit heutigen unvergleichbar. Der »Keim« bedeutet in den Anschauungen des 18. Jahrhunderts etwas völlig anderes als der »Keim« gemäß dem heutigen Stil der Embryologie. Sehr schön kann man dies in einem Kapitel der Arbeit von BILIKIEWICZ sehen, das »die Erschütterung von Evolutionismus und Mechanismus« beschreibt und wie der ganze langjährige Streit in einem bestimmten Moment, einem Moment der Veränderung des Denkstils, plötzlich zum Streit um die Definition und Bedeutung eines Wortes wird.[3] Die stilbedingte Aura von Begriffen verändert sich, und mit ihr verändern sich die Anschauungen. Daher muß man vor allem die Aura der Begriffe untersuchen, ihre Stilfärbung, die sich im sprachlichen Gebrauch durch das Verwenden bestimmter Worte spiegelt, *besonders wenn diese Worte metaphorisch verwendet werden.* Erst das eröffnet den Weg zum Erforschen eines Denkstils einer Epoche.

Es gibt noch einen Grund für die Aktualität der Frage nach der

2 Vgl. die Versuchsanalyse der Begriffspaare »warm – kalt« in ANDRZEJ VON KOBYLINS *Gesprächen über die Zusammensetzung menschlicher Glieder*, die in der Arbeit des Autors veröffentlicht wurde: *Przegląd Filozoficzny* 39, 1 [1936, »Das Problem einer Theorie des Erkennens«, ET, S. 97f., 103; in diesem Band, S. 273f.]. Vgl. auch die Versuchsanalyse der Worte »Phosphor« und »Mangel an Kochung« in der Arbeit des Autors: *Entstehung und Entwicklung einer wissenschaftlichen Tatsache*, Basel 1935, S. 136-141.

3 BILIKIEWICZ: *Die Embryologie* …, S. 148: »außer dieser reinen Kritik verdanken wir PATRIN die Berührung eines wichtigen, von der Mehrheit der Teilnehmer am Streite des Evolutionismus nicht bemerkten Momentes. Den Gedanken dazu gab ihm BONNET durch seine Erwägungen über den Inhalt des Begriffes Keim, ausgesprochen in seiner *Palingénésie philosophique* (1769). Es handelt sich darum, ob man den Keim als ›ein organisiertes Ganzes, nach verjüngtem Maßstabe, zu dessen Vollendung nur Ausdehnung, Entwicklung und Ausfüllung notwendig ist‹, wie ihn gewöhnlich der Präformationismus versteht, anzusehen habe oder aber in seinem weiteren Begriffsumfange, wie BONNET ihn definiert, nämlich als einen Terminus, der ›nicht nur einen organisierten Körper im kleinen, sondern überhaupt eine jede Art von ursprünglicher Präformation‹, aus der sich dann ein organisiertes Ganzes entwickeln kann, bezeichnen soll. Bei einer solchen Definition wird, nach Ansicht PATRINS, der ganze Streit überhaupt gegenstandslos.«

Verbindung zwischen Wissenschaft und der Umwelt. Zwar ist dieser vielleicht weniger eindrucksvoll, aber er ist sogar wichtiger.

Mit der Zunahme der Spezialisierung, die wegen der ernormen Entwicklung des Wissens notwendig geworden ist, wird es immer wichtiger, die spezifische Soziologie der Wissenschaften zu untersuchen. Es entstehen organisatorische und pädagogische Fragen, Fragen aus Grenzgebieten, Fragen zur Fachkenntnis und Popularisierung sowie zu allgemeinen Synthesen etc. Diese Fragen sind keineswegs einfach.

Die absolute und relative (im Verhältnis zur Besiedlung) Zahl der Produktionszentren der Wissenschaft wächst, auch die Konsumtionsräume der Wissenschaft wachsen mit der Steigerung des Niveaus der allgemeinen Ausbildung. Die Zahl der einzelnen Arbeiten nimmt zu, und es erscheinen immer mehr neue und immer verschiedener ausgerichtete Zeitschriften. Die Wege, auf denen sich ein wissenschaftlicher Gedanke verbreitet, werden immer länger und immer verworrener. Ein Buch, das wie ein Kodex den Inhalt eines Gebiets abschließt, wird immer unmöglicher: Bevor man es geschrieben und herausgegeben hat, ist es bereits ein Anachronismus. Der gegenwärtige Wissensstand ist auf vielen Gebieten entweder eine bereits veraltete allgemeine Synthese oder ein ungelöster Autorenstreit. Nur ein guter Fachmann kann sich hier durchfinden. Je allgemeiner das Wissen wird, desto exklusiver und schwieriger zugänglich wird es auch. Früher glaubte man, daß die Wissenschaft eines Tages jenen geheimnisvollen Komplex, den man Natur nennt, irgendwie einfach und klar auffaßbar für das Denken machen wird. Statt dessen wurde die Wissenschaft selbst zu einem Gebilde, das prinzipiell und als Ganzes überhaupt nicht einfacher als die Natur, sondern viel schwieriger zugänglich ist. Es ist einfacher, sich im Wald zu orientieren als in der Botanik. Es ist einfacher, einen Kranken zu heilen, als wirklich zu wissen, was ihm fehlt. Eine Entdeckung, die ein Wissenschaftler gemacht hat, muß etappenweise durch eine zweite und dritte Entdeckung von den nächsten immer mehr populären Popularisierern überarbeitet werden, bevor sie durch einen Laien oder einen Fachmann aus einem anderen Gebiet aufgenommen werden kann. Folglich entstehen die Vermittler, für die die immanenten Ziele eines Wissenszweiges weniger wichtig sind als ein besonderes, durchaus soziales Problem der Vermittlung, des Vereinbarens und Angleichens. Die Arbeit dieser Vermittler beeinflußt jedoch einen Fachmann, der außerhalb seines Fachgebiets auf sie völlig angewiesen ist und der von ihr seine allgemeinen Begriffe, Anschauungen und Antriebe bezieht. Die Wissenschaft ist zu einem verwickelten Gebilde geworden, das nach autonomen, uns bislang unbekannten Gesetzen lebt und prinzipiell von den Absichten und Ansichten des individuellen Forschers unabhängig ist. Ihr Leben enthält Merkmale, die dem Forscher irrational erscheinen, vor allem deswegen, weil er nie vorhersehen kann, wie der Status seiner eigenen Forschungsergebnisse sein wird – nachdem sie von der riesigen Mühle des Kollektivs zermahlen worden sind. Werden sie aufgenommen, stillschweigend übergangen oder auf irgendeine sonderbare Weise umgestaltet? Oft entscheidet darüber nicht der Inhalt, sondern die Präsentationsform der Ergebnisse. Ein Wort, das nur ein Name für eine Sache sein sollte, wird, in einem bestimmten Moment ausgesprochen, zum Erstaunen des Schöpfers, zu einem Schlagwort, das nur locker mit dieser Sache verbunden ist, zu einem Schlagwort, das in der wissenschaftlichen Gemeinschaft unvorhersehbare Reaktionen auslöst. Hier geht es schon nicht mehr um die Abhängigkeit von der kulturellen Umwelt, sondern um die gemeinschaftliche Natur der wissenschaftlichen Arbeit selbst.

Ein Forscher empfindet eine tiefe Disharmonie zwischen der durch und durch modernen Praxis der wissenschaftlichen Arbeit und der durch und durch veralteten Theorie des Erkennens, die auf dem traditionellen individuellen »epistemologischen Subjekt« beharrt, das in Zeit und Raum unveränderlich bleibt und das prinzipiell nur zwei Organe besitzt: das Auge – eine Photokamera – und das Gehirn – eine Registratur von Photogrammen. Was für ein primitives Bild! Wie naiv ist es sogar in seinem Bezug auf die Photokamera!

Diese Disharmonie entmutigt den Fachmann, sich mit allgemeinen Fragen zu befassen, und macht ihn gleichgültig oder wundergläubig. Wir stehen einem seltsamen Phänomen gegenüber: einer ideologischen Krise und Entmutigung unter Fachleuten, gleichzeitig aber einer Zunahme des Interesses für das Wissen in der breiten Öffentlichkeit, welches sich in der wachsenden Nachfrage nach populärwissenschaftlichen Büchern ausdrückt. Dieses Phänomen ist vor allem deswegen nicht unwichtig, weil unter solchen Umständen die Popularisierung eine Domäne unberufener Leute wird.

Diesen Zustand kann nur eine gründliche Wissenschaft vom Wissen ändern, die sich vor allem auf die Soziologie des Erkennens stützt. Jene zwei Fragen: das Problem der Abhängigkeit der Wissenschaft von der allgemeinen Umwelt und der Epoche sowie das Problem eines enger werdenden wissenschaftlichen Kollektivs, werden also durch eine Auffassung miteinander verbunden, welche die Theorie der Denkkollektive und der Denkstile bereitstellt.

1 Ludwik Fleck, »Nauka a środowisko«, in: *Przegląd Współczesny* 18 (1939), S. 8f. und 149-156; SMF, S. 264-270. Aus dem Polnischen von Sylwia Werner. Komm.: CZ.

Flecks Aufsatz bildet den Auftakt für eine Kontroverse mit dem ebenfalls aus Lwów (Lemberg) stammenden Psychologen, Philosophen und Wissenschaftshistoriker Tadeusz Bilikiewicz, die in vier teils längeren Aufsätzen in der transdisziplinären – Problemen der Literatur, Wissenschaft und Kunst gewidmeten – Monatsschrift *Przegląd Współczesny* [Zeitgenössische Rundschau, 1922-1939] ausgefochten wird. Zwei unmittelbare Anlässe könnten Fleck dazu bewegt haben, seine Polemik zu beginnen: Bilikiewicz hatte im Juli 1937 auf einer Tagung der polnischen Ärzte und Naturforscher in Lemberg – unmittelbar vor Flecks Referat »Über spezifische Merkmale des serologischen Denkens« – einen Vortrag unter dem Titel »Aus den Überlegungen über den ›Sinn‹ der Geschichte« gehalten. Ein Jahr danach erscheint dieser Vortrag als Artikel just in der Zeitschrift *Przegląd Współczesny*, vgl. Tadeusz Bilikiewicz, »Z rozważań nad ›sensem‹ historii«, in: *Przegląd Współczesny* 17 (1938), S. 114-126. Hierin problematisiert Bilikiewicz das Ideal einer wahren Rekonstruktion der Vergangenheit als Ziel historischer Untersuchungen. Die Wiedergabe der historischen Wahrheit sei unmöglich, da die Verstandeserkenntnis zu unbeholfen sei und der Zusammenfassungen bedürfe: »Das Leben ist kurz, und keiner hat Zeit, lange Abhandlungen zu lesen. Deshalb müssen diese Abhandlungen kurz und bündig verfaßt werden. Da der Autor die beschriebene Wirklichkeit zusammenfassen muß, entstellt er sie. Aber auch viel mehr! Aus dieser Zusammenfassung bleibt im Gedächtnis des Lesers nur eine Kurzform haften, die bestimmte Angaben, Kausalbeziehungen, eine allgemeine Charakteristik des Helden und den ebenso allgemein und schematisch erinnerten Hintergrund der Geschichte umfaßt« (ebd., S. 119). Der Sinn der Geschichte bestehe auch nicht im praktischen Nutzen: »Wenn man das Ziel der Erziehung in den Vordergrund stellt, müßte man die Geschichte so korrigieren, verschönern, operieren und ergänzen, damit sie nicht von der Wirklichkeit – ihrer eigenen Mutter – erkannt wird. Die Lehrstühle für Geschichte müßte man dann mit Schriftstellern und Dichtern besetzen« (ebd., S. 121). Der Sinn der Geschichte erfülle sich hingegen, wenn eine Untersuchung ausschließlich das Ziel verfolgt, eine Erkenntnisorientierung in der umgebenden Wirklichkeit zu gewinnen.

Trotz der verwandten Thematik übergeht Bilikiewicz in seinem Tagungsbericht, der 1937 und 1938 im *Archiwum Historji i Filozofji Medycyny* erscheint, das Referat Flecks als einziges. Lediglich in der französischen Kurzversion des Berichts führt er Flecks Namen und Vortragstitel auf. Vgl. Tadeusz Bilikiewicz, »Sprawozdanie ze zjazdu polskich historyków i filozofów medycyny we Lwowie, 4-7 lipca, 1937«, in: *Archiwum Historji i Filozofji Medycyny* 16 (1937), S. 244-252, und ebd., 17 (1938), S. 288-294.

Bilikiewicz (1901-1980) gehörte zur Schule des damals führenden Medizinhistorikers Henry Sigerist und stand am Anfang einer steilen Karriere in Polen. Sigerist hatte vor allem in seiner Studie »William Harveys Stellung in der europäischen Geistesgeschichte«, in: *Archiv für Kulturgeschichte* 19 (1928), S. 158-168, unter Berufung auf Heinrich Wölfflin und Karl Joël das Konzept formaler Stilepochen auf die Medizingeschichte übertragen. Bilikiewicz folgt ihm hierbei in seinem Buch *Die Embryologie im Zeitalter des Barock und des Rokoko*, Leipzig 1932, und scheint damit auf den ersten Blick Flecks These von der kulturellen Abhängigkeit der Wissenschaft zu bestätigen. In einer Rezension in der *Klinischen Wochenschrift* war Bilikiewiczs Buch bereits vier Jahre vor Flecks auffallend später Reaktion skeptisch beurteilt worden, unter anderem wurde bezweifelt, »ob es überhaupt angängig ist, die Wölfflinschen Begriffe, die rein vom Formalen in der Kunst ausgehen und nicht einmal in der Kunstgeschichte allgemein anerkannt sind, einfach auf eine andere Wissenschaft zu übertragen«. Hierzu die Rezension von Edith Heischel, »Tadeusz Bilikiewicz, Die Embryologie [...]«, in: *Klinische Wochenschrift* 52/53 (1932), S. 1260f. Fleck folgt in diesem und anderen Details Heischels Kritik. Die Kontroverse ist jedoch deshalb überaus aufschlußreich, da Fleck in ihr erstens seinen zentralen Begriff des Denkstils von vermeintlich ähnlichen Konzeptionen abgrenzt und präzisiert, was ihm zweitens ermöglicht, zum Relativismusproblem seiner Wissenschaftskonzeption klärend Stellung zu beziehen, und drittens, deutlicher als sonst jemals, sich zu den aktuellen politischen Entwicklungen in Sozialismus und Nationalsozialismus zu äußern. Ein weiterer aktueller Anlaß war, daß er auf kurz zuvor erschienene, positive Rezensionen seines Hauptwerks von Nazi-Seite reagieren mußte, die ihm bescheinigten, daß er mit »der sog. Vorurteilslosigkeit des wissenschaftlichen Denkens gründlicher aufräumt als es die allgemeine Erkenntnistheorie vermag«, nur müsse er die Rasse als stilbildenden Faktor noch einbeziehen (Oswald Kroh, »Rezension von Ludwik Flecks ›Entstehung und Entwicklung einer wissenschaftlichen Tatsache‹«, in: *Zeitschrift für Psychologie* 137 [1936], S. 1-3). Hans Petersen hatte darüber hinaus in der *Klinischen Wochenschrift* Flecks Annahme einer kulturellen und historischen Abhängigkeit von Denkstilen ausdrücklich zugestimmt und gewürdigt, daß er sich »in eigentümlicher und von dieser Seite her ein wenig unerwarteter Weise damit unserem neuen deutschen ›Denkstil‹ an[schließt], der eine voraussetzungslose, ›absolute‹ Wissenschaft verneint, sie immer als Glied einer Gesamtkultur sieht, an deren Voraussetzungen, Windungen und Lebensbedingungen sie Anteil habe« (Hans Petersen, »Ludwig Flecks Lehre vom Denkstil und Denkkollektiv«, in: *Klinische Wochenschrift* 15, 7 [1936], S. 239). Fleck greift in seinem Aufsatz, wie Johannes Fehr zeigen konnte, Formulierungen aus diesen Rezensionen auf und wirft allerdings damit auch Bilikiewicz in dieser Hinsicht in den gleichen Topf mit den Nazi-Rezensenten. Vgl. Johannes Fehr, »›[...] die Kunst, eine demokratische Wirklichkeit zu formen [...]‹ – Wissenschaftsphilosophie in finsteren Zeiten«, in: *Berichte zur Wissenschaftsgeschichte* 33 (2010); Cornelius Borck, »Message in a Bottle from ›The Crisis of Reality‹: On Ludwik Fleck's Interventions for an Open Epistemology«, in: *Studies in History and Philosophy of Biological and Biomedical Sciences* 35 (2004), S. 447-464; Claus Zittel, »Die Entstehung und Entwicklung von Ludwik Flecks vergleichender ›Erkenntnistheorie‹«, in: WTW, S. 439-473; ders., »Ludwik Fleck und der Stilbegriff in den Naturwissenschaften. Stil als wissenschaftshistorische, epistemologische und ästhetische Kategorie«, erscheint in: Horst Bredekamp, John Krois (Hg.), *Actus et Imago. Berliner Schriften für Bildaktforschung*, Berlin 2010; Zur Kontroverse: Stefan Symotiuk, »Two Sociologies of Knowledge. L. Fleck – T. Bilikiewicz«, in: *Kwartalnik Historii Nauki i Techniki* 3, 4 (1983), S. 569-582, sowie Melinda B. Fagan, »Fleck and the Social Constitution of Scientific Objectivity«, in: *Studies in History and Philosophy of Biological and Biomedical Sciences* 40 (2009), S. 272-285; Ilana Löwy, *The Polish School of Philosophy of Medicine. From Tytus Chałubiński (1820-1889) to Ludwik Fleck (1896-1961)*, Dordrecht, Boston 1990, S. 215-273 (enthält auch die Kontroverse in englischer Übersetzung). Zu Bilikiewicz: Anna-Renata Karski, *Der polnische Psychiater Tadeusz Bilikiewicz (1901-1980) als Medizinhistoriker*, Diss. med., Leipzig 2003.

II In diesem Kontext könnte Fleck das bei Bilikiewicz erwähnte voluminöse Werk Karl Joëls *Wandlungen der Weltanschauung*, 2 Bde., Tübingen 1928-1934, vor Augen haben.

III [Original deutsch.] Erwin Schrödinger, *Über Indeterminismus in der Physik. Ist die Naturwissenschaft milieubedingt? Zwei Vorträge zur Kritik der naturwissenschaftlichen Erkenntnis*, Leipzig 1932 (nachgedruckt in: Karl von Mayenn [Hg.], *Quantenmechanik und Weimarer Republik*, Braunschweig, Wiesbaden 1994, S. 295-332). Diesen Vortrag Schrödingers zitiert Fleck mehrmals, allerdings sonst zustimmend, z. B. in »Zur Frage der Grundlagen der medizinischen Erkenntnis« (1935) und in »Schauen, Sehen, Wissen« (1948), in diesem Band.

IV Vgl. Jan Dembowski, »Teoria ewolucji w naukach biologicznych«, in: *Pamiętnik Warszawski* 2, 3 (1931), S. 55-79. Dembowski rezensiert im gleichen Jahr EET (vgl. seine Rezension in diesem Band). Flecks Lektüre, die transdisziplinäre Zeitschrift *Pamiętnik Warszawski* (1929-1931), versammelte Texte zu Theater, Literatur, Kultur, Geschichte und Wissenschaft.

V Fleck zitiert falsch. Bilikiewicz schreibt: »Die erwähnte Parallelität der Anschauungen in einem speziellen Wissenschaftsgebiete und den gleichzeitigen Etappen der geistigen Entwicklung eines kulturellen Milieus verlangt einige Worte der Aufklärung in bezug auf das Werden dieser Erscheinung« (Bilikiewicz, *Die Embryologie im Zeitalter* [wie EN 1], S. 10).

VI Vgl. ebd., S. 14.

VII Animalkulisten wie Nicolas Hartsoecker (1656-1725), Antoni van Leeuwenhoek (1632-1723) und Nicolas Andry de Boisregard (1658-1742) nahmen an, daß im Spermium, Ovulisten wie z.B. Marcello Malpighi (1628-1694), daß in der Eizelle der spätere Organismus präformiert sei und sich nur noch entfalten müsse. Im Gegensatz dazu vertraten Epigenetiker die Auffassung, daß Organismen erst im Laufe ihrer Entwicklung ihre Strukturen ausbilden. Mikroskopbeobachtungen schienen die Präformationslehre zu unterstützen und veranlaßten nach der Entdeckung des Spermiums (1677) Hartsoeker, auf Abbildungen kleine *homunculi* in die Spermien hineinzuzeichnen.

VIII Karl Joël bezeichnete das Zeitalter des Rokoko als »Jahrhundert der Frau«, siehe: *Wandlungen der Weltanschauungen*, Bd. 1, Tübingen 1928, S. 575.

IX Ovulisten oder Ovisten wie Antonio Vallisnieri (1661-1730) und Louis Bourguet (1678-1742) meinten, daß Spermien lediglich die Ausbildung des künftigen Organismus stimulieren könnten, welcher im Ei vorgebildet sei.

X Bilikiewicz, *Die Embryologie im Zeitalter* [wie EN 1], S. 116. Bilikiewicz bezeichnet, ebenfalls in Gefolgschaft Joëls, das aufklärerische Bestreben, alle kulturellen und natürlichen Erscheinungen mit Hilfe der natürlichen Vernunft zu erkennen, als »Rokokostil« und prägt in diesem Zusammenhang die Formel: »Rokoko-Ovismus« (ebd.). Der Naturforscher und Autor der monumentalen *Histoire naturelle* (1749ff.) Georges-Louis Leclerc de Buffon (1707-1788) war vitalistischer Epigenetiker in bezug auf die Entstehung des Keimes (der also nicht präformiert vorlag, sondern sich erst ausbildete) und Evolutionist in bezug auf dessen Entwicklung, da im einmal ausgebildeten Keim der gesamte künftige Organismus angelegt sei.

XI [Original deutsch.] Zitat aus der in EN 1 erwähnten Rezension von Hans Petersen, welches den abrupten Übergang von der Bilikiewicz-Kritik zu einer allgemeinen und heftigen Attacke gegen die politische Vereinnahmung von Wissenschaft motiviert.

XII Fleck wendet hier seine alte Einsicht ins Politische, vgl. »Wer vor etwas Neuem steht, etwa einem futuristischen Bild, fremdartiger Landschaft oder auch zum ersten Male vor dem Mikroskop, ›weiß nicht, was er sehen soll‹. Er sucht nach Ähnlichkeiten mit dem Bekannten, übersieht eben das

Neue, Unvergleichliche, Spezifische. Auch er muß erst sehen lernen.« Vgl. Fleck, »Zur Krise der ›Wirklichkeit‹« (1929), in diesem Band, S. 53 (ET, S. 47).

XIII Vgl. dazu Flecks späteren Text: »Schauen, Sehen, Wissen« (1947), in diesem Band.

XIV Fleck führt in »Über die wissenschaftliche Beobachtung und die Wahrnehmung im allgemeinen« (1935) aus, es bedürfe einer »Zeit der Unruhe« (in diesem Band, S. 229-232; ET, S. 78, 80), damit sich eine neue wissenschaftliche Entdeckung Bahn brechen könne. Hier wie dort präludiert er offensichtlich Thomas Kuhns Krisentheorem zur Erklärung von Paradigmenwechseln in der Wissenschaft.

XV Andrzej Glaber von Kobylin (1500-1555), Arzt und Humanist, Professor der Krakauer Universität, Leiter des Lehrstuhls für Astrologie, Spezialist für die Ansteckungskrankheiten, Anhänger der Heilung durch Aderlaß, Übersetzer des ersten Anatomiebuches in die polnische Sprache: *Gadki o składności członków człowieczych z Arystotelesa i tez inszych mędrców wybrane* [*Gespräche über die Zusammensetzung menschlicher Glieder, von Aristoteles und anderen Weisen entnommen*], Krakau 1535, und Verfechter der Emanzipation der Frauen in Polen.

Tadeusz Bilikiewicz
Bemerkungen zum Artikel von Ludwik Fleck »Wissenschaft und Umwelt«[1]

Das »Wissenschaft-und-Umwelt«-Problem läßt sich in zwei Gruppen von Fragen teilen, die übrigens Ludwik FLECK in seinen wertvollen Bemerkungen deutlich voneinander getrennt hat. Auf der einen Seite geht es nämlich darum, die Abhängigkeit der *wissenschaftlichen Arbeit*, auf der anderen Seite aber, die Abhängigkeit des *Inhalts der Wissenschaften* von den Einflüssen der Umwelt aufzuzeigen.

Die Sache ist klar: Einen Einfluß auf den Inhalt der Wissenschaften kann es nur vermittels der wissenschaftlichen Arbeit geben. Der Verstand des Forschers ist zudem psychologischen und epistemologischen Bedingungen unterworfen, die man zu dieser Arbeit mit hinzuzählen muß. Wenn man diese abziehen würde, bliebe erst das übrig, was man angemessen als Inhalt der Wissenschaften bezeichnen kann.

Vielleicht wird es meine Aufgabe nicht allzu stark vereinfachen, wenn ich sage, daß der Hauptunterschied zwischen meinen Ansichten und den Ansichten von Ludwik FLECK eben darin besteht, daß ich mich vor allem bemüht habe, den Einfluß der Umwelt auf den Inhalt der Wissenschaften aufzuweisen, während FLECK überwiegend den Einfluß der Umwelt auf die Erkenntnisbedingungen des Verstands untersucht hat, indem er bei diesen epistemologischen Überlegungen wichtige soziologische Momente einbezieht, die bislang leider nicht genügend berücksichtigt worden waren. FLECK blickt somit durch das Okular der Epistemologie oder – kurz gesagt – durch das Okular der soziologischen Erkenntniskritik auf den Einfluß der Umwelt auf den Inhalt der Wissenschaften.

Obwohl ich die epistemologischen Korrekturen FLECKS für richtig, treffend und fruchtbar halte, bin ich dennoch der Meinung, daß die Diskussion keine Diskussion wäre, wenn ich nicht gewisse Einwände gegen manche seiner Verallgemeinerungen erheben würde.[1]

1 Seine Ansichten äußerte FLECK in folgenden Arbeiten:
(1) »Zur Krise der ›Wirklichkeit‹«, in: *Die Naturwissenschaften* 17, 23 (1929), S. 425f.
(2) »O obserwacji naukowej i postrzeganiu w ogóle« [Über die wissenschaftliche

Und so werde ich nicht weit von der Wahrheit entfernt sein, wenn ich in den Ansichten von FLECK den Widerhall eines transzendentalen Idealismus im Sinne mancher Neukantianer entdecke. Eine solche Auffassung geht im übrigen über die von KANT angenommenen Formen der Erkenntnis hinaus, indem sie tatsächlich (im psychologischen und nicht im »reinen« Sinne) die Gesamtheit des erkennenden Verstandes in seinem Bezug zur Wirklichkeit einschließt. Das Wesen der Epistemologie FLECKS besteht darin, daß der Erkenntnisprozeß kein passives und vorurteilsfreies Nachschaffen eines Gegenstands, sondern eine Art Erschaffen dieser Wirklichkeit ist, das dem Vorbild kultureller Schöpfungen folgt. Die Kluft zwischen Kultur und Natur verschwindet daher. Denn beide sind nämliche Gebilde der Verstandeserkenntnis. Hier ist anzumerken, daß FLECK der angeborenen, individuellen und psychogenetisch verstehbaren Struktur des Subjektes eine geringere Bedeutung beimißt. Denn er wird eher von der soziologischen Bedingtheit des erkennenden Schaffens angezogen, die sich immer im Geist und gemäß der Richtung eines bestimmten »Denkstils« vollzieht, der in einer gegebenen wissenschaftlichen Umwelt vorherrscht und wirkt. Diese Umwelt nennt sich ein »Denkkollektiv«.

Mit diesem Standpunkt könnte man völlig einverstanden sein, wenn es nur darum ginge, den Einfluß der Umwelt des Denkkollektivs oder des Stils auf die Früchte des Erkenntnisprozesses aufzudekken. So ist es jedoch nicht. Bei der Lektüre von FLECKS Arbeiten kommt man zu dem Schluß, daß das Aufdecken dieser Einflüsse metaphysische Folgen nach sich zieht. Weil das Bild der Wirklichkeit manchmal verschieden ist und davon abhängt, zu welchem Kollektiv ein gegebener Forscher gehört und welchem Denkstil er unterworfen ist, hat man den Eindruck, daß infolgedessen auch die erkannte Wirklichkeit selbst in sich einer Veränderung unterworfen ist und objektiv anders wird. Denn die Wirklichkeit, das *Ding an sich*, existiert nicht absolut und unabhängig vom erkennenden Menschen. Der Mensch

Beobachtung und die Wahrnehmung im allgemeinen], in: *Przegląd Filozoficzny* 38 (1935), S. 58f.

(3) »Zur Frage der Grundlagen der medizinischen Erkenntnis«, in: *Klinische Wochenschrift* 14, 35 (1935), S. 1255f.

(4) »Zagadnienie teorii poznawania« [Zur Frage einer Theorie des Erkennens], in: *Przegląd Filozoficzny* 39, 1 (1936), S. 3-37.

(5) *Entstehung und Entwicklung einer wissenschaftlichen Tatsache. Einführung in die Lehre von Denkstil und Denkkollektiv*, Basel 1935.

erschafft diese absolute Wirklichkeit mit einem Erkenntnisakt und formt sie so, wie sie seinem Denkstil gemäß sein soll. Das sind die metaphysischen Folgen der epistemologischen Prämisse FLECKS.

Bevor ich zur weltanschaulichen Seite dieses Problems Stellung beziehen werde, möchte ich zuvor einen grundsätzlichen terminologischen Punkt in FLECKS Ausführungen einer Kritik unterziehen, nämlich den Terminus »Stil«. Dieser Terminus wird zweifellos nicht in seiner üblichen Bedeutung gebraucht. Unter »Stil« verstehen wir gewöhnlich eine Form, in der sich eine Art Schaffen manifestiert. FLECK verwendet diesen Terminus, um eine Gruppe von soziologischen Bedingungen zu benennen, von denen nicht nur die Form, sondern auch die Materie des Schaffens abhängt. Manche Aussagen FLECKS führen zur Überzeugung, daß bei ihm »Stil« soviel wie eine Einstellung, ein Standpunkt, eine Erkenntnisdisposition, eine Denkbereitschaft bedeutet – all dies wird dank erworbener Kenntnisse und neu geschaffener Begriffe hervorgebracht und ermöglicht. Bei einem solchen Inhalt und einem solchen Umfang des Stilbegriffs können wir erst verstehen, warum für FLECK die Theorie des Erkennens einfach eine Wissenschaft von den Denkstilen und ihrer historischen sowie soziologischen Entwicklung ist.

Die Konsequenz einer solchen Einstellung zu dieser Sache ist, daß es vom Standpunkt der klassischen Erkenntnistheorien aus unmöglich ist, ein allgemeines Wahrheitskriterium festzulegen, statt dessen wird die Wahrheit nur als eine aktuelle Etappe eines Denkstils anerkannt. Daraus resultiert zweifellos ein kognitiver Relativismus, der verschiedenen Bildern der Wirklichkeit, die aus unterschiedlichen Denkstilen erwuchsen, die gleiche Gültigkeit zugesteht – sogar dann, wenn diese Bilder widersprüchlich sind.

Ich bespreche diese metaphysischen Grundlagen von FLECKS Konzeptionen deshalb so detailliert, um zu betonen, dass, wenn es sie nicht gäbe, sich leicht Anschauungen zur Frage nach dem Verhältnis von Wissenschaft und der Umwelt ausarbeiten und miteinander abgleichen lassen würden. In meiner Arbeit *Die Embryologie im Zeitalter des Barock und des Rokoko*, Leipzig (Thieme) 1932, bemühte ich mich am konkreten Beispiel der embryologischen Anschauungen des 17. und 18. Jahrhunderts – indem ich Konzeptionen von JOËL und WÖLF[F]LIN[II] erweiterte –, den Einfluß der kulturell-zivilisatorischen Umwelt auf den Inhalt dieser Anschauungen aufzuweisen. Obgleich in einer anderen Terminologie, wies ich hier also stets auf den Einfluß bestimmter soziologischer Faktoren auf die Wissenschaft hin. Dies tat ich auf historischer Materialbasis, wo man eine bessere Perspektive und damit eine größere Bewegungsfreiheit hat.

Es kommt mir gerade der Gedanke in den Sinn, wie meine historischen Beobachtungen und die aus ihnen gezogenen Schlüsse aussehen würden, wenn man sie im Lichte von FLECKS Konzeptionen betrachten würde. Und ich komme zum Schluß, daß sie dabei verlieren würden. Sie würden wegen der metaphysischen Seite seiner Konzeptionen verlieren. Nehmen wir ein Beispiel: Ich stellte fest, daß LEIBNIZ' prästabilierte Harmonie[III] nichts anderes als die Übersetzung der embryologischen Präformationstheorie in eine philosophische Sprache ist. Dies wurde bislang noch von keinem Philosophiehistoriker bemerkt und konnte nicht bemerkt werden. Man hätte dafür nämlich ein so spezielles Gebiet wie die Embryologie mit der Philosophie vergleichen müssen. Ich deutete dieses Phänomen – wie viele andere dazu analoge auch – als ein Sich-Ausbilden von bestimmten Mustern im Verstand der Forscher, die dem Erkenntnisprozeß schon von oben herab eine Form, einen Stil und eine Richtung verleihen. Diese Muster erscheinen in einer Umwelt und in einer bestimmten Epoche, sie wirken, üben Einfluß aus, treten in Kraft und gehen dann zugrunde, um anderen Platz zu machen. In gewissem Umfang waren und sind diese Muster allgemein bekannt. Seit undenklichen Zeiten manifestieren sie sich in Gestalt von Mode, Stil, Sitten und Trends. Woher dieser unsichtbare Zwang kommt, der verschiedene Individuen dazu zwingt, in Abhängigkeit von solchen idealen Mustern zu schaffen, ist nicht leicht zu erklären. Auf jeden Fall setzt sich dieser Zwang aus vielen psychologisch-soziologischen Faktoren zusammen, die auf ihren Erforscher noch warten. Von diesen zahlreichen Faktoren bemühte ich mich, zumindest einen individuell-psychologischen Faktor zu erklären, der ungewöhnlich einfach ist. Es gibt eine Gruppe von charakterologischen Zügen des Menschen, seinen Vorlieben, seinen ästhetischen und pragmatischen Neigungen, die bewirkt, daß die Tätigkeit eines Individuums auf verschiedenen Feldern eine gewisse Ähnlichkeit hat. Auf dieses Phänomen stützen wir in der Praxis unsere Vermutungen darüber, wie sich ein Individuum unter neuen Umständen verhalten wird, und diese Vermutungen erweisen sich – wenn wir uns auf Menschen verstehen – meistens als richtig. Das gleiche Phänomen gibt uns bei biographischen, kriminologischen und historischen Nachforschungen einen Leitfaden an die Hand, von solchen Gebieten wie Pädagogik, Politik etc. ganz zu schweigen. Anhand irgendeines aus einem Roman herausgerissenen Blatts erraten wir richtig den uns von anderswoher bekannten Autor. An Fingernägeln und Absätzen erkennen wir den Charakter einer Person. Nach einigen Melodien erkennt ohne jeden Zweifel nicht nur ein Fachmann, sondern auch ein durchschnittlicher Musikliebhaber, ob es eine klassische, romantische oder vielleicht spanische bzw. russische Musik ist, ob das Tschaikowski, Berlioz oder Debussy ist. Mit keinem Wort läßt sich verdeutlichen, was den »Stil« dieser verschiedenen Gebilde ausmacht. Jedoch greift man flugs und unfehlbar nach diesem Stil.

Die Stile vermischen sich untereinander, stimmen zusammen oder widersprechen sich. Der persönliche Stil eines Schaffenden ist, wenn er wahrer Ausdruck seiner Umwelt ist, auf den Stil, den Geist einer Umwelt oder einer Epoche abgestimmt. Manchmal steht er, aus verschiedenen Gründen, die eigene Studien verlangen würden, wieder in einem Widerspruch zum Ganzen. Die Überordnung der Stile kann vielfältig sein. Chopin hat seinen persönlichen Stil, der mit dem übergeordneten polnischen Stil zusammenstimmt. Dieser wiederum ist auf den slawischen Stil abgestimmt, der schließlich seinerseits ein Bestandteil dessen ist, was man als einen europäischen Stil bezeichnen könnte, der sich z. B. dem Negerstil gegenüberstellen läßt.

Mein Bestreben war jedoch aufzuzeigen, daß das Schaffen auf den anderen Gebieten, die der ästhetisierende Gedanke scheinbar nicht erreicht, auch nach einem bestimmten Stil gestaltet wird. Dieser Stil ist keineswegs etwas von besonderer Art. Es ist der gleiche Stil, den wir in der Kunst kennen. Das wissenschaftliche Schaffen unterwirft sich sowohl in seinem theoretisch-hypothetischen Teil als auch in Hinsicht des Interessenbereiches oder in bezug auf – in Flecks Stil und Sprache gesagt – die Denkbereitschaft etc. auch diesen unsichtbaren, ungreifbaren und nicht beschreibbaren Mustern, Stilen der Epochen und Umwelt. In meiner Arbeit bemühte ich mich mit gewisser Konsequenz, den Stil – seine Schwankungen und Veränderungen, sein Herrschen in Form von Mode, Gewohnheit und Denkapathie –, den Stil bei nichts anderem als den wissenschaftlichen Theorien, Hypothesen, Forschungsinteressen auf dem Gebiet der Embryologie aufzuzeigen.

Und darauf beschränkte ich meine Aufgabe. Ich habe nicht versucht, die Grenze der Erfahrung zu transzendieren. Ich nahm an, daß es einen objektiven Stand der Dinge gibt, der in hohem Grade erkennbar ist. Die Aufgabe der Wissenschaft ist, diesen objektiven Stand der Dinge zu erkennen, ihn im Verstand des Forschers nachzubilden und den Erkenntnisinhalt, also die Wahrheit (so wie sie uns erscheint), an andere Forscher weiterzuvermitteln. Die vertiefte Untersuchung der Bedingungen, von denen die Akkuratheit der Erkenntnis abhängt, sowie der Einflüsse, die die Objektivität der Forschungsarbeit stören und die Richtung derjenigen Interessen verkehren, die den Verstand des Forschers affektiv oder intellektuell »einstellen«, die vertiefte Untersuchung der Einflüsse, die dem Forscher irgendein psychologisches oder soziologisches Okular aufsetzen – solche Untersuchungen, obwohl sie zu Erkenntnisrelativismus, Agnostizismus und Skeptizismus verlocken, schärfen durch die Kritik der Erkenntnisvermögen in Wirklichkeit die Akkuratheit und Gewißheit unseres Wissens über die Wirklichkeit.

Unsere Untersuchungen, die darauf zielen, den Einfluß der Umwelt auf die Wissenschaft festzustellen, streben also eigentlich danach, diese Einflüsse auf die Erkenntnisprozesse zu beseitigen. Indem wir diese Phänomene anhand des historischen Materials studieren und uns den Herdentrieb anschauen, mit dem sich die alten Forscher an einen herrschenden Stil anpaßten, errichten wir zugleich ein *Memento* für die eigenen Erkenntnisanstrengungen. Der Erkenntnisprozeß muß sich, um Exaktheit zu gewährleisten, von jeglichen Einflüssen befreien, oder zumindest muß er nach jenem idealen Zustand der völligen Unvoreingenommenheit streben. Deswegen habe ich so stark FLECKS Trachten, die Grenzen zwischen der »Natur« einerseits und der »Kultur« andererseits zu verwischen, angegriffen. Die soziologische Kritik – gemeinsam mit jeder anderen Kritik der Erkenntnisvermögen – zielt genau darauf ab, die Resultate der Erkenntnis nicht den Kulturgebilden anzugleichen. Der Historiker muß zwar anerkennen, daß die Annahme eines Einflusses der Umwelt auf die Wissenschaft in heuristischer Hinsicht sehr günstig ist, um so mehr muß der Epistemologe dafür sorgen, daß das Erkennen von solchen Einflüssen unabhängig wird, indem er sowohl die Fehler bedenkt, zu denen das Unterworfensein unter die Umwelteinflüsse führte, als auch die Unmöglichkeit, ein Wahrheitskriterium (und sei es auch das allerungewisseste) verwenden zu können, wenn es um dessen Anwendung auf die Kulturgebilde geht. Wenn die Forscher immer noch – trotz all dieser erhabenen und strengen Vorbehalte – nach Methoden aus dem Kulturbereich greifen werden, dann nicht deshalb, weil das epistemologisch erlaubt wäre, sondern weil der menschliche Verstand in seiner Erkenntnisfähigkeit beschränkt und unzulänglich ist. Die strengen Vorschriften der wissenschaftlichen Epistemologie werden bedingungslos auf Tatsachen und einfache, klare sowie gut recherchierte Sachverhalte angewandt. Dort reichen eine Beschreibung, eine Zahlenangabe, eine Zusammenfassung, ein Blick und eine Evidenz, dort sind Hypothesen, theoretische und philosophische Verallgemeinerungen entbehrlich. In dem Maße, wie wir uns von den »leichten«, einfachen und keine Zweifel hervorrufenden zu schwierigen, unzugänglichen, komplizierten und unerforschten Erkenntnisobjekten fortbewegen, haben wir keine Verwendung mehr für die reproduktiven Methoden und müssen nach »schöpferischen« Methoden greifen. Je tiefer wir ins Unbekannte voranschreiten, desto stärker ist unser Verstand zahlreichen soziologischen Einflüssen unterworfen. Es ist ein notwendiges Übel und nicht eine wissenschaftliche Notwendigkeit. Es ist eine veraltete, naive und aufgegebene epistemologische Situation: Einerseits gibt es ein passives, unabhängiges, unvoreingenommenes Erkenntnissubjekt, andererseits ist die vom Forscher unabhängige Naturwirklichkeit nicht ganz so falsch. Sie erfordert nur einige Richtigstellungen, Vorbehalte und Ausnahmebestimmungen. Ich würde FLECK vorwerfen, daß er seine epistemologischen Verallgemeinerungen auf einer zu schmalen Basis gründete, insofern er sie ausschließlich anhand von naturwissenschaftlich-ärztlichen Experimenten vornahm. Die Tatsache, daß er z.B. in seinem Hauptwerk aus dem Jahre 1935 in großem Maße die Geschichte der WASSERMANN-Reaktion berücksichtigte, entkräftet diesen Vorwurf nicht, denn FLECKS Ausführungen sind, obgleich durch das historische Material belegt, nicht humanistischer, sondern philosophisch-naturwissenschaftlicher Natur. Hätte FLECK in seiner Epistemologie auf Erfahrungen der Historiker zurückgegriffen, hätte er sicherlich festgestellt, daß doch jene naive epistemologische Situation oft vorkommt. Die historische Erkenntnistatsache hängt meistens nicht vom Forscher ab und ist – wie eine Naturtatsache – keinem Wandel unterworfen, der vom Experimentieren und Forschen abhängig ist. Unter gewöhnlichen Bedingungen ist auch der Historiker (oder sollte es zumindest sein) ein rein rezeptives, reproduktives und in seiner Erkenntnistätigkeit passives Subjekt. Wenn seitens einer historischen Tatsache irgendein Einfluß auf den Forscher ausgeübt wird, der auf dessen Erkenntnisvermögen selbst wirkt, dann ist dieser Einfluß von einer anderen Natur als in der Naturwissenschaft: Ein Historiker kann sich z. B. in einem besonderen emotionalen Zustand im Verhältnis zu einem Gegenstand befinden, was seine Objektivität stört. Dies passiert seltener in der Naturwissenschaft, obwohl es möglich ist, z. B.: Ein Entdecker eines Phänomens wird einseitig und neigt dazu, alle Beobachtungen im Sinne dieser Entdeckung zurechtzubiegen. Es ist jedoch einfach zu bemerken, daß die »Schuld« hier eher auf der Seite des Subjekts liegt. In den Geschichtswissenschaften ist meistens eine schriftliche Quelle das Objekt. Die elementare Erkenntnistätigkeit ist das Lesen und selbstverständlich das Verstehen. Diese elementare Tätigkeit ist so einfach und »leicht« wie in der Naturwissenschaft die Feststellung oder Beschreibung einer einfachen Tatsache, z. B., daß die menschliche Hand fünf Finger hat. Solche Beispiele nahmen sich die früheren Epistemologen zum Vorbild, als sie das Ideal einer epistemologisch »naiven« Situation schufen. Diese ereignet sich jedoch wirklich und vielleicht öfter in den Geschichts- als in den Naturwissenschaften, und, was wichtiger ist, sie stellt ein Ideal dar, das wir auf mühsamem Wege durch immer strengere Kritik an den Erkenntnisbedingungen zu erreichen oder dem wir uns wenigstens anzunähern versuchen.

Sowohl auf dem Gebiet der Naturwissenschaft als auch in den humanistischen Wissenschaften werden die Theorien und Hypothesen in dem Moment nötig, wenn wir uns von den einfachen und leichten Tatsachen entfernen und in die für uns unbekannten und komplizierten eindringen. In den Geschichtswissenschaften greifen wir, wenn uns die Tatsachen allein nicht reichen oder wenn sie uns fehlen, nach einer Synthese. Nicht das Nachschaffen der Wirklichkeit, die Annäherung an die geschichtliche Wahrheit verleiht den historischen Untersuchungen einen Sinn. Die historischen Untersuchungen haben einen Sinn, wenn sie uns eine Erkenntnisorientierung geben.[IV] Die einzelnen Tatsachen haben nur insofern eine Bedeutung, als sie diese Erkenntnisorientierung ermöglichen. Wenn sie diese Rolle nicht erfüllen können, halten wir sie für belanglos und übergehen sie. In den Naturwissenschaften ist es dasselbe: Eine einzelne Tatsache kann keine Bedeutung haben, weil sie bei uns kein Interesse erweckt, uns fehlt in bezug auf sie eine Denkbereitschaft, sie paßt nicht zu unserem Denkstil. Wenn ein neuer Stil angewendet wird, werden die übergangenen Tatsachen an Bedeutung gewinnen. Aus der historischen Perspektive müssen wir das Übergehen von Tatsachen in einem früheren Stadium für einen Fehler halten, der dank der heuristischen Bedeutung des neuen Stils wieder korrigiert wurde. Man darf jedoch nicht vergessen, daß es unzählige Tatsachen gibt, die wir übergehen, weil sie sich ähnlich sind. In diesem Falle sind für uns ein Auszug, eine Kürzung, ein Naturgesetz und eine Synthese von Bedeutung.

Und erst in der Anwendung bei naturwissenschaftlichen oder humanistischen Synthesen und Hypothesen erweisen sich irgendwelche Stile als nötig. Nur Theorien, Vermutungen, Formulierungen, Konstruktionen und Hypothesen können veränderlich sein und scheinen manchmal, sogar wenn zwischen ihnen Widersprüche auftreten, angesichts eines vermeintlichen wirklichen Sachverhalts gleich wichtig zu sein. Haben widersprüchliche Theorien, die nebeneinander oder nacheinander aus verschiedenen Denkstilen erblühten, die gleiche Wichtigkeit, so ist dies immer nur ein Ausdruck der Unzulänglichkeit des menschlichen Erkenntnisvermögens. Es ist unmöglich, daß über dieselben Tatsachen, wie »eine normale menschliche Hand hat fünf Finger« oder »der Hals verbindet den Kopf mit dem Rumpf«, zwei sich miteinander nicht deckende, geschweige denn sogar sich widersprechende Theorien entstehen, auch wenn die Forscher den weitest voneinander entfernten Denk-»Kollektiven« angehören. Denn das ist keine Frage des Stils, sondern der Betrachtung. Ich lasse selbstverständlich die Urteile der Geisteskranken außer acht. Was hingegen die grundsätzlichen embryologischen Probleme im 17. Jahrhundert betrifft, so mußten widersprüchliche Theorien entstehen, denn die damaligen Forscher waren aus heutiger Sicht Ignoranten. Ihre fehlende Tatsachenkenntnis mußten sie durch Erfindungen des Scharfsinns oder der Phantasie ausgleichen. Darin waren sie den Kulturschöpfern ähnlich. Und nur in diesem Bereich waren sie einem Stil unterworfen, und falls nicht dem Stil einer Epoche (weil FLECK das nicht will), dann dem Stil der Denkkollektive. Dennoch bleibt zwischen der Kultur und der »Natur« eine unüberwindliche Kluft: Im Bereich der Kultur, z.B. der Kunst, »darf« man straflos, ohne jegliche Kontrolle seitens der Wirklichkeit schöpferisch tätig sein, man darf sich irren (diese Bestimmung ist im Bereich der Kunst sinnlos, abgesehen natürlich von den Normen der Ästhetik). Hingegen ist ein dazu analoges Schaffen im Bereich der »Natur« nur ein Trick, eine Möglichkeit, zur Wahrheit zu gelangen, ein Versuch, eine Erkenntnisorientierung zu gewinnen, und sonst nichts. Alles, was jenseits des epistemologischen Ziels liegt, gehört nicht zur Wissenschaft, sondern höchstens wieder zur Kultur. Wenn das durch wissenschaftliche Verallgemeinerung so entstandene Gebilde den Hieben der Kritik nicht standhält, geht es in die Geschichte der Fehler ein und erhält eine »nur historische« Bedeutung, d. h., es verliert seine Bedeutung überhaupt. Der Bedeutungsverlust im Bereich der »Natur« ist kein Hindernis dafür, daß jenes Gebilde weiterhin eine ehrenvolle Existenz im Bereich der »Kultur« führen kann. Denn das Schaffen im Bereich der Wissenschaft ist kein Schaffen, sondern nur und ausschließlich ein Nachschaffen. Wo sich zeigt, daß das vermeintliche Nachschaffen nur ein Schaffen war, wird die ganze Denkanstrengung zunichte gemacht, obgleich man zugeben muß, daß, bevor es dazu kommt, aus dem ganzen Fehler, sei es gewollt oder ungewollt, viele Vorteile erwachsen können, um die Wirklichkeit an sich selbst zu erkennen.

Um die Angelegenheit des Unterschieds zwischen der Kultur und der »Natur« erschöpfend zu behandeln, muß man endgültig entscheiden, ob die Überlegungen zum Einfluß der Umwelt auf die Wissenschaft mit einer historischen oder naturwissenschaftlichen Methode angestellt werden sollen. Noch exakter wäre die Frage, ob Überlegungen zu diesem Thema zur Geschichte oder zu den Naturwissenschaften gehören.

Ich muß jedoch betonen, daß es ja sowohl in Joëls, Wölf[f]lins wie auch in meinen Untersuchungen um historische Studien ging. Wenn die Konzeptionen dieser Art den Eindruck machen, eher künstlerisch, literarisch, intuitiv und subjektiv als wissenschaftlich aufgefaßt zu sein, kommt das nur daher, weil wir uns in einem Gebiet mit außergewöhnlich schwer feststellbaren Tatsachen bewegen. Das Erfassen der Beziehungen, die zwischen den einzelnen Gebilden ein und desselben Stils bestehen, ist keineswegs so einfach, wie dies aus manchen Bemerkungen Flecks hervorzugehen scheint. Es kann z. B. keine Rede davon sein, in die historische Forschung dieses Typs eine solche Exaktheit einzuführen, die die »besonderen Gesetze der Soziologie des Denkens und der Denkentwicklung« unbedingt verlangen würden. Die Ähnlichkeit verschiedener Gebilde des gleichen Stils resultiert aus unglaublich komplizierten psychologischen Prozessen. Wir können zwar annehmen, daß diese Prozesse nach gewissen exakten Gesetzen ablaufen, in denen das soziologische Moment eine beachtliche Rolle spielt. Doch von einer solchen Annahme bis zum Entdecken der Ursachen und Mechanismen der gegenseitigen Beeinflussung der Menschen ist es noch sehr weit. Der Historiker ist *nolens volens* auf eine subjektive Bewertung der Tatsache angewiesen, daß die Umwelt die individuelle wissenschaftliche Tätigkeit beeinflußt. Schaut sich der Historiker das historische Material an, sieht er fertige Früchte dieser Einflüsse in Gestalt von Ähnlichkeiten, Analogien und gemeinsamen Inhalten. Das Intuitive und die Subjektivität der auf diese Weise gemachten Beobachtungen widerstreiten nicht der historischen Methode, obschon es wahr ist, daß diese hinsichtlich ihrer Exaktheit der naturwissenschaftlichen Methode nachsteht. Man darf jedoch bei alldem nicht vergessen, daß historische Untersuchungen, obgleich sie nicht so exakt wie die naturwissenschaftlichen sind, auch wissenschaftliche Untersuchungen sind. Der Vorwurf der Unwissenschaftlichkeit, der historischen Untersuchungen gemacht wird, kann nur in einer Umwelt entstehen, die durch den naturwissenschaftlichen Denkstil beherrscht ist.

Eine andere Frage stellt sich hingegen in bezug auf das Entdecken der naturwissenschaftlichen, psychologischen und soziologischen Gesetze mit Hilfe historischen Materials. Ich sagte bereits, daß, obgleich FLECK sich oft des historischen Materials bedient, er jedoch in keinem Augenblick aufhört, ein Naturwissenschaftler zu sein. Das Ziel und der Sinn seiner Untersuchungen sind nicht historisch, sondern naturwissenschaftlich-soziologisch-psychologisch. Deshalb sagte ich gleich zu Beginn, daß, wenn man meine Untersuchungen aus dem Bereich der Embryologie des 17. und des 18. Jahrhunderts in die Sprache und Begriffe von FLECK übersetzen würde, sie ihren Wert verlieren würden. Denn sie würden dann aufhören, historische Forschungen zu sein, und nur eine Grundlage für naturwissenschaftlich-soziologische Untersuchungen sein. Die Ähnlichkeit des Präformationismus und der prästabilierten Harmonie von LEIBNIZ muß für FLECK eine bedeutungslose oder zumindest eine für seine Konzeptionen nutzlose Erscheinung sein. Diese Ähnlichkeit muß, obwohl sie für einen Historiker von großer Wichtigkeit ist, FLECK als Ausdruck eines künstlerischen und subjektiven, also eines nichtwissenschaftlichen Urteils eines Forschers erscheinen.

Andererseits ist die Freude des Historikers sogar über den heuristischen Wert eines mit historischem Material untersuchten »Denkkollektivs« gering, insofern es nur zum Entdecken oder Bestätigen von gewissen soziologisch-psychologischen Gesetzen dient und keinen humanistischen Nutzen bringt. Wenn man tatsächlich einige Suggestionen FLECKS in die Tat umsetzen würde, würden historische Untersuchungen aufhören, sie selbst zu sein, sondern sie würden nur zu einer Fundgrube von Beispielen, Quellen und Beweisen für eine vertiefte soziologische Epistemologie. Der Historiker wäre damit beschäftigt, Denkgemeinschaften in ihrer historischen Entwicklung und der Einwirkung durch die Epochen zu beobachten, und gleichzeitig würde er die eigentliche Aufgabe des Humanisten vernachlässigen, die trotz aller Fortschritte immer der historischen Forschung als Ziel vorschweben wird: Diese Aufgabe besteht darin, der Erkenntnis eine Orientierung im Verhältnis zu den vergangenen Geschehnissen zu geben, und nicht darin, sich irgendwelche allgemeinverbindlichen Gesetze für eine Soziologie des Denkens auszudenken.

Aus dem Zwiespalt zwischen dem humanistischen und soziologisch-naturwissenschaftlichen Interesse in dem besagten Problem geht klar hervor, daß, um diese Forschung fruchtbar zu machen, sie auf einer engen Zusammenarbeit beider Lager basieren muß. Denn eine Zusammenarbeit ist eine Sache, und etwas anderes ist das Fehlen einer Abgrenzung von Zielen und Aufgaben auf den Gebieten, die so grundverschieden sind wie die Geistes- und Naturwissenschaften.

I Tadeusz Bilikiewicz, »Uwagi nad artykułem Ludwika Flecka ›Nauka a środowisko‹«, in: *Przegląd Współczesny* 18, 8-9 (1939), S. 157-167; SMF, S. 271-281. Aus dem Polnischen von Sylwia Werner. Komm.: CZ.

II Bilikiewicz beruft sich auf das Buch des Schweizer Kunsthistorikers Heinrich Wölfflin (1864-1945) *Kunstgeschichtliche Grundbegriffe. Das Problem der Stilentwicklung in der neueren Kunst,* München 1917. Wölfflin verfocht eine »Kunstgeschichte ohne Namen« und arbeitete via Stilvergleich kategoriale Grundformen heraus (das Lineare und das Malerische, das Flächenhafte und Tiefenhafte, die geschlossene und offene Form, Vielheit – Einheit, absolute und relative Klarheit), denen jeweils Stilepochen zugeordnet wurden, in welchen dann eine Sehform dominiert. Der Philosoph Karl Joël (1864-1934) hatte in seinem Monumentalwerk *Wandlungen der Weltanschauung*, Tübingen 1928-1934, die Wölfflinschen Kategorien auf die Geistesgeschichte überhaupt übertragen und entsprechend ausdifferenziert und angepaßt.

III Auch der Philosoph Gottfried Wilhelm Leibniz (1646-1716) hatte sich dem Lager der Animalkulisten (vgl. die EN VII zu Flecks »Wissenschaft und Umwelt« in diesem Band) angeschlossen. Die Theorie der prästabilierten Harmonie besagt, es gebe eine allen Dingen innewohnende Ordnung, die Gott von Anfang an so eingerichtet habe, daß alles Geschehen gesetzmäßig und zweckmäßig verlaufen muß.

IV Vgl. T. BILIKIEWICZ, »Z rozważań nad ›sensem‹ historii« [Aus den Überlegungen über den ›Sinn‹ der Geschichte], in: *Przegląd Współczesny* 17, 189 [1938], S. 114-126.

Antwort auf die Bemerkungen von Tadeusz Bilikiewicz[I]

Die Anmerkungen des Kollegen Tadeusz Bilikiewicz, die viele tiefe Gedanken enthalten, habe ich mit großem Interesse gelesen. Gibt es für einen Forscher etwas Erfreulicheres als eine Diskussion über die Probleme, die ihn beschäftigen, oder etwas Nützlicheres für die Wissenschaft als die Beleuchtung einer Frage von verschiedenen Standpunkten, vor allem wenn es um eine so verworrene und theoretisch und praktisch so wichtige Frage geht wie das Problem der Abhängigkeit der Wissenschaft von der Umwelt? Vielleicht werden sich an der Diskussion auch andere Fachleute, Humanisten, Naturwissenschaftler und Philosophen beteiligen. Dann wäre die Aufgabe dieser Arbeit erfüllt.

Ich muß jedoch einige Mißverständnisse richtigstellen. Nichts ist mir fremder als die Metaphysik. Ich verstehe einfach weder den Satz, daß *»das Ding an sich« absolut, unabhängig vom Erkennenden existiert*, noch den gegenteiligen Satz, daß *»das Ding an sich« absolut nicht existiert.* Das Wort »Wirklichkeit« benutze ich – aus grammatischen Gründen – als ein notwendiges grammatisches Objekt in den Sätzen über die Erkenntnistätigkeit.[II] Mir scheint, daß man jegliche ontologischen Aussagen über die »Wirklichkeit« vermeiden soll, ähnlich wie Aussagen zum Thema unfruchtbar wären, ob die Zahl existiert und ob ihr Dasein von den Mathematikern unabhängig sei oder auch nicht. Ich habe also nichts gemein mit dem Idealismus in der alten oder der neuen Form. Hingegen weiß ich aus eigener und fremder Praxis, daß es unmöglich ist, irgendein Objekt zu untersuchen, ohne auf es einzuwirken, also ohne es zu verändern. Denn sogar die gewöhnlichste Beobachtung erfordert zumindest das Licht, und bereits die Beleuchtung verändert schon das Objekt, was die Physiker seit dem Postulat von Heisinger[III] nachdrücklich betonen.

Man kann nicht behaupten, daß die Wirklichkeit – abhängig von einem Denkstil – »objektiv anders wird«, ähnlich wie man nicht behaupten könnte, daß die Zahlen seit der Entwicklung der Unendlichkeitsrechnung objektiv anders geworden sind, als sie früher waren. Alle ontologischen Schlüsse sind in diesem Fall tatsächlich unnötige

Metaphysik, wie auch jene »Wirklichkeit an sich«, die für BILIKIEWICZ das Ziel der Erkenntnis zu sein scheint.

Aus der Theorie der Denkstile resultiert auch kein kognitiver Relativismus. »Die Wahrheit« als eine aktuelle Etappe der Denkstilumwandlung ist immer nur die eine: Sie ist durch den Stil restlos determiniert. Die Verschiedenheit der Wirklichkeitsbilder ist einfach eine Folge der Verschiedenheit der Erkenntnisobjekte. Ich behaupte nicht, daß »dieselbe Aussage« für A wahr, für B dagegen unwahr sein kann. Wenn A und B die Teilnehmer des gleichen Stils sind, ist die Aussage für beide entweder wahr oder falsch. Wenn sie unterschiedliche Denkstile besitzen, dann gibt es eben keine »dieselbe Aussage«, denn für einen von ihnen ist dann die Aussage des anderen unverständlich, oder sie wird von ihm anders verstanden.

Noch im 18. Jahrhundert behauptete man oft, daß der *Mensch nüchtern schwerer als nach dem Essen ist.*[IV] Es gab dafür sogar eine theoretische Erklärung: Der »Geist« wird nach dem Essen feuriger, und während er den Körper nach oben hebt, nimmt er ihm quasi sein Gewicht ab.[1] Heute behaupten wir mit großer Sicherheit, daß es umgekehrt ist: Nach dem Essen ist der Mensch schwerer. Das sind auf den ersten Blick zwei widersprüchliche Aussagen. Ein Historiker führt die alte Aussage als ein *curiosum* an, der Naturwissenschaftler lacht darüber im eigenen Überlegenheitsgefühl. Diese Erkenntnisgrundlagen sind beide unfruchtbar. Die Analyse der Denkstile führt zu einer anderen Einstellung: Natürlich nicht weil die Wahrheit relativ wäre oder weil im 18. Jahrhundert der Mensch nüchtern »wirklich schwerer« als nach dem Essen wäre, sondern indem sie nachweist: (1) daß »schwer« damals etwas anderes als heute bedeutete; (2) daß diese alte Bedeutung keinem heute existierenden Begriff entspricht, also nicht vollständig durch ein anderes heutiges Wort wiedergegeben werden kann; (3) indem sie nachweist, wie sich aus einem alten Urbegriff[V] mehrere unterschiedliche heutige Begriffe entwickelten und welche Überreste des alten Begriffs sich im heutigen Sprachgebrauch erhielten.

Unser physikalischer Begriff der Schwere, der mit der Waage bestimmt wird, war damals nicht im allgemeinen Gebrauch. »Schwer« war in der früheren Bedeutung eine Eigenschaft, die man heute erst mit einer ganzen Reihe von Bezeichnungen beschreiben könnte: Un-

1 Analog dazu behauptete man, daß das Körpergewicht nach dem Aushauchen der Seele, d.h. im Moment des Todes, zunimmt.

beweglich wie zum Beispiel ein großer Block, aber auch zähflüssig wie eine klebrige Flüssigkeit, physisch und psychisch schwerfällig wie ein träger Mensch oder ein träges Tier, überdies noch schwer zu überreden wie ein sturer Mensch, außerdem auch unhandlich wie ein plumpes Gepäckstück oder eine Leiche und endlich schwer zu verstehen wie eine Fremdsprache oder ein verworrener Gedanke und niederdrückend wie ein großes Unglück. Welches heutige Wort könnte den Inhalt dieses alten Begriffs wiedergeben und gleichzeitig seinen ganzen Bereich umfassen? Verschiedene, aus heutiger Sicht heteronome Phänomene sind in eine Begriffsgestalt zusammengefaßt, in der im Keim auch unser Begriff der physikalischen Schwere steckt, aber außerdem auch viele Bezeichnungen tief verwurzelt sind, die heute metaphorisch sind. In ihnen liegt die Quelle für zahlreiche sprachliche Wendungen (»schwerer Geist«, »ein in den Geschäften schwerer Mensch«) sowie der Keim für viele psychologische und physiologische Beobachtungen. Das Wort »Schwere« kann man nicht in die heutige Sprache übersetzen, denn indem wir irgendein heutiges Wort zugrunde legen, zerstören wir den ganzen Gedankenverlauf: die Analogie mit der Schwere der Leiche, den Zusammenhang mit dem Hochsteigen einer Flamme (»die Verringerung der Schwere durch das Feuer«, das sichtbare Symbol des Lebens, der Beweglichkeit und der Leichtigkeit). Man kann dieses Wort nur erklären und beschreiben, aber nicht übersetzen, denn der Autor hatte nicht nur eine andere Sprache, sondern vor allem einen anderen Denkstil. Das Isolieren und Ausbauen des heutigen physikalischen Begriffs der Schwere aus diesem Urbegriff war ein verwickelter Prozeß, der eine Reihe von Etappen durchlief wie die Etappen Galileis, Newtons, Lavoisiers und Einsteins, die sicherlich nicht die letzte war. Die Gruppe der Physiker schuf ihren besonderen Stil, den sie immer weiter modifiziert; in ihm hat eine Behauptung einen spezifischen Sinn. Ist das der einzig »gute« und der »bestmögliche«? Der Stil des Physikers ist auf bestimmte Probleme spezialisiert, deswegen ist er präziser, aber auch einseitiger. In der alten, für uns plumpen Aussage steckten irgendwie im Keim Beobachtungen, Vergleiche, Zusammenstellungen aus Gebieten, die heute getrennt sind: aus der Physik, Physiologie, Psychologie. Der heutige Physiker beobachtet schärfer Naturphänomene, aber er wurde mehr oder weniger blind in bezug auf psychologische und physiologische Erscheinungen. Darin liegt ein großer Teil seiner Scharfsicht.

Bilikiewicz behauptet, es sei unmöglich, daß auch nur zwei sich nicht deckende Theorien solche Tatsachen thematisieren wie: »eine normale menschliche Hand hat fünf Finger«, selbst wenn die Forscher voneinander weitest entfernten Denkkollektiven angehören. Dies ist, seiner Meinung nach, keine Frage des Stils, sondern der Beobachtung.

Aber so ist es nicht. Es hängt im höchsten Grade vom Stil ab, was wir unter einer »normalen Hand« verstehen. Ein ›richtiges‹ Organ versteht ein Arzt gerade als eine theoretische Fiktion, die der direkten Beobachtung vollständig entzogen ist, ähnlich wie das »ideale Gas« den Physikern unerreichbar ist. Der Laie versteht unter »normal« einfach »gewöhnlich«, »am häufigsten«, also einen Zustand, der aus einem Vergleichen einer großen Zahl von Händen erschlossen wird, aber nicht unmittelbar beobachtet wird. Doch abgesehen von dieser Schwierigkeit erfordert die Feststellung, daß es fünf Finger gibt, vor allem einen allgemeinen Begriff von »Finger« und dann das Zählen, also den Zahlbegriff, was auch eine Sache des Denkstils ist. Der ganze Satz, der in unserem Stil eine zweifelsfreie Tatsache ausdrückt, kann daher für andere Stile ohne Sinn sein. Solche Stile existieren, sie sind selbstverständlich weit von unseren heutigen europäischen Stilen entfernt, doch nicht so weit entfernt, daß wir nichts über sie sagen könnten. Viele primitive Stämme besitzen keine gemeinsame Bezeichnung für »Finger«, sondern separate Namen für Daumen, Zeigefinger und jeden weiteren Finger. Sie verwenden den allgemeinen Begriff »Finger« nicht, ähnlich wie sie keine allgemeine Bezeichnung »Pferd« haben, sondern Dutzende Bezeichnungen für verschiedene Pferde: ein weißes, schwarzes, buntes, junges, altes etc. Pferd. In ihrem Stil ist unser Satz unaussprechbar. Zahlreiche primitive Gesellschaften (Australien, Südamerika) besitzen nur für die Zahlen 1, 2, 3 separate Namen, ansonsten sagen die Einheimischen: zahlreich, eine Menge, eine große Zahl. Der Satz, daß »eine Hand fünf Finger hat«, läßt sich also nicht in ihre Sprache übersetzen. Sie sagen: »Eine Hand hat viele Finger«, und das ist eine andere Theorie als die unsere. Andere primitive Kollektive (Papua) verwenden für die Bezeichnung der Zahl Fünf das Wort »Hand«, für Zehn »zwei Hände«. Sie können also den Satz »die Hand hat fünf Finger« nicht ohne Tautologie aussprechen, und die Frage, wie viele Finger eine Hand hat, ist für sie praktisch unsinnig, ähnlich wie für uns die Frage: Wieviel kostet ein Złoty, oder wie lange dauert eine Stunde? Die Zwergmenschen von den Adamanen sagen statt fünf »alles«, ihr Satz lautet daher: »Die Hand hat alle Finger«.[VI] Dies ist also wieder eine andere Theorie als die unsere, die ihr zwar nicht widerspricht, aber dennoch mit ihr inkommensurabel ist. Dies sind nicht nur sprachliche Unterschiede, denn die Worte, die verwendet werden, um die Zahl ›Fünf‹ zu bezeichnen – »eine Menge«, »eine Hand«, »alles« –, haben gerade einen ganz anderen Umfang als das Wort ›fünf‹. Das ist ein ganz anderer Denkstil. Zweifellos ist er primitiv im Vergleich zu unserem, doch er ist gar nicht so irreal und unpraktisch, denn immerhin leben und orientieren sich diese Menschen in ihrer Welt.

Denkstile verändern und entwickeln sich oder sterben ab infolge eines Kreislaufs der Gedanken innerhalb des Bereichs der betroffenen Gruppen und im Wirkungsbereich spezieller soziologischer Kräfte. Es scheint mir nicht so zu sein, daß ein bewußtes Nachahmen die Hauptursache für eine Stilgemeinschaft innerhalb einer Gruppe ist. Ein Mitglied einer Gruppe kann gewöhnlich einfach nicht auf andere Weise denken als seine Umgebung, es kann nicht anders sehen, keine anderen Begriffe und Bilder verwenden und nicht nach anderen Zusammenhängen suchen wie die Menschen, mit denen es lebt. Es ist feindselig gegenüber allem Fremden eingestellt. Nur ganz langsam, parallel zu den Wandlungen des Gruppenstils verändert sich sein Stil. Die besonders schöpferischen Individuen oder vielleicht eher die schöpferischen Momente sind ein anderes Problem.

Bilikiewicz behauptet, daß die Untersuchungen des Einflusses der Umwelt auf die Wissenschaft darauf abzielen sollen, diese Einflüsse auf die Erkenntnisprozesse zu beseitigen. Aber wie das? Die Ausgangssituation für jedes Erkennen ist gerade durch die Umwelt, ihre Geschichte sowie deren aktuellen Status gegeben. Woher sollen die Erkenntnisprozesse kommen, wenn keine neuen Situationen, keine neuen Begriffe und keine neuen Fragen entstehen, die immer nur im Laufe eines Gruppenlebens geboren werden? Ich glaube, daß Bilikiewicz in diesem Fall unter Umwelt die Laien, die menschliche Umwelt im allgemeinen versteht und nicht die spezifische Umwelt von Experten. Ich würde jedoch gar nicht mit dem Verlust der von den Laien kommenden Anregungen und Einflüsse einverstanden sein. Sollen wir denn in die unzugänglichen Türme, zur lebensfremden Sprache, zur verschlossenen und geheimnisvollen Miene des autistischen Gelehrten des Mittelalters zurückkehren? Wie würde die Wissenschaft ohne Alltagsbegriffe aussehen wie: Puffer, Sohle,

Schwelle, Reserve, *dépôt*, Zentrum, Regulation – und ohne die vielen anderen Begriffe, die aus dem modernen Leben, von der Straße, aus dem Geschäft und von der Reise entlehnt sind?[VII] Könnte ein einsamer Mensch, der nur alte Bücher zur Verfügung hat, auch nur einen von ihnen bilden? Ich bezweifle, ob SCHRÖDINGER auf jene Elemente der modernen Physik verzichten würde, die er als verbunden mit der modernen Kunst und dem modernen Charakter des Lebens erwähnt. Eine Sache ist der Herdentrieb, und etwas anderes ist ein befruchtender, notwendiger Einfluß der Umgebung. Ein isolierter Forscher bliebe ohne die auf ihn wirkenden Kräfte der Umwelt und ohne den Einfluß der Evolution dieser Umwelt blind und gedankenlos. Den Einfluß der Umgebung zu beseitigen bedeutet, die Erkenntnisprozesse mindestens zu hemmen.

Was das Verhältnis der Wissenschaft zur Kunst betrifft, behauptet BILIKIEWICZ – übrigens gemäß der öffentlichen Meinung –, daß der Hauptunterschied darin liegt, daß die Kunst frei schafft, die Wissenschaft dagegen nur »nachschafft«, indem sie etwas unabhängig Existierendes beschreibt, d. h. quasi mit Hilfe von Sätzen nachzeichnet, exakter gesagt: mit Hilfe eines Zeichensystems klar nachbildet.

Doch dieser Unterschied ist nur scheinbar, oder es ist nur ein quantitativer Unterschied. Der Künstler transponiert seine Erlebnisse in ein traditionelles Material nach gewissen, im Prinzip traditionellen Methoden. Seine individuelle Freiheit ist jedoch stark eingeschränkt: Wenn er bestimmte Grenzen übertritt, dann gibt es kein Kunstwerk mehr. Der Forscher erschafft auch Transpositionen für seine Erlebnisse, nur sind seine Methoden und sein Material noch mehr mit einer spezifischen (wissenschaftlichen) Tradition verbunden. Die Zeichen, die er verwendet (Begriffe, Worte, Sätze), und die Art, wie er sie verwendet, sind detaillierter festgelegt, mehr vom Kollektiv abhängig, sozialer und traditioneller als die Zeichen des Künstlers. Wenn wir die Zahl der zwischen den Mitgliedern eines Kollektivs existierenden Beziehungen als seine »soziale Dichte«[VIII] bezeichnen, läßt sich der Unterschied zwischen dem Kollektiv der Menschen der Kunst und dem Kollektiv der Menschen der Wissenschaft einfach als Unterschied dieser Dichte begreifen: Das Kollektiv der Wissenschaft besitzt eine viel größere Dichte als das Kollektiv der Kunst. Die Widerstände, die den Forscher in seinem freien Schaffen hemmen, jener »harte Boden der Wirklichkeit«, den er während seiner Arbeit spürt, resultieren aus dieser großen Dichte. Je herausragender die Position eines Forschers ist, je weniger Kollektive ihn umgeben, desto mehr gleicht sich sein Schaffen dem künstlerischen Schaffen an. Das wissenschaftliche Schaffen ist selbstverständlich nie individuell frei, weil es an andere Wissenschaftsgebiete anknüpft; es bedarf der Erziehung und der Ausbildung, d. h., es knüpft auch an die Wissenschaftsgeschichte an.

Man braucht daher keine Metaphysik, um den Mythos von der wissenschaftlichen Weltanschauung zu unterscheiden: Der gemeinschaftliche Charakter eines wissenschaftlichen Denkstils und die Kontinuität seiner historischen Entwicklung determinieren die Ergebnisse des Erkennens hinreichend für praktische Zwecke.

Dies ist jedoch nicht der wichtigste Gewinn, der aus der Theorie der Denkstile erwächst. Letztendlich ist es an sich nicht sehr wichtig, ob wir den Fortschrittsprozeß der Wissenschaften als eine Entwicklung des Denkstils oder als eine Annäherung an die »objektive Wirklichkeit« begreifen. Die Beobachtung lehrt zwar, daß die Experten immer mehr aus der Konzeption des »Dings an sich« herauswachsen, denn je mehr sie sich in ihre Forschung vertiefen, desto weiter weg sind sie vom »Ding« und desto näher bei der »Methode«; je tiefer im Wald, desto weniger Bäume und desto mehr Holzfäller. Trotzdem stört aber das »Ding an sich« als ein unerreichbares Ideal die spezialisierte Erkenntnisarbeit nicht. Viel wichtiger sind jedoch die anderen durch die Denkstiltheorien ermöglichten Gewinne. Als erstes machen sie eine vergleichende Erkenntnistheorie möglich, zweitens ermöglichen sie es, die Denkentwicklung selbst historisch zu untersuchen. Allein das würde schon reichen, damit man sich mit ihnen befaßt. Ich bin mit Bilikiewicz völlig einverstanden, daß dergleichen Untersuchungen eine Zusammenarbeit von Spezialisten aus vielen Gebieten erfordern.

I Ludwik Fleck, »Odpowiedź na uwagi Tadeusza Bilikiewicza«, in: *Przegląd Współczesny* 18, 8-9 (1939), S. 168-174; SMF, S. 281-287. Aus dem Polnischen von Sylwia Werner. Komm.: CZ.

II Vgl. hierzu Rudolf Carnap, »Die Überwindung der Metaphysik durch die logische Analyse der Sprache«, in: *Erkenntnis* 2 (1932), S. 219-241.

III Gemeint sind hier Werner Heisenberg und das sogenannte Quantenpostulat. Fleck zitiert hierzu wiederholt: Niels Bohr, »Das Quantenpostulat und die neuere Entwicklung der Atomistik«, in: *Die Naturwissenschaften* 16, 15 (1928), S. 245-257. Vgl. auch Werner Heisenberg, »Wandlungen der Grundlagen der exakten Naturwissenschaft in jüngster Zeit«, in: *Die Naturwissenschaften* 22, 40 (1934), S. 669-675.

IV In EET, S. 167, und in »Zur Frage der Grundlagen der medizinischen Erkenntnis« nennt Fleck die Quelle: Odilon Schreger, *Studiosus jovialis seu, auxilia ad jocose, et honeste discurrendum: in cratiam et usum studioforum*, Pedeponti [Stadtamhof] [2]1751. Vgl. auch: »Das Problem einer Theorie des Erkennens«, Abschnitt IV, in diesem Band.

V Vgl. EET, S. 35-39.

VI Flecks Quellen: Wilhelm Schmidt, *Die Stellung der Pygmäenvölker in der Entwicklungsgeschichte des Menschen*, Stuttgart 1910, S. 125; Max Wertheimer, »Über das Denken der Naturvölker. I. Zahlen und Gebilde«, in: *Zeitschrift für Psychologie* 60 (1912), S. 321-378, hier S. 335, 338, und 353. Zum Verhältnis von Gebärden- und Wortsprache siehe Lucien Lévy-Bruhl, *Das Denken der Naturvölker*, Wien, Leipzig 1921, S. 133ff. Zu den Hand-Begriffen: Frank H. Cushing, »Manual Concepts: A Study of the Influence of Hand-usage on Culture-growth«, in: *The American Anthropologist* 5 (1892), S. 289-317; Auf den Adamanen betrieben Feldforschung: Alfred Radcliffe-Brown, *The Adaman Islanders*, New York 1922; Frans Boas, *The Mind of Primitive Man*, New York 1911, und Bronisław Malinowski, *Argonauts of the Western Pacific*, London 1922. Analoge Sprachbeispiele dienten bekanntlich zur Unterstützung der sog. Sapir-Whorf-Hypothese, der zufolge die Sprache das Denken formt, vgl. Edward Sapir, *Language. An Introduction to the Study of Speech*, New York 1921, und die allerdings später veröffentlichten Studien von Benjamin Lee Whorf, *Sprache Denken Wirklichkeit*, Hamburg 1963.

VII Zu Alltagsbegriffen als Basis für die Bildung wissenschaftlicher Begriffe siehe: Lew S. Wygotski, *Denken und Sprechen*, Berlin 1906.

VIII Soziale Dichte bzw. soziale Verdichtung ist ein Terminus, den Fleck von Wilhelm Jerusalem übernimmt. Vgl. EET, S. 64.

Tadeusz Bilikiewicz
Antwort auf die Replik von Ludwik Fleck[1]

Um unsere Auseinandersetzung nicht unter das Vorzeichen »rasiert – geschoren«[II] zu stellen, was in jeder Diskussion drohen kann, wenn die Standpunkte voneinander zu weit entfernt sind, werde ich ganz kurz einige meiner Einwände zum Ausdruck bringen.

Ich würde davor zurückschrecken, die Denkstiltheorie als eine terminologische Frage hinzustellen – so wie das LUDWIK FLECK tut. Ich sehe z.B. nichts Erstaunliches in der Behauptung der Gelehrten aus dem 18. Jahrhundert, daß der Mensch nüchtern schwerer als nach dem Essen ist. Wenn manche Historiker diese Behauptung nicht verstanden, geschah dies – meiner Meinung nach – nicht deswegen, weil sie sich von ihren Vorfahren durch einen anderen Denkstil unterschieden, sondern deswegen, weil sie die historische Terminologie nicht richtig beherrschten. Der besagte Satz wurde wie in einer Fremdsprache ausgesprochen. Man sollte ihn zuerst in die heutige Sprache übertragen, und dann würde er mehr oder weniger so klingen: Der Mensch ist nüchtern »schwerfällig« oder »träge«. Noch krasser kommt diese terminologische Frage in Flecks Ausführungen zum Satz »Eine normale menschliche Hand hat fünf Finger« zum Ausdruck. Daraus, daß dem Papua oder einem Kind die Termini und Begriffe fehlen, die das Sich-Verständigen in bezug auf den Inhalt dieses Satzes ermöglichen, resultiert keineswegs, daß beide Seiten in der fraglichen Sache verschiedenen Denkstilen angehören. Einem Satz, der so einfach ist wie der genannte, einem Satz, der von Augenzeugen festgestellt wurde, werden alle ohne Ausnahme und ohne Rücksicht darauf, zu welcher Denkgemeinschaft sie gehören, zustimmen – selbstverständlich unter der Bedingung, daß sie die gleiche – sowohl im linguistischen als auch im terminologischen Sinne – Sprache sprechen. Um mit der Behauptung »Eine normale menschliche Hand hat fünf Finger« einverstanden zu sein, muß man selbstverständlich den Begriff der Norm bestimmen, bis fünf zählen können, elementare anatomische Termini kennen usw. Dies alles hat – meiner Meinung nach – nichts mit einem Denkstil gemein. Auch sollte man wenigstens den Begriff des Denkstils in seinem Umfang nicht so weit ausdehnen, sonst wird dieser nützliche Begriff banalisiert.

Flecks Ausführungen zum Thema des Einflusses der Umwelt auf die Erkenntnisprozesse haben mich auch nicht restlos überzeugt. Jeder wird natürlich zustimmen, daß diese Einflüsse existieren, daß sie eine riesige Rolle spielen und daß oft erst dank ihrer das Erkennen möglich ist. Zu diesem Einfluß tragen sowohl die Umwelt der Laien als auch die der spezialisiertesten Experten bei. Er ist nützlich, fruchtbar und stellt manchmal sogar die einzige heuristische Grundlage dar. In diesem Punkt sind wir einverstanden. Wenn wir jedoch die Ergebnisse vorliegender Untersuchungen objektiv bewerten – sofern das überhaupt möglich ist –, müssen wir deutlich das, was sich als wissenschaftlich treffend erwies, von dem, was sich als falsch zeigte, abgrenzen. Untersuchungen über den Denkstil werden insbesondere nützlich sein, um die Genese jener Irrtümer in der Wissenschaft zu verstehen. Es wird offenbar, daß ein gegebener Irrtum ebendeshalb entstanden ist, weil ein Forscher dem Denkstil seiner Umwelt ohnmächtig folgte. In diesem Sinne sagte ich, daß Untersuchungen zum Einfluß der Umwelt auf die Wissenschaft danach streben sollten, den Erkenntnisprozeß von diesem unabhängig zu machen, also im Sinne eines zunehmenden Kritizismus, dort wo der Herdentrieb drohen kann.

Man könnte daher sagen, daß die Einflüsse der Umwelt so lange in der Wissenschaft erlaubt sind, solange sie einen vorteilhaften heuristischen Einfluß ausüben. Nur wehe ihnen, wenn sie den Forscher auf Abwege führen.

Das gleiche könnte man *mutatis mutandis* über die Rolle des quasikünstlerischen Schaffens in der Wissenschaft sagen. Wenn eine in heuristischer Hinsicht fruchtbare Konzeption, Theorie oder Hypothese die Frucht dieses Schaffens sein wird, dann kann dieses Schaffen »toleriert« werden. Im Falle eines Fehlers müssen die Verdammungsblitze herunterkommen. Eine Schöpfung dieser Art wird dann auf eine Stufe mit einem Wunschbild, einem Mythos, der Willkür gestellt.

Wie man eine Bewertung dieser Phänomene ohne »die objektive Wirklichkeit« zustande bringen soll – weiß ich wirklich nicht. Zum Glück hält sich aber sogar der leidenschaftlichste Feind der Metaphysik, wie auch der konsequenteste Idealist oder Solipsist, im Leben und seiner wissenschaftlichen Forschung praktisch immer an die so ontologisch ungewisse »harte Wirklichkeit«.

I Tadeusz Bilikiewicz, »Odpowiedź na replikę Ludwika Flecka«, in: *Przegląd Współczesny* 18, 8-9 (1939), S. 175f.; SMF, S. 287f. Aus dem Polnischen von Sylwia Werner. Komm.: Hg.

II Anspielung auf das scherzhafte Gedicht des polnischen Dichters Adam Mickiewicz *Golono, strzyżono* [wörtlich: *Rasiert, geschoren*], in dem sich zwei Eheleute wegen ihrer Hündin streiten, die verschwunden war und ohne Haare zurückgekehrt ist. Erschrocken stellt der Mann fest, daß sie rasiert wurde. Doch jedesmal, wenn er das sagt, korrigiert ihn seine Frau, die darauf besteht, daß »Hunde nicht rasiert, sondern geschoren werden«. Dies geht lange so hin und her, viele Menschen werden zu Rate gezogen, die mal dem Mann, mal der Frau recht geben. Schließlich gehen die Eheleute verzweifelt auseinander.

Über spezifische Merkmale des serologischen Denkens
Eine methodologische Studie[I]

Die Kritiker der Denkstiltheorien erkennen zwar ihre Existenz an, doch sie möchten in ihnen eher einen schädlichen Faktor für das »objektive« Erkennen sehen als ein *malum necessarium*, das man bekämpfen muß. Im Gegensatz dazu kann man jedoch anhand der Serologie aufzeigen, wie die spezifische soziologische Struktur der Gemeinschaft der Serologen sowie die Geschichte der Serologie unlösbar mit dem spezifischen Denkstil der Serologen verbunden sind und wie selbst der sachliche Inhalt dieser Wissenschaft aus dem Denkstil resultiert. Man kann sich ein stilloses Erkennen überhaupt nicht vorstellen. Die Hauptmerkmale der soziologischen Struktur der heutigen Gemeinschaft der Serologen sind:

(1) Diese Gemeinschaft besteht fast ausschließlich aus Fachleuten. Die Zahl der Dilettanten (Laien), die sich für Serologie interessieren, ist gering.

(2) Ihre soziale Dichte (d. h. die Zahl und die Lebhaftigkeit der wissenschaftlichen Beziehungen zwischen den Mitgliedern der Gemeinschaft) ist außergewöhnlich groß. Der Maßstab dafür ist die durchschnittliche Anzahl der Autoren, die auf einer Seite eines serologischen Textes zitiert werden; diese ist größer in einem Handbuch als in einer experimentellen Studie, die in einer Fachzeitschrift publiziert wird.[II]

(3) Die Hauptlinien ihrer Forschungen (d. h. die Ausrichtungen der Forschung, die anhand der Register der wichtigsten Fachzeitschriften während eines Zeitraums von fünf Jahren festgestellt werden können) laufen parallel, ohne (oder fast ohne) sich zu überschneiden.

Aus diesen Strukturmerkmalen der Serologengemeinschaft, die aus der Geschichte dieser Wissenschaft entstanden sind, resultieren folgende Merkmale eines Denkstils:

(1) Das Fehlen eines allgemeinen systematischen Überblicks, mit Ausnahme von Überresten der bereits veralteten teleologischen Theorie der »Immunität«.[III] Bevor diese Theorie anachronistisch wurde, gab es einen großen Kreis von Laien, die an der Serologie interessiert waren.

(2) Die Labortechnik spielt heute in der Serologie die Rolle eines Ersatzsystems und hat das sogenannte »serologische Fühlen«[IV] erzeugt, welches die Alltagserfahrung (die in der vom Alltagsleben abgetrennten Reagenzglaswissenschaft keine Anwendung finden kann) ersetzt. Diese Rolle der Labortechnik steht in Beziehung zur Dichte der Serologengemeinschaft und zur Ausrichtung der Forschungslinien. Sie drückt sich durch die Genauigkeit der Laborvorschriften und durch die Dominanz der Methodik im Prozeß der Bildung von Begriffen wie z.B. Antikörper (Reagine), Antigen etc. aus. Die Labortechnik ist der Grund für die Errichtung der einzigartigen Kontrollsysteme, die in der Serologie eingesetzt werden. Sie führt zu interessanten erkenntnistheoretischen Konflikten, wie z.B. zur Divergenz, die zwischen Chemie und Serologie bei der Verwendung der Bezeichnung »Lipoid« besteht.

(3) Der Zusammenbruch der alten Theorie der »Immunität«, das Fehlen einer alternativen aktuellen Sichtweise sowie die Nichtbeteiligung der Laien (die sich hauptsächlich nach dem Denkstil des Alltagslebens richten), aber auch die dominierende Rolle der Technik geben den grundlegenden Termini der Serologie wie »Komplement«, »Ambozeptor«, »serologisches Merkmal«, »Agent A-B«, »Komponente« etc. das Gepräge einer Hypostase, d.h. einer für die Serologie überaus charakteristischen Reifikation der Zustände und Prozesse oder sogar der Labortätigkeiten.

Diskussion

L. Hirszfeld[V] (Warschau): Ich möchte mich nicht nur zur Vorlesung des Kollegen Fleck, sondern zu seiner allgemeinen Konzeption äußern, die die Beziehung einer Forschungsrichtung mit dem Denkstil einer Epoche betrifft. Anhand von zwei Beispielen möchte ich diese Thesen unterstützen: Die Blutgruppen wurden von Landsteiner,[VI] im Jahre 1900 entdeckt.[VII] Ihre Vererbung wurde 1911 von von Dungern[VIII] und mir aufgeklärt,[IX] und die Anwendung der serologischen Methoden auf die Anthropologie wurde von H[anna] und L[udwik] Hirszfeld 1918 eingeführt.[X] Diese Erkenntnisse wurden zur Grundlage der Organisations- und Forschungsarbeiten in totalitären Staaten, namentlich in Deutschland und in Rußland. In Deutschland gründete man eine Gesellschaft für Blutgruppenforschung, die das Ziel hatte, die Rassenlehre zu begründen, und die danach strebte, Einfluß auf die Bevölkerungspolitik zu bekommen.[XI] In Rußland hingegen wurde eine Gesellschaft für Bluttransfusionsforschung gegründet, mit dem Ziel, »sich auf den Krieg mit den kapitalistischen Staaten vorzubereiten«. Auf diese Weise wurden die gleichen Erkenntnisse in jedem dieser Länder auf eigene Art und Weise genutzt und dem momentanen Bedürfnis angepaßt. Ich werde nicht die psychologischen Grundlagen der beiden Richtungen besprechen. Ich bemerke nur, daß häufig soziale Bedingungen auf eine subtilere Art und Weise die Weltanschauungen über die Natur gestalten. Physiokratismus und Darwinismus haben meiner Meinung nach die gleichen psychologischen und sozialen Quellen: Dies sind Lehrmeinungen, die eng mit den ökonomischen und sozialen Bedingungen des vergangenen Jahrhunderts zusammenhängen. Zum Beispiel findet der Darwinismus, welcher den Kampf ums Dasein und den Sieg des Stärksten als Ursprung der Evolution hervorhebt, seine Entsprechung in der Lehre des freien ökonomischen Kampfes. Den Kampf ums Dasein in einer Menschengemeinschaft hat man als einen Fortschrittsfaktor sanktioniert, indem man ihn mit biologischen Analogien stützte (z. B. in den Diskussionen in *Bez Dogmatu*).[XII] Von der Seite der Biologie-Pädagogen hören wir noch heute die Behauptung, daß »die Schule auf den Kampf ums Dasein vorbereitet« etc. Die Blütezeit des Kapitalismus und des mit ihm verbundenen ökonomischen Liberalismus macht derzeit der Planwirtschaft und der sozialen Fürsorge Platz. Wenn man begreift, daß der rücksichtslose Kampf nicht die Quelle des Fortschritts ist, führt dies zu Änderungen in den internationalen Beziehungen (Völkerbund etc.). Es ist anscheinend kein Zufall, daß in dieser Epoche solche Anschauungen entstehen, die nach dem gegenseitigen Nutzen im Kampf der Individuen und Arten suchen: Im Bereich der Infektionskrankheiten kommt es zu Thesen, wie ich sie in meinem programmatischen Vortrag aufgestellt habe, nämlich daß das Bild der sich wechselseitig bekämpfenden sichtbaren und unsichtbaren Welten eine Verfälschung des realen Bildes ist, welches nicht nur aus dem Faktor des Kampfes besteht, sondern auch aus dem des beiderseitigen Nutzens. Der moderne Forscher ist gewissermaßen bereits in Richtung einer konstruktiven Auffassung der Lebensphänomene sensibilisiert. Alle unsere Bilder aus der Immunitätslehre waren auf Kampfprinzipien gestützt, und erst seit kurzem bringt oder hebt die Immunologie die Bedeutung der Symbiose hervor (z. B. die symbiotische Immunität). Die Relativitätstheorie im Bereich der Physik findet eine Entsprechung in der These, daß die epidemischen Gesetze wandelbar sind und daß sie, wie ich das in meinem Referat hervorgehoben habe, von der jeweiligen Stufe in der Evolution des Zusammenlebens des Erregers mit dem Makroorganismus abhängen. Die heutige Auffassung der Massenphänomene, die die Erlebnisse des Individuums unbeachtet läßt, hat eine Entsprechung im Begriff der Sozialmedizin und der hervorgehobenen Rolle der sozialen Pathologie, die unabhängig von der individuellen Pathologie ist. Der Denkstil einer Epoche kommt auf diese Weise sowohl in biologischen, physikalischen oder sozialen Konzeptionen als auch in allgemeinen Lebens-, Kunst- und Modeformen zum Ausdruck.[XIII]

I Ludwik Fleck, »O swoistych cechach myślenia serologicznego. Studium metodologiczne«, in: *Pamiętnik XV zjazdu lekarzy i przyrodników polskich we Lwowie* [Gedenkbuch der XV. Tagung der polnischen Ärzte und Naturforscher in Lwów], 4.-7. Juli 1937, hg. v. W. Nowicki und D. Szymkiewicz, Lwów 1939, S. 287-290. Aus dem Polnischen von Sylwia Werner. Komm.: CZ.

Dieser Text fehlt in Schnelles Bibliographie. Ilana Löwy hat ihn wiederentdeckt und (ohne die nachfolgende Diskussion) ins Englische übersetzt: »Some Specific Features of the Serological Way of Thinking: A Methodological Study«, in: *Science in Context* 2 (1988), S. 343f., und anschließend kommentiert. Siehe: Ilana Löwy, »Quantification in Science and Cognition Circa 1937 A Newly Discovered Text of Ludwik Fleck«, in: ebd., S. 345-355.

II Vgl. dazu Flecks Binnendifferenzierung von mehr oder weniger speziellen Gruppen innerhalb eines esoterischen Kollektivs von Fachleuten anhand der Unterscheidung von Zeitschriften und Lehrbuchwissenschaft, in: EET, S. 148ff.

III Diese Auffassung teilt Fleck mit Hirszfeld. Vgl. EET, S. 79f. und 83, sowie in diesem Band seinen Aufsatz: »Der moderne Begriff der Ansteckung und der ansteckenden Krankheit«.

IV Vgl. EET, S. 72: »[...] doch ist immer der erfahrene Blick, das ›serologische Fühlen‹, viel wichtiger als das Berechnen.«

V Zu Hirszfelds Vita siehe EN I zu seinem Briefwechsel mit Fleck in diesem Band.

VI Der österreichische Serologe und Pathologe Karl Landsteiner (1869-1943) hatte 1901 das AB0-System der Blutgruppen aufgestellt, wofür er 1930 einen Nobelpreis für Medizin erhielt.

VII Vgl. Karl Landsteiner, »Zur Kenntnis der antifermentativen, lytischen und agglutinierenden Wirkung des Blutserums«, in: *Zentralblatt für Bakteriologie, Parasiten- und Infektionskrankheiten* 1, 27 (1900), S. 361.

VIII Der deutsche Internist, Serologe, Pathologe und Bakteriologe Emil Freiherr von Dungern (1867-1961) führte zusammen mit Ludwik Hirszfeld die Bezeichnungen für die Blutgruppen 0, A, B und AB ein.

IX Emil Freiherr von Dungern und Ludwik Hirszfeld, »Über gruppenspezifische Strukturen des Blutes«, in: *Zeitschrift für Immunitätsforschung und experimentelle Therapie* 8 (1911), S. 526.

X Hanna und Ludwik Hirszfeld, »Essai d'application des méthodes sérologiques en problème des races«, in: *Anthropologie* 28 (1918/19), S. 505.

XI Vgl. zu dieser Problematik: Myriam Spörri, »Ludwik Hirszfelds Plädoyer für ›Symbiose‹: Anmerkungen zu einer Fußnote Ludwik Flecks«, in: TDK, S. 79-84.

XII *Bez Dogmatu* [Ohne Dogma] ist der Titel des 1891 erschienenen psychologischen Romans des polnischen Schriftstellers und Nobelpreisträgers Henryk Sienkiewicz. Der Roman löste seinerzeit heftige Diskussionen aus, da sein Protagonist nicht eindeutig verurteilt wurde, obgleich er eine ihn liebende Frau in den Tod treibt. Darwin wird im Roman häufig erwähnt. Im ersten Teil des in Tagebuchform abgefaßten Textes werden unter dem Eintrag »18. Februar« die Diskussionen des Helden mit einem »Naturforscher« namens Stachowski wiedergegeben, der sozialdarwinistische Auffassungen verficht.

XIII Hirszfeld meint, er würde hierin mit Fleck übereinstimmen, doch wie dessen im gleichen Jahr ausgetragene Kontroverse mit Bilikiewicz zeigt, teilt er eher Bilikiewiczs Position.

Wissenschaftstheoretische Probleme[1]

Es ist eine ungewöhnlich interessante Sache, wieweit Gelehrte, die ihr ganzes Leben der Aufgabe widmen, Täuschungen von der Wirklichkeit zu unterscheiden, nicht dazu imstande sind, die eigenen Träume über die Wissenschaft von der wirklichen Gestalt der Wissenschaften zu unterscheiden.

Vor allem gibt es außerhalb der Träume keine irgend*eine* Wissenschaft, es gibt heute nur einzelne Wissenschaften, die in vielen Fällen keine Verbindung miteinander haben und von denen einige in ihren grundlegenden Eigenschaften auseinanderlaufen. Über die Wissenschaft kann man nur so sprechen, wie wir das Wort »die Kunst« verwenden, um das Gemeinsame in den Bestrebungen von Musik, Malerei und Dichtung usw. zu belegen. Ähnlich streben alle Wissenschaften gemeinsam nach einem idealen, letzten Stand, der wahre Erkenntnis genannt wird. Aber genauso wie die Kunst keine Summe von Musik, Malerei, Poesie usw. ist, genauso setzen sich auch die Wissenschaften nicht zu einer gleichförmigen, einheitlichen Ganzheit zusammen.

Der Zusammenhang z. B. von Linguistik und Chemie ist tatsächlich geringfügig. Nehmen wir an, daß es anders sein sollte, nehmen wir sogar an, daß es einmal anders sein wird – aber bevor das geschieht, ändert sich die Chemie und ändert sich die Linguistik. Die heutige Chemie ist von der heutigen Linguistik sehr weit entfernt.

Außerdem enthält keine Wissenschaft ein objektives Bild der Welt, auch nicht im Sinne einer ein-eindeutigen semantischen Abbildung. Sie enthält nicht einmal einen Teil eines solchen Bildes. Wenn es so wäre, gäbe es in der Wissenschaft einen stabilen, unveränderlichen Teil, das wissenschaftliche Wissen wüchse durch den einfachen Zuwachs an Kenntnissen; indessen lehrt die Erfahrung, daß es sich fortwährend als Ganzheit verändert. Die sichersten grundlegenden Elemente verändern sich. Jeder Fachmann unterscheidet ein altes Lehrbuch seiner Wissenschaft von einem neuen: Es ist in Ganzheit anachronistisch. Sei es ein Lehrbuch der Physik, der Chemie oder der Bakteriologie z. B. aus dem Jahre 1910 oder 1920; wir erkennen, daß es veraltet ist, nicht nur am Fehlen späterer Entdeckungen, sondern am ganzen Gang seiner grundlegenden Ausführungen.

Die Wissenschaften wachsen nicht wie Kristalle durch Apposition, sondern wie lebende Organismen, die jede oder fast jede Einzelheit in Harmonie mit der Ganzheit entwickeln.

Ich kenne in meinem Bereich keine beständigen, letzten Ergebnisse, ich weiß hingegen, daß jedes Ergebnis früher oder später zur Quelle neuer Aufgaben wird, und wenn man sie dann löst, haben diese alten Ergebnisse schon einen anderen Sinn, als ihr Autor selbst annahm. Ich weiß, daß sich Wissenschaftler oftmals darum bemühen, sich und anderen einzureden, daß sie diesen neuen Sinn durch irgendeine wundersame Intuition eigentlich vorausgesehen hätten, aber die Dokumente zeugen, daß dem nicht so ist. Man sieht, daß Bausteine eigener Arbeit in ein durch andere Wissenschaftler zusammengefügtes Gebäude hineingebaut werden. Und der Autor wundert sich im Grunde genommen, daß man gerade diese Fläche, nach dem Polieren, an der Frontseite verwendet und andere versteckt. Manchmal wird eine Kante dieses Bausteins, die durch Behauen hervorgehoben worden ist, Teil eines Ornaments, das man überhaupt nicht vorgesehen hatte. Manchmal möchte man nach einer gewissen Zeit seinen früher veröffentlichten Gedanken als unrichtig und nicht lebensfähig zurücknehmen – und man stellt mit Erstaunen fest, daß gerade er sich entwickelt hat und in der wissenschaftlichen Gemeinschaft stark gewachsen ist. Wissenschaftliche Ergebnisse haben ihr eigenes Leben, durchlaufen ihre eigenen Bahnen – ja sie verändern sich um so schneller, je schneller die Entwicklung der Wissenschaft ist. Nur Vorurteile und Aberglaube dauern ohne Veränderungen über ganze Jahrhunderte an, in dieser Hinsicht ähnlich den tautologischen Sätzen der Mathematik oder Logik.

Man könnte urteilen, daß das beständige Sich-Verändern ein Durchgangsstadium ist, Beweis der Unvollkommenheit der heutigen Wissenschaft und ihrer Tendenz, sich zu vervollkommnen, daß ein letzter Zustand möglich ist, der keinen Veränderungen mehr unterliegt, und daß wir uns an ihn annähern. Genaugenommen enthält noch keine Wissenschaft irgendeinen Teil des objektiven Weltbildes, aber alle nähern sich immer mehr an es an.

Weil sich jede größere Entdeckung auf die Ganzheit der Wissenschaft auswirkt, wäre ein solcher letzter Stand, wenn auch für irgendein größeres Problem, erst nach der Lösung aller Probleme zu erreichen. Aber was heißt »alle Probleme«, wenn ständig neue entstehen können? Man müßte die Bewegung der Planeten anhalten, das Flimmern des Staubs in der Luft, die Evolution der lebenden Wesen und –

was am wichtigsten ist – die Bewegung des menschlichen Gedankens, weil sonst ständig neue, nicht vorhersehbare Probleme entstehen würden, deren Lösung zur Revision des ganzen Systems zwingt.[II]

Simplicius: Du irrst dich, die Zahl wirklich verschiedener Probleme ist beschränkt. Im Maß des Fortschritts der Wissenschaften werden sich die ganzen Problemgruppen auf ein grundlegendes Problem reduzieren, und vor allem Scheinprobleme unterliegen der Elimination.[III]

Sympathius: Also sähe der letzte Stand folgendermaßen aus: Ein abgeschlossener *Codex Pansophiae* und als unerläßlicher Zusatz ein *Kommentar* zu diesem Kodex, der vor allem die Grundsätze der Transformation, Reduktion und Elimination von Problemen enthielte. Also fände z. B. das Problem des Steins des Weisen im Kodex selbstverständlich keine Erwähnung, aber im Kommentar ständen ein umfangreicher Artikel über die Entwicklung der Chemie aus der Alchemie und Verweise auf den Kodex, auf das Kapitel der Physik über die Transformation von Elementen, auf das Kapitel der Biologie über Hormone, Alter und Tod (Lebenselixier) und auf das Kapitel der Pathologie über die Krankheiten, die dieser Stein zu heilen hätte. Dagegen verwiese der Kommentar z. B. die ganze Masse praktischer Fragen aus der Chemie – wie zur Löslichkeit einer gewissen Substanz, ihrem Schmelzpunkt, ihren optischen Eigenschaften usw. – auf eine einzige Formel im Kodex, aus der man das alles herleiten könnte. Im Kommentar stände auch eine Vorschrift, wie diese Formel für praktische Zwecke verwendet wird. Jeder Fachmann, der eine Antwort für ein Problem aus einem fremden Bereich sucht, müßte es zuerst nach dem Kommentar legitimieren und transformieren. Ein hartnäckiger Philosoph fände die Antworten auf die Frage nach dem Absoluten, nach der Ersten Ursache, der Idee des Guten, dem Wesen aller Dinge usw. nicht im Kodex, sondern alles das stände im Kommentar, mitsamt der Erklärung, solche Fragen zu eliminieren. Ein Schüler, der wissen wollte, was der Wind macht, wenn er nicht weht, oder warum es den Sophisten schien, daß ACHILLES die Schildkröte nicht einholt, und viele ähnliche Dinge, findet diese Fragen nicht im Kodex, sondern im Kommentar, wo ihm genau erklärt wird, warum man so nicht fragen darf ...

Simplicius: Richtig!

Sympathius: Ich frage mich, ob sich die Logik (mitsamt der von dir geliebten Logistik) im Kodex oder im Kommentar finden wird?

Und die Mathematik? Und die theoretische Physik? Mit einem Wort, ich fürchte, daß der Kommentar viel interessanter als der Kodex sein wird. Das wird die ganze Geschichte der Wissenschaften sein, alle unmittelbar praktischen Fragen, 99% der Philosophie, wahrscheinlich die formalen Wissenschaften, das populäre Wissen der Halbgebildeten (denn wahrscheinlich werden die Menschen nicht sofort mit vollständiger Ausbildung geboren werden?). Im Kommentar werden auch praktische Anweisungen für Experimentatoren sein, denn wenn auch Entdeckungsexperimente nicht mehr nötig sein werden, so werden sie doch für praktische Zwecke nötig bleiben.

Hingegen meine ich, daß dieser *Codex Pansophiae* ein für allemal durch eine internationale Kommission in Gestalt einer Sammlung von Formeln und Graphiken festgelegt wird, die nach einer theoretisch begründeten Ordnung geordnet ist. Statt einer Inhaltsangabe wird auf der ersten Seite die Formel dieser Ordnung stehen. Und die Graphiken des Textes werden »farbige n-dimensionale Stereographiken« sein, anzuschauen durch Brillen, deren Gläser 20 (n-2) Mal pro Sekunde die Farbe ändern werden, damit die der Reihe nach gesehenen Einzelheiten des Abbildes den Eindruck der n-Dimensionalität geben, ähnlich wie die Bewegungstäuschung in der Kinematographie entsteht. Was für ein herrliches Erlebnis wird das Betrachten einer solchen Graphik sein! Ganz wie Faust beim Zeichen des Kosmos![IV]

Weil irgendein Wagehals unter den Kommentatoren die Ordnung des Kodexes ändern wollen könnte (unter dem Vorwand der Verbesserung), was unliebsame Erschütterungen hervorriefe, muß man den Kodex gesetzlich schützen. Die Kommentare werden sich hingegen lebhaft ändern, verbessern und entwickeln.

Meinst du nicht, Simplicius, daß sich in einem solchen Fall deine *Pansophia* ohne Veränderungen nur dank der Polizei halten und toten Vorschriften ähnlich würde, wie z. B. das Ritual religiöser Kulte, und die eigentliche Wissenschaft jene Kommentare würden? Daß immer neue, inoffizielle Kodexe entstünden, die immer mehr Anhänger gewännen? Daß also eigentlich nichts diesen letzten Stand vom heutigen unterschiede? Daß also dieser »letzte Stand« – um in deiner Sprache zu sprechen – nichts bedeutet? Du kannst, wenn du willst, annehmen, daß wir ihn schon erreicht haben: *panta rhei* – das ist der Kodex des Allwissens, oder wenn du es vorziehst: A = A. Alles andere ist Kommentar zu diesem Kodex. Wenn dir solches Wissen aber allzu allgemein erscheint und du es ganz genau haben möchtest, mußt du wohl das All selbst als das System des Allwissens betrachten und unsere Wissenschaft als Kommentar dazu.

Simplicius: Mir scheint, daß du wieder übertreibst. Denn du verneinst wohl nicht, daß unser heutiges Wissen dem objektiven Weltbild näher ist als das Wissen vor hundert Jahren? Und außerdem muß jener, wie du das nennst, »Kodex« nicht von den Kommentaren getrennt sein. Im Gegenteil, neben der positiven, exakten und sicheren Seite unserer wissenschaftlichen Erkenntnis müssen historische Daten, überwundene Fehler, pädagogische Anmerkungen, praktische Hinweise, alles im zwangloseren, weniger genauen Ton, kurz: künstlerischer angeführt werden.

Sympathius: Ich danke dir für die Hoffnung, die Kunstfertigkeit zu retten. Es tut mir leid, daß ich deine Nachgiebigkeit nicht erwidern kann. Ich meine nicht, daß das heutige Wissen dem objektiven Weltbild näher wäre als das Wissen vor hundert Jahren. Hingegen bin ich davon überzeugt, daß das heutige Wissen unserer heutigen Welt näher ist, das Wissen vor hundert Jahren aber der damaligen Welt wissenschaftlicher Schöpfer näher war. Du sagst selbst, daß der *consensus omnium* letztes Kriterium der Wissenschaft ist. Haben in diesem Parlament die Nichtgeborenen Stimmrecht? Stimmen die Enkel für die Großväter ab? In einem solchen Fall versichere ich dir, daß unseren Enkeln das Wissen von 1940 nicht viel besser als das Wissen von 1840 erscheinen wird. Ich bin davon überzeugt, daß der Wissenschaftsfortschritt in Zukunft sehr schnell laufen wird und zehn Jahre mehr bedeuten werden als früher hundert. Was die Höherwertigkeit unseres Wissens über das Wissen vor hundert Jahren betrifft: Wir, die Wissenschaftler, sind heute viel mehr als vor hundert Jahren, wir haben eine längere Geschichte hinter uns, unsere Welt enthält mehr Einzelheiten, ist komplizierter – deshalb ist unsere Wissenschaft ausgedehnter, reicher an Einzelheiten und tiefer aufgrund der größeren Zahl innerwissenschaftlicher Zusammenhänge, aber das ist alles. Wenn der »letzte Stand der Wissenschaft« nichts bedeutet, kann da von einer Annäherung an ihn die Rede sein?

Simplicius: Ich fürchte, Sympathius, daß dich deine Ultrakritik und dein übertriebener Relativismus in fruchtlosen Skeptizismus führen.[V] Irgendein sicheres und beständiges Fundament der Wissenschaft muß es geben, sonst wäre das ganze Gebäude leicht umzuwerfen. Die heutige hervorragende Technik und ihre weiteren Möglichkeiten legitimieren unsere Wissenschaft zur Genüge. Unser erkenntnismäßiger, technischer Denkapparat ist immer besser geworden – und die Wissenschaft geht schließlich vorwärts!

Sympathius: Die Wissenschaft, das ist kein Erdgebäude, das auf einem Fundament steht und am Gipfel mit einer Dachstube ausgeschmückt ist. Die Wissenschaft ist eher wie eine runde Frucht, von saftigem Fleisch und dicker, ungenießbarer Schale. Du kannst sie beliebig drehen, die Grundlage ist der Gipfel, und der Gipfel ist die Grundlage, abhängig von deinem Willen, aber immer sind sie gleich hart und ungenießbar. Nur die Mitte der Wissenschaft ist nützlich, die Fundamente der Mathematik, Physik, Chemie, Biologie sind ebenso hart, zweifelhaft, wohl nutzlos. Und der Gipfel ist genauso. Damit diese wunderbare Frucht wachse, muß man sie in zwei Feuer nehmen: in das heiße, aber dunkle Feuer der Romantik und in das kalte, aber helle Feuer des Skeptizismus. Das romantische Träumen des Schöpfers ist ebenso notwendig wie der eifersüchtige Skeptizismus der Konkurrenten. Ich würde sogar sagen, daß gerade diese Eifersucht den sozialen Wert des Erkennens schafft, weil sie die Ergebnisse deprivatisiert. Meine Ausführungen haben nicht zum Ziel, den Wert der Wissenschaft zu verringern, sondern umgekehrt – ihn zu heben.

Es gibt Leute,[VI] die meinen, daß man die Wissenschaft vom Erkennen ohne gründliche Beobachtungen, Experimente und Studien aus diesem Gebiet aufbauen kann. Sie halten das sogar für überflüssig, weil sie von vornherein alles wissen, indem sie den Idealismus oder den Materialismus anerkennen, den Intuitionismus oder den Konventionalismus, den Positivismus oder den Realismus. Auf der Grundlage einiger Anekdoten aus der Wissenschaftsgeschichte, einiger eigener Lebenserfahrungen und einer Menge von Suggestion von irgendwessen Seite nehmen sie eine »Weltanschauung« an, die ihnen alles erhellt.

Man kann die Wissenschaften nicht ausschließlich als eine Sammlung von Sätzen oder als ein System von Gedanken betrachten.[VII] Dies sind komplizierte kulturelle Phänomene, einst vielleicht individuelle, heute gemeinschaftliche, auf die sich besondere Institutionen, besondere Menschen, besondere Tätigkeiten, besondere Erlebnisse legen. Geschriebene Sätze, ungeschriebene Gewohnheiten, eigene Ziele, Methoden, Traditionen, Entwicklung. Vorbereitung des Geistes, Geschicklichkeit der Hände. Eine spezielle Organisationsstruktur mit einer Hierarchie, einem Kommunikations- und Kooperationsverfahren, Organisationsgericht, öffentlicher Meinung, Presse und Kongressen. Eine besondere Beziehung zu anderen Erscheinungen des kulturellen Lebens, zur Gesellschaft, zum Staat usw. usw.

Ich hatte die seltene Gelegenheit, während fast zweier Jahre die wissenschaftliche Arbeit eines Kollektivs zu beobachten, das ausschließlich aus Laien bestand. Die Ergebnisse dieser Beobachtung klären einige wissenschaftstheoretische Probleme viel besser auf als spekulative Diskussionen. Das Kollektiv arbeitete über komplizierte Probleme aus dem Gebiet des Fleckfiebers, komplett eingerichtete Laboratorien standen zu seiner Verfügung, viele Tiere und eine breite Fachliteratur. Dies war im Konzentrationslager Buchenwald (Thüringen), für die Ergebnisse bestand also eine tragische Verantwortung, und die Mitarbeiter waren völlig auf sich allein angewiesen, weil der deutsche *Leiter*[VIII] zwar ein Kriegsdiplom als Arzt hatte, jedoch fachlich völlig unausgebildet war. Seine Rolle bestand darin, die Materialien zu liefern und zur Arbeit anzutreiben.

Zu der Gemeinschaft gehörten: (1) ein junger polnischer Arzt, ohne spezielle Ausbildung, der die Rolle des Leiters der Gemeinschaft spielte, (2) ein Doktor der Jura und der Philosophie, eine bekannte österreichische politische Figur, (3) ein Fabrikarbeiter aus der Gummiindustrie, ein deutscher kommunistischer Aktivist, (4) ein junger tschechischer Arzt, mit Anfängen bakteriologischer Ausbildung, (5) ein praktischer tschechischer Veterinär, ohne bakteriologische Ausbildung, (6) ein holländischer Student der Biologie mit seinem Helfer, einem Studenten im 3. oder 4. Jahr der Medizin, (7) ein Wiener Zuckerbäcker.[IX] Ich gehörte nicht zu dieser Gemeinschaft, nahm an ihrer Arbeit keinerlei Anteil, aber ich konnte sie aus direkter Nähe beobachten. Das Kollektiv hatte unter anderem folgende Aufgabe: zu untersuchen, ob sich in den Lungen mit einer bestimmten Methode durch die Nase infizierter Mäuse und Kaninchen Fleckfieber-Erreger (*Rickettsien Prowazeki*) finden. Doch die Mitarbeiter hatten *Rickettsien* noch nie gesehen und kannten keine gewöhnliche bakteriologische Flora der Lungen und der Bronchien. Sie kannten auch die Zellelemente dieser Organe nicht. Sie mußten also auf der Grundlage von Beschreibungen und Illustrationen lernen, diese elementaren Dinge zu sehen, d.h. irgendwie den umgekehrten Weg gegenüber dem gehen, auf dem sich die normale Erkenntnis bewegt.

Es gab zwei Beschreibungen der Rickettsien: die ältere von Si-

KORA (einer deutschen Forscherin) und die neuere des Franzosen GIROUD. In beiden wird der ganze komplizierte Entwicklungszyklus dieser Mikroben beschrieben und illustriert, keineswegs unumstritten. Und die Mitglieder der Gemeinschaft fanden in ihren mikroskopischen Präparaten, hergestellt mit genauer Pedanterie, exakt entsprechend den Büchervorschriften alle Stadien des Entwicklungszyklus der *Rickettsien* und ihre geforderte Reihenfolge – obwohl sie diesen Erreger in ihrem Material damals überhaupt nicht besaßen: aus Farbpartikeln, Fettkügelchen, verschiedenen Bakterien, aus Zellularresten bauten sie den ganzen Entwicklungszyklus auf. Dies geschah nicht mit einemmal. Die Konstruktion wuchs langsam, aus gegenseitigen Erregungen und Bestärkungen in den Ansichten. Die Kollektivstimmung, die der Motor dieser phantastischen Synthese war, baute sich auf der gespannten Erwartung des Effekts auf, auf dem Wunsch, erster zu sein, der etwas feststellt, und sich nicht mit der Bestätigung zu verspäten, daß bereits etwas festgestellt wurde, den Leiter zu befriedigen, der drängte. Die Elemente der Stimmung waren also im Prinzip mit den normalerweise angetroffenen identisch. Ich beobachtete eine solche Situation – die Geburt der Entdeckung:

Leiter (macht dem Biologen Vorwürfe, daß er noch nicht gelernt hat, die *Rickettsien* zu färben): Wenn man gut gefärbt hätte, könnte man sie in den Präparaten aus den Lungen infizierter Tiere beobachten, weil sie sich nach der Literatur dort bestimmt anfinden.

Biologe (zu seinem Helfer, um die Aufmerksamkeit des Leiters abzulenken): Heute sehen die Präparate irgendwie anders als gewöhnlich aus.

Helfer: Ich habe sie irgendwie länger im Xylol gehalten.

Biologe: Was sind das für glänzende, gleichförmige rosa Körper? Bisher haben wir sie nicht zu sehen bekommen. Ob das . . .

Helfer: Ich habe sie auch bemerkt, ihre Anwesenheit hat mich von Anfang an gewundert. Vielleicht sind das jene *corps homogènes rouges* nach GIROUD?

Biologe: Genau das dachte ich.

Leiter (schaut ins Mikroskop): Ja, das können sie sein.

Helfer: Mit Sicherheit, oder sind sie etwas anderes?

Biologe: Also haben wir sie endlich.

Leiter: Höchste Zeit. Endlich etwas Positives.

Dies waren Eosinkörnchen[x] aus den Leukozyten der Kaninchen, wie ich hinterher feststellte. Aber im dürstenden Kollektiv verbreitete sich die Kunde: Man hatte endlich die *Rickettsien* in den Präparaten der Kaninchenlungen gefunden. Da diese frohe Stimmung das Kollektiv beherrschte, unterlag die Sicherheit des Ergebnisses bereits keinem Zweifel mehr: Das Kollektiv vertraute seinem Leiter, der Leiter stützte sich auf die Meinung seiner »Fachleute«, die er bestätigte, um seine Autorität zu bestätigen, und diese »Fachleute« hatten anfangs vielleicht gefühlt, daß sie eigentlich irgendwie gegen den Willen herausgeplatzt waren, aber die Zustimmung der Allgemeinheit zerstreute schnell alle Zweifel. Der Zuckerbäcker und der Gummiarbeiter, die den »gesunden Menschenverstand« vertraten, popularisierten die Entdeckung, ernsthaft, mit Beifall. Kurz: Die sozialen Kräfte, die in der Gemeinschaft wirkten, waren mit den normalerweise angetroffenen identisch.

Danach, Schritt auf Schritt, wuchs der ganze Zyklus. Was nicht übereinstimmte, ging auf die Kerbe der zulässigen Diskrepanz der Meinungen in diesem Gebiet. Schließlich stimmen auch GIROUD und SIKORA nicht völlig miteinander überein. Und schließlich weiß man, daß die Biologie keine Mathematik ist. *Die unvermeidliche biologische Unexaktheit*[XI] wurde der Leitspruch, ausgegeben von dem in der Mitgliedsliste der Gemeinschaft erwähnten Doktor der Jura und der Philosophie, der die höchste kritische Instanz der Gemeinschaft war.

Die Entwicklung dieses »Wissens« ging keineswegs allzu unüberlegt vor sich – im Gegenteil, man ersparte sich nicht lange Diskussionen und Wiederholungen der Proben. Manchmal widerrief man bestimmte Feststellungen, man scheute sich also nicht, sich zu Fehlern zu bekennen.

Ähnlich wie der Entwicklungszyklus der *Rickettsien* wuchs das komplizierte Gebäude anderer Beobachtungen und Erfahrungen: Die Meerschweinchen fieberten, sobald man sie mit der n-ten palmonalen Passage geimpft hatte (in der dieser Erreger überhaupt nicht vorhanden war, das Fieber kam von Abszessen im Mastdarmbereich der Meerschweinchen, die durch ungeschicktes Einführen des Thermometers entstanden). Virulenzproben nach GIROUD in der Kaninchenhaut gaben die erwarteten Ergebnisse, weil Hautproben in unbefugten Händen immer das bestätigen, was wir erwarten. Immunitätsproben an Meerschweinchen, die den angeblichen Typhus durchgemacht hatten, fielen bestätigend aus, denn selbst wenn die zweite Ansteckung Fieber brachte, fand man eine Überdeckung für sie in einer nicht bestehenden Pneumonie, die das kollektive Träumen genauso konstruierte wie jene *Rickettsien.*

Eineinhalb Jahre funktionierte diese kollektive Täuschung, gefaßt in ein System, das nicht mehr logische Lücken als ein durchschnittlicher wissenschaftlicher Ertrag besaß. Nach der Epoche der »Entdeckungen« kam die Epoche der »Routine« mit festgelegten Methoden, mit spezifischer Errungenschaft an Erfahrung und Fertigkeit. Und alles paßte für die Mitglieder der Gemeinschaft zusammen, nicht weniger und nicht mehr als im richtigen Wissen. Versuchsprotokolle, Referate über Ergebnisse, vorgeschlagene Modifikationen der Methode gingen nach außerhalb des Lagers an wirkliche deutsche Fachleute, Leute mit in der wissenschaftlichen Welt bekannten Namen, und sie sandten sie mit Worten der Anerkenntnis zurück. Der deutsche *Leiter*[XII] erhielt eine hohe Auszeichnung. So groß ist die Überzeugungskraft eines harmonischen Systems – so begrenzt ist der verifizierende Wert der Untersuchung innerhalb der Harmonie des Systems.

Eine interessante Erschütterung trat ein, als aus einem richtigen wissenschaftlichen Institut Kaninchenlungen mit Typhuserregern eintrafen. Die Präparate aus diesen Lungen zeigten das, was weder eine Beschreibung noch eine Zeichnung völlig ersetzen kann: das wirkliche Material. Doch der irrte sich, der meinte, daß ein unmittelbarer Kontakt mit der wissenschaftlichen Wirklichkeit das ganze Gebäude umstürzte. Es entfielen nur einige der krassesten Abweichungen von dem, was man im eingetroffenen Material sah. Die Gemeinschaft erkannte nicht einmal im Vertrauen an, daß die Ganzheit ihrer Konstruktionen falsch war, im Gegenteil, sie schuf eine Synthese ihrer Theorie mit den neuen Tatsachen. Sie wurde nur vorsichtiger und weniger naiv. Man kann annehmen, daß eine Reihe ähnlicher Erschütterungen, von einem Kollektiv richtiger Wissenschaft kommend, schließlich auf den Weg des offiziellen Wissens geführt hätte.

Das, was überzeugend wirkte, war nicht die »Wahrhaftigkeit« des zugesandten Materials, sondern vor allem die Autorität »des wahren Instituts«. Ich bin überzeugt, daß das Material, wenn es anonym zugeliefert worden wäre, keinen Eindruck gemacht hätte. Vielleicht hätte man es als ganz verfehlt befunden, vielleicht wäre es sogar nicht beachtet worden. Ich habe Erscheinungen gesehen, die mich zu einem solchen Schluß berechtigen.

Die Situation war also so: Eine geschlossene, völlig auf sich gestellte Gemeinschaft intelligenter Menschen, die mit Hilfe der normalen wissenschaftlichen Apparatur arbeitete, fand zwischen der wissenschaftlichen Betrachtung eines bestimmten Gebiets und beobachteten Phänomenen, die unzweifelhaft nicht zu diesem Gebiet gehörten, eine Beziehung, die (nach Meinung der Mitglieder der Gemeinschaft) zur Aussage berechtigte, daß jene Betrachtung Abbildung genau dieser Phänomene ist.

Simplicius: Du beschreibst nichts Ungewöhnliches. Wir wissen alle, daß man sich irren, verirren und Gott weiß wohin kommen kann. Wir kennen eine Menge ähnlicher Beispiele.

Sympathius: Wir haben nicht einen einfachen Irrtum vor uns, sondern ein kompliziertes System von Irrtümern. Es ging nicht um das Feststellen einer isolierten Tatsache (wenn es so etwas überhaupt gibt), sondern um die Relation zahlreicher Tatsachen, also darum, was wir die Struktur eines bestimmten Bereichs nennen und was manche[XIII] für eine intersubjektiv bestimmt nachweisbare Sache halten, d. h. das, worüber man sich anscheinend restlos verständigen kann.

Simplicius: Und so ist es auch. Zwei verschiedene Strukturen können in irgendeinem kleinen Gebiet ähnlich sein, aber in jedem Fall wird sich früher oder später eine Diskrepanz finden. In dem beschriebenen Fall wären die Forscher mit Sicherheit früher oder später darauf gekommen, daß die praktischen Konsequenzen ihrer falschen Ansichten von denen verschieden sind, die auf der Grundlage der richtigen Anschauungen zu erwarten sind.

Sympathius: In deinem »früher oder später« steckt ein *regressus ad infinitum*. Wie viele Einzelheiten der Struktur muß man bestimmen, um die Übereinstimmung des Bildes mit der Wirklichkeit festzustellen oder, eher: wie viele Einzelheiten zweier Strukturen muß man vergleichen, um die Identität beider Strukturen festzustellen? Fünf oder fünftausend? Immer kann die nächste, nicht berücksichtigte Einzelheit entscheidend sein. Wir können nicht »alle« vergleichen, weil der Ausdruck »alle Einzelheiten«, in Beziehung zu realen Fragen, nichts bedeutet.

Simplicius: Grundsätzlich je mehr, desto besser. Aber praktisch reicht meistens eine kleine Zahl.

Sympathius: Es freut mich, daß du praktische, d. h. im wissenschaftlichen Leben wirklich wahrnehmbare Bedingungen angibst. Wir kommen dadurch von der Spekulation zur Beobachtung. Praktisch ist es – wie die Beobachtung lehrt – also so, daß es für jeden Wissenschaftler oder eher für jedes Kollektiv von Wissenschaftlern, denn dies sind gemeinschaftliche Angelegenheiten, ein charakteristisches Moment gibt, in dem man anerkennt, daß es keiner weiteren Verifikation bedarf. Die Anschauung hat sich abgerundet, systematisiert, abgegrenzt, mit einem Wort: sie ist ausgereift, hat ihre mit dem Denkstil des gegebenen Kollektivs übereinstimmende Gestalt erhalten. Alle weiteren Fragen hat das Kollektiv als überflüssig, geradezu als unanständig befunden. Zu bestimmten Dingen darf man die Mitglieder religiöser, politischer oder wissenschaftlicher Kollektive nicht fragen. Du selbst hast ja schließlich von der Elimination gewisser sinnentzogener Fragen aus der Wissenschaft gesprochen. Doch sie sind nur dann ohne Sinn, wenn wir auf sie den wissenschaftlichen Denkstil anwenden. Die Frage nach dem Absoluten, für uns beide ohne Sinn, hatte und hat für viele Menschen einen sehr tiefen Sinn, für die sie leben und sterben – ähnlich wie wir für den *Fortschritt* leben. Eine Problematik als ausgeschöpft zu befinden ist also Sache des Denkstils. Im gegebenen Moment betritt anstelle des unruhigen schöpferischen Gedankens die Routine die Arena der Gemeinschaft. »Etwas Neues braucht man nicht mehr zu suchen, die Verifikation ist beendet, alle Falsifikationsversuche wären gegen die guten Sitten. Verwenden wir ruhig die Früchte unserer Arbeit.« All das können wir in der Entwicklung der Ereignisse in der beschriebenen Gemeinschaft des Lagers beobachten.

Ein solcher Irrtum, oder eher ein solches abgeschlossenes, harmonisches System von Irrtümern, kann sich in der individuellen Arbeit überhaupt nicht ereignen, genauso wie auch eine ausgebaute Entdekkung, die irgendein geschlossenes System von Anschauungen ergibt, immer das Ergebnis gemeinschaftlicher Arbeit ist. Es gab keinen individuellen Autor des Irrtums, er erwuchs aus der kollektiven Stimmung, aus der Summierung individuellen Tuns und Unterlassens, aus Gedanken und Unausgesprochenem, aus Mißverständnissen, die daraus entstehen, daß ein von der Person A formulierter Gedanke von der Person B schlecht verstanden wird – ein Gedanke, den niemand nährte und der doch manchmal entschied, weil er auf der Linie der gemeinschaftlichen Stimmung lief. Einer Stimmung, die eine spezifische Beobachtungsbereitschaft geschaffen hat, die darüber entscheidet, auf was geachtet und was übergangen wird. Bis die Anschauung die Schale des gemeinschaftlichen Interesses ausgefüllt, sich in ein System geformt, für sich ein Fundament von Axiomen geschaffen hat, in Routine erstarrt ist und Jahrhunderte dauern konnte – wenn dieses Kollektiv Jahrhunderte dauerte und wenn nicht von außen fremde Einflüsse hereinkamen. Kein automatischer Prozeß konnte Korrekturen auslösen, keine Vergrößerung der Erfahrung, keine Reflexion.

Das wichtigste in unserer Geschichte ist, daß – wie sich zeigt – der soziale Mechanismus des Entstehens des Irrtums der gleiche wie der Mechanismus des Entstehens wahren Wissens ist, untersucht an Quellenmaterial aus der Wissenschaftsgeschichte.[1] Die Geschichte elementarer chemischer Entdeckungen, die Geschichte des Wandels der Phlogistontheorie in die Sauerstofftheorie, also der Entdeckung der Zusammensetzung des Wassers, illustriert dies hervorragend. Genauso zeigen die neueren Entdeckungen aus dem Gebiet der Pathologie oder Biologie den gemeinschaftlichen Charakter der Entdeckungsarbeit und den stilgemäßen Charakter der geschlossenen Anschauung auf, die als organische Ganzheit auftritt. Im irrtümlichen wie im wahren Wissen spielen dieselben Gemeinschaftskräfte die Rolle des Motors, und das Individuum ist eher Repräsentant bestimmter sozialer Funktionen als bewußte Quelle der Handlung. Im irrtümlichen wie im wahren Wissen entsteht die Anschauung nicht durch logische Kalkulation irgendwelcher Elemente, sondern durch einen komplizierten stilisierenden Prozeß. Es gibt keine Beobachtung, die nicht durch die ausgerichtete und begrenzende Denkbereitschaft voreingenommen wäre.[2]

Simplicius: Willst du, nach dem Vorbild der Sophisten, mich da-

1 L[udwik] Fleck, *Entstehung und Entwicklung einer wissenschaftlichen Tatsache*, Basel 1935.
L[udwik] Fleck, »Jak powstał odczyn Bordet-Wassermanna i jak wogóle powstaje odkrycie naukowe?« [Wie entstand die Bordet-Wassermann-Reaktion und wie entsteht eine wissenschaftliche Entdeckung im allgemeinen?], in: *Polska Gazeta Lekarska* 13 (1934), S. 181-187, 202-205 [in diesem Band]. L[udwik] Fleck, »Zagadnienie teorii poznawania« [Das Problem einer Theorie des Erkennens], in: *Przegląd Filozoficzny* 39 (1936), S. 3-37 [auch in diesem Band].

2 L[udwik] Fleck, »O obserwacji naukowej i postrzeganiu wogóle« [Über die wissenschaftliche Beobachtung und die Wahrnehmung im allgemeinen], in: *Przegląd Filozoficzny* 38 (1935), S. 57-76 (1935); Ludwik Fleck, »Zur Frage der Grundlagen der medizinischen Erkenntnis«, in: *Klinische Wochenschrift* 14, 35 (1935) S. 1255-1259; L[udwik] Fleck, »Zur Krise der ›Wirklichkeit‹«, in: *Die Naturwissenschaften* 17, 23 (1929) S. 425-430 [alle auch in diesem Band].

von überzeugen, daß es zwischen Wahrheit und Täuschung keinen Unterschied gibt?

Sympathius: Nein, mein Lieber, so naiv bin ich nicht. Ich will nur sagen, daß wissenschaftliche Ergebnisse und Anschauungen im Grunde genommen ausschließlich als einmalige historische Ereignisse in den aufeinanderfolgenden Etappen der Entwicklung eines wissenschaftlichen Denkstils determiniert sind, und dieser Denkstil ist das Ergebnis der spezifischen Struktur eines wissenschaftlichen Denkkollektivs. Kein Robinson, und auch keine Gruppe von Robinsons, selbst mit technischen Mitteln versehen, kommt automatisch auf die Bahnen der Wissenschaft, wenn er von der wissenschaftlichen Gesellschaft isoliert ist. Schon eine teilweise Isolierung, verursacht z.B. durch politische Grenzen, zieht einen teilweisen Unterschied in den Ergebnissen nach sich, und darin liegt das Geheimnis des Einflusses der Umgebung auf die Wissenschaft.

Aber kommen wir noch auf unser Lagerkollektiv zurück: Sein Denkstil war vor allem durch den Ersatz gründlichen fachlichen Wissens (das man nicht besaß) und der Experimente (zu denen man kein Vertrauen hatte) durch spekulative Überlegungen und den Ersatz praktischer fachlicher Erfahrung (die man ebenfalls nicht besaß) durch den sogenannten gesunden Menschenverstand charakterisiert.

Um den bekanntesten Satz von GAUSS[3] zu paraphrasieren, kann man sagen, daß der Mangel an fachlicher Ausbildung in einem empirischen Gebiet am leichtesten an einer grenzenlosen Genauigkeit im logischen Schließen zu erkennen ist. Ich habe Beratungen und Diskussionen zugehört, die ganze Wochen dauerten, in denen man sich darum bemühte, fachliche Probleme zu lösen, indem man spekulativ von einigen Lehrbuchsätzen ausging, die die Rolle der Axiomata spielten, und von wenigen Daten aus eigener Erfahrung, die nicht zusammen zu einem Wissen verbunden, sondern gedeutet und kommentiert wurden – ähnlich wie man Träume deutet oder die Erklärungen eines Diplomaten kommentiert.

Dazu ein Beispiel: Im Versuchsstall brach unter den Kaninchen eine Epidemie aus, hervorgerufen, wie ich feststellte, durch Paratyphusbakterien der Gruppe D (nach KAUFFMANN). Am ersten Tag verendeten einige Kaninchen, die am Vortag mit Impfstoff aus einer

3 Der Mangel an mathematischer Bildung gibt sich durch nichts so auffallend zu erkennen wie durch maßlose Schärfe im Zahlenrechnen (GAUSS). [Original deutsch. Geflügeltes Wort des Mathematikers Johann Carl Friedrich Gauß (1777-1855).]

Bouillon-Suspension von durch Erwärmen getöteten Bakterien des Paratyphus B *(B. paratyphi Schottmüller)* geimpft worden waren. Die Impfung wurde mit dem Ziel ausgeführt, die Kaninchen zu schwächen, die der Passage des Fleckfieber-Virus dienen sollten. In den nächsten Tagen begannen ebenfalls ungeimpfte Kaninchen zu sterben.

Die vom Kollektiv ausgearbeitete Theorie war: Weil in dieser Zeit Fälle von Fleischvergiftung, hervorgerufen durch *Bac. Gärtner* (ebenfalls Paratyphuserreger der Gruppe D) auftraten, muß man annehmen, daß im Fleisch, aus dem die zur Impfung verwandte Bouillon angefertigt worden war, ebenfalls Endotoxin Gärtner war, das sich, widerstandsfähig gegen Erwärmung (wie es im Buch steht), trotz des Kochens erhalten hat. Die in dieser Bouillon gezüchteten Bakterien aus der Gruppe *Paratyphus B* unterlagen der Transformation: Endotoxin D + *Bac. paratyphi B* = *Bac. paratyphi D.*

Im Buch ist deutlich beschrieben, daß der eigentliche Unterschied zwischen *Paraty. B* und *Paraty. D* im Unterschied der Endotoxine (Antigen O) liegt. Außerdem ist an anderer Stelle beschrieben, daß man die Pneumokokken der Gruppe I in Pneumokokken der Gruppe II verwandeln kann, indem man diese ersten in einer Lösung des für die Gruppe II charakteristischen Endotoxins züchtet. Also sind solche Transmutationen möglich.

Die durch Transmutation gewonnenen Bakterien der Gruppe D sind für die Kaninchen pathogen, und da sie augenscheinlich gegen Temperatur widerstandsfähiger sind, wurden sie durch die Erwärmung der Bouillonzucht, aus der man den Impfstoff gewann, nicht getötet. Die geimpften Kaninchen wurden also angesteckt, von ihnen übertrug sich die Epidemie auf andere Kaninchen, die in den nächsten Tagen zu sterben begannen.

Die Elemente dieser Theorie:

(1) Das Axiom I, daß der Unterschied zwischen *Paraty. B* und *Paraty. D* ausschließlich im Endotoxin liegt. (Der Fachmann weiß, daß dieser Unterschied, obwohl man für diagnostische Zwecke den Unterschied im Endotoxin benutzt, vielseitig ist.) Das Axiom II, daß die Transmutation nach dem Muster der Pneumokokken die Regel ist. (Der Fachmann weiß, daß dies die Ausnahme ist und daß sie nicht mit der Transmutation der Paratyphusbakterien verglichen werden kann, weil es bei den Pneumokokken um einen Unterschied im Aufbau der Zellhaut geht, bei den Paratyphusbakterien hingegen um einen Unterschied im Aufbau des Zellinneren.)

(2) Der »gesunde Menschenverstand« diktierte den Mitgliedern der Gemeinschaft, daß, wenn am ersten Tag ausschließlich Kaninchen verendeten, die am Vortag geimpft wurden, der Zusammenhang zwischen Impfung und Infektion offensichtlich ist. (Der Fachmann weiß aus Erfahrung, daß, wenn unter -zig geimpften Kaninchen kaum einige verendeten, es Zufall sein kann, daß ausschließlich geimpfte Kaninchen verendeten, und es auch Folge der schwächenden Wirkung der Impfung selbst sein kann, daß die Inkubationszeit für die geimpften kürzer als für die nichtgeimpften war, die 24 Stunden später erkrankten. In jedem Fall ist ein direkter Zusammenhang zwischen Impfung und Infektion unter diesen Bedingungen unwahrscheinlich.) Der »gesunde Menschenverstand« diktierte den Mitgliedern des Kollektivs auch, daß die gleichzeitige Fleischvergiftung bei Menschen und der Tod der Kaninchen, die mit Bouillon aus diesem Fleisch injiziert worden waren, miteinander zu verbinden ist, dies um so mehr, als die Menschen an *Enteritis Gärtner* der Gruppe D erkrankten und die Kaninchen wegen der Infektion mit Bakterien genau derselben Gruppe verendeten. (Der Fachmann weiß aus Erfahrung, daß man oft Fleisch aus an Paratyphus verendeten Tieren zur Herstellung von Bouillon zur Bakterienzucht verwendet und daß dies keine dieser Art von Konsequenzen nach sich zieht. Es besteht hingegen eine Wahrscheinlichkeit, daß *Bakt.* D aus Resten infizierten Fleisches durch Ratten in den Kaninchenstall verbreitet worden sind, wenn wir annehmen, daß die Erkrankung der Menschen und den Tod der Kaninchen ein identischer Erreger hervorrief, was nicht festgestellt wurde.)

(3) Spekulative Elemente: Das Kollektiv wandte die Spekulation an, indem es einen Kausalzusammenhang einiger hypothetischer Möglichkeiten knüpfte, von denen jede sehr problematisch ist, und erhielt eine komplizierte Theorie, selbstverständlich noch problematischer, mit dem Ziel, das banale Phänomen zu erklären: eine Epidemie im Kaninchenstall.

Der Fachmann würde zur Aufklärung einer solchen häufigen Angelegenheit keine Ereignisse verwenden, die, wie er aus Erfahrung weiß, leicht unwesentlich, d. h. zufällig sein können, oder andere, die nur in ganz speziellen Fällen auftreten. In jedem Fall bemühte er sich, eine solche mutige Hypothese durch Experimente zu stützen: festzustellen, ob in der Bouillon aus Fleisch kranker Tiere eine ausreichende Menge Endotoxins ist, ob die beschriebene Transmutation wirklich auftreten kann (eine völlig unwahrscheinliche Sache) usw. Technische Ausdrücke wie Endotoxin, Transmutation, Widerstandsfähigkeit gegen Wärme, pathogene Erreger sind für den Fachmann Worte, die Ergebnisse gewisser bestimmter Experimente und Beobachtungen bezeichnen oder aus gewissen Theorien hervorgehen. Für den Laien sind dies Begriffe, deren ganzer Inhalt in einer verbalen Lehrbuchdefinition enthalten ist, denn nur der Fachmann weiß, daß sich keine solche Definition in Ganzheit mit dem Inhalt dieser Worte deckt. Der Laie kennt die Regel, der Fachmann darüber hinaus die Ausnahmen und die Mannigfaltigkeit der Ausnahmen. Der Laie glaubt, daß die Regel Gott oder irgendwelche Halbgötter diktiert haben, der Fachmann weiß, daß sie seine Kollegen aufgestellt haben. Das Wort ist für den Laien also vollwertiges Äquivalent des realen Gegenstandes, und mit ihm zu operieren – wenn nur nach den Grundsätzen der Logik – ist für ihn Äquivalent der Erfahrung. Von daher rührt der Gebrauch verbaler Spekulation und diese charakteristische Genauigkeit.

Ich hörte oft, wie man endlos über Definitionen diskutierte, bis man schließlich das Filtrieren von der Filtration, das Abkühlen vom Auskühlen usw. zu unterscheiden begann, aber solche Termini wie »Hirnsymptome«, »Ansteckung«, »Entwicklungszeit« spielten in der Diskussion die Rolle absoluter Wesen, die im gegebenen Fall vorlagen oder nicht vorlagen, aber nicht die Rolle von Namen für Phänomene, die mehr oder weniger deutlich auftreten können.

Simplicius: Was für Schlüsse willst du aus deinen Ausführungen letztlich ziehen?

Sympathius: Die Logizität des Aufbaus ist nicht Kriterium der Wissenschaft, weil ein systematischer Irrtum oftmals logischere Auffassungen gibt. Die Ableitung aus grundlegenden Elementen oder elementaren Sätzen ist nicht Kriterium der Wissenschaft, weil es solche Elemente nicht gibt. Es hängt nur von unserem Standpunkt ab, was wir als grundlegendes Element betrachten, ähnlich wie es von unserem Standpunkt abhängt, welche zwei Strukturen wir als identisch betrachten. Die Zustimmung der Allgemeinheit ist nicht Kriterium der Wissenschaft, weil es die Zustimmung der »Allgemeinheit« nie gibt, sondern nur die »unserer Gemeinschaft«, und darüber verfügt die falsche Erkenntnis genauso. Jede Denkgemeinschaft hält die nicht zu ihr gehörenden Personen für nicht kompetent. Auch die Anwendbarkeit ist nicht Kriterium, weil dank der Harmonie der Täuschungen die falsche Anschauung genauso anwendbar ist. Mit alchimistischem Gold haben sich viele bereichert, ähnlich wurden sogar Kriege um solches Gold geführt.

Das einzige Kriterium der Wissenschaften sind die spezifischen Merkmale wissenschaftlichen Erkennens: die historische Einmaligkeit ihrer Entwicklung, die Struktur der entsprechenden Denkkollektive, die Charakteristik des wissenschaftlichen Denkstils. Nur auf vergleichendem Weg, im Rahmen einer allgemeinen Soziologie des Denkens, erkennen wir die Merkmale wissenschaftlichen Denkens.

Die Wissenschaftstheorie ist eine eigene Wissenschaft, gestützt auf Beobachtung und Experiment, historische und soziologische Untersuchungen. Sie ist Teil der Wissenschaft über die Denkstile.

1 »Problemy naukoznawstwa«, in: *Życie Nauki* (1946), S. 322-336; SMF, S. 148-162. Übersetzt von Bogusław Wolniewicz und Thomas Schnelle, durchgesehen von Sylwia Werner. Komm.: CZ.

Dieser Aufsatz hat in jüngster Zeit für Debatten gesorgt, da Eva Hedfors ihn zum Ausgangspunkt nahm, um Flecks vermeintlich ethisch fragwürdige Beteiligung an Menschenexperimenten im KZ Buchenwald anzuprangern. Vgl. Eva Hedfors, »Medical Ethics in the Wake of the Holocaust: Departing From a Postwar Paper by Ludwik Fleck«, in: *Studies in History and Philosophy of Biological & Biomedical Sciences* 38 (2007), S. 642-655; dies., »Medical Science in the Light of the Holocaust: Departing from a Post-war Paper by Ludwik Fleck«, in: *Social Studies of Science* 38, 2 (2008), S. 259-283. O. Amsterdamska, Chr. Bonah, C. Borck, J. Fehr, M. Hagner, M. Klingberg, I. Löwy, M. Schlünder, F. Schmaltz, Th. Schnelle, A. Tammen, P. Weindling, C. Zittel, »Medical Science in the Light of a Flawed Study of the Holocaust: A Comment on Eva Hedfors' Paper on Ludwik Fleck«, in: *Social Studies of Science* 38, 6 (2008), S. 937-944; Eva Hedfors, »Medical Science in the Light of the Holocaust: Reply to a Biased Reading«, in: *Social Studies of Science* 38, 6 (2008), S. 945-950; Paul Weindling, »›The Fractured Crucible. Scientific Survival and The Defence of Ludwik Fleck‹«, in PF, S. 47-62. Vgl. dazu die in diesem Band vollständig dokumentierten Kontroversen, Stellungnahmen und Berichte Flecks, die nun eine Einschätzung der Diskussion auf der Basis der Quellen ermöglichen. Bereits früher zum Thema: Cornelius Borck, »Message in a Bottle from ›the Crisis of Reality‹. On Ludwik Fleck's Interventions for an Open Epistemology«, in: *Studies in History and Philosophy of Biological and Biomedical Sciences* 35 (2004), S. 447-464; M. Biagioli, »Science, Modernity, and the ›Final Solution‹«, in: Saul Friedlander (Hg.), *Probing the Limits of Representation. Nazism and the ›Final Solution‹*, Cambridge MA 1992, S. 185-205.

Nicht nur für die polnische Rezeption dieses Textes bemerkenswert ist das Zeugnis von Stanisław Lem: »Ich möchte hier auf die in Vergessenheit geratenen, aber wissenschaftstheoretisch sehr wertvollen Arbeiten von Ludwik Fleck hinweisen (die bei uns nach dem Krieg in der Zeitschrift *Życie Nauki* [Das Leben der Wissenschaft] veröffentlicht wurden); er hat beschrieben wie sich in einem abgeschlossenen, pseudowissenschaftlichen Ghetto, das die Deutschen im Konzentrationslager einrichteten, eine Gruppe von Leuten mit höherer, allerdings nicht einschlägig bakteriologischer Ausbildung bemühte, nach besten Kräften und gestützt auf die ihr zugänglich gemachte Fachliteratur experimentelle Untersuchungen über den Typhus durchzuführen; Fleck hat sehr schön beschrieben, wie dort nach einer gewissen Zeit eine regelrechte ›quasi-Wissenschaft‹ entstand, wie man den mangelhaft verfertigten Präparaten und den an ihnen vorgenommenen Artefakten eine aufgrund der Fachliteratur erwartete diagnostische Bedeutung zuschrieb; wie man dort bestimmte ›Hypothesen‹ ›durch Beobachtung verifizierte‹, während man andere ›widerlegte‹, wie man zufällige Erkrankungen der Versuchstiere ›im Einklang mit der Theorie‹ erklärte, wie man fand, daß sie, diese Krankheiten, mit ihr ›zusammenpaßten‹ usw. usf. Denn anders, als es sich die ›ehemaligen‹ Logischen Empiriker in naiver Weise einbildeten, ist die Wahrnehmung der ›elementaren Tatsachen‹, jener ›Bausteine der Erfahrung‹, keineswegs etwas, das jeder, der gesunde Augen und eine Hand hat, mit der er an der Mikrometerschaube des Mikroskops drehen kann, zu leisten vermag. Interessant ist dabei nicht, daß diese Menschen im KZ irgendwelche Niederschläge von Farbstoff und größere Verunreinigungen für Kerne, Zellen, Bakterien und dgl. gehalten haben, sondern vielmehr, daß es ihnen gelungen ist, all diese Zufallsgebilde zu einem System zu verknüpfen, das für sie in geradezu idealer Weise mit der Theorie übereinstimmte – Theorie jetzt ohne Gänsefüßchen, denn die stammte ja aus soliden Fachbüchern« (Stanisław Lem, *Philosophie des Zufalls*, Bd. 1, Frankfurt/M. 1983 [1969], S. 306f.). Vgl. dazu Otto Erich Graf, »Habent sua fata libelli – Bücher haben ihre Schicksale« (2005), ⟨www.ludwikfleck.ethz.ch/.../user.../Referat_Erich_O._Graf.pdf⟩.

Życie Nauki [*Das Leben der Wissenschaft*] war eine Monatsschrift, die in den Jahren 1946-1953 in Krakau (bis 1949) und Warschau in einer Auflage von 3500 Exemplaren erschien. Die dort veröffentlichten Texte wurden vor allem der gesellschaftlichen Rolle der Wissenschaft sowie den wissenschaftstheoretischen Problemen gewidmet. In *Życie Nauki* publizierten regelmäßig u.a. Leopold Infeld, Stanisław Lem, Tadeusz Tomaszewski, Jan Dembowski, Izydora Dąmbska und Kazimierz Ajdukiewicz.

11 Fleck baut hier einen Dialog frei nach dem Muster von Galileo Gali-

leis *Dialogo sopra i due massimi sistemi* [*Dialog über die beiden hauptsächlichen Weltsysteme*], Florenz 1632, ein. Dort diskutiert ein Dummkopf namens Simplicio, der das alte ptolemäische Weltsystem und den Aristotelismus vertritt, mit Salviati, dem Verfechter des kopernikanischen Systems, und Sagredo, einem klugen und neutralen Laien. Fleck weist dem Simplicius Positionen des Logischen Empiristen zu, in manchen Formulierungen scheinen auch die Ansichten von Bilikiewicz durch (vgl. die Texte aus der Kontroverse mit Bilikiewicz, in diesem Band). Hingegen vertritt sein Gegenspieler Sympathius einen kultursoziologischen Relativismus.

In einem Brief an Witold Ziembicki (vgl. in diesem Band, S. 571) behauptet Fleck, er habe eine Fortsetzung zu diesem Dialog verfaßt, diese ist jedoch nicht auffindbar.

III Offenkundige Anspielung auf den Kampf gegen sogenannte »Scheinprobleme« im Logischen Empirismus, z.B. bei Rudolf Carnap, *Scheinprobleme der Philosophie. Das Fremdpsychische und der Realismusstreit*, Berlin-Schlachtensee 1928. Vgl. z.B. das Manifest des Wiener Kreises: [Hans Hahn, Otto Neurath, Rudolf Carnap,] *Wissenschaftliche Weltauffassung. Der Wiener Kreis*, Wien 1929, dessen Programm vordringlich das Klären von Sätzen postuliert.

IV Vgl. Monolog des Faust, *Faust* I (V. 430-459). Faust erblickt im Buch des Nostradamus das Zeichen des Makrokosmos, welches ihn in Ekstase versetzt, da er meint, mit ihm die ganze Welt intuitiv erfassen zu können, muß dann jedoch erkennen, daß die durch das Zeichen eröffnete Vision zu abstrakt, »Schauspiel nur« (V. 454) bleibt. Nun will er vielmehr zu den »Quellen allen Lebens«, an die »Brüste der Natur«.

V So lautete der Vorwurf, den Bilikiwiecz gegen Fleck erhob, siehe: T. Bilikiewicz, »Bemerkungen zum Artikel von Ludwik Fleck ›Wissenschaft und Umwelt‹«, in diesem Band, S. 342.

VI Vgl. z.B. das Manifest des Wiener Kreises: [Hans Hahn, Otto Neurath, Rudolf Carnap], *Wissenschaftliche Weltauffassung* (wie EN III). Sympathius hat aber auch die Philosophen der Lemberg-Warschau-Schule im Visier, vgl. z.B. die konventionalistische Position bei Kazimierz Ajdukiewicz, »Sprache und Sinn«, in: *Erkenntnis* 4 (1934), S. 130-138; ders., »Das Weltbild und die Begriffsapparatur«, ebd., S. 259-287.

VII Vgl. dazu Flecks Diskussionsbeitrag zum Vortrag von Jerzy Łoś, »O możliwości badań metasystemowych języka fizykalnego« [Über die Möglichkeit metasystemieller Untersuchungen der physikalischen Sprache], in: *Sprawozdanie z działalności Towarzystwa Filozoficznego i Psychologicznego w Lulinie w latach 1945-1947 oraz uzupełnienie za rok 1948*, Lublin 1948, S. 65:

»Man kann keine Wissenschaft als ›ein Satzsystem‹ verstehen, denn jede von ihnen ist eine verwickelte kulturelle Erscheinung, die man von der historischen, soziologischen, psychologischen Seite etc. untersuchen soll. In jeder

Wissenschaft verändern sich ständig Sätze und Begriffe, sowohl hinsichtlich des Inhalts als auch der Form. Man kann die Aussagenlogik von der Bezeichnungslogik nicht unterscheiden, denn die ganzen Sätze werden manchmal zu Bezeichnungen und die Bezeichnungen, unter bestimmten Umständen, zu Sätzen. Es existieren keine elementaren hinzufügbaren »Protokollsätze«, denn jede einfachste Beobachtung ist von der logischen Seite eine verwikkelte Hypothese, angelehnt an viele Grundkonzeptionen und Konventionen, d. h., unter identischen physikalischen Bedingungen wären immer verschiedene Aussagen über ein Beobachtungsresultat möglich. Von der methodologischen Seite ist jede Beobachtung eine Funktion des Denkstils, d. h., sie ergibt sich aus der Geschichte und Soziologie eines Denkkollektivs.«

VIII [Original deutsch.] Gemeint ist Erwin Ding-Schuler.

IX Nicht allen Personen können hier Namen zugeordnet werden, zumal Fleck in anderen Darstellungen, z. B. in: »Wie wir den Anti-Fleckfieberimpfstoff im Lemberger Ghetto hergestellt haben« (1958e), eine andere Zusammensetzung der Gruppe nennt. (1) = Marcin Ciepielowski, (2) = Roland Goryczko, (5) = Karel Makowička, (7) = Wilhelm Jellinek.

Für Angaben zu diesen Personen und zu den biographischen und fachlichen Hintergründen von Flecks Fleckfieberforschungen in Buchenwald vgl. die Texte aus den Kontroversen mit Tomaszewski, Kielanowski und Balachowsky, Flecks Aussagen und Berichte über seine Internierung in Lemberg, Auschwitz und Buchenwald sowie die dortigen Erläuterungen in den Endnoten. Vgl. auch die Einleitung von Th. Schnelle zu ET, S. 28 ff.

X Eosin ist roter Farbstoff.

XI [Original deutsch.]

XII [Original deutsch.] Gemeint ist hier Erwin Ding-Schuler.

XIII Eine solche Auffassung vertrat z. B. Izydora Dąmbska. Vgl. dazu die Texte aus der Kontroverse Fleck/Dąmbska in diesem Band.

Schauen, Sehen, Wissen[1]

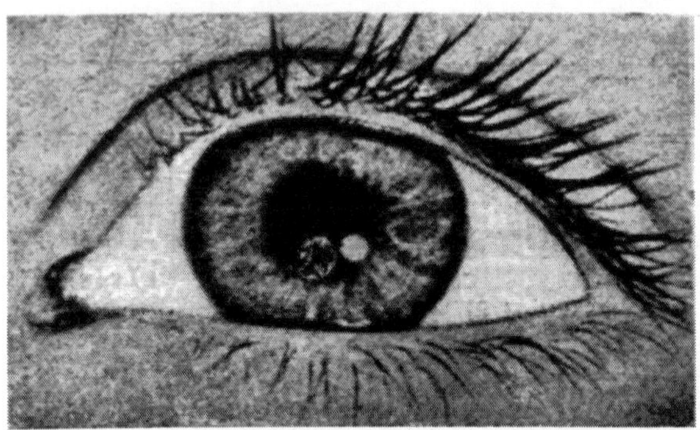

Viele irrige Meinungen zerstreuen die Psychologie des Wahrnehmens und die Soziologie des Denkens

I. Um zu sehen, muß man zuerst wissen

Wir blicken von nahem auf die erste Abbildung [Abb. 1]. Was sehen wir? Aus dem schwarzen Hintergrund tritt das Bild einer grauen, gekräuselten Fläche hervor. Einige Stellen sehen wie unebene Falten aus, andere wie dichtliegende Warzen, eine Stelle erinnert an Wellen einer trüben Flüssigkeit, andere an Rauchschwaden (vielleicht weil das Bild an dieser seitlichen Stelle unscharf ist). Es gibt eine Stelle ähnlich einem krausen Fell, aber ein Fell ist das nicht, weil keine Haare zu sehen sind. Was ist das also? Die Haut einer Kröte unter der Lupe oder Fragment aus einer Kultur jenes berühmten Pilzes, dem wir Penizillin verdanken? Vielleicht ist es eine Nahaufnahme des Nackens eines alten Gebirglers?

Nein, das ist eine hervorragende Photographie einer Wolke von der Art des durch die Meteorologen bekannten *cirrocumulus*. Wir blikken jetzt ein zweites Mal auf diese Abbildung, aber indem wir uns von ihr fernhalten. Wenn wir schon wissen, was das ist und wie man darauf schauen muß, sehen wir sofort die ungeheure Tiefe des Himmels, die große bauschige Wolke, deren veränderliche Struktur, im

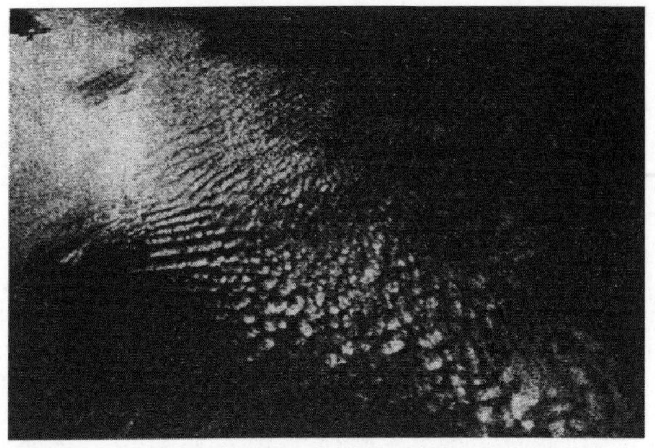

Abb. 1. Was ist das? Die Haut einer Kröte unter dem Mikroskop oder eine Kultur eines Penizillinpilzes?

einzelnen an begrenzten Stellen unwichtig, als Ganzheit an einen Schafpelz erinnert.

Um zu sehen, muß man wissen, was wesentlich und was unwesentlich ist, muß man den Hintergrund vom Bild unterscheiden können, muß man darüber orientiert sein, zu welcher Kategorie der Gegenstand gehört. Sonst schauen wir, aber wir sehen nicht, vergebens starren wir auf die allzu zahlreichen Einzelheiten, wir erfassen die betrachtete Gestalt nicht als bestimmte Ganzheit.

So ist es nicht nur unter den künstlichen Bedingungen des Experiments, das wir gerade durchgeführt haben, sondern bei jeder, der einfachsten und der kompliziertesten Wahrnehmung. Ein Passant, der auf irgendeinen Vorfall auf der Straße schaut, eine Person, die sich ein Kunstwerk im Museum anschaut, ein Gelehrter, der irgendein Naturphänomen untersucht, ein Soziologe, der den Erscheinungen des sozialen Lebens nachspürt, ein Arzt, der einen Kranken beobachtet, ein Bauer auf dem Feld, ein Handwerker in der Werkstatt – wir alle müssen lernen, die mehr oder weniger komplexen Gestalten unserer Welt zu sehen.[11] Ein sehr wichtiger Umstand ist, daß wir mit dem Erwachen der Bereitschaft, bestimmte Gestalten wahrzunehmen, die Fähigkeit verlieren, andere wahrzunehmen. In demselben Museum sieht ein Künstler etwas völlig anderes als ein dort diensttuender Detektiv.

Man kann diese beiden Welten nicht gleichzeitig sehen, weil die Beobachtungen des Künstlers eine Stimmung verlangen, die verschwindet, wenn man sich auf die Bereitschaft zu polizeilichen Beobachtungen umstellt, und umgekehrt. In einer Menschenmenge macht ein Arzt völlig andere Beobachtungen als z. B. eine schmucke Frau.[III] Also kann man in derselben Menge von Elementen verschiedene Gestalten wahrnehmen.

Die Psychologie lehrt,[IV] daß jede Wahrnehmung vor allem das Sehen irgendwelcher Ganzheiten ist, man aber ihre Elemente erst danach sieht. Manchmal können sie sogar unerkannt bleiben. Einen bekannten Menschen oder eine bekannte Blume erkennen wir auf den ersten Blick, oft hingegen sind wir im allgemeinen nicht imstande, die von den anderen unterscheidenden Merkmale anzugeben. Wir sehen sofort, daß jemand heute einen traurigen Ausdruck hat, aber wir sind nicht imstande, zu sagen, welches Detail seiner Gesichtszüge sich verändert hat. Wir sehen, daß sich das allgemeine Aussehen irgendeines Zimmers geändert hat, aber wir wissen nicht, welche Möbel umgestellt wurden. Noch mehr: Trotz vieler verschiedener Einzelheiten kann eine identische Gestalt als spezifische Ganzheit entstehen: Beispielsweise erscheinen einem Europäer alle Chinesen gleich, obwohl sie mit Sicherheit individuelle Unterschiede besitzen. Das Wort »Vater«, ausgesprochen von der piepsigen Stimme eines Kindes und vom Säuferbaß eines Seemannes, braucht nicht einen einzigen gemeinsamen Ton zu haben, ist aber trotzdem dasselbe Wort.[V]

Eben genau solche Ganzheiten, die sich den sinnlichen Wahrnehmungen direkt aufdrängen, in hohem Maße unabhängig von ihren Bestandteilen, nennt die Psychologie »Gestalten«, unabhängig vom Sinn, der sie vermittelt. Also kann es visuelle Gestalten geben, z. B. ein Kreuz, ein Buchstabe, eine Ziffer, oder auditive, z. B. eine bestimmte Melodie, ein Wort, oder Geruchsgestalten,[VI] z. B. der Geruch von Gewürzläden, der Geruch von Bahnhöfen.

Die Frage des Gestaltsehens ist am besten am Sehen eines Buchstabens zu betrachten. Der lateinische Buchstabe *A* kann eine sehr unterschiedliche Gestalt haben, d. h., trotz der Änderung vieler Einzelheiten hört er nicht auf, der Buchstabe *A* zu sein. Wir sagen, daß man die Gestalt *transponieren*[VII] kann (siehe Abb. 2-8). Ähnlich kann man eine Melodie in verschiedenen Tonarten abspielen, selbst so, daß sich alle Töne geändert haben, und dennoch bleibt die Melodie dieselbe. Grundsätzlich setzt sich der Buchstabe *A* aus zwei Schenkeln, die oben zusammenlaufen, und einem Querstrich zusammen. Das sind die *Hauptmerkmale*. Die Schenkel können von gleicher oder verschiedener Länge sein, können gerade oder krumm sein (*Nebenmerkmale*) – aber sie müssen oben zusammenlaufen oder fast zusammenlaufen. Sonst geht das *A* in *H* über (*konkurrierende Gestalt*).

Abb. 2

Wenn die Tendenz der Schenkel zusammenzulaufen durch ihre Neigung zueinander angezeigt ist, ruiniert eine nicht allzu große Lücke die Gestalt nicht: Wir *vervollständigen* sie unwillkürlich. Genauso ruinieren auch unnötige Zusätze in gewissen Grenzen die Gestalt nicht: Wir *abstrahieren* von ihnen, ergänzen die Gestalt im negativen Sinne. Der Querstrich kann in verschiedener Höhe der Schenkel sein, aber keinesfalls in jeder: Wenn er das untere Ende der Schenkel erreicht, verändert sich das *A* in ein Dreieck. Wenn er das obere Ende

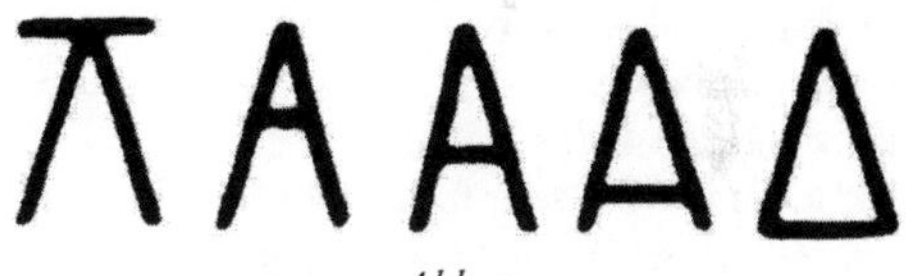

Abb. 3

erreicht, hört der Querstrich auf, Querstrich zu sein, weil er nicht quer zu den Schenkeln läuft, und die Gestalt verschwindet, obgleich keine neue bekannte Gestalt entstanden ist. Wenn die Schenkel krumme Linien darstellen, dann muß der Querstrich für das sich nach oben erweiternde *A* hoch oben liegen. Unten gezeichnet, ruiniert er die Gestalt, obwohl er keine andere bekannte Gestalt erzeugt. Im sich nach oben verengenden *A* kann der Querstrich hingegen ohne Schaden für die Gestalt tief liegen.

Abb. 4

Jede Gestalt besitzt nicht nur *positive Merkmale*, sondern auch *negative*, nämlich das Fehlen von gewissen für eine konkurrierende Gestalt hauptsächlichen Merkmalen; das *A* wagt nicht, unten am rechten Schenkel einen kleinen Haken zu haben, weil es sich für unsere Augen in ein *Ą*[VIII] verändert. Bereits kleine Verdickungen im Buchstaben l verändern ihn in ein *t* oder *ł*.[IX] Ein *O* verändert sich durch ein minimales Aufbiegen oben in eine *6*.

Abb. 5

Das Fehlen dieser Aufbiegung ist Hauptmerkmal, auf das wir sorgfältig, wenn auch unbewußt achten. Die Gestalt »Schlitten« kann eine unterschiedliche Gestalt und sehr viele zusätzliche Einzelheiten haben, aber sie kann keine Räder haben, weil sie so Gestalt eines Wagens wird. Eine Wüste kann sehr mannigfaltiges Aussehen und viele verschiedene Einzelheiten haben, es aber nicht wagen, Bäume zu haben. Also muß man, um eine Gestalt herauszukennen, ebenso die konkurrierenden Gestalten kennen. Aber die Grenzen möglicher Transpositionen sind nicht nur durch die Merkmale konkurrierender Gestalten abgesteckt, sondern gewisse Grenzen sind ebenso durch den charakteristischen Stil der Gestalt selbst diktiert, z. B. jenes ausgebauchte *A* mit dem Querstrich unten oder das *A* mit dem Querstrich am Gipfel. Im Buchstaben *E* kann es der mittlere Strich nicht wagen, länger als der untere oder obere zu sein, aber er kann kürzer sein (siehe Abb. 7); im Buchstaben *B* kann das untere Bäuchlein größer als das obere sein, es aber nicht wagen, kleiner zu sein, usw. Zahlreiche Veränderungen von Nebenmerkmalen, von denen jede für sich unschuldig ist, zerstören, zusammen ausgeführt, die Gestalten eben-

Abb. 6

so. Die Transposition von Gestalten zeigt also spezifische Gesetze auf, und man muß – wenn man sie nicht klar kennt – diese Gesetze zumindest herausfühlen.

EEE BBB 333

Abb. 7

Die Kenntnis einer Gestalt schafft die Disposition, sie wahrzunehmen (*Wahrnehmungsbereitschaft*), deren Stärke bei verschiedenen Menschen verschieden ist, abhängig unter anderem vom Ausbildungsgrad auf diesem Gebiet. Wenn eine Gestalt in der Umgebung einer konkurrierenden Gestalt auftritt (*Kontext*), vergrößert sich die Disposition, und wir erkennen die Gestalt leichter heraus, der Bereich möglicher Dispositionen ist größer, Lücken vervollständigen wir leichter (siehe Abb. 8).

*Abb. 8*ˣ

Der Kontext wird zur *übergeordneten Gestalt*, die die Bereitschaft vergrößert, die untergeordneten Gestalten zu sehen; er kann jedoch zu einer so übermäßigen Bereitschaft führen, daß wir nicht existierende Einzelheiten der untergeordneten Gestalten oder sogar ganze fehlende untergeordnete Gestalten vervollständigen. Dann konkurriert die übergeordnete Gestalt mit der untergeordneten: Wir sehen das Wort, die Buchstaben sehen wir nicht. Darum wissen Druckkorrektoren, die sich darauf konzentrieren, Buchstaben und nur bestimmte Merkmale der Worte zu sehen, die die Bereitschaft zum Sehen von Buchstaben steigern. Aber das sind bereits kompliziertere Fragen, denn es ist z.B. schwieriger, einen fremdsprachigen Text zu korrigieren, in denen die Worte keine bekannten Gestalten bilden, obgleich ein Korrektor sich selbst in der Muttersprache grundsätzlich nicht darum bemüht, die Worte vollkommen zu identifizieren.

In jedem Fall muß man, um zu sehen, zuerst wissen, welches die Hauptmerkmale einer Gestalt sind und daß der Rest unwichtig ist. Welches konkurrierende Gestalten sind, also was negative Merkmale der betrachteten Gestalt sind, was die Möglichkeiten zur Transposition sind. Um eine seltene Gestalt zu sehen, muß man wissen, zu welchem Kontext sie gehört.

Aber die Sache ist merkwürdig: Wenn wir schon lernen, eine Gestalt zu sehen, können wir – und »sollen« wir sogar – einen großen Teil des Wissens vergessen. Man muß es können, Wissen nicht mehr zu nutzen. Ein Kind, das das Alphabet lernt, erobert mühsam das Wissen, von dem der Erwachsene einen großen Teil vergessen muß. Wir vergessen, daß es das obere Bäuchlein des Buchstabens *B* nicht wagt, größer als das untere zu sein, der untere es aber kann; daß der mittlere Strich des *E* es nicht wagt, länger als der untere zu sein, usw. Wir entwickeln unsere Schrift in verschiedenen Situationen, indem wir sie mit der Schrift anderer Menschen vergleichen, Mißverständnisse und Konflikte vermeiden. Wir schreiben, wobei wir die Grundsätze der Kalligraphie vergessen, wir erkennen den Buchstaben in der vollen Skala seiner Transpositionsmöglichkeiten sofort, ohne Analyse der Einzelheiten, ohne aktuell um sie zu wissen. Aus dem mühsamen Wissen ist durch häufiges Verwenden die Fähigkeit und unmittelbare Bereitschaft entstanden, den Buchstaben wahrzunehmen, die sich sofort einstellt, wenn sie die Situation erweckt. Eigentlich sehen wir erst, wenn die Gestalt als Ganzheit, vollendet, Element weiterer übergeordneter Gestalten wird, sobald wir ihre Elemente und

Struktur zumindest zum großen Teil vergessen. Sonst verschleiern uns die Bäume den Wald, erlauben uns die Silben nicht, Worte und Sätze zu erkennen.

Um zu sehen, muß man zuerst wissen und dann kennen und einen gewissen Teil des Wissens vergessen. Man muß eine gerichtete Bereitschaft zum Sehen besitzen.

II. Wir schauen mit den eigenen Augen, wir sehen mit den Augen des Kollektivs

Wir gehen durch die Welt und sehen keinesfalls Punkte, Kreise, Kanten, Lichter oder Schatten, aus denen wir durch Synthese oder Schlußfolgerung zusammensetzen, »was das ist«, sondern sehen das Haus sofort, das Denkmal auf dem Platz, die Abteilung Soldaten, die Auslage von Büchern, die Schar von Kindern, die »Dame mit dem Hündchen«.[XI] Lauter vollendete Gestalten.

Es gibt deutlichere Gestalten, z. B. ein Haus, eine Abteilung Soldaten, und weniger deutliche, z. B. »eine Dame mit dem Hündchen«. Ist das eine Ganzheit, eine eigene Gestalt? Eine gewisse Verbundenheit beider Elemente dieses Paares besteht unzweifelhaft bereits allein in der Existenz der Leine oder darin, daß das Hündchen um sein Frauchen herumläuft; aber diese Verbundenheit ist schwach, obwohl wir sofort »die Dame mit dem Hündchen« und nicht »die Dame« und »das Hündchen« sahen – diese Ganzheit ist dennoch so wenig deutlich, daß sie ihre Bestandteile bedeutend weniger zudeckt als z. B. »eine Heeresabteilung«, in der wir die einzelnen Soldaten einfach nicht unterscheiden. Ein Jäger mit einem Hund bildet für den Aufgeklärten eine unzweifelhaft deutlichere Ganzheit, weil sie gerade als »Garnitur« eine gewisse kollektiv ausgeführte Tätigkeit vorstellt. Eine Tätigkeit, über die wir viel wissen, wovon unsere Bereitschaft herrührt, diese ganzheitliche Gestalt zu sehen. Ein Reiter auf einem Pferd, besonders ein Kavallerist in Uniform oder ein Jockei in der charakteristischen Kleidung, geben aus demselben Grund eine bereits sehr deutliche Gestalt. Wenn wir einen Jockei ohne Pferd sehen, kann es uns scheinen, daß dies nur ein Teil ist, daß etwas fehlt. Ein Reiter – das ist eine sehr bekannte Gestalt, die man oftmals gesehen hat und über die man vor allem so viel gelesen und gehört hat, daß die Bereitschaft, diese Gestalt zu sehen, sehr stark ist. Es ist klar, daß die

Abb. 9

Deutlichkeit einer Gestalt, obwohl die Augen des Individuums diese Gestalt anschauen, in diesen Fällen aus außerhalb des Individuums liegenden Quellen herrührt; aus der Meinung der Allgemeinheit, aus der verbreiteten Denkgewohnheit. Die Gestalt ist nicht aus »objektiven physikalischen Elementen« aufgebaut, sondern aus kulturellen und historischen Motiven.

Ein Bleistift und ein Notizheft bilden, wenn sie einfach nebeneinander liegen, keine Ganzheit: Wir sehen beide Elemente getrennt (siehe Abb. 11). Aber ein Notizheft im Taschenformat mit einem Bleistift in der entsprechend angebrachten Schlupfhülle – das ist eine deutliche Gestalt. Sie hat ihren Namen, Tradition, Sinn – sie ist Gestalt aus dem Volkswissen heraus.

Überlegen wir einen Augenblick: Buchstaben, Ziffern, Worte – sind unzweifelhaft Gestalten, geschaffen durch das Kollektiv. Aber z.B. ein Haus? Ein »Haus«, das ist eine sehr deutliche Gestalt mit einer großen Skala möglicher Transpositionen, die bei uns mit solchen Gestalten konkurrieren wie einer Hütte, einem Schloß, einer Villa, einer Kirche, einem Schuppen usw. Die Hauptmerkmale der Gestalt »Haus« sind: ein Würfel entsprechender Größe mit Frontwand, Fenstern und

Abb. 10

Haustor; ein Dach mußte bis vor kurzem da sein, heute kann es nicht sichtbar sein. Notwendig ist auch die Annahme, daß sich in dem Objekt Menschen aufhalten oder aufhalten können, sonst könnten das Theaterkulissen sein. Negative Merkmale: das Fehlen eines Turms, denn wir haben ein Schloß gesehen, das Fehlen von eine Kirche oder eine Villa kennzeichnenden Merkmalen usw. Es ist klar, daß nur ein Mensch aus unserer Gesellschaft ein »Haus« sieht, d. h. diese Gestalt aus der ganzen Skala ihrer möglichen Transpositionen heraus erkennt. Heute ist eine Situation möglich, in der ein Bewohner Warschaus ein Haus sieht, aber ein Bewohner New Yorks eine Ruine, einen Haufen Schutt. Es gibt Situationen, in denen ein Bewohner Warschaus eine Allee sieht, aber ein Bewohner aus Kozia Wólka[XII] eine Reihe kleiner, streng geschnittener kleiner Gärten, verschiedene Fußpfade und Wege, eine Reihe von Häusern, ein paar Ruinen, einige Kioske und starken Verkehr von Wagen, Autos und Menschen – aber wo ist diese Allee?

Den überwiegenden Teil unserer Gestalten (obwohl wahrscheinlich nicht alle) hat die Umgebung geschaffen, die Sprachgewohnheit, die Meinung der Allgemeinheit, die Tradition.

Sie dressieren uns auf eine gewisse Ganzheit: Das Kollektiv gibt die Sanktion, gewisse Ganzheiten aus einem Komplex gewisser Elemente abzusondern. Es schafft einen Begriff von gewissem Inhalt und gewissem Bereich, und dieser Begriff realisiert sich, wird Körper, Gestalt mit gewissen Merkmalen und gewissem Bereich an Transpositionen. Und wer Mitglied des Kollektivs ist, sieht sie. Es gab Zeiten,

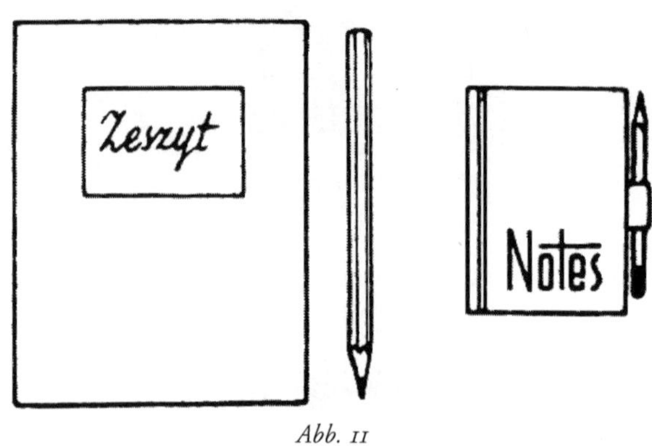

Abb. 11

in denen man Hexen sah, sie sofort erkannt haben soll, eventuell am satanischen Ausdruck der Augen, am teuflischen Grinsen, wenn sie für einen Augenblick aufhörten, sich zu maskieren. Eine solche Gestalt schuf das damalige Kollektiv. Wir Heutigen sehen sofort einen Bahnhof, eine Gestalt, die der Urmensch nicht sehen konnte: Er würde auf unzähliges Eisen in verwirrenden Leisten schauen, befestigt auf der Erde, auf Häuschen auf Rädern, auf ein keuchendes Ungeheuer, aus dem Feuer und Rauch herausschlägt, und er sähe wahrscheinlich seine Gestalten: einen Drachen, einen Teufel, wer weiß schließlich, was er sähe, aber nicht unsere gute alte Bahn [Abb. 12].

Wir schauen mit den eigenen Augen, aber wir sehen mit den Augen des Kollektivs Gestalten, deren Sinn und Bereich zulässiger Transpositionen das Kollektiv geschaffen hat. Wir sind geneigt, sie zu vervollständigen, im positiven und negativen Sinn, d. h., wir sehen nicht, daß gewisse Elemente fehlen, und wir erblinden gegenüber überflüssigen Zusätzen. Wir sehen nacheinander die übergeordneten Gestalten, wir hören auf, zu sehen, aus welchen Bestandgestalten sie entstehen. Wir lernen wechselseitig, die Gestalten einer bestimmten Art zu sehen (z. B. verschiedene metereologische Phänomene wie Gewitter, Stille), es entsteht eine gerichtete Bereitschaft mit spezifischen Merkmalen: Es entwickelt sich ein gemeinsamer Stil des Denkens, z. B. der Denkstil des Matrosen. Nachahmung, Propaganda, gegenseitiges Ergänzen in kollektiven Tätigkeiten (also die Notwendigkeit, sich zu verständigen), Ehrfurcht für gemeinsame Ideale verstärken und konkretisieren diesen Stil. Wenn durch den historischen Verlauf der Umstän-

Abb. 12. Ein Urmensch sähe einen keuchenden Drachen.[XIII]

de zwei Kollektive zusammentreffen, die längere Zeit voneinander isoliert waren, erscheinen die Mitglieder einander als Wahnsinnige oder Lügner: »Wie kann man Rassen nicht sehen?« – »Wie kann man Klassen nicht sehen?« – »Wie kann man nicht die schlechten und guten Geister sehen, die an jeder Ecke erscheinen?« – »Wie kann man nicht die Gesetze der Natur sehen, die in jedem Phänomen erscheinen?«

Wie verhalten wir uns, wenn wir uns zum ersten Male gegenüber einem uns unbekannten Gegenstand finden? So wie ein Kind gegenüber einem verschmierten Klecks. Es sieht in ihm den Flügel eines Vogels, die Blätter eines Baumes, eine Blume, zwei zusammengewachsene Pferde, einen Engel, mit einem Wort: anderswoher bekannte Gestalten. Diese Gestalten verdrängen sich gegenseitig, verschwinden, machen einander Platz, verändern sich, *oszillieren.*

Das ist eine sehr interessante Angelegenheit, und man kann das Entstehen spezifischer Gestalten genau verfolgen, wenn man z. B. die Abbildungen und Beschreibungen der ersten Anatomen untersucht. Abbildung 13 stellt eine anatomische Figur aus dem 15. Jahrhundert vor.

Ihr Verfasser konnte die charakteristische Gestalt nicht sehen, die durch die Anordnung der Därme in der Bauchhöhle gebildet wird, eine heute jedem durchschnittlich Gebildeten bekannte Gestalt. Er sah nicht die charakteristischen Verwicklungen, sondern die »Verwikkeltheit allgemein«, und in den oszillierenden Klecks stellte er die ihm bekannte, sich am stärksten aufdrängende Gestalt hinein: 5 Schnekken. Er sah sie im Bauch sofort mit völliger Gewißheit. Die Rippen, den Brustkorb sah er nicht als die 12 charakteristisch gekrümmten Linien, sondern als »Geripptheit allgemein«, und er zeichnete 17 parallele Striche, weil er diese Gestalt »Geripptheit« und nicht 12 Rippen sah. In den frühen Beschreibungen der Organe, z. B. der Knochen, finden wir eine Vielzahl von Vergleichen mit verschiedenen bekannten Gestalten: mit dem Schnabel eines Vogels, einem Pflug, einem Sieb, einem Hammer, einem Schwert, einem Steigbügel, dem Buchstaben S usw. Diese Vergleiche haben sich in den Namen erhalten: Rabenschnabelfortsatz, Siebbein, Pflugscharbein usw. Oft wurden mehrere Ähnlichkeiten angegeben, und wir finden einen längeren Streit darüber, welche Gestalt der Form des gegebenen Organs mehr entspricht. Während dieses Streits, in wirklich kollektiver Arbeit, bildete sich eine neue Gestalt, d. h. entstand eine Entdeckung. Die Anatomen lernten, die charakteristischen Organe zu sehen, nicht anders als die Kinder lernen, Buchstaben zu sehen.

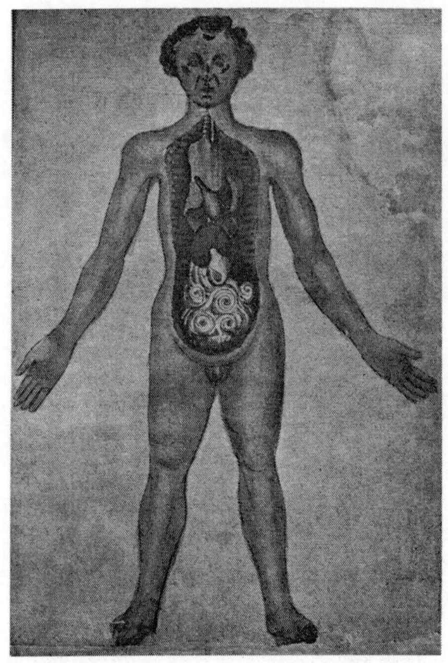

Abb. 13. So sah der Autor des 15. Jahrhunderts das Innere des Menschen.[XIV]

Im 19. Jahrhundert entdeckte man unter dem Mikroskop eine ganz neue Welt. Wenn es um die Form einzelner Zellen, um Mikroorganismen geht, ist das Vergleichen leicht, weil sie an einfache Gestalten der Geometrie erinnern: Stäbchen, Kügelchen, Spiralen. Aber wenn es um die Beschreibung von Gruppengestalten, einer spezifischen Struktur geht, die aus der Fortpflanzung der Bakterien folgt, ist die Angelegenheit viel schwieriger, weil man lernen müßte, Gestalten zu sehen, die sich sehr von den im Alltag angetroffenen unterscheiden. Wir können verfolgen, wie die Bilder anfangs oszillierten, wie man verschiedene phantastische, sich verdrängende Gestalten aus dem Alltag sah, wie sich ein Bild festigte, die Anzahl der Vergleiche beinahe von Jahr zu Jahr, von Autor zu Autor abnahm und wie sich inmitten der Diskussionen und gegenseitigen Korrekturen eine neue festgelegte Gestalt erhob, so deutlich, daß sie selbst zur durch das Kollektiv sanktionierten Schablone wurde, deren man sich nachfolgend beim Sehen der der Reihe nach auftauchenden neuen Gestalten bedient. Die Rolle des kollektiven Lebens, d. h. des Kollektivs, ist klar. Aus dem Vorrat traditioneller, allgemein anerkannter Gestalten schöpfen wir vor allem jene sich gegenseitig verdrängenden Ähnlichkeiten, danach formt das kollektive Leben aus diesen oszillierenden Möglichkeiten eine bestimmte neue Gestalt, festigt sie und zwingt sie dem Individuum auf. Kollektive Erfahrung und Gewohnheit bestimmen, was Hauptmerkmal ist und was verändert werden kann und wie weit diese Veränderbarkeit gehen kann. Soziologische Kräfte schaffen jene Wahrnehmungsbereitschaft, über die wir oben sprachen. Jedem Menschen prägt sich eine wenig abweichende Gestalt ein, und die Reichweite dieser Andersartigkeit bestimmt die ganze Weite möglicher Transpositionen.

Wenn unser Sehen kein Gestaltsehen wäre, würden dann abstrakte Begriffe entstehen, wäre eine Verallgemeinerung und überhaupt Wissen möglich?[XV]

III. Das Ablesen der Stellung von Zeigern

Aber nicht alle geben zu, daß praktisch jedes Sehen Gestaltsehen ist und praktisch jede Gestalt durch das kollektive Leben und den kollektiven Stil des Denkens bestimmt ist. Viele Repräsentanten der Naturwissenschaften, die sich noch des Denkstils der klassischen Physik bedienen, behaupten, daß das sogenannte »objektive Beobachten« einer isolierten, elementaren Tatsache möglich ist, unabhängig von der psychologisch oder soziologisch bedingten Bereitschaft, mehr oder weniger »subjektive Gestalten« zu sehen. Daß man mit Hilfe entsprechender Apparate völlig unabhängig von unserem Denkstil die Phänomene der »äußeren Welt« messen kann. Daß man eine beobachtete Figur beschreiben kann, ohne daß man sie mit aus seinem Vorrat ausgewählten Gestalten vergleicht, indem man einfach Punkt für Punkt ihre gleichgestellten Konturen in willkürlicher, egal welcher, konventioneller Anordnung untersucht. Ein Amerikaner sieht einen Haufen Schutt, ein Warschauer ein Haus. Der Physiker jedoch bestimmt mit Hilfe von Apparaten die Lage und Länge jedes Ziegels und bildet eine Ganzheit nach, die weder »Gestalt eines Hauses« noch »Gestalt eines Haufens Schutt« ist, sondern objektive Beschreibung der Beobachtung, eine Karte der von uns unabhängigen Gegenstände.

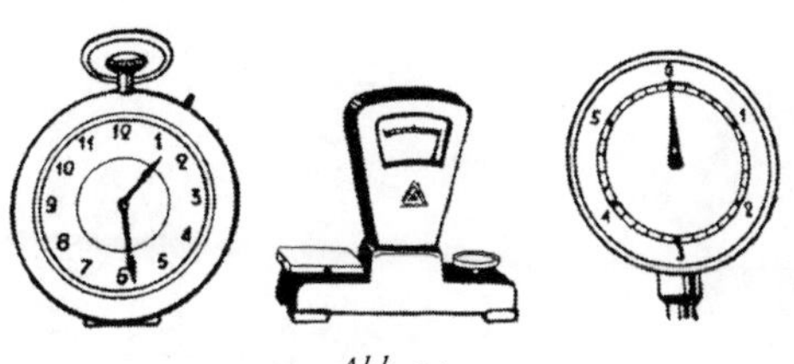

Abb. 14

In diesen Auffassungen einiger Physiker steckt eine ganze Masse an Täuschungen und Mißverständnissen, charakteristisch für ihren Denkstil.

Vor allem ist es unmöglich, den Gegenstand der Beobachtung unabhängig vom Denkstil abzusondern. Es steht unser Physiker (siehe Abb. 15) mit seinen Apparaten vor einem Haus – einem Haufen Schutt. An welcher Stelle fängt der Haufen an? An jeder exakt bestimmten? Ringsum liegen einzelne Ziegel, ihre Bruchstücke, Abfälle, Mörtelstaub, Sand. All das reicht bis jenseits des Baums, der auf dem früheren Bürgersteig wächst. Es gibt keine scharfe Grenze, sie muß der Physiker künstlich festsetzen, er muß auch entscheiden, ob dieser Baum und ob diese Krähe, die gerade auf dem Schutt sitzt, zu dem gehören, was er objektiv auszumessen hat, oder auch nicht.

Es ist unmöglich, den Gegenstand der Beobachtung abzusondern, ohne nicht bereits im voraus bestimmte seiner Merkmale vorauszusetzen. Dies geben einige moderne Physiker zu, z. B. Bohr: »Überhaupt enthält der Begriff der Beobachtung eine Willkür, indem er wesentlich darauf beruht, welche Gegenstände mit zu dem zu beobachtenden System gerechnet werden.« Aber sie sehen nicht, daß jene scheinbare Willkür ein Muß ist, aufgezwungen durch den spezifischen Stil des Denkens: Der Physiker steht vor diesem Haufen wie ein Kind vor einem Klecks, und bereits im voraus sieht er in ihm Engel und Blumen seines wissenschaftlichen Stils. Unmöglich ist es, irgendein Element abzusondern, unabhängig vom traditionellen Stil des Denkens, geschaffen durch die Gesellschaft, zu der man gehört. Denn selbst der Prozeß der Analyse und des Isolierens der Elemente unterscheidet sich in nichts vom Prozeß, aus den zerlegten Teilen früherer neue Gestalten zu schaffen. Grundsätzlich beruht er darauf, daß beim Übergang von früheren Gestalten aufs neue die Anzahl negativer Merkmale wächst und die Anzahl positiver Merkmale abnimmt.

Abb. 15

Nacheinander nimmt der Physiker Steine, Ziegel, Bruchstücke und wiegt eines nach dem anderen, um sie objektiv zu klassifizieren und die Ziffern an den entsprechenden Stellen der Karte anzubringen. Das scheint eine einfache Tätigkeit, und es ist heute beinahe so, daß dies allen Menschen europäischer Kultur klar ist. Man muß jedoch wissen, daß das Gewicht in der heutigen populärphysischen Bedeutung ein verhältnismäßig junger Begriff ist. Man kannte ihn zwar teilweise bereits in der Antike (Aristoteles unterschied schwere und leichte Körper), aber noch im 18. und selbst im 19. Jahrhundert hielten viele gebildete Menschen daran fest, daß z. B. eine Leiche bedeutend schwerer sei, als es der Mensch im Leben war.[XVI] Denn sie ist schwerer hochzuheben, weil sie »aus den Händen fällt«. Ebenfalls ist ein hungriger Mensch schwerer als ein satter (wenn nur nicht übermäßig). Ihm ist es »schwer«, sich zu bewegen. Daß Trauer einen Menschen schwerer macht und Fröhlichkeit leichter. In den heutigen übertragenen Anwendungen des Wortes »schwer« (schweres Los, schwere Aufgabe, schwerer Weg) ist diese Bestimmung der Schwere noch enthalten. Wenn der Physiker eine Waage verwendet, dann bedeutet das, daß das Kollektiv der Physiker im Verlauf der Geschichte aus der Gemeinschaft der Phänomene, Eindrücke, Begriffe und früheren Anschauungen gewisse Elemente isoliert und zu einer konsequenten Ganzheit ausgebaut hat, wobei es den Rest verwarf.

Einen Apparat zu verwenden ist immer Ausdruck eines gewissen, bereits entwickelten Stils des Denkens. Es wäre nicht leicht, einem Menschen, der sich nicht zumindest zum Teil des physikalischen Denkstils bedient, davon zu überzeugen, daß das Wiegen auf unseren Waagen eine Maßnahme ist, die irgendeinen Zusammenhang mit der »Schwere« hat, oder davon, daß es selbst die »Schwere« nicht beeinflußt. Der wissenschaftliche Apparat lenkt das Denken auf die Gleise des Denkstils der Wissenschaft: Er erzeugt die Bereitschaft, bestimmte Gestalten zu sehen, wobei er gleichzeitig die Möglichkeit, andere zu sehen, beseitigt. Eine Analogie zwischen dem Tragen eines schweren Steins und dem Tragen einer schweren Trauer gibt es nicht und kann es für den Physiker nicht geben oder, genauer gesagt, für den physikalischen Stil des Denkens. Ähnlich gibt es für den Physiker keine Analogie zwischen hohen Tönen und gelber Farbe einerseits und tiefen Tönen und blauer Farbe andererseits, obwohl die Psychologie behauptet, daß sie fast alle Menschen unmittelbar herausfühlen. Denn die Physik stützt sich nicht auf die Analyse jedweder die Menschen bindender, regelmäßiger sinnlicher Äußerung und der Konstruktion der Welt aus den aufgefundenen grundlegenden, allgemeinen Elementen, sondern ist ein durch die historische Entwicklung des Denkstils eines ganzen Kollektivs gegebenes System, das durch Jahrhunderte den Zusammenhalt seiner Mitglieder erhält. Weil die Physiker auch an anderen Erscheinungen des kollektiven Lebens ihrer Epoche teilnehmen, ist es also nichts Sonderbares, daß ihre »objektiven« Anschauungen in jeder Epoche für das intellektuelle Leben der gegebenen Epoche charakteristische Merkmale enthalten, was SCHRÖDINGER[XVII] mit Erstaunen unterstreicht. Heute beherrschen z.B. Statistik und Wahrscheinlichkeitsrechnung die Physik, Biologie, Immunologie, Ökonomie, Soziologie usw., weil die intellektuelle Mode so ist. Unlängst war die Zeit, in der alle Wissenschaften und die Technik unter dem Zeichen der Mechanik standen.

Kehren wir zu unserem Physiker und zu unserem Haufen Schutt zurück. Er müßte unendlich viele Messungen machen, denn er müßte jedes Staubkorn und jeden Punkt einzeln ausmessen. Das ist offensichtlich unmöglich. Auf seiner Karte bestimmt der Physiker nur »Haupt«punkte, und den Rest füllt er aus, indem er sich irgendeines allgemeinen Prinzips bedient. Woher kann man wissen, welche Punkte die hauptsächlichen sind und welches Prinzip anzuwenden ist? Erneut nur auf der Grundlage eines bestimmten Denkstils und auf der Grundlage eines ganzen Vorrats an Wissen, das im gegebenen Moment zur Disposition steht. Für jedes Phänomen wären genaugenommen unendlich viele Messungen erforderlich, wenn wir nicht im vorhinein Regeln zum Interpolieren der Werte zwischen Messungen annehmen: Die allgemeine Anschauung, übertragen durch die Tradition, nimmt an jeder neuen Beobachtung teil. Auf diese Weise entscheiden frühere Entdeckungen über das aktuelle Ergebnis der Beobachtung und bedingen auch die zukünftigen Entdeckungen. Die Reihenfolge der Entdeckungen und Irrtümer beeinflußt den Inhalt der Wissenschaft deutlich.

»Der Physiker bezieht sich eher auf den Zusammenhang zwischen den abgelesenen Zeigerstellungen als auf die Stellungen selbst«, schreibt EDDINGTON,[XVIII] aber auch er sieht nicht, daß diese Zusammenhänge durch den Denkzwang diktiert sind, aufgezwungen durch das Kollektiv, und daß sie untersuchbar sind; deshalb kommt er zu religiöser Mystik, d.h. zu nicht untersuchbaren Faktoren, also zur Kapitulation.

Schließlich ist für eine ideale Messung mit Hilfe von Instrumenten grundsätzlich notwendig, dieses Instrument vollständig von Nebeneinflüssen zu isolieren, und diese Aufgabe ist ebenfalls völlig undurchführbar. Wir müssen uns entscheiden, welchen Grad an Isolation wir notwendigerweise als ausreichend anerkennen. Den Rest der Differenz vielmaliger Messungen nivellieren wir mit Hilfe der Wahrscheinlichkeitsrechnung. Wie viele einzelne Ausmessungen muß man machen? Ein Theoretiker antwortete, so viele wie möglich. Aber das ist unrealistisch, weil kein Apparat eine unendliche Zahl von Messungen durchhält und man damit rechnen muß, daß er über ein gewisses Gebrauchsmaximum hinaus kaputtgeht, d. h. falsche Werte angeben wird. Auch steht kein Phänomen wie »beim Photographen« ruhig still und wartet unendlich lange, ohne sich zu verändern. Die Anzahl der Messungen muß also begrenzt sein, und wir machen das erneut auf der Grundlage der Gewohnheit, des ganzen Vorrats an individuellem und kollektivem Wissen usw. Welche Messungen sind als gelungen anzuerkennen, d.h. eine wie große Streuung ist zulässig? Ist zu fordern, daß der Unterschied zweier gemessener Größen den wahrscheinlichen Fehler einfach, doppelt oder dreifach übersteigt? Um auf diese Frage zu antworten, ist es notwendig, die Leistungs-

Abb. 16. Der Turm zu Babel nach einer Zeichnung aus dem 16. Jahrhundert.[XIX] *Charakteristisch sind die falschen Proportionen: Der Turm mißt kaum die 3- bis 4fache Höhe eines Menschen, d. h. ist ungefähr 7 m hoch – und berührt fast die Sonne. Die Zeichnung hat zwei Skalen: Die kleinere Skala der Ausmaße des Turms, an die mehr oder weniger die Größe der Fenster, der Treppe und Gesimse angepaßt ist, und die größere Skala der Ausmaße des Menschen, auf die sich die Werkzeuge, das Seil und der Kübel mit Lehm beziehen. Der Autor sah und stellte die Gestalten vor: die Gestalt »Turm« mit ihren Komponenten für sich, die Gestalt »Mensch« und das, was zu ihr gehört, für sich. Bindeglied ist das Tor, dessen Ausmaß in einer mittleren Skala gezeichnet ist, zu klein für den Menschen, zu groß für den Turm.*

fähigkeit des Apparates, die Natur der Aufgabe selbst und das Ziel der Messung zu kennen. Erneut wirken also an jeder einzelnen Beobachtung der ganze Vorrat des Kollektivs an Wissen und dessen Gewohnheiten mit. Der Konstrukteur des Apparates, der Lieferant der Materialien, aus denen er produziert wurde, sind bei jeder Messung gegenwärtig, ähnlich wie der Schöpfer der Begriffe bei jeder Idee der Messung.

In jedem Fall ist eine Beobachtung also nicht das Zuordnen einer gewissen von uns unabhängigen Zahl zu irgendeinem beständigen, unabhängigen Element. Sie ist eher das Aufbauen eines Satzes des folgenden Typs: »Unter den Bedingungen der Messung beträgt die Wahrscheinlichkeit, daß das Gewicht des Körpers *K* die Grenzen von 5,32587 g bis 5,32589 g nicht überschreitet, ungefähr 95 %.« Was also haben wir gefunden? Eine komplizierte Konstruktion, eine ganze Theorie, die den Zusammenhang zwischen einer Reihe von Zahlen, der Gemeinschaft der teilweise sicher von uns unabhängigen Bedingungen, dem Stand unseres Wissens zum gegebenen Moment und einem gewissen, durch uns isolierten Element ausdrückt. Aus dieser Konstruktion kann man auf nichts von uns Unabhängiges schließen. Die Objektivität wissenschaftlicher Beobachtungen beruht einzig auf ihren Bindungen mit dem ganzen Vorrat an Wissen, Erfahrung und traditionellen Gewohnheiten des wissenschaftlichen Denkkollektivs: Das Ergebnis ist von den vorübergehenden Stimmungen des Individuums und seiner durch das Kollektiv des Alltags gegebenen Bereitschaft unabhängig, aber anstelle von durch den Stil des alltäglichen Denkens bedingten Gestalten schafft die Wissenschaft im besten Fall Konstruktionen, die durch den abgesonderten Stil des wissenschaftlichen Denkens bedingt sind. Bevor sie zu solchen Konstruktionen gelangt, schafft sie spezifische Gestalten wissenschaftlichen Wahrnehmens, wie z.B. eine bestimmte Gattung in der Zoologie, eine bestimmte Krankheit in der Pathologie, eine bestimmte Kraft der gestrigen Physik usw.

Sobald sie dagegen ihre Konstruktionen entwickelt und vertieft, indem sie Übergeordnetes herstellt, das immer allgemeiner ist, vergrößert sie damit gleichzeitig die Abhängigkeit vom Denkstil des wissenschaftlichen Kollektivs. Sie gelangt schließlich zu den allgemeinsten Merkmalen des physikalischen Stils: zur Mathematik. Daher der Idealismus vieler Physiker und JEANS' »Gott – die Mathematik«.[XX]

Nicht nur in der Atomphysik verwischen sich die Grenzen zwischen dem sogenannten Subjekt und dem sogenannten Gegenstand, wie BOHR feststellt. EDDINGTONS Prokrustesbett, in das der Physiker die Tatsachen zwängt, so daß wir uns nicht entscheiden können, ob die wissenschaftliche Tatsache »entdeckt« oder auch durch die Wissenschaft »gemacht« wurde, ist universelle Institution. Überall dort, wo wir die Analyse tief genug treiben, gelangen wir zu Elementen des Wissens, die hartnäckigen Metaphysikern als in Beziehung zur Beobachtung apriorische Formen des Denkens oder als Intuition scheinen werden, aber sie gehen aus der gemeinschaftlichen Natur des Erkennens hervor und lassen sich mit den Methoden der Soziologie des Denkens untersuchen.

Also ist auch die wissenschaftliche Beobachtung – Gestaltbeobachtung oder Konstruktionsbeobachtung – vom gemeinschaftlichen Denkstil abhängig.

Im Alltag wie in der Wissenschaft dringt das Kollektiv als drittes Ding zwischen Subjekt und Objekt der früheren Wissenschaft vom Erkennen ein.

IV. Das Kollektiv als »das Dritte«

Mit den sich aufzwingenden ganzheitlichen Gestalten, mit der verbreiteten allgemeinen Auffassung in einem Gebiet, mit der allgemein angenommenen Analyse der Elemente, mit der Technik, der Kunst und der Wissenschaft, mit der Alltagsgewohnheit, der Legende, der Religion, selbst bereits mit der benutzten Sprache dringt das Kollektiv in den Prozeß des Schauens und Sehens, Denkens und Erkennens ein. Wenn jede Beobachtung, sei es eine alltäglich gemeine oder auch die genauest wissenschaftliche, ein Modellieren ist, dann liefert die Schablone das Kollektiv. Und eine andere Möglichkeit gibt es nicht.

Das ist kein Skeptizismus. Anders wäre ein Sich-Verständigen und Zusammenleben der Menschen unmöglich.

Der Prozeß des Erkennens ist nicht, wie es die individualistische Anschauung verkündet, zweigliedrig: Er spielt sich nicht ausschließlich zwischen irgendeinem abgetrennten »Subjekt« und irgendeinem ebenso absoluten »Gegenstand« ab. Das Kollektiv ist in diesen Prozeß als drittes Glied eingeschlossen, und es gibt keinen Weg, irgendeines dieser drei Glieder aus dem Prozeß des Erkennens auszuschließen: Alles Erkennen ist ein Prozeß zwischen dem Individuum, seinem Denkstil, der aus der Zugehörigkeit zu einer sozialen Gruppe folgt, und dem Objekt. Es hat keinen Sinn, über das erkennende Subjekt unabhängig vom Denkstil oder über einen Gegenstand unabhängig von beiden zu sprechen, genauso wie man nicht über ein ohne Individuen bestehendes Kollektiv sprechen kann. Der Satz »Jan erkennt den Gegenstand *C*« ist unvollständig, genauso wie der Satz »dieses Buch ist größer«. Man muß sie vervollständigen: »Jan, als Teilnehmer an der Kultur *K*, oder Jan auf der Grundlage des Stils *S*, erkennt den Gegenstand *C*«, »dieses Buch ist größer als jenes«.

Leicht zu bemerken ist, daß, wenn in einer Gruppe von Menschen ein lebhafter Gedankenaustausch stattfindet, in Kürze eine spezielle kollektive Stimmung entsteht, die bewirkt, daß die Menschen Sätze sagen, die sie in anderen Gruppen nicht gesagt hätten.

Wenn eine solche Gemeinschaft lange genug andauert, wird eine deutliche soziale Struktur sichtbar: Gewisse Individuen beginnen voranzugehen, andere ordnen sich unter. Es entstehen Rivalität, der Wunsch zur Nachahmung, Bewunderung, Verachtung, Sympathien und Antipathien. Es formieren sich Parteien, gewisse Sätze werden unterstrichen, weil sie Herr N. gesagt hat, andere werden mißachtet, weil sie Herr M. gesagt hat. Es formieren sich Grundsätze des Gedankenaustausches und des Benehmens, es entsteht eine Ideologie. Verschweigungen werden ergänzt und unklare Sätze in ihrem Sinne ausgelegt. Wir stehen schließlich einem System von Anschauungen gegenüber, deren Autorschaft in keinem Individuum liegt: Sein Autor ist die Gemeinschaft. Eine sehr intensive gemeinsame Stimmung kann sogar zu den bekannten und nicht selten beobachteten kollektiven Suggestionen und Halluzinationen führen.

Wenn die Gemeinschaft groß genug ist und über viele Jahre in gleichmäßiger Stimmung verharrt, erzieht sie ihre selbst nicht an einer Stelle konzentrierten Teilnehmer, schafft Solidarität und das Vertrauensgefühl der Mitglieder zueinander. Sie werden dieselben charakteristischen ganzheitlichen Gestalten sehen, sie werden an die Dogmen der kollektiven Weltanschauung glauben, sie werden ausschließlich in den Kategorien eines bestimmten Stils denken. Denn das, »was im Menschen denkt, das ist gar nicht er, sondern seine soziale Gemeinschaft« (Gumplowicz).[XXI] Die Handlungsweise der Mitglieder, ihre Taten und die ganze Lebensgrundlage werden aus dem gemeinschaftlichen Zwang hervorgehen: Der Stil wird sich nach außen in einer gemeinsamen Sprache und gemeinsamen Institutionen, ähnlicher Kleidung, Häusern, Werkzeugen usw. realisieren.

Abb. 17. Die Dame bindet die Hände ihres Liebhabers (Zeichnung aus dem 14. Jahrhundert). Das Pferd in Größe eines Hundes, das Schloß wie ein invalides Hüttchen. Der Zeichner hat eine Reihe getrennter Gestalten vorgestellt: Das Pferd, die Dame, das Schloß, der Kopf im Fenster – so wie er die Szene sieht.[XXII]

LÉVY-BRUHL, ausgehend von Forschungen über das Denken primitiver Völker, behauptet, daß das Studium »der Kollektivvorstellungen und ihrer Verbindungen Licht auf das Entstehen unserer Kategorien und logischen Prinzipien wirft. Dieser Weg wird zu einer neuen positiven Erkenntnistheorie führen, die sich auf die vergleichende Methode gründet.«[XXIII] Leider glaubt dieser Autor gleichzeitig an die objektiven Merkmale der Gegenstände, auf die die Aufmerksamkeit des Beobachters automatisch gelenkt wird, wenn die mythischen Elemente an Kraft verlieren – er selbst also wird seiner Theorie untreu.

Es bestehen beständige, über eine jahrhundertealte Tradition verfügende Denkgemeinschaften, z. B. die Gemeinschaften der Menschen, die sich mit einer bestimmten Wissenschaft oder einer bestimmten Philosophie beschäftigen, die eine bestimmte Religion auszeichnet, die in bestimmten Berufen arbeiten. Die einen wirken auf ihre Mitglieder stärker, die anderen schwächer ein, deshalb entsteht einmal ein reicher und konsequenter Stil, ein anderes Mal kaum kümmerliche Anfänge.

Wenn sich ein solcher reicher und ausgebauter Stil des Denkens entwickelt, wird es für die Mitglieder der Gemeinschaft, zumindest was gewisse Probleme angeht, schwierig, manchmal unmöglich, sich mit Menschen außerhalb der Gemeinschaft zu verständigen. Vergeblich würde ein Naturwissenschaftler versuchen, sich mit einem Theosophen, Mystiker oder Kabbalisten zu verständigen: Selbst wenn sie dieselben Worte benutzen, sprechen sie über etwas anderes, weil ihre Worte eine andere Bedeutung, ihre Begriffe eine andere Stilfärbung haben, ihr Schließen sich anderer Zusammenhänge bedient, Ausgangspunkt und Ziel ihres Denkens andere sind. Jeder gehörte Satz wird vom Mitglied eines fremden Kollektivs mehr oder weniger in seinen eigenen Stil umgestaltet, also sagt der Aussagende etwas anderes, als der Hörende versteht: *Auf der zwischengemeinschaftlichen Wanderung unterliegt der Gedanke der Verformung*, und deshalb ist es für die Mitglieder unterschiedlicher Denkkollektive unmöglich, sich zu verständigen.

Anders ist es auf der gemeinschaftsinternen Wanderung. Jede Denkgemeinschaft zeigt deutlich zwei Klassen von Mitgliedern auf: Elite und Masse. Ob das Priester und die treue Schar, eingeweihte Jünger und gewöhnliche Mitglieder, Fachleute und Laien, Meister und Gesellen sind – immer ist dieses Merkmal sozialer Struktur deutlich. Die Masse schaut auf die Elite mit ihrem Vertrauen, die Elite ist von der Masse als Träger der übermächtigen »allgemeinen Meinung« abhängig. *Jede gemeinschaftsinterne Wanderung eines Gedankens verstärkt ihn*: Der Laie nimmt den Satz des Fachmanns wie eine Offenbarung an, die er nicht kontrollieren kann, also wächst die Apodiktizität der Aussage. Der Fachmann, der seinen eigenen, vom Laien zurückkehrenden Gedanken hört, nimmt ihn als bestätigt, als *vox dei* an. Genauso bestärken sich Laien unter sich oder Fachleute unter sich im Denkstil, wenn sie sich davon überzeugen, daß »der Kollege dasselbe denkt«. Auf der gemeinschaftsinternen Wanderung unterliegt jeder Gedanke also *ipso sociologico facto* der Bestärkung. Daher rührt seine Macht über die Mitglieder der Gemeinschaft, die an die außermenschliche Herkunft der gegebenen, einzig guten Denkweise glauben. Daher rührt die Verachtung für Menschen, die anders, d. h. schlecht denken.

Die Soziologie des Denkens ist eine junge, von den Naturwissenschaftlern unterschätzte Wissenschaft. Um so besser kennen und mißbrauchen sie die Politiker, um so schlechter kommt die ganze Menschheit dabei weg.

Die Wissenschaftler, am häufigsten Individualisten, wollen die gemeinschaftliche Natur des Denkens nicht sehen. Was wurde aber aus ihrer renommierten Genialität? Daher rührt der ewige, unsinnige Streit über den »Materialismus« und »Idealismus«, über den Apriorismus und Empirismus, über die Unübertragbarkeit der Anschauungen aus entfernten kulturellen Kreisen und die Unmöglichkeit, frühere Epochen zu verstehen. Daher rühren die Legenden von der geheimnisvollen Intuition und die Flucht in Metaphysik oder Mystik.

Erst die Soziologie des Denkens kann uns das Problem erklären, warum Menschen sich verständigen und nicht verstehen. Sie kann fruchtbar so wichtige Phänomene untersuchen wie die Propaganda, das Wirken der Autorität, die Rolle der Nachahmung, die intellektuelle Zusammenarbeit und Konkurrenz, die Wege und Arten, auf denen sich Anschauungen ausdehnen. Sie untersucht die Frage der Einführung in einen bestimmten Denkstil, die Frage, wie sich Kollektive abschließen, und die ihrer inneren Organisation. Die Frage der charakteristischen Struktur verschiedener Kollektive, z. B. des Kollektivs des wissenschaftlichen Gedankens, des Kollektivs des Alltags, der Psychologie bestimmter Berufe, bestimmter Klassen oder anderer Gruppen. Die Psychologie bestimmter Entwicklungsstände der Gesellschaft, z. B. die Psychologie primitiver Völker, die Psychologie der Revolution, der Periode von Stockung und Rückständigkeit. Die Psychologie und die Weltanschauung vergangener Epochen.

Die Vorteile aus einer so gefaßten Soziologie des Denkens sind klar: Sie bietet die Möglichkeit, das intellektuelle Leben der Gesellschaft rational zu lenken. Sie findet den Weg, die Masse gegen die rücksichtslose Propaganda abzuhärten. Als vergleichende Wissenschaft wird sie dem Fanatismus, jenem Feind der Menschheit Nr. 1, entgegenwirken.

Statt einer Weltanschauung, die fortwährenden Veränderungen

unterliegt und abhängig von Zeit und Ort ist, bietet sie eine Anschauung des Entstehungsmechanismus von Weltanschauungen. Statt dem, was die Menschen teilt, zeigt sie ihnen das, was, allen gemeinsam, sie einander nähert.

I Ludwik Fleck, »Patrzeć, widzieć, wiedzieć«, in: *Problemy* 2 (1947), S. 74-84; SMF, S. 163-184. Übersetzt von Thomas Schnelle, durchgesehen von Sylwia Werner. Komm.: CZ. Fleck kehrt mit diesem Aufsatz zu seinen früheren Forschungen über die Rolle der Gestaltwahrnehmung in der Wissenschaft aus dem Jahr 1935 zurück und wiederholt dabei auch mehrere seiner alten Abbildungsbeispiele. Vgl. EET, S. 48f. und 179-187, »Zur Frage der Grundlagen der medizinischen Erkenntnis« und »Über die wissenschaftliche Beobachtung und die Wahrnehmung im allgemeinen«, in diesem Band. *Problemy* [*Probleme*] (1945-1993) war die wichtigste populärwissenschaftliche Monatsschrift der Nachkriegszeit in Polen, zu deren Redakteure u.a. der Schriftsteller und Dichter Julian Tuwim sowie der Mathematiker und Freund Flecks Hugo Steinhaus zählten.

II Vgl. »Wer vor etwas Neuem steht, etwa einem futuristischen Bild, fremdartiger Landschaft, oder auch zum ersten Male vor dem Mikroskop, ›weiß nicht, was er sehen soll‹. Er sucht nach Ähnlichkeiten mit dem Bekannten, übersieht eben das Neue, Unvergleichliche, Spezifische. Auch er muß erst sehen lernen.« »Zur Krise der ›Wirklichkeit‹«, in diesem Band, S. 53, und ET, S. 47.

III Zur »Denkgemeinschaft der Modewelt« siehe EET, S. 141f., und »Über die wissenschaftliche Wahrnehmung und die Beobachtung im allgemeinen«, in diesem Band, S. 213 (vgl. auch S. 291).

IV Zu Flecks Verhältnis zur Gestaltpsychologie vgl. EN VII zu: »Über die wissenschaftliche Beobachtung und die Wahrnehmung im allgemeinen«, in diesem Band.

V Vgl. dazu de Saussure, *Cours de linguistique générale* [1916], Deuxième partie, chapitre IV, § 3 »La valeur linguistique considéré dans son aspect matériel«. Hinweis von Johannes Fehr.

VI Vgl. zu den »Geruchsgestalten« die Studie des Hornbostel-Schülers Walter Börnstein, »Über den Geruchssinn«, in: *Deutsche Zeitschrift für Nervenheilkunde* 104 (1928), S. 55-77, 78-91, 173-207.

VII Zum Terminus »Transposition« vgl. Wolfgang Köhler, *Die psychischen Gestalten in Ruhe und in stationärem Zustand*, Braunschweig 1920. »Gestaltete Wahrnehmungsinhalte« seien dadurch gekennzeichnet, daß wir die »Gestalt« als solche »transponieren«, d.h. mit anderen Elementen wiedergeben und wiedererkennen könnten.

VIII Das »ą« ist ein Sonderzeichen im polnischen Alphabet. Es wird ungefähr wie das »-on« im französischen »ballon« als Nasallaut prononciert (A. d. Ü.). Vgl. dazu: »Über die wissenschaftliche Beobachtung und die Wahrnehmung im allgemeinen«, in diesem Band, S. 214f.

IX Das »ł« ist ein Sonderzeichen im polnischen Alphabet. Er wird ungefähr wie das »w« im Englischen »water« prononciert (A. d. Ü.)

X Das polnische Wort »postać« bedeutet auf Deutsch »Gestalt«. In ET wird zusätzlich im Haupttext das Schriftbild von »Gestalt« abgebildet.

XI Anspielung auf die bekannte gleichnamige Erzählung von Anton Tschechov.

XII Kozia Wólka [dt. Bestendorf]: eine ländliche Siedlung im Nordosten Polens; im 18. Jahrhundert war der Ort ein bekannter adliger Gutshof.

XIII Zeichnung des Malers und politischen Graphikers Bronisław Wojciech Linke (1906-1962) [Signatur: BWLinke 1947], eines engen Freundes des polnischen Dichters und Malers Stanisław Ignacy Witkiewicz (welcher wiederum mit Flecks Freund Chwistek befreundet war), der sich zeitweilig in Lemberg aufhielt und 1946 politische Karikaturen in Zeitschriften wie *Problemy* veröffentlichte, darunter einige, die Warschau in Schutt und Asche zeigen und die Flecks Überlegungen angeregt haben könnten. Vgl. Szymon Kobyliński, *Bronisław Wojciech Linke. Studium warsztatu plastycznego*, Warschau 1969.

XIV Abb. aus Karl Sudhoff, *Tradition und Naturbeobachtung in den Illustrationen medizinischer Handschriften und Frühdrucke vornehmlich des 15. Jahrhunderts*, Leipzig 1907, Studienheft 1, Tafel IX a: »Anatomische Aderlassfigur, Miniatur aus einer italienischen Hdschr. vom Anf. des 15. Jahrh.; im Besitze des Münchener Antiquars Herrn Jacques Rosenthal.« Fleck bringt und beschreibt diese Abbildung auch in EET, S. 182, und in »Zur Frage der Grundlagen der medizinischen Erkenntnis«, in diesem Band.

XV Dieser Satz fehlte in der Übersetzung von Thomas Schnelle.

XVI Vgl. die EN XV zu: »Zur Frage der Grundlagen der medizinischen Erkenntnis«.

XVII Erwin Schrödinger, *Über Indeterminismus in der Physik. Ist die Naturwissenschaft milieubedingt? Zwei Vorträge zur Kritik der naturwissenschaftlichen Erkenntnis*, Leipzig 1932. Fleck beruft sich mehrfach auf diesen Text, vgl. dazu: »Wissenschaft und Umwelt«, »Antwort auf die Bemerkungen von Tadeusz Bilikiewicz« und »Zur Frage der Grundlagen der medizinischen Erkenntnis«, in diesem Band.

XVIII Arthur Eddington, *Das Weltbild der Physik und ein Versuch seiner philosophischen Deutung*, Braunschweig 1931.

XIX Bei der Abbildung handelt es sich um eine Miniatur aus der *Weltchronik in Versen*, Nürnberg 1370.

XX James Jeans, *The New Background of Science*, Cambridge 1934. Vgl.

dazu EN IV zu »Zur Frage der Grundlagen der medizinischen Erkenntnis«, in diesem Band.

XXI Ludwig Gumplowicz, *Grundriß der Soziologie*, 1905, S. 269, zit. nach Wilhelm Jerusalem, »Die soziale Bedingtheit des Denkens und der Denkformen«, in: Max Scheler (Hg.), *Versuche zu einer Soziologie des Wissens*, München 1924, S. 182-207 (hier S. 182). Siehe dazu die Erläuterungen in den EN III-V zu »Das Problem einer Theorie des Erkennens«, in diesem Band.

XXII Es ist keine Zeichnung, sondern eine Miniatur des ›Grundstockmalers‹; sie zeigt den Minnesänger Bruno von Hornberg aus der Großen Heidelberger Liederhandschrift, dem sog. *Codex Manesse*, Zürich 1305-1340, fol. 251. Ingo F. Walther kommentiert das Blatt vermutlich auf der Basis älterer, auch Fleck zugänglicher Beschreibungen. »Die Herrin höchstselbst ist zur Burg ihres Sängers geritten und fesselt ihn mit goldenen Banden die Hände. ›Miner frowen minne strike, hant gebunden mir den lip‹ – aus diesen Versen hat der Maler seine Darstellung abgeleitet. Das Größenverhältnis zwischen den Gestalten und der Architektur macht deutlich, daß nur das als groß gilt, was im Bilde bedeutsam oder im Sinne der Zeit bedeutend ist, und klein, was zurücktritt und nur erläutert. Wenn daher eine Gestalt größer ist als ein Tor, dann gehört das Hindurchgehen nicht zum Bildinhalt; käme es auf das Hindurchgehen an, so würde auch das Tor entsprechend groß gezeigt. Für die Szene dieses Bildes brauchte der Maler keine Architektur, wie sie gebaut wurde, sondern nur eine allgemeine und völlig freie Vorstellung des Burghaften überhaupt. [...] Darin liegt keine Naivität oder gar Ungeschicklichkeit des Malers, sondern eine grundsätzlich andere Einstellung zum Gegenüber der Welt, eine andere Art zu sehen, eine andere geistige Haltung« (Ingo F. Walter [Hg.], *Sämtliche Miniaturen der Manesse-Liederhandschrift*, Aachen 1981, Tafel 81).

XXIII Lucien Lévy-Bruhl, *Das Denken der Naturvölker*, Wien [2]1926, hg. von Wilhelm Jerusalem, übers. v. Paul Friedländer, S. 1f. Vgl. EET, S. 62-66, und »Das Problem einer Theorie des Erkennens« in diesem Band sowie die dortigen Erläuterungen in den EN.

Über Leukergie[I]

Das Grundphänomen der Leukergie[II] besteht darin, daß bei verschiedenen fieberhaften Krankheiten (Pneumonie, Typhus, Angina) die weißen Blutkörperchen im Citratblut[III] die Tendenz haben, zu kleineren oder größeren Häufchen zu verklumpen. Ist die Leukergie sehr stark, so geschieht dies gleich nach der Blutentnahme, und es verklumpen 70-80 Prozent der weißen Zellen. In anderen Fällen muß das Blut zuerst einige Stunden stehen, und es agglomerieren nur 10-15 Prozent der Zellen. Grundsätzlich zeigt normales Blut diese Erscheinung nicht.

In den meisten Fällen agglomerieren nur neutrophile Leukozyten, doch sind besonders bei länger dauernden Krankheitsprozessen auch Häufchen von Lymphozyten, Monozyten und Eosinophilen zu sehen. Charakteristisch und interessant ist die Tendenz zur Bildung von zytologisch homogenen Zellhäufchen: Es bilden sich rein granulozytäre oder rein lymphozytäre oder auch rein monozytäre Agglomerate öfter, als nach statistischer Berechnung aufgrund des Zufalls zu erwarten wäre. Auch Thrombozyten haben Anteil an der Erscheinung, sie verklumpen zu großen Haufen; und es ist bezeichnend, daß Granulozyten oft mit Blutplättchen gemischte Agglomerate bilden, Lymphozyten dagegen nicht.

Ich habe das Phänomen erstmalig im Jahre 1942 beobachtet und als Wirkung von Autoagglutininen betrachtet. Diese Ansicht wurde vor allem gestützt durch die Existenz zellspezifischer Antigene, wie sie für Neutrophile, Lymphozyten und Myeloblasten von Ledingham und Bedson,[IV] Hirszfeld und Halber,[V] Fleck und Lille,[VI] Steinberg und Martin[VII] nachgewiesen wurde. Die vermuteten Agglutinine habe ich Zytoordine genannt. Doch haben sich mit der Zeit Einwände gegen die spezifisch-serologische Natur des Phänomens ergeben, und ich habe sodann das Phänomen Leukergie genannt, um mit dieser Benennung das Besondere der Erscheinung zu betonen und jede Vorwegnahme von deren Natur und Mechanismus zu vermeiden.

Es hat sich im Laufe der Untersuchungen erwiesen, daß die leukergischen Blutkörperchen sowohl in bezug auf ihre Motilität als auch auf ihre phagozytäre Tätigkeit[VIII] *aktiver* als die nichtleukergischen sind, und es ist die Bezeichnung ›Leukergie‹, die bereits in mehr als 40 Publikationen seit 1946 eingeführt ist, als »Aktivierung des leukozytären Apparates« sinngemäß zu deuten.

Methode (*Arch. Path.* 47, 261, 1949[IX]; *Sang* 20, 1, 1949[X]): Den Grad der Leukergie drückt man am besten als Prozentsatz der zusammengeklebten Zellen aus, welcher am dicken Tropfen des während 3 Stunden im Brutschrank aufbewahrten Citratblutes bestimmt wird. Man durchmustert den gut ausgebreiteten Tropfen längs des Äquators und zählt von 500-1000 Zellen die zusammengeklebten und die frei liegenden aus. Als agglomeriert gelten Zellen, welche in einer Zahl von mindestens drei in einer Entfernung beieinander liegen, die kleiner ist als der Zelldurchmesser. Man kann Lymphozyten, Granulozyten und Monozyten separat auszählen und bekommt Leukergie-Blutbilder, deren klinische Verwertung Gegenstand weiterer Bearbeitung ist. Niemals haben wir Fälle von 100 Prozent Leukergie beobachtet, die höchsten Werte betragen etwa 90 Prozent und sind selten. Häufig findet man dagegen Werte zwischen 40 Prozent und 60 Prozent.

Neben der Auszählung ist das Schätzen des Leukergiegrades und seine Bezeichnung mit ±, + bis + + + + möglich, ein Verfahren, das in der Hand des Geübten sehr verläßliche Resultate innerhalb von 2 bis 3 Minuten liefert.[1]

Nicht jedes Zusammenkleben der Leukozyten ist Leukergie. Ein Zusammenkleben wird hervorgerufen durch entsprechend langes Zentrifugieren, durch Alkaisierung bzw. Ansäuerung des Citratblutes, durch Antistin- bzw. Heparinzusatz, durch Bakterienwachstum, durch spezifisches Antileukozytenserum usw. Dies alles sind aber keine Leukergieerscheinungen, weshalb ein besonderer Name für das Phänomen gerechtfertigt ist.

Hauptmerkmale der Leukergie: Leukergie ist keine humorale, sondern eine zelluläre Erscheinung. Leukergische Leukozyten, welche vor dem Zusammenballen gewaschen und in ein normales Plasma übergeführt werden, verklumpen dort wie im eigenen Plasma. Nichtleukergische Leukozyten, schonend gewaschen und in das Plasma leukergischen Blutes gebracht, verklumpen nicht. Es ist uns weder gelungen, ein spezifisches Agglutinin im Serum des leukergischen

1 Verhältnis Blut: 3,8 Prozent Natr.-citric.-Lösung = 4 : 1. Ein Überschuß an Natr. citric. hemmt die Agglomeration. Eine 2-4 Prozent NaCl-Lösung hemmt sie fast vollständig. Der Geübte bemerkt einen starken Überschuß der Lösung an der zu kleinen Zahl der Leukozyten im Tropfen. Die Temperatur der Inkubation und beim Trocknen des dicken Tropfens darf 42 °C nicht überschreiten, da bei etwa 46 °C die Agglomerate (nur zum Teil reversibel) auseinandergehen.

Blutes nachzuweisen, noch ein solches aus agglomerierten Leukozyten zu isolieren. Blutplättchen sind für den Mechanismus der Leukergie nicht wesentlich, obwohl sie fast immer in den Agglomeraten der Granulozyten vorkommen.[XI] Bei Tieren, deren Plättchen mit Antithrombozytenserum nach LEDINGHAM[XII] vernichtet wurden, kann Leukergie nach wie vor in Erscheinung treten. Man sieht dann besonders deutlich, daß zwischen den Zellen eines ausgebreiteten Haufens verbindende protoplasmatische Brücken oder Fäden von verschiedener Stärke und Länge (1-10 μ)[XIII] vorhanden sind. Da die Länge dieser Fäden nur selten 10 μ übersteigt, betrachten wir Zellen, die in größerem Abstand voneinander liegen, nicht als agglomeriert. Die Beobachtung am hängenden oder liegenden Tropfen auf dem heizbaren Objekttisch zeigt, daß aktive Leukozytenbewegungen keine Beziehung zum Agglomerationsprozeß haben und daß dabei auch keine Fernwirkung zwischen den Zellen (Anziehung) stattfindet. Die Agglomerate kommen zustande durch passives, zufälliges Aneinanderstoßen klebriger Zellen. Eine nachfolgende Bewegung kann dieselben auseinanderbringen, doch bleiben ausgezogene, verbindende Brücken bestehen, die sich zu langen Fäden ausstrecken können und verursachen, daß durch weitere passive Bewegungen die Zellen eher zueinander als auseinander verschoben werden. Bevor kompakte Häufchen entstehen, sieht man deshalb an vielen Stellen des Präparates eine Ansammlung der Zellen, welche sich scheinbar nicht berühren. Doch sind im Dunkelfeld oder mittels der Phasenkontrasteinrichtung feine Verbindungen bereits sichtbar. So entstehen Gruppen von Zellen, die immer dichter beieinander liegen und schließlich zu kompakten Haufen verklumpen. Wenn man annimmt, daß die Adhäsion zwischen gleichartigen Zellen stärker ist als zwischen ungleichartigen, so könnte damit die Tendenz zur zytologischen Homogenität der Agglomerate erklärt werden. Man sieht auch sehr feine verbindende Fäden zwischen leukergischen Leukozyten und Erythrozyten. Doch sind sie so schwach, daß sie bald zerreißen und keine Klumpenbildung der leukergischen Leukozyten mit Erythrozyten zur Folge haben. Die Agglomerate der Granulozyten stellen lose, unregelmäßige Häufchen dar, während diejenigen der Lymphozyten eher zusammengedrängte Form annehmen (Drei-, Vier- oder Fünfecke. Bei vielen Zellen eine dichte Morulagestalt).[XIV]

Leukergische Blutkörperchen haften am Glas stärker als normale. Bringt man stark leukergisches Citratblut auf einen Objektträger, läßt es mehrere Minuten stehen und gießt ab, so bleiben mehr Leukozyten am Glas haften als bei normalem Blut. Die klebrigen Zellagglomerate sind auch an den Wänden eines Reagenzglases bei Lupenvergrößerung sichtbar, wenn man dasselbe neigt.

Mehrere Beobachtungen sprechen dafür, daß *bereits im Organismus leukergische Agglomerate von weißen Blutzellen*, eventuell zusammen mit Thrombozyten, auftreten. Bei starker Leukergie kommen im Blut sofort nach der Entnahme Konglomerate von weißen Zellen und Thrombozyten vor. Ferner sind solche Agglomerate in Schnitten von Blutextravasaten,[XV] die bei leukergischen Tieren *intra vitam* entstanden sind, sehr deutlich sichtbar, während in analogen Extravasaten normaler Tiere die Leukozyten einzeln verstreut liegen. In den Blutgefäßen *intravital* ausgeschnittener Ohrmuschelteile leukergischer Tiere findet man bei sorgfältiger Durchmusterung die Konglomerate ebenfalls. Bei Kapillaroskopie der Ohrmuschel einer leukergisch gemachten Maus sieht man in den Gefäßen schmiegsame weiße Kugeln im Blutstrom vorbeischießen. Dieselbe Erscheinung ist mit der Spaltlampe an der Augenbindehaut des Menschen zu sehen. Da dieses Phänomen mit einem positiven Bluttest einhergeht, kann angenommen werden, daß das Bestehen einer Leukergie mit Hilfe der Spaltlampe feststellbar ist.

Höchstwahrscheinlich beziehen sich auch die in der Literatur vorliegenden Beobachtungen über »kleine Häufchen von Blutplättchen mit einem Leukozytenrand«, über »weiße Thromben, wie sie sich im strömenden Blut beim lebenden Tier beobachten lassen« (Eberth und Schimmelbusch, Richter, Tannenberg),[XVI] sowie über »white emboli« (Copley)[XVII] oder »platelet and leucocyte thrombi« (Ebert und Wissler)[XVIII] und die als »sludged blond« beschriebene Blutveränderung (Knisely, Bloch)[XIX] auf am lebenden Organismus feststellbare Leukergieerscheinungen.

Leukergie ist in erster Linie ein die Entzündung begleitendes Phänomen. Man beobachtet es regelmäßig bei fieberhaften Krankheiten, wo es um mehrere Tage das Fieber überdauert; sodann bei lokalisierten Entzündungsprozessen, nach intrapleuraler Terpentininjektion bei Versuchstieren, nach intravenöser Einspritzung abgetöteter Bakterien oder fremden Eiweißes (besonders bei sensibilisierten Tieren, Borkowska [Borecka][XX] in meinem Institut). Von gramnegativen Bakterien wie *B. coli* oder *B. proteus* genügen etwa 50-100 Millionen toter Keime pro Kaninchen, um Leukergie hervorzurufen, die nach etwa 5 Stunden erscheint und etwa 3-4 Tage dauert. Auch rein dargestelltes Endotoxin dieser Keime ist stark wirksam, doch nicht mehr das atoxische Hapten[XXI] (MURCZYŃSKA in meinem Institut).[XXII] Bakterientoxine, die eine Entzündung hervorrufen, wie Diphtherie oder Perfringenstoxin, lassen Leukergie entstehen. Anatoxine sind unwirksam, ähnlich wie z. B. das Diphtherietoxin bei immunisierten Tieren oder das rein neurotrop wirkende Toxin des *B. botulinus* (SZCZYGIELSKA in meinem Institut).[XXIII]

Der typische Reaktionsverlauf nach Injektion von *B. coli* ist in Abb. 1 und 2 dargestellt. Wir sehen, daß Leukergie zur gleichen Zeit oder etwas früher als die Leukozytose[XXIV] (nach initialer Leukopenie) feststellbar ist, aber bedeutend länger als diese dauert (3-4 Tage). Beschleunigte Blutsenkung erscheint meist später als Leukergie und dauert etwa 24 Stunden. Temperaturerhöhung beginnt gleichzeitig oder etwas früher als Leukergie, dauert aber nur wenige Stunden. Bei täglichen Bakterieninjektionen erschöpft sich die Leukozytose nach etwa 7-10 Tagen, nicht aber die Leukergie. Spritzt man zu viele Bakterien auf einmal, so dauert die leukopenische Phase etwa 24 Stunden, die Leukergie kann aber trotzdem zu gewöhnlichem Zeitpunkt erscheinen. In der ersten Reaktionsphase (der sympathikotonischen nach HOFF)[XXV] verkleben fast nur Granulozyten, in der zweiten, vagotonischen Phase erscheinen zugleich mit dem Anstieg der relativen Lymphozytose auch leukergische Lymphozyten. Leukergie kann also bei normaler Temperatur und Leukozytenzahl (z. B. in der Rekonvaleszenz) oder auch bei Leukopenie (*Typhus abdominalis*, schwere Sepsis) bestehen. Jede entzündliche Leukozytose wird aber von ihr begleitet.

Außer den typischen entzündlichen Prozessen findet man regelmäßig *Leukergie während der normalen Gravidität* (HELLING-KWIATKOWSKI in meinem Institut).[XXVI] Sie beginnt etwa im vierten Monat, steigt bis zur Geburt an und fällt dann langsam während der folgenden 3-4 Monate ab. Sodann erscheint Leukergie nach angestrengter Muskelarbeit, nach schweren epileptischen Anfällen, nach Elektroschock (W. STEIN, Neurol. Klinik, Lublin).[XXVII] Sie gehört auch zu den regelmäßigen Operationsfolgen, da sie sich nach größeren Operationen, auch den aseptischen, regelmäßig einstellt und einige Tage dauert (UMIASTOWSKA, Chir. Klinik, Lublin).[XXVIII] Bei allen diesen Zuständen tritt auch eine Leukozytose ein, und zwar gleichzeitig oder unmittelbar nach dem Beginn der Leukergie.

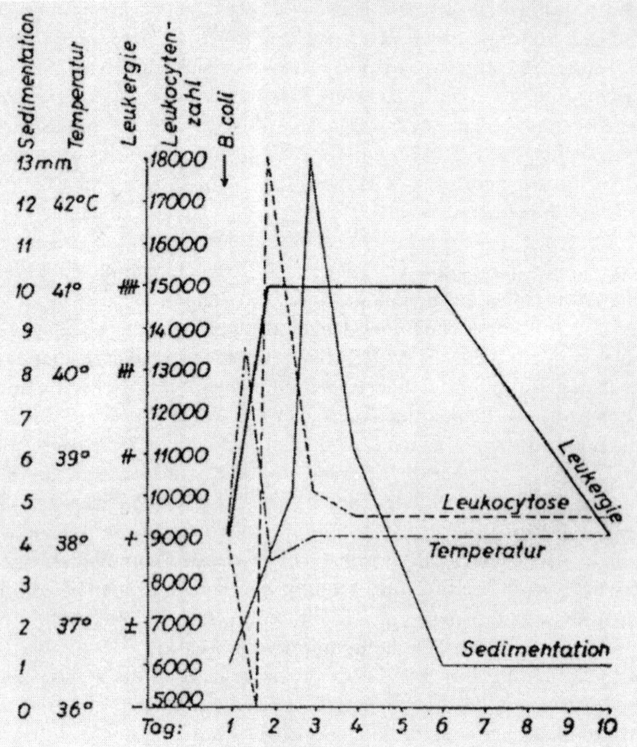

Abb. 1. Reaktionsverlauf beim Kaninchen nach Injektion von B. coli *(schematisch).*

Blutverlust, der beim Menschen 300 cm^3 oder mehr, beim Kaninchen 25 cm^3 oder mehr beträgt, führt zur Leukergie. Diese erscheint sehr früh, schon nach 2 Stunden. Zugleich oder bald nachher steigen die Retikulozyten und die Leukozyten an (Gregosiewicz in meinem Institut).[xxix]

Auch Menkins »Leukocytosis Promoting Factor« (LPF)[xxx] ruft Leukergie hervor. Bereits nach 45-60 Minuten sind ein Anstieg der Leukozytenzahl und zugleich (oder etwas früher) Leukergie zu sehen. Eine leukopenische Phase vor dem Anstieg, wie sie nach Injektion von Bakterien oder von fremdem Eiweiß stets eintritt, fehlt in der Re-

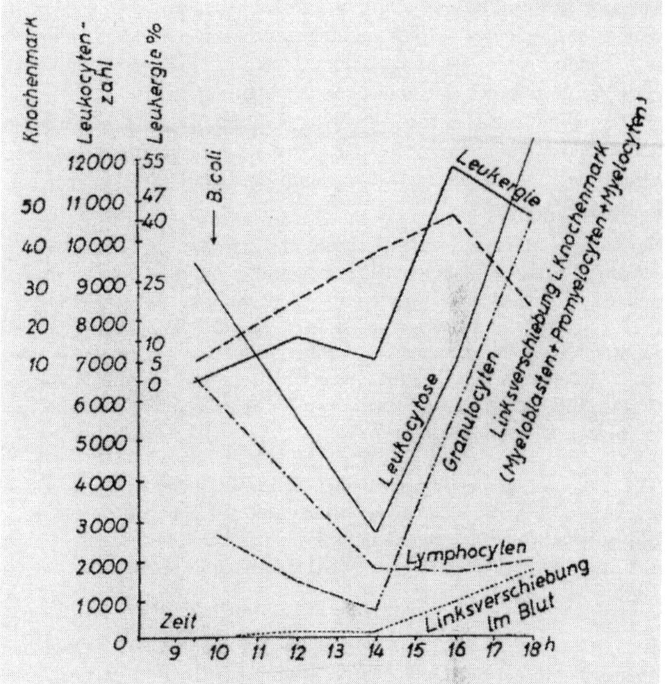

Abb. 2. Reaktionsverlauf beim Kaninchen Nr. 117 nach Injektion von B. coli *(25. 3. 1950).*

gel. Die Leukergie dauert nach Injektion von LPF kürzere Zeit als nach Bakterieninjektion und verschwindet bald nach der Leukozytose (5-6 Stunden).

Aus den besprochenen Beobachtungen scheint zu folgen, daß Leukergie allgemein die beschleunigte Leukopoese begleitet: Sie erscheint nach allen untersuchten entzündlichen wie regenerativen leukopoetischen Reizen, und zwar gleichzeitig oder unmittelbar vor dem feststellbaren Leukozytenanstieg. Sie wird von einer Linksverschiebung im Blutbild und im Myelogramm begleitet. Falls man im Experiment die Leukergie vor der Linksverschiebung oder der Leukozytose feststellt, ist dies nur eine Folge der größeren Empfindlichkeit des

Leukergietestes. Die Leukergie in leukopenischem Blute, z.B. beim *Typhus abdominalis*, spricht nicht gegen eine verstärkte Leukopoese,[xxxi] sondern beweist einen noch stärkeren Leukozytenzerfall, welcher gleichzeitig mit der Leukopoese stattfindet.[2]

Wir nehmen an, daß die nach den genannten Reizen frisch aus den leukopoetischen Organen in den Kreislauf ausgeschütteten weißen Blutkörperchen besonders klebrig sind und daß diese Eigenschaft Leukergie bedingt.

Nun entsteht die Frage, wie es sich mit der Regeneration der Leukozyten verhält, da die Lebensdauer derselben bekanntlich nur etwa 4-5 Tage dauern soll. Wenn wir annehmen würden, daß auch die normale Erneuerung der Leukozyten zeitweilig klebrige Zellen liefere und daß diese Klebrigkeit etwa 24 Stunden dauere, dann müßte normalerweise eine Leukergie von etwa 20-25 Prozent bestehen. Die Erfahrung lehrt aber, daß im Normalblut nur 0-3 Prozent klebriger Zellen vorkommen. Wir müssen also eine von den drei folgenden Alternativen annehmen:

(1) Die normale Erneuerung der weißen Zellen läßt diese, im Gegensatz zur beschleunigten Alarm-Leukopoese, in nichtleukergischem Zustande im Blutkreislauf erscheinen. (2) Die Klebrigkeit der frischen Zellen dauert nur wenige Stunden. (3) Die Lebensdauer der Leukozyten ist bedeutend länger als 4-5 Tage.

Es fehlen bis jetzt Tatsachen, die zwischen diesen Alternativen mit Gewißheit zu entscheiden erlauben. Ich halte die erste Alternative für die wahrscheinlichste; jedenfalls dauert die Klebrigkeit leukergischer Leukozyten im Reagenzglas bei Brutschranktemperatur mehr als 24 Stunden. Während dieser Zeit vollzieht sich unter Umständen die Reifung des Kernes, der sich aus der Stabform in die Segmentform umwandelt; die Klebrigkeit bleibt aber erhalten. Nach intravenöser Injektion kleiner Mengen des Menkinschen LPF erscheinen beim Kaninchen innerhalb von 5-6 Stunden die agglomerierenden Leukocyten im peripheren Blut gleichzeitig mit dem Anstieg der absoluten Zahl, um später wieder zu verschwinden. Es liegt nahe anzunehmen, daß leukergische Leukozyten sich nicht in normale Zellen verwandeln, sondern aus dem Kreislauf eliminiert werden. Es verschwindet nicht die Klebrigkeit, sondern es verschwinden die klebrigen Leukozyten. Die Annahme besonde-

2 In den letzten Jahren (1948-1950) sind einige Arbeiten von Fritze über Leukozytenaggregation erschienen, die sich offenbar auf das in dieser Arbeit besprochene Phänomen beziehen und meine älteren Arbeiten (1946) zitieren. Die Ergebnisse der Versuche von Fritze stimmen in mehreren Punkten mit den unseren überein, doch bestehen auch wichtige Unterschiede.

rer »Alarm-Leukozyten« und ähnlicher »Alarm-Lymphozyten« stößt jedoch auf manche Schwierigkeiten. Bei schwacher Leukergie muß z. B. die Klebrigkeit oft erst im Brutschrank reifen: Nach einer Stunde sind bloß etwa 3-5 Prozent der Zellen agglomerierbar, nach 2 Stunden 10 Prozent, nach 3 Stunden 25 Prozent. Die Klebrigkeit, gemessen an der Größe und der Dichte der Zellhäufchen, ist bei manchen Zuständen, z. B. in der Gravidität, deutlich schwächer als z. B. während der Lungenentzündung. Die Klebrigkeit der weißen Blutkörperchen bei entzündlichen Zuständen findet ihr Gegenstück in der Klebrigkeit der Gefäßendothelien.

Es wurde festgestellt, daß nach Encephalographie neben Leukozytose auch Leukergie auftritt, und zwar etwa 5-6 Stunden nach dem Eingriff (W. Stein, Neurol. Klinik, Lublin). Sie dauert 2-3 Tage.[xxxii] Da viele Autoren die Reizung eines hypothetischen, das Blutbild regulierenden Zentrums im Diencephalon als Ursache dieser Leukozytose annehmen (Hoff,[xxxiii] Borchardt[xxxiv]), stellte sich die Frage nach einer zentralen Genese der Leukergie. Seinerzeit haben Hoff und Linhardt Kaninchen, denen vorher das Halsmark durchschnitten wurde, mit toten Bakterien intravenös gespritzt und konnten dabei keine Leukozytose feststellen. Diese Ergebnisse, die von mehreren Autoren bestätigt wurden (Rosenow, Gotoh, Hayashida, Muto u. a.),[xxxv] gelten als einer der Grundbeweise für die zentrale Regulation des Blutbildes. Nun haben wir (W. Stein und L. Fleck)[xxxvi] die Versuche wiederholt und fanden, daß zwar in der Regel keine Leukozytose, aber regelmäßig Leukergie erscheint. Dieselben Verhältnisse fanden wir bei mit Amytalnatrium narkotisierten Kaninchen. Wir fanden auch (im Gegensatz zu Hayashida)[xxxvii] Linksverschiebung in Blutbild und Knochenmark. Unmittelbar nach der Bakterieninjektion (siehe Abb. 3 und 4) fällt die Zahl der Leukozyten (Granulozyten und Lymphozyten) genau wie bei normalen Tieren, um nach etwa 5-6 Stunden den Ausgangswert wieder zu erreichen. Zu gleicher Zeit, oder etwas früher, erscheint starke Leukergie wie bei normalen Tieren. Die Fortdauer der Leukopoese bei operierten Tieren unterliegt also keinem Zweifel, um so mehr als Linksverschiebung und Knochenmarksreizung festgestellt wurden und im Blutbild die relative Lymphozytose des normalen Kaninchens einer relativen Granulozytose Platz macht. Der Eingriff bzw. die Narkose beeinflussen also das Niveau der nach Bakterieneinspritzung stattfindenden Leukozytose, nicht aber die Leukopoese selbst. Der Einfluß des zentralen Nervensystems auf die Leukozytose unterliegt demnach keinem Zweifel. Die Leukopoese ist dagegen vom Zentralnervensystem unabhängig, oder sie wird auf anderem Wege als durch das Rückenmark gesteuert. Jedenfalls sind die mit dem Leukergietest gefundenen Resultate beachtenswert und müssen für die Theorie der Wirkung des zentralen Nervensystems auf das Blut in Betracht gezogen werden.

Es stellt sich nun die Frage nach der pathophysiologischen Bedeutung der Leukergie. Die Abwehr in der ersten Phase einer Infektionskrankheit, vor der Entstehung spezifischer Antikörper, steht im Zeichen des phagozytären Apparates. Die Klebrigkeit der Leukozyten hat sicherlich Beziehung zu deren für die Emigration wichtigen Randstellung bei entzündlichen Prozessen.[3] Sie ist ebenso von Belang für die Migration außerhalb der Gefäße. Sie hat wahrscheinlich auch Beziehung zur Verteilung leukergischer Blutleukozyten im Organismus, da diese oft sehr bald aus dem peripheren Kreislauf verschwinden. Die Zellagglomerate, an denen sich Thrombozyten beteiligen, haben die Fähigkeit, Bakterien einzuschließen und zu immobilisieren (Rieckenberg-Kritschewski-Phänomen,[XXXVIII] siehe auch Houlihan und Copley[XXXIX]). Sie erfüllen also zu dieser Zeit die Funktion der später erscheinenden Agglutinine und fangen außerdem die Bakterien ab, um sie den Phagozyten zuzuführen. Die größere Migrationsfähigkeit der leukergischen Leukozyten, ihre stärkere phagozytäre Tätigkeit sowie auch die verstärkte bakterizide Wirkung des leukergischen Blutes, wurden von uns experimentell bewiesen (Fleck und Szczygielska).[XL]

Wir haben die Migrationsfähigkeit leukergischer und aleukergischer Leukozyten in der von Martin, Middlebrock, Pierce und Dubos[XLI] beschriebenen Objektträgerkammer beobachtet. Der Unterschied, gemessen an der Länge des von migrierenden Leukozyten bedeckten Feldes, ist sehr deutlich.

Was die phagozytäre Tätigkeit leukergischer Leukozyten betrifft, so war zu erwarten, daß die Klebrigkeit der Leukozyten das Haftenbleiben der Bakterien begünstigt, besteht doch die Wirkung des Op-

3 Tannenberg und Fischer-Wasels (»Die lokalen Kreislaufstörungen«, in: Bethe-Bergmann-embden-Ellinger, Handb. norm. und pathol. Physiol., 1927, II, 1670): »Es hat den Anschein, daß die Leukozyten klebriger geworden sind.« A. Krogh (The Anatomy and Physiology of Capillaries, New Haven 1929, S. 17): »When the tissue is in a state of inflammation the white corpuscles become definitely adhesive to the vessel walls.«

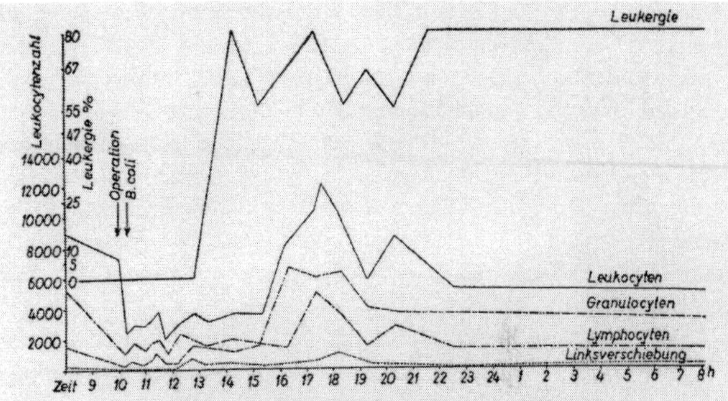

Abb. 3. Reaktionsverlauf beim Kaninchen B (31. 10. 1949) nach Halsmarkdurchschneidung (zwischen C 7 und D 1) und B.-coli-*Injektion.*

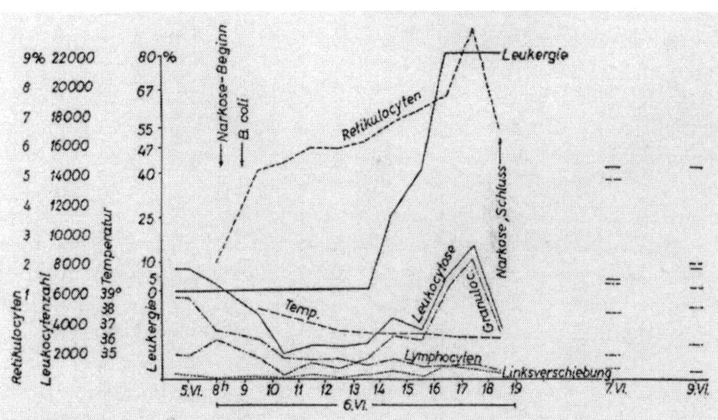

Abb. 4. Reaktionsverlauf beim Kaninchen Nr. 132 (6. 6. 1950) nach Amytalnatr.-Narkose und B.-coli-*Injektion.*

sonins darin, die Bakterien klebrig zu machen. Es wurde bei Kaninchen der phagozytäre Index für *B. coli* bzw. Staphylokokken bestimmt, hernach Menkins LPF gespritzt und 2 Stunden später die Bestimmung wiederholt bei Anwendung des Serums aus der ersten Bestimmung als Opsonin.[XLII] Die Phagozytose der leukergischen Leukozyten war stets mehrmals größer als diejenige der aleukergischen desselben

Tieres. Oft fiel auf den ersten Blick die riesige Menge der von agglomerierten Granulozyten phagozytierten Keime auf.

Ebenso deutliche Ergebnisse erhielten wir beim Vergleich der bakteriziden Wirkung leukergischen und aleukergischen Kaninchenblutes. Nach Aussaat gleicher Mengen von Staphylokokken wuchs aus der leukergischen Blutprobe regelmäßig eine mehrfach geringere Zahl von Keimen als aus der aleukergischen. Der Unterschied war von der Leukozytose und den etwa vorhandenen Immunkörpern des Blutes grundsätzlich unabhängig, entsprach dagegen quantitativ dem Leukergiegrad.

Über die praktische Anwendung der Leukergieprobe in der Klinik werden wir an anderer Stelle berichten. Besonders auf dem Gebiete der Tuberkulose hat sich die Probe bereits bewährt.

I Ludwik Fleck, »Über Leukergie«, in: *Acta Haematologica* 8 (1952), S. 282-292. Abdruck mit freundlicher Genehmigung der S. Karger AG, Basel. Komm.: FWS.

II Das Phänomen der »Leukergie« bezeichnet einen der zentralen Arbeitsbereiche, mit denen sich Fleck im Rahmen seiner experimentalserologischen Untersuchungen befaßte. Er verstand unter dem Vorgang der leukergen Reaktion (gr. *leuk-* = weiß und *erg-* = Arbeit oder Tätigkeit) das Zusammenklumpen von weißen Blutkörperchen bei Entzündungen. Siehe auch TSF, S. 65f. Der Begriff der Leukergie ist heute demjenigen der »Leukozytenaggregation« gewichen. Vgl. etwa Alberto Galante, Antonio Pietroiusti, Mauro Silvestrini, Paolo Stanzione, Giorgio Bernardi, »Leukocyte Aggregation. A Possible Link between Infection and Ischemic Stroke«, in: *Stroke* 10 (1992), S. 1533.

III »Citratblut« ist eine durch Hinzugabe von Natriumcitrat, welches intermediäres Kalzium bindet, unter Laborbedingungen ungerinnbar gemachte Blutprobe. Diese Methode wird verwendet, um die Aggregation und den Zerfall der Blutkörperchen zu verhindern, eine Voraussetzung, die etwa benötigt wird, um die Blutkörperchensenkung im Entzündungsfall bestimmen zu können. *Pschyr.*, s.v. Zitratblut, S. 1845.

IV John C. G. Ledingham, S. Philips Bedson, »Experimental Purpura«, in: *The Lancet* 8 (1915), S. 311-316.

V Wilhelm Halber, Ludwik Hirszfeld, »Beiträge zur Frage der Toxizität heterogenetischer Sera«, in: *Zeitschrift für Immunitätsforschung und experimentelle Therapie* 9 (1925), S. 459-466.

VI Ludwik Fleck, Fryderyka Lille (1945a), S. 174.

VII Bernhard Steinberg, Ruth A. Martin, »Agglutination of Circulating

Leukocytes by Antileukocytic Sera«, in: *Proceedings of the Society of Experimental Biology* 9 (1944), S. 50-52.

VIII Unter Phagozytose (gr. *phago-* = freß- und *cyt-* = Zelle) wird ein Prozeß verstanden, bei dem die spezialisierten Freßzellen der körpereigenen Immunabwehr Gewebstrümmer und Fremdkörper in das Zellinnere aufnehmen und verdauen können. Sie werden insbesondere nach ihrer Größe unterschieden.

IX Ludwik Fleck, Zofia Murczyńska (1949e).

X Ludwik Fleck (1949c).

XI Flecks Annahme, daß die Blutplättchen am Prozeß der Leukozytenagglutination nicht entscheidend beteiligt sind, wird heute von der Forschungsliteratur anders beurteilt: Stephen B. Forlow, Roger P. McEver, Matthias U. Nollert, »Leukocyte-leukocyte Interactions Mediated by Platelet Microparticles under Flow«, in: *Blood* 95 (2000), S. 1317-1323.

XII Vgl. etwa John C. G. Ledingham, S. Philips Bedson, *Experimental Purpura* (wie EN IV), S. 311f.

XIII Die metrische Angabe von »µ« bezieht sich auf die Kurzform von »µm« (1 Mikrometer = 0,0001 mm), wie sie häufig als Standardvergleichslänge in der Mikrobiologie und experimentellen Labormedizin verwendet wird.

XIV Als »Morula« (lat. *morula* = Maulbeere) verstehen Mikrobiologen und Embryologen einen beerenartigen Zellhaufen, der nach der ersten Zellteilung aus der Keimanlage des frühen Embryos hervorgeht. Fleck verwendet diesen Begriff hier in einem analogen, metaphorischen Sinne, um die Leukozytenagglutinate im Mikroskop zu beschreiben, ohne daß damit tatsächlich eine embryologische Einheit bezeichnet ist. Siehe *Pschyr.*, s.v. Morula, S. 1086.

XV Bei einem »Extravasat« (lat. *extra* = außerhalb und *vas* = Gefäß) handelt es sich um Flüssigkeit, die aus den Blutgefäßen ausgetreten und in das interstitielle Zellgewebe der Peripherie oder auch als innere Blutung (Hämatom) in ein Organgewebe eingedrungen ist. Siehe auch Kilian Glänzer, Friedrich Krück, »Störungen des Wasserhaushaltes«, in: Walter Siegenthaler, Walter Kaufmann, Hans Hornbostel, Hans-Dierck Waller (Hg.), *Lehrbuch der Inneren Medizin*, Stuttgart, New York 1987, *S.* 482-509, hier S. 484f.

XVI Carl Joseph Eberth, Curt Schimmelbusch, »Experimentelle Untersuchungen über Thrombose«, in: *Virchows Archiv für pathologische Anatomie und Physiologie und für klinische Medizin* 103 (1886), S. 39-87; Georg Richter, *Ein Fall von Thrombose im Sinus longitudinalis superior nach Gelenkrheumatismus*, Diss. Med., München 1907; Joseph Tannenberg, »Regulation und Störungen des peripheren Blutkreislaufes«, in: *Dermatologische Wochenschrift* 93 (1931), S. 1581-1589.

XVII Alfred L. Copley, »Bleeding Time in Men«, in: *American Journal of Physiology* 131 (1941), S. 246f.

XVIII Richard H. Ebert, Robert W. Wissler, »In vivo Observations of the

Vascular Reactions to Large Doses of Horse Serum Using the Rabbit Ear Chamber Technique«, in: *The Journal of Laboratory and Clinical Medicine* 38 (1951), S. 511-522.

XIX Melvin Knisely, Edward H. Bloch, »Microscopic Observations of the Circulating Blood of Nine Healthy Normal Horses, all of which had Unagglutinated Circulating Blood Cells and High in vitro Erythrocyte Sedimentation Rates; a Contribution to the Theory and General Understanding of the Pathologic Circulatory Physiology of Sludged Blood«, in: *The American Journal of the Medical Sciences* 219 (1950), S. 249-267.

XX Die genannten Ergebnisse wurden erst kurz nach Erscheinen des vorliegenden Artikels veröffentlicht. Siehe: Ludwik Fleck, Danuta Borecka, »Kolejność występowania tuberkulinowego odczynu skórnego śródskórnego, hemaglutynacji i tuberkulinowej prowokacji leukergii w gruźlicy doświadczalnej u królików«, in: *Gruźlica* 21 (1953), S. 97-101.

XXI Als »Hapten« (gr. *haptein* = haften) wird der Teil einer körperfremden Substanz verstanden, der zwar zuvor selbst nicht mit dem Organismus in Berührung gekommen ist, aber ähnliche Oberflächeneigenschaften aufweist, welche selbst zu einer Immunantwort führen können, wenn allein der Haptenanteil der Substanz verabreicht wird beziehungsweise in den Organismus eintritt. Siehe *Pschyr.*, s.v. Hapten, S. 649.

XXII Fleck, Murczyńska (1949e).

XXIII Auch diese Ergebnisse wurden erst kurz nach Erscheinen des vorliegenden Artikels veröffentlicht: Ludwik Fleck, Janina Szczygielska, Barbara Narbutowicz, Marian Szymona, »Badania nad czynnikiem leukocytozy Menkina«, in: *Medycyna Doświadczalna i Mikrobiologia* 5 (1953), S. 357f.

XXIV Als »Leukozytose« wird das gravierende Ansteigen (über 9 000 pro mm^3) der Anzahl weißer Blutkörperchen im akuten Verlauf einer Entzündungsreaktion bezeichnet. Siehe auch in Klaus Wilms, »Erkrankungen der Leukopoese«, in: Siegenthaler, Kaufmann, Hornbostel, Waller, *Lehrbuch der Inneren Medizin* (wie EN XV), S. 606-625, hier insb. S. 606-608.

XXV Ferdinand Hoff, »Über das Zusammenspiel der vegetativen Reaktionen«, in: *Klinische Wochenschrift* 13 (1934), S. 519-523.

XXVI Vgl. etwa Heinrich Helling, *Akute geschlossene Mittelohrentzündung mit symptomlos auftretendem retroaurikulärem Durchbruch*, Diss. Med., Marburg 1931; Stefan Kwiatkowski, »Lichen Sclerosus«, in: *Zeitschrift für dermatologische Forschung* 171 (1935), S. 395-408.

XXVII Siehe z.B. Ludwik Fleck, Wiktor Stein (1951d).

XXVIII Z. Umiastowska, »Traumatic Injuries of the Liver«, in: *Annales Universitatis Mariae Curie-Skłodowska Medicina* 10 (1955), S. 11-44.

XXIX Andrzej Gregosiewicz, Marek Tuszkiewicz, »Immunologiczne aspekty młodzieńczego złuszczenia głowy kości udowej«, in: *Chirurgia narządów ruchu i ortopedia polska* 43 (1948), S. 445-451.

xxx Valy Menkin, »Chemical Basis of Fever«, in: *Science* 100 (1944), S. 337f.

xxxi Bei dem von Fleck in FN 2 besonders erwähnten Forscher handelt es sich um den deutschen Arzt Eugen Fritze (1913-1990), der in Dortmund geboren wurde und 1937 in Medizin promoviert hat. Fritze trat der Wehrmacht im Jahre 1940 als Arzt in der 6. Panzerdivision bei und folgte dieser auf verschiedenen Etappen und in Militärlazaretten durch Polen, die Ukraine und Rußland. Während er sich klinisch insbesondere der Wundbehandlung bei verletzten Soldaten widmete, was er in einem vielbeachteten Kriegstagebuch festgehalten hat, waren seine Forschungen auf Fragen von Blutungen, Infektionen und allgemeiner Traumaphysiologie gerichtet. Nach dem Krieg – 1958 – wurde Eugen Fritze Chefarzt der Medizinischen Klinik und Poliklinik Bergmannsheil in Bochum, wo er seine akademischen Interessen auf den Gebieten der Hämatologie und Pulmologie weiter fortgesetzt hat. Vgl. Eugen Fritze, *Unter dem Zeichen des Aeskulap*, Bochum 2004, sowie für die von Fleck zitierten Experimentaluntersuchungen: Eugen Fritze, »Oberflächeneigenschaften der Blutzellen«, in: *Pflügers Archiv für die gesamte Physiologie des Menschen und der Tiere* 257 (1953), S. 12-19. Möglicherweise stand Fleck mit Fritze in Briefkorrespondenz, was seine Kenntnis von den Fritzeschen Ergebnissen vor deren Publikation wenig später erklären würde.

xxxii Ludwik Fleck, Wiktor Stein (1951d).

xxxiii Ferdinand Hoff, »Über das Zusammenspiel der vegetativen Reaktionen«, in: *Klinische Wochenschrift* 13 (1934), S. 519-523.

xxxiv Leo Borchardt, »Die Akromegalie und die anderen durch Tumoren der Hypophysengegend bedingten Erkrankungen«, in: *Spezielle Pathologie und Therapie der inneren Krankheiten* 11 (1927), S. 235-273.

xxxv Georg Rosenow, »Hirnstichleukocytose. Untersuchungen über die zentralvegetative Blutregulation«, in: *Zeitschrift für die gesamte experimentelle Medizin* 64 (1929), S. 452-461; Shimpei Gotoh, »Cerebral Blood Flow and Metabolism«, in: *Japanese Journal of Medical Science and Pharmacology* 4 (1930), S. 28-30; Murakami Nakanashi, Nabuhiko Hayashida, »Beiträge zum Studium der Enthirnungsstarre. Das Wesen der Enthirnungsstarre«, in: *Keijo Journal of Medicine* 2 (1931), S. 483-487; Ciichi Muto, »On the Hepatic Regulation of Central Leucocytosis«, in: *Transactions of the Society of Pathology of Japan* 26 (1936), S. 246-252.

xxxvi Ludwik Fleck, Wiktor Stein, Maria Tuszkiewicz, Ernstyna Fleck (1952d).

xxxvii Vgl. Nakanashi, Hayashida, *Beiträge zum Studium der Enthirnungsstarre* (wie EN xxxv), S. 483-487.

xxxviii J[lja] L. Kritschewski, »Über neue Immunkörper (Thrombozytobarine)«, in: *Klinische Wochenschrift* 6, 21 (1927), S. 1103-1105.

xxxix Alfred L. Copley, Ralph B. Houlihan, »Temps de coagulation du sang dilué < 5 chez les mammifères et dans d'autres espèces«, in: *Revue d'Hématologie* 11 (1952), S. 7-96.

XL Vgl. etwa Fleck, Szczygielska, Narbutowicz, Szymona (1953l).

XLI Samuel P. Martin, Cynthia H. Pierce, Gardner Middlebrock, Réné J. Dubos, »The Effect of Tubercle Bacilli on the Polymorphonuclear Leukocytes of Normal Animals«, in: *Journal of Experimental Medicine* 91 (1950), S. 381-392.

XLII Als »Opsonisierung« (gr. *opson* = Würze) bezeichnen Mikrobiologen denjenigen Prozeß, bei dem die in der Kapsel von Bakterien auffindbaren Proteinstrukturen bald nach Kontakt mit dem Wirtskörper der Bakterien eine starke Immunantwort durch gegen die Bakterienkapsel gerichtete Antikörper auslösen. Siehe etwa Helmut Hahn, Paul Klein, Peter Giesbrecht, »Die Bakterienzelle«, in: *Med. Mikrobiol.*, S. 11-24, insb. S. 21f.

Dreiundzwanzig Milliarden Oktopoden auf Wachdienst unserer Gesundheit[I]

ELIAS METSCHNIKOFF (1845-1916)

Vor siebzig Jahren, im Jahre 1882, stach ELIAS METSCHNIKOFF[II] einen Rosendorn in den Leib einer Seesternlarve.

Vielleicht denkst du, mein geehrter Leser, daß das ein gar belangloses, einfach lächerliches Ereignis war? Doch du irrst dich, denn es war der Ausgangspunkt für die phagozytäre Theorie – eine der fundamentalen Wissenschaftstheorien über Krankheiten.

Vor siebzig Jahren also entdeckte METSCHNIKOFF das Phänomen der Phagozytose und fing an, darüber zu arbeiten. Dieses Phänomen beruhte darauf, daß feine Fremdkörper wie z. B. Bakterien, Farbstoffkörner oder feine Holzfeilspäne, die in den Organismus eingedrungen waren, von dessen Zellen, den sogenannten Phagozyten, absorbiert und vernichtet werden. Daraus resultiert unter anderem die Immunabwehr gegen Ansteckungen.

Dieser Prozeß ist gar nicht so einfach, wie es scheint. Das Blutserum, innersekretorische Drüsen und vor allem das Nervensystem ha-

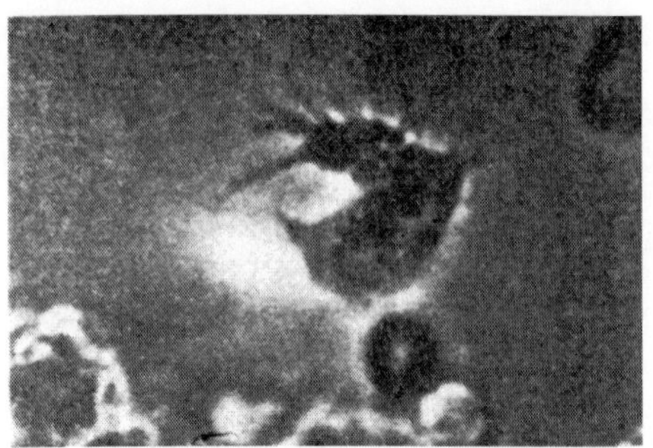

Abb. 1. Ein neutroadenoider Leukozyt eines Kanninchens im koagulierten Blut treibt eine Reihe von Scheinfüßchen entlang der Fibrinfäden aus. Man sieht Granulationen des Plasmas (schwarz) und den Kern mit zwei Segmenten (grau). Das Bild wurde mit Hilfe der Phasokontrastoptik gemacht.

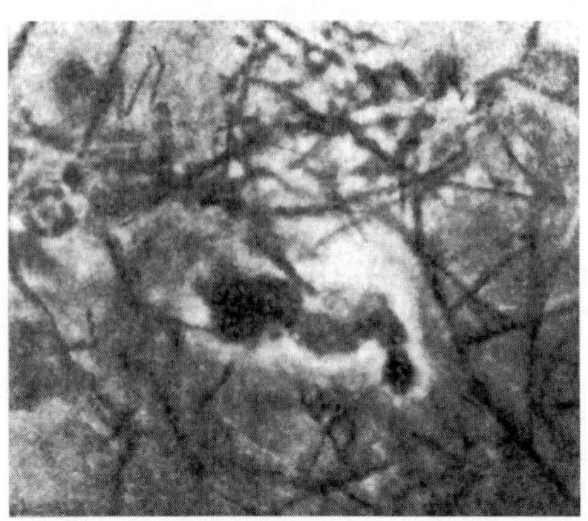

Abb. 2

ben daran ihren Anteil. Aber ich habe nicht die Absicht, dich mit den Einzelheiten zu ermüden, die du in jedem Pathologie-Lehrbuch und in zahlreichen Fachzeitschriftartikeln findest. Ich möchte nur, daß du dich für einen Augenblick in diese mikroskopische Welt hineinversetzt.

Zu Phagozyten, d. h. Zellen, die die Bakterien fressen, gehören

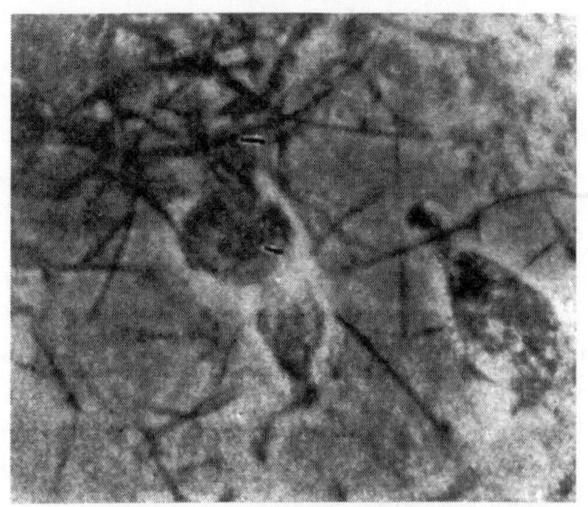

Abb. 3

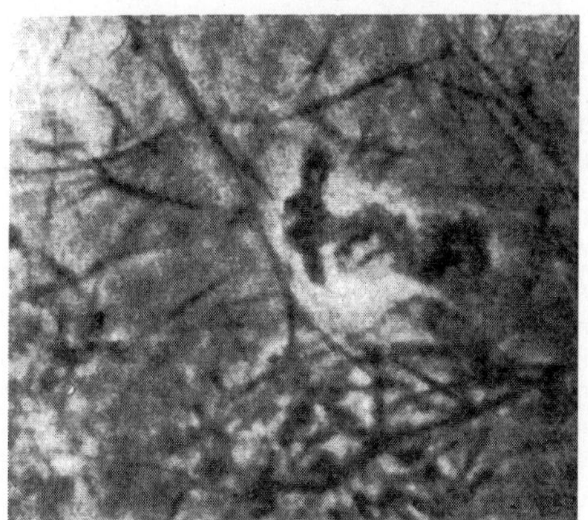

Abb. 4

Abb. 2, 3, 4. Leukozyten der Kaninchen, die inmitten des Fibrins des geronnenen Blutes phagozytieren.

also – unter anderem – weiße Blutkörperchen und vor allem die sogenannten neutrophilen Leukozyten. In jedem Kubikmillimeter des Blutes gibt es von ihnen ungefähr 4500, d. h., wenn man fünf Liter Blut für einen erwachsenen Menschen annimmt, ergibt das 23 Milliarden im Körper eines jeden von uns. Im zirkulierenden Blut sehen sie wie Kügelchen oder gewölbte Scheiben aus, deren Durchmesser ungefähr 10 Mikrone (1 Mikron = 0,001 mm) beträgt. Wenn sie aus den Blutgefäßen herauskommen (und das tun sie vor allem im entzündlichen Zustand, wenn z. B. das Gewebe durch einen solchen Dorn, wie ihn METSCHNIKOFF stach, gereizt ist) und wenn sie ins Gewebe außerhalb der Gefäße geraten, nehmen sie die Gestalt einer Amöbe an. Diese sieht wie ein flaches diffuses Tröpfchen aus, das von einer Seite die stumpfe Zunge seines Protoplasmas oder manchmal seine dünnen, länglichen Streifen austreibt und sich dann ganz mit seinen »Scheinfüßchen«, d. h. »Pseudopodien«, langsam fortbewegt. Auf diese Weise kriecht es und überflutet mit seinem Plasma die auf seinem Weg vorhandenen Bakterien, denn eine Zusammenballung von Bakterien zieht es an.

Die aufgesaugten Bakterien (leider nicht alle Arten) werden in den Phagozyten durch intrazellulare Fermente einem Verdauungsprozeß unterzogen. Ein Phagozyt kann einige Dutzend und sogar mehrere Hundert Bakterien aufsaugen, bis sein ganzer Umfang sich aufbläht, als ob er anschwellen würde. Die Berührung mit einer einzelnen Bakterie hängt vom Zufall ab, denn anziehend, d. h. positiv chemotaktisch, wirkt nur eine größere Zusammenballung von Bakterien. Die Anziehung einer einzelnen Bakterie ist zu schwach, um die Bewegungsrichtung des kriechenden Phagozyten zu beeinflussen.

Die Bewegungsrichtung? Wenn es um kriechende Leukozyten geht, sieht die Sache etwas kompliziert aus. Denn ein Phagozyt treibt oft gleichzeitig einige Pseudopodien aus, jeden in eine andere Richtung. Dieser Phagozyt, der uns zur ersten Abbildung posierte, »arbeitete« eine Zeitlang (über eine halbe Stunde) mit seinen acht Scheinfüßchen. Deswegen nannten wir ihn einen Oktopoden. In der nächsten Bilderserie sieht man, daß jedes Scheinfüßchen seine Autonomie hat: Es schrumpft zusammen und dehnt sich aus, ohne mit anderen verbunden zu sein. Der Hauptkörper des Phagozyten wird durch den chaotischen und veränderlichen Strom des Plasmas in die Richtung des einen oder des anderen Scheinfüßchens gezerrt, alles dreht sich an einer Stelle hin und her, und als eine Ganzheit hat er keine bestimmte Richtung. Deutlich ist die fehlende Bewegungskoordination, was uns im übrigen nicht wundern soll, denn eine phagozytäre Zelle hat kein Nervensystem, das ihre Aktionen kontrollieren würde. Wenn ein Phagozyt ein breites Scheinfüßchen austreibt, vereinfacht sich die

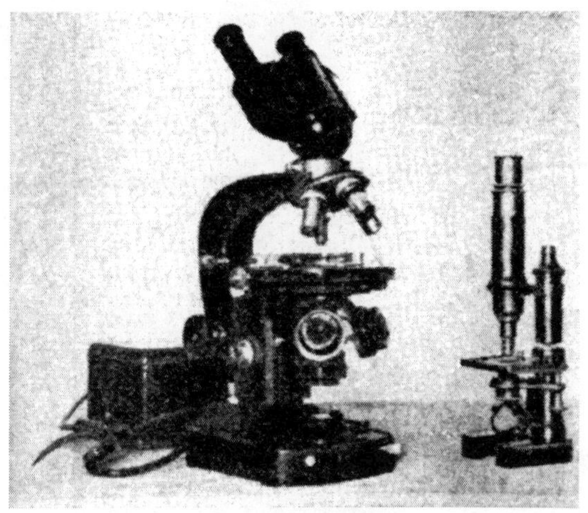

Abb. 5. Ein modernes Mikroskop und ein Mikroskop aus METSCHNIKOFF-*Zeiten.*[III]

Sache, denn hinter ihm fließt der Rest des Zellplasmas mit den Granulationen der Zelle und ihrem Kern. Doch das ist nur eine Bewegungsperiode, später wird aus der Seite ein Pseudopodium herausspringen, und die Ganzheit der Zelle wird sich wieder irgendwo anders hin langsam fortbewegen.

Die chemotaktische Anziehung von Phagozyten durch die Zusammenballung von Bakterien sieht auch nicht wie ein gerichteter Wettlauf zu ihnen aus. Sie läßt sich nur als statistisch häufiger als die zur anderen Seite hin gemachten Bewegungen berechnen.

Der Phagozyt überrascht uns nicht nur mit der beschriebenen »wilden Autonomie« seiner Teile, die um so größer ist, je weiter sich der gegebene Teil vom Zellzentrum befindet. Ein weiteres sonderbares Merkmal ist der fehlende »Individualismus« der jeweiligen Zellen: Wenn sich zwei kriechende Leukozyten zufällig nah beieinander befinden (und besonders wenn das die entzündlichen Leukozyten sind, die wir als leukergisch bezeichnet haben), können sich ihre Pseudopodien miteinander verbinden und nach einem Augenblick an einer anderen, von der Verbindungsstelle verschiedenen Stelle voneinander trennen, so daß das Plasma von einer Zelle zur anderen wandert. Sie können auch, während sie wandern, einen Teil ihres Körpers verlie-

Abb. 6. Eine moderne Apparatur zur Untersuchung der Phagozytose: Höpplers Ultrathermostat und die auf den Mikroskopen zusammengebauten Erwärmungstische.

ren. Dann wird ein anderer Leukozyt ihn aufnehmen und in seine Zelle einschließen.

Die mikroskopische Welt ist ein Königreich der Oberflächenkräfte, vor allem der Klebekraft und der statistischen Effekte, die aus einer Vielzahl zusammenwirkender Faktoren resultieren. Wenn das Blut aus der Wunde herausfließt, wird auf ihrer Oberfläche ein Gerinnsel entstehen, das aus einer riesigen Zahl sich durchkreuzender Fibrinfäden besteht, die das flüssige Blut in eine gallertartige Masse verwandeln. Das Blutserum und seine roten sowie weißen Körperchen sind in den Maschen dieses dichten Netzes, das aus klebrigen und kontraktilen Fäden besteht, gefangen. Die Bakterien, die in die Wunde eingedrungen sind, müssen früher oder später an der immer dichter werdenden Fibrinkette von einer Minute auf die andere festkleben. Sie bewegen sich nämlich aktiv oder passiv so lange, bis sie das Fibrin berühren. Man kann statistisch berechnen, wie lange es dauern wird, bis alle oder fast alle mit ihm in Berührung kommen werden. Das ist das Ende ihrer Freiheit und der Anfang ihrer Vernichtung. Die Phagozyten allein können sie, die in der Flüssigkeit schwimmen, nicht aufnehmen, denn sie selbst haben keine Fähigkeit, aktiv zu

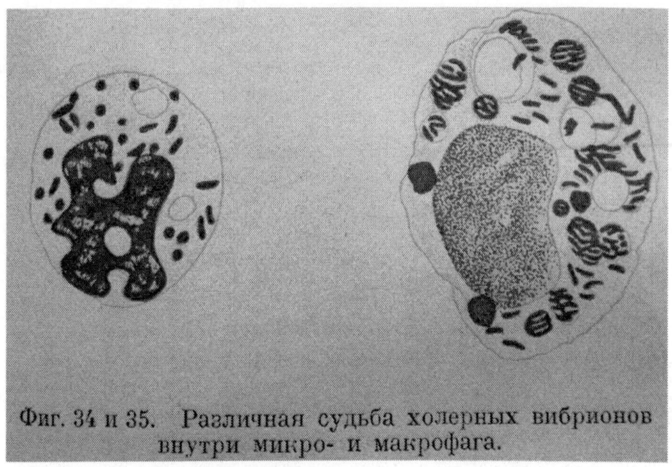

Abb. 7. Eine Zeichnung aus dem Buch von METSCHNIKOFF (Immunität bei Infektionskrankheiten), *die zwei mit Choleravibrionen ausgefüllte Phagozyten darstellt.*

schwimmen. Sie können nur auf der Gewebefläche oder auf dem Fibrinnetz kriechen. Die Abbildungen 2, 3 und 4 stellen die sich auf den Fibrinfäden bewegenden Phagozyten dar, die unterwegs die dort festklebenden Bakterien beseitigen. Unser Oktopode (Abb. 1) leckte während der Beobachtung mit seinen acht Zungen acht Fibrinfäden ab.[IV]

Die Arbeitsleistung des Leukozyten hängt von der Klebrigkeit seiner Fläche ab. Während einer Entzündung treten besonders klebrige und damit besonders aktive Leukozyten auf. Dieses Phänomen wurde von uns bereits in Lublin näher untersucht. Wir nannten es eine Leukergie, d. h. eine entzündliche Aktivierung der Leukozyten. Die Wirksamkeit der Phagozytose kann also sehr groß sein. Das folgende Experiment liefert davon eine Vorstellung: Wenn man eine Menge von Leukozyten, die z. B. in 0,3 cm^3 Blut enthalten ist (das sind knapp zwei Tropfen), mit Bakterien vermischt und wenn man diese Mischung 20 Minuten lang vorsichtig verquirlen läßt, kann man feststellen, daß nach dieser kurzen Zeit circa 90 Prozent der Körperchen durchschnittlich je 20 Bakterien absorbierte. Das gibt $4\,000 \times 100 \times 20 = 8\,000\,000$ der absorbierten Bakterien innerhalb

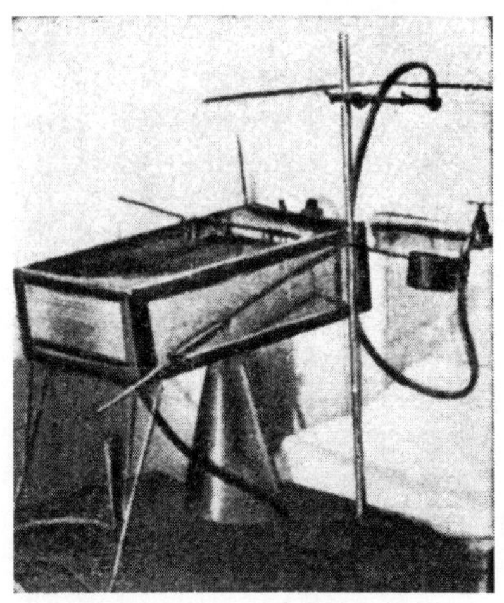

Abb. 8. Eine Apparatur zur Untersuchung der Phagozytose: Ein Wasserbad bis 39 °C mit einem Gerät zum gleichmäßigen Schütteln der Phagozyten- und Bakterienmischung.

von 20 Minuten! Schon anhand dessen sieht man, daß die Wundreinigung durch Phagozyten etwas Beachtenswertes ist und man die Entdeckung von METSCHNIKOFF zu Recht als epochemachend ansieht.

Diese Entdeckung ergab sich nicht durch Zufall. Bevor METSCHNIKOFF jenen Rosendorn stach, hatte er bereits einige arbeitsreiche und wichtige Entdeckungen im Bereich der Ernährung der niederen Tiere gemacht. Er hatte festgestellt, daß diese auf einem Aufsaugen ganzer Ernährungsteilchen beruht, das im wesentlichen der Phagozytose ähnlich ist. Dies ist die sogenannte intrazellulare Verdauung und der phylogenetische Anfang der Phagozytose. Und dann, nach 1882, arbeitete METSCHNIKOFF unermüdlich fast 20 Jahre lang, bevor er seine Ergebnisse sammelte, begründete, beschrieb und verbreitete. Er hatte viele Gegner, die er bekämpfen mußte.[V] Erst 1900 gab er sein Hauptwerk über die »Immunität bei Infektionskrankheiten«[VI] heraus, das sich auch heute mit großem Nutzen lesen läßt.

Ich vermute, daß du, mein lieber Leser, dir dessen bewußt bist, wieviel Unabhängigkeit des Denkens man braucht, um diesen ganz eigenständigen Weg zu gehen, wieviel Mut, um ihn eine lange Zeit allein zu gehen, da die größte Gefahr der Entdecker droht: sich zu blamieren. Wieviel Beharrlichkeit braucht man, um das rohe Erz einzelner Ereignisse und vorübergehender Erlebnisse zum Naturgesetz, zum harten Stahl der Wirklichkeit zu schmelzen und umzuschmieden.

I Ludwik Fleck, »Dwadzieścia trzy miliardy ośmiornic na straży naszego zdrowia«, in: *Problemy* 8 (1952) 9, S. 587-590; SMF, S. 195-200. Aus dem Polnischen von Sylwia Werner. Komm.: CZ [FWS].

II Elias Metschnikoff (1845-1916) war ein russischer Immunologe, Evolutionsbiologe und Entdecker der Phagozytose. Er entstammte einer berühmten russisch-jüdischen Intellektuellendynastie, sein Großvater war der Begründer der Haskala-Bewegung in Rußland. Metschnikoff gilt aufgrund seines Aufsatzes »Sur la lutte des cellules de l'organisme contre l'invasion des microbes (Théorie des phagocytes)«, in: *Annales de l'Institut Pasteur* 1 (1887), S. 321-336, als der erste, der Kriegs- und Kampfmetaphern auf die Phagozytose angewendet hat. Tatsächlich war er in Deutschland ein wichtiger Vorläufer der sich entwickelnden Disziplin der Immunologie. Vgl. hierzu Philipp Sarazin, *Geschichtswissenschaft und Diskursanalyse*, Frankfurt/M. 2003, S. 224-228. Zusammen mit dem Immunologen Paul Ehrlich (1845-1915) erhielt er 1908 den Nobelpreis für Physiologie oder Medizin. Seine Rezeption der evolutionsbiologischen Arbeiten von Charles Darwin (1809-1882) lieferte ihm die verwendete »Kampfmetaphorik«, auf deren Basis und zudem in Hinsicht auf seine vergleichende Embryologie er schließlich seine Theorie der Phagozytenfunktionen entwickelte. Er wies die Immunabwehr-Mechanismen gegen Bakterien durch die weißen Blutkörperchen (Phagozytose) nach. Zum Streit darüber siehe Werner Köhler, »Entwicklung der Mikrobiologie mit besonderer Berücksichtigung der medizinischen Aspekte«, in: *Gesch. Bio.*, S. 620-641, hier: S. 633-636.

Metschnikoff stach jedoch entgegen der Überlieferung nicht einen Rosendorn, sondern an einem Adventsabend den Dorn eines seinen Kindern als Weihnachtsbaum dienenden Mandarinenbaums in die von ihm untersuchten durchsichtigen Seesternlarven ein. Der Dorn wurde von den körpereigenen Freßzellen als Fremdkörper erkannt und umschlossen. Metschnikoff verstand dies als einen »Kampf« der Seesternlarve gegen einen Eindringling und kam auf die Idee, daß auch bei Wirbeltieren ein ähnlicher Kampf gegen Krankheitserreger stattfinden würde. 1883 publizierte er seine Phagozytentheorie: »Untersuchungen über die mesodermalen Phagozyten einiger Wirbeltiere«, in: *Biologisches Zentralblatt* 3 (1883), S. 560-565. Freßzellen, die eingedrungene Fremdkörper abbauen, nannte er hier, einem Vorschlag von Karl Klaus

(1874-1936) folgend, »Makrophagen«, neutrophile Granulozyten »Mikrophagen«. Fleck folgt hier der Darstellung einer hagiographischen Inspirationsgeschichte aus: Olga Metschnikoff, *Elias Metschnikoff: Leben und Werk*, Jena 1932, S. 38. Sieht man von einer kurzen und rein biographischen Würdigung der Arbeiten des Mikrobiologen Edmund Mikulaszek ab, so ist Metschnikoff der einzige Forscher, dessen Leistungen Fleck mit einem Porträt würdigt. Dies ist bemerkenswert, weil Fleck sonst unermüdlich dagegen ankämpft, daß man wissenschaftliche Entdeckungen auf Eingebungen einzelner Forschergenies zurückführt. In EET, S. 79ff., hat sich Fleck überdies kritisch mit den Kampfbildern in der Immunologie auseinandergesetzt, die sich gleichwohl auch in seinem bakteriologischen Vokabular finden lassen.

III Zur Theorie der Mikroskope und der mikrobiologischen Technik vgl. Jörg Zaun, *Instrumente für die Wissenschaft. Innovationen in der Berliner Feinmechanik und Optik 1871-1914*, Berlin 2002.

IV Die Rede vom Oktopoden, der ja entgegen der Metaphorik gar keiner ist, erinnert sehr stark an die Medusenzeichnungen des Jenenser Naturforschers Ernst Haeckel (1834-1919), die Fleck genau gekannt hat. Möglicherweise sind seine Abbildungen in dieser Tradition zu sehen.

V Es ist interessant, wie sehr hier Fleck den langen »Kampf um wissenschaftliche Anerkennung« betont, da er sich selbst ebenfalls genötigt sah, sich gegen den wissenschaftlichen Mainstream mühsam zu behaupten, um mit seinen Arbeiten anerkannt zu werden.

VI Fleck bezieht sich, wie die Beschriftung einer Abbildung zeigt, auf eine russische Ausgabe. Eine solche ist mit dem Erscheinungsdatum 1900 jedoch nicht nachweisbar. Eigentlich ist das Buch zuerst, und zwar 1901, auf Französisch erschienen: *L'immunité dans les maladies infectieuses*, Paris 1901; die autorisierte deutsche Übersetzung folgte 1902: Elias Metschnikoff, *Immunität bei Infektionskrankheiten*, übers. v. Julius Meyer, Jena: Fischer, 1902, 456 S. Auch in dieser Arbeit ist die »Widerstandskampfmetaphorik« sehr ausgeprägt: »Unter Immunität verstehen wir die Widerstandsfähigkeit des Organismus gegen die spezifischen Infektionserreger. [...] Unter Immunität gegen die Infektionskrankheiten muß man die Gesamtheit der Erscheinungen verstehen, mit Hilfe deren ein Organismus dem Angriff der spezifischen Infektionserreger Widerstand zu leisten vermag« (ebd., S. 8).

Buchbesprechung: K. Ostrowski: »Über Zauberei, Quacksalber und das Heilwesen«[1, I]

Sogar die besten Ärzte und die beste Organisation des Gesundheitswesens helfen nicht, wenn in weiten Kreisen der Gesellschaft das Interesse an Fragen der Gesundheit und der Krankheit fehlt. Unwissenheit und Aberglaube können auch die zweckmäßigste Aktion lahmlegen.

Vincenz Pixa[II] schrieb 1904 folgendes: »Menschliche Pocken und Kuhpocken sind mit Venerologie, Tuberkulose, Scharlach, Masern, Skrofeln, Lungenschwindsucht, Cholera und Krebs verwandt. Jenner[III] impfte erstmals ein Kind nicht mit den Kuhpocken, sondern mit dem Eiter von menschlichen Pocken, der sich an der Oberfläche der venerischen Hand einer Magd – Sarah Nelmes – gebildet hatte. Aus den Pockenpusteln des Kindes sammelte er die Eitersubstanz und verkaufte sie Ärzten aus ganz Europa, wodurch sich das venerische Gift ausbreitete und in den Ländern, wo Impfungen durchgeführt wurden, festsetzte. Es ist eine Sünde, das schönste Gottesgeschöpf, das sind die unschuldigen und wehrlosen Kinder, unter dem Vorwand, die menschliche Natur zu vervollkommnen und zu stärken, mit der giftigen, aus dem kranken Tierorganismus ausgestoßenen Substanz, impfen zu lassen und zu verletzen« (Priester Vincenz Pixa, *Über die schreiende Unsinnigkeit und furchtbare Schädlichkeit des Pockenimpfens*, Berlin 1904).

So bekämpfte man noch im 20. Jahrhundert die größte, sicherste und nützlichste Entdeckung auf dem Gebiet der Krankheitsvorbeugung: die Pockenschutzimpfung. Ähnlich sahen die Attacken gegen Salvarsan aus – ein ausgezeichnetes Medikament gegen die Syphilis, dem die gleichen Kreise vorwarfen, daß es den Himmel dabei störe, die Wollüstlinge mit einer venerischen Krankheit zu bestrafen. Und das war im Jahr 1910.

Heute gibt es zum Glück keine Widerstände gegen Pockenimpfungen mehr und auch nicht gegen die Anwendung von Salvarsan.

1 Kazimierz Ostrowski, *O czarach, znachorach i lecznictwie* [*Über Zauberei, Quacksalber und das Heilwesen*], 223 S., Preis: 5.40, Państwowe Wydawnictwo Naukowe »Wiedza Powszechna« [Warschau] 1954.

Doch die Geschichte wiederholt sich in gewissem Maße bei den Impfungen gegen Tuberkulose und Diphtherie.

Der Feind ist die Unwissenheit und der Aberglaube. Doch kein geringerer, sondern vielleicht sogar ein größerer, weil schwieriger zu bekämpfender Feind ist die Gleichgültigkeit. Wir gehen gleichgültig am Schmutz vorüber, wir gewöhnen uns an stillgelegte Wasserleitungen, beschädigte Badezimmer, verstopfte und ekelhafte Toiletten. Es empört und beleidigt uns weder die Spucke auf dem Bürgersteig noch ein nach Kot stinkendes Haustor noch der Schmutz auf vielen Bahnhöfen.

Selbst die größten Anstrengungen der Wissenschaftler sind umsonst. Umsonst sind die größten Entdeckungen, wenn die sanitäre Schulung fehlt, wenn es an der Popularisierung der ärztlichen Wissenschaft mangelt und wenn in weiten Kreisen der Gesellschaft das Verständnis für Fragen der Gesundheit und Krankheit fehlt. Um die Wissenschaft der Hygiene zu verbreiten, braucht man viele und gute populärwissenschaftliche Bücher.

Ein Beispiel für eine solche Publikation ist das Buch von Kazimierz OSTROWSKI[IV] *Über Zauberei, Quacksalber und das Heilwesen*, das gerade durch den populärwissenschaftlichen Verlag »Wiedza Powszechna«[V] herausgebracht wurde. Der Autor präsentiert auf 200 Seiten reiches Material aus den Gebieten des Baus und der Funktion des Organismus, der Ansteckungs- und Immunitätslehre, der Entbindungswissenschaft, der Chirurgie und Röntgenologie. Er tut dies auf eine leicht verständliche, interessante und gründliche Weise.

Zitate aus den Werken von PRUS, SCHOLOCHOW, SIENKIEWICZ und REYMONT veranschaulichen die Verhältnisse vergangener Zeiten, denen ohne jede Übertreibung, Sentimentalität oder unpassendes Pathos die heutige Medizin gegenübergestellt wird.[VI] Sehr überzeugend wirken seine Beispiele für Aberglauben und die Quacksalberrezepte, die in deutlichem Kontrast zu einer wissenschaftlichen Medizin stehen, welche moderne medizinische Geräte verwendet und sich auf Experimente mit Tieren sowie auf naturwissenschaftliche Beobachtungen stützt.

Die Kapitel über Blutübertragung, Antibiotika, Schutzimpfungen, den Kampf mit dem Schmerz, Elektrokardiographie, plastische Chirurgie, die PAWLOWSCHE Lehre und andere werden sowohl junge als auch erwachsene Menschen aus allen gesellschaftlichen Schichten mit großem Nutzen lesen. Mancher intelligente Mensch mit Hochschulbildung wird in diesem Buch Tatsachen finden, die ihm bislang unbekannt waren.

Ich zweifle nicht daran, daß dieses Buch bald eine zweite Auflage erleben wird.[VII] Einige, übrigens geringe, Veränderungen würden dem Buch nützen: Das Kapitel: »Lernen wir den Bau und die Funktionen unseres Körpers kennen!« könnte man ausweiten und lebendiger gestalten. Im Vergleich mit den anderen Kapiteln fiel es schwächer aus.[VIII] Manche Abbildungen sollte man ändern, z. B. die Abbildung auf Seite 38 sagt dem Laien nichts.[IX] Die Abbildung auf Seite 41 kann in bezug auf die Verteilung der Abschnitte des Blutkreislaufs täuschen.[X] Die Abbildungen auf den Seiten 114 und 124 können irreführen, denn nicht jeder kann ihren Sinn verstehen.

I Ludwik Fleck, »[Buchbesprechung von] K. Ostrowski: O czarach, znachorach; lecznictwie«, Warschau 1954, in: *Trybuna Ludu* 85 (1955), S. 6; SMF, S. 210-212. Aus dem Polnischen von Sylwia Werner. Komm.: SW.

II Vincenz Pixa: Vizepräsident des Internationalen Bundes der Impfgegner für Österreich; Eremitenpriester. Das Buch *Über die schreiende Unsinnigkeit und furchtbare Schädlichkeit des Pockenimpfens* ist nicht auffindbar. Titel [*O krzyczącej niedorzeczności i strasznej szkodliwości szczepienia ospy*] und das Zitat sind Rückübersetzungen aus dem Polnischen.

III Vermutlich handelt es sich hier um Edward Jenner (1749-1823), einen englischen Arzt, der eine Schutzimpfung gegen Pocken entwickelte. Jenner führte 1796 ein Experiment durch, bei dem er einem Knaben den Inhalt von Pusteln einer an Kuhpocken erkrankten Magd einimpfte. Der Junge war danach gegen gewöhnliche Pocken immun. Vgl. Richard Toellner, *Illustrierte Geschichte der Medizin*, Bd. 6, Augsburg 2000, S. 3235.

IV Kazimierz Ostrowski (geb. 1921 in Lwów/Lemberg), polnischer Arzt, Histologe und Embryologe, Mitglied der Polnischen Akademie der Wissenschaften in Warschau sowie der Polnischen Akademie der Künste und Wissenschaften in Krakau; seit 1992 emeritierter Professor und ehemaliger Leiter des Instituts für Histologie und Embryologie der Medizinischen Akademie in Warschau.

V »Wiedza Powszechna« [Allgemeines Wissen]: polnischer, staatlich geförderter populärwissenschaftlicher Verlag, der 1946 in Warschau gegründet wurde und bis heute als der wichtigste Wissen popularisierende Verlag gilt. In ihm erscheinen einschlägige Lexika, Wörter- sowie Lehrbücher aus allen Wissensgebieten.

VI Die von Ostrowski gebrachten Zitate stammen allesamt aus bekannten Klassikern der Literaturgeschichte, wie etwa aus Henryk Sienkewicz' Werk *Kreuzritter* (1900) und *Mit Messer und Schwert* (1884), Władysław Reymonts *Bauer* (1902-1909), Bolesław Prus' *Antek* (1880), *Faraon* (1897) sowie *Die Puppe* (1890), Michail Scholochows *Neuland unterm Pflug* (1933). In Bolesław Prus' Novelle *Antek* und Michail Alexandrowitsch Scholochows Roman *Neuland unterm Pflug* wird geschildert, wie Kranke durch Quacksalberbehandlungen zu Schaden kommen. In *Antek* wird z.B. erzählt, daß ein krankes Mädchen in einen heißen Ofen gelegt wird, im Glauben, man könne so ihr Fieber senken. Bei Scholochow behandelt eine »Ärztin« die Bauchschmerzen des Protagonisten, indem sie auf seinen Bauch einen schweren heißen Topf stellt, wodurch er starke Verbrennungen erleidet. Vorab versichert Ostrowski jedoch, daß solche Behandlungsmethoden in der Sowjetunion bereits Geschichte geworden seien, da die moderne Medizin sogar im »fernsten Dorf« (S. 16) angekommen sei. Ausführlich und ebenso positiv stellt Ostrowski die Situation des Gesundheitswesens in Polen der 1950er Jahre dar, wobei er Kritik an jenen übt, die der Medizin immer noch mit Mißtrauen begegnen. Dies sei Ausdruck einer schlechten Bildung (S. 13). Daher sei nur durch die verstärkte Propaganda und Erziehung zur Hygiene die »Entstehung einer neuen, gesunden und glücklichen Gesellschaft« (S. 23) möglich.

Ostrowski war mit seinem Buch sehr erfolgreich. Dazu trug womöglich Flecks positive Besprechung bei, die in *Trybuna Ludu* (Volkstribüne) erschien, einer der größten Propaganda-Tageszeitungen der Volksrepublik Polen zwischen 1948 und 1989 (mit einer Auflage von 1,5 Millionen Exemplaren). In *Trybuna Ludu* publiziert Fleck 1957 auch den Artikel »In den Arbeitsräumen polnischer Gelehrter«. Flecks Rezension ist ein bemerkenswertes Zeugnis für seinen öffentlichen Einsatz für medizinische Aufklärung. In diesem Kontext wird Pixas »Denkstil« keineswegs als gleichberechtigt anerkannt. Fleck hatte sich auch für andere Darstellungen des Aberglaubens in der Medizin interessiert, z.B. für Henry Rider Haggards Roman *Doctor Therne* (vgl. den Brief an Ziembicki in diesem Band, S. 570). An dieser Stelle ist außerdem zu erwähnen, daß Fleck 1954 für besondere Verdienste im Bereich der Wissenschaft, Bildung und des Gesundheitsschutzes mit der »Medaille zum 10. Jahrestag der Volksrepublik Polen« ausgezeichnet wurde.

VII Bereits ein Jahr später (1955) folgte tatsächlich die 2. Auflage von Ostrowskis Buch in Höhe von 100 000 Exemplaren.

VIII Ostrowski schildert in diesem Kapitel trocken den menschlichen Körperbau.

IX Die im Kapitel »Über das Verdauen« befindliche Abbildung zeigt den Mechanismus des Verdauungssystems mit Speicheldrüse, Speiseröhre, Leber, Gallenblase, Magen, Wurmfortsatz, Dünn-, Dick- und Mastdarm.

X Dargestellt ist das Nervensystem des menschlichen Körpers. Im direkten Vergleich mit der Abbildung von S. 33, die das Arteriensystem zeigt, können laut Fleck Irritationen entstehen, da Nerven- und Blutbahnen ähnlich dargestellt sind.

In den Arbeitsräumen polnischer Gelehrter[I]

Seit mehreren Jahren beschäftige ich mich mit einem von mir entdeckten Phänomen, das ich Leukergie[II] genannt habe. Das Phänomen besteht im Kern in der Aktivierung des leukozitären Systems und beruht darauf, daß unter dem Einfluß besonderer Reize (Ansteckung, eine große Muskelanstrengung, großer Blutverlust usw.) in blutbildenden Organen Leukozyten (weiße Blutkörperchen) entstehen und in den Kreislauf mit zunehmender Aktivität eindringen. Sie besitzen eine größere Ladung des Glykogens als energetische Substanz (Brennstoff) und einen größeren Fermentgehalt. Ihre Fläche ist klebrig, was dazu führt, daß sie, während das Blut kreist, in den Ansteckungsherden, wo die feine Gefäßwand im Laufe dieses Entzündungsprozesses ähnlich klebrig wird, stehenbleiben. Die Anhäufung von leukergischen Leukozyten an der Infektionsstelle fördert die Phagozytose[1] eines Erregers, die von leukergischen Leukozyten besonders energisch durchgeführt wird. Das beschriebene Phänomen kennzeichnet also einen antiinfektiösen Mechanismus.

Die Leukergie wird mit Hilfe einer Probe festgestellt und gemessen. Diese beruht auf dem Zusammenklumpen leukergischer Leukozyten aus einem entsprechend vorbereiteten Blutstropfen zu kleinen Klumpen aus jeweils einigen bis Dutzenden Zellen.

Diese Untersuchungen haben für die Immunologie, also für die Lehre über die antiinfektiöse Immunität, eine theoretische Bedeutung und für das Erkennen sowie das Verfolgen eines Krankheitsverlaufs eine praktische Bedeutung. Es kann sein, daß das künstliche Hervorrufen einer Leukergie Anwendung im Arzneiwesen finden wird. Bislang brachten wir ungefähr 50 Publikationen zur Leukergie in polnischer, englischer, französischer, italienischer und deutscher Sprache heraus. Im Druck sind weitere vier Mitteilungen und zwei Präsentationen, die auf die Bitte ausländischer Redaktionen angefertigt wurden. Das Interesse des Auslands bekundet sich in Einladungen zu Vorträgen und zu einer Präsentation, die ich aus den Vereinigten Staaten[III] und drei Forschungszentren in Frankreich, unter anderem von der Direktion des Pasteur-Instituts, erhielt. Ich wurde außerdem zum Mitglied der New Yorker Akademie der Wissenschaften gewählt.

1 Phagozytose – die Funktion weißer Blutkörperchen, die darauf beruht, die Erreger oder Fremdkörper, die in den Organismus eingedrungen sind, zu absorbieren.

Ein anderes Thema meiner Arbeiten ist die Diphtherie. Diese Kinderkrankheit breitete sich in den letzten Jahren stark aus. Zusammen mit den Assistenten der von mir geleiteten Abteilung für Mikrobiologie und Immunologie des Mutter-und-Kind-Instituts[IV] führte ich eine systematische Differenzierung serologischer (immunologischer) Erregertypen durch, und wir stellten fest, wie die Verteilung dieser Typen im Land ist und wie sie sich in den letzten vier Jahren veränderten. Wir erhielten sehr interessante Ergebnisse, aus denen man vor allem einen Schluß ziehen kann, nämlich daß sich der Erreger im Laufe der Zeit verändert und besondere, vom Herkunftsort abhängige Eigenschaften besitzt.

Daraus kann der praktische Schluß gezogen werden, daß zur Herstellung eines vorbeugenden Impfstoffes die einheimischen und aktuell erscheinenden Erregerstämme und nicht die aus dem Ausland eingeführten musealen Stämme benutzt werden sollten. Dies sollte um so mehr geschehen, denn – wovon wir uns während der Experimente mit Tieren überzeugten – um eine wirksame Vorbeugungsimmunität hervorzurufen, soll eine Impfung mit Anatoxin durchgeführt werden, d. h. mit einem entgifteten Diphtheriegift, aber auch [eine Impfung] mit Substanzen einer Bakterienzelle. Diese Arbeiten werden bald beendet sein und ihre Ergebnisse dem Gesundheitsdienst vorgelegt werden. Im Druck sind acht Mitteilungen; diese sind die Früchte der Arbeiten unserer Forschungsgruppe.

Zu unseren Diphtherie-Arbeiten gehören auch die Untersuchungen zur epidemiologischen Rolle von Bakteriophagen (Viren), die virulent sein können und die die Diphtherieerreger in bezug auf ihren antigenen Bau verändern können. Auch auf diesem Gebiet gelang es uns, gewisse Erfolge zu erzielen.

Außerdem fingen wir damit an, die Entwicklung antiinfektiöser Immunität bei Kindern zu untersuchen. Das ist ein sehr wichtiges Problem, denn eine rationale Vorbeugung der Ansteckungskrankheiten im Kindesalter muß auf das Erkennen des Rhythmus sowie der Reifungsart der immunologischen Mechanismen des Kindes gestützt werden. Leider wurde dieses Gebiet bislang wenig behandelt.

Ich muß mich noch zu einer Sache bekennen: Ich beschäftige mich mit der Methodologie der Naturwissenschaften und bin dabei, eine ausführliche Arbeit aus diesem Bereich vorzubereiten. Das wird der zweite Band eines Werks sein, dessen erster Band 1935 in der Schweiz veröffentlicht wurde.[V] Auch habe ich Lehrbücher zur Immunologie und zu Ansteckungskrankheiten bearbeitet, doch darüber lohnt es sich wohl kaum zu schreiben.

I Ludwik Fleck, »W pracowniach polskich uczonych«, in: *Trybuna Ludu* 93 (1957), S. 4; SMF, S. 207-209. Aus dem Polnischen von Sylwia Werner. Komm.: SW. Der Artikel erschien mit einem Foto von Fleck, das wegen seiner schlechten Qualität hier nicht reproduziert wird.

II Vgl. »Über Leukergie« in diesem Band und den dortigen Kommentar.

III Fleck hatte mehrere Vorträge zur Leukergie an drei amerikanischen Universitäten, Harvard, Galveston und New York, gehalten und seine Eindrücke in seinem »Bericht von einer wissenschaftlichen Reise in die Vereinigten Staaten (21. 8.-14. 9. 1956)« notiert. Dieser Text referiert über weite Strecken einzelne Forschungsergebnisse, doch am Ende zieht Fleck eine allgemeinere Bilanz: Hier zeigt er sich von den Arbeitsbedingungen und insbesondere von den Forschungsapparaturen bzw. vom Stand der Technik in den USA begeistert, berichtet aber auch vom großen Interesse der Amerikaner an seinen Forschungen. Mehrmals betont er, daß »die Wissenschaft prinzipiell nicht existieren kann, wenn sie in einem Krähwinkel eingeschlossen bleibt« (S. 406). Er fordert daher, daß sich die polnische Wissenschaft nach außen öffnen müsse: »Zum Schluß möchte ich einige Bemerkungen vorstellen, die für unsere Wissenschaftsorganisatoren von Nutzen sein können. Viele Bereiche der Medizin sind derzeit in Amerika auf so hohem Niveau, daß man unbedingt mit der amerikanischen Wissenschaft Kontakt halten muß. Unsere Fachliteratur ist in Amerika kaum bekannt, unsere Errungenschaften gehen verloren, wenn sie nicht in der Weltpresse verkündet werden. Ich bin der Meinung, daß man – unabhängig von den Publikationen im eigenen Land – zu Veröffentlichungen in ausländischen Fachzeitschriften raten soll. [...] Die Amerikaner schätzen eher die Menschen als die Bücher. Die persönlichen Begegnungen sind sowohl für die Verbreitung unserer Errungenschaften als auch für deren Erfolg in der Praxis unvergleichlich wichtiger als das Lesen oder Schreiben von Arbeiten. Damit wissenschaftliche Ideen, Forschungsergebnisse oder die vorgeschlagenen Hypothesen Aufmerksamkeit erregen können und nicht im Strom der richtigen oder falschen Ideen und der Resultate verlorengehen, müssen sie auf eine anschauliche Art verbreitet werden. In dieser Hinsicht sind die Amerikaner wahre Meister: Ihre Dokumentarfilme, Abbildungen, Diagramme und Tabellen sind erstaunlich demonstrativ. Das müssen wir von ihnen lernen. Erst wenn eine solche ›Werbung‹ die Aufmerksamkeit auf eine Arbeit gerichtet hat, wird man sich mit ihr gründlich auseinandersetzen, sie analysieren, überprüfen und dauerhaft ins Inventar der Wissenschaft aufnehmen. Viele unserer Ergebnisse gehen aufgrund ihrer ungeschickten Präsentation verloren.« Vgl. Ludwik Fleck (1957e), S. 406-410, hier S. 410.

IV Zu Flecks Forschergruppe im Mutter-und-Kind-Institut Warschau gehörten damals: Danuta Borecka, Barbara Narbutowicz, Anna Kunicka und Irena Lille-Szyszkowicz.

V Der hier angekündigte 2. Teil von EET ist entweder verschollen oder wurde nie geschrieben.

Serologische Beweise der Evolution[I]

Zahlreiche Eiweißkörper tierischer oder pflanzlicher Herkunft haben die Eigenschaft, daß – wenn sie in den Organismus höherer Tiere (Säugetiere, Vögel) gespritzt werden – sie das Erscheinen eines Antikörpers[II] (*anticorpus*) im Blut, auch wenn er eiweißhaltig ist, verursachen. Dieser hat dann die Fähigkeit, mit dem injizierten Körper in einer besonderen Weise zu reagieren. Wir sagen dann, daß sie die *Auslöser*, also *Antigene*[III] (*Antigen* – von *anticorporis generator*) sind. Diese Eigenart haben zum Beispiel die Bakteriengifte,[IV] denn wenn man sie in kleiner Dosis einem Kaninchen spritzt, führt dies dazu, daß nach ein paar Tagen ein Gegengift in seinem Blut erscheint, welches das verabreichte Gift (und nur dieses Gift) neutralisiert, wodurch das Kaninchen sogar gegen die tödlichen Dosen dieses Giftes immun wird. Zu Antigenen zählen auch die Bluteiweiße (z. B. eines Pferdes), die – wenn man sie einem Tier einer anderen Art (z. B. einem Kaninchen) spritzt – bewirken, daß nach etwa 10 Tagen das Kaninchen in seinem Blut ein Antigen für Pferdeeiweiße aufweist. Die Präsenz des verabreichten Antigens stellt man am einfachsten mit der sogenannten Fällungsprobe (*Präzipitinprobe*) fest, die darauf beruht, daß das Gemisch aus Antigen und entsprechendem, also »homologem«[V] Antikörper die Entstehung einer mehr oder weniger deutlichen Fällung, also des Präzipitats, hervorruft. Die Mischung einer vollkommen klaren Pferdeeiweißlösung mit dem klaren Serum eines Kaninchens, dem vor 10-14 Tagen Pferdeeiweiß gespritzt worden ist, gibt somit eine trübe Mischung oder gar eine, die deutliche Flocken aufweist. Dieses Phänomen wurde bereits 1897 vom Wiener Bakteriologen R. Kraus entdeckt.[VI]

Anstelle einer Vermischung von zwei Reagenzien (eines Antigens und eines den Antikörper beinhaltenden Serums) kann man sie auch übereinanderschichten; an der Grenze der beiden klaren Flüssigkeiten entsteht dann eine dünne Schicht – das weiße Präzipitat.[VII] Es ist keinesfalls notwendig, daß die Vermischung oder das Übereinanderschichten der Pferdeeiweißlösung und des Serums eines Kaninchens, dem man nicht das gleiche, sondern ein anderes Eiweiß, z. B. eines Huhns, gespritzt hat, zu einem Präzipitat oder auch nur einer Trübung führt. Denn grundsätzlich reagieren die Antikörper nur mit den homologen Antigenen (*das Prinzip der Eigenartigkeit*, also *der Spezifität*).[VIII]

Diejenige Wissenschaft, die sich speziell mit den Antigenen, Antikörpern und den Reaktionen zwischen ihnen befaßt, nennen wir *Serologie*. Sie bildet einen wichtigen Teil der Wissenschaften zur antiinfektiösen Immunität, also der *Immunologie*: Serologische Phänomene haben eine Reihe von charakteristischen Merkmalen, denn sie wirken antigenartig, d. h., sie rufen eine Produktion von Antikörpern hervor (sie immunisieren, wie man in unzutreffender Weise sagt), und sie können grundsätzlich nur Substanzen von einer fremden Art sein. Beispielsweise kann man kein Kaninchen gegen ein Kanincheneiweiß immunisieren. Das Antigen muß vielmehr parenteral verabreicht werden, d. h. nicht wie eine Nahrung in den Darm, sondern durch eine subkutane, intraperitoneale,[IX] intramuskuläre oder intravenöse Injektion. Im Verlauf der Infektionskrankheiten kann auch ein sich im Organismus befindender Erreger die Quelle von Antigensubstanzen sein, wodurch die entstehenden Antikörper dann eine Immunitätsbedeutung bekommen können. In verallgemeinernder Weise nennen wir die Hervorrufung einer Antikörperproduktion deshalb eine Immunisierung.

Serologische Reaktionen sind sehr empfindlich. Mit Hilfe der Präzipitinprobe[X] kann man z. B. für gerichtliche Zwecke aus einem kleinen Bluttropfen das menschliche Blut identifizieren sowie die Blutgruppe des Opfers identifizieren. Darüber hinaus lassen sich auch einige bakterielle Antigene näher bestimmen, falls man über die Mikrogrammbrüche (das Gamma)[XI] einer Substanz verfügt; und die Eiweißsubstanzen lassen sich sogar dann identifizieren, wenn sie in Verdünnungen lediglich im Verhältnis eins zu einigen Millionen vorliegen. Die Empfindlichkeit serologischer Proben ist überdies mit der Empfindlichkeit spektroskopischer Proben[XII] vergleichbar.

Auch der Anwendungsbereich der serologischen Proben ist sehr groß: Kennt man die Antikörper, so kann man mit ihrer Hilfe die Antigene ebenfalls herleiten. Mit Hilfe der Kalibrierungsseren[XIII] lassen sich z. B. die Gattungen der Bakterien bestimmen; und mit entsprechenden Seren kann etwa auch die Verfälschung von Lebensmitteln festgestellt werden, z. B. der Würste durch das Pferdefleisch, der Weine durch falsche Zusatzstoffe usw. Die Seren selbst dienen ferner zur Bestimmung der Blutgruppen, was für die Transfusionsmedizin besonders wichtig ist.

Umgekehrt gilt: Ist das Antigen bekannt, so kann man mit Hilfe der serologischen Proben die Anwesenheit eines homologen Antikörpers und damit auch den Immunisierungsprozeß nachweisen, so daß sich etwa eine Infektion, also eine Krankheit, feststellen läßt. Darauf beruhen beispielsweise die serologischen Proben, mit deren Hilfe man die Syphilis, Typhuserkrankungen[XIV] und viele andere Krankheiten nachweist. Im Rückgriff auf Kalibrierungsantigene kann man im Serum eines Kranken dann entsprechend die Anwesenheit eines homologischen Antikörpers feststellen.

Die Besonderheit serologischer Reaktionen geht darauf zurück, daß die Reaktionen nur in solchen Fällen auftreten können, in denen die strukturellen Eigenschaften des Antigens den strukturellen Eigenschaften eines Antikörpers genau entsprechen: Die Berührungsflächen eines Antigens mit dem Antikörper müssen zueinander – gemäß dem bekannten Vergleich von Ehrlich – wie der Schlüssel zu einem Schloß[XV] passen.

Es existiert also eine serologische Artspezifität, wonach sich mit Hilfe entsprechender Seren die Eiweiße einer Tiergattung von denen anderer unterscheiden lassen. Wenn ein Kaninchen z. B. mit einem Bluteiweiß eines Menschen in Kontakt kommt, wird in seinem Serum nicht nur mit diesem Eiweiß eine positive Präzipitation ausgelöst, sondern ebenso auch mit menschlichem Eiter, Samen, Organparenchym usw. Es wird demgegenüber aber nicht mit dem Eiweiß eines Pferdes reagieren.

Man nimmt an, daß die gattungsspezifischen Glykoproteide[XVI] aus den Eiweißteilchen Träger der Gattungseigenschaften sind (Bierry, 1931).[XVII] Diese Gattungsspezifik ist aber keinesfalls als absolut zu sehen: Die menschlichen Antiseren reagieren ebenfalls (wenn auch schwächer) mit Affeneiweiß, die Pferdeantiseren mit dem Eseleiweiß, die Widderantiseren fällen mit dem Eiweiß von Ziegen aus. Diese Phänomene bezeichnen wir als Verwandtschaftsreaktionen und nehmen an, daß sie aus einer strukturellen Ähnlichkeit solcher Antigene resultieren, die von verwandten [Tier-]Arten stammen. Mit anderen Worten: Durch den Nachweis von ähnlichen Reaktionen bekommen wir eine serologische Methode an die Hand, mit der sich Verwandtschaftsbeziehungen feststellen lassen.

G. H. F. Nuttall[1] war der erste Forscher, der die beschriebenen Serumproben angewandt hat, um die Evolutionstheorie zu bekräftigen. Das war zu Beginn des 20. Jahrhunderts (1904), als die Frage

1 George H. F. Nuttall, der englische Biologe (1862-1937), war ein bekannter Forscher der Protozoenerkrankungen der Pferde und des Viehs in Südafrika.

der Herkunft des Menschen noch heiß diskutiert worden ist. NUTTALL und seine zwei Mitarbeiter STRANGEWAYS und GRAHAM-SMITH[XVIII] immunisierten die Kaninchen mit menschlichem Bluteiweiß und führten die Präzipitation auch mit dem Blut von mehreren Tieren durch. Die menschlichen Antiseren, welche sie auf diese Weise erhielten, führten zum größten Präzipitat mit dem Eiweiß. Ein gleiches oder geringfügig kleineres erhielt man mit dem Eiweiß der Menschenaffen (Orang-Utans, Gorillas, Schimpansen); viel schwächere hingegen mit den niederen Altweltaffen (Pavianen) und das schwächste, letztlich kaum bedeutsame Präzipitat mit dem Eiweiß von Neuweltaffen (Breitnasenaffen). Mit anderen Tieren gab es dagegen überhaupt kein Präzipitat oder lediglich geringe Spuren davon. Die Ergebnisse dieser Proben sind in Tabelle 4 wiedergegeben:

Die Probe von Präzipitin mit Menschenantiserum sowie Eiweißen von verschiedenen Tiergattungen (nach NUTTALL)

(Der Wert von Präzipitin [in Lösung] mit Mencheneiweiß wurde als 100% angenommen.)

Mensch	100,00%
Schimpanse	130% (ein lockeres Präzipitat)
Gorilla	64,00%
Orang-Utan	42,00%
Cynocephalus mormon	42,00%
Cercopithecus petaurista	30,00%
Ateles vellerosus	22,00%
Katze	11,00%
Hund	11,00%
Tiger	2,00%
Kaninchen	0,00%
Meerschweinchen	0,00%
Schwein	0,00%
Insektenfresser	0,00%
Beuteltiere	0,00%

Tab. 4.

NUTTALL erhielt insgesamt 30 Seren und untersuchte sie in 16 000 Proben mit 900 verschiedenen Blutproben. Die Ergebnisse stimmten überein und zeigten damit sehr deutlich eine nahe Verwandtschaft des Menschen mit den Primaten, aber eine immer fernere mit anderen Tieren auf. Die erwähnten Autoren untersuchten mit diesen serologischen Methoden auch die Verwandtschaftsbeziehungen zwischen vielen anderen Tieren: so zwischen Vögeln, Reptilien, Lurchen, Fischen und anderen.

Sie erhielten unter anderem ein Froschserum, das stark mit Eiweißen verschiedener Froschlurche und nicht mit Eiweißen der Schwanzlurche reagierte und somit die Verwandtschaftsbeziehungen in dieser Tiergruppe deutlich hervorhob, welche auf dem Verlauf der Phylogenese fußten. Ein Pfeilschwanzkrebs (*Limulus*) zählte zuvor noch zu den Krustentieren. GRAHAM-SMITH, NUTTALLS Mitarbeiter, stellte fest, daß die entsprechenden Krebsseren, welche auch mit anderen Krabben und Krustentieren reagieren, nicht auf das Eiweiß des Limulus hin ausfällen. Statt dessen reagieren die Antilimulusseren mit den Eiweißen der Spinnentiere, aber nicht mit den Eiweißen anderer Krustentiere. Er stellte deshalb fest, daß eine deutliche Verwandtschaft zwischen dem *Limulus* und den Spinnentieren vorliegt, eine Auffassung, die bis heute allgemein gültig ist.

Die Untersuchungen von NUTTALL und seinen Mitarbeitern erregten großes Aufsehen und fanden später entsprechend viele Nachahmer. UHLENHUTH[2] stellte in den Jahren 1907 bis 1926 eine serologische Verwandtschaft zwischen Pferd, Esel und Tapir, zwischen Hund, Wolf und Schakal, zwischen Widder, Ziege, Kuh und Büffel, zwischen Wildschwein und Schwein, zwischen Kaninchen und Hase, zwischen Huhn, Ente und Gans usw. fest.[XIX]

Mit der serologischen Methode wurden von NERESHEIMER,[XX] DUNBAR[XXI] und KODAMA[XXII] ferner die Verwandtschaftsbeziehungen zwischen den Fischgattungen, zwischen den Reptilien und Lurchen von DUNGERN,[XXIII] unter den Vögeln von GRAETZ[XXIV] und EMMERICH[XXV] und unter den Seidenspinnern von AOKI[XXVI] untersucht.

Hinsichtlich der Herkunft des Menschen stellte man in den folgenden Jahren fest, daß die Präzipitatseren, die mit Hilfe des isolierten Menschenhämoglobins hergestellt wurden, auch auf das Affenhämoglobin reagieren (HIGASHI, 1923).[XXVII] Mit der Agglutinations-

2 Paul UHLENHUTH, der bekannte deutsche Bakteriologe, geb. 1870.

probe, die auf der Zusammenballung der Antigenteilchen (z. B. der roten Blutkörperchen oder Bakterien) unter dem Einfluß der homologen Antikörper beruht, ließ sich feststellen, daß das Serum für die Blutkörperchen eines Menschen auch Blutkörperchen eines Schimpansen agglutiniert – und umgekehrt – und daß das Serum mit den Blutkörperchen eines Schimpansen ebenfalls auf diejenigen eines Menschen ausfällt. Es findet aber keine Agglutination mit den Blutkörperchen der niedrigeren Affen statt. Die Blutkörperchen der Menschenaffen sind also serologisch näher mit den Blutkörperchen der Menschen verwandt als mit den Blutkörperchen der niederen Affen.

MOLLISON (1940)[XXVIII] bemüht sich, den Verwandtschaftsgrad des Menschen mit den Menschenaffen (Orang-Utans, Schimpansen) durch die serologische Prozentsatzbezeichnung artspezifischer Eiweißeinheiten quantitativ zu erfassen, welche er »Proteale« nannte. Er behauptet, daß man auf diese Weise den Entwicklungsgrad zweier verwandter Arten miteinander vergleichen kann. Diejenige Art, die größere Differenzierungsschritte durchmachte, weist mehr neue Proteale auf. Der Prozentsatz an gemeinsamen Protealen ist also bei der höher entwickelten Art kleiner als bei jenem Art-Typ, dessen Entwicklung nur in geringerem Grade erfolgte. Der Prozentsatz der mit dem Menschen gemeinsamen Proteale in der Gesamtheit aller Proteale eines Orang-Utans ist somit größer als der Prozentsatz der mit dem Orang-Utan gemeinsamen Proteale eines Menschen.

Die amerikanischen Biologen LEONE[XXIX] und BOYDEN[XXX] untersuchten in den Jahren 1943-1947 mit serologischen Methoden die Verwandtschaftsbeziehungen unter den *Orthoptera* und *Crustacea*.[XXXI] Ihre Ergebnisse für 100 exakt homologe, gemeinsame Reaktionen stellen sich – nach WALD[XXXII] – in Zahlen ausgedrückt folgenderweise dar:

Reaktionen	zwischen den Gattungen	zwischen den Arten	zwischen den Familien
Crustacea	46	30	9
Orthoptera	55	28	11,5

Je ferner also die Verwandtschaft ist, desto kleiner ist der Prozentsatz an gemeinsamen serologischen Reaktionen.

Der amerikanische Biologe WILHELMI (1942)[XXXIII] wandte die Probe mit Präzipitin beim Phänomen der Phylogenese der Vertebraten an. Er stellte fest, daß die *Anti-Protochordatae*-Seren deutlich stärker mit dem Stachelhäuterextrakt (*Echinodermata*) als mit dem Ringelwürmer- (*Annelida*) oder Gliederfüßerextrakt (*Arthropoda*) reagieren. Zwischen den Ringelwürmern und Gliederfüßern sind die gegenseitigen Reaktionen der Eiweiße tatsächlich stärker als zwischen irgendwelchen anderen aus diesen Gruppen sowie den Stachelhäutern. Diese Ergebnisse sprechen – gemäß den Argumenten der Anatomen – für die Einordnung der Stachelhäuter zusammen in eine Gruppe (*Deuterostomia*) mit den Chordatieren (*Chordata*) sowie der Ringelwürmer mit den Gliederfüßern in eine andere Gruppe. Wilhelmis Arbeiten sind also eine serologische Bestätigung derjenigen Auffassung, daß die Rückensaitentiere (*Chordata*) phylogenetisch mit den Stachelhäutern (*Echinodermata*) verbunden sind.

Auch die Verwandtschaftsbeziehungen unter den Pflanzen lassen sich mit der serologischen Methode untersuchen, wobei man unter anderem feststellte, daß die Früchte der Linsen, Erbsen und Bohnen gegenseitig reagieren (WELLS und OSBORNE, 1913).[XXXIV]

Die Serologie liefert also viele gute und wichtige Argumente zugunsten der Evolutionstheorie.

I Ludwik Fleck, »Serologiczne dowody ewolucji«, in: *Problemy ewolucjonizmu. Tom III. Myśl ewolucyjna w naukach fizjologicznych*, Warschau 1958, S. 148-152; SMF, S. 201-206. Aus dem Polnischen von Sylwia Werner. Komm.: FWS. Am Kommentar zu diesem Beitrag hat Florian Schmaltz mitgearbeitet und sowohl seine profunden wissenschaftshistorischen Archivrecherchen wie auch wichtigen Quellenarbeiten beigetragen.

II Als »Antikörper« werden vielseitige, eiweißbasierte Adaptormoleküle verstanden, die der Körper aussendet, wenn Mikroorganismen nicht in der Lage sind, Komplementfaktoren oder Freßzellen (*Phagozyten*) zu aktivieren. Antikörper passen zur Oberflächenbeschaffenheit der Mikroben, die sie selektiv erkennen und an die Freßzellen binden können, von denen sie schließlich aufgenommen und im Sinne der Immunantwort verdaut werden. Vgl. *Immunol.*, S. 6f.

III »Antigene« sind körperfremde Moleküle, gegen die prinzipiell Antikörper gebildet werden können. Dabei besitzt jedes Antigenmolekül typische antigene Strukturen als lokale Aufsätze (*Epitope*), welche sich im Rahmen der

Immunantwort des Körpers meist gut voneinander unterscheiden lassen. Siehe *Immunol.*, S. 7.

IV Als »Bakteriengifte« werden meist hochmolekulare Substanzen verstanden, die den physiologischen Organismus auf unterschiedliche Weise (spezifisch und unspezifisch) schädigen können. Dabei sind »Endotoxine« von »Exotoxinen« zu unterschieden, je nachdem ob sie also Bestandteile der Zelle oder Zellwand selbst (*endo-*) sind oder ob sie als Stoffwechselprodukte der Bakterien in deren Umgebung abgegeben werden und ihren Wirtsorganismus auf diese Weise in Mitleidenschaft ziehen. Vgl. Sucharit Bhakdi, Helmut Hahn, »Virulenzfaktoren von Bakterien«, in: *Mikrobiol.*, S. 109-117.

V Als »homolog« werden solche Antikörper bezeichnet, die entweder direkt zum korrespondierenden Antigen gehören oder die gegen arteigene Antigene gerichtet sind, was jedoch seltener vorkommt. Siehe *Pschyr.*, s.v. Homologe Antikörper, S. 718.

VI Rudolf Kraus (1868-1932), Medizinstudium in Prag und 1893 Promotion, entdeckte 1897 die Immunpräzipitate. Dies wurde zum Ausgangspunkt zahlreicher anderer Entdeckungen, wie der spezifischen biologischen Eiweißdifferenzierung während seiner Zeit als Assistent bei Richard Patlauf (1858-1924) am Pathologischen Institut der Universität Wien. 1901 folgte die Habilitation für allgemeine und experimentelle Pathologie. 1908 wurde er a. o. Prof. an der Universität Wien, 1913 dann Direktor des Pathologischen Institutes in Buenos Aires. 1921-1928 war er Leiter des Staatlichen Serotherapeutischen Institutes. Fleck war dort 1927 sein Assistent. Da Kraus als Jude keine ordentliche Professur an der Universität Wien erhalten konnte, emigrierte er 1928 nach Südamerika, wo er Leiter des *Instituto Bacteriologico de Chile* in Santiago de Chile wurde und 1930 als Generalsekretär der Internationalen Mikrobiologischen Gesellschaft hervortrat. Vgl. Peter Csendes, Leo Santifaller, Eva Obermayer-Marnach, Österreichische Akademie der Wissenschaften (Hg.), *Österreichisches biographisches Lexikon: 1815-1950*, Wien 1969, S. 563, und Salomon Wininger, *Große jüdische National-Biographie: Nachtrag. Ge-Schluss. Nachtrag A-Z Anhang*, Bd. 7, Czernowitz 1936, S. 193.

VII Die Schichtungen im Präzipitat sind häufig auf die stöchiometrischen beziehungsweise Ladungseigenschaften der Proteine unter Verwendung der jeweiligen Labortechniken zurückzuführen, von denen die Fällungsproben abhängig sind. Vgl. *Immunol.*, S. 328.

VIII Unter der »Spezifität« der Antigen-Antikörper-Reaktion wird die selektive Reaktionsfähigkeit eines Antikörpers oder eines sensibilisierten Lymphozyten verstanden, die sich *in vivo* mit demjenigen Antigen auslösen läßt, das zur entsprechenden Immunantwort führt. Dies findet etwa praktische Anwendung bei immunologischen Hauttests, bei denen nur das Vorliegen des »spezifischen« Antigens etwa zu einer Rötung im entsprechenden Areal führt. *Pschyr.*, s.v. Spezifität, S. 718.

IX »Intraperitoneal«, d. h. durch eine Nadel oder eine operative Öffnung innerhalb des Bauchfells beziehungsweise in den zwischen dem Bauchfell und den Darmabschnitten gelegenen Raum.

X »Präzipitinprobe« wird heute eigentlich nur noch im angelsächsischen Sprachgebrauch verwandt; gebräuchlicher ist in der deutschen Verwendungsweise: Präzipitationsprobe.

XI »Gamma« ist die Gewichtseinheit für 10^{-6} Gramm.

XII »Spektralanalyse« bezeichnet ein labortechnisches Verfahren, bei dem mit Hilfe eines mit der Testsubstanz (hier dem Immunserum) erzeugten Lichtspektrums eine quantitative und qualitative Aussage über die in der Substanz enthaltenen Mengenanteile getroffen werden kann.

XIII Blutseren verschiedener Spezies und Gattungen, deren Standardeinstellung beziehungsweise Präzipitierungseigenschaften bekannt sind, lassen sich miteinander oder mit noch nicht bekannten Serumeigenschaften abgleichen, um auf diese Weise Eichwerte der typischen Fällungs- und Schichtungseigenschaften ermitteln zu können. Vgl. *Pschyr.*, s.v. Serodiagnostik, S. 1540.

XIV Wenn Fleck von »Typhus« spricht, meint er meist nicht den gewöhnlichen *Typhus abdominalis*, sondern das durch den Erreger Proteus OX-19 hervorgerufene Fleckfieber, auch epidemisches Fleckfieber, *Typhus exanthematicus* oder epidemischer Läusetyphus.

XV Die Metapher des »Schlüssel-Schloß-Prinzips« wurde zuerst 1894 durch den Straßburger Chemiker Hermann Emil Fischer (1852-1919) als Hypothese am Beispiel der spezifischen Bindung zwischen Enzym und Substrat formuliert (vgl. Emil Fischer, »Einfluß der Configuration auf die Wirkung der Enzyme«, in: *Berichte der Deutschen Chemischen Gesellschaft* 27 (1894), S. 2985-2992, hier S. 2992; ders., »Synthesen in der Zuckergruppe, Teil II«, in: *Berichte der Deutschen Chemischen Gesellschaft* 27 (1894), S. 3189-3232, hier S. 3229). Das Schlüssel-Schloß-Prinzip wurde somit anhand komplementärer räumlicher Strukturen formuliert, die spezifische biologische Funktionen erfüllen. Der Frankfurter Serologe Paul Ehrlich (1854-1915) griff die Metapher Fischers in einem Vortrag vor der Royal Society of London im Jahre 1900 auf (siehe Paul Ehrlich, »Croonian Lecture: On Immunity with Special Reference to Cell Life«, in: *Proceedings of the Royal Society of London* 66 (1900), S. 424-448, hier S. 434). Zur Geschichte der Metapher vgl. Alberto Cambrosio, Daniel Jacobi, Peter Keating, »Ehrlich's ›Beautiful Pictures‹ and the Controversial Beginning of Immunological Imagery«, in: *Isis* 84 (1993), S. 662-699. Fleck benutzt das Beispiel der Schlüssel-Schloß-Metapher in EET (S. 154f.), um vorzuführen, wie ein bestimmtes Anschauungsbild, das zunächst nur als Mittel der Erkenntnis eingesetzt worden war, zum Erkenntnisziel wurde und dann die Serologie beherrscht hat.

XVI »Glykoproteide« sind zusammengesetzte zuckerhaltige Eiweißkörper, die als Verbindungen von einfachen Eiweißkörpern, den *Proteinen*, mit anderen biochemischen Stoffgruppen interagieren können.

XVII Henri Bierry, »Le sucre protéidique dans le plasma sanguin du cheval«, in: *Les Comptes rendus de l'Académie des sciences* 192 (1931), S. 240f.

XVIII George Henry Falkiner Nuttall, George Stuart Graham-Smith, Thomas S. P. Strangeways, *Blood Immunity and Blood Relationship. A Demonstration of Certain Blood-Relationships Amongst Animals by Means of the Precipitin Test for Blood*, Cambridge 1904. Nuttall (1862-1937) war ein amerikanisch-britischer Bakteriologe, der sowohl an der University of California als auch an der Georg-August-Universität Göttingen promoviert und langjährig an der University of Cambridge geforscht hat. Auf ihn gehen wichtige Beiträge zur frühen Immunologie, Blutchemie und Parasitologie zurück. Sein Mitarbeiter George Stuart Graham-Smith (1862-1937) verbrachte ebenfalls die meiste Zeit in Cambridge und trug wesentlich zur Kenntnis des Immunfällungsproblems bei, während Thomas S. P. Strangeways (1866-1926) 1923 zurück nach London an das St. Bartholomew's Hospital ging, nachdem er sein Forschungsfeld bereits von der Paläopathologie zur Zellpathologie überführt hatte.

XIX Paul Uhlenhuth (1870-1957), Hygieniker und Bakteriologe, wurde nach seiner Promotion 1893 Assistent von Robert Koch (1843-1910) und ist 1905 an der Universität Greifswald habilitiert worden. 1911-1936 war er Professor für Bakteriologie und Hygiene an den Universitäten Straßburg und Freiburg. 1933 beteiligte er sich dort an der Vertreibung jüdischer Wissenschaftler und Wissenschaftlerinnen. 1936 wurde er emeritiert und bewarb sich 1941 vergeblich auf den Hygiene-Lehrstuhl der unter der nationalsozialistischen Herrschaft eingerichteten »Reichsuniversität Straßburg«. Vgl. Heinz-Peter Schmiedebach, »Paul Uhlenhuth 1870-1957. Forscher im Dienste des Vaterlandes«, in: *Rechtsmedizin* 11 (2001), S. 265-269.

XX Eugen Neresheimer (1876-1914?), seit 1906 Privatdozent an der Technischen Universität München und von 1907 bis 1909 Honorardozent an der Landwirtschaftlichen Akademie Weihenstephan in Bayern. Zu Neresheimers serologischer Forschung vgl. Eugen Neresheimer, »Blutsverwandtschaft und Serumreaktion bei Salmoniden«, in: *Zeitschrift für induktive Abstammungs- und Vererbungslehre* 3 (1909), S. 294.

XXI Carl Owen Dunbar (1891-1979), Geologe und Paläontologe aus Kansas, lehrte von 1920 bis 1959 in Yale, Verfechter der paläontologisch-stratigraphischen Analyse von Wirbellosen. Vgl. J. Thomas Dutro, »Memorial: Carl Owen Dunbar (1891-1979)«, in: *Journal of Paleontology* 55 (1981), S. 695-697. Die Arbeit, auf die Fleck Bezug nimmt, ist wahrscheinlich: Carl Owen Dunbar, *A Syllabus on the Nature and Classification of Animal Life*, Ann Arbor 1931.

XXII Der japansche Bakteriologe H. Kodama war Leiter der Bakteriologischen Abteilung an der Städtischen Hygienischen Untersuchungsanstalt von Tokio. Auch er hat zwischen 1913 und 1914 als Gastwissenschaftler am Uhlenhuthschen Institut an der Straßburger Universität gearbeitet. Eine zentrale Arbeit Kodamas, die auf das Problem der gattungsabhängigen Immunpräzipitationen einging, war: »Über die Wirkung von Alkohol in verschiedener Konzentration auf die antigenen Eigenschaften von Pferdeeiweiß«, in: *Zentralschrift für Hygiene und Infektionskrankheiten* 74 (1913/14), S. 30-34.

XXIII Emil Freiherr von Dungern (1867-1961) war ein deutscher Internist. Ihm gelang der bahnbrechende Nachweis der Mendelschen Vererbungsweise der Blutgruppen in dem durch Karl Landsteiner (1868-1943) etablierten AB0-System. Siehe auch bei Benoît Massin, »Rasse und Vererbung als Beruf. Die Hauptforschungsrichtungen am Kaiser-Wilhelm-Institut für Anthropologie, menschliche Erblehre und Eugenik im Nationalsozialismus«, in: Hans-Walter Schmuhl (Hg.), *Rassenforschung an Kaiser-Wilhelm-Instituten vor und nach 1933*, Göttingen 2003, S. 190-244, hier S. 211.

XXIV Prof. Dr. Friedrich Graetz (1881-1949), Bakteriologe. Leiter der Bakteriologisch-Serologischen Abteilung des Allgemeinen Krankenhauses Hamburg-Barmbek. Seit 1920 Privatdozent und schließlich 1924 außerordentlicher Professor für Bakteriologie an der Universität Hamburg. Siehe Joseph Kürschner, Friedrich Bertkau, *Kürschners deutscher Gelehrten-Kalender*, Berlin 1950, S. 379.

XXV Rudolf Emmerich (1852-1914), Hygieniker und Bakteriologe. 1879 Assistent am Hygienischen Institut der Universität Leipzig, wo er sich im folgenden Jahr habilitierte. 1881 wurde er Assistent bei Max Joseph von Pettenkofer (1818-1901), und seit 1902 bekleidete er eine ordentliche Professur an der Ludwig-Maximilians-Universität München. Zu seinen wichtigen Beiträgen zur Bakteriologie, Hygiene und Sozialmedizin zählen seine Forschungen über den Choleraerreger, die Verfechtung eines umweltbedingten Ansatzes der Entstehung von Infektionen sowie sein Eintritt für die städtische Schulhygiene. Martin Weyer-von Schoultz, *Max von Pettenkofer (1818-1901). Die Entstehung der modernen Hygiene aus den empirischen Studien menschlicher Lebensgrundlagen*, Frankfurt/M. 2006.

XXVI Vermutlich handelt es sich hier um den japanischen Bakteriologen Kaoru Aoki (geb. 1877), von dem vielfältige Arbeiten zu Pneumokokken, Paratyphus-Bazillen und zum Mechanismus der immunologischen Agglutination stammen. Zwischen 1913 und 1914 war Aoki als Gastwissenschaftler am Institut von Professor Uhlenhuth in Straßburg tätig, bevor er als Professor und Vorstand des Bakteriologischen Instituts an die Kaiserliche Tohoku-Universität von Sendai zurückkehrte. Bei der Arbeit, auf die Bezug genommen wird, könnte es sich um Hélène Dold, Kaoru Aoki, »Beiträge zur Anaphylaxie«, in: *Zeitschrift für Hygiene und Infektionskrankheiten* 75 (1913), S. 29-39, handeln.

XXVII Shigezo Higashi, »Serologische Untersuchungen über das Hämoglobin mit besonderer Berücksichtigung der praktischen Verwendbarkeit des Hämoglobinopräzipitins«, in: *Journal of Biochemistry* 2 (1923), S. 315-339.

XXVIII Patrick L. Mollison, I. Maureen Young, »Survival of the Transfused Erythocytes of Stored Blood«, in: *Lancet* 236 (1940), S. 420f.

XXIX Charles Abner Leone (geb. 1918), Zoologe an der Rutgers University in New Brunswick, New Jersey und der University of Kansas. Vgl. University of Kansas (Hg.), »The College of Liberal Arts and Sciences«, in: *Bulletin of the University of Kansas* 62 (1961), S. 201; sowie zu seinen serologischen Arbeiten etwa Charles Abner Leone, »Preliminary Observations on Intraspecific Variation of the Levels of Total Protein in the Sera of Some Decapod Crustacea«, in: *Science* 118 (1953), S. 295f. Die Arbeit, auf die hier Bezug genommen wird, ist: Charles A. Leone, »A Serological Study of Some Orthoptera«, in: *Annals of the Entomological Society of America* 40 (1947), S. 417-433.

XXX Alan Arthur Boyden (1897-1986) lehrte Zoologie an der Rutgers University in New Brunswick, New Jersey, der University of Wisconsin in Madison und der University of California in Berkeley. Vgl. Jacques Cattell, *American Men and Women of Science*, Bd. 1, New York [12]1974, S. 451. Zu seinen wichtigsten immunologischen Beiträgen zählt: Alan Boyden, »Homology and Analogy«, in: *Science* 164 (1969), S. 455f.

XXXI Alan A. Boyden, Ralph J. DeFalco, »Report on the Use of the Photoreflectometer in Serological Comparisons«, in: *Physiological Zoology. A Quarterly Journal of Zoological Research* 16, 3 (1943), S. 229-241.

XXXII Vermutlich ist hier der US-amerikanische Zoologe George Wald (1906-1997) gemeint, der an der New York und der Columbia University ausgebildet wurde und später Biologieprofessor an der Harvard University war. Neben Arbeiten zu den wirbellosen Tieren zählt seine Identifizierung des Vitamin A zu seinen herausragenden Entdeckungen, für die er 1967 den Nobelpreis für Physiologie oder Medizin erhielt.

XXXIII Der amerikanische Morphologe Raymond W. Wilhelmi (geb. 1914) führte Untersuchungen besonders an evolutionär niedrigen Meereswirbeltieren durch und wies etwa 1944 serologische Verwandtschaftsbeziehungen zwischen den Weichtieren (Mollusken) und den Wirbeltieren nach. Vgl. Jacques Cattell, *American Men of Science*, Bd. 4, Tempe [9]1961, S. 4422. Die Arbeit, auf die im Text Bezug genommen wird, ist: Raymond W. Wilhelmi, »The Application of the Precipin Technique to Theories Concerning the Origin of Vertebrates«, in: *Biological Bulletin* 82 (1942), S. 179-189.

XXXIV H. Gideon Wells, Thomas B. Osborne, »Is the Specificity of the Anaphylaxis Reaction Dependent on the Chemical Constitution of the Proteins or on Their Biological Relations? The Biological Relations of the Vegetable Proteins II«, in: *The Journal of Infectious Diseases* 12 (1913), S. 341-358.

Krise in der Wissenschaft
Zu einer freien und menschlicheren Wissenschaft[I]

Es ist unzweifelhaft, daß die Wissenschaft zur Gehilfin von Politik und Industrie wird, zum großen Schaden ihrer kulturellen Mission. In fast allen Ländern der ganzen Welt verfügen Politiker und Industrielle über Wissenschaftler, entscheiden oft über ihre Arbeit und manchmal sogar über ihre Meinungen und Überzeugungen. Das geschieht nicht nur, weil einige moderne wissenschaftliche Aktivitäten große Ressourcen erfordern. Einen gefährlicheren Faktor stellt der wachsende Opportunismus vieler vor allem junger Wissenschaftler dar – Wissenschaftler, für die Wissenschaft lediglich ein moderner Weg zu einer guten Karriere ist.

Ich bin davon überzeugt, daß die Ursache für diese bedauernswerte Haltung vieler Wissenschaftler in der Kluft liegt, die sich zwischen der obsoleten, aber immer noch allgemein vorherrschenden offiziellen Ansicht über die Natur der Wissenschaft auf der einen und der praktischen, wenn auch begrenzten Einsicht in die Wissenschaft auf der anderen Seite auftut, über die der gewöhnliche wissenschaftlich Tätige verfügt. »Wahrheit«, »Objektivität« – das sind geweihte Ideale. Aber sie sind für den gewöhnlichen modernen Wissenschaftler in ihrer klassischen Bedeutung zu naiv, und in dem praktischen Sinn, mit dem man diesen Worten im alltäglichen wissenschaftlichen Leben begegnet, zu kompliziert und bar jeder Größe.

Der gewöhnliche Wissenschaftler von heute findet, daß die »wissenschaftliche Wahrheit« eine komplexe geistige Konstruktion ist, untrennbar mit den Forschungstechniken, statistischen Interpretationen und vielfältigen Konventionen verbunden. Er weiß, daß sie oft nur in einem spezifischen Jargon ausgedrückt und nur nach einer längeren Ausbildung wahrgenommen werden kann. Seiner Meinung nach hängt die »wissenschaftliche Wahrheit« vom Zusammentreffen verschiedener Umstände ab: von der wissenschaftlichen Gelegenheit, von der Umgebung und vom persönlichen Einfluß des Autors. Sie sollte geeignet sein, in das bestehende Wissenschaftssystem einverleibt werden zu können,[1, II] und schließlich sollte sie Zustimmung finden. Denn der einzige Beweis des Werts liegt im Erfolg.

1 »Ein Wissenschaftler muß nicht nur die richtigen Ideen haben, die richtigen Ex-

Wie kann eine solche, von einer Zunft geschaffene und in der Tat temporäre Wahrheit (gefunden oder geschaffen von XY, tatsächlich aber von seinen Assistenten, denn XY selbst ist dauernd auf Kongressen) mit den ewigen Gesetzen der Natur (wie sie guten Kindern gepredigt wird) vereinigt werden? Allerdings ist die beste Politik die, nicht zu viele Fragen zu stellen und mit jenen an der Macht auf gutem Fuße zu bleiben.

So entsteht der oben erwähnte Opportunismus.

Ich stimme natürlich mit Harold K. Schilling,[III] dem Autor des Beitrags »A Human Enterprise«,[2] darin überein, daß es »ein Bedürfnis für adäquatere Modelle« der Wissenschaft gibt als den gewöhnlichen »Stereotyp, der nur wenig der Wissenschaft ähnelt, so wie sie die kennen, die sie Tag für Tag leben«. »Wenn wir bei der Planung für die Zukunft eine wahrhaft bedeutende Funktion für die Wissenschaft in öffentlichen Angelegenheiten zu entwerfen haben, dann müssen wir unser Denken darüber, wie sie in Zukunft operieren sollte, auf einem Modell aufbauen, das so genau und so umfassend wie möglich abbildet, wie sie heute tatsächlich funktioniert.«

Nun, ein solches Modell steht unter den gegenwärtigen Umständen beinahe spontan zur Verfügung, und Schilling kommt dem sehr nahe: In der gegenwärtigen Zeit, in der Ära von Teamkooperation, von Artikeln, die von mehreren Koautoren veröffentlicht werden, von so vielen Zeitschriften, Rezensionen, Konferenzen, Symposia, Komitees, Vorständen, Gesellschaften und Kongressen wird die gemeinschaftliche Natur wissenschaftlicher Erkenntnis offensichtlich. Die Erkenntnis kann nicht mehr als Funktion von zwei Komponenten allein verstanden werden, also als eine Relation zwischen dem individuellen Subjekt und dem Objekt. Jede Erkenntnis ist eine soziale Tätigkeit – nicht nur, wenn sie wirklich Kooperation erfordert, denn sie stützt sich immer auf Wissen und Fertigkeiten, die von vielen anderen überliefert worden sind. Sie ist sozial, weil während jedes andauernden Gedankenaustausches Ideen und Standards erscheinen

perimente machen und einen Aufsatz daraus entstehen lassen. Er muß auch einen kohärenten Lehrkorpus aufbauen und diesen in die Zeitschriften und Lehrbücher hineinzwingen« (André Lwoff, »Factors Influencing the Evolution of Viral Diseases«, in: *Bacteriological Review* 23 [1959], S. 109-124).

2 Harold K. Schilling, »A Human Enterprise« [Science as Lived by its Practitioners Bears but Little Resemblance to Science as Described in Print], in: *Science* 127 (1958), S. 1324-1327.

und wachsen, die an keinen individuellen Autor geknüpft werden können. Es entwickelt sich eine gemeinschaftliche Denkweise, die alle Teilnehmer bindet und die sicherlich jede Erkenntnistätigkeit bestimmt. Deshalb muß Erkenntnis als eine Funktion von drei Elementen verstanden werden: Sie ist eine Relation zwischen dem individuellen Subjekt, dem bestimmten Objekt und der gegebenen Denkgemeinschaft (Denkkollektiv), in der das Subjekt handelt; sie gelingt nur, wenn ein bestimmter, in der gegebenen Gemeinschaft entstandener Denkstil angewendet wird.

In dem exzellenten Buch von R. J. Dubos *Louis Pasteur*[3, IV] lesen wir, wie der »Zeitgeist, d. h. die wissenschaftliche und philosophische Stimmung der Zeit«, solche Wissenschaftler wie Berzelius, Wöhler, Liebig, Helmholtz und Claude Bernard dazu zwang, Pasteurs Theorie über die Rolle der Hefe bei der Gärung zurückzuweisen: »Auf ein lebendes Agens als die Ursache einer chemischen Reaktion zu verweisen erschien als ein Schritt nach rückwärts.« Experimentelle Beweise gegen diese Theorie wurden demonstriert (Louis Thénard). Bissige Scherze über Pasteur machten die Runde. Liebig, geblendet von seinen vorgefaßten Ideen, war nicht in der Lage, einige leicht zu demonstrierende und recht unverkennbare Phänomene wahrzunehmen, die Pasteurs Behauptung stützten.

Es wäre jedoch ein Fehler, anzunehmen, daß der Denkstil und die führenden allgemeinen Ideen und Bilder (Gestalten), die von diesem Denkstil herrühren, immer ein Hindernis auf der Suche nach der Wahrheit und eine Quelle für Fehler seien: Das gesamte moderne Wissen über die Infektion und infektiöse Krankheiten hat seinen Ursprung in einem uralten Glauben an die Analogie von Fäulnis und Krankheit und – als Ursache von beiden – an den kleinen »animalcules«. Diese Idee kann man in Griechenland und in Rom finden (Hippokrates, M. T. Varro),[V] während der Renaissance (Fracastorius 1546[VI]), im 17. Jahrhundert (Kircher 1658[VII], Leeuwenhoek um 1680[VIII]), in Pasteurs ersten Aufsätzen (1866: *Études sur le vin, ses maladies, causes qui les provoquent*[4]). All diese »genialen Intuitionen«, die vor jedem empirischen Beweis bestanden und einem

3 R. J. Dubos, *Louis Pasteur. Free Lance of Science*, Boston 1950, S. 120ff. [Deutsch als: *Pasteur und die moderne Wissenschaft*, München, Wien, Basel 1960, S. 73ff. Fleck hat frei zitiert. A. d. Ü.]

4 Louis Pasteur, *Études sur le vin, ses maladies, causes qui les provoquent, procédés nouveaux pour le conserver et pour le vieillir*, Paris 1866.

alten vorwissenschaftlichen Denkstil entstammen, wirkten durch die Zeiten als antreibende Kraft für eine Unmenge von Entdeckungen. Es ist sehr zweifelhaft, ob unser Wissen über infektiöse Krankheiten ohne diese »Intuitionen«[5] solche Fortschritte gemacht hätte.

Diese uralten Ideen gebaren die moderne Mikrobiologie, obwohl die Analogie von Fäulnis und Krankheit im Kindbett starb.

Viele andere sogenannte Visionen und Intuitionen entspringen ähnlich alten »führenden Präideen«, z. B. die Kopernikanische Theorie, die Atomtheorie, die Theorie der Elemente. Sie waren zunächst weder wahr noch falsch, denn sie waren in ihrer ursprünglichen, altertümlichen Gestalt unklar. Aber sie haben die dritte Komponente im Erkenntnisprozeß vertreten und sich in wichtige wissenschaftliche Theorien entwickelt.

In dem Buch *Entstehung und Entwicklung einer wissenschaftlichen Tatsache. Einführung in die Lehre vom Denkstil und Denkkollektiv*[6] habe ich geschrieben: »Jede Erkenntnistheorie, die diese gemeinschaftliche Natur der Erkenntnistätigkeit nicht grundsätzlich und einzelhaft ins Kalkül stellt, ist trivial. Wer diese kollektive Bedingtheit für ein Übel hält, die sich aus der menschlichen Unzulänglichkeit ergibt, die zu bekämpfen Pflicht ist, verkennt, daß ohne eine solche Bedingtheit überhaupt kein Erkennen möglich ist.«

Ich habe versucht aufzuzeigen, wie der Denkstil nicht nur die Entwicklung komplexer Ideen, Probleme und Standards bestimmt, sondern selbst auch die Inhalte und die Begrenzungen einer Beobachtung. Die Geschichte der Anatomie lieferte dazu das Material. Der Denkstil wurde als gemeinschaftliche Tendenz zu selektiver Wahrnehmung und zu entsprechender geistiger und praktischer Verwendung des Wahrgenommenen definiert. Ich habe versucht, die allgemeine Struktur und Zusammensetzung des »Denkkollektivs« (Zentrum, Peripherie; Elite, Öffentlichkeit; Autorität, Gläubige) und seine Wirkung

5 »Wir finden bereits 1683, daß der geniale Fred. SLAVE, MD, FRS. sagte, als er eine Viehseuche in der Schweiz kommentierte, die viele Rinder hinwegraffte: ›Ich wünschte mir, daß Herr LEEUWENHOEK bei der Sektion dieser infizierten Tiere dabeigewesen wäre, ich bin davon überzeugt, er hätte einige seltsame Insekten oder etwas anderes in ihnen entdeckt‹« (Clifford DOBELL, *Antony van Leeuwenhoek and His ›Little Animals‹*, London 1932, S. 230). Wirkliche Beweise von Mikroorganismen wurden erst zweihundert Jahre später präsentiert.

6 Ludwik FLECK, *Entstehung und Entwicklung einer wissenschaftlichen Tatsache*, Basel 1935 [EET, S. 59 f. Fleck hat sich selbst frei übersetzt. Dies wurde in der Rückübersetzung beibehalten. A. d. Ü.].

auf die Entwicklung einer gemeinschaftlichen Stimmung zu analysieren, die zu einem gemeinschaftlichen Denkstil führt. Jeder geistige Verkehr innerhalb der Gemeinschaft (intrakollektiver Austausch) stärkt ihre Ideen und stattet sie mit den Merkmalen objektiver Wirklichkeit aus. Jede Kommunikation über die Gemeinschaft hinaus (interkollektiver Austausch) verändert den Sinn der Begriffe, gibt ihnen eine mehr oder weniger neue Bedeutung und kann so Quelle neuer Ideen sein.

Auf diese Weise sind die drei Komponenten der Erkenntnistätigkeit untrennbar miteinander verbunden. *Zwischen dem Subjekt und dem Objekt gibt es ein Drittes, die Gemeinschaft. Es ist kreativ wie das Subjekt, widerspenstig wie das Objekt und gefährlich wie eine Elementargewalt.*

Viele ähnliche Feststellungen über die Wissenschaft und die Gesellschaft finden sich in M. POLANYIS Arbeiten.[IX] Seine letzten Schlußfolgerungen daraus sind aber ganz andere:

»Das Experiment von D. C. MILLER (Ätherströmung) demonstriert recht klar, wie hohl die Behauptung ist, daß Wissenschaft einfach auf Experimenten aufbaut, die jeder nach Belieben wiederholen kann.«[7] – »Die Wissenschaft wird als ein riesiges Glaubenssystem erscheinen, tief in unserer Geschichte verwurzelt und heute von einem speziell organisierten Teil unserer Gesellschaft kultiviert.«[8] – »Menschliches Denken wächst nur in Sprache, und da es Sprache nur in einer Gesellschaft gibt, ist alles Denken in der Gesellschaft verwurzelt.«[9] – »Die Mitglieder (einer Schule) sind vorläufig von denen außerhalb von ihr durch eine logische Kluft getrennt. Sie denken anders, sprechen eine andere Sprache und leben in einer anderen Welt.«[10] Zweifelsohne beschreibt POLANYI in diesen Zitaten die Wirkung von Unterschieden im Stil.

Folglich wird den Wissenschaftlern immer bewußter, daß »Wissenschaft gemeinschaftlich ist« (um SCHILLINGS Ausdruck zu verwenden).[X] Das gilt für alle Arten von Erkenntnissystemen gleichermaßen, seien sie nun nichtwissenschaftlicher Aberglauben, politische Überzeugungen oder andere Gesichtspunkte. Dies drückt in allgemei-

7 Michael POLANYI, *Personal Knowledge.* [*Towards a Post-Critical Philosophy*], Chicago 1958, S. 13.

8 A. a. O., S. 171.

9 M. POLANYI, *The Study of Man*, London 1959, S. 60.

10 M. POLANYI, *Personal Knowledge*, Chicago 1958, S. 151.

ner Form der Satz aus, daß Erkenntnis ihrer Natur nach aus drei Komponenten besteht.

Was ist der Vorteil des Drei-Komponenten-Modells?

Zuerst: Die demoralisierende Kluft zwischen Theorie und Praxis im wissenschaftlichen Leben verschwindet. Für Heuchelei wird es weniger Gelegenheit geben. Neue Ideale entstehen: Die Beziehung zwischen den Natur- und den Geisteswissenschaften wird enger, und die Naturwissenschaft wird menschlicher. Deshalb wird unter den Wissenschaftlern die Loyalität gegenüber der Menschheit und die Loyalität gegenüber der wissenschaftlichen Gemeinschaft zunehmen. Wissenschaftliche Konventionen, soziale Gebräuche der wissenschaftlichen Gemeinschaft werden erklärbar. Der Wissenschaftler wird bescheidener, indem er die begrenzte Rolle des Individuums anerkennt.

Die Soziologie des Denkens sollte als grundlegende Wissenschaft entwickelt werden, wertgleich mit der Mathematik. Das Problem der Organisation, Planung, Lehre und der Popularisierung sollte auf dieser neuen Disziplin aufbauen. Vergleichende Stiluntersuchungen werden die Studenten toleranter gegenüber fremden Stilen machen und sie auf die Koexistenz vorbereiten; Verfechter verschiedener Stile können einander schätzen, ja sogar bis zu einem gewissen Grad ohne gegenseitiges Verstehen zusammenarbeiten, wenn sie wissen, daß Ursache der Unterschiede eine andere Denkweise und nicht böser Wille ist.

Das tiefste Problem der gegenwärtigen Zeit, die Beziehung des Individuums zur Gemeinschaft, erscheint in einem neuen Licht. Die gemeinschaftliche Stimmung des Denkkollektivs, die für die dritte Komponente in jeder Erkenntnis steht, kann zu jeder der beiden möglichen Wirkungen führen: Sie kann blenden, und sie kann klarsehend machen. Wirkt sie gleichmäßig über eine lange Zeit hinweg, erschafft sie Wissenschaft, Kunst und Technologie. Wenn sie plötzlich ausbricht, verursacht sie Aufruhr und Revolution. Jeder Politiker und jeder Geschäftsmann weiß, daß die Propaganda, also das Erwekken der erwünschten gemeinschaftlichen Stimmung, grundlegend für jede gemeinschaftliche Tätigkeit ist. Die Wissenschaftler verkennen diesen Umstand – zumindest offiziell – und werden sein Opfer.

Mit offenen Augen zur Propaganda zu stehen macht das Subjekt gegen ihren Mißbrauch widerstandsfähig: Wenn jedes Schulkind lernt, daß jede Torheit, wie groß sie auch ist, durch passende Propaganda glaubwürdig gemacht werden kann, wird der kritische Widerstand gegen die Propaganda anwachsen.

Die Geschichte der Wissenschaft, die des Denkens allgemein, verstanden als Evolution gemeinschaftlicher Denkstile und aufgebaut auf strukturellen Veränderungen in den betreffenden Gemeinschaften, hört auf, eine Sammlung lächerlicher Anekdoten und sentimentaler Apotheosen zu sein. Die Genese von Ideen wird erklärbar. Die geschichtliche Evolution einiger grundlegender Begriffe wie »Verbindung«, »Element«, »Wirklichkeit«, »Ursache«, »Existenz«, »Individuum« zeigt an, daß ihre gegenwärtige Phase keinesfalls ihre endgültige zu sein braucht. Dies zu erfassen wird den Wissenschaftlern helfen, mit ihren kreativen Konzeptionen kühner zu werden. Das fruchtlose Problem von Idealismus und Materialismus verschwindet.

Die wissenschaftliche Wahrheit wird sich von etwas Starrem und Stillstehendem in eine dynamische, entwickelnde, kreative menschliche Wahrheit wandeln.

I Ludwik Fleck, »Crisis in Science. Towards a Free and More Human Science«, unveröffentlichtes Manuskript aus dem Nachlaß des Autors, verfaßt 1960. Übersetzt von Thomas Schnelle. Komm.: CZ.

II Fleck beruft sich auf hier den französischen Virologen André-Michael Lwoff (1902-1994), der später, 1965, gemeinsam mit François Jacob und Jacques Monod den Nobelpreis für Physiologie oder Medizin erhielt. Die Stelle, auf die Fleck anspielt, lautet: »A scientist must not only have the right idea, do the right experiments, and give birth to a paper. He also must build a coherent doctrinal corpus and force it into reviews and textbooks. (And must force it also into the brains of his colleagues.)« (vgl. Lwoff, wie FN 1, S. 114).

III Harold K. Schilling (geb. 1899) war Physik-Professor an der Pennsylvania State University. Er publizierte, was Fleck vermutlich nicht wußte, zahlreiche populärwissenschaftliche Schriften über das Verhältnis von christlicher Religion und Wissenschaft, z. B. *The University and the Church* (1955); *Concerning the Nature of Science and Religion. A Study of Presuppositions* (1958); *The Role of the Church in Higher Education* (1958). Vgl. den Brief Flecks vom 1. 11. 1959 an den Schwabe-Verlag, in dem sich Fleck unter Hinweis auf Schilling für eine Neuauflage von EET einsetzt. Schilling habe bei einem Meeting der AAAS (American Association for the Advancement of Science) 1955 über das Buch gesprochen habe. Fleck zitiert in diesem Brief lobende Worte Schillings über EET. Auch Michael Polanyi habe er ein Buch geschickt, der einen ihm verwandten Standpunkt vertrete. Bereits am 20. 4. 1949 hatte Fleck an den Verlag geschrieben, er halte es derzeit »für sehr angebracht, die wissenschaftliche Welt USA, wo eben die Problematik der Soziologie des Wissens sehr lebhaft diskutiert wird«, über sein Buch zu informieren. Der Brief von Schilling befindet sich nicht im Nachlaß. Der in FN 2 zitierte Aufsatz von Schilling ist die Schriftversion des besagten Referates von 1955. In diesem Text wird Fleck jedoch nicht erwähnt. Viele von Schillings Überlegungen sind jedoch so nah an Fleck, daß man hier von einem Plagiat sprechen kann: Die Unterscheidung von exoterischem und esoterischem Wissenschaftlerkreis, die Kritik an wissenschaftshistorischen Heldengeschichten, das Plädoyer für die Erforschung der tatsächlichen wissenschaftlichen Arbeit statt ihrer offiziellen papiernen Gestalt, die Bedeutung von Scientific Communities sowie ihrer heterogenen Zusammensetzung und sozialen Regeln, zudem auch die Rolle irrationaler Faktoren bei der wissenschaftlichen Praxis – all dies wird von Schilling als eigene Ideen präsentiert, wie man in Zukunft Wissenschaft betreiben solle. Und, besonders bitter für Fleck: Im Anschluß an die von Fleck zitierte Stelle und am Ende seines Textes bemerkt Schilling geradezu infam: »So far as I am aware, such a model, or image, does not now exist« (Schilling, wie FN 2, S. 1327).

Festzuhalten ist dennoch, daß offenkundig vor der Rezeption durch Thomas Kuhn EET in den USA einigen Wissenschaftlern bekannt war. Vgl. Otto Erich Graf: »habent sua fata libelli – Bücher haben ihre Schicksale« (2005), ⟨www.ludwikfleck.ethz.ch/.../user.../Referat_Erich_O._Graf.pdf⟩ (Zugriff 20. 8. 2010).

IV Zu Pasteur siehe »Das Problem einer Theorie des Erkennens« (1936), Kap. IV. Zur Sache weiterführend: Bruno Latour, »Pasteur und Pouchet. Die Heterogenese der Wissenschaftsgeschichte«, in: Michel Serres (Hg.), *Elemente einer Geschichte der Wissenschaften*, Frankfurt/M. 1994, S. 749-790, ders., *The Pasteurization of France*, Cambridge, London 1988; ders., *Pasteur – une science, un style, un siècle*, Paris 1994.

V Marcus Terentius Varro, *Rerum Rusticarum* (I, 12, 2). Vgl. EN XIX zu »Das Problem einer Theorie des Erkennens«, in diesem Band.

VI Girolamo Fracastoro, *De sympathia et antipathia rerum liber unus. De contagione et cantagiosis morbis et curatione libri III*, Venedig 1546. Der italienische Arzt, Dichter, Astronom und Geologe Fracastoro (1478-1553) stellte 300 Jahre vor Pasteur eine erste Theorie über Krankheitskeime auf. Im hier zitierten Buch über »Ansteckungen« lehrte er, solche Krankheitskeime seien unsichtbare, mit großer Vitalität ausgestattete Lebewesen, die den Krankheitsvorgang, der sie hervorbrachte, ihrerseits reproduzierten. Fracastoro verfaßte auch das erste Lehrgedicht über die Syphilis, *Syphilis sive de morbo gallico* (1530), eine Quelle für Flecks Untersuchung zur Geschichte der Syphilis in EET. Zur Sache weiterführend: Stig Brorson, »The Seeds and the Worms: Ludwik Fleck and the Early History of Germ Theories«, in: *Perspectives in Biology and Medicine* 49, 1 (2006), S. 64-76.

VII Athanasius Kircher, *Scrvtinivm physico-medicvm contagiosae, quae pestis dicitur*, Rom 1658. Der Jesuit und Universalgelehrte Athanasius Kircher (1602-1680) vertrat die Auffassung, daß nach Erdbeben und Vulkanausbrüchen sich Spalten öffneten, aus denen krankmachende Dämpfe hervorkommen, die Pflanzen infizierten und so in die Nahrungskette von Tieren und Menschen gelangten.

VIII Nach: Clifford Dobell, *Antony van Leeuwenhoek and His ›Little Animals‹*, London 1932. Vgl. auch die Kontroverse zwischen Fleck und Bilikiewicz und die dortige Diskussion um die wissenschaftshistorische Einordnung der sogenannten Animalkulisten.

IX Michael Polanyi (1891-1976) zählte zu den einflußreichsten Wissenschaftstheoretikern des 20. Jahrhunderts. Seine Schriften behandeln Fleck verwandte Themen. Polanyi hatte Medizin und Chemie in Budapest und Karlsruhe studiert und wurde 1933 Professor für Physikalische Chemie in Manchester. Bereits seit Mitte der 1930er Jahre begann er, die Wissenschaftsauffassung des Logischen Empirismus zu attackieren, insbesondere indem er den Anteil nicht sprachlich explizit gemachter Umstände wie lokaler Besonderheiten, aber auch die Rolle von unbewußt wirksamen Traditionen und unterschwellig mitspielenden Aufmerksamkeiten und Routinen hervorhob (*tacit knowledge*). Wie Fleck steht Polanyi dem Ideal absoluter wissenschaftlicher Objektivität skeptisch gegenüber. In seinem Hauptwerk *Personal Knowledge* bestreitet er, daß es neutrale wissenschaftliche Methoden gebe, und zeigt statt dessen den Anteil individuell-persönlicher Faktoren im Forschungsprozeß auf. Zu Polanyi weiterführend: Mary Jo Nye, »Science and Politics in the Philosophy of Science: Popper, Kuhn, and Polanyi«, in: Moritz Epple, Claus Zittel (Hg.), *Science as Cultural Practice 1: Cultures and Politics of Research from the Early Modern Period to the Age of Extremes*, Berlin 2010, S. 205-221.

X »Science as a social enterprise«, Schilling (wie in FN 2), S. 1326.

Latex-Agglutinationstest mit *Brucella*-Antigen und -Antiserum[I, II]

(zusammen mit Zigmund Evenchik)

Singer und Plotz[1] haben die Anwendung der Latexsuspension für die serologische Diagnose der Rheumatoiden Arthritis[III] eingeführt, wobei diese Methode später auch in anderen serologischen Tests zur Anwendung gekommen ist.[2]

Hirschberg und Yarbrough[3] haben rote Blutzellen und auch Kollodionteilchen, die verschiedene, aus *Brucellae*[IV] gewonnene Antigene trugen, sensitisiert.[V] Es gelang ihnen, unter Verwendung von Kollodionsuspension[VI] insbesondere an Extrakten aus *Brucellae* in trichloracetonischer Säure beziehungsweise in Phenollösung, erfolgreiche Ergebnisse zu erzielen. Hingegen ließ sich dies nicht bei roten Blutzellen, die gegen die gleichen Antigene sensitisiert worden waren, reproduzieren. Zwar konnten wir diese Ergebnisse selbst letztlich experimentell bestätigen, doch stellte sich die Präparationstechnik mit Kollodion als äußerst problemreich heraus. Wir haben es deshalb durch kommerziell erhältliches Latex ersetzt.

Wir entwickelten diesbezüglich die folgende Methode: Eine glatte Kultur von *Brucella abortus*, Reihe 6195 oder Reihe 544 (die Reihe 6195 wurde vom Tierärztlichen Institut des Landwirtschaftsministeriums [Israels] und die Reihe 544 vom Tierärztlichen Institut in Rotterdam erworben), ist über 48 Stunden bei 37 °C auf Kartoffelagar

1 J[acques] M. Singer und C[harles] M. Plotz, [»The Latex Fixation Test. I. Application to the Serologic Diagnosis of Rheumatoid Arthritis«, in:] *Amer[ican] J[ournal of] Med[icine]* 21 (1956) [S. 888-892].

2 S[amuel] Saslaw und H[arold] N. Carlisle, [»Histoplasmin-latex Agglutination Test. II. Results with Human Sera«, in:] *Proc[eedings of the] Soc[iety for] Exp[erimental] Biol[ogy and] Med[icine]* 97 (1958) [S. 700-703]; [Thelma] F. Muraschi, [»Latex-leptospiral Agglutination Test«, in:] *Proc[eedings of the] Soc[iety for] Exp[erimental] Biol[ogy and] Med[icine]* 99 (1958) [S. 235-238]; F[ilomena] Inella und W[allace] J. Redner, [»Latex-Agglutination Serologic Test for Trichinosis: Preliminary Report«, in:] *J[ournal of the] Amer[ican] Med[ical] Assoc[iation]* 171 (1959) [S. 885-887].

3 N[ell] Hirschberg und M[ary] E. Yarbrough, [»Fractions of Brucella for Adsorbed Antigens for Collodion Agglutination and Hemagglutination Tests«, in:] *J[ournal of] Inf[ectious] Dis[eases]* 91 (1952) [S. 238-245].

in Flaschen angezüchtet, dann in 5 ml Kochsalz gelöst und anschließend bei 1500 Umdrehungen pro Minute für 15 min zentrifugiert worden. Das entstandene Sediment wurde einmal mit Kochsalzlösung ausgewaschen, nochmals zentrifugiert und mit destilliertem Wasser resuspendiert. Die Bakterien sind hierauf durch einstündiges Erhitzen über 70° C abgetötet und die entstandene Suspension durch Ultraschalleinwirkung für 60-120 min dispergiert (Raytheon, 10 kc[VII]) worden. Die Suspension wurde hierauf nochmals für 10-15 min bei 18 000 Umdrehungen pro Minute zentrifugiert, und der lichtundurchlässige Überstand als sensitisierendes Antigen verwendet. Dieses Antigen konnte für 4-6 Wochen bei 4° C aufbewahrt werden, und die Latex-Suspension ließ sich hiermit für mindestens 4 Wochen sensitisieren.

Sensitisierung von Latex-Teilchen. ›Bacto-latex 0,81‹ (Difco)[VIII], das 1:20 in 0,85prozentigem Kochsalz (pH 6,8-7,2) gelöst worden war, wurde zu gleichen Volumenanteilen mit dem sensitisierenden *Brucella*-Antigen gemischt. Dabei konnte festgestellt werden, daß sich eine Lösung mit 1:5 bis 1:10 des Antigens für die Sensitisierung als optimal erwies. Nach Inkubation von 30 min bei 37° C wurde das Gemisch weitere 30 min lang bei 3000 Umdrehungen pro Minute zentrifugiert, der Überstand verworfen, das Sediment noch zweimal mit Kochsalzlösung ausgewaschen und anschließend wieder bis zum ursprünglichen Volumen der gelösten Latexsuspension aufgefüllt. Die so entstandene, sensitisierte Latexsuspension wurde einem Vergleich mit allen bekannten positiven und negativen Seren unterzogen.

Titration von Anti-Brucella Seren. Zu 0,5 ml des inaktivierten Serums (1:50 - 1:6400) wurde ein Tropfen der sensitisierten Latexsuspension hinzugegeben und die Röhrchen geschüttelt. Nach Inkubation von 45 min bei 37° C wurden die Röhrchen für 15 min bei ungefähr 1000 Umdrehungen pro Minute zentrifugiert, wonach sofort das Auslesen begann.

Abbildung 1 zeigt sowohl positive als auch negative Reaktionen; die größtmögliche Lösung des Serums, welche noch eine klare Agglutination aufwies, wurde als Serumtiter verwendet. Als wir die Sensitivität und Spezifität bei dem sensitisierten Latexsuspensionstest und der *Brucella*-Bakterienagglutination miteinander verglichen, konnten keine Unterschiede beobachtet werden.

Nachweis von kleineren Anteilen des Brucella-Antigens durch eine Hemmung der Latexagglutination. Die Latexagglutinationshemmung

Abb. 1. Positive und negative Agglutinationsreaktionen bei der sensitisierten Latexsuspension.

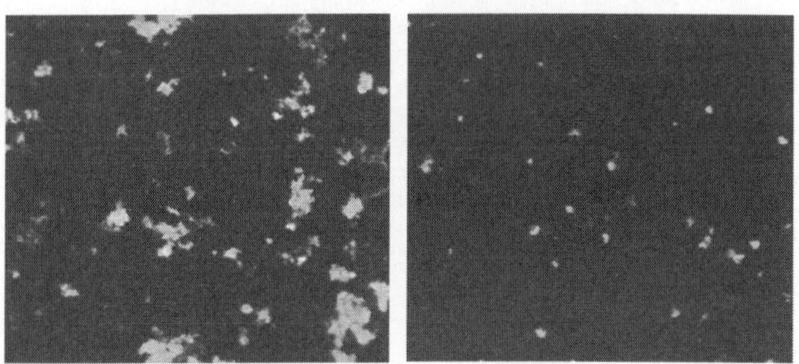

Abb. 2. Links: Spezifische Fluoreszenz von agglutinierter, sensitisierter Latexsuspension (x 400). Rechts: Fluoreszenz von nichtagglutinierter, sensitisierter Latexsuspension bei unspezifischer Hemmung (x 400).

kann, wie bereits beschrieben, mit solchem Material aufgezeigt werden, in dem das *Brucella*-Antigen noch anzutreffen ist (Tab. 1).

Wenn *Brucella*-Antigen tatsächlich in irgendeinem der getesteten klinischen Materialien vorkommt, dann kann der Hemmungsindex des Antigens in diesem Material auf eine solche Weise berechnet werden, daß der Titer des Immunserums im Kontrolltest durch denjenigen Titer geteilt wird, den man erhält, wenn irgendeine gegebene Lösung aus dem getesteten Material dem System selbst hinzugegeben wird. Es kann aus dem gezeigten Fall in Tabelle 1 entnommen werden,

Lösung des Serums								
	50	100	200	400	800	1600	3200	6400
Kontrolle:								
0,5 ml Immunserum								
0,5 ml Kochsalzlösung	+++	+++	+++	+++	+++	++	+	–
2 Tropfen SLS [»Saline Solution« – Normale Kochsalzlösung]								

Test:										
0,5 ml Immunserum										Hemmungsindex
0,5 ml Hemmendes Antigen										
2 Tropfen SLS										
Lösung des Antigens	1:10	+++	+	–	–	–	–	–	–	32
	1:100	+++	+++	+++	+	–	–	–	–	8
	1:1000	+++	+++	+++	+++	++	–	–	–	4
	1:5000	+++	+++	+++	+++	+++	+++	+	–	1

Tabelle 1. Hemmung der Latexagglutination mit Brucella-*Antigen.*

daß der Anteil des Antigens aus einer 0,5 ml Lösung von 1 : 1000 immer noch nachweisbar blieb. Ein parallel durchgeführter Präzipitationstest[IX] mit dem gleichen Antigen machte deutlich, daß aber mindestens die zwanzigfache Konzentration nötig ist, um noch eine Präzipitation auslösen zu können.

Die Anwendung des Hemmungstests wird durch die Anwesenheit von verschiedenen unspezifischen Hemmungsfaktoren[X] in den auf die Anwesenheit von Antigen getesteten biologischen Materialien (zum Beispiel Urin) eingeschränkt. Für die Unterscheidung von spezifischer und unspezifischer Hemmung in der sensitisierten, agglutinierten Latexsuspension wurde die fluoreszierende Antikörpertechnik herangezogen. Diese Technik fußte auf der »direkten« Methode von Coons und Kaplan.[4] Mit Anti-*Brucella*-Antigen konjugiertes Globulin[XI] von immunisierten Ziegen (Agglutinationstiter 1 : 6400) wurde in einem Röhrchentest verwandt: Bei einem Agglutinationskontrollversuch wurden 0,2 ml einer einprozentigen und markierten Globulinlösung zu einem gleichen Volumen an sensitisierter Latexsuspension hinzugegeben. Das entstandene Gemisch wurde für 2 Stunden bei 37 °C und dann über Nacht bei 4 °C weiter inkubiert. Die Röhrchen wurden hierauf für 10 min bei 3000 Umdrehungen pro Minute zentrifugiert, wobei das Sediment weiter mit Kochsalzlösung ausgewaschen und in einem Tropfen Phosphatpuffer (pH 7,2-7,4) resuspendiert wurde. Eine mit dieser Suspension gefüllte Impföse wurde schließlich auf einen Objektträger aufgebracht und die Suspension dort verschmiert, wonach der Tropfen mit gepuffertem Glyzerin versetzt und unter dem Fluoreszenzmikroskop untersucht wurde. Die spezifische Fluoreszenz der agglomerierten und sensitisierten Latexsuspension ist in Abbildung 2 oben zu sehen. Im Hemmtest wurde das markierte Globulin für eine Stunde bei 37 °C inkubiert und dann unter Zugabe einer Antigenlösung weiter untersucht, wonach das Gemisch schließlich mit sensitisierter Latexsuspension wie oben genannt behandelt wurde.

Im Falle einer spezifischen Agglutinationshemmung werden die Latexteilchen nicht agglutiniert und zeigen dementsprechend auch keine Fluoreszenz auf, weil alle Antikörper durch das hemmende Antigen gebunden werden. Im Falle unspezifischer Hemmung kam es ebenfalls nicht zu einer Agglutination von Latexteilchen, doch wiesen diese sehr wohl eine Fluoreszenz auf (Abb. 2, unten). Die unspezifischen Hemmungsfaktoren haben die Agglutination der sensitisierten Latexsuspension hier allein verhindert, nicht jedoch eine Konjugation[XII] von spezifischen Antikörpern.

Wir konnten durch die Einführung des sensitisierten Latexsuspensionstests insgesamt die antigen-wirksamen Fraktionen von *Brucella* untersuchen.

Der [Agglutinations-]Hemmtest,[XIII] wie er oben beschrieben worden ist, erlaubt letztlich sogar den Nachweis minimaler Mengen von

4 A[lbert] H. Coons und M[elvin] H. Kaplan, [»Localization of Antigen in Tissue Cells; Improvements in a Method for the Detection of Antigen by Means of Fluorescent Antibody«, in: *The J[ournal of] Exp[erimental] Med[icine]* 92 (1950) [S. 35-44].

Brucella-Antigen in biologischen Materialien; und die Antikörperfluoreszenzmethode kann ferner herangezogen werden, um zwischen spezifischer und unspezifischer Hemmung zu unterscheiden.[XIV]

Diese Arbeit wurde durch Mittelzuwendungen der Ford Foundation unterstützt.[XV]

I Ludwik Fleck, Zigmund Evenchik, »Latex Agglutination Test with *Brucella* Antigen and Antiserum«, in: *Nature* 194 (1962), S. 548-550 – Aus dem Israelischen Institut für Biologische Forschung. Aus dem Englischen von Frank Stahnisch. Komm.: FWS. (Angaben zu den Umständen von Flecks Ankunft in Israel und seinem Verhältnis zu Klingberg wurden von Florian Schmaltz beigesteuert sowie einige Lebensdaten und Quellenangaben von ihm beigetragen bzw. berichtigt.)

II Der vorliegende Aufsatz stellt die bislang einzige bekannte und posthum zur Publikation gelangte Arbeit Flecks während seiner Zeit als wissenschaftlicher Mitarbeiter am Israelischen Institut für Biologische Forschung (Israel Institute for Biological Research) dar. Daß Fleck nach seiner Emigration nach Israel 1957 an jenes Institut ging, ist wohl auf einen historischen Zufall zurückzuführen. Ein früheres Angebot, ihn als Hochschullehrer an der Hebrew University in Jerusalem einzustellen, wurde nach seiner Emigration wieder zurückgezogen, weil er »kein Wort Neu-Hebräisch« sprach. Demgegenüber ergab ein Vorstellungsgespräch bei Leszek Cohen (geb. 1908?), einem der Gründerväter des Israelischen Instituts für Biologische Forschung, daß Fleck als mikrobiologischer Grundlagenwissenschaftler exakt ins Profil dieser Forschungsanstalt paßte. Warum Fleck sich nach seiner Übersiedelung nach Israel gerade für militärnahe Forschungsrichtungen – wie die Biologie der Bruzellose zu dieser Zeit – interessiert hat, darüber ist bis zum heutigen Zeitpunkt wenig bekannt. Flecks Arbeitspapiere aus den letzten vier Lebensjahren wie auch seine privaten Unterlagen sind gemeinsam mit denen seines israelischen Freundes, des Epidemiologen Marcus Klingberg (geb. 1918), bei dessen Verhaftung als KGB-Spion durch den israelischen Sicherheitsdienst Shin Beth 1983 konfisziert worden und seither unter Verschluß. Der Zugang zu diesen Fleck-Materialien ist verschiedenen Historikerinnen und Historikern bislang wiederholt verwehrt worden, obwohl die entsprechenden Arbeiten inzwischen mehr als ein halbes Jahrhundert zurückliegen. Vgl. auch Meron Rapoport, »The Greatness of Ludwik Fleck«, in: *Haaretz* (20. 2. 2005).

III Der Zweitautor dieser Publikation, Zigmund Evenchik (geb. 1933?), war Bakteriologe am Department of Microbiology der Hebrew University in Jerusalem. Zeitweise arbeitete Evenchik auch am Israelischen Institut für Biologische Forschung in Ness-Ziona, vor allem zu Fragen der Bruzellose, des Q-Fiebers und des *Bacillus cereus*. Das Besondere an der erst spät in Flecks Karriere entstandenen *Nature*-Arbeit ist die Entwicklung einer innovativen und subtilen Testmethode, die es erlaubte, jetzt auch sehr kleine Mengen an Brucella-Antigen nachzuweisen. Andrzey Gryzybowski, »Ludwik Fleck as a Medical Scientist, Microbiologist and Immunologist«, in: Michel Kokowski (Hg.), *The Global and the Local. The History of Science and the Cultural Integration of Europe*, Krakau 2006, S. 200f. Dies eröffnete nicht nur neue Möglichkeiten für die Serodiagnostik von durch Tiere übertragenen Infektionskrankheiten. Gleichzeitig war jener zunächst harmlos erscheinende Schritt auch eine Grundvoraussetzung, um eine stabile Abwehrkette für die potentielle biologische Kriegführung mit *Brucellae* etablieren zu können. Diesbezüglich hatte das Israelische Institut für Biologische Forschung sicherlich großes Interesse an Flecks Expertenwissen, wenn nicht gar seine experimentellen Forschungen nach der Emigration selbst als »Auftragsarbeit« gesehen werden müssen.

IV Die »Rheumatoide Arthritis« ist eine progrediente, chronisch-entzündliche Allgemeinerkrankung, die schleichend oder in Schüben verlaufen kann und deren Ursachen bisher nicht voll geklärt sind. Bakterien und Viren, genetische Faktoren und Ernährungsgewohnheiten werden mit der Entstehung der Rheumatoiden Arthritis in Verbindung gebracht. Eine überschießende immunologische Antwort sowie der charakteristische Nachweis des Rheumafaktors im Blut sind in den allermeisten Fällen mit diesem Krankheitsbild assoziiert. Vgl. *Pschyr.*, s.v. Rheumatoide Arthritis, S. 1453f.

V Als »Bruzellen« (teilw. Brucellen) werden obligat pathogene Bakterien bezeichnet, die der australische Bakteriologe David Bruce (1855-1931) aus der Milz von am Maltafieber gestorbenen Patienten isoliert hatte, die beim Menschen wiederkehrende Fieberzustände hervorrufen. Als fakultativ intrazelluläre Bakterien lösen sie granulomatöse Reaktionen aus und führen zum Morbus Bang, zum Maltafieber und anderen zoonösen Infektionserkrankungen. Die für den Menschen wichtigsten Gattungen sind die *Brucella abortus, B. melitensis* und *B. suis*, welche sehr hohe Resistenzen gegen äußere Einflüsse aufweisen und somit gegenüber physikalischen und chemotherapeutischen Agenzien sehr widerstandsfähig sind. Vgl. Helmut Hahn, »Brucellen«, in: *Mikrobio.*, S. 372-376.

VI Unter dem Begriff der »Sensitisierung«, der in der ersten Hälfte des 20. Jahrhunderts meistens synonym mit dem Begriff der »Sensibilisierung« verwendet wurde, versteht man in serologischer Hinsicht die spezifische Bindung von Antikörpern an Antikörper beziehungsweise eine immunologische Antiköperbildung nach Antigenkontakt. Siehe *Pschyr.*, s.v. Sensibilisierung, S. 1536f.

VII Kollodium ist ein Gemisch aus Zellulosemono- und -dinitrat, das an der Luft nach dem Abdünsten von Alkoholäther als Lösungsmittel ein feines

Häutchen auf Oberflächen hinterläßt. Diese Eigenschaft hat man sich nicht nur für seinen Einsatz als Arzneivehikel zunutze gemacht, sondern in der Mikrobiologie des vorigen Jahrhunderts wurden Kollodiumsuspensionen vor der Verbreitung von Plastikmaterialien auch zur Fixierung und Adhäsion etwa von Antigenen und Antikörpern in der biologisch-experimentellen Bearbeitung eingesetzt. Siehe *Pschyr.*, s.v. Collodium, S. 301.

VIII kc = *key characteristics*. Hinsichtlich der methodischen Charakteristika der verwendeten Ultrazentrifuge der Firma Raytheon siehe etwa David M. Prescott, *Methods in Cell Physiology*, Band 4, Berkeley, London 1970, S. 91-105.

IX Bezüglich der Firma Difco Bacto-Latex und ihren Produkten für die mikrobiologischen Laboratorien der 1950er und 1960er Jahre siehe A[llen] Fischman, »Reiter Protein Latex Test. A Preliminary Report«, in: *British Journal of Venereal Diseases* 40 (1964), S. 225-227.

X Der Präzipitationstest bezieht sich auf den spezifischen Ausfall der Antigen-Antikörperverbindungen im Reagenzglas. Die einzelnen Schichtungen des Präzipitats lassen sich dabei auf die stöchiometrischen beziehungsweise Ladungseigenschaften der Proteine zurückbeziehen. Vgl. *Immunol.*, S. 328.

XI Der immunologische »Agglutinations-Hemmungstest« kann auf den Nachweis einzelner Blutgruppeneigenschaften, den Nachweis nichtagglutinierender Agglutinine von Antikörpern (sogenannter »inkompletter Agglutinine«) und letztlich auch auf den Nachweis spezifischer Antikörper gegen Viren und Gammaglobuline bezogen werden. Vgl. *Pschyr.*, s.v. Hemmungsreaktion, Agglutinations-Hemmtest, S. 667.

XII Mit dem Begriff der »Konjugation« wird hier die Verbindung von zwei Antikörpern zum Zweck der experimentellen Manipulation verstanden, wie sie häufig für die Sichtbarmachung der Antikörperreaktionen durch teilradioaktive oder -fluoreszierende Antikörper erreicht werden. Nach Inkubations- und Reinigungsschritten der ungebundenen Antikörper wird mit einem markierten Zweitantikörper, der als Detektionsantikörper dient, der Zielantikörper etwa mit Fluorochrom, Enzym oder Isotop im Mikroskop sichtbar gemacht. Siehe etwa in: Monika Krüger, Tassilo Seidler, »Allgemeine Bakteriologie«, in: Michael Rolle, Anton Mayr (Hg.), *Medizinische Mikrobiologie. Infektions- und Seuchenlehre*, Stuttgart [8]2006, S. 344-392, insb. S. 386.

XIII Unter »Adsorption« wird die spezifische Anheftung der Antikörper an die in der Latexschicht gebundenen Agglutinine im Rahmen des Agglutinations-Hemmungstests im Reagenzglas verstanden. Siehe auch in: Nell Hirschberg, Mary E. Yarbrough, »Fractions of Brucella for Adsorbed Antigens for Collodion Agglutination and Hemagglutination Tests«, in: *Journal of Infectious Diseases* 91 (1952), S. 238-245.

XIV Die vorliegende Arbeit ist von recht großem allgemeinen Interesse, weil das entsprechende Institut für Biologische Forschung, an dem Fleck seine mikrobiologischen Arbeiten zur Bruzella-Immunität durchgeführt hat, zu einem Verbund israelischer Forschungsinstitute gehört, die sich auch mit biologischer Militärforschung befassen und deren Ergebnisse höchster Geheimhaltung unterlagen und kaum in die internationale Forschungsliteratur eingegangen sind. Zwar erscheint die vorliegende Arbeit auf den ersten Blick rein grundlagenwissenschaftlich und somit unverdächtig zu sein, Projekte der Militärforschung abzubilden. Aus der intensiven Bruzelloseforschung an diesem Institut lässt sich jedoch annehmen, daß Fleck sehr wahrscheinlich in die biologische Kampfmittelforschung involviert war. Zu den entsprechenden Erregern, mit denen man weltweit Versuche in den 1950er und 1960er Jahren für die biologische Kriegführung anstellte, zählten neben der Bruzellose auch *Coxiella Burnetii* und Anthrax etc. Siehe etwa in: Georgios Pappas, Papakeriau Panagopoulou, Leonidas Christou, Nikolaos Akritidis, »Biological Weapons. Brucella as a Biological Weapon«, in: *Cellular and Molecular Life Sciences* 63 (2006), S. 2229-2236.

xv Die US-amerikanische Stiftung, die von dem Automobilmogulen Henry Ford (1863-1947) ins Leben gerufen worden ist, hat sich seit ihrer Gründung im Jahre 1936 nicht nur mit Fragen der militärischen Konfliktlösungs- und Abrüstungsforschung befaßt, sondern auch kontinuierlich Forschungsprogramme unterstützt, welche die Möglichkeiten und Grenzen der biologischen und chemischen Kriegführung, wie hier am Beispiel der Arbeit von Ludwik Fleck und Zigmund Evenchik, eruiert und für die amerikanische Militärführung verfügbar gemacht haben. Vgl. etwa Susan Wright, Richard Falk: »Responding to the Challenge of Biological Warfare. A Matter of Contending Paradigms of Thought and Action – An Introduction«, in: *Politics and the Life Sciences* 18 (1999), S. 55-117.

Zugleich stellt Flecks Danksagung im Anhang dieses *Nature*-Artikels einen der wenigen publizierten Nachweise von Drittmittelgebern dar, die seine komplexen experimentellen Forschungen gefördert haben. Während er ursprünglich in einem sehr bescheidenen Laboratorium in Polen gearbeitet hat und die örtliche pharmazeutische Industrie bis in die Nachkriegszeit hinein seine mikrobiologische Arbeiten kaum signifikant unterstützen konnte, zeigt etwa der wichtige Beitrag der *Ford Foundation* für die späteren Forschungen in Israel auf, daß es Fleck wiederholt gelungen sein muß, auch internationale Geldgeber für sein immunologisch-experimentelles Forschungsprogramm zu gewinnen.

Teil II:
Berichte und Kontroversen über die Zeit in den Konzentrationslagern

Bericht über den Aufenthalt im KZ Auschwitz[I]

Krakau, den 12.09.1945

Dozent Dr. FLECK, Ludwik, geb. in Lemberg 1896, zur Zeit in Krakau im »Hotel Polski«:

Auschwitz: Sterilisierungsoperationen

Im September 1941 wurden wir aus der Wohnung in der Łyczakowska-Straße 94 von einem ukrainischen Nationalisten namens BOJKA vertrieben, der unsere ganze Wohnung mit der Einrichtung besetzte; nur die Unterwäsche und die Kleidung durften wir mitnehmen. Wir zogen zu einem Polen in der Piastów-Straße, der uns ein Zimmer für den Preis von circa 10 000 [Zl.] vermieten sollte. [Das Geld nahm er], zog jedoch nicht aus, so daß wir zusammen mit ihm und seiner Familie wohnen mußten.[II] Ich arbeitete damals im jüdischen Krankenhaus in der Kuszewicz-Straße, in dem Dr. KURZROCK[III] der Direktor war. Mit dem Pogrom im Juli hatte ich näher nichts zu tun. Erst im nächsten Jahr 1942 mußten wir uns verstecken. Dr. KURZROCK versteckte sich zusammen mit seiner Frau und dem 14jährigen Sohn, wo es ging. Bei dieser Aktion verlor ich zwei Schwestern und zwei Schwager. Danach mußten wir in den jüdischen Stadtteil umziehen, in die Wybranowski-Straße 4, wo wir in einem Zimmer zusammen mit zwei anderen Familien wohnten. Dort blieben wir bis zum November '42, bis zu dem Tag, als wir von den Deutschen im Krankenhaus festgenommen wurden. Meine Frau und mein Sohn arbeiteten dort als Laboranten. Wir wurden in die Fabrik Laokoon versetzt und dort zusammen mit anderen jüdischen Spezialisten untergebracht. Unter anderen waren dort Dr. BLUMENFELD, Doz. OSTERN,[IV] Dr. KREBS, Mag. KEHLHOFER, Dr. UMSCHWEIF mit der Frau und dem Sohn und Ing. KALMUS – alle aus Lemberg.

Ich richtete dort ein Labor ein. Dies dauerte ungefähr bis zum Februar 1943. Es ging um die Aktion der Bekämpfung des Fleckfiebers. Wir bemühten uns, möglichst viele Ärzte und Sanitäter einzustellen, weil dies vermeintlich das Leben schützte.

Im Februar 1943 wurde ich zusammen mit meiner Frau, meinem Sohn und sieben anderen Personen nach Auschwitz deportiert. Dort hat man uns getrennt, meine Frau mußte zum Frauenlager, ich blieb mit meinem Sohn. Im Lager wurden wir der schweren physischen Arbeit zugeteilt, unter anderem dem Tragen von Leichen. Dabei litten wir unter ständigen Schikanen seitens der Deutschen sowie der nationalistisch orientierten Gefangenen, insbesondere diesen von Pańszczyk,[V] der auf Befehl der SS-Männer die Gefangenen tötete.

Im März '43 erkrankten ich und mein Sohn an Fleckfieber. Wir durften dabei nicht im Bett liegen, sondern mußten, trotz hohen Fiebers, arbeiten. Bei dieser Arbeit brach mir der oben erwähnte Gefangene Pańszczyk durch einen Fußtritt zwei Rippen. Dies führte zu einer Entzündung des Rippenfells, dann zur Entzündung der Gallenblase, und im halbbewußten Zustand wurde ich ins Krankenhaus eingeliefert. Dazu kamen noch Hungerschwellungen und Wundrose. Die Ärzte gaben es auf, mich zu behandeln. Meine Genesung verdanke ich einem polnischen Arzt aus Warschau Herrn Ławkowicz,[VI] der mir mehrmals von seinem Essen abgab. Nach der Genesung arbeitete ich im Institut für Hygiene innerhalb des Lagers und war Leiter des serologischen Labors im Block Nr. 10, in dem auch die jüdischen Frauen arbeiteten, unter anderen meine Frau.[VII] Mein Sohn war in einem anderen Labor, später jedoch wurde er uns zugeteilt. Dort gab es nichts Besonderes, außer den Lagerschikanen, wie Sport als Strafe, also eine halbe Stunde lang Springen, Kniebeugen, Hinlegen und Wiederaufstehen. Außerdem fehlte die Kleidung, Unterwäsche, und es herrschte großer Hunger, denn das, was wir bekamen, hatte nur 500 Kalorien pro Person. Die Fenster waren mit Brettern zugeschlagen, so daß wir im Labor bei künstlichem Licht arbeiten mußten. Hinter den Fenstern gab es einen Hof, auf dem man Todesurteile durch Erschießen vollstreckte. An manchen Tagen gab es zwischen 30 bis 50 Opfer. [Herr Dr. Seemann[VIII] behauptet, daß die Zahl der Erschossenen bis zu 180 pro Tag erreichte.]

Im Block, in dem sich das Laboratorium befand, gab es einen Raum für 500 jüdische Frauen, an denen Experimente durchgeführt werden sollten. Es ging dabei um die Sterilisierung entweder durch eine Operation oder Röntgenbestrahlung. Diese Experimente wurden unter der Leitung von Prof. Dr. Clauberg[IX] durchgeführt, der damals in Królewska Huta[X] wohnte und mit dem Auto zur Arbeit kam. Geholfen hat ihm dabei ein jüdischer Arzt, Samuel, ein alter Irrer und deutscher Jude, dessen Manie es war, eine Narkosespritze zu erfinden. Später wurde auch er von den Deutschen ermordet. Die Operationen wurden durchgeführt, ohne aseptische Maßnahmen zu beachten. Die Sterbequote betrug fast 100%. Bei den »erfolgreichen« Behandlungen kam es zu Erkrankungen und zur Kachexie (völliger Zusammenbruch). Außerdem wurden anthropologische Untersuchungen von solchen Menschen durchgeführt, die mit der Wissenschaft nichts zu tun hatten. Es gab auch einen Rassenspezialisten, einen deutschen Arzt in SS-Uniform. Darüber hinaus hatte man einige Personen auf eine brutale Weise das Blut zur Transfusion entnommen, d. h. in einer so großen Menge, daß sie später erkrankten. Man hatte auch die Eierstöcke herausgeschnitten, nach den Röntgenbestrahlungen. Auf eine ähnliche Weise wurden auch in den anderen Blocks die Männer untersucht; man führte Sterilisierung durch, besonders an jungen jüdischen Männern, Jugendlichen und Zwanzigjährigen.

Eine Gruppe von griechischen Juden und Jüdinnen wurde angeblich für anthropologische Untersuchungen abtransportiert; angeblich wurden aus ihnen Lehrpräparate gemacht. In dem gleichen zehnten Block wurden auch die Zahnprothesen umgearbeitet, die man den Leichen entnahm und systematisch ordnete. Diese umgearbeiteten Prothesen waren für die deutsche Armee bestimmt.

Von den Kollegen, die im bakteriologischen Labor arbeiteten, hörte ich, daß das Fleisch für die Bakteriennahrung von Leichen der Gefangenen stammte. Dies alles passierte im zehnten Block, wo die Frauen wohnten und ich arbeitete. Im Labor, in dem ich mit meiner Frau und Dr. SEEMANN aus Lemberg sowie Frau Mag. UMSCHWEIF aus Lemberg arbeitete, führte man serologische Blutuntersuchungen durch (WIDAL, WASSERMANN und WEIL-FELIX). Ich wohnte im zwanzigsten Block, wo ich sah, wie man die Gefangenen umbrachte, indem man ihnen die Spritzen mit 8 ccm stark konzentriertem Karbol direkt ins Herz setzte. Massenweise wurden diese Spritzen von einem deutschen Unteroffizier gegeben. Es gab Tage, an denen man Dutzende auf solche Weise umbrachte. Die Opfer standen nackt im Flur, ohne zu wissen, was sie erwartet. Man sagte ihnen, daß sie zum Sichwaschen gehen würden und vorher angeblich geimpft werden müßten. Danach führte man die Opfer einzeln in die Toilette, aus der die Gefangenen später Berge von Leichen ins Krematorium wegbringen mußten.

In Auschwitz war ich bis Januar 1944. Im Januar wurde ich ins Lager Buchenwald deportiert.

[Ludwik FLECK]

I Archiv des Jüdischen Historischen Instituts in Warschau: Berichte der überlebenden Juden, Akt.-Nr. 301/1175, SMF, S. 353-355. Aus dem Polnischen von Sylwia Werner. Komm.: Hg. (Wir danken Florian Schmaltz, der an einer früheren Version dieses Kommentars mitgearbeitet hat, für mannigfache Anregungen und Hinweise.)

Flecks in Krakau gemachte mündliche Aussage vom 12. 9. 1945 wurde von Dr. Laura Eichhorn schriftlich protokolliert. Das 4seitige handschriftliche Original wurde von Fleck unterschrieben. Nachträglich wurde der Bericht ediert und in eckigen Klammern um einige Informationen ergänzt.

II Vgl. dazu EN I zu »Untersuchungen zum Flecktyphus im Lemberger Ghetto« sowie ferner zum historischen Hintergrund: Thomas Sandkühler, *›Endlösung‹ in Galizien. Der Judenmord in Ostpolen und die Rettungsinitiativen von Berthold Beitz 1941-1944*, Bonn 1996; Dieter Pohl, *Nationalsozialistische Judenverfolgung in Ostgalizien 1941-1944*, München 1996; Peter Fässler, Thomas Held, Dirk Sawitzki (Hg.), *Lemberg – Lwów – Lviv*, Köln 1995.

III Kielanowski zufolge hatte der jüdische Arzt Maksymilian Kurzrock in seinem Krankenhaus Juden versteckt, wofür er von einem Gestapo-Mitglied namens Katz durch einen Genickschuß hingerichtet wurde. Vgl. Tadeusz Kielanowski, *Prawie cały dwudziesty wiek. Wspomnienia lekarza* [Fast das ganze zwanzigste Jahrhundert. Die Erinnerungen eines Arztes], Gdańsk (Danzig) 1987, S. 150f.

IV Paweł Ostern war promovierter Biochemiker, Assistent an der Jan-Kazimierz-Universität zu Lwów (Lemberg) und Schüler von Professor Jakub Parnas, dem Begründer der Lemberger biochemischen Schule. Im Moment seiner Verhaftung beging er 1943 Suizid mittels Zyankali. Vgl. Kielanowski, *Prawie cały dwudziesty wiek* (wie EN III), S. 152f.

V Über die verbrecherischen Aktionen des Pflegers Mieczysław Pańszczyk berichtet auch der ehemalige Lagerhäftling Stanisław Kłodziński: Pańszczyk habe Kranken seiner Wahl Phenolspritzen verabreicht, woran sie innerhalb von 15 Sekunden starben. Auf diese Weise soll er über 10 000 Häftlinge umgebracht haben. Vgl. Stanisław Kłodziński, »Dur wysypkowy w obozie Oświęcim I« [Flecktyphus im Lager Auschwitz I], in: *Przegląd lekarski. Oświęcim* 21, 1 (1965), S. 46-67, hier S. 52 und 59.

VI Włodzimierz Ławkowicz (1908-1979), polnischer Arzt, Hämatologe, Schüler von Ludwik Hirszfeld, war aus politischen Gründen in Auschwitz und Mauthausen inhaftiert, wo er im Labor eingesetzt wurde. Nach dem Krieg wurde er Leiter des bakteriologisch-chemischen Labors im Wolski-Krankenhaus in Warschau, danach (seit 1948) arbeitete er als Oberarzt in der Klinik für Innere Medizin der Medizinischen Akademie Warschau. 1951 wurde er Leiter des Instituts für Hämatologie in Warschau. Zu seiner Biographie siehe Stanisław Kłodziński, »Prof. Dr. Włodzimierz Ławkowicz«, in: *Przegląd Lekarski* 38, 1 (1981), S. 197-202.

VII Im Block 10 wurden Sterilisierungsexperimente an jungen Frauen von den SS-Ärzten Carl Clauberg, Horst Schumann, Edward Wirths und Bruno Weber durchgeführt. Dem Bericht Dorota Lorskas, eines ehemaligen weiblichen KZ-Häftlings, zufolge kamen 400 Frauen bei den Sterilisierungsversuchen ums Leben. Siehe dazu Dorota Lorska, »Block X w Oświęcimu« [Block 10 in Auschwitz], in: *Przegląd Lekarski* 1 (1965), S. 99-104, sowie Flecks »Aussagen im Nürnberger IG-Farben-Prozeß«, in diesem Band.

VIII Zu Jakub Seemann, der früher Mitarbeiter am Weigl-Institut gewesen war, vgl. Mieczysław Kieta, »Instytut Higieny SS i Policji w Oświęcimiu« [Das Hygiene-Institut der SS und der Polizei in Auschwitz], in: *Przegląd Lekarski* 1 (1980), S. 172-176.

IX Zu Carl Clauberg (1898-1957) und seinen verbrecherischen Sterilisationsexperimenten siehe Kogon, *SS-Staat*, S. 203-207, sowie den weiterführenden Kommentar zu seinem Brief an Himmler in: Nicolaus Pethes, Birgit Griesecke, Marcus Krause, Katja Sabisch (Hg.), *Menschenversuche. Eine Anthologie*, Frankfurt/M. 2008, S. 666f. Vgl. auch Flecks Bericht: »Wie wir den Antiflecktyphusimpfstoff im Lemberger Ghetto hergestellt haben«, in diesem Band. Über Claubergs Sterilisierungsmethode berichtet auch ausführlich der polnische Häftlingsarzt und Zeuge Władysław Fejkiel. Clauberg spritzte den jungen Häftlingsfrauen unbekannte Substanzen in die Genitalwege, die eine Entzündung hervorriefen und schließlich zur Unfruchtbarkeit führten. Vgl. Władysław Fejkiel, »Eksperymenty dokonywane przez personel sanitarny SS w głównym obozie koncentracyjnym w Oświęcimiu« [Die vom SS-Sanitätspersonal im Hauptkonzentrationslager Auschwitz durchgeführten Experimente], in: *Przegląd Lekarski* 20, 1 (1964), S. 101-105, hier S. 102.

X Królewska Huta (Königshütte) ist ein Ort bei Kraków (Krakau).

Bericht über den Aufenthalt im KZ Buchenwald[I]

Die Aussagen des Dozenten Dr. Fleck aus Lemberg über seinen Aufenthalt in Auschwitz bzw. seine Tätigkeiten im Block Nr. 10 können von folgenden Personen bestätigt und ergänzt werden: Frau Dr. Seemann[II] aus Lemberg, die zur Zeit in Zakopane wohnt, sowie Dr. Brewda[III] aus Warschau, Dr. Goryczko, Rechtsanwalt aus Krakau (wohnhaft in der Rynek-Kleparski-Straße), und Dr. Fejkiel[IV] aus Lemberg.

Im Januar 1944 wurde ich von Auschwitz nach Buchenwald in Thüringen deportiert.[V] Dies war ein repräsentatives Lager. Unter anderen waren dort Thälmann,[VI] Blum,[VII] französische Generäle, tschechische Minister, Mitglieder der österreichischen Regierung und der rumänischen Eisernen Garde, Norweger, Holländer, viele Professoren der französischen Universitäten, die Tochter des italienischen Königs, die während des amerikanischen Bombenangriffes verletzt wurde und starb, der Sohn von Prof. Hamburger und der von Prof. Richet.

Dieses Lager war besser, denn die Selbstverwaltung befand sich in den Händen der politischen Gefangenen, und diese handelten zugunsten der Juden.

Ich persönlich verdanke den deutschen Kommunisten viel, die mich sehr oft versteckten und mir mit Essen halfen.

In diesem Lager arbeitete ich als Bakteriologe am Hygiene-Institut zusammen mit Professoren ausländischer Universitäten.[VIII]

Wichtig ist das, was im Block 46, in dem die Experimente stattfanden, passierte. Zu diesem war uns der Eintritt verboten; es arbeiteten dort nur die SS-Ärzte und der Kapo Dietzsch[IX] – ein Deutscher. Man hat dort die Menschen mit Fleckfieber infiziert, dabei gab es 900 Opfer, und fast 100% starben. Die Impfungen waren sehr zerstörerisch. Man hatte die Wirkung von Impfungen verschiedener Herkunft ausprobiert.

Ich wußte davon, weil ich das Blut der Kranken zur Untersuchung bekam. Ihre Namen kannte ich nicht, da ich nur Proben bekam, die mit Nummern versehen waren. Es waren Serienuntersuchungen, und wenn eine Nummer wegfiel, wußte ich, daß der Kranke gestorben war. Die Kranken wurden nicht gequält; man gab ihnen Essen.

Außerdem führte man Versuche mit chemischen Kampfstoffen

durch. Ich weiß das deswegen, weil man nach der Befreiung durch die Amerikaner im Schreibtisch meines Chefs Farbfilme gefunden hatte, die Verbrennungen am Körper der Gefangenen zeigten. Ähnliche Versuche machte man gleichzeitig an Kaninchen.

Es wurden auch die Hungerschwellungen der Gefangenen untersucht.

In den letzten Tagen der Besetzung gaben die Deutschen den Befehl, alle Juden auf dem Appellplatz zu versammeln, sie herauszuführen und zu ermorden. Es befanden sich damals im Lager ungefähr 8000 polnische, ungarische und deutsche Juden.

Dank der tatkräftigen Organisation der Kommunisten gelang es den Deutschen nur, etwa 2000 Gefangene zu versammeln. Die restlichen Häftlinge wurden von den Kommunisten während eines Durcheinanders, das sie bewußt auslösten, versteckt.

Durch ein besonders grausames Verhalten gegenüber den Gefangenen zeichneten sich der Gestapo-Sturmbannführer Dr. ELENBECK [ELLENBECK] aus, der Experimente mit Hungerschwellungen machte und sie an Kranken durchführte, sowie der Lagerarzt und Hauptsturmführer Dr. med. SCHEDŁOWSKI [SCHIEDLAUSKI]. Letzterer hat viele Schwerkranke auf dem Gewissen, die von ihm zum Tode verurteilt wurden. Vor ELLENBECK hatten sogar die SS-Männer Angst. Sehr berüchtigt war auch der Sadist [Karl Otto] KOCH,[X] der Lagerkommandant, dessen Frau sich aus den Tätowierungen der Gefangenen Lampenschirme, Geldbeutel, Taschen und andere Lederwaren herstellen ließ.

Aus diesem Lager wurden auch die Kranken zur Arbeit in die unterirdischen Fabriken geschickt, z.B. zur Fabrik ›Dorr‹ [Dora][XI], wo die Sterbequote der Gefangenen ganz und gar unglaublich war.

Dieser Bericht kann von folgenden Personen bestätigt und ergänzt werden: Dr. Marian CIEPIELOWSKI[XII] aus Krakau, Dr. MAKOWIČKA aus Prag, Prof. WAITZ[XIII] aus Straßburg, Prof. KIRRMANN[XIV] aus Straßburg, Prof. BALACHOWSKY[XV] aus Paris.

[LUDWIK FLECK]

1 Archiv des Jüdischen Historischen Instituts in Warschau, *Berichte der überlebenden Juden*, Akt.-Nr. 301/1139), SMF, S. 356f. Aus dem Polnischen von Sylwia Werner. Komm.: Hg. (Wir danken Florian Schmaltz, der an einer

früheren Version dieses Kommentars mitgearbeitet hat, für mannigfache Anregungen und Hinweise.)

Der mündliche Bericht Flecks wurde im Oktober 1945 in Krakau von Dr. Laura Eichhorn auf zwei Seiten handschriftlich festgehalten und von Fleck unterschrieben. Materialien und weiterführende Literaturhinweise zu den Fleckfieberexperimenten im KZ Buchenwald finden sich unter: ⟨http://www.taeter-buchenwalds.de/doku.php?id=themen:aerzte:experimente⟩ (Zugriff: 26. 9. 2010) sowie bei David A. Hackett (Hg.), *Der Buchenwald-Report. Bericht über das Konzentrationslager Buchenwald bei Weimar*, München 1996.

II Zu Anna Seemann (geb. 1900) siehe Katarzyna Leszczyńska, »Ludwik Fleck. A Forgotten Philosopher«, in: PF, S. 23-39.

III Zu Alina Białostocka (geb. 1905), Mitarbeiterin von Ludwik Hirszfeld und Ärztin im Block 10 in Auschwitz, siehe »Anna Białostocka (née Brewda)«, in: Lore Shelley (Hg.), *Criminal Experiments on Human Beings in Auschwitz and War Research Laboratories. Twenty Women Prisoners' Accounts*, San Francisco 1991, S. 29-42, sowie weiterführend Susan Benedict, Jane M. Georges, »Nurses and the Sterilization Experiments of Auschwitz. A Postmodernist Perspective«, in: *Nursing Inquiry* 13, 4 (2006), S. 277-288, online: ⟨www.editing-writing.com/bios/sc-benedict/.../SterilizationExperiments.pdf⟩ (Zugriff 28. 9. 2010).

IV Władysław Fejkiel (geb. 1911), Mediziner, Häftling im KZ Auschwitz und Mauthausen, nach dem Krieg Professor an der Medizinischen Akademie Kraków (Krakau). Siehe Władysław Fejkiel, »Ethisch-rechtliche Grenzen bei Experimenten in der Medizin und der Fall Prof. Clauberg«, in: *Hefte von Auschwitz* 2 (1959), S. 33-50; ders., *Więźniarski szpital w KL Auschwitz* [Häftlingsspital im KZ Auschwitz], Oświęcim (Auschwitz) 1994.

V Eugen Kogon berichtet: »In Block 50 wurde Fleckfieberimpfstoff nach dem Verfahren von Prof. Giroud, Paris erzeugt. Die Gründung erfolgte im August 1943. Die besten verfügbaren Fachkräfte des Lagers, darunter Mediziner, Bakteriologen, Serologen, Chemiker, waren für diese Aufgabe ausgewählt worden, vor allem der Lemberger Dozent *Dr. Ludwig Fleck*, den *Ding-Schuler* eigens aus Auschwitz über das SS-WVHA nach Buchenwald kommen ließ« (Kogon, *SS-Staat*, S. 195).

VI Es handelt sich hier um Ernst Thälmann (1886-1944), der von 1925 bis 1933 Vorsitzender der KPD war.

VII Der Jurist und Autor Léon Blum (1872-1950) war 1936 der erste sozialistische Premierminister Frankreichs und nach der deutschen Besatzung Frankreichs im französischen Widerstand aktiv. 1943 wurde er ins KZ Buchenwald verschleppt und 1946 in Frankreich wieder zum Premierminister gewählt.

VIII Fleck hat diese Arbeiten später als exemplarischen Studienfall dargestellt, an dem sich zeigen läßt, wie unter abgeschlossenen Bedingungen sich die wissenschaftlichen Beobachtungen einer bunt zusammengewürfelten Forschergruppe entwickeln. Siehe dazu seinen Aufsatz »Wissenschaftstheoretische Probleme«, in diesem Band.

IX Arthur Dietzsch (1901-1974) war ab 1937 im KZ Buchenwald inhaftiert und Kapo im Block 46. Er führte als Nichtmediziner Experimente an Menschen durch. Siehe Kogon, *SS-Staat*, S. 267f. Auch Robert Waitz und Marian Ciepielowski, Mithäftlinge Flecks, berichten über Dietzschs Versuche, den Flecktyphus von Mensch zu Mensch zu übertragen. Bei der Auswahl der für Experimente mißbrauchten Personen richtete sich Dietzsch nach folgenden Kriterien: (1) Häftlinge, die brutale Straftaten begangen hatten; (2) Freiwillige, die im Falle des Überlebens drei Monate lang von körperlicher Arbeit befreit und reichlich ernährt werden sollten; (3) politische Häftlinge. Vgl. Robert Waitz, Marian Ciepielowski, »Doświadczalny dur wysypkowy w obozie koncentracyjnym w Buchenwaldzie« [Der experimentelle Flecktyphus im Konzentrationslager Buchenwald], in: *Przegląd lekarski* 21, 1, (1965), S. 68f. Vgl. auch Flecks Artikel »In der Frage ärztlicher Experimente an Menschen«, in diesem Band.

X Es handelt sich bei den Genannten um den Mediziner SS-Sturmbannführer Hans-Dieter Ellenbeck (geb. 1912), den SS-Hauptsturmführer und SS-Lagerarzt Gerhard Schiedlausky sowie den SS-Standartenführer Karl Otto Koch (1897-1945), ab August 1938 Kommandant im KZ Buchenwald. Vgl. dazu z.B. Kogon, *SS-Staat*, S. 267.

XI KZ Dora-Mittelbau war ein Außenlager des KZ Buchenwald.

XII Zu Ciepielowski und seinen Sabotageaktivitäten siehe Stanisław Kłodziński, »Sabotaż w buchenwaldzkim Institutcie Higieny SS« [Sabotage im Hygiene-Institut der SS: Dr. Marian Ciepielowski], in: *Przegląd Lekarski* 34, 1 (1977), S. 141-145, sowie in diesem Band Lutowskis Interview mit Ludwik Fleck, »Was ist die Leukergie? Wir sprechen mit Professor Fleck«, sowie TSF, S. 53-57.

XIII Robert Waitz (1900-1978), französischer Medizinprofessor, Hämatologe, Häftlingsarzt im KZ Auschwitz. Nach 1945 kehrte er auf seine frühere Professur an der Medizinischen Fakultät der Université Strasbourg zurück. Über die medizinischen Verbrechen im KZ berichtet er u.a. in ders., »Au Block 46 de Buchenwald. Le typhus expérimental chez l'homme«, in: Université Strasbourg (Hg.), *Témoignages Strasbourgeois. De l'université aux camps de concentration*, Straßburg 1946, S. 109-113, und ders., Marian Ciepielowski, »Le typhus experimental au camp de concentration de Buchenwald«, in: *La presse médicale* 23 (1946), S. 322-324; TSF, S. 57f.

XIV Siehe hierzu weiterführend die Erinnerungen des Chemikers Albert Kirrmann, »Les laboratoires du block 50«, in: Université Strasbourg (Hg.), *Témoignages Strasbourgeois. De l'université aux camps de concentration*, Straßburg 1946, S. 115-118.

xv Zu Balachowsky vgl. in diesem Band Flecks Text »In der Buchenwalder Angelegenheit« sowie seinen Brief an Barbara Narbutowicz vom 14. 6. 1958.

Zwei Zeugenaussagen im IG-Farben-Prozeß[I]

Erklärung unter Eid (vom 12. Februar 1948)

Ich, Professor Dr. Ludwik FLECK, geboren am 11. Juli 1896, wohnhaft in Lublin, Lubartowa-Straße 57, stelle hiermit, nachdem ich darauf aufmerksam gemacht worden bin, daß ich mich wegen falscher Aussage strafbar mache, unter Eid freiwillig und ohne Zwang folgendes fest:

(1) Aus der Arbeit von Erwin DING[II] »Über die Schutzwirkung verschiedener Fleckfieber-Impfstoffe beim Menschen und dem Fleckfieberverlauf nach Schutzimpfung« (*Zeitschrift für Hygiene und Infektionskrankheiten*, Band 124, 1943, Seite 670-682, erschienen im Springer-Verlag) ist deutlich zu ersehen, daß es sich um Experimente handelte, bei denen Menschen künstlich mit Fleckfieber infiziert wurden:

> Bei der Bearbeitung des Materials wurden die Erkrankten nach Geimpften mit einzelnen Impfstoffen und Ungeimpften in Gruppen zusammengefaßt. Es wurden dabei nur solche Personen ausgewählt, bei denen sich der Infektionstag eindeutig bestimmen ließ. Die Personenzahl war etwa gleich groß, so daß Vergleiche der einzelnen Gruppen möglich wurden. Als ›Normalfleckfieber‹ (Vergleichsgruppen I und II) wurden diejenigen Erkrankungen angesehen, die an gleichem Ort und zur gleichen Zeit und unter äußerlich weitgehend gleichen Bedingungen bei Ungeimpften auftraten.[III]

Dazu muß man ausdrücklich erklären, daß sich bei der natürlichen Infektion »der Infektionstag eindeutig« nur ausnahmsweise bestimmen läßt. Auch wenn man eine Laus bei einer der Infektion ausgesetzten Person findet und diese Laus sich als infiziert erweist, ist damit noch nicht erwiesen, daß die Person durch diese Laus infiziert wurde. Ob eine Infektion stattfindet, hängt von den Abwehrkräften des Organismus ab. Hat der Kontakt mit mutmaßlich infizierten Läusen eine längere Zeit gedauert, so weiß man nie, wann die Infektion stattgefunden hat, das heißt, ob eine gefundene infizierte Laus die Infektionsquelle bildet oder aber eine frühere oder spätere nicht gefundene Laus.

Es muß noch betont werden, daß die Feststellung, ob eine Laus infiziert ist, das heißt, ob in deren Därmen sich der Erreger des Fleckfiebers (*Rickettsia Prowazecki*) befindet, keine einfache Sache ist, sondern komplizierte langdauernde Versuche verlangt.

Praktisch läßt sich bei Fleckfieber »der Infektionstag eindeutig bestimmen« – wenn es sich um eine größere Zahl Menschen handelt –, nur wenn künstlich infiziert wurde.

Aus Tabelle 2 (Infektionszeiten), Seite 675, ist zu ersehen, daß bei Ungeimpften die Inkubationszeit in 60 Prozent der Fälle nur 2-3 Tage betrug. Nun weiß man aus der Literatur, daß die Inkubationszeit beim natürlichen Fleckfieber im allgemeinen etwa 11-16 Tage dauert, und aus Tierversuchen ist bekannt, daß die Inkubationszeit um so kürzer ist, je stärker die Infektion ist. Man muß also annehmen, daß die Infektion in den beschriebenen Fällen besonders stark war, viel stärker als die gewöhnliche natürliche Infektion; daraus ist ebenfalls zu schließen, daß künstlich infiziert wurde, und zwar mit besonders virulentem Stamm und großen Läusen.

Auf S. 677 sind 8 Puls- und Temperatur-Durchschnittsbilder abgebildet. Alle 8 Fälle sind vom ersten Infektionstag an beobachtet worden. Man hatte also keine Zweifel, wann der erste Infektionstag war. Die Zahl der Erkrankten wird nicht angegeben, was an sich verdächtig ist, da es ja die wichtigste Zahl für das Beurteilen der Versuche wäre. Auf S. 670 lesen wir, daß »die Berührung mit dem Fleckfieber und den dieses übertragenden Läusen besonders eng war und mit großer Wahrscheinlichkeit zur Erkrankung führte«. Es sind also fast alle Nicht-Geimpften erkrankt. Auf S. 682 ist zu lesen: »Die Erkrankungshäufigkeit scheint sie« (die Impfung) »nicht herabzusetzen.« Es sind also auch fast alle Geimpften erkrankt. Auch das beweist eine sehr massive Infektion.

Die Zeit zwischen Impfung und Infektion ist nicht angegeben, wäre aber von großer Wichtigkeit, falls sie nicht in allen Fällen die gleiche wäre, d. h., falls es sich nicht um gleichzeitige künstliche Infektion gehandelt hätte. Aus den Prozentzahlen auf S. 672 und S. 675 ist zu entnehmen, daß der Versuch wenigstens 200-300 Personen umfaßte (es waren im ganzen 8 »etwa gleich große« [S. 670] Gruppen, die kleinste Prozentzahl beträgt 3,2 Prozent; die Gruppe war also etwa 30 Mann stark, falls 100 Prozent Menschen krank wurden, oder entsprechend größer). Bei 200-300 Menschen und natürlicher Infektion müßte die Streuung der Infektionstage vom Zufall abhängen, also die Zeit zwischen Impfung und Infektion verschieden lang sein, etwa 1 Woche oder mehrere Monate betragen. Dies wäre für die Beurteilung des Impfschutzes sehr wichtig, und jeder Arzt müßte das in Betracht ziehen, falls es sich nicht um gleichzeitige künstliche Infektion gehandelt hätte.

(2) Zu der Arbeit von Erwin DING »Zur serologischen und mikrobiologischen Diagostik des Fleckfiebers« (*Zeitschrift für Hygiene*, Band 124, 1943, S. 546) ist folgendes zu sagen: Es wurden 53 Fleckfieberfälle in einem sonst fleckfieberfreien Gebiet beobachtet. Der Verfasser hatte Blut am ersten, zweiten und dritten Erkrankungstag auf Fleckfieber – besonders auf Fleckfieber – untersucht, obwohl nur »Kopfschmerz über den Augen« (S. 549) bestand. Woher der Verdacht, wenn nicht künstlich infiziert wurde? Auf S. 551 heißt es: »Mischinfektion lag nicht vor«, obwohl Agglutination mit Paratyphus B vorhanden war. Woher wußte Ding das, wenn nicht künstlich infiziert wurde?

(3) Es war mir bekannt, daß im Konzentrationslager Buchenwald zu keiner Zeit eine Fleckfieber-Epidemie bestand, vielleicht kamen 1 oder 2 Fälle monatlich vor.

Ich habe jede der vier Seiten dieser Erklärung unter Eid sorgfältig durchgelesen und eigenhändig gegengezeichnet, habe die notwendigen Korrekturen in meiner eigenen Handschrift vorgenommen und mit meinen Anfangsbuchstaben gegengezeichnet und erkläre hiermit unter Eid, daß ich in dieser Erklärung nach meinem besten Wissen und Gewissen die reine Wahrheit gesagt habe.

[Ludwik FLECK]

Beeidigt und unterzeichnet in meiner Anwesenheit an diesem 13. Februar 1948 in Nürnberg von Ludwik FLECK, mir bekannt als die Person, welche die obige eidesstattliche Erklärung abgegeben hat.[IV]

Ruth L. Kembner – AGO A 400392 – US Civilian – Office of Chief of Counsel for War Crimes US War Department.

Erklärung unter Eid (13. Februar 1948)[V]

Ich, Professor LUDWIK FLECK, erkläre hiermit, nachdem ich darauf aufmerksam gemacht worden bin, daß ich mich wegen falscher Aussage strafbar mache und daß das Verschweigen von Tatsachen falscher Aussage gleichkomme, unter Eid freiwillig ohne Zwang wie folgt:

Ich bin am 11. Juli 1896 in Lemberg geboren, promovierte zum

Doktor med. im Jahre 1922 in Lemberg, und war von 1919 bis 1922 Assistent von Professor WEIGL[VI] in Przemyśl [Prömsel] und Lemberg. In dieser Zeit befaßte ich mich speziell mit Fleckfieber. Ich verfaßte über Fleckfieber etwa 10-14 Publikationen in polnischer, deutscher und englischer Sprache, u.a. habe ich die Exanthin-Reaktion angegeben,[VII] das Phänomen des Ausscheidens spezifischer antigener Stoffe mit dem Urin bei Fleckfieberkranken[VIII] beschrieben und ein Verfahren zur Darstellung des Fleckfieberimpfstoffes aus dem Urin Kranker veröffentlicht,[IX] eine neue Methode der Rickettsien-Agglutation[X] angegeben u.a. Ich bekleide jetzt die Stelle eines Professors für Mikrobiologie der Medizinischen Fakultät in Lublin und bin Leiter der bakteriologischen Anstalt der Universität Lublin. Als Fachmann auf dem Fleckfiebergebiet erkläre ich wie folgt:

Aus dem Bericht über die Besprechung im Reichsministerium des Inneren vom 29. Dezember 1941 (NI-12181) geht folgendes hervor:

Die Angelegenheit des Fleckfiebers wurde derzeit (1941/42) als sehr wichtig betrachtet, da die führenden Fachmänner zur Beratung zusammengekommen waren. Die Teilnahme seitens der IG: Dr. ZAHN, Dr. [Heinrich] NEUMANN, Dr. DEMNITZ, beweist, daß Impfstoffbearbeitung geplant wurde.

Es wurde bei der Besprechung festgestellt, daß der Läuseimpfstoff sich praktisch bewährt hat und daß über den Impfstoff aus Eierkulturen noch nicht die gleiche Sicherheit besteht (S. 51), obwohl Prof. GILDEMEISTER[XI] bereits 2700 Dosen seines Impfstoffs verausgabt hatte, ohne daß bislang außer einem einzigen Fall Erkrankungen vorgekommen waren. Prof. KUDICKE[XII] hatte 3000 Dosen an sehr gefährdete Leute in den Monaten Oktober und November verimpft, ohne daß bis Ende Dezember Versager aufgetreten waren.

Dazu ist zu bemerken: Die Überprüfung des Läuseimpfstoffes von WEIGL dauerte etwa 20 Jahre. Prof. WEIGL, der ein Institut zuerst in Przemyśl [Prömsel] und dann in Lemberg leitete, fing mit seiner Arbeit, einen wirksamen Fleckfieberimpfstoff zu finden, ungefähr 1919 an und arbeitete bis 1940 an der Entwicklung eines Läuseimpfstoffes, bis er die nötige Gewißheit hatte. WEIGL führte während dieser Zeit Impfungen an endemisch von Fleckfieber gefährdeten Stellen (Jaworowo) durch. Er machte auch in China und Abessinien Impfungen in einer Größenordnung von ungefähr 50 000, wobei zu betonen ist, daß diese Beobachtungen sich auf mehrere Jahre erstreckten und karteimäßig erfaßt wurden.

Die Arbeitsweise von Weigl und die Tatsache, daß er jahrelang mit seinem Impfstoff experimentierte, sowie die Ergebnisse von Weigl waren in der Fachwelt allgemein anerkannt.

Dagegen umfaßte die Untersuchung von Gildemeister und Kudicke nur etwa 6000 Mann und eine Beobachtungszeit von etwa 3 Monaten. Diese Versuche sind auch ganz richtig als unzulänglich betrachtet worden.

Nun wird auf der Besprechung vom 29. Dezember 1941 ein entscheidender Versuch beantragt. Man müßte voraussetzen, daß dieser entscheidende Versuch ca. 10-15 000 Dosen umfassen wird und eine Beobachtungszeit von wenigstens 1 Jahr, wenn es sich um natürliche Bedingungen handelt. Aus den Dokumenten ersehen wir aber, daß es sich um eine Lieferung in einer Größenordnung von 50 Dosen eines Impfstoffes und einer anderen Menge eines anderen, schwächeren Impfstoffes handelt. Aus der Arbeit von Ding im Jahre 1943 ist zu ersehen, daß die 2. Lieferung nicht entscheidend größer war (NI-9752).

Aus dem Dokument NI-10255 wird ersichtlich, daß die Mengen zur Prüfung an das Konzentrationslager Buchenwald geschickt wurden.

Die Gefährdung der Leute, die Kudicke impfte, ist als sehr groß von ihm beschrieben worden. Mehr konnte man in keinem anderen Versuch erwarten. Worin besteht dann der Unterschied des neu geplanten Versuches im KZ Buchenwald und den früheren Versuchen? Wieso sollte sich der neue Versuch entscheidend auswirken? Da mit Mrugowsky[XIII] der neue Großversuch[XIV] geplant wurde, und Mrugowsky jedenfalls nicht mit Kudicke und Gildemeister als Fachmann gleichzustellen ist, ist zu vermuten, daß das Entscheidende des Unterschiedes in anderen Bedingungen des neu geplanten Versuches liegt. Es war bekannt, daß SS-Ärzte keine anderen Bedingungen zur Verfügung hatten als die Konzentrationslager. Die Verbindung mit Mrugowsky setzt also voraus, daß in einem Konzentrationslager, d. h. unter außergewöhnlichen Bedingungen, der Versuch ausgeführt werden mußte.

Aus anderen Dokumenten (NI-13589) ist zu ersehen, daß gleich nach der Sitzung Demnitz an Hoven[XV] in Buchenwald 50 Dosen für den Großversuch zukommen läßt. (In dem Brief ist erwähnt, daß dies der Impfstoff ist, der in der Sitzung am 29. Dezember 1941 verabredet worden ist.)

Man kann nicht vermuten, daß Tierexperimente dort ausgeführt wurden, denn Tierexperimente oder laboratorielle serologische Immunitätsversuche konnten zweckmäßig GILDEMEISTER und KUDICKE in ihrem eigenen Institut ausführen.

Kein Fachmann konnte vermuten, daß HOVEN bessere Bedingungen im KZ Buchenwald für eine natürliche Überprüfung haben könnte als KUDICKE, der im Warschauer Ghetto impfte, wo zur Zeit Fleckfieber herrschte.[XVI] Es konnte sich also um nichts anders handeln als um künstliche Infektionen, dies um so mehr, als bereits nach 2 Monaten seitens der Behringwerke ein Bericht verlangt wurde und nach 3 Monaten tatsächlich der Bericht an die Behringwerke ging (NI-1429).

Ich habe jede der vier Seiten dieser Erklärung unter Eid sorgfältig durchgelesen und eigenhändig gegengezeichnet, habe die notwendigen Korrekturen in meiner eigenen Handschrift vorgenommen und mit meinen Anfangsbuchstaben gegengezeichnet und erkläre hiermit unter Eid, daß ich in dieser Erklärung nach meinem besten Wissen und Gewissen die reine Wahrheit gesagt habe.

[Ludwik FLECK]

Beeidigt und unterzeichnet in meiner Anwesenheit an diesem 13. Februar 1948 in Nürnberg von Ludwik FLECK, mir bekannt als die Person, welche die obige eidesstattliche Erklärung abgegeben hat.[XVII]

Benvenuto von Halle – US Civilian AGO D432532 Office of Chief of Counsel for War Crimes US War Department.

I Komm.: Hg. (Wir danken Florian Schmaltz, der an einer früheren Version dieses Kommentars mitgearbeitet hat, für mannigfache Anregungen und Hinweise.)

Die eidesstattliche Erklärung Ludwik Flecks wurde von Mitarbeitern der Evidence Division des Amerikanischen Militärgerichtshofs VI, die gegen Vorstandsmitglieder der IG-Farbenindustrie ermittelten, in Nürnberg aufgenommen und durch Rolf Schneyder von der Evidence Division of the Office of Chief of Counsel for War Crimes beglaubigt. Fleck sagte als Sachverständiger zu den an Häftlingen des Blocks 46 im KZ Buchenwald durchgeführten Erprobungsversuchen verschiedener Typhusimpfstoffe aus, die von der IG Farben hergestellt worden waren. Siehe dazu Flecks Brief vom 22. 2. 1948 an Hirszfeld, in diesem Band. Vgl. auch TSF, S. 63. Zur Rolle der IG Farben siehe

Ulrich Schneider, Harry Stein, *I.G. Farben; Abteilung Behringwerke, Marburg; KZ Buchenwald, Menschenversuche; ein dokumentarischer Bericht*, Kassel 1986; Thomas Werther, *Fleckfieberforschung im Deutschen Reich 1914-1945. Untersuchungen zur Beziehung zwischen Wissenschaft, Industrie und Politik unter besonderer Berücksichtigung der IG Farben*, Diss. phil., Marburg 2004 ⟨archiv.ub.uni-marburg.de/diss/z2008/0157/pdf/dtw.pdf⟩ [Zugriff am 26. 9. 2010]). Zum Hintergrund und zu den in der Aussage erwähnten Personen siehe: Kogon, *SS-Staat*; Hermann Langbein, *People in Auschwitz*, North Carolina 2004; Ernst Klee, *Das Personenlexikon zum Dritten Reich. Wer war was vor und nach 1945?*, Frankfurt/M. 2003; ders., *Auschwitz, die NS-Medizin und ihre Opfer*, Frankfurt/M. 1997; Paul Weindling, *Epidemics and Genocide in Eastern Europe, 1890-1945*, Oxford u.a. 2000. Zu den Diskussionen um Flecks Beteiligung an Menschenexperimenten im KZ Buchenwald siehe EN I zu »Wissenschaftstheoretische Probleme« in diesem Band.

II Erwin Ding[-Schuler] (1912-1945), SS-Sturmbannführer und erster Lagerarzt des KZ Buchenwald, dort Leiter der Fleckfieberversuchsabteilung des Hygiene-Instituts der Waffen-SS.

III Zu Ding-Schulers Fleckfieberexperimenten siehe den Bericht von Klemens Barbarski über die Sabotage im SS-Labor im Kommentar zum Interview Lutowskis mit Fleck in diesem Band, EN VII.

IV [Original englisch.]

V Dieser eidesstattlichen Erklärung wurde ein Deckblatt vorgeheftet, auf dem wieder Rolf Schneyder von der Evidence Division of the Office of Chief of Counsel for War Crimes Flecks Erklärung beglaubigt.

VI Der polnische Biologe Rudolf Weigl (1883-1957) war einer der ersten Förderer Ludwik Flecks. Von 1918 bis 1920 leitete er ein Militärlabor in Przemyśl (Prömsel), wo auch Fleck Mitglied seiner Arbeitsgruppe war. Danach erhielt er einen Ruf auf eine Professur für Biologie an der Jan-Kazimierz-Universität Lwów (Lemberg). Fleck folgte ihm und wurde sein Assistent. Während des Zweiten Weltkriegs rettete Weigl das Leben vieler Menschen, indem er sie in seinem Institut zur Fleckfieberforschung unter anderem als Läusefütterer einstellte. Für die Entwicklung des Impfstoffes gegen Fleckfieber wurde Weigl 1942 für den Nobelpreis nominiert. Nach dem Krieg gründete er das Institut für Allgemeine Bakteriologie an der Jagiellonen-Universität Kraków (Krakau) und übernahm 1948 den Lehrstuhl für Biologie an der Universität Poznań (Posen). Vgl. Stefan Kryński, »Rudolf Weigl (1883-1957)«, in: *Medycyna Doświadczalna i Mikrobiologia* 19, 3 (1967), S. 213-218; Zbigniew Stuchly (Hg.), *Zwyciężyć Tyfus. Instytut Rudolfa Weigla we Lwowie*, Wrocław (Breslau) 2001.

VII Fleck, Krukowski (1923b); Fleck (1930b); ders. (1930d); ders. (1931b); ders. (1934a).

VIII Fleck (1946c).

IX Fleck (1947a).

X Fleck (1946a).

XI Der Bakteriologe Eugen Gildemeister (1878-1945), Präsident des Robert-Koch-Instituts, war an den im KZ Buchenwald durchgeführten Fleckfieberversuchen an Häftlingen beteiligt, die er persönlich infizierte. Seine Rolle beschreibt Fleck in einem Brief an Hirszfeld vom 22. 2. 1948, siehe in diesem Band.

XII Robert Kudicke (1876-1961), Mediziner, Schüler und Mitarbeiter von Robert Koch, übernahm zur Zeit der deutschen Besatzung Polens das zuvor von Ludwik Hirszfeld geleitete Hygiene-Institut in Warschau und war Sonderbeauftragter für Fleckfieberbekämpfung.

XIII Joachim Mrugowsky (1905-1948), Mediziner und Biologe, Mitglied der NSDAP, SS-Oberführer, war als oberste Hygieniker im KZ Sachsenhausen verantwortlich für die dort durchgeführten Menschenexperimente.

XIV Über die Vorbereitung eines Großversuchs im KZ Buchenwald, bei dem nicht wie sonst 3-4 Personen, sondern 25 mit Flecktyphusserum infiziert werden sollten, berichten Robert Waitz, Marian Ciepielowski, »Doświadczalny dur wysypkowy w obozie koncentracyjnym w Buchenwaldzie« [Der experimentelle Flecktyphus im Konzentrationslager Buchenwald], in: *Przegląd lekarski* 21, 1, S. 68f., hier S. 69. Fleck jedoch gibt in seinem Brief an Hirszfeld vom 22. 2. 1948 an, daß am 29. 12. 1941 das Deutsche Ministerium auf einer Sondersitzung beschlossen hatte, 1000 Häftlinge zu infizieren.

XV Waldemar Hoven (1903-1948) war Stellvertreter Ding-Schulers und in dieser Eigenschaft an den Fleckfieberversuchen im KZ Buchenwald beteiligt.

XVI Zu Kudickes Impfversuchen im Warschauer Ghetto siehe: Naomi Baumslag, *Murderous Medicine. Nazi Doctors, Human Experimentation, and Typhus*, Westport 2005, insb. S. 135-138.

XVII [Original englisch.]

Ludwik Fleck
Untersuchungen zum Flecktyphus im Lemberger Ghetto in den Jahren 1941-1942[I]

Die ersten Flecktyphusfälle traten zu Beginn des Winters 1941/1942 im jüdischen Viertel Lembergs auf, mit den Rückkehrern aus den sogenannten Arbeitslagern. Die sanitären Bedingungen im Viertel waren entsetzlich. Die Wohnungen waren überbelegt: In jedem Zimmer hausten mehr als ein Dutzend Personen. Die Möglichkeiten, sich zu waschen, zu baden und die Wäsche zu machen, waren sehr beschränkt. Außerdem herrschte Hunger, immer öfter sah man Hungerödeme. Daß sich unter diesen Umständen Flecktyphus sehr schnell ausbreitete, war kein Wunder.

Ich arbeitete damals als Leiter des chemisch-bakteriologischen Labors im Jüdischen Krankenhaus in der Kuszewicz-Straße. Das Krankenhaus war im Gebäude des früheren Gymnasiums provisorisch eingerichtet worden; der Organisator und Direktor dieses Krankenhauses war Dr. Izydor KURZROCK.[II] Der Gruppe der Ärzte gehörten unter anderem an: der Gynäkologe Prof. Dr. BECK[III]; der Internist Dr. ZEGHAUSER (zur Zeit Professor in Lublin); der Internist Dr. LANDSBERG (später Professor in Łódź); der Internist Dr. UNGAR (zur Zeit in England); der Chirurg Dr. DRUCKER; der Chirurg Dr. KESSLER (beide von den Nazis ermordet); der Neurologe Dr. BEGLEITER; der Augenarzt Dr. ZION (die beiden letzten sind im Viertel gestorben). Das Krankenhaus hatte zwei Infektionsabteilungen in separaten Häusern. Eine von ihnen befand sich in der Kuszewicz-Straße, die andere in der Zamarstynowska-Straße. Der Leiter des letzteren war Dr. Edward ELSTER, der später im Lager Belzec ermordet wurde.

Damit die Flecktyphuskranken effektiv isoliert werden konnten, war eine Frühdiagnose notwendig. Die WEIL-FELIX-Reaktion liefert gewöhnlich erst ab dem sechsten oder siebten Krankheitstag positive Resultate, manchmal sogar später und nur selten früher. Die Rickettsien-Agglutination oder die Komplementbindung mit dem Rickettsien-Antigen tritt [zwar] früher auf, doch dieses Antigen war für uns nicht zu bekommen. Unter diesen Umständen begann ich in den ersten Monaten 1942, den Urin der Flecktyphuskranken zu untersuchen, um festzustellen, ob es darin – ähnlich wie im Urin der an Lungenentzündung Erkrankten – keine spezifischen Antigensubstanzen gibt. Es war zu erwarten, daß die Absonderung solcher Substanzen – falls sie überhaupt stattfindet – bereits vor dem Erscheinen der Antikörper auftritt. Der sich auf dieses Prinzip stützende diagnostische Test müßte also früher als die WEIL-FELIX-Reaktion oder die Agglutination bzw. die Komplementbindung mit Rickettsien Resultate erbringen.

Im Krankenhauslabor arbeiteten außer mir: Dr. Bernard UMSCHWEIF – ein Biochemiker und der Assistent von Professor Jakub PARNAS aus Lwów,[IV] Dr. Olga ELSTER aus Lwów und Dr. ANHALT aus Warschau. Eine Zeitlang arbeitete auch Dr. LAND[E]SMAN[N] aus Łódź bei uns, der später nach Warschau zu Professor HIRSZFELD ging. Am Ende unserer Arbeiten kamen die Chemikerin Dr. SEEMANN[OWA] und ihr Mann J. SEEMANN hinzu. Bereits die ersten Versuche, die mit dem Urin der Kranken und dem hohen Serumtiter der WEIL-FELIX-Reaktion durchgeführt wurden, wiesen einen deutlichen Präzipitationsring auf. Um festzustellen, ob wir es tatsächlich mit einem spezifischen Antigen zu tun hatten, verabreichte ich den Kaninchen intravenös eine Injektion von sterilem Urin Kranker in der Menge von 10 ml. Die Kaninchen, deren Serum vor der Injektion sogar in der Lösung 1 : 10 den Proteus [O]X-19 nicht agglutinierte, wiesen sieben Tage nach der Injektion einen Titer von 1 : 320 auf. Ich stellte auch die Agglutination der Rickettsien fest, die ich aus der Suspension von WEIGLS Impfstoff gewann. Angesichts dessen beschloß ich, dieses Problem systematisch zu bearbeiten. Mein Ziel war, über den diagnostischen Test hinaus, den Urin als Quelle eines spezifischen Antigens für die Herstellung eines prophylaktischen Impfstoffs zu nutzen, den wir sehr stark vermißten.

Im Mai 1942 waren die Ergebnisse so weit fortgeschritten, daß ich sie bei einer Versammlung der Ärzte des Krankenhauses und in der Tagespresse (*Gazeta Żydowska* vom 27. 5. 1942) bekanntgab.[V] Ich benachrichtigte auch Professor GROËR[VI] in Lemberg und Professor HIRSZFELD[VII] in Warschau.

Die ursprüngliche Technik, mit der eine direkte Präzipitation hervorgerufen werden sollte, erbrachte launische Ergebnisse: Manchmal wies der Urin, der aus Fällen bestimmter Präzipitation stammte, [keine Agglutination] auf und manchmal traten unspezifische Präzipitate sogar mit dem Urin gesunder Menschen auf. Daraufhin arbeiteten wir an einer Methode, das Antigen im Urin zu konzentrieren und von Ballastsubstanzen zu reinigen. Die Methode beruhte darauf, [die Probe] im Vakuum bei einer Temperatur von 40 °C zehnfach zu konzentrieren und das Konzentrat zu dialysieren. In einem normal ausgestatteten Labor ist das eine einfache Technik, in einem improvisierten Ghetto-Labor war dies jedoch keineswegs einfach. Eine Ölpumpe bekamen wir wunderbarerweise in der »Stadt«, der Dialyseapparat war hingegen eine reine Improvisation: Er wurde durch ein von Wasser angetriebenes »Mühlrad« bewegt, das mit Hilfe einer Laubsäge hergestellt wurde, aber gut funktionierte.

Eine andere Schwierigkeit resultierte aus den ständigen »Aktionen« der Deutschen, die den Wohnungen, den Passanten auf der Straße und auch dem Krankenhaus galten. Infolge dieser Aktionen verschwanden Patienten, die man verschleppte und liquidierte. Die Mitarbeiter kamen manchmal einige Tage lang nicht zur Arbeit, manchmal verschwanden sie für immer. Die Arbeit kam zum Erliegen.

Dennoch erbrachte die neue Methode gute Resultate: Die Kontrolluntersuchungen mit normalem Urin waren nicht mehr positiv, und der Urin der Kranken ergab reproduzierbare Reaktionen. Wir stellten fest, daß das Antigen schon in den ersten Krankheitstagen abgesondert wird und daß es von ihm besonders viel bei schweren Fällen gibt. In der zweiten Woche gab es weniger Antigen, später verschwand es ganz aus dem Urin.

Die Frage kam auf, ob sich dieses spezifische Antigen bereits während der Inkubationszeit der Krankheit absondert. Wir verteilten sterile Fläschchen unter Personen aus der Umgebung der Kranken und hoben ihre täglichen Urinproben im Kühlschrank auf. Sobald eine von diesen Personen erkrankte, hatten wir den ganzen Satz ihrer Urinproben aus den Tagen vor ihrer Krankheit. Diese Proben untersuchten wir dann auf die Präsenz von Antigensubstanzen. In vielen Fällen zeigte es sich, daß in den letzten Inkubationstagen bei scheinbar noch völlig gesunden Menschen im Urin das Rickettsien-Antigen nachgewiesen werden konnte. In den letzten zwei Inkubationstagen schien dies eine Regel zu sein, doch manchmal trat das Antigen bereits drei oder sogar vier Tage vor dem Fieber auf. Da diese Ergebnisse uns paradox vorkamen, führten wir außer unserer Präzipitinprobe mehrmals Kontrolluntersuchungen an Kaninchen durch. Die Kaninchen, denen wir intravenös ein konzentriertes Dialysat sterilen Urins aus den letzten Tagen der Inkubationszeit injizierten, bildeten Agglutinine sowohl gegen den Proteus [O]X-19 als auch gegen *Rickettsia Prowazeki.* Daher muß man es als für bewiesen halten, daß der infizierte Organismus zumindest in manchen Fällen bereits in der Inkubationszeit die vom Erreger stammenden Substanzen absondert.

In diesem Stadium unserer Arbeit probierten wir aus, ob man nicht mit Hilfe des Antigens, das mit dem Urin ausgeschieden wird, die Meerschweinchen gegen die Infektion immunisieren kann. Die Proben ergaben ein positives Ergebnis: Die Meerschweinchen, die mit dem Urinpräparat immunisiert worden waren, reagierten nicht auf die Injektion von Blut eines Kranken, während das Kontrollmeerschweinchen, das nicht immunisiert war, eine typische Fieberkurve aufwies. Angesichts dieser Ergebnisse beschlossen wir, mit der Herstellung eines prophylaktischen Impfstoffes aus Urin zu beginnen. Es gab dabei viele organisatorische und technische Schwierigkeiten zu überwinden.

Vor allem mußte man überlegen, wo diese Herstellung durchgeführt werden konnte. Es ging um eine Probe von 50-100 Litern am Tag, denn so viel betrug in dieser Zeit die tägliche Menge in unseren Krankenhäusern. Selbstverständlich konnte das nicht im kleinen Labor des Krankenhauses geschehen, dessen Experimentalapparatur die Kapazität für circa 1 Liter hatte. Nicht weit vom jüdischen Viertel Lembergs befand sich die pharmazeutische Fabrik ›Laokoon‹, die vor dem Krieg im jüdischen Besitz und später in der Hand eines Deutschen, Dr. SCHWANENBERG, war. Mit diesem Deutschen traten wir in Kontakt und versprachen ihm, ihm das Patent für die Herstellung des Impfstoffes aus Urin umsonst zu überlassen, wenn wir dafür die Möglichkeit erhielten, ihn in der Fabrik herzustellen. Der Deutsche war einverstanden. Wir verfaßten ein Schreiben an die Patentbehörde, in dem unsere Namen überhaupt nicht erwähnt wurden und als Antragsteller Dr. SCHWANENBERG figurierte. Er verständigte die für alle Juden und ihre Arbeit verantwortliche Behörde, die Gestapo. Daraufhin bekam ich, gemeinsam mit Dr. KURZROCK, eine Vorladung zur Gestapo-Behörde in der Pełczyńska-Straße. Der Weg dorthin war gefährlicher als Flecktyphus: Selten kam ein Jude von dort lebend zurück. Wir gingen dorthin mit Experimentprotokollen, Diagrammen und Proben. Es verhörten uns irgendwelche uniformierten Fachleute in Anwesenheit von Gestapo-Beamten. Sie stellten Fragen, verglichen die Antworten, schrieben auf, wiederholten die Fragen, vorsichtshalber schrien sie uns an und bedrohten uns. Manche Fragen waren sehr intelligent: Sie fragten zum Beispiel, ob ein Impfstoff aus Urin auch für Arier wirksam wäre. »Selbstverständlich, doch das müßte arischer und kein jüdischer Urin sein.« Schließlich beschlossen sie, die Proben an Professor OTTO[VIII] in Frankfurt am Main zu schicken.

Wir gingen aus dem Zimmer hinaus und waren nicht sicher, ob wir aus dem Gebäude hinauskommen würden, denn letztendlich hatten sie bereits die Rezepturen und Proben. Sie brauchten uns folglich nicht mehr, selbst wenn der Impfstoff sie interessierte. Sie ließen uns jedoch gehen, und hinter dem Tor gab es nur noch das gewöhnliche tägliche Risiko.

Später kam eine aus mehreren Personen bestehende Kommission ins jüdische Krankenhaus, mit Professor KUDICKE an der Spitze.[IX] Sie schauten sich an, was wir wie machen, ließen sich die Präzipitationsreaktionen vorführen und gingen wieder weg. Später teilte uns die Gestapo einen Unteroffizier zu, der auf uns aufpassen sollte. Dr. KURZROCK einigte sich schnell mit ihm: Die Kranken, die den Urin lieferten, wurden als »Urinspender«[X] bezeichnet, und ihnen drohte keine Liquidation mehr. Die Mitarbeiter bekamen besondere Ausweise: »Ist bei der Herstellung von Fleckfieberimpfstoff beschäftigt«,[XI] die ihnen zumindest das Gefühl von Sicherheit gaben.

Den Urin sammelten wir in beiden Infektionskrankenhäusern des jüdischen Viertels. Wir fertigten geeignete leicht sterilisierbare Blechtrichter an, durch die die Kranken die Urinprobe in sterile Fläschchen, die zweimal am Tag gewechselt wurden, abgaben. Der Urin wurde in 50-Liter-Flaschen abgegossen, mit Chloroform geschüttelt und im Kühlschrank aufbewahrt. Täglich brachte man zur ›Laokoon‹ zwei oder drei solcher Flaschen.

In der ›Laokoon‹ gab es eine ausgezeichnete Apparatur für die zirkulierende Konzentration und die Dialyse und außerdem komplett eingerichtete Labore, in denen wir verschiedene Absorptionsweisen des Antigens untersuchen konnten, z.B. mit Benzoesäure, mit Aluminiumhydroxid, mit Harnsäure usw., sowie verschiedene Elutionsarten des Adsorbats. Es gab auch Versuchstiere, an denen wir die Wirksamkeit unserer Präparate testen konnten.

Am besten gelangen die Präparate K14 und K20, die ich 1946 im *Polski Tygodnik Lekarski*, Nr. 21, beschrieb.[XII] Nach der Rezeptur von K14 stellten wir den größeren Teil des prophylaktischen Impfstoffes für Menschen her. Diesen Impfstoff verabreichte ich mir sowie meinen Angehörigen, danach impfte Dr. ELSTER 32 Freiwillige. Die Impfungen fanden in dreitägigen Abständen statt und wurden dreimal in Dosen 0,5 ml, 0,1 ml und 2,0 ml subkutan verabreicht. Die Lokalreaktion war etwas schmerzhaft, aber wir bemerkten keine Allgemeinreaktion. Nach der Impfung erschienen Agglutinine für die Rickettsien und für den Proteus [O]X-19.

Danach impften wir im Viertel jeden, der geimpft werden wollte.[1] Später erlaubten die Deutschen, im verhängnisvollen Lager in der Janowska-Straße zu impfen. Hierbei gelang es Dr. KURZROCK, im Lager ein kleines Krankenhaus einzurichten, wo man die Kranken behandeln konnte. Vorher hatte das Lager keine ärztliche Betreuung. In diesem Krankenhaus wurde Dr. KURZROCK später ermordet, einige Zeit nachdem ich und meine Mitarbeiter nach Auschwitz deportiert worden waren.

Das Ergebnis der Impfungen konnten wir nicht genau beobachten. Die Bevölkerung des Lagers und des Viertels wurde andauernd verlegt, ein Teil wurde liquidiert oder konnte fliehen. Die Liste der Geimpften ging verloren. Ich weiß nur, daß viele der im Lager geimpften Personen nicht krank wurden – trotz mehrmonatigen Aufenthaltes in einer epidemiologischen Umgebung und unter schlech-

1 Stefan SZENDE beschreibt diese Geschehnisse folgendermaßen: »Einem jüdischen Arzt namens FLECK gelang es damals, ein neues Serum gegen Flecktyphus herzustellen. [Auch deutsche Ärzte experimentierten mit der Herstellung neuer Impfstoffe. Während es Juden verboten war, Impfstoffe zu erhalten, stellte die Gestapo den deutschen Ärzten Juden aus den Arbeitslagern zu Versuchszwecken zur Verfügung.] Dr. FLECK stellte [inzwischen] unter Lebensgefahr sein Serum her und impfte so viele Juden, wie er nur konnte. Als die deutschen Behörden das erfuhren, verhafteten sie Dr. FLECK und seine Gehilfen. Sie zwangen die Verhafteten, einige deutsche Ärzte in der Herstellung des neuen Serums zu unterrichten, worauf die Erfinder des neuen Serums aus der Stadt verschwanden. Es besteht gar kein Zweifel darüber, daß sie ermordet wurden. Die Deutschen verwendeten nun die jüdische Erfindung, und es stand Todesstrafe darauf, das Serum im Judenviertel herzustellen.« [Original deutsch.] Vgl. Stefan SZENDE: *Der letzte Jude aus Polen*, Europa Verlag: Zürich, New York 1945, S. 215. Wie man sieht, gibt es eine Übertreibung in dieser Beschreibung. Es ist allerdings wahr, daß Dr. SCHWANENBERG verlangte, daß ich den Deutschen Dr. MÜLLER aus Berlin in das Herstellungsverfahren einführe. Dieser Deutsche zeigte sich wenig clever, oder vielleicht war ich ein schlechter Lehrer. Jedenfalls wurden ich, meine Familie, Dr. UMSCHWEIF mit Familie, Dr. SEEMANN mit Familie und der Laborant O. ABRAMOWICZ kurz danach verhaftet und nach Auschwitz deportiert.

ten Bedingungen, in der die Nichtgeimpften meistens bereits innerhalb des ersten Monats an Flecktyphus erkrankten. Bei geimpften Personen beobachtete ich eine Reihe von Fällen des abortiven Flecktyphus. Ich und mein Sohn steckten uns im Lager in Auschwitz an, im März 1943, d. h. ungefähr sieben Monate nach der Impfung. Unsere Krankheit dauerte sieben Tage, der Ausschlag war deutlich. Ich konnte die ganze Zeit physisch arbeiten, mein Sohn mußte lediglich einige Tage liegenbleiben. Der Krankheitsverlauf war also sehr mild.

Man muß annehmen, daß unser Impfstoff – ähnlich wie alle anderen Anti-Flecktyphusimpfstoffe – nur einen relativen Schutz bot. Theoretisch war er den anderen überlegen, weil er aus einem nicht passagierten Erreger hergestellt wurde, der direkt von den Kranken während einer Epidemie entnommen wurde.

Die Ergebnisse unserer damaligen Untersuchungen zu Flecktyphus wurden mehrmals bestätigt. L. Hirszfeld und T. Epstein stellten die Präzipitation des Urins fast gleichzeitig mit uns fest.[XIII] Allerdings waren sie überzeugt, daß sie – gemäß der alten Theorie über die Verwandlung der Rickettsien in einen Proteus – aus der Ausscheidung der Proteusbazillen resultiert. Im September 1942 veröffentlichte Alberto P. Leon in Mexiko seine Beobachtungen zu Antigensubstanzen, die mit dem Urin bei Flecktyphuskranken ausgeschieden werden.[XIV] Seine Methode beruhte auf der Adsorption des Urin-Antigens zu kolloidalen Kügelchen und deren Agglutination im Serum von Rekonvaleszenten. Schließlich gaben 1950 zwei australische Forscher, J. L. O'Connor und J. M. MacDonald, ihre Ergebnisse zur Ausscheidung des spezifischen Antigens mit dem Urin von Patienten, die an ostasiatischem Flecktyphus (Tsutsugamushi) erkrankt waren, bekannt.[XV] Sie hatten sich der Technik der Hämagglutination bedient. Sie zitierten meine Arbeit und bestätigen sie in wesentlichen Punkten. Unter anderen vermuteten auch sie, daß es möglich ist, die Krankheit bereits in der Inkubationszeit zu erkennen, da die Menge des bereits während der ersten Krankheitstage ausgeschiedenen Antigens so groß ist, daß dessen Präsenz in den letzten Inkubationstagen wahrscheinlich ist.

Die Zukunft wird zeigen, inwiefern das Prinzip der spezifischen Urodiagnostik auch bei anderen infektiösen Krankheiten Anwendung finden kann.

1 Ludwik Fleck, »Badania nad tyfusem plamistym w Getcie Lwowskim w latach 1941-1942«, Archiv Yad Vashem: Marek Dworzecki-Archiv, Sign. P. 10/file 52, SMF, S. 366-372. Aus dem Polnischen von Sylwia Werner (hebräische Übersetzung: 1959a). Komm.: Hg. (Wir danken Florian Schmaltz, der an einer früheren Version dieses Kommentars mitgearbeitet hat, für mannigfache Anregungen und Hinweise.)

Vgl. zu diesem Text in diesem Band EN 1 zu »Wissenschaftstheoretische Probleme« sowie auch die Erinnerungen Kielanowkis in EN 1 zu dessen Aufsatz: »In der Angelegenheit des Artikels von Prof. Dr. L. Fleck über ärztliche Experimente an Menschen«.

Nach dem Angriff der deutschen Truppen auf die Sowjetunion verlor Fleck alle seine Positionen und wurde mit seiner Familie in das Ghetto in Lemberg deportiert. Fleck hat über die Zustände im jüdischen Ghetto drei Berichte verfaßt, von denen zwei im Original aufgefunden werden konnten. Einen dritten Bericht hatte Eugen Kogon bereits 1946 veröffentlicht; dieser schildert die historische Situation in Lemberg genauer. Vgl. Kogon, *SS-Staat*, S. 235: »Dr. *Ludwig Fleck* berichtet: ›Das *Ghetto in Lemberg* war zuerst in einem Stadtteil, der nicht weniger als ein Fünftel der Stadt ausmachte. Juden gab es in Lemberg etwa 140 000 oder 30 Prozent der Bevölkerung. Jeder Jude mußte sich die neue Ghetto-Wohnung kaufen, wobei sowohl Polen als auch Ukrainer die Zwangslage der Juden gut auszunützen verstanden. Für die ihrerseits geräumten Wohnungen und deren Einrichtungsgegenstände bekamen sie nichts. Mitnehmen durfte man nur Kochgeschirr, Arbeitsanzüge; das übrige wurde Opfer des Pöbels. In diesem Ghetto gab es einige Geschäfte mit den einfachsten Sachen, ein Gemeindehaus, zwei allgemeine Spitäler und ein Infektionshospital. Das Leben war elend, alles war teuer. Das Ghetto dauerte vom Herbst 1941 bis zum August 1942, wobei man täglich Schikanen der ärgsten Art ausgesetzt war. Eine Selbstverständlichkeit war es, daß die SS oder die Wehrmacht, wenn sie irgend etwas brauchte, sei es an Einrichtung, Kleidung oder sonstigen Gegenständen, es einfach bei der Leitung des Ghettos anforderte, worauf es unentgeltlich beigeschafft werden mußte. Im August 1942 begann unter dem Kommando des SS-Gruppenführers und Generals der Polizei *Kazman* die antijüdische Massenaktion. Die erste Etappe dauerte etwa 14 Tage. Es wurden an die 50 000 Juden, hauptsächlich Alte, Kranke und Kinder, nach *Belzec* verschleppt, wo sie, wie später durchsickerte, vergast worden sind, darunter das gesamte Infektionsspital samt allen Ärzten, Pflegern und Schwestern. Die Aktion, von einem SS-Sonderdienst durchgeführt, wiederholte sich alle paar Wochen. Das Ghetto wurde verlegt, und zwar an die Peripherie der Stadt, wo fast keine gemauerten Häuser standen. Für jeden Juden rechnete man zwei Quadratmeter Wohnfläche. Geschäfte gab es nicht, nur geschmuggelte Eßwaren. Die sanitären Verhältnisse waren entsetzlich. Etwa 70 Prozent der jüdischen Bevölkerung erkrankten an Fleckfieber. Täglich wurde seitens der SS geraubt und geplündert, in der Nacht spielten sich Einzelaktionen und die Morde ab. Ein Zwangsarbeiterlager wurde eingerichtet, in das junge und gesunde Juden eingeliefert wurden. Die Alten und Kranken kamen zur Vergasung in ein KZ bei *Belzec.* Im Herbst 1942 gab es noch etwa 15 000 Juden im Ghetto – und rund 12 000 im Arbeitslager. Über das weitere Geschick des Ghettos in Lemberg ist aus zuverlässiger Quelle bekannt, daß die Bewohner unter den größten Entbehrungen dahinsiechten, bis sie im März 1943 alle ermordet wurden.«

II Gemeint ist Maksymilian Kurzrock. Vgl. Flecks Bericht über den Aufenthalt im KZ Auschwitz, in diesem Band.

III Adolf Beck (1863-1942), Arzt, Lemberger Professor für Physiologie, war der Lehrer von Tadeusz Kielanowski. Er verübte Selbstmord mit Zyankali. Vgl. Tadeusz Kielanowski, *Prawie cały dwudziesty wiek. Wspomnienia lekarza* [Fast das ganze zwanzigste Jahrhundert. Die Erinnerungen eines Arztes], Gdańsk (Danzig) 1987, S. 153.

IV Der Begründer der Lemberger Biochemie-Schule Jakub Karol Parnas (1884-1949) war Professor an der Université de Strasbourg (1913-1916) sowie an den Universitäten zu Warschau (1913-1919) und Lwów/Lemberg (1920-1941). Nach seiner Flucht in die UdSSR wurde er in Moskau 1943 Leiter des Biologischen und Medizinisch-Chemischen Instituts der Akademie der Wissenschaften. Bereits vor 1939 war er für die Pharmazie-Firma Laokoon, die seine Forschungen finanziell unterstützte, als wissenschaftlicher Berater tätig. Nach der Besatzung Lembergs flüchtete er in die UdSSR, wo er 1943 Leiter des Biologischen und Medizinisch-Chemischen Instituts der Akademie der Wissenschaften in Moskau wurde. 1949 wurde er wegen angeblicher Spionage durch die Sowjets verhaftet und ermordet. Vier Jahre später wurde er rehabilitiert. Vgl. Lothar Jaenicke, »Erinnerungsbild: Jakob Karl (von) Parnas«, in: *Biospectrum* 6 (2008), S. 664-666. Vgl. auch Flecks Briefe an Witold Ziembicki, in diesem Band.

V Fleck (1941). Der kurze Artikel wurde erst jüngst aufgefunden und mit Rezeptionszeugnissen in englischer Übersetzung publiziert von: Georges H. Weisz, Andrzej Grzybowski, »Medical Discoveries in the Ghettos: The Anti-Typhus Battle?«, in: *Israel Medical Association Journal* (2011), S. 261-265.

VI Zur Biographie von Franciszek Groër vgl. die EN I zu dessen Nachruf auf Ludwik Fleck in diesem Band.

VII Zu Ludwik Hirszfeld siehe in diesem Band EN I zum Briefwechsel zwischen Fleck und ihm.

VIII Richard Otto (1872-1952) war Mediziner und Hochschullehrer, Leiter der Serologischen Abteilung am Robert-Koch-Institut in Berlin sowie des Instituts für physikalische Grundlagen der Medizin der Universität Frankfurt am Main.

IX Zu Robert Kudicke siehe in diesem Band, S. 504, EN XII.

x [Original deutsch.]

xi [Original deutsch.]

xii Fleck verwendet die Resultate seiner im Lemberger Ghetto durchgeführten Flecktyphusuntersuchungen, insbesondere die aus der Not geborenen neuen Verfahren zur Gewinnung von Vakzinen aus dem Urin Typhuskranker, nach dem Krieg für zwei Publikationen; die hier gemeinte ist Fleck (1946c), vgl. auch (1947f).

xiii Ludwik Hirszfeld, T. Epstein, »Próby wczesnej diagnostyki serologiczno-bakteriologicznej tyfusu plamistego« [Versuche der serologisch-bakteriologischen Flecktypus-Frühdiagnose], in: *Polski Tygodnik Lekarski* 1 (1946), S. 329f.

xiv Alberto P. León, »La predicipación de sueros anti-tifo por la orina de enfermos de tifo exantemático«, in: *Revista del Instituto de Salubridad y Enfermedades Tropicales* 3 (1942), S. 201-205.

xv J. L. O'Connor, Jean M. MacDonald, »Excretion of Specific Antigen in the Urine in Tsutsugamushi Disease (Scrub Typhus)«, in: *British Journal of Experimental Pathology* 31, 1 (1950), S. 51-64. Vgl. auch Fleck (1947k).

Jerzy Lutowski
Was ist Leukergie?
Wir sprechen mit Professor Fleck[I]

Das graue Gebäude am Rande der Stadt wirkt ungewöhnlich deprimierend. Es ist groß, schwer und grau. Das über dem Tor rot leuchtende Schild mit der weißen Aufschrift »Medizinische Akademie zu Lublin. Collegium Maius« mildert ein wenig die Monotonie der grauen, düsteren Mauern.

In ebendiesem Gebäude arbeitet ein Mensch, dessen Name sowohl im Lande als auch im Ausland berühmt geworden ist. Denn von der Leukergie weiß heute jeder, der sich für die Medizin und die neuen Entdeckungen auf diesem Gebiet interessiert. Nicht alle haben aber von ihrem Urheber etwas mehr als seinen Namen gehört, denn Professor Fleck mag keine Öffentlichkeit.

Von der Schaufel zum Mikroskop

Meine Okkupationserlebnisse? – sagt Professor Fleck und putzt währenddessen seine Brillengläser. – Ihr habt doch selbst gesagt, daß Ihr sie aus dem Buch *Gelehrte in deutschen Konzentrationslagern* bereits kennt.

Ja, aber nur in Ausschnitten ...

Nun, ich wurde 1942 verhaftet. Eigentlich hat man mich auf Raten verhaftet. Zuerst war ich ein sogenannter Arbeitshäftling, der durch Arbeitshaft[II] in den pharmazeutischen Werken der »Laokoon«-Fabrik untergebracht wurde. Aber nicht für lange, denn schon im Januar 1943 brachte man mich ins Gefängnis in der Łącki-Straße – diesmal in Schutzhaft.[III] Von dort aus war es ein gerader Weg nach Auschwitz. Im Lager begann meine Karriere mit körperlicher Arbeit. Dies dauerte bis zu dem Zeitpunkt, an dem ich an Typhus erkrankte. Während der Rekonvaleszenzzeit brach mir einer der Nazis eine Rippe.[IV] Wieder wurde ich krank. Dann versetzte man mich ziemlich unerwartet in den Laborbereich. Dort arbeitete ich zusammen mit Professor Ślebodziński,[V] der jetzt Mathematik in Wrocław [Breslau] lehrt, Dr. Ławkowicz[VI] aus Warschau und einem jungen Medizinstudenten namens Włodarski.

Und dort begann sicherlich die berühmte Geschichte mit dem unwirksamen Impfstoff?

Eine Sabotage im SS-Labor[VII]

Nein! – antwortet der Professor. – Das war erst später, in Buchenwald. In dieses Lager wurde ich im Dezember 1943 versetzt. Ich sollte dort die Herstellung des Anti-Flecktyphusimpfstoffes leiten, der für die SS-Einheiten vorgesehen war. Wir haben ihn also hergestellt – lächelt der Professor. – Aber wie! Eine solche Produktion wie die unsere konnte indes nur in einer gut eingespielten Arbeitsgruppe wie der Lagerlaborgruppe stattfinden. Mit dabei waren Dr. Karel Makowička,[VIII] eine bekannte kommunistische Aktivistin, die zur Zeit Abteilungsleiterin im Prager Hygiene-Institut ist, ferner zwei Antifaschisten aus Straßburg, Professor Waitz – ein Bakteriologe – und Professor Hering – ein Biochemiker. Frankreich war durch Dr. Morat, einen Bakteriologen aus dem Pasteur-Institut in Tunis, die UdSRR durch Dr. Kolosow [Kolotow] und die Niederlande durch Dr. van Linden, einen Physiker aus Leiden, vertreten. In dieser Gruppe sollten wir eben den Anti-Flecktyphusimpfstoff Giroud[IX] herstellen. Unsere Methode beruhte darauf, die Kaninchen durch die Luftröhre mit dem ansteckenden Material zu impfen. Daraufhin stellt man aus den Lungen des Tieres, in denen sich die Rickettsien entwickelten, den Impfstoff her. So sah die Theorie aus. In der Praxis war es ein bißchen anders. Natürlich stellten wir den Impfstoff her, sogar eine ganze Menge! Nur gab es darin keinen Erreger. Der Impfstoff bestand einfach aus der Kaninchenlungen-Suspension, die keine aktive Substanz enthielt.

Das Wehrmachtskommando schien von der Tatsache überrascht zu sein, daß in den SS-Einheiten die Häufigkeit der Flecktyphuserkrankungen groß ist, obwohl die Soldaten angeblich immun waren. Mehrmals verlangte man deshalb von uns Kontrollimpfstoffe, die wir ihm dann selbstverständlich schickten. Der Kontrollimpfstoff war natürlich ein vollwertiger Impfstoff. Anfangs stellten wir mehr von dem guten Impfstoff her, der an die Häftlinge ging.

So arbeiteten wir bis zur Befreiung, genau gesagt bis zum 11. April 1945. Zum Glück erwischte uns niemand dabei. Das ist ja klar, sonst würden Sie jetzt nicht mit mir sprechen.

Endlich über die Leukergie!

Zu diesen düsteren Okkupationserinnerungen kehrt Professor FLECK ungern zurück. Er mußte das aber vor zwei Jahren tun, als er in den Nürnberger Prozessen als Sachverständiger und Zeuge in einer Person aussagte. Sonst hat der Professor keine Zeit für Erinnerungen, denn jetzt wird er ganz von seiner Arbeit an der Leukergie absorbiert.

Was ist nun diese Leukergie?

So nannte ich das Phänomen der Zusammenballung von Leukozyten bei Fieberzuständen – erklärt der Gelehrte. – Ich beobachtete es auch, als ich in im Laborbereich in Auschwitz arbeitete.

Was ist die praktische Bedeutung dieser Theorie?

Es ist der empfindlichste Test für Entzündungsprozesse, den man bislang kennt. Mit der Zeit wird er als ein unfehlbarer und verhältnismäßig einfacher Parameter dienen, um alle Arten von symptomlosen Entzündungen nachzuweisen. Und noch mehr: Es gelang mir zu beobachten, daß die an akuter Tuberkulose Erkrankten nach dem intrakutanen MANTAUX-Test eine verstärkte Leukergie aufweisen. Man kann daraus wahrscheinlich einen Test entwickeln, der solche Formen der Tuberkulose aufdeckt. Außerdem läßt die Leukergie es zu, interessante und manchmal sogar sensationelle hämatologische Schlüsse zu ziehen, doch der letzte Punkt muß noch ausgearbeitet werden.

Würden Sie, Herr Professor, darüber einige Worte für den wissenschaftlichen Teil von »Po Prostu« schreiben? – fragen wir.

Gut, mach' ich – antwortet Professor FLECK zustimmend.

Die Errungenschaften des Bakteriologischen Instituts in Lublin

Außer der neuen, bereits bekannten Leukergie-Theorie kann sich das vom Professor geleitete Institut noch anderer Errungenschaften rühmen. Innerhalb von zwei Jahren wurden bereits 19 wissenschaftliche Arbeiten des Professors und seiner Mitarbeiter veröffentlicht sowie 13 neue vorbereitet, von denen 7 bereits druckfertig sind. Sie werden im Land, in der Sowjetunion, in Frankreich und in den USA erscheinen.

Aus dem dem Arbeitszimmer benachbarten Vorlesungssaal läßt sich ein gedämpftes Stimmengewirr, Fußscharren und das Rascheln sich öffnender Hefte vernehmen. Die Vorlesungsstunde naht. Jeden Augenblick beginnen die Worte des Professors die aufmerksam zuhörenden Studenten der Medizinischen Akademie in die geheimnisvolle Welt der Viren und Mikroben einzuführen ...

I Ludwik Fleck, Jerzy Lutowski, »Co to jest leukergia? Rozmawiamy z prof. Fleckiem«, in: *Po prostu* 4 (1950), 18 (104). Aus dem Polnischen von Sylwia Werner. Komm.: SW. Dem Artikel waren zwei Fotos beigefügt, die aufgrund ihrer schlechten Qualität hier nicht reproduziert werden können. Eines zeigt Fleck mit seinen Mitarbeitern in einem Arbeitsraum, das andere seine Laborgeräte.

Jerzy Lutowski (geb. 1923 in Lwów/Lemberg, gest. 1985 in Paris), polnischer Bühnendichter, Prosaiker, Drehbuchautor und Arzt. Im Herbst 1944 nahm er als Soldat der Polnischen Heimatarmee am Warschauer Aufstand teil, debütierte 1945 in Lublin als Publizist im lokalen Teil der überregionalen Tageszeitung *Rzeczpospolita*, studierte Medizin an der Marie-Curie-Skłodowska-Universität Lublin (möglicherweise bei Fleck). In den Jahren 1957-1964 war er Leiter der zu dieser Zeit wichtigsten Filmproduktionsstätte »Czołówka«, die hauptsächlich Propagandafilme herstellte. Seit 1966 arbeitete er als Arzt in der Klinik für Gastroenterologie und Stoffwechselkrankheiten in Warschau. Er war Vorsitzender der Union der polnischen Schriftsteller-Ärzte (1970-1975 und 1980) und Vizepräsident der Weltunion der Schriftsteller-Ärzte (ab 1973). Die Zweiwochenschrift *Po prostu* [*Einfach so*], in der 1950 das Interview mit Ludwik Fleck erschien, war eine Zeitung des Akademieverbandes der Polnischen Jugend für Studenten und die junge Intelligenz. Später wurde sie zu einem Symbol für Liberalisierungsbestrebungen in der Innenpolitik Polens (genannt Polnischer Oktober 1956 oder Gomułka-Tauwetter). Die Zeit der Entstalinisierung dauerte jedoch nicht lange. 1957 wurde die Zeitschrift *Po prostu* durch die Regierung verboten.

II [Original deutsch.]

III [Original deutsch.]

IV Vgl. in diesem Band Flecks Bericht über den Aufenthalt im Konzentrationslager Auschwitz, wo er diesen Vorfall anders darstellt, nämlich daß er von einem Mithäftling namens Mieczysław Pańszczyk zusammengeschlagen wurde, der ihm dabei zwei seiner Rippen brach.

V Władysław Ślebodziński (1884-1972), polnischer Mathematiker, Professor an der Technischen Universität Wrocław (Breslau); 1942 wurde er nach Auschwitz deportiert, nach der Evakuierung des Lagers, 1945, war er Häftling in den Lagern Groß-Rosen und Nordhausen. Zusammen mit Hugo Steinhaus gründete er nach dem Krieg die »Breslauer Mathematische Schule«.

VI Zur Biographie von Włodzimierz Ławkowicz vgl. in diesem Band, S. 490, EN VI.

VII Über die Sabotage im SS-Labor berichtet Klemens Barbarski in seinem Artikel »Sabotaż w ampułce« [Sabotage in der Ampulle] (1947). Anlaß war der Besuch deutscher Wissenschaftler bei einem polnischen Arzt [vermutlich Ciepielowski], der in Buchenwald bei der Herstellung des Anti-Flecktyphusimpfstoffes beteiligt war. Diese besondere Herstellungsmethode, die von dem SS-Arzt Dr. Ding-Schuler (und *de facto* von Ciepielowski) in der *Zeitschrift für Hygienie und Infektionskrankheiten* 1944 (unter dem Titel »Beitrag zur Frage der Tröpfcheninfektion bei Fleckfieber«, Bd. 125, S. 431-436) beschrieben wird, war in Deutschland vielfach ergebnislos getestet worden. Barbarski schreibt dazu: »[...] 1943 befahl das SS-Hauptgerichtsamt, im KZ Buchenwald ein Hygiene-Institut zu organisieren, in dem ein Anti-Flecktyphusimpfstoff hergestellt werden sollte. Um Kosten zu vermeiden, wurden dabei Fachärzte beschäftigt, die sich unter den Häftlingen befanden. Der polnische Arzt Dr. Marian Ciepielowski wurde zum Produktionsleiter gemacht; außer ihm arbeiteten dort noch Prof. Balachowsky aus dem Pasteur-Institut in Paris, Dr. Ludwik Fleck – ein bekannter Serologe aus Lemberg, der tschechische Bakteriologe Dr. Makowička, der russische Bakteriologe Kolosow [Kolotow], – Suard, ein französischer Pharmakologie-Professor, – Kir[r]man[n], Professor für Chemie von der Universität Straßburg, und Waitz – Professor für Innere Medizin von derselben Universität. Dieser Kreis von Wissenschaftlern hatte die Aufgabe, den Impfstoff – nach der neusten Methode von Prof. Giroud – aus infizierten Lungen der Maus oder des Kaninchens herzustellen. Die Buchenwalder Forscher nahmen bei ihrer Produktion eine spezifische Modifikation vor, die sich von der Giroud-Methode dadurch unterschied, daß ihr methodischer Ausgangspunkt nicht die infizierten Läuse waren, sondern das [infizierte] Gehirn eines Meerschweinchens. Der Aufseher im Buchenwalder Institut war der SS-Arzt Dr. Ding-Schuler, der mit dieser Modifikaton einverstanden war, denn – erstens – kannte er sich damit nicht aus und – zweitens – wollte er nicht, daß in das Lager Läuse eingeschleppt werden. Scheinbar verlief alles in bester Ordnung. [...] Die SS-Ärzte waren mit dem Institut zufrieden, die meisten Häftlingsmitarbeiter schöpften keinen Verdacht, bis plötzlich – wie ein Blitz aus dem heiteren Himmel – folgendes geschah: Dr. Ding-Schuler kam in Besitz einer Arbeit eines rumänischen Gelehrten, Prof. Dr. Combiescu, die die Herstellung des Anti-Flecktyphusimpfstoffs darstellte und dabei bewies, daß es unmöglich ist, eine Passage auf dem Kaninchen oder auf der Maus zu führen, wenn man vom Gehirn des infizierten Meerschweinchens ausgeht. Diese Sache roch nach Galgen für alle am Hygiene-Institut beschäftigten Häftlinge. Der Kreis der Eingeweihten wagte dann aber ein noch größeres Risiko. Der Produktionsleiter, Dr. Ciepielowski, erklärte dreist dem SS-Arzt, daß sich der rumänische

Gelehrte irre und daß er – Dr. Ciepielowski – die Wahrheit schreiben werde. Er werde beweisen, daß es möglich sei, einen und sogar hochwertigen Anti-Flecktyphusimpfstoff in Buchenwald herzustellen. Der SS-Arzt war damit einverstanden. Da aber ein Häftling keinen Aufsatz veröffentlichen durfte, unterschrieb Ding-Schuler den von Ciepielowski geschriebenen Artikel mit seinem Namen und schickte ›diese wissenschaftliche Arbeit‹ an die *Zeitschrift für Hygiene und Infektionskrankheiten*, wo sie im Juli 1944 erschien.« Vgl. Klemens Barbarski, »Sabotaż w ampułce«, in: *Przekrój* 99 (1947), S. 16.

VIII Aus dem Bericht von Klemens Barbarski geht hervor, daß Dr. Makowička ein Mann war, Fleck spricht dagegen eindeutig von einer Frau.

IX Dazu vgl. in diesem Band: »Wie wir den Anti-Flecktyphus-Impfstoff im Lemberger Ghetto hergestellt haben«.

Wie wir den Anti-Flecktyphus-Impfstoff im Lemberger Ghetto hergestellt haben[I]

Kurz nachdem die Nazis in Lemberg einmarschiert waren, klebten sie überall große Plakate, in denen sie bekanntgaben, daß die Juden Träger von Flecktyphuserregern seien, und sie warnten jeden vor Kontakten mit ihnen. Ich arbeitete zu dieser Zeit im Labor des Jüdischen Krankenhauses in der Kuszewicz-Straße, im Ghetto.[II] Während ich die Laborarbeiten leitete, hörte ich nicht damit auf, Forschungen zum Anti-Flecktyphus-Impfstoff, die ich bereits vor der Kriegszeit begonnen hatte, zu betreiben. Besonders wichtig war dabei, ein Herstellungsverfahren zu finden, das es erlauben würde, Impfstoff unter den primitiven Ghetto-Bedingungen zu produzieren. In Zusammenarbeit mit Dr. Olga ELSTER,[III] Dr. Bernhard UMSCHWEIF, Dr. ANHALT und durch die große Hilfe des Krankenhausdirektors, Dr. KURZROCK,[IV] gelang es mir, einen Schutzimpfstoff aus dem Urin der Flecktyphuskranken herzustellen. Dieser Impfstoff rettete das Leben vieler Menschen sowohl im Ghetto als auch im Janowski-Lager, wo die Häftlinge auch geimpft wurden. Die Flecktyphusmorbiditätsrate war riesig, man kann sie auf fast 100 Prozent der Ghetto-Bevölkerung schätzen. Die Sterbequote war sehr hoch. Die jungen, kräftigen, besser ernährten Menschen hatten natürlich größere Genesungschancen. Im Krankenhaus in der Kuszewicz-Straße nutzten wir zusammen mit Dr. KURZROCK die Herstellung des Impfstoffs, um die Flecktyphuskranken zu schützen. Sie lagen in separaten Sälen, und da sie den für die Produktion des Impfstoffs dienenden Urin lieferten, waren sie den Bestialitäten der Gestapo-Beamten, die die Flecktyphuskranken liquidierten, nicht ausgesetzt. Von Zeit zu Zeit faßten wir Berichte über den Verlauf der Herstellung des Impfstoffs ab und legten sie der Gestapo vor. Die Nazis konfrontierten mich oft mit der Frage: Kann diese Impfung auch bei den Deutschen vorgenommen werden? Ich antwortete dann, daß ich daran zweifle, denn sie gehörten ja einer anderen Rasse an, und dieser Impfstoff sei aus dem Urin kranker Juden hergestellt worden.[1]

1 In dem Buch *Der letzte Jude aus Polen*, Europa Verlag, Zürich, New York, schreibt der Autor, STEFAN SZENDE, folgendes: »Die Deutschen verwendeten nun die jüdische Erfindung, und es stand Todesstrafe darauf, das Serum im Judenviertel herzu-

In der »Laokoon«, im Zniesienie-Bezirk. Der Besuch von Prof. Kudicke

Im Dezember 1942 wurde ich zusammen mit meiner Frau und meinem Sohn verhaftet oder, wie das die Nazi-Behörden nannten, in »Schutzhaft« genommen. Man sperrte uns zusammen mit einigen anderen Personen auf dem Gelände der Fabrik »Laokoon« im Vorortbezirk Zniesienie ein. Wir durften dieses Gelände nicht verlassen. Unsere Aufgabe war es, die Arbeit an dem Anti-Flecktyphus-Impfstoff fortzusetzen. Der Direktor dieser Fabrik war ein Deutscher, SCHWANENBERG. Zusammen mit mir wurden auch der Chemiker Dr. UMSCHWEIF mit seiner Frau, Dr. OSTERN,[V] der Tierarzt GELB und der Laborant Owsiej ABRAMOWICZ interniert. Wir hatten erträgliche Lebensbedingungen, doch wir waren Häftlinge. Zu meinen Aufgaben gehörte auch, den deutschen Arzt, Dr. MÜLLER, für die Arbeiten an der Herstellung des neuen Impfstoffs zu instruieren. Eines Tages besuchte Prof. KUDICKE, ein Deutscher, der seinerzeit Direktor des Staatlichen Hygieneinstituts in Warschau war, unseren Arbeitsraum. Während seines Besuchs verhielt er sich sehr arrogant. Als er den Raum betrat, setzte er seinen Hut nicht ab und fragte uns in barschem Ton über Details unserer Arbeit aus. Er ließ sich die Herstellungsmethoden des Impfstoffs demonstrieren und beobachtete alles aufmerksam. Wir blieben in der »Laokoon« bis Januar 1943. Danach wurde die ganze Gruppe, zu der noch Frau Dr. SEEMANN mit ihrem Mann und Kind kam, ins Gefängnis in der Łącki-Straße geschickt. Nach einer Woche wurden wir nach Auschwitz deportiert.

»Auschwitz-Lager«. Die Experimente von Dr. Clauberg[VI]

Nach der Ankunft in Auschwitz bekam ich die Nummer 100967 und wurde in den Block Nr. 20 eingewiesen. Meine Frau bekam die Nummer 34967 und kam in den Block Nr. 10. Erschöpft von der schwe-

stellen [und zu benutzen].« Im Gespräch mit mir bestritt Prof. Dr. FLECK diese Information. Ungenau ist auch St[efan] SZENDES Meldung über die Ermordung einer Gruppe von Forschern, die mit der Herstellung des Impfstoffs befaßt waren. Ein Bericht über das Schicksal dieser Gruppe folgt unten in der Aussage von Prof. Dr. FLECK. Bemerkung: E. RABA.

ren physischen Arbeit (Ordnungsarbeiten im Lager) und vom Hunger, bekam ich Flecktyphus. Dank der Anwendung des im Lemberger Ghetto hergestellten Impfstoffes überstand ich den Flecktyphus verhältnismäßig gut. Da die KZ-Verwaltung die Häftlinge, die an Flecktyphus erkrankten, liquidierten, verbarg ich meine Krankheit, wobei mir meine Mithäftlinge halfen. Von den polnischen Ärzten, Dr. Ławkowicz[VII] und Dr. Fejkel,[VIII] erhielt ich heimlich ärztliche Hilfe. Danach erkrankte ich an einer Entzündung der Gallenblase, ich hatte Hungerschwellungen und eine starke Herzmuskelschwäche. Schließlich wurde ich ins Revier des Lagerkrankenhauses eingewiesen. Im Krankenhaus sollte ich bakteriologische Untersuchungen für die Häftlinge durchführen. Ich bekam durchnumerierte Proben und mußte die Untersuchungsergebnisse angeben. Es waren gewöhnliche Arbeiten, wie in jedem bakteriologischen Labor. Und wenn nicht diese ständigen Selektionen im Krankenhaus gewesen wären, während deren Menschen in die Gaskammer weggeschafft wurden, hätte man meinen können, daß diese Blut-, Urin- und Stuhluntersuchungen dem Ziel dienten, die Kranken zu heilen. Dies war jedoch nur noch ein weiterer teuflischer Nonsens unter vielen, die das Leben im Lager Auschwitz ausmachten. Es gab viele Medikamente, die die Juden aus dem Westen, die nicht ahnten, daß sie in die Vernichtung gingen, mitbrachten. Während ich in Auschwitz war, hörte ich viel von Dr. Claubergs Experimenten. Im Block Nr. 10 führte er Sterilisierungsmaßnahmen an jüdischen Frauen durch. Es hieß, daß die Eingriffe auf eine bestialische Weise durchgeführt würden und ohne jegliche Beachtung aseptischer Gebote. Persönlich bin ich keinem der Opfer von Dr. Clauberg begegnet. Dr. Umschweif und seine Frau kamen im Lager um. Von der Lemberger Gruppe retteten sich nur die Seeman[n]s, ihr Kind und Owsiej Abramowicz. Im Januar 1944 wurde ich ins KZ Buchenwald verlegt. Meine Frau blieb in Auschwitz, von wo aus sie zuerst nach Ravensbrück und dann ins KZ Malchow deportiert wurde.

Eine Sabotage-Aktion in Buchenwald

Im KZ Buchenwald war ich Häftling Nr. 4934. Man teilte mir die Arbeit im Krankenhauslabor zu. Hier sollte ich auch Forschungen am neuen Anti-Flecktyphus-Impfstoff durchführen. Außerdem mußte ich den Laborleiter, Dr. DING – einen Dummkopf, der seine Dissertation nur aufgrund seiner Verdienste für die Partei bekommen hatte –, auf die Habilitation vorbereiten. Seine Orientierungslosigkeit und sein Analphabetismus in der Wissenschaft konnten wir uns in unseren Sabotage-Aktionen, welche von einer Gruppe von Ärzten und Wissenschaftlern im Lager in Buchenwald durchgeführt wurden, wunderbar zunutze machen. Die Nazis richteten im Lager eine Gruppe ein, deren Aufgabe darin bestehen sollte, den Anti-Flecktyphus-Impfstoff nach der GIROUD-Methode[IX] für die SS herzustellen. Der Leiter der Produktion war Marian CIEPIELOWSKI. Bewußt stellten wir einen unwirksamen Impfstoff her. Zur Kontrolle schickten wir immer eine Probe mit wirksamem Impfstoff. DING, der Analphabet, kapierte nichts. Zur Gruppe der Saboteure gehörten unter anderen der Holländer Prof. VAN LINGEN[X] und der Tscheche Dr. MAKOWIČKA (derzeit in der tschechoslowakischen Armee).[XI] Wenn es um die strafbaren Experimente ging, die an Häftlingen durchgeführt wurden, hatte ich die Möglichkeit, über sie während des Nürnberger Prozesses zu sprechen, zu welchem ich als Sachverständiger im Prozeß gegen die IG Farben vorgeladen wurde. Ich sagte dort aus, was mir über die von dem SS-Arzt Dr. MRUGOWSKY durchgeführten Experimente bekannt war. Diese Experimente wurden in riesigem Ausmaß durchgeführt. Es ging um das Testen von Impfstoffen, die von den IG Farben und einem Franzosen, GIROUD, hergestellt wurden. Zu diesem Zweck infizierte man die Häftlinge mit Flecktyphus und gab ihnen anschließend den Impfstoff.[XII] Als Zeuge trat in diesem Prozeß auch Prof. Dr. WAITZ[XIII] aus Straßburg auf, mit dem ich während unseres Aufenthalts im Lager Buchenwald befreundet war.[2]

1 Ludwik Fleck, »Jak produkowaliśmy szczepionkę przeciwtyfusową w getcie lwowskim«, in: Archiv Yad Vashem, Testimonies department, Sign. 03/650, SMF, S. 373-376. Aus dem Polnischen von Sylwia Werner. Komm.: Hg. (Wir danken Florian Schmaltz, der an einer früheren Version dieses Kommentars mitgearbeitet hat, für mannigfache Anregungen und Hinweise.)

2 Der Professor zeigt mir ein Dankesschreiben für die Hilfe im Gerichtsverfahren gegen die IG Farben, das durch die Hauptstaatsanwaltschaft für Kriegsverbrechen in Nürnberg verfaßt wurde. Bemerkung: E. Raba.

Der Bericht wurde nach den Worten von Ludwik Fleck am 3. Februar 1958 in Ramat-Awiw von Dr. E. Raba aufgeschrieben. Der maschinengeschriebene Text ist vier Seiten lang und wurde von Fleck unterschrieben.

II Vgl. zu diesem Text EN I zu »Wissenschaftstheoretische Probleme«, in diesem Band. Zum historischen Hintergrund weiterführend Dieter Pohl, *Nationalsozialistische Judenverfolgung in Ostgalizien 1941-1944*, München 1996; Joachim Schoenfeld, *Jews of the Lwów Ghetto, the Janowski Concentration Camp, and as Deportees in Siberia*, Hoboken 1985.

III Olga Elster leitete zusammen mit Ludwik Fleck das private bakteriologische Labor in Lemberg, vgl. Flecks Bericht »Untersuchungen zum Flecktyphus im Lemberger Ghetto in den Jahren 1941-1942«. Siehe auch die Antworten von Maria Tuszkiewicz auf den Fragebogen von Thomas Schnelle, 12. 9. 1978, Schnelle-Archiv A 39-2. Zwischen 1928 und 1939 veröffentlichte sie mit Fleck fünf Artikel: (1928a), (1931e), (1932c), (1934e), (1939d).

IV Zu Maksymilian Kurzrock vgl. Flecks Bericht über den Aufenthalt im KZ Auschwitz, in diesem Band.

V Zu Paweł Ostern siehe ebd.

VI Zu den Sterilisationsexperimenten Carl Claubergs vgl. Flecks Bericht über seinen Aufenthalt im KZ Auschwitz, in diesem Band, sowie Kogon, *SS-Staat*, S. 206f.

VII Zu Włodzimierz Ławkowicz vgl. den Kommentar zu Flecks Bericht über den Aufenthalt im KZ Auschwitz in diesem Band.

VIII Zu Władysław Fejkiel siehe ebd.

IX Eine nach Paul Giroud genannte Methode der Herstellung des Typhusimpfstoffes aus auf Mäuse- und Kaninchenlungen gezüchteten Kulturen.

X Gemeint ist der niederländische Physiker Prof. Dr. Derk van Lingen, vgl. Kogon, *SS-Staat*, S. 195.

XI Zur Sabotage-Aktion Marian Ciepielowskis im KZ Buchenwald vgl. die Auszüge des Berichts von Klemens Barbarski im Kommentar zum Interview Lutowskis mit Fleck in diesem Band, EN VII.

XII Vgl. die Aussagen Flecks im IG-Farben-Prozeß, in diesem Band.

XIII Zu Robert Waitz siehe auch Flecks Bericht über den Aufenthalt im KZ Buchenwald, in diesem Band.

Tadeusz Tomaszewski
Psychologische Untersuchungen zu ehemaligen Gefangenen der Konzentrationslager[I]

Während des Krieges kommt es immer zu besonderen Situationen, die sich sehr von normalen Situationen in Friedenszeiten unterscheiden. Auch der letzte Krieg schuf viele solcher Situationen, mit Greueln und Grausamkeiten, wie sie bis dahin unbekannt waren. Zu den schrecklichsten gehörten die von den Deutschen in den Konzentrationslagern geschaffenen Bedingungen.

Für die Psychologie ist es aus zwei Gründen interessant, die psychologischen Reaktionen von Menschen unter jenen ungewöhnlichen Umständen zu untersuchen:[II]

(1) Aus theoretischen Gründen: Es drängen sich Fragen auf, ob nicht unter diesen ungewöhnlichen Bedingungen irgendwelche neuen Arten von psychischen Phänomenen auftreten, die nie zuvor irgendwo bekannt geworden sind, und ob hier nicht deutlicher als sonst ein Abhängigkeitsmechanismus psychischer Phänomene in bezug auf äußere Bedingungen zum Vorschein kommt.

(2) Aus praktischen Gründen: Es besteht die Gefahr, daß, wenn einmal derartige Methoden, um die Menschen zu unterdrücken, entdeckt sind, sie auch in Zukunft angewandt werden können. Wenn man sich bewußt macht, wie bei Menschen unter derartigen Bedingungen der psychische Abhängigkeitsmechanismus funktioniert, könnte dies aber auch dazu beitragen, Verteidigungsprinzipien für die psychische Einstellung zu entdecken. Die allgemeine Kenntnis dieser Prinzipien könnte in Zukunft das Anwenden ähnlicher Terrorformen erschweren.

Dieser Vortrag stellt einige Ergebnisse der Untersuchungen zu ehemaligen Gefangenen der deutschen Konzentrationslager vor. Die Untersuchungen wurden 1945/46 am Institut für Psychologie an der Marie-Curie-Skłodowska-Universität durchgeführt und beruhen hauptsächlich auf mündlichen Interviews mit Gefangenen.

Zur Charakteristik der Lebensbedingungen in Konzentrationslagern: Die Bedingungen waren nicht immer gleich. In verschiedenen Lagern waren sie unterschiedlich, und auch im gleichen Lager veränderten sich die Lebensbedingungen bestimmter Personen in verschiedenen Zeitperioden auf unterschiedliche Weise. Dies hing von mehreren Faktoren ab: von von außen kommenden Anweisungen, vom Verhalten bestimmter Aufseher, von der Funktion, welche ein bestimmter Gefangener im Lager hatte, von der Zugehörigkeit zu einer National- bzw. Rassengruppe, von Beziehungen zu anderen Häftlingen, von der Hilfe, die er von außen bekam, und von der eigenen psychischen Haltung. Diese Unterschiede waren manchmal extrem. Es gab sogar einzelne, die auf dem Lagergelände in einem relativen Luxus lebten, meistens auf Kosten anderer Häftlinge. Bei der Analyse der psychischen Reaktionen auf die Lebensbedingungen im Lager soll man also jeden einzelnen Fall möglichst individuell behandeln und immer nach den persönlichen Lebensbedingungen eines bestimmten Häftlings fragen.

Alle von mir untersuchten Personen gehörten zur Gruppe der »durchschnittlichen« Häftlinge, die weder besonders verfolgt noch auf irgendwelche Weise »privilegiert« waren. Die durchschnittlichen Lagerbedingungen befriedigten die Bedürfnisse minimal und belasteten die Ausdauer maximal. Man könnte diesen Zustand kurz als »Elend« bezeichnen und diesem Wort eine Bedeutung verleihen, die über die umgangssprachliche hinausgeht.

In diesem Elendszustand kann man zwei Arten von Faktoren unterscheiden: akute Leiden und permanente Leiden. Zu den akuten Leiden gehören der physische Schmerz, der durch Schläge herbeigeführt wird, sowie Krankheiten, Kälte, Hunger, Müdigkeit, hygienische Mängel, Ärger seitens der Umgebung, Sehnsuchtsattacken etc. Diese Leiden sind alle als akute Phänomene, als konkrete Fälle zu begreifen. Als Beispiel für akute Leiden kann man vor allem »die Lageratmosphäre« anführen, deren Hauptelemente die dauerhafte Trennung der Menschen von ihren normalen Lebensbedingungen, die häufige Wiederkehr der momentanen Beschwerden und die ständige Möglichkeit ihrer Wiederholung sind. Diese zwei Faktorengruppen sind eng miteinander verbunden und hängen voneinander ab, doch ist es notwendig, zwischen ihnen zu unterscheiden.

Ein typisches Phänomen, das beim akuten Leid auftritt, ist die Verengung des Bewußtseinsfeldes. Alle psychischen Phänomene und die ganze Aktivität des Menschen konzentrieren sich auf ein Objekt des Begehrens oder der Furcht. Oft nimmt diese Verengung sogar die Form eines Monoideismus an. Der Mensch kann dann an nichts anderes denken bzw. von nichts anderem sprechen, er verliert das Interesse an Sachen, die ihn normalerweise beschäftigen, und spürt ihnen gegenüber oft sogar eine Abneigung. Kulinarische Gespräche der Hungrigen und ihre ironischen Bemerkungen über andere Werte des Lebens sind hier ein klassisches Beispiel. Das gleiche Phänomen tritt aber bei jeder anderen Ausprägung des Elends auf.

Jene Verengung des Bewußtseins kann zwei Formen annehmen: eine aktive, sthenische Form und eine passive, asthenische Form.

Bei der sthenischen Form tritt die zentrale Repräsentation mit größerer Intensität auf und bildet einen starken Antrieb zum Handeln. Die ausgehungerten Menschen sprechen immer über das Essen, lernen kulinarische Rezepte auswendig, stellen sich üppige, ausgefallene Gastmähler vor etc. Diese Vorstellungen bekommen eine außergewöhnliche Lebendigkeit und gehen manchmal in Halluzinationen über. Die Gedanken kreisen um das Objekt des Begehrens oder der Furcht in Tausenden von Varianten und werden sehr verlockend oder gar penetrant. Die Wahrnehmung des begehrten Objekts erreicht eine unglaubliche, beinahe mikroskopische Präzision. In einer Schlange für das Brot kann das Problem, einen »Anschnitt«, der als etwas größer als eine übliche Brotscheibe gilt, zu bekommen, die stärkste Erregung sowie die größte Spannung der geistigen Aktivität hervorrufen. Die darauf gerichtete Aktivität, das Objekt des Begehrens zu erreichen oder das Objekt der Furcht zu vermeiden, zeigt die Züge der gleichen Konzentration. Die erhöhte Aktivität, die auf die Sicherung bestimmter Bedürfnisse ausgerichtet war, also das sogenannte »Organisieren«, war oft von Insensibilität gegenüber allen anderen Formen der eigenen Sicherheit, der Ethik, der freundschaftlichen Beziehungen etc. begleitet.

Die asthenische Form tritt hauptsächlich auf, wenn die verschiedenen Hoffnungen, ein bestimmtes Bedürfnis zu befriedigen oder eine Gefahr zu vermeiden, schwinden. Die Gedanken verlieren ihre Beweglichkeit, und die Impulse zum Handeln vergehen. Manchmal tritt sogar das Empfinden einer psychischen und motorischen Lähmung auf. Als ein typisches Beispiel dafür gilt der psychische Zustand von Menschen, die in den sicheren Tod gehen. Der »unbewegliche« Gedanke: »Das ist schon das Ende«, die totale Ergebenheit gegenüber fremden Befehlen, das Fehlen der Verteidigungs- oder der Rettungsimpulse und sogar die Gefühlsleere, das völlige Fehlen eines Gefühls der Angst- oder der Verzweiflung, sind Elemente jenes Zustands, an den sich die Personen, die solche Situationen überlebt haben, immer mit Verwunderung erinnern. Diese Stumpfsinnigkeit hält sogar noch an, wenn die Gefahr vorübergeht. Menschen, die plötzlich aus der Gefahr eines sicheren Todes herausgerissen worden waren, stellten hinterher übereinstimmend fest, daß sie dabei weder Freude noch ein anderes Lebensgefühl empfunden hatten.

Der permanente Einfluß der »Lageratmosphäre« bewirkte, daß sich einige feste psychische Haltungen herausbildeten. Grundsätzlich kann man drei solcher Haltungen unterscheiden:

(1) Eine unbeeinträchtigte psychische Haltung: Der Mensch behält seine Denkschemata sowie seine Art zu handeln, zu empfinden und zu bewerten bei, so wie er sie vor seiner Verhaftung hatte. Er behält seine bisherigen Ansichten über die Dinge und Angelegenheiten: Er mag die gleichen Dinge, oder er mag sie nicht, er bewertet die gleichen Dinge als gut oder als schlecht, er versucht auf die gleiche Art, die Dinge, die er sich wünscht, zu erlangen und die, die er sich nicht wünscht, zu vermeiden. Die akuten Leiden versetzen ihn zwar in den oben beschriebenen Zustand, doch wenn die äußeren Ursachen dafür verschwinden, findet jener Mensch schnell zu seinem ursprünglichen psychischen Zustand zurück.

(2) Eine beeinträchtigte Haltung: Es treten vor allem die Symptome einer permanenten Verengung des psychischen Lebens auf. Die Gedanken, Gefühle, Bewertungen und Handlungen fangen an, sich immer mehr auf die eigene Person und auf das Objekt der eigenen Bedürfnisse zu konzentrieren. Das Gefühlsspektrum verringert sich und wird immer mehr auf zwei Gefühlsarten beschränkt: auf die Angst, die entsteht, wenn die Hoffnung, die Bedürfnisse stillen zu können, schwindet oder wenn die Gefahr, daß irgendein Leiden triumphieren wird, wächst, oder auf das Gefühl, wenn die Gefahr vergeht und die Hoffnung wiederkommt. Es kommt auch zu Veränderungen im Wertesystem: Manche Objekte verlieren ihren Wert, andere bekommen einen – abhängig von den am häufigsten empfundenen Beschwerden. Auch hier kommt es also zur Konzentration auf das Objekt der eigenen Bedürfnisse. Das gleiche Phänomen tritt auch im Bereich des Handelns auf. Die Aktivität nimmt oft an Intensität zu, doch ihr Bereich verengt sich deutlich. Sie erscheint als das jedem Häftling bekannte Phänomen des intensiven »Organisierens«, das nicht immer mit seinen vorherigen Moralprinzipien übereinstimmt. Wegen dieser Wandlungen im Wertmaßstab und der Handlungsziele erlebten viele Menschen im Lager schmerzhafte Enttäu-

schungen in bezug auf ihre Mithäftlinge, und viele verließen später das Lager mit dem Bewußtsein, »den Glauben an die Menschen verloren zu haben«. Ein anderes Phänomen in bezug auf die beeinträchtigte Haltung ist das Zunehmen irrationaler Tendenzen. Angesichts dessen, daß die eigenen Bedürfnisse aufgrund der objektiven Schwierigkeiten bei einer gleichzeitigen Intensivierung der Anstrengungen vielfach nicht befriedigt werden können, bricht man den Denkkontakt mit der Wirklichkeit ab. Ein Zeichen dafür sind die immer häufigeren Träume, die öfters absonderliche und übertriebene Formen annehmen: Pläne, die gar nicht realisiert werden können, magische Praktiken, prophetische Träume und andere Zeichen, die die Zukunft vorhersagen, Zustände der Inspiration und Ekstase, die Verstärkung formeller religiöser Praktiken, bei denen man oft das Fehlen eines Zusammenhangs mit der Handlungsweise des jeweiligen Individuums beobachten kann. Diese zwei Tendenzen entwickeln sich oft nebeneinander, ohne sich gegenseitig zu stören. Ein inspirierter Prophet ist bereit, bis zum Umfallen mit seinem Kameraden um die leichtere Spitzhacke, einen Brotkrümel oder eine gerade Zahl in der Reihe, die nach den letzten Träumen an diesem Tag, Sicherheit garantieren soll, zu kämpfen.

(3) Eine gebrochene Haltung: Die Menschen mit einer solchen psychischen Haltung nannte man in den Lagern »Muselmänner«.[III] Charakteristisch für diesen Zustand sind eine weit fortgeschrittene emotionale Gleichgültigkeit sowie der Schwund der geistigen und physischen Aktivität. Es ist wie eine Fixierung der asthenischen Reaktion auf die akuten Leiden. Die psychisch gebrochenen Menschen hörten auf, sich um ihre lebenswichtigen Bedürfnisse zu kümmern, sie strengten sich nicht mehr an, Nahrung zu gewinnen, sich vor der Gefahr zu schützen, sie brachen die Kontakte mit anderen Menschen ab und lagen am liebsten auf ihren Pritschen, oft sogar ohne die primitivste Sauberkeit einzuhalten. Eine solche Haltung führte häufig zum Tode.

Wenn man diese Beobachtungen verallgemeinert, kann man zum Schluß kommen, daß die gefährlichste psychische Folge der Lagerbedingungen sowohl innerhalb der Gruppe der akuten als auch der permanenten Leiden die beschriebene Verengung des psychischen Lebens war, die in extremen Fällen zu einem vollständigen Verlust des Lebens führen konnte. Diese Verengung machte die Menschen in asthenischen Formen zu völlig passiven Opfern ihrer Henker, in sthenischen Formen dagegen führte sie, trotz der manchmal erhöhten Aktivität, zu blinden, kurzfristigen Handlungen, die die professionellen Aufseher vollständig vorhersehen und beherrschen oder sogar zu eigenen Zwecken nutzen konnten. Dieselbe Verengung des psychischen Lebens in bezug auf die unmittelbaren persönlichen Interessen führte auch zum erwähnten Zerfall des Werte- und Bewertungssystems und verursachte die moralische Verkümmerung, für die die Organisatoren der Lager in nicht geringerem Grade als für die Verletzungen und den physischen Tod ihrer Opfer verantwortlich waren. Die Rettung vor jener Verengung des psychischen Lebens bezüglich der unmittelbaren persönlichen Bedürfnisse war gleichzeitig eine Rettung vor dem Zerfall des psychischen Lebens in jeder anderen Hinsicht und dadurch oft eine Rettung vor dem physischen Tod. Die Menschen mit reicherem psychischen Leben und starken, überindividuellen Bestrebungen hielten, insofern sie diese Bestrebungen aufrechterhalten und sogar, was zuweilen geschah, entfalten konnten, das Leben im Lager viel besser als die anderen aus. Eine gute Haltung, welche oft in Lagern polnische Patrioten, jugoslawische Kommunisten, politisch bewußte Frauen aus der Roten Armee oder katholische Sozialarbeiter mit tieferen religiösen Erlebnissen einnehmen konnten, hatte dieselbe Quelle wie eine gute, allgemeine Haltung derjenigen Menschen, die unter Lagerbedingungen künstlerische Tätigkeiten ausübten oder für jemanden sorgen konnten, der schwächer war als sie selbst. Das waren die Fähigkeiten, sich dem Verengungsprozeß, der das psychische Leben nur auf die eigenen persönlichen Bedürfnisse ausrichtet, zu widersetzen. Dank ihrer konnten diese Menschen einen breiteren Bereich ihrer Aktivität aufrechterhalten und dadurch auch die Fähigkeit, sich in ihrer Situation besser zu orientieren.

Diskussion

Prof. Fleck: Die politischen Bedingungen, die die Entstehung der Konzentrationslager hervorgerufen haben, können wiederkehren. Es wäre also eine wichtige Aufgabe der Psychologie und der Pädagogik, die psychischen Abwehrmechanismen zu untersuchen und herauszupräparieren, die Häftlinge davor schützen könnten, eine »Lagerpsychose« auszubilden. Nach einer gründlichen Analyse verlangt vor allem das Problem des Sich-Unterwerfens seitens der Gefangenen gegenüber ihren Verfolgern – ein Verhalten, das man oft in Lagern beobachten konnte. Es läßt sich vermuten, daß es eine Folge der Propaganda der angeblichen »Überlegenheit« der Deutschen und ihrer besonderen Schulung im Befehlen und dem Ausüben von Macht war. Viele Häftlinge empfanden nicht so sehr Angst vor dem Verfolger als viel mehr eine Art spezifische, sklavische »Ehre«. Ein grundsätzliches Mittel wäre hier die Erziehung der Menschen im Gefühl der wahren demokratischen Gleichheit. Man müßte Verfahren finden, die zeigen, wie man sich widersetzt und wie die Indoktrination durch jede Art von Propaganda, die dem obersten Prinzip der Erziehung widerspricht, verhindert wird. Im Referat wurde das Phänomen, daß im Lager eine besondere Gemeinschaft der Häftlinge entstand, die nach ihren eigenen Prinzipien handelte, nicht stark genug hervorgehoben. Diese Gemeinschaft manifestierte sich unter anderem in der Entstehung der folgenden »Klassen« von Häftlingen:

(1) »Organisatoren« – das waren umtriebige und tätige Menschen. »Organisieren« hieß in der Lagersprache »etwas für sich gewinnen«, z. B. Lebensmittel, Kleidung etc.
(2) »Muselmänner« waren geistig gebrochene, apathische, auf dem Tierniveau lebende Menschen.
(3) »Prominente« waren öffentliche und konspirative Führer.
(4) »Zivilisten« – das waren Menschen, die ihre Lebenshaltung aus der Zeit vor der Verhaftung aufrechterhielten.

1 Tadeusz Tomaszewski, »Zusammenfassung des Referats und der Diskussion: ›Badania psychologiczne nad byłymi więźniami obozów koncentracyjnych‹«, in: *Sprawozdanie z działalności Towarzystwa Filozoficznego i Psychologicznego w Lublinie w latach 1945-1947 oraz uzupełnienie za r. 1948*, Lublin 1948, S. 25-30; SMF, S. 289-295. Aus dem Polnischen von Sylwia Werner. Komm.: Hg. (Wir danken Florian Schmaltz, der an einer früheren Version dieses Kommentars mitgearbeitet hat, für mannigfache Anregungen und Hinweise.)

Tadeusz Tomaszewski (1911-2000) war einer der führenden polnischen Psychologen und Vertreter der »Tätigkeitstheorie«, Assistent am Lehrstuhl für Psychologie an der Jan-Kazimierz-Universität Lwów/Lemberg (1939-1941). Während des Krieges arbeitete er als »Läusefütterer« am Weigl-Institut. Nach dem Krieg hatte er an der Maria-Curie-Skłodowska-Universität Lublin eine Vertretungsprofessur für Psychologie inne (1945-1950), und anschließend wurde er Leiter des Lehrstuhls (1950-1968). Danach arbeitete er bis 1978 als Direktor des Instituts für Psychologie an der Universität Warschau. Zu seinen wichtigsten Publikationen gehören: *Wstęp do psychologii* [dt.: *Tätigkeit und Bewußtsein. Beiträge zur Einführung in die polnische Tätigkeitspsychologie*, Weinheim 1978], Warschau 1963; *Problemy i kierunki współczesnej psychologii* [Probleme und Richtungen der gegenwärtigen Psychologie], Warschau 1968; *Główne idee współczesnej psychologii* [Die Hauptideen der gegenwärtigen Psychologie], Warschau 1984. Seine Erinnerungen an die Zeit in Lemberg unter sowjetischer und deutscher Besatzung erschienen auf Polnisch, vgl. Tadeusz Tomaszewski, *Lwów 1940-1944. Pejzaż psychologiczny* [Lemberg 1940-1944. Eine psychologische Landschaft], Warschau 1996. Die hier abgedruckte Diskussion belegt, daß Fleck sich gemeinsam mit seinem Lubliner Kollegen auch bei der theoretischen Aufarbeitung der Folgen der KZ-Haft seitens der akademischen Psychologie Polens beteiligte.

11 Zur Psychologie der Gefangenen im Konzentrationslager vgl. Kogon, *SS-Staat*, S. 382-404.

111 Hermann Langbein schildert, daß mit »Muselmännern« im Lager Menschen bezeichnet wurden, denen man es bereits am Gesicht ansah, daß sie unter der Last der Umstände nicht mehr lange überleben würden. Er verweist auf einen Bericht von Władysław Fejkiel, der eine präzise Definition der »Muselmänner« gegeben hat. Die Hungersymptome ließen sich demnach in zwei Phasen unterteilen, wobei die erste durch einen großen Gewichtsverlust, Muskelschwäche und Abnahme der Bewegungsenergie gekennzeichnet sei. In der zweiten Phase führe der verstärkte Gewichtsverlust auch dazu, daß sich das Aussehen der Menschen stark zu verändern beginnt, bis sie aus der Entfernung wie Araber aussähen. Vgl. Hermann Langbein, *People in Auschwitz*, Chapel Hill 2004, S. 91-95, und Władysław Fejkiel, »Eksperymenty dokonywane przez personel sanitarny SS w głównym obozie koncentracyjnym w Oświęcimiu« [Die vom SS-Sanitätspersonal im Hauptkonzentrationslager Auschwitz durchgeführten Experimente], in: *Przegląd Lekarski* 20, 1 (1964), S. 101-105.

Das Problem der wissenschaftlichen Beobachtung[I]

Der Vortragende versucht anhand von Beispielen aus der Geschichte der Anatomie (durch das Zeigen von Abbildungen und eine Analyse der Beschreibungen), aus der Geschichte der Medizin (Uroskopie) und an einem sehr instruktiven Beispiel aus der Mikrobiologie (anhand der Frage der Bakteriengeißeln in der klassischen Bakteriologie und den neusten Beobachtungen von Pijper[II]) aufzuzeigen, daß jede wissenschaftliche Beobachtung gemeinschaftliche Vorstellungen einer Epoche und einer Umwelt enthält. Es gibt eine gerichtete Wahrnehmungsbereitschaft, die dem Sehen unmittelbar das Wahrnehmen von ganzheitlichen Gestalten aufzwingt. Diese Gestalten nehmen dadurch den Charakter von unabhängig existierenden Dingen an.

Gäbe es nicht das Gestaltsehen, wären wahrscheinlich sowohl das Bilden von abstrakten Begriffen als auch das Verständigen – also generell die Wissenschaften – unmöglich. Die sogenannten Naturwissenschaften (Physik) erzeugen durch den Prozeß der Analyse und durch das Fingieren von idealen Gegenständen spezifische Gestalten, die man dank einer durch das Zusammenleben innerhalb einer bestimmten Gruppe entstandenen, spezifischen Wahrnehmungs- und Assoziationsbereitschaft sieht und handhabt.

Die wissenschaftliche Apparatur und die Berechnung modellieren eine Gestalt aus dem Chaos der Empfindungen, natürlich nicht wie es einem Individuum erscheint, sondern im Geiste des Denkstils einer Wissenschaft in einer Periode.

Das Erkennen und insbesondere die Beobachtung ist eine Funktion mit drei Gliedern: Neben dem sogenannten Subjekt und dem sogenannten Objekt hat an der Beobachtung die jeweils gegebene Gemeinschaft Anteil, die ich als Denkkollektiv bezeichne. Die Denkkollektive besitzen einen spezifischen Denkstil, eine spezifische soziologische Struktur und eine spezifische historische Entwicklung. Nur durch die vergleichende Soziologie des Denkens kann man eine rationale Wissenschaft über das Erkennen schaffen. Indem wir einen vergleichenden Denkstil schaffen, befreien wir uns aus der Bindung der Denkkollektive und der Epoche, ähnlich wie uns das wissenschaftliche Wissen aus dem Chaos der Einmaligkeit der individuellen Erlebnisse befreit.

Diskussion

Prof. T. Tomaszewski:[III] Den Einfluß des Kollektivs auf den Gedankeninhalt seiner Mitglieder hervorzuheben ist sehr wertvoll, um so mehr, als man sehr oft diesen Einfluß verkennt. Man soll hier jedoch nicht ins Extreme geraten. Er ist ein sehr wichtiger Faktor, doch nicht ausschließlich entscheidend. Der Gedankeninhalt eines Individuums hängt von ihm selbst ab. Es ist wahr, daß die Beobachtungen immer vom Standpunkt bestimmter, in unserer Umwelt allgemein geltender Ansichten und Theorien durchgeführt werden. Doch wir sind auch zu Wahrnehmungen fähig, die von diesen »kollektiven« Theorien nicht vorhergesehen sind, und dies ist unser persönlicher Anteil. Unter anderem können diese Theorien deswegen umgewandelt werden und einer langsamen historischen Evolution unterworfen sein.

Prof. N. Łubnicki[IV] fragte, wie man eine nach der Behauptung des Vortragenden »objektive« Wissenschaft über das Kollektiv und die Denkstile schaffen kann, wenn auch die Wissenschaftler zu einem Denkstil gehören und sich nicht von jenem – für sie obligatorischen – Denkstil befreien können.

Der Vortragende antwortete auf die Frage …

… von Prof. T. Tomaszewski: Wenn ich über die Dreigliedrigkeit der Funktion des Erkennens spreche, bemühe ich mich, darauf hinzuweisen, daß das Individuum eines dieser Glieder ist. Ich lasse also seine Rolle nicht außer acht, sondern weise nur auf die gegenseitige Abhängigkeit von Individuum und Kollektiv hin. Die Entdeckungen springen nicht sofort fertig aus dem Kopf des Individuums wie die Minerva aus dem Kopf des Jupiter. Je gründlicher man die Geschichte der Wissenschaften untersucht, desto mehr gelangt man zur Überzeugung, daß jede Entdeckung kollektiv eingebettet ist, eine lange embryonale Entwicklung hat und mehrmals mehr oder weniger erfolgreich zur Welt durchzudringen versucht, bevor sie definitiv endlich geboren, d. h. durch ein Kollektiv fest anerkannt wird.

Die Geschichte nominiert einen einzelnen *ex post* zum Entdecker, doch fast immer findet man wenig später andere, die um diesen Titel konkurrieren, und Vorläufer.[V]

... von Prof. N. Łubnicki: Die vergleichende Wissenschaft von den Denkstilen und Denkkollektiven wird in der gleichen Bedeutung objektiver wie die einseitige Theorie des Erkennens, die sich nur auf einen Stil stützt; wie auch das Erkennen objektiver ist, das auf den Aussagen von mehr als nur einem einzelnen Menschen beruht. Die Wissenschaftler können sich vom Denkstil ihres Kollektivs nicht allein anhand innerhalb ihrer Wissenschaft liegender Fragestellungen befreien. Außerdem kann ein Wissenschaftler z.B. religiös sein, d.h. in manchen Bereichen gemäß einem mittelalterlichen Stil denken. Einen vergleichenden Denkstil zu schaffen bedeutet zugleich, ein neues Gebiet des Denkens zu schaffen, in dem die Mitglieder verschiedener Stile in einem Bereich gleich denken können.

I Ludwik Fleck, (Zusammenfassung des Referats und der Diskussion) »Problem obserwacji naukowej«, in: *Sprawozdanie z działalności Towarzystwa Filozoficznego i Psychologicznego w Lublinie w latach 1945-1947 oraz uzupełnienie za r. 1948*, Lublin 1948, S. 49-51; SMF, S. 295-297. Aus dem Polnischen von Sylwia Werner. Komm.: Hg.

Fleck war ein aktives Mitglied der 1945 von Universitätsprofessoren in Lublin berufenen Gesellschaft für Philosophie und Psychologie. Die Berichte aus den Versammlungen der Gesellschaft verzeichnen, daß er am 19. Februar 1947 ein Referat zum Thema »Das Problem der wissenschaftlichen Beobachtung« hielt. Der Text als solcher ist nicht auffindbar, doch seine Zusammenfassung, die – wie Cackowski vermutet – von Fleck selbst verfaßt wurde, ist 1948 im oben genannten Sammelband erschienen (vgl. die Einleitung zum Band: Zdzisław Cackowski, Stefan Symotiuk, *Ludwik Fleck. Psychosocjologia poznania naukowego*, Lublin 2006, S. 18). Zur selben Zeit, im Februar 1947, erschien in der Monatsschrift *Problemy* Flecks Artikel »Schauen, Sehen, Wissen« (in diesem Band). Man kann daher vermuten, daß Fleck in seinem Referat aus diesem Artikel zitierte, doch sind die von ihm angeführten Beispiele aus der Bakteriologie offenbar andere. Zudem greift Fleck in diesem Referat Fragen auf, über die er früher bereits publiziert hatte. Vgl. insbes. Fleck (1935b und d) sowie das dritte Kapitel von EET.

II Vgl. A. Pijper, »Begeißelung von Typhus- und Proteusbazillen«, in: *Zentralblatt für Bakteriologie, Parasitenkunde, Infektionskrankheiten und Hygiene*, I. Orig., 118 (1930), S. 113-121; ders., »Nochmals über die Begeißelung von Typhus- und Proteusbazillen«, in: *Zentralblatt für Bakteriologie, Parasitenkunde, Infektionskrankheiten und Hygiene*, I. Orig., 123 (1931), S. 195-201; ders., »Dark-Ground Studies of Flagellar and Somatic Agglutination of B. Typhosus«, in: *Journal of Pathology and Bacteriology* 97 (1938), S. 1-17. Womöglich bezieht sich Fleck auch auf die Darstellung von Pijpers Beobachtungen bei Käthe Pietschmann, »Über die Begeißelung der Bakterien«, in: *Archiv für Mikrobiologie* 12 (1942), S. 377-472. Pijper schildert die Schwierigkeiten einer fotografischen Wiedergabe der feinen Geißeln. Ihm zufolge sind die Geißeln beweglicher Bakterien nichts als die zu Fäden ausgezogene Außenschicht der Bakterien. Der Eindruck, daß es Geißeln gebe, entstehe durch die Färbetechnik.

III Zur Biographie von Tadeusz Tomaszewski siehe im vorliegenden Band, S. 532, EN I.

IV Narcyz Łubnicki (1904-1988), polnischer Philosoph, absolvierte die Universität Sorbonne in Paris; nach dem Krieg arbeitete er an der Marie-Curie-Skłodowska-Universität in Lublin, wo er den Lehrstuhl für Philosophie aufbaute. Zu seinen wichtigsten Publikationen gehören: *Nauka poprawnego myślenia* [Die Wissenschaft über das richtige Denken], Warschau 1965, und *Światopoglądy* [Die Weltanschauungen], Warschau 1973.

V Vgl. dazu Fleck (1934d), in diesem Band, S. 181 f.

In der Frage ärztlicher Experimente an Menschen[I]

Die Medizin basiert auf den empirischen Wissenschaften. Nicht nur ihr Fortschritt selbst erfordert komplizierte Experimente, sondern ebenso auch die aktuelle Standardisierung der Medikamente und sogar das Unterrichten von Studenten. Die Experimente an Tieren reichen nicht immer aus; vielmehr erfordern die Ernährungs- und die Stoffwechselprobleme, die Probleme der Speziellen Physiologie, der Endokrinologie, der Speziellen Pathologie und Therapie, der Hygiene, der Toxikologie wie viele andere die Verwendung von Versuchen an Menschen.

Was ist jede erstmals angewandte Operationsmethode denn anderes als ein Experiment am Menschen? Ist angesichts der individuell unterschiedlichen Bedingungen denn nicht jede Durchführung eines Eingriffs ein »zum ersten Mal angewandter Eingriff«? Das gleiche betrifft die Anwendung von Medikamenten. Zwischen der Beobachtung und dem Experiment gibt es letztlich keine Grenze: »L'expérience n'est au fond qu'une observation provoquée«[II] (Claude BERNARD).[1]

Wenn bei einer Herzkrankheit Fingerhutextrakt verabreicht oder bei einer Darmkrankheit eine Diät befolgt wird und man die Wirkungen untersucht, ist dies dann letztlich eine Beobachtung oder schon ein Experiment?

Vergessen wir nicht, daß es obendrein auch notwendig ist, Experimente für Erkenntniszwecke durchzuführen: Funktionsproben, Kutanreaktionen[III] etc.

Dies alles sind bekannte Probleme, die bislang durch das Leben selbst ohne größere Umstände gelöst wurden, und es würde sich nicht lohnen, über sie nachzudenken, wenn nicht gewisse neue Entwicklungen dazu zwängen: Der Bedarf an Menschenexperimenten wächst zum Teil deswegen, weil die Experimente an Tieren schon in großem Maße ausgeschöpft sind, und zum Teil auch deshalb, weil mit der Vertiefung der Fragen die Artunterschiede zwischen Menschen und den Tieren stärker zu berücksichtigen sind. Schließlich wächst auch die Zahl derjenigen Probleme, die eine Lösung durch die Anwendung des Experiments erfordern: Das betrifft etwa die Arbeitsleistung un-

1 Claude BERNARD, *Introduction à l'étude de la médecine expérimentale*, 4. Aufl., Paris: Libraire Delagrave, 1920, S. 33.

ter bestimmten Bedingungen, die richtige Ernährung (Mangelkrankheit), die Funktion des Organismus in großen Höhen (Flugwesen), die Immunisierung als Folge immer neuer Impfungen, die Wirkung neu entwickelter pharmakologischer Produkte etc. Ein vorsichtiges Erproben, im Rahmen von gelegentlich vorgenommenen Beobachtungen, läßt sich kaum mit den heutigen Bedürfnissen und dem Lebenstempo vereinbaren.

Systematische und durchorganisierte Experimente an Menschen werden in fast jedem Heft ausländischer wissenschaftlicher Zeitschriften beschrieben. In *Science* zählte ich in der Zeit von April bis September 1947 allein fünf große Reihen solcher Experimente: Ansteckung der Freiwilligen mit dem Virus *Common Cold* aus einer Eierkultur,[IV] Untersuchungen über die Absonderung der Koproantikörper bei immunen Freiwilligen,[V] Untersuchungen über den Ascorbinsäurespiegel im Blut,[VI] über die Wirkung der [De-]Kompression[VII] oder Untersuchungen über die Ernährung unter unterschiedlichen Bedingungen.[VIII] In manchen Fällen nahmen die Experimente sogar einen sehr großen Umfang an: Im Elgin State Hospital in Illinois beobachtete man etwa über drei Jahre hinweg 36 Personen, um an ihnen die Wirkung einer vitamin- und riboflavinarmen Diät festzustellen: »A special building housed the patients, and very satisfactory facilities were provided for continuous supervision and rigid control of diets.«[2]

In manchen Disziplinen werden Experimente an Menschen beinahe ständig angewandt, z.B. in der Nahrungsmitteltoxokologie: »Some years ago, Dolman worked with strains of staphylococci which produced potent hemolysins, dermotoxins and lethal toxins, but did not produce illness in 42 volunteers on 110 occasions. A strain which he received from Dr. E. O. Jordan, however, yielded a filtrate of which 2 ml caused severe gastro-intestinal disturbance in 3-9 volunteers and a lesser degree of disturbance in 4 others«[IX] (Dack, Food Poisoning, 1943).

Die allgemeine Zunahme von Experimenten an Menschen provoziert daher zu einigen Anmerkungen: In absehbarer Zukunft wird es phantastische Möglichkeiten geben, wenn nach den Bluttransfusionen und Transplantationen dann genetische Experimente kommen

2 »Ein separates Gebäude beherbergte die Patienten; es wurden sehr wirkungsvolle Maßnahmen zur ständigen Überwachung und strengen Diätkontrolle ergriffen.« [Das Zitat wurde von Fleck im Original ins Polnische übersetzt.]

werden. Selbst die Seelenchirurgie ist keine Illusion mehr. Ist somit nicht die Zeit gekommen, um auch über die Mißbrauchsmöglichkeiten in der Medizin nachzudenken? Gleiches gilt für die Verhinderung von offenkundig ziellosen, brutalen oder einfach verbrecherischen Experimenten.

Krasse Beispiele solcher Mißbrauchsmöglichkeiten haben wir in Hitler-Deutschland gesehen. In den meisten Fällen waren das gemeine, sadistische Verbrechen mit klarer sexueller Färbung, doch manche Taten hatten tatsächlich den Anschein echter wissenschaftlicher Experimente.

Daß es nicht reicht, sich auf den moralischen Instinkt von Ärzten zu verlassen, die jeweils selbst erkennen und bestimmen sollen, was im Experiment zulässig und was eines Forschers nicht würdig oder sogar verbrecherisch ist, folgt aus dem Echo, das durch die Nachrichten über die deutschen Ärzte-Verbrechen ausgelöst worden ist. Ein englischer Arzt, der eine wissenschaftliche Stelle in der London School of Hygiene and Tropical Medicine besaß, schrieb in *Lancet* (7. 12. 1946, S. 850): »at times I have felt a good deal of sympathy for some of those who were responsible for carrying out the experiments ... If one were given the chance of using prisoners for experiments which one believed to be of great importance and value to mankind, what would one do, particularly if government propaganda had convinced one that the victims were dangerous criminals who were anyhow condemned to death and likely to die in some particularly abominable manner?«[x] Von etlichen Seiten wurde ihm eine gründliche Abfuhr erteilt, und daran sieht man, daß die Zeit gekommen ist, nun ernsthafter über eine klare Formulierung derjenigen Grenzen nachzudenken, bis zu denen Experimente an Menschen zulässig sind.

Dafür spricht noch ein anderer Umstand: Gefährliche Experimente an Menschen führt man seit langem durch, und viele klassische Helden der modernen Medizin machten oftmals solche Experimente. Sie führten sie an farbigen Ureinwohnern in den Kolonien durch, in abgeschiedenen Waisenheimen, in Irren- und Krankenanstalten wie auch in Gefängnissen. Man spricht zwar nicht offen darüber, aber wiederholt beriefen sich die Verteidiger der NS-Wissenschaftler hierauf, was natürlich nicht gut ist. In einer Stadt in Polen, die zwei Universitäten besitzt, wehren sich nun die Vertreter der Selbstverwaltung dagegen, die dortigen Krankenhäuser der medizinischen Fakultät anzugliedern: »Denn ihr werdet an uns Experimente durchführen.« Die

Politik des Verschweigens dieser verbreiteten Verhältnisse führt also zu nichts, statt dessen muß man klar und offen per Gesetz und mit einem Pflichtenkatalog definieren, was man zum Wohle der Wissenschaft und der Kranken tun darf und muß. Nur dann wird die unangenehme Ambivalenz der gegenwärtigen Situation weichen. Dies ist absolut notwendig, damit es keinen weiteren Mißbrauch gibt, der sich dann nicht verfolgen läßt. Auch darf es keine Möglichkeiten zu einer Erpressung seitens der Kranken geben, damit keine Kluft zwischen Wissenschaft und Gesellschaft entsteht, welche zum Vertrauensbruch gegenüber den Ärzten und zur Quacksalberei, letztlich also zum Nachteil für die Wissenschaft und das Gemeinwohl, führt.

Daß es im Bereich der Medizin also eine Lücke in der Gesetzgebung aller Länder sowie Unklarheiten im Zivilrecht gibt, kam deutlich im Nürnberger Prozeß zum Vorschein. Das Tribunal war sich dessen die ganze Zeit bewußt.

Ich schlage somit vor, dass diejenigen Experimente an Menschen, die mit einem Schaden oder auch einem Schadensrisiko bei den Personen verbunden sind, welche zu den Versuchen herangezogen werden, als strafwürdig bezeichnet werden müssen, wenn:

(a) sie durchgeführt werden, ohne daß eine Aufklärung über den Risikograd und das Ziel der Experimente erfolgt war;
(b) sie ohne freiwillige Erlaubnis durch die Versuchspersonen stattfinden. Wenn es um ein Experiment geht, das unmittelbar die Genesung einer bewußtlosen oder geisteskranken Person zum Ziel hat, kann in ihrem Namen die Familie zustimmen. Andere Experimente an diesen Personen dürfen nicht durchgeführt werden;
(c) die Experimente vom Standpunkt der Wissenschaft aus zwecklos sind;
(d) sie nicht fachmännisch und ohne die größte Sorgfalt in bezug auf die Minimierung des Risikos durchgeführt werden.

Unschädliche beziehungsweise ungefährliche Experimente, wie z.B. die Entnahme diagnostischer Hautproben, wären also ohne eine klare Zustimmung der betroffenen Personen zuzulassen. Hingegen würde bei anderen Experimenten verlangt, diese Personen über das Ziel der Experimente sowie das Ausmaß der Gefährdungen aufzuklären. Es geht letztlich darum, daß der Arzt in jedem Fall mit der Person, die zu einem Experiment benutzt wird, wie ein Mensch mit dem anderen Menschen sprechen muß, um ihm zu erklären – selbstverständlich auf eine für einen Laien zugängliche Weise –, um welches für die Medizin bedeutsame Problem es sich dabei handelt. Nur auf diese Weise wird sich der experimentierende Arzt der Gesellschaft annähern, anstatt sich von ihr zu entfernen. Gleichzeitig wird die zu einem Experiment herangezogene Person statt der für den Menschen unwürdigen Rolle eines »Versuchskaninchens« zu einem gewissem Grade die Rolle eines bewußten Mitarbeiters des Forschers annehmen. Letzteres scheint mir so wichtig zu sein, daß ich es für strafwürdig und über alle Maßen abscheulich halte, Experimente an Geisteskranken durchzuführen, wenn diese nicht unmittelbar deren Genesung zum Ziel haben sollten. Der Geistesgestörte ist ein kranker Mensch; die physische oder psychische Überlegenheit gegenüber ihm auszunutzen ist für den Arzt eine besonders abscheuliche Sache.

Die zu Experimenten dienenden Personen müssen zuerst freiwillig, d. h. ohne Zwang oder Androhung, ihre Genehmigung geben. Die Häftlinge haben aber sehr oft gar keine Möglichkeit, aus freien Stücken ihre Mitarbeit zu versagen, weshalb Versuche mit ihnen aus ethischer Sicht immer verdächtig sind. Doch rechtskräftig Verurteilten kann man so eine Gelegenheit geben, sich zu rehabilitieren, wenn sie sich einem gefährlichen Experiment unterziehen und auf diesem Wege der Gesellschaft einen wichtigen Dienst leisten können. Im Falle des Überlebens sollte man ihnen eine Begnadigung zusichern. Das Durchführen von Experimenten an Verurteilten ohne Zustimmung oder womöglich Wiedergutmachung halte ich für nicht richtig, denn die Gesetzesparagraphen sind variabel, und Justizirrtümer sind immer möglich. Ich halte es aber vor allem deshalb nicht für richtig, weil der Arzt eine Achtung und Dankbarkeit gegenüber dem Menschen empfinden sollte, da jener ihm unter Gefährdung seines Lebens erlaubt, an eine wichtige Erkenntnis zu gelangen, und die Person, an der das Experiment durchgeführt wird, natürlich stolz darauf ist. Nur unter Einhaltung dieser Beschränkungen bringen die Versuche an Menschen dem Arzt keine moralischen Schäden oder rufen gar bei der Gesellschaft eine Abneigung gegen die Wissenschaft hervor.

Die Experimente müssen selbstverständlich einen wissenschaftlichen Wert haben und fachmännisch mit größter Sorgfalt durchgeführt werden. Diese Vorbehalte haben das Ziel, den allzu übertriebenen Hang zu Experimenten einzuschränken, denn die Experimentierenden müssen so mit einer Kontrollinstanz rechnen, die anhand eines Sachverständigengutachtens zum Wert des Experimentes und dessen fachmännischer Durchführung erfolgt. Ich glaube, daß eine Einsicht *ex post* reichen sollte, denn es wäre nicht günstig, wenn irgendwelche Organe oder Kollegien vorab urteilen würden, ob ein geplantes Experiment tatsächlich zweckmäßig ist. Das würde den wissenschaftlichen Fortschritt begrenzen und könnte aufgrund von Bürokratie oder Neid die wissenschaftliche Arbeit beeinträchtigen. Es sollte angestrebt werden, daß die Experimente ausschließlich in Kliniken oder öffentlichen Krankenhäusern stattfinden.

Ich würde es begrüßen, wenn sich zu dieser im vorliegenden Artikel angesprochenen Angelegenheit auch die forschenden Ärzte und die Gerichtsmediziner äußerten. Es wäre gut, wenn sich auch die Juristen zu Worte melden würden. Vielleicht entsteht dann aus dieser Diskussion ein legislatives Projekt oder eine Anmerkung zur Deontologie, die dieses äußerst wesentliche Problem der heutigen Entwicklung medizinischer Wissenschaft lösen helfen kann. Ich weise darauf hin, daß die Sache der ideellen und formellen Regelung der Experimente an Menschen nicht nur im staatlichen Rahmen wichtig ist, sondern ebenso auf internationaler Ebene behandelt werden sollte.

I Ludwik Fleck, »W sprawie doświadczeń lekarskich na ludziach« [In der Angelegenheit ärztlicher Experimente am Menschen], in: *Polski Tygodnik Lekarski* [*Polnische Ärztliche Wochenschrift*] 3, 35 (1948), S. 1052-1054. Aus dem Polnischen von Sylwia Werner. Komm.: Hg. (Wir danken Florian Schmaltz, der an einer früheren Version dieses Kommentars mitgearbeitet hat, für mannigfache Anregungen und Hinweise.)

Zur Diskussion um diesen Aufsatz vgl. die EN I zu »Wissenschaftstheoretische Probleme«, in diesem Band. Flecks Artikel ging folgender, ebenfalls medizinethische Fragen zu Menschenexperimenten behandelnder Beitrag des Gastroenterologen Gibiński in der gleichen Zeitschrift voraus: Kornel Gibiński, »Prawda o obozach koncentracyjnych« [Die Wahrheit über die Konzentrationslager], in: *Polski Tygodnik Lekarski* 45 (1946), S. 1389-1391, und ebd., 46-47 (1946), S. 1438-1439.

II »Das Experiment ist im Grunde genommen eine provozierte Beobachtung« (Claude Bernard, *Einführung in das Studium der experimentellen Medizin*, Leipzig 1961 [Paris 1865], S. 38).

III Zur Tuberkulosediagnostik eingesetztes Verfahren, bei dem durch das Verabreichen von Tuberkulin Hautreaktionen ausgelöst werden.

IV Morris Pollard, Coleman D. Caplovitz, »Experimental Studies with the Agent of the Common Cold«, in: *Science* 106 (1947), S. 243f.

v Preston E. Harrison, Janet Banvard, »Coproantibody Excretion during Enteric Infections«, in: *Science* 106 (1947), S. 188f.

vi Mary L. Dodds, Florence L. MacLeod, »Blood Plasma Ascorbic Acid Levels on Controlled Intakes of Ascorbic Acid«, in: *Science* 106 (1947), S. 67.

vii D. T. Watts, E. S. Mendelson, J. R. Poppen, »Laboratory Test of Aviator's Ejection Seat«, in: *Science* 105 (1947), S. 583-585.

viii Robert E. Johnson, Robert M. Kark, »Environment and Food Intake in Man«, in: *Science* 105 (1947), S. 378f.

ix »Einige Jahre zuvor hatte Dolman mit Staphylokokkenstämmen gearbeitet, die wirkungsvolle Hämolysine, Dermotoxine und letale Gifte erzeugten, die jedoch bei 42 Freiwilligen während 110 Versuchen keine Erkrankung auslösten. Ein Stamm, den er von Dr. E. O. Jordan bekommen hatte, ergab jedoch ein Filtrat, von dem 2 ml bei 3-9 Freiwilligen schwere Magendarmstörungen und bei 4 leichtere Störungen verursachten« (Gail Monroe Dack, *Food Poisoning*, Chicago 1943, S. 86).

x »Manchmal empfand ich ein großes Maß an Sympathie für diejenigen unter ihnen, die für das Durchführen der Experimente verantwortlich waren. [...] Würde man jemandem die Chance geben, Häftlinge für Experimente einzusetzen, von denen man glaubt, daß sie eine große Wichtigkeit und Wert für die Menschheit besitzen, was würde dieser tun, insbesondere wenn die staatliche Propaganda ihn davon überzeugt hat, daß es sich bei den Opfern um gefährliche Kriminelle handelt, die ohnehin zum Tode verurteilt sind und auf besonders schreckliche Weise sterben müßten?« (Kenneth Mellanby, »A Moral Problem«, in: *Lancet* [1946], S. 850).

Tadeusz Kielanowski
In der Angelegenheit des Artikels von Prof. Dr. L. Fleck über ärztliche Experimente an Menschen[I]

Es scheint mir, daß man an den von Professor FLECK aufgeworfenen Problemen nicht gleichgültig vorbeigehen kann. Es geht hier nicht nur um eine Stellungnahme zu verbrecherischen Experimenten deutscher Ärzte aus der Kriegszeit, denn diese wurden gebührend oft verurteilt. Die Deutschen betrachteten ihre Opfer nicht als Menschen. Als sie an Juden, Polen und Russen experimentierten, hielten sie diese gemäß ihrer Pseudoideologie für niedere Wesen.

Die ganze Frage, ob man mit Lebewesen experimentieren und ihnen Leiden zufügen darf, wird ab und zu in Gestalt meist wenig ernsthafter Pressepolemiken zum Thema der sogenannten Vivisektionen belebt. Ich verfolgte zwei solcher Pressefeldzüge, den einen in Polen, den anderen in Frankreich. Die Mehrheit der Aussagen stammte von möglicherweise noblen, doch zum Thema unvorbereiteten und unsachlich sentimentalen Menschen, die sicher selbst nicht zögern würden, wenn es nötig wäre, sich z.B. Antitetanusserum verabreichen zu lassen. Die sachlichen und gelassenen Aussagen der Menschen der Wissenschaft fielen im Vergleich mit den hitzigen Enunziationen der »Anti-Vivisektionisten« blaß aus. Die Pressepolemiken erloschen rasch und machten Platz für andere Sensationen.

Und die Frage, ob man den Tieren Schmerzen zufügen darf, ist doch nicht belanglos. Warum soll man dann darüber sprechen, Menschen Schmerzen zuzufügen, sie einer Krankheit und sogar dem Tode aussetzen, um ein Experiment durchzuführen, dessen Zweckmäßigkeit nur ein, wenn auch wirklich gebildeter, Mensch feststellt? Welche Garantie gibt es, daß der Wissenschaftler moralisch auf der Höhe ist und z.B. kein Psychopath? Welche Garantie gibt es, daß die Zustimmung des Objekt-Menschen (Mediziner, Häftling, Soldat) nicht erzwungen wurde, wenn auch auf eine subtile Weise?

Als ich als Assistent experimentell am SHWARTZMAN-Phänomen[II] bei Kaninchen arbeitete, hatte ich ständig den Eindruck, und bis heute stehe ich dazu, daß ähnliche Mechanismen eine Rolle in der autogenen Pathologie des Menschen spielen. Ich fand dann einen Freiwilligen, einen Medizinstudenten, der sich für das Phänomen interessierte und damit einverstanden war, daß an ihm Experimente durchgeführt werden. Ich zögerte lange, dachte ständig an die Gefahr des sogenannten generalisierten SHWARTZMAN-Phänomens. Ich zog seine etwas eingeschränkte Zurechnungsfähigkeit in Betracht, denn er war Alkoholiker, und verzichtete auf das Experiment. Ich weiß bis heute nicht, ob ich richtig gehandelt habe.

FLECK berührt in seinem Artikel grundlegende Probleme und stellt richtig fest, daß »jede zum ersten Mal angewandte Operationsmethode« und jedes zum ersten Mal angewandte Medikament ein Experiment an Menschen ist. Was soll man dann von ambitionierten, aber nur theoretisch vorbereiteten Ärzten halten (ich denke an konkrete mir bekannte Fälle), die neue, selbstersonnene und durchaus für die Gesundheit des Kranken nicht gleichgültige Heilungsarten anwenden? Gemäß den gegenwärtig geltenden Gesetzen kann man diesen Ärzten nichts vorwerfen, und sogar im Todesfalle des Kranken wäre der Beweis einer Überschreitung oder eines Verbrechens sehr schwierig zu führen.

Deuten die von FLECK genannten Argumente und Schlußfolgerungen, die eine Notwendigkeit des breiteren Experimentierens an Menschen erweisen, nicht darauf hin, daß das ganze Problem gründlicher diskutiert werden muß? Ich glaube, ja. Das Problem sollte auf den Tagesordnungen der Debatten aller Ärztevereinigungen stehen; um über es zu sprechen, sind Kliniker und Experimentatoren, doch vor allem unsere wenigen Philosophen der Medizin berufen.

Schließlich meine ich, daß man eine Tagung organisieren soll, die speziell diesem Problem gewidmet wäre, wobei diese Tagung vom Gesundheitsministerium oder von der Polnischen Akademie der Künste und Wissenschaften initiiert werden könnte.

Diese Tagung soll die Rolle eines nicht nur mit den Verbrechen der deutschen Ärzte schwer belasteten Gewissens der Wissenschaftler spielen.

1 Tadeusz Kielanowski, »W sprawie artykułu prof. dra L. Flecka o doświadczeniach lekarskich na ludziach«, in: *Polski Tygodnik Lekarski* 3, 43 (1948), S. 1292 f., SMF; S. 303-305. Aus dem Polnischen von Sylwia Werner. Komm.: Hg. (Wir danken Florian Schmaltz, der an einer früheren Version

dieses Kommentars mitgearbeitet hat, für mannigfache Anregungen und Hinweise.)

Tadeusz Kielanowski (1905-1992), polnischer Arzt und Philosoph der Medizin, absolvierte 1929 das Studium der Medizin an der Jan-Kazimierz-Universität in Lwów (Lemberg). Nach dem Studium arbeitete er als Assistent zuerst in der Abteilung für Tuberkulose, später für Pathologische Anatomie unter der Leitung von Witold Nowicki im Staatlichen Institut für Medizin in Lwów (Lemberg). In der Okkupationszeit der Stadt (1941-1944) war er Mitglied der polnischen Heimatarmee. Nach dem Krieg gründete er die Medizinische Fakultät an der Marie-Curie-Skłodowska-Universität in Lublin (1945) und fünf Jahre später die Medizinische Akademie in Białystok; 1955 wurde er zum Rektor dieser Hochschule gewählt. Ab 1956 arbeitete er bis zur Pensionierung als Leiter des Lehrstuhls für Phthisiologie an der Medizinischen Universität in Gdańsk (Danzig). Kielanowski publizierte zahlreiche medizinethische Aufsätze und Bücher, darunter: ders. (Hg.), *Etyka (i) deontologia lekarska*, [Ethik (und) ärztliche Deontologie], Warschau 1985.

Zu seinem Verhältnis zu Fleck vgl. seine autobiographischen Texte, *Rozmyślania o przemijaniu* [Gedanken über das Vergehen], Warschau 1981; ders., »Fragmenty wspomnień ze Lwowa« [Erinnerungsfragmente aus Lwów], in: *Przegląd Lekarski* (1985), S. 127-135, sowie ders., »My Meetings with Ludwik Fleck in Lublin during the Years 1945-1950«, in: *Kwartalnik Historii Nauki i Techniki* 3-4 (1983), S. 583-587. Auch in seinem Buch *Prawie cały dwudziesty wiek. Wspomnienia lekarza* [Fast das ganze zwanzigste Jahrhundert. Die Erinnerungen eines Arztes], Gdańsk (Danzig) 1987, erinnert Kielanowski an Fleck: »Im Jüdischen Krankenhaus arbeitete mit seiner Frau, die Laborantin war, ein in Lwów (Lemberg) bekannter Mikrobiologe namens Ludwik Fleck. Er besaß ein großes privates Institut für Laboranalysen. Zusammen mit seiner Familie überlebte er den Krieg, obwohl er Häftling in Auschwitz und Dachau war. Er überlebte vielleicht deshalb, weil er ein großartiger Fachmann war, der viele wissenschaftliche Arbeiten und ein deutsches Buch über die Entstehung einer wissenschaftlichen Entdeckung vorzuweisen hatte. Als er noch im Jüdischen Krankenhaus in Lwów (Lemberg) arbeitete, entdeckte er, daß das Flecktyphus-Antigen bereits am dritten Tag der Krankheit – also bevor der Ausschlag und das Fieber auftreten – im Urin der Kranken leicht nachweisbar ist. Die Sache wurde bekannt. Man scherzte, daß der Flecktyphus ›Flecks Typhus‹ heißen sollte« (vgl. ebd., S. 151). Und weiter: »Ich möchte hier noch einige Worte über personale Veränderungen sagen und vor allem darüber, wen wir [für die Universität] gewonnen haben. An Stelle von Hirszfeld kam Dr. Ludwik Fleck. [...] Das war ein überdurchschnittlich intelligenter Mensch. Oft besuchte ich ihn abends zu Hause, und wir haben viel geplaudert. Die Nazis haben ihn zusammen mit seiner Frau und seinem Sohn ins Lager verschleppt, doch das Schicksal war gütig mit ihnen, und obwohl sie getrennt wurden, konnten sie sich alle retten. Mit seiner Frau hatte er verabredet, daß sie sich, sobald sie entlassen werden, woran er fest glaubte, in Lwów (Lemberg) im Krankenhaus von Groër treffen. Als er nach Lwów (Lemberg) kam, ging er direkt dahin, kam in den Wartesaal, und in der Ecke saß auf einer Bank bereits seine Frau. Ich habe für Fleck alles getan, was ich konnte. Er hatte allerdings nicht viele persönliche Bedürfnisse. Um zu sparen, trug er zu Hause (ein Zimmer!) seinen Lageranzug mit dem senkrechten roten Streifen auf dem Rücken. Sein Ideenreichtum erwies sich als unschätzbar. Wir hatten nicht nur deshalb Probleme, weil das Geld fehlte, sondern auch – wenn wir schon welches hatten – damit, es für bestimmte Zwecke auszugeben. Der Grund dafür war, daß das Budget gemäß den Paragraphen aufgeteilt werden mußte. Aus dem Budget für die wissenschaftlichen Zwecke konnte man zum Beispiel keine Schreibmaschine kaufen, auch wenn sie unentbehrlich war und wir eine billige fanden, die in gutem Zustand war. Fleck dachte sich etwas aus, was sich später viele andere zuschrieben. Die Schreibmaschine nannte er einen ›Anthropodattelgraphen‹, welcher dann vom Geldverwalter als ein wissenschaftliches Hilfsmittel anerkannt wurde. Plättchen, die man brauchte, um Labortische am Fußboden zu befestigen, nannte er ›Stabilisierungstabulatoren‹. Auch das kam durch« (ebd., S. 195f.).

11 Siehe Tadeusz Kielanowski, A. Selzer, »Etude histologique de la réaction hémorragique de Shwartzman«, in: *Comptes rendus hebdomadaires des séances et mémoires de la Société de Biologie et de ses filiales et associées*, 115 (1934), S. 648-650.

In der Buchenwalder Angelegenheit
Kommentar zum Buch F. Bayles: »Croix gammée contre caducée«[I]

In F. Bayles Buch *Croix gammée contre gaducée*, von 1950, findet sich auf der Seite 1162 die folgende Aussage, die von Dr. Alfred Balachowsky,[1] dem ehemaligen Buchenwald-Häftling,[II] im Jahre 1945 oder 1946 gemacht wurde:

> [Cependant], le Pr. Ludwik Fleck, de Lwow, interné politique polonais juif, indiqua délibérément à Schuler[2], en Juillet 1944, qu'il pensait avoir observé des modifications dans les réactions sérologiques, à l'occasion d'une élévation soudaine du taux d'agglutination dans la réaction de Weil-Felix 1/400 à 1/800 au cours des troisième et quatrième jours de la maladie. Schuler envoya immédiatement un rapport à Leipzig pour demander de nouvelles expériences, qui furent autorisées très rapidement. Le 6 Septembre 1944, vingt nouveaux sujets furent inoculés au block 46, et des observations sérologiques furent faites jour par jour. La réaction de Weil-Felix ne s'est pas montrée spécifique, deux sujets sur vingt seulement l'ont présentée.[III]

Von 20 Angesteckten, wie Balachowsky angibt, starben 19.

Da diese Aussage implizit einen Vorwurf enthält, daß angeblich wegen meiner Indiskretion, meiner Prahlsucht oder einfach Schwätzerei ein strafwürdiges und verhängnisvolles Experiment an Menschen von den Nazis durchgeführt wurde, erkläre ich wie folgt:

Die Aussage Dr. Balachowskys ist ein unsinniger und bösartiger Quatsch, und nur als solcher kann er gesehen werden. Balachowsky ist ein Zoologe und kein Arzt, er kennt sich nicht in ärztlichen Fragen aus. Der Satz: »La réaction de Weil-Felix ne s'est pas montrée spécifique, deux sujets sur vingt seulement l'ont présentée« charakterisiert am besten seine Ignoranz.[3]

1 Ich sah diese Aussage zum ersten Mal auf einer Fotokopie, die man mir aus Warschau im Juli 1958 zugeschickt hatte.

2 Dr. Ding-Schuler, ein SS-Sturmbannführer, war der Leiter des Hygiene-Instituts der Waffen-SS im Lager Buchenwald.

3 Die Reaktion war negativ, weil die Fälle, nach den Angaben von Balachowsky, sehr schwer waren und der Tod sehr schnell kam. Man kann aus diesen Fällen bezüglich der Spezifität oder Nichtspezifität der Weil-Felix-Reaktion keinen Schluß ziehen.

Der erste verwickelte und aufgeblähte Satz des zitierten Abschnitts kann nur soviel bedeuten, daß ich die Deutschen (Dr. SCHULER)[IV] darauf aufmerksam gemacht habe, daß die WEIL-FELIX-Reaktion in einem oder mehreren Fällen schon am dritten und vierten Krankheitstag positiv war. Aber nicht ich führte im Lager die WEIL-FELIX-Reaktion durch, sondern Dr. René MORAT, ein französischer Häftling. Dies gibt selbst BALACHOWSKY an; vgl. die Seiten 1158 und 1162 von BAYLES Buch.[V] Nur MORAT konnte das also feststellen, nicht ich. Es kann sein, daß eine der verschickten Blutproben vom dritten und vierten Krankheitstag bei MORAT positiv ausfiel. Es kann sein, daß SCHULER mich fragte, ob ein solches Ergebnis überhaupt möglich ist. Ich möchte deutlich betonen, daß ich mich an eine solche Situation nicht erinnern kann, es konnte jedoch so gewesen sein. Dr. MORAT wie auch Dr. BALACHOWSKY konnten kein Deutsch, mit ihnen haben die Deutschen also nicht direkt gesprochen. In so einem Fall mußte ich natürlich die Möglichkeit eines positiven Ergebnisses, das übrigens tatsächlich einmal erzielt werden konnte, bestätigen. Am vierten oder fünften Krankheitstag bekommt man nicht selten positive Ergebnisse, darüber schreiben HETSCH und SCHLOSSBERGER im Lehrbuch *Experimentelle Bakteriologie*, 1942, S. 796: »Die WEIL-FELIX-Reaktion wird in der Regel am 4. oder 5. Krankheitstage positiv.«[VI]

Dieses Buch wurde stets von Dr. SCHULER verwendet. Wenn SCHULER mich also danach gefragt hätte – wobei ich noch einmal betonen möchte, daß ich mich an so ein Ereignis nicht erinnere –, dann wäre diese »vorsätzliche« (»délibérément«) Feststellung, daß die WEIL-FELIX-Reaktion schon am dritten Krankheitstag positiv sein kann, weder eine Entdeckung noch die Enthüllung eines Geheimnisses. Sie hätte weder theoretisch noch praktisch eine Bedeutung, denn eine positive WEIL-FELIX-Reaktion ereignet sich am dritten Tag sehr selten. Eine solche Bestätigung hätte nötig sein können, um denjenigen zu decken, der die Untersuchung durchführt, doch das war nicht ich.

Die Ansteckung von 20 Menschen mit dem Ziel, sich zu überzeugen, ob die WEIL-FELIX-Reaktion schon am dritten Krankheitstag positiv sein kann, ist nicht nur ein Verbrechen, sondern auch ein Unsinn, denn man kann nicht erwarten, daß sich dieses seltene Ereignis eben aufgrund der kleinen Zahl der Fälle wiederholen wird. SCHULER hat die Häftlinge bezüglich der Experimente, die er durchführen wollte, nicht zu Rate gezogen. Wenn er sich jedoch in diesem Fall beraten hätte, hätte man ihm vom Experiment inständig abraten müssen, denn man konnte fast sicher davon ausgehen, ein negatives Ergebnis zu erhalten.

Wenn es ein Gespräch zwischen mir und SCHULER über die WEIL-FELIX-Reaktion am dritten und vierten Krankheitstag gegeben hätte, hätte es BALACHOWSKY auf keinen Fall verstehen können, weil er kein Deutsch konnte. Seinen Inhalt konnte er also nur von dritten Personen und wohl nicht von Fachleuten erfahren. Ich muß also annehmen, daß er irgendein unsinniges Gerücht tendenziös neu redigiert hat, um es 1945 oder 1946 bösartig in Umlauf zu bringen. Er hat dieses Gerücht bestimmt mehrere Male wiederholt, da er mit seinen Vorträgen über Buchenwald in den USA herumgereist ist (BAYLE, S. 1166).[VII] BALACHOWSKY, der Sohn eines Emigranten aus Rußland, hatte eine ausgesprochen faschistische Einstellung, und darauf gründete er seine Vorurteile mir gegenüber. Es gab mehrmals Auseinandersetzungen zwischen uns, eine [war] besonders heftig und verbunden damit, daß ich eine Impfeinheit, an der er arbeitete, als nicht steril ablehnte. BALACHOWSKY konnte nicht verstehen, daß es sehr gefährlich wäre, diesen Impfstoff in Umlauf zu setzen, denn es würde wegen der Ansteckungen zu Beschwerden kommen. Ein Zeuge dieser Auseinandersetzung war Dr. NIKOLAJ KOLOSOW [KOLOTOW], ein sowjetischer Mithäftling, ein Assistent der Mikrobiologie aus Kursk, der die sterile Saat herstellte.

Bereits früher waren mir mehrmals vage Gerüchte ohne Quelle über irgendwelche Vorwürfe bezüglich meiner Person zu Ohren gekommen. Da es sich um nichts Konkretes handelte und ich keine Quelle finden konnte, andererseits aber Worte der Anerkennung und des Dankes hörte, die ich auch in schriftlicher Form besitze, nahm ich die Gerüchte nicht ernst und zählte sie zu den so vielen, die sogar um die ehrbarsten Menschen kursieren. Wie sich nun herausstellt, ist BALACHOWSKY die Quelle der bösartigen Gerüchte um meine Person, und nur BALACHOWSKY. Die anderen Genossen aus dem Lager sagen etwas anderes. In dem gleichen Buch von BAYLE gibt es auf der Seite 1178 die folgende Aussage des Mithäftlings Dr. E. KOGON:

»Quand le Dr Ludwik FLECK vint au block 50 à Buchenwald, il nous dit après avoir vu les germes du typhus, que nous avions produits en partant de poumons de lapins, qu'il ne s'agissait pas des Rickettsies, mais d'un autre type de germe. Nous lui demandâmes de ne pas communiquer cette découverte à DING-SCHULER, mais d'expérimenter avec nous, pour essayer de nous sortir convenablement de cette difficulté. Pendant les deux ans que le Dr FLECK travailla avec nous, il garda son secret.« [VIII]

Also erst von mir haben die Mithäftlinge, von denen keiner eine entsprechende Erfahrung hatte, mitgeteilt bekommen, daß ich für die SS eine völlig unwirksame Anti-Fleckfieberimpfung herstellte. Erst seit diesem Moment begann eine organisierte Sabotage, die fast zwei Jahre dauerte und dazu führte, daß 600 Liter einer neutralen Flüssigkeit in Umlauf gesetzt wurden, die in den SS-Truppen als Fleckfieberimpfstoff verwendet wurde. Man hat später auch eine kleine Menge eines guten Impfstoffs hergestellt, der als Probe für die Kontrolleure Häftlingen verabreicht wurde. Es war nicht einfach, diese Arbeit vor den Deutschen und vor der Mehrheit der Mithäftlinge geheimzuhalten. Ich trug dabei eine besonders schwere Verantwortung, denn ich konnte mich auf keinen Fall auf Unwissenheit berufen. Den Deutschen war es bekannt, daß ich mich früher mit Fleckfieber beschäftigt und auf diesem Gebiet Arbeiten veröffentlicht hatte.[IX] Innerhalb von fast zwei Jahren mußten ich und andere Eingeweihte mit SCHULER und höheren deutschen Organen mehrere sehr schwere und gefährliche Gespräche führen, von denen BALACHOWSKY keine Ahnung hatte.

Über die Sabotage in Buchenwald schrieb K. BARBARSKI in *Przekrój* (1947, Nr. 99) im Artikel »Sabotaż w ampułce«, der zweifellos von Dr. CIEPIELOWSKI[4] inspiriert wurde:

»Man muß hinzufügen, daß dies eine bewußte Arbeit war. Sie wurde von Dr. CIEPIELOWSKI[X] initiiert, und zu den Eingeweihten gehörten noch Prof. FLECK und Dr. MAKOWIČKA.[5] Es war zu gefährlich, in die Sabotage einen größeren Kreis einzuweihen.«[XI]

Aus diesen zwei Zitaten geht hervor, daß die Häftlinge zu mir Vertrauen hatten und daß sie nicht enttäuscht worden waren. BALACHOWSKY gehörte nicht zu den Eingeweihten, seine pathetische Erklärung, er habe sich, im Unterschied zu mir, »stricte« an die Regel »de ne pas prendere d'initiative scientifique, de ne pas effectuer d'expériences personnelles, et de ne donner aucune suggestion à SCHU-

4 Ein polnischer Mithäftling, der von den Deutschen bestimmt wurde, die Produktion der Impfung zu leiten.

5 Ein tschechischer Mithäftling, derzeit Oberst der tschechoslowakischen Armee; er wohnt in Prag.

LER ...«[XII] (S. 1162 in BAYLES Buch) gehalten, ist einfach lächerlich, denn weder hat jemand von ihm eine Initiative verlangt noch mit ihm gesprochen. Allein aus der von KOGON beschriebenen Situation geht hervor, daß ich keine bequeme, ausschließlich passive Haltung einnehmen konnte.

Als Vertrauens- und Achtungsbeweis seitens der Mithäftlinge – bis zum Augenblick der Befreiung im April 1945 – gebe ich bekannt, daß mich eine geheime kommunistische Organisation der Häftlinge versteckte (über die sich, nebenbei gesagt, Dr. BALACHOWSKY auf der Seite 1160 von BAYLES Buch sehr bösartig äußert)[XIII], als die Nazis in den letzten Tagen eine Versammlung der jüdischen Häftlinge angeordnet hatten, um diese zu ermorden. Diese Organisation handelte aus eigener Initiative, obwohl ich kein Mitglied bei ihr war.

Im Jahre 1948 wurde ich durch das Office of Chief of Counsel for War Crimes am Nürnberger Gericht als Zeuge und Sachverständiger im Prozeß gegen die IG Farben wegen verbrecherischer Experimente im Lager Buchenwald eingeladen, die unternommen worden waren, um die Wirkung verschiedener Anti-Fleckfieberimpfungen festzustellen. Es ging also um ebendiese Sache, um die es jetzt geht. Wenn irgendwelche Vorwürfe mir gegenüber existiert hätten, die man ernst nehmen könnte, würde das Tribunal meine Teilnahme am Prozeß abgelehnt haben, und wenn das Tribunal dies *a priori* nicht getan hätte, hätte die Verteidigung, die alle Akten kannte, Einspruch erhoben, um eilfertig jede Möglichkeit zu nutzen, mich loszuwerden. Statt dessen bekam ich, als meine Arbeit abgeschlossen war, vom Tribunal einen Dank, den ich als Fotokopie beifüge. Dort steht:

»Prof. Ludwik FLECK of the University of Lublin, Poland, has cooperated and rendered substantional assistance to the prosecution ... He furnished an expert analysis of the documentary evidence concerning the criminal involvement of the Farben officials in the medical experiments which took place in the concentration camp Buchenwald to determine the efficency of Farben typhus vaccines ...«[XIV]

Schließlich zitiere ich eine Erklärung von Professor Dr. WAITZ von der Medizinischen Abteilung der Universität Straßburg, dem Ritter der Ehrenlegion und ehemaligen Kommandanten der Widerstandsbewegung in der Auvergne, der mit mir in Buchenwald im gleichen Labor des Block 50 arbeitete. Nach dem Krieg war er Zeuge im Nürnberger Prozeß und veröffentlichte zwei Artikel über die Experimente in Buchenwald, einen in *Presse Médicale*, Nr. 23, vom 18. 5. 1946,

S. 322 ff., zusammen mit Dr. CIEPIELOWSKI, den anderen in »Publication de la faculté des lettres de l'université de Strasbourg«, *De l'université aux camps de concentration*, Paris 1947, S. 109 ff.[XV] Noch im Jahre 1956, nach meiner Rückkehr aus den Vereinigten Staaten, wo mir einer meiner Verwandten erzählt hatte, daß er direkt nach dem Krieg in einer Zeitung einen Bericht von jemandem aus Buchenwald gelesen hatte, in dem ich negativ erwähnt wurde, bat ich Prof. WAITZ um ein Gutachten über meine Tätigkeiten und meine Haltung in Buchenwald. Dieses Gutachten schickte ich nach Amerika. Prof. WAITZ, der über alle Ereignisse im Lager sehr gut informiert war, schreibt:

»Je puis certifier sur l'honneur, qu'à aucun moment, le Professeur FLECK n'a fait la moindre expérimentation sur les détenus, ni participé de près ou loin à une telle expérimentation. Je n'ai jamais entendu parler par des camarades de camp, du moindre fait pouvant être reproché au Professeur FLECK. Au contraire, je tiens à affirmer que le Professeur FLECK a toujours su garder vis- à-vis des SS une attitude très digne, et qu'il s'est efforcé de saboter le travail des médecins-SS.«[XVI]

Die Fotokopien dieser Erklärung füge ich hinzu. Meinen Aufenthalt im Lager Buchenwald erwähnen auch Prof. A. KIRRMAN[N], faculté des lettres de l'université de Strasbourg, im oben zitierten Buch *De l'université aux camps de concentration*, S. 117,[XVII] und Dr. E. KOGON im Buch *Der SS-Staat*, das 1946 in Westdeutschland veröffentlicht wurde.[XVIII] In keinem dieser Dokumente gibt es Vorwürfe gegen meine Haltung im Lager. In meinem Besitz befinden sich Briefe von Mithäftlingen, die Dankesworte für die Hilfe im Lager enthalten.

Ich glaube, ich habe das Recht, die Aussage von Dr. BALACHOWSKY als ein unsinniges und bösartiges Gerücht zu bezeichnen.

Ich bin davon überzeugt, daß in Polen, wo ich über 50 Jahre verbracht habe und wo es viele Zeugen meines Aufenthalts in Auschwitz und auch viele Zeugen meines Aufenthaltes in Buchenwald gibt, dieses Gerücht keinen Glauben findet.

1 Ludwik Fleck, »W sprawie buchenwaldzkiej. Komentarz do książki F. Bayle: *Croix gammée contre caducée*, aus dem Stanisław-Konopka-Archiv der Medizinischen Bibliothek Warschau, SMF, S. 306-311. Aus dem Polni-

schen von Sylwia Werner. Komm.: Hg. (Wir danken Florian Schmaltz, der an einer früheren Version dieses Kommentars mitgearbeitet hat, für mannigfache Anregungen und Hinweise.)

Flecks Text wurde am 19. August 1958 vom Direktor des Instituts für Mutter und Kind, Franciszek Groër, an Prof. Dr. Stanisław Konopka, seinerzeit Direktor der Medizinischen Bibliothek Warschau, mit dem folgenden Anschreiben geschickt: »Sehr geehrter Herr Professor, in bezug auf die Aussage des ehemaligen Buchenwald-Häftlings Dr. Alfred Balachowsky über Prof. Dr. Ludwik Fleck, die in Bayles Buch von 1950 *Croix gammée contre caducée* zitiert wurde, stelle ich Prof. Dr. Flecks Antwort darauf in Fotokopien zusammen und bitte um ihre Veröffentlichung in *Polski Tygodnik Lekarski* [Polnische Ärztliche Wochenschrift].« Konopka entsprach Groërs Bitte nicht, Flecks Entgegnung auf die Vorwürfe Balachowskys blieb unveröffentlicht. Zur Biographie von Franciszek Groër vgl. seinen Nachruf auf Ludwik Fleck, in diesem Band. Fleck haben die Anschuldigungen Balachowskys tief getroffen. Vgl. seinen Brief an Barbara Narbutowicz vom 14. 6. 1958, ebd.

II Zur bunten Vita des Zoologen, Entomologen, französischen Widerstandskämpfers und britischen Agenten Alfred Balachowsky (1901-1983) siehe die ihm gewidmete Internetseite des Pasteur-Instituts und die dortigen weiterführenden Literaturhinweise ⟨http://www.pasteur.fr/infosci/archives/balo.html⟩ (Zugriff: 24. 9. 2010).

III François Bayle, *Croix gammée contre caducée. Les expériments humaines en Allemagne pendant la deuxième guerre mondiale*, Neustadt 1950, S. 1162f. [»Prof. Dr. Ludwik Fleck aus Lemberg, ein politischer Häftling und polnischer Jude, erklärte aus freien Stücken im Juli 1944, daß er geglaubt habe, Modifikationen in den serologischen Reaktionen des 3. und 4. Tages der Krankheit beobachtet zu haben, und zwar anläßlich eines plötzlichen Anstiegs der Serum-Agglutinationszahl von 1/400 auf 1/800 bei der Weil-Felix-Reaktion während des 3. oder 4. Krankheitstages. Schuler schickte unverzüglich einen Bericht nach Leipzig, um neue Versuche zu fordern, welche dann sofort bewilligt wurden. Am 6. September 1944 wurden 20 neue Versuchspersonen im Block 46 geimpft, im Anschluß wurden Tag für Tag neue serologische Versuche unternommen. Die Weil-Felix-Reaktion wies keine spezifischen Resultate auf, sondern nur bei 2 von 20.«]

IV Zu Erwin Ding-Schuler vgl. Flecks Aussagen im IG-Farben-Prozeß, in diesem Band.

V Vgl. Bayle, *Croix gammée*, S. 1158, wo es heißt, daß der französische Arzt Dr. Morat im von Fleck geleiteten Labor für die Durchführung der Weil-Felix-Reaktion zuständig war.

VI [Original deutsch.] Das vollständige Zitat lautet: »Die Weil-Felixsche Reaktion wird in der Regel am 4. und 5. Krankheitstage positiv und bleibt lange, manchmal 1-2 Jahre, nachweisbar.« Vgl. Wilhelm Kolle, Heinrich Hetsch, Hans Schlossberger, *Experimentelle Bakteriologie und Infektionskrankheiten: mit besonderer Berücksichtigung der Immunitätslehre*, 9. Aufl., bearb. von Heinrich Hetsch und Hans Schlossberger, Berlin 1942, S. 796f.

VII Vgl. Bayle, *Croix gammée*, S. 1166. Laut Bayle hat Balachowsky in Amerika bei Veranstaltungen über die pseudomedizinischen Versuche Ding-Schulers gesprochen.

VIII Bayle, *Croix gammée*, S. 1178. [»Als Dr. Ludwik Fleck in den Block 50 in Buchenwald kam, sagte er zu uns, nachdem er die Typhuserreger, die wir aus den Kaninchenlungen gewonnen hatten, gesehen hatte, daß es sich hierbei nicht um Rickettsien handele, sondern um einen anderen Erregertyp. Wir baten ihn, diese Enthüllung nicht Ding-Schuler mitzuteilen, sondern bei den Experimenten mitzumachen, um so zu versuchen, aus dieser schwierigen Lage herauszukommen. Während der beiden Jahre, in denen Dr. Fleck mit uns arbeitete, hat er sein Geheimnis bewahrt.«]

IX Zuvor hatte Fleck acht Artikel zur Fleckfieberforschung publiziert, die Hälfte davon auf Deutsch, vgl. Fleck (1922a), (1923b), (1930d), (1930f., (1931b), (1931g), (1933b), (1934a).

X Zu Ciepielowski siehe: Stanisław Kłodziński, »Sabotaż w buchenwaldzkim Institutcie Higieny SS: Dr. Marian Ciepielowski [Sabotage im Hygiene-Institut der SS: Dr. Marian Ciepielowski]«, in: *Przegląd Lekarski* 34, 1 (1977), S. 141-145. Siehe auch Flecks Bericht »Wie wir den Anti-Flecktyphusimpfstoff im Lemberger Ghetto hergestellt haben«, in diesem Band.

XI Vgl. Klemens Barbarski, »Sabotaż w ampułce« [Sabotage in der Ampulle], in: *Przekrój* 99 (1947), S. 16. Schnelle-Archiv A 6b. Vgl. dazu Lutowskis Interview mit Fleck in diesem Band sowie ebd. Auszüge aus diesem Bericht in EN VII.

XII »(...) keine wissenschaftliche Initiative zu ergreifen, keine persönlichen Versuche anzustellen und Schuler keine Vorschläge zu machen.«

XIII Balachowsky behauptet dort, der brutale Kapo Arthur Dietzsch sei von den kommunistischen Häftlingen toleriert worden, da er die Macht gehabt habe, Feinde der Partei rasch zu beseitigen. Vgl. Bayle, *Croix gammée*, S. 1160.

XIV »Prof. Ludwik Fleck von der Universität Lublin, Polen, hat kooperiert und der Anklagevertretung substantielle Hilfe geleistet ... Er versah uns mit einer Expertenanalyse zu den Beweisdokumenten, die sich auf die kriminelle Beteiligung von Angestellten der [IG] Farben an medizinischen Experimenten bezogen, welche im Konzentrationslager Buchenwald durchgeführt worden waren, um die Wirkung von Fleckfieber-Impfstoffen der [IG] Farben zu bestimmen.«

XV Robert Waitz, Marian Ciepielowski, »Le typhus experimental au camp de concentration de Buchenwald«, in: *La presse médicale* 23 (1946),

S. 322-324, und Robert Waitz, »Au Block 46 de Buchenwald. Le typhus expérimental chez l'homme«, in: Université Strasbourg (Hg.), *Témoignages Strasbourgeois. De l'université aux camps de concentration*, Straßburg 1946, S. 109-113.

XVI »Ich kann an Eides statt erklären, daß Professor Fleck niemals auch nur das kleinste Experiment an den Häftlingen durchführte und weder direkt noch indirekt an einem solchen Experiment beteiligt war. Nie habe ich die Lager-Kameraden jemals auch nur von einem geringsten Vorfall reden hören, den man Professor Fleck vorwerfen könnte. Im Gegenteil lege ich Wert auf die Feststellung, daß Professor Fleck sich den SS-Männern gegenüber stets korrekt verhalten hat und daß er sich bemüht hat, die Arbeit der SS-Ärzte zu sabotieren« (vgl. Schnelle-Archiv B 5/2).

XVII Albert Kirrmann, »Les laboratoires du block 50«, in: Université Strasbourg (Hg.), *Témoignages Strasbourgeois. De l'université aux camps de concentration*, Straßburg 1946, S. 115-118.

XVIII Siehe dazu: Kogon, *SS-Staat*, S. 195.

Teil III:
Biographica

Briefwechsel mit Moritz Schlick[I]

Lwów [Lemberg] (Polen), den 5. September 1933

Sehr geehrter Herr Professor!

Wollen Sie gütigst meine Freiheit entschuldigen, daß ich Ihnen gleichzeitig mit diesem Briefe das Manuskript meiner eben fertiggestellten Arbeit *Die Analyse einer wissenschaftlichen Tatsache. Versuch einer vergleichenden Erkenntnistheorie*[II] übersende. Ich bitte Sie höflichst, diese Arbeit durchzulesen und mich um Ihre Meinung wissen zu lassen.

Mein engeres Fach bildet die Bakteriologie, aus deren Gebiete ich etwa 30 Arbeiten publizierte. Die in deutscher Sprache verfaßten erschienen in der *Zeitschrift für Immunitätsforschung*, im *Zentralblatt für Bakteriologie*, in der *Klinischen Wochenschrift* und anderen. Doch interessierte ich mich stets für erkenntnistheoretische Probleme und kenne auch Ihre Arbeiten, verehrter Herr Professor, die *Allgemeine Erkenntnislehre*[III] und besonders die in der *Erkenntnis*[IV] veröffentlichten.

Wenn ich Sie bemühe, so geschieht es deshalb, weil ich sonst keinen Anschluß an die deutsche Wissenschaft außerhalb meines engeren Fachgebietes hätte, und deshalb, weil ich aus Ihren Arbeiten reges Interesse für jede wissenschaftliche Betätigung entnehme.

Ich konnte mich nie des Eindruckes erwehren, in der Erkenntnistheorie werde zumeist nicht die Erkenntnis, wie sie faktisch sich darbietet, untersucht, sondern ihr imaginiertes Idealbild, das der realen Eigenschaften entbehrt. Schon die Wahl des Materials (fast ausschließlich Physik, Astronomie oder Chemie) scheint mir meist irreführend zu sein, denn das Entstehen der elementaren Erkenntnisse der Physik liegt so weit zurück, daß wir es nur schwer untersuchen können – und die neueren Erkenntnisse sind so sehr sozusagen »systembefangen«, so sehr durch die schulmäßige Vorbildung und die wissenschaftliche Tradition uns allen suggeriert worden, daß ich sie als prinzipielles Untersuchungsmaterial ebenfalls für ungeeignet halten muß. Der Satz, alle Erkenntnis entspringe den Sinneseindrücken, ist irreführend, denn die Mehrzahl der Kenntnisse aller Menschen stammt einfach aus den Lehrbüchern. Und diese Lehrbücher stammen aus anderen Büchern oder Aufsätzen und so fort. Vorausgesetzt, dieser Weg führte schließlich zu Sinneseindrücken irgendeines Forschers – so sind aber noch nie ernstliche Untersuchungen angestellt worden, ob das Mitteilen eines Wissens, seine Wanderung von Mensch zu Mensch, vom Zeitschriftenaufsatz zum Handbuch nicht prinzipiell mit Transformation, und zwar mit besonders gerichteter Transformation verbunden ist. Und zweitens, da auch der Forscher, der eine Erkenntnis aus dem Gebiete seines Faches »unmittelbar« empiristisch gewinnt, die Mehrzahl seiner Erkenntnisse doch aus Büchern bezieht: Es gibt auch keine ernstlichen Untersuchungen, wieweit ein Wissensbestand den Erkenntnisakt beeinflußt. Endlich finden sich auch in der historischen Entwicklung des Wissens einige merkwürdige allgemeine Erscheinungen, wie z. B. die besondere stilmäßige Geschlossenheit jeweiliger Wissenssysteme, die eine erkenntnistheoretische Untersuchung fordern.

Diese Betrachtungen veranlaßten mich, eine wissenschaftliche Tatsache aus meinem Fachgebiet erkenntnistheoretisch zu bearbeiten, worauf das erwähnte Manuskript entstand. Ich bitte Sie, sehr verehrter Herr Professor, sich nicht durch das vielleicht fremdartige (möglicherweise sogar befremdende) ärztliche Material abstoßen zu lassen. Ich bin überzeugt, daß Abschnitt II und IV des Kapitels 4 besonders Ihr Interesse erregen werden. Der Abschnitt IV des Kapitels 2 und Abschnitt III des Kapitels 4 sind der Soziologie des Erkennens besonders gewidmet, werden also vielleicht die Soziologische Gesellschaft in Wien interessieren, die, wie ich erfuhr, gerade jetzt für eine Arbeit aus diesem Gebiete einen Preis aussetzte.[V] Sollte die Arbeit den Grundsätzen der Preisausschreibung entsprechen, so wäre ich Ihnen sehr verbunden, wollten Sie sie der Gesellschaft zur Verfügung stellen.

Genehmigen Sie, verehrter Herr Professor, den Ausdruck meiner ausgezeichneten Hochachtung

[Dr. Ludwik Fleck]

[Wien, den] 16. März 1934

Sehr geehrter Herr Dr.,

Während des Wintersemesters war es mir leider nicht möglich, Ihre Arbeit zu lesen. Erst jetzt, bei Beginn der Ferien, habe ich die dazu nötige Zeit gefunden. Bitte entschuldigen Sie die große Verspätung.

Ihre Schrift hat mich sehr interessiert und stellt gewiß eine wissenschaftliche Leistung hohen Ranges dar. Obgleich ich nicht imstande bin, Ihren erkenntnistheoretischen Folgerungen zuzustimmen (um die Gründe dafür auseinanderzusetzen, würde ich sehr viel Zeit und Raum gebrauchen), so kann ich doch den Gedankenreichtum, die Gelehrsamkeit, die Klugheit Ihrer Argumente und das hohe geistige Niveau des Ganzen sehr wohl schätzen und würdigen.

Ich würde Ihnen daher sehr gern behilflich sein bei der Publikation des Buches, wenn dies in meiner Macht stünde. Als Bewerbungsschrift für die von der soziologischen und der philosophischen Gesellschaft in Wien ausgeschriebene Preisaufgabe kommt Ihre Schrift nicht in Frage, da Ihre Problemstellung eine andere ist und auch die äußeren Bedingungen der Ausschreibung nicht erfüllt sind. Soviel ich weiß, hat auch die soziologische Gesellschaft gar keine Mittel, Ihre Arbeit sonst irgendwie als Buch herauszugeben. Die einzige Möglichkeit ist wohl die, daß Sie versuchen, selbständig einen Verleger dafür zu finden. Ich bin gern bereit, das Buch zu empfehlen, es müßte aber außerdem unbedingt noch ein medizinischer Sachverständiger als Begutachter hinzutreten, denn zweifellos kommen als Leser für die Schrift in erster Linie solche in Betracht, die sich für die Erkenntnistheorie und Geschichte der Medizin interessieren. Wenn Sie mir einen solchen Sachverständigen in Wien namhaft machen, will ich ihm gern das Manuskript übergeben, und wir könnten dann versuchen, einen Wiener Verleger für Ihre Arbeit zu interessieren.[VI]

Bitte teilen Sie mir mit, ob Sie mit diesem Vorschlag einverstanden sind. Käme z. B. Prof. Oppenheimer[VII] in Betracht? Ich trete am 26. März eine Erholungsreise in den Süden an und würde mich freuen, vorher von Ihnen zu hören.

Mit den besten Wünschen Ihr sehr ergebener

[M. Schlick]

I Der vorliegende Briefwechsel zwischen Ludwik Fleck und Moritz Schlick stammt aus dem Moritz-Schlick-Nachlaß, Inv.-Nr. 100, Wiener Kreis Stichting (Amsterdam). Komm.: CZ.

Der erste Brief wurde auszugsweise bereits publiziert in: Friedrich Stadler, *Studien zum Wiener Kreis. Ursprung, Entwicklung und Wirkung des Logischen Empirismus im Kontext*, Frankfurt/M. 1997, S. 59f. Der Gegenbrief Schlicks ist im Nachlaß erhalten geblieben, vgl. den folgenden Brief.

Moritz Schlick (1882-1936) war einer der Mitbegründer und führender Kopf des Wiener Kreises und damit ein Hauptrepräsentant des Logischen Empirismus. Er war Professor der Universität Wien, wo er 1936 aus politischen Gründen von einem ehemaligen Studenten erschossen wurde. Wenn Fleck sich in seinen Schriften auf den Logischen Empirismus bezieht, so stets kritisch, so auch im an Schlick gesandten Manuskript von EET, z. B. S. 121. Namentlich greift er meist Carnap, zuweilen aber auch Schlicks Vorgänger auf dem Wiener Lehrstuhl für Naturphilosophie, Ernst Mach, an. EET, S. 39, vgl. EN VIII zu »Über die wissenschaftliche Beobachtung und die Wahrnehmung im allgemeinen«, in diesem Band. An einer Stelle im Manuskript wird jedoch Schlick direkt attackiert, und zwar wenn die »sehr charakteristischen Fehler« der »philosophierenden Naturforscher« (EET S. 69) – Schlick war Physiker und Philosoph – benannt werden: »Sie wissen, daß es keine ›einzig und allein objektiven Merkmale und Verhältnisse‹ gebe, sondern nur Relationen in bezug auf ein mehr oder weniger willkürliches Bezugssystem. Aber sie begehen ihrerseits den Fehler, allzu großen Respekt vor Logik, eine Art religiöser Hochachtung vor logischem Schließen zu haben. Für diese naturwissenschaftlich gebildeten Erkenntnistheoretiker, z. B. des sogenannten Wiener Kreises (Schlick, Carnap u. a.) ist menschliches Denken (wenigstens als Ideal, als Denken, wie es sein soll) ein Fixum, ein Absolutum – die empirische Tatsache das Relative« (ebd.).

Weiterführend: Jürgen Renn, »Ludwik Fleck und Moritz Schlick – Zur Überwindung der neokantischen Tradition in der modernen Wissenschaftsphilosophie«, erscheint in: Jürgen Renn, Fynn Ole Engler (Hg.), *Schlickiana* IV: *Wissenschaftliche Philosophie, moderne Physik und historische Epistemologie*, Berlin 2011.

II Der Titel des 1935 gedruckten Buches lautet hingegen: *Entstehung und Entwicklung einer wissenschaftlichen Tatsache. Einführung in die Lehre vom Denkstil und Denkkollektiv.*

III Die *Allgemeine Erkenntnislehre* (1918) ist Schlicks Hauptwerk und Grundstein für die spätere Entwicklung des Wiener Kreises des Logischen Empirismus. In ihm entwickelt Schlick u. a. seine Überlegungen zu einer psychologischen Erkenntnistheorie, zu Fragen, was eine Tatsache ist, und zur Wirklichkeitserkenntnis. Fleck konnte also erwarten, daß seine Schrift genau Schlicks Forschungsinteressen anspricht, wobei er davon ausging, daß Schlick auch andere Standpunkte zu würdigen wüßte. Vgl. zum wissenschaftshistorischen Hintergrund die Einleitung und ausführlichen Kommentare der vorbildlichen Neuausgabe: Hans Jürgen Wendel, Fynn Ole Engler (Hg.), *Moritz Schlick. Allgemeine Erkenntnislehre*, Berlin 2009.

IV In der von ihm mitgegründeten Zeitschrift *Erkenntnis* hatte Schlick bis dato einige Aufsätze und Rezensionen veröffentlicht, darunter: Moritz Schlick, »Die Wende der Philosophie«, in: *Erkenntnis* 1 (1930/31), S. 4-11; »Positivismus und Realismus«, in: *Erkenntnis* 3 (1932/33), S. 1-31.

V Die Soziologische Gesellschaft war eine habsburgische Gründung, 1901 in Budapest entstanden, und 1907 auch in Wien sich formierend, mit Wilhelm Jerusalem, auf den sich Fleck wiederholt und auch in EET (S. 53 und 62ff.) bezieht, als Mitbegründer. In: *Erkenntnis* 2, 1 (1931), S. 85f. annoncierte man ein »›Preisausschreiben der Soziologischen Gesellschaft und der Philosophischen Gesellschaft (Ortsgruppe der Kantgesellschaft) in Wien. Thema: Die Entwicklung der Soziologie des Erkennens und Wissens seit Wilhelm Jerusalem. Preis: S 1000 (tausend österreichische Schilling) = 600 RM.‹« Wilhelm Jerusalem hat als erster eine Soziologie des Erkennens gefordert: in einem Aufsatz, den er in der *Zukunft* vom 15. Mai 1909 unter diesem Titel veröffentlichte. Seine Untersuchungen zur Soziologie des Erkennens und Wissens wurden dann sowohl in seiner *Einführung in die Soziologie* (Schriftenreihe der Soziologischen Gesellschaft in Wien, I. Band) sowie in der Abhandlung »Die soziologische Bedingtheit des Denkens und der Denkformen« (in Max Schelers *Versuchen zu einer Soziologie des Wissens*, München 1924) weitergeführt, die auf die große Bedeutung einer zukünftigen soziologischen Kritik der menschlichen Vernunft hinwiesen. Das Gebiet der Soziologie des Erkennens und Wissens ist seitdem von verschiedenen deutschen und ausländischen Forschern bearbeitet worden. Aufgabe der Preisschrift ist es, diese Entwicklung von den ersten Anregungen bis auf die Gegenwart zu verfolgen. Die Bewerber haben demgemäß zu zeigen, auf welchen Grundlagen sich die Lehre Wilhelm Jerusalems aufbaut, was ihren Wesenskern ausmacht, in welcher Weise sie weiter gewirkt hat, welche der von Jerusalem aufgeworfenen Probleme noch der Bearbeitung harren, und schließlich, welche Stellung die Soziologie des Erkennens und Wissens im Gesamtbereich der Soziologie und der Erkenntniskritik einzunehmen berufen ist. Die Arbeiten sollen streng wissenschaftlichen Charakter tragen und in erster Linie eine möglichst objektive Darstellung bringen. Die Bewerber haben aber selbstverständlich volle Freiheit in der Darlegung ihres eigenen Standpunktes. Als Umfang der Arbeiten sind etwa drei bis sechs Druckbogen ins Auge gefaßt. Doch sind auch kürzere und längere Arbeiten zur Bewerbung zugelassen.« Offenbar erhielt Fleck also durch diese Ausschreibung Kenntnis vom Werk Jerusalems.

VI Fleck hatte sich wahrscheinlich erhofft, von Schlick an den Springer-Verlag empfohlen zu werden. Schlick konnte jedoch Flecks Manuskript in Wien an keinen geeigneten Verleger vermitteln. Es wurde 1935 in Basel unter dem Titel *Entstehung und Entwicklung einer wissenschaftlichen Tatsache* veröffentlicht. Vgl. Erich Otto Graf »habent sua fata libelli – Bücher haben ihre Schicksale« ⟨http://www.ludwikfleck.ethz.ch/fileadmin/user_upload/lfz_pdf_events/Referat_Erich_O._Graf.pdf⟩ (Zugriff: 18.3.2011).

VII Vermutlich ist der Mediziner und Soziologe Franz Oppenheimer (1864-1943) gemeint, der von 1919 bis 1928 die erste Professur für Soziologie in Frankfurt am Main innehatte.

Briefe an Witold Ziembicki[I]

Lublin, den 31. 3. 1946

Sehr geehrter und lieber Herr Professor,

ich danke Ihnen herzlich für den Brief vom 24. 3. und freue mich sehr, daß Sie mich – den unwürdigen Assistenten der 2. Inneren Abt. – nicht vergessen haben. Gratulieren Sie mir zur Stelle nicht, denn ich wurde noch nicht nominiert, und die Redaktion hat mich nur versehentlich vom »Stellvertretenden Professor« zum »Professor« befördert. Doch ich hoffe, daß ich bald nominiert sein werde. Ich wurde übrigens ganz zum Philosophen, etwas in der Diogenes-Art, nur statt in einem Faß wohne ich in einem unmöblierten Zimmer. Ich freue mich aber, daß sich meine engsten Familienangehörigen, d. h. meine Frau und mein Sohn, gerettet haben und bei mir sind.

Den Krieg verbrachte ich in Konzentrationslagern, zuerst in Auschwitz, dann in Buchenwald, d. h., ich sah genau die Hölle und erwarte, daß mir diese Zeit beim Jüngsten Gericht von der Strafe abgezogen wird.

Die mir unterstehende Mikrobiologische Abteilung der hiesigen Universität ist schlecht ausgestattet, doch ich arbeite eifrig und bemühe mich, die verlorene Zeit nachzuholen. Unser Hauptthema wird auch sicherlich Herrn Professor interessieren, denn es betrifft die Hämatologie und insbesondere die zytospezifischen Autoagglutinine für weiße Blutkörperchen, die in jedem Blut vorhanden sind und die während der Krankheit zunehmen und wahrscheinlich für den zytologischen Blutinhalt zuständig sind. Es ist meine Entdeckung, die ich noch im Lemberger Ghetto 1942 gemacht hatte. Diese Agglutinine nannte ich Leukergien, und sie sind wirklich sehr interessant. Ich veröffentlichte darüber eine kurze Notiz in der *Schweizerischen Medizinischen Zeitschrift*[II] und einen umfangreicheren Artikel in der Lubliner Zeitschrift *Medycyna Weterynaryjna* [Veterinärmedizin][III] vom Februar 1946. Sobald ich Abzüge habe, werde ich sie Herrn Professor schicken und ihn darum bitten, seine Meinung zu äußern. Für die Geschichte der Medizin habe ich jetzt leider keine Zeit, aber über die Methodologie ärztlicher Forschungen habe ich für *Życie Nauki*[IV] einen Artikel geschrieben und erwarte, daß er in einem der nächsten Hefte erscheinen wird. Ich danke Ihnen sehr für Ihre Bereitschaft, an meine Arbeit über die Entstehung der Wassermann-Reaktion zu erinnern. Es scheint mir aber, daß diese nicht viele Menschen interessieren wird.

Was Dr. MEHRER, nach dem Sie gefragt haben, betrifft, ist er in Warschau umgekommen.

Ich verbleibe hochachtungsvoll mit herzlichen Grüßen.

Ihr dankbarer Schüler
[FLECK]

Lublin, den 22. 4. 1946

Sehr geehrter und lieber Herr Professor,

die Gelegenheit, an die Geschichte der WASSERMANN-Reaktion zu erinnern, wird sich selbstverständlich noch wegen des vierzigsten Jahrestages bieten, der eben in dieses Jahr fällt. Ich habe darüber sogar einen populärwissenschaftlichen Artikel für *Odrodzenie*[V] geschrieben.

Wenn Herr Professor den Gedankengang meines Artikels aus der *Polska Gazeta Lekarska* [Polnische Ärzte-Zeitung] vom Jahr 1934 »Wie entstand die Wassermann-Reaktion«[VI] braucht, bin ich damit gerne dienlich:

(I) Sehr rasch nachdem die Syphilis in Europa aufgetaucht war, entstand die Legende, daß das Wesen der Syphilis im verseuchten Blut zu finden sei (*sanguis melancholicus, corruptus, malus, abunde fervene et crassus, commaculatus immutatus*). Diese Legende läßt sich auf die religiöse Einstellung zur verleumdeten Krankheit zurückführen, die ihr das Gepräge einer sündigen Lustseuche verliehen hatte. Die Legende war vermutlich der Anstoß zu Untersuchungen, die in der zweiten Hälfte des 19. Jahrhunderts mit allen möglichen chemischen und physikalischen Mitteln unternommen wurden, um das »Dogma des luischen Blutes« zu beweisen. Und so stellte z. B. GAUTHIER fest, daß luisches Blut weniger Wasser und Kochsalz beinhaltet, andere (NEUMANN-KONRIED, REISS, MALASSEZ, RILLE, OPPENHEIM) fanden die Unterschiede im Hämoglobin- und Eisengehalt. RICORD, GROSSI und die anderen fanden eine größere Menge von Eiweiß und noch andere eine veränderte Reaktion und den Gefrierpunkt, und LOSTORFER fand 1872 spezielle Blutzelleneinschlüsse. Bei keiner anderen Krankheitseinheit wurde mit vergleichbarer Sturheit die Blutuntersuchung angewendet.

(II) Der Schrei nach einer Blutprobe fand bei WASSERMANN durch die Vermittlung des Ministerialdirektors Friedrich ALTHOFF Gehör, der ihn 1906 beauftragte, das luische Blut zu untersuchen. WASSERMANN wandte eine Komplementbindungsreaktion an, die von BORDET und GENGOU bekanntgemacht wurde. Aus dem Inhalt der ersten Arbeit, die am 10. 5. 1906 unter dem Titel »Eine serodiagnostische Reaktion bei Syphilis« veröffentlicht und von WASSERMANN, NEISSER und BRUCK unterzeichnet wurde, geht hervor, daß es ihnen darum ging, mit Hilfe von Komplementbindung vor allem die Anwesenheit des luischen Antigens in Organen und im Blut der Syphilis-Kranken nachzuweisen und erst in zweiter Linie die Anwesenheit der Antikörper in deren Blut. Die Statistik der ersten Versuche der erwähnten Forscher finden wir in der zweiten Arbeit, die 1906 herauskam. Sie sieht folgenderweise aus: Aus 76 untersuchten Extrakten der luischen Organe konnte bei 64 das luische Antigen nachgewiesen werden (84%). Das Nachweisen von Ambozeptoren gelang in 49 Fällen von 257 Versuchen, d.h. in 19%. Kein Wunder, daß die Autoren den größeren Wert auf das Nachweisen des Antigens legten. Diese ersten Erfahrungen WASSERMANNS und seiner Mitarbeiter sind einzigartig: Das Nachweisen des Antigens gelingt nicht vollständig, und die Extrakte der normalen Organe reagieren in hohem Prozentsatz genauso wie die Extrakte der luischen Organe. Während einer weiten Diskussion, die in der Fachpresse 1921 stattfand, stellte sich heraus, daß die Autoren selbst nicht mehr erklären konnten, auf welche Weise sie zu ihren ersten Ergebnissen gekommen waren.

(III) In der Zwischenzeit wurde WASSERMANNS Projekt in der kollektiven Zusammenarbeit vieler Fachleute in verschiedenen Laboren bearbeitet. Es stellte sich heraus, daß die ursprüngliche Idee WASSERMANNS, nämlich das Nachweisen spezifischer Immunkörper, auf einem Irrtum beruht, denn WASSERMANNS Versuch steht höchstwahrscheinlich in keinem Zusammenhang mit dem Erreger dieser Krankheit. Erst diese kollektive Arbeit verbesserte diese Reaktion so, daß aus ursprünglichen 15-20% günstiger Ergebnisse 70-90% erreicht wurden.

Mein Buch u. d. T. *Entstehung und Entwicklung einer wissenschaftlichen Tatsache* kam in Basel im Jahre 1935 heraus. Noch einmal bedanke ich mich dafür, daß Sie gnädig meiner gedenken, und verbleibe hochachtungsvoll mit herzlichen Grüßen.

[FLECK]

Lublin, den 5. 5. 1946

Sehr geehrter und lieber Herr Professor,

der Artikel über den 40. Jahrestag der WASSERMANN-Reaktion kam noch nicht heraus, und ich habe sogar ein bißchen Angst um ihn, denn er ist häretisch. Doch wenn er herauskommt, wird es eine Diskussion geben. Ich danke Ihnen sehr für die Erinnerung an WIDAL,[VII] ich werde [über ihn] aus ideologischen sowie materiellen Gründen schreiben.

Ich bin darauf gespannt, was für einen Widerhall mein Artikel in *Życie Nauki* finden wird. Glücklich können sich diejenigen schätzen, die in Krakau wohnen. Hier gibt es sogar keine Bücher, was meine Arbeit erheblich erschwert. Ihren Artikel über PASTEUR kenne ich nicht, im September war ich noch nicht im Lande. Ich würde ihn gerne lesen, falls Herr Professor einen Abzug besitzt.

Ich verbleibe hochachtungsvoll mit herzlichen Grüßen

[FLECK]

Lublin, den 20. 5. 1946

Sehr geehrter und lieber Herr Professor,

ich danke Ihnen sehr für die Möglichkeit, in Ihren Artikel über PASTEUR hineinsehen zu dürfen. Ihre Ansicht, daß PASTEUR weit über KOCH steht, teile ich vollkommen. Er hatte wirklich einen genialen Kopf und gesegnete Hände.

Machen Sie sich bitte keine Sorgen wegen der Sache mit meinem Artikel über WASSERMANNS Geschichte. Es ist ein normaler und richtiger Lauf der Dinge, um den Würdigeren Platz zu machen. Die Arbeit über FRACASTORO[VIII] haben alle Kollegen mit großem Interesse und großer Anerkennung gelesen. Und ich werde meinen uninteressanten WASSERMANN irgendwo andershin schicken, vielleicht, wie Sie mir raten, an *Kuźnica*[IX] [Schmiedehütte]. Es ist ja aber eine unbedeutende Sache.

Ich möchte jetzt die Geschichte der Antivakzinebewegung in England bearbeiten, sie ist in bezug auf die Psychologie des Kollektivs sehr interessant. Leider habe ich keine Quellen. Kennen Sie zufällig, Herr Professor, irgend etwas aus diesem Gebiet?

Ich verbleibe hochachtungsvoll mit besten Grüßen.

[FLECK]

Lublin, den 2. 6. 1946

Sehr geehrter und lieber Herr Professor,

die Antivakzinebewegung in England interessiert mich deswegen, weil ich gerade den englischen Roman von HAGGARD, *Doctor Therne*,[x] gelesen habe, dessen Handlung sich um diese Bewegung dreht. Ich möchte verstehen, wie eine solche Dummheit sich in einem so hochstehenden Land entwickeln konnte: bis zu gesetzgebenden Akten. Wenn der Roman den wahren Stand der Dinge verkündet, funktionierte in England eine organisierte Propaganda, und die Ärzte nahmen an ihr teil. Man gründete einen Verband der Gegner der Vakzination. Während der Wahlen verpflichtete man die Parlamentskandidaten dazu, gegen die Zwangsimpfungen einzutreten, usw. Ich möchte die Argumente der Ärzte kennenlernen, die Impfgegner waren. Wenn Herr Professor bei der Gelegenheit etwas zu diesem Problem findet, wäre ich sehr dankbar, aber suchen Sie bitte nicht extra, denn ich möchte Ihnen keine Umstände machen.

Diese Sache mit *Odrodzenie* ist wirklich nicht wichtig. Der Artikel des Herrn Professors ist früher gekommen, doch im übrigen hätte der Redakteur eher einen braven und sachlichen Artikel als meinen untergebracht, der Probleme und Ideologie beinhaltet, die nicht ganz den Tendenzen von *Odrodzenie* entsprechen. Aber das ist wirklich unwichtig. Das Manuskript habe ich zurückbekommen und an *Kuźnica*[XI] geschickt.

Ich verbleibe hochachtungsvoll mit herzlichen Grüßen.

[FLECK]

Lublin, den 15. 6. 1946

Sehr geehrter und lieber Herr Professor,

ich danke Ihnen sehr für das ansprechende Büchlein, aus dem ich viel Neues erfahren habe, unter anderem, daß R. KOCH auf seine alten Tage eine junge Schauspielerin geheiratet hat. Was für ein Halunke! Außerdem erfuhr ich, daß VIRCHOW ein Schwätzer und LISTER ein Gegner des Pockenimpfstoffes war.

Solch ein Buch ergänzt aber auf jeden Fall das Epochenbild, denn es bringt Ereignisse zur Geltung und macht die Helden, die wir sonst nur als Bronzestatuen kennen, menschlicher.

Außerdem hat die Psychologie der »Naturheiler«, zu denen die Gegner der Vakzination gehörten, mein Interesse geweckt. Das war und vielleicht ist immer noch eine große und starke Organisation, die eine eigene Presse, politische Einflüsse etc. hatte. Noch einmal danke ich Ihnen für das Buch und verbleibe hochachtungsvoll mit herzlichen Grüßen.

[Fleck]

Lublin, den 2. 10. 1946

Sehr geehrter und lieber Herr Professor,

ich bin davon überzeugt, daß Herr Professor sich gut in Wrocław [Breslau] fühlen wird. Es gibt dort die Hälfte von unserem Lwów [Lemberg], zivile Wohnbedingungen und viele Bücher. Ich freue mich, daß Sie meinen Artikel in *Życie Nauki*[XII] bemerkt haben, und ich würde gerne Ihre Meinung dazu hören. Die Bewertung durch *Tygodnik Powszechny* [Das allgemeine Wochenblatt] betrifft eher die Form als den Inhalt, und der Inhalt selbst fand bislang keinen Widerhall.

Im Wrocławer Seminarverzeichnis stehe ich als dortiger Dozent, doch selbstverständlich werde ich dort keine Vorlesungen halten, aber es reizt mich, für einige Tage dorthin zu kommen und alte Bekannte zu besuchen. Wrocław steht viel höher als unser biederes Lublin, wo ich mich, ehrlich gesagt, nicht zu Hause fühle. Leer und still – ein großes Dorf und nichts mehr. Doch was tun, wenn sie mich nirgendwo anders wollen.

Wissen Sie, Herr Professor, welche Stellung die Krakauer Universität zur Sache, Prof. Parnas aus Moskau einzuladen, eingenommen hat? In Warschau habe ich gehört, daß er in Krakau den Lehrstuhl übernehmen soll.[XIII]

Ich verbleibe hochachtungsvoll mit herzlichen Grüßen und wünsche Ihnen alles Gute auf dem neuen Posten.

[Fleck]

PS *Simplicius und Sympathius* werden weiter in *Życie Nauki* miteinander streiten. Sie werden unter anderem über die Pockenimpfung sprechen.[XIV]

1 Die vorliegende Korrespondenz Ludwik Flecks mit Witold Ziembicki stammt aus der Sammlung der Wissenschaftlichen Bibliothek der Polnischen Akademie der Künste und Wissenschaften in Krakau, Sign. 7545, B. 2. Vgl. auch SMF, S. 325-331. Aus dem Polnischen von Sylwia Werner. Komm.: SW.

Der in Lemberg geborene Historiker und Philosoph der Medizin Karol Witold Ziembicki (1874-1950) war von 1936 bis 1939 Professor für Geschichte der Medizin an der Jan-Kazimierz-Universität in Lwów (Lemberg) und von 1946-1949 an der Universität zu Wrocław (Breslau). Ab 1947 war er Mitglied der Polnischen Akademie der Künste und Wissenschaften in Kraków (Krakau). Ziembicki verfaßte auch populärwissenschaftliche Bücher, z. B. *Z dziejów szpitalnictwa lwowskiego* [Aus der Geschichte des Lemberger Krankenhauswesens], Lwów (Lemberg) 1925; *Zdrowie i niezdrowie Jana Sobieskiego* [Gesundheit und Nichtgesundheit von Jan Sobieski], Poznań (Posen) 1931-1932; *Lekarz w pojęciu Hipokratesa* [Arzt im Sinne von Hippokrates], Poznań (Posen) 1934, und essayistische Schriften zur Musik: *Muzyka myśliwska* [Jagdmusik], Warschau 1935. Zu Ziembickis Vita siehe Z. Domosławski, »Ziembicki Witołd (1874-1950), lekarz, internista, historyk medycyny«, in: *Słownik biograficzny polskich nauk medycznych XX wieku*, Warschau 1995, S. 149-151; Wiktor Ziembicki, »Witold Ziembicki«, in: *Polski Tygodnik Lekarski* 6, 23-24 (1951), S. 737-741.

II Vgl. Fleck (1946e).

III Vgl. Fleck, Murczyńska (1946h).

IV Zur Zeitschrift *Życie Nauki* [Das Leben der Wissenschaft] vgl. »Wissenschaftstheoretische Probleme«, EN I.

V Flecks Artikel ist dort nie erschienen. Die Zeitschrift *Odrodzenie* [Wiedergeburt/Renaissance] war eine literarisch-gesellschaftliche Wochenschrift, sie wurde zuerst in Lublin (1944), dann in Krakau (1945-1947) und schließlich in Warschau (bis 1950) verlegt und gilt als die erste kulturorientierte Nachkriegszeitschrift Polens. *Odrodzenie* spielte eine große Rolle für die Entwicklung der Kultur, insbesondere der Literatur nach dem Krieg. Dort veröffentlichten polnische Gegenwartsautoren wie etwa Czesław Miłosz oder Tadeusz Różewicz ihre Texte, aber auch ausländische Schriftsteller wie z. B. Thomas Mann oder Ernest Hemingway waren präsent. Auch Ziembicki veröffentlichte dort (siehe EN VIII). Die Zeitschrift *Odrodzenie* unterstützte die Kulturpolitik der Regierung. 1950 wurde sie mit der Wochenschrift *Kuźnica* [Schmiedehütte] vereinigt, aus der dann die Zeitschrift *Nowa Kultura* [Die Neue Kultur] (1950-1963) hervorging.

VI Fleck (1934d).

VII Gemeint ist der französische Pathologe Fernand Widal (1862-1929). Nach ihm und dem Hygieniker Max von Gruber (1853-1927) wurde die Gruber-Widal-Reaktion benannt, ein Verfahren zum Nachweis von spezifischen Antikörpern mit Hilfe von Antigenen auf Bakterien.

VIII Vgl. Witold Ziembicki, »Fracastor. 1546-1946«, in: *Odrodzenie* 3, 20 (1946), S. 3.

IX Die Zeitschrift *Kuźnica* [Schmiedehütte] war eine marxistisch orientierte literarisch-gesellschaftliche Zeitschrift, die in den Jahren 1945-1950 zuerst in Łódź (Lodz), dann in Warschau erschien. In ihr publizierten u. a. die Schriftsteller Zofia Nałkowska und Mieczysław Jastrun.

x Henry Rider Haggard, *Doctor Therne*, Leipzig 1899. Vgl. dazu in diesem Band Flecks Text »Über Zauberei, Quacksalber und das Heilwesen«.

xi Flecks »häretischer« Artikel zur Geschichte der Wassermann-Reaktion ist nicht in *Kuźnica* erschienen.

xii Vgl. in diesem Band Fleck, »Wissenschaftstheoretische Probleme« (1946f.)

xiii Der Biochemiker Jakub Parnas hielt 1946 eine Reihe von Vorträgen in Kraków (Krakau) und Wrocław (Breslau). Er hat aber den Lehrstuhl für Biochemie in Krakau nicht übernommen. 1949 wurde er in Moskau der Spionage beschuldigt und erschossen. Nach Stalins Tod wurde er rehabilitiert. Zur Biographie von Jakub Parnas siehe auch den Kommentar zu Flecks Bericht über die »Untersuchungen zum Flecktyphus im Lemberger Ghetto in den Jahren 1941-1942«, in diesem Band.

xiv Die von Fleck angekündigte Fortsetzung von »Wissenschaftstheoretische Probleme« mit einem Text zur Pockenimpfung ist nie in *Życie Nauki* erschienen.

Briefwechsel mit Ludwik Hirszfeld[I]

Kraków [Krakau], den 14. 10. 1945

Lieber Herr Professor,

ich bedanke mich für Ihren Brief vom 26. 9., den ich erst heute, d. h. nachdem ich aus Lublin nach Krakau zurückgekehrt bin, erhielt.

Die wissenschaftlichen Einflüsse, die Sie erwähnen, gebe ich gerne zu. Sie reichen wesentlich weiter als bis zum Jahr 1936: Seit 1920 lese ich Ihre Arbeiten, höre mir auf Tagungen Ihre Vorträge an und stehe natürlich unter deren Einfluß. Ich halte mich einfach für Ihren Schüler, obwohl ich nie die Gelegenheit hatte, unter Ihrer persönlichen Leitung zu arbeiten. Ich bitte Sie um das Plazet für diesen Titel, den ich gewiß mehr als den, den man mir in Lublin oder in Warschau vergeben will, schätze.

Über den konkreten Fall der leukozytären Autoagglutinine schreibe ich in meiner Arbeit von 1941, die ich bei den *Acta Medica* in Moskau eingereicht habe: »Chew, Stephens und Lawrence konnten mit Hilfe ihrer antileukozytären Sera Leukopenie, ja Agranulozytose bei Meerschweinchen hervorrufen.[II] Hirszfeld und Halber[ó]wna gelang es, ein thermostabiles, alkohollösliches, spezifisches Antigen aus den Leukozyten und ein thermolabiles, alkoholunlösliches aus den Thrombozyten zu erhalten. Diese Autoren schreiben: ›Es entsteht die Frage, ob die serologische Differenzierung der verschiedenen zytologischen Blutelemente nicht die Änderungen des Blutbildes bei manchen Krankheiten erklären wird. Es gibt Krankheiten, die an die Anwesenheit von Autohämolysin gebunden sind, z. B. *Hämoglobinurie paroxysmales*. Ob also für die anderen zytologischen Blutelemente, die Leukozyten und die Thrombozyten, nicht ähnliche Erscheinungen vorliegen? Ob dieselben nicht die Thrombopenie, Leukopenie usw. verursachen?‹ (*Med*[*ycyna*] *Doś*[*wiadczalna*] *i Społecz*[*na*] (1936) 3 : 4,[III] meine [Flecks] Übersetzung aus dem Polnischen). Daß antileukozytäre Immunstoffe das Blutbild beeinflussen können, beweisen die zitierten Versuche von Chew und Mitarbeitern. Daß dieselben grundsätzlich auch die Verteilung der Blutkörperchen ordnen können, folgt aus unserem Modellversuch mit den Blutkörperchen und Hefezellen. Es bleibt freilich noch das Wichtigste zu beweisen: die Existenz spezifischer Autoagglutinine für die verschiedenen Blutzellen und deren Schwankungen bei verschiedenen Krankheiten.«[IV]

Diese Agglutinine lernte ich später (1942-1943) zu demonstrieren. Doch sie allein ergeben wahrscheinlich noch nicht alles: Denn die Leukozytenaussaat im Blut ist kleiner als die erwartete Zufallsaussaat. Das haben wir zusammen mit Professor STEINHAUS und Dr. EWA ALTENBERG entdeckt.[V] Es sind dabei also noch andere Faktoren wirksam, die vielleicht den Thrombozytobarinen ähneln und von Oberflächenspannungen abhängig sind, sowie Faktoren, die vielleicht mit der erythrozytären Erscheinung der »Münzsäulchen« verwandt sind. Dies resultiert aus den oben erwähnten Modellexperimenten. Darüber weiß ich jedoch noch nichts Sicheres, deshalb nannte ich den die Leukozyten ordnenden Faktor die Zytoordine – nicht um über seine Natur zu entscheiden, sondern um eine Verständigung darüber möglich zu machen. Die Autoagglutinine sind Zytoordine, außerdem aber existieren wahrscheinlich noch andere, die vielleicht keine serologischen Zytoordine sind. Das ist mir noch unklar und erfordert weitere Arbeit.[VI]

In Lublin geht bislang alles glatt. Ich kehre dahin – bereits mit Frau und Gepäck – in drei Tagen zurück. Ich werde mich bemühen, die Aufgabe, die Sie mir erteilt haben, so gut ich es nur kann, zu erfüllen. Noch einmal möchte ich klarstellen, daß ich, falls Herr Professor diese Stelle doch antreten möchte, sie Ihnen zurückgeben kann.[VII] Ich würde dann eine andere Stelle, z. B. am PZH,[VIII] annehmen.

Mit Professor [Józef] PARNAS[IX] laufen die Beziehungen bestens. Was den Adjunkten M. betrifft, habe ich nur die besten Absichten. Im Radziwłł-Palast teilte man unseren beiden Lehrstühlen zunächst nur 4-5 Räume zu, doch man versprach uns, daß im Dezember oder Januar noch zusätzlich Toiletten frei würden. Wegen der Bücher habe ich vor, Bekannte in Amerika und Frankreich anzuschreiben.

Ich verbleibe hochachtungsvoll mit herzlichen Grüßen und küss' die Hand der Frau Professorin und der Frau Dr. SZYMKIEWICZ

[FLECK]

Lublin, den 11. 3. 1946

Sehr geehrter Herr Dekan,

ein Bekannter von mir, den ich gebeten habe, im Ministerium für Hochschulwesen wegen meiner Habilitation nachzufragen, schrieb mir, daß bislang in dieser Angelegenheit keine Unterlagen aus Wrocław (Breslau) eingetroffen sind. Ich vermute also, daß wieder irgendeine Komplikation aufgetreten ist, und möchte Sie höflich fragen, welche Hindernisse diesmal aufgetaucht sind? Soviel ich weiß, wurden bereits alle Kommissionsmitglieder nominiert, es muß also ein anderes Hindernis diese sich schon ein halbes Jahr hinschleppende Sache verkomplizieren. Falls es sich um eine prinzipielle Sache handeln sollte oder eine von wem oder was auch immer eingebildete, falls jemand vielleicht denken sollte, daß er überraschend in eine ihm unangenehme Angelegenheit hineingezogen würde, fände ich es richtig, die Bitte um die *venia legendi* zurückzuziehen. Es ist für mich schwer zu glauben, daß es nur eine Reihe von Zufällen ist, die immer aufs neue gegen mich zusammenkommen, ich möchte mich nicht mit Gewalt auf eine Stelle zwängen, die von viel Jüngeren so einfach und so schnell gewonnen werden kann.

Bitte verzeihen Sie mir, daß ich Sie, trotz der Arbeiten und Aufgaben, die – wie ich weiß – Herrn Dekan überhäufen und belasten, mit meinen Angelegenheiten belästige, aber ich möchte unbedingt diese Situation klären. Ich kann nicht länger in der Luft hängen und ständig in einer vorläufigen Position verbleiben.

Herzlich bitte ich Sie um eine baldige Antwort und verbleibe hochachtungsvoll mit freundlichen Grüßen

[Fleck]

17. 3. 1946

Geehrter Kollege,

in Beantwortung Eures Schreibens möchte ich Sie benachrichtigen, daß gestern Eure Habilitation vom Senat angenommen wurde. Die Unterlagen muß ich persönlich im Ministerium überreichen, weil von fünf Kommissionsmitgliedern nur zwei (Klisiecki[X] und ich) eine Nominierung hatten. Es unterliegt keinem Zweifel, daß dies keine Schwierigkeiten bereiten wird, aber ich muß das persönlich erledigen.

Und jetzt *ad meritum*: Ihr schreibt, daß sich Eure Angelegenheit »ein halbes Jahr hinschleppt«, und Ihr fragt, ob Ihr Euren Antrag nicht zurückziehen solltet. Hiermit erkläre ich, daß die Benachrichtigung über die Genehmigung der medizinischen und tiermedizinischen Fakultät erst im Dezember kam. Die erste Fakultätsratssitzung fand am 12. 1. dieses Jahres statt.[XI] Vor der Genehmigung der Fakultät durch das Ministerium kann man natürlich keine Habilitation durchführen. Eure Angelegenheit legte ich auf die erste Sitzung. Die Habilitationsverfahren dauern meistens aufgrund der komplexen Prozedur monatelang. Um Eure Habilitation innerhalb einiger Wochen zu erledigen, mußten wir künstlich an einem Abend zwei Sitzungen organisieren. Eure Unterlagen konnte man erst zusammen mit dem Sitzungsprotokoll, das auf der nächsten Versammlung von der Fakultät angenommen werden mußte, abschicken. Diese Sitzung fand zwei Wochen nach der ersten statt. Danach beauftragte der Rektor Professor LORIA, zu überprüfen, ob alles in Ordnung sei, was sich wegen der Abwesenheit des letzteren hingezogen hat. Der Senat mußte über folgende Sachen entscheiden: (a) War die medizinische Fakultät berechtigt, eine Habilitation durchzuführen (der Senat beschloß, daß ja; andere Fakultäten sind noch nicht berechtigt)? (b) Besitzt die Fakultät eine genügende Zahl an nominierten [= prüfungsberechtigten] Professoren? Hinsichtlich der Nominierungen, die während Eurer Habilitation verliehen wurden, konnte man dies bestätigen. (c) Gab es in der Kommission genug nominierte Professoren? Und hier fehlte einer. Trotzdem hat der Senat [die Habilitation] akzeptiert, allerdings unter der Bedingung, daß ich persönlich alles im Ministerium einreichen und erklären werde. Ihr seid einstimmig sowohl innerhalb der Fakultät als auch im Senat durchgekommen. Ich halte also Eure Reaktion für durchaus unangebracht. Hier in Wrocław kann ich aufpassen, daß Ihr keine unvernünftigen Schritte macht, doch nachdem ich Euren Brief erhalten hatte, fing ich an, Angst zu bekommen, ob Ihr etwas Ähnliches nicht auf dem Lubliner Terrain macht. Nehmt mir diese Bemerkungen nicht übel, sie sind ausschließlich herzlich gemeint.

Nach Warschau komme ich, sobald mein Paß fertig sein wird, denn von dort aus fliege ich in die Vereinigten Staaten.

Ich freue mich wegen Eures Sohnes und verbleibe mit kollegialen Grüßen

L. HIRSZFELD

Lublin, den 30. 3. 1946

Sehr geehrter Herr Dekan,

höflichst bedanke ich mich für den Brief vom 18. 3., aus dem ich erfahren habe, wieviel Mühe und Probleme unter den gegebenen Umständen meine Habilitation gekostet hat. Ich verstehe jetzt, warum diese Angelegenheit so lange gedauert hat, und ich hatte schon überlegt, ob dahinter nicht zufällig irgendeine Intrige steckt, wie immer von der gleichen Seite. Um so mehr fühle ich mich Ihnen gegenüber verpflichtet und möchte Ihnen noch einmal danken.

Derzeit bin ich damit beschäftigt, das Institut im Gebäude in der Lubartowska-Straße einzurichten. Ich habe Möbel bestellt, einige Geräte habe ich bereits, zwar nicht sehr viele, aber bis zum Herbst wird es wohl alles, was nötig ist, geben. Die wissenschaftliche Arbeit leidet ein wenig unter diesen organisatorischen Arbeiten, aber man weiß dafür keinen Rat. Sobald ich die Abzüge der veröffentlichten Arbeit bekomme, werde ich nicht versäumen, sie Herrn Dekan zu schicken.

Ich verbleibe hochachtungsvoll mit freundlichen Grüßen und wünsche Ihnen viel Erfolg bei Ihrer Reise in die USA.

[FLECK]

Lublin, den 4. 11. 1946

Sehr geehrter Herr Professor,

vom Institut für die Mikrobiologie in Wrocław erhielt ich eine Benachrichtigung über den Kongreß der Mikrobiologen in Kopenhagen mit der Anmerkung, daß alle weiteren Informationen in Wrocław mitgeteilt würden. Ich wäre sehr verpflichtet, wenn Sie mich darüber unterrichten würden, wie und bei wem man sich anmeldet, ob man sofort die Teilnehmergebühren zahlen soll und wie die Formalitäten mit dem Paß zu erledigen sind. Kann man die Ehefrau mitnehmen?

Professor ZIEMBICKI[XII] schrieb mir, daß er Ihr Institut gesehen hat und daß er begeistert ist. Auch Dr. ŁASKI, der vor zehn Tagen hier war, sprach mit Begeisterung vom Institut für Mikrobiologie in Wrocław und bedauerte uns, die armen Lubliner. Dieses unglückselige »Jeszibot«[XIII] wurde immer noch nicht renoviert. Die Ausschreibungen der Aufträge liegen zum Teil in Warschau, zum Teil in der Woiwodschaft. Die Firmen, die den Auftrag erhielten, verzichteten auf die Arbeit, denn mittlerweile wurde das Material teurer. Und so geht's immer wieder. Die Universitätsleitung läßt sich davon nicht beeindrucken. Mit einem Wort: Lublin. Doch ich habe nicht vor, Ihnen Ihre Zeit mit meinen Problemen zu stehlen, breche dann also ab.

Hochachtungsvoll grüßt Sie und bittet um eine Antwort

[FLECK]

18. 11. 1946

Sehr geehrter Herr Kollege,

es ist noch zu früh, um an die Reise [nach Kopenhagen] zu denken. Der Kongreß findet erst im Juli [1947] statt. Bald werden wir uns in Wrocław versammeln und darüber entscheiden, wie wir verfahren werden, ob wir uns um die Pässe individuell oder zusammen bemühen sollen, wer ein Mitglied der Polnischen bzw. Internationalen Gesellschaft ist usw. Ich bitte Sie um Geduld.

Ich freue mich, daß Eure Angelegenheiten an der Universität erledigt wurden und daß – wie ich höre – die Fakultät einen Antrag auf Ihre Nominierung stellte. Dies ist nur eine Sache der Zeit.

Ein Händedruck

[L. Hirszfeld]

[Juni 1947]

Sehr geehrter Herr Professor,

ich bedaure, daß die Sache mit meiner und Dr. Murczyńskas Reise [nach Kopenhagen] ein Grund für ein unbeabsichtigtes und unangenehmes Mißverständnis gewesen ist. Um diese Dienstreise bemühte ich mich über die Gesellschaft der Mikrobiologen, genauso tat es Frau Murczyńska. Als ich Anfang Juni in Warschau am Staatlichen Hygiene-Institut war, stellte ich fest, daß meine Chancen auf die Dienstreise minimal sind. Professor Przesmycki[XIV] war nicht in Warschau, und ich sprach mit dem zweiten Sekretär der Gesellschaft der Mikrobiologen. Ich weiß, daß Sie mich unterstützt haben, und möchte ich Ihnen dafür herzlichst danken. Dennoch, als ich sah, wie hoffnungslos die Situation und wie nah der Termin des Kongresses ist, wandte ich mich direkt an das Ministerium und bekam, was ich nie vergessen werde, bereitwillig und verständnisvoll die Erlaubnis zur Dienstreise und dazu eine Subvention.[XV] Heute gibt es immerhin andere Verhältnisse als vor dem Krieg, obgleich sich nicht alle darüber im klaren sind.

Frau Dr. Murczyńska wandte sich direkt und ohne meine Unterstützung, denn diese war nicht nötig, an das Ministerium für Hochschulwesen. Bitte glauben Sie mir, daß ihre Reise ähnlich begründet ist wie die Reise von Frau Jakubowska. Jedenfalls hat durch ihre Reise, die *ad personam* genehmigt wurde, niemand einen Schaden.

Mir scheint, daß in dieser Sache nichts mehr zu klären ist, wenn aber doch dazu Notwendigkeit besteht, wird sich dafür während der

Reise eine Gelegenheit finden. Ich freue mich sehr auf die Reise, und ich habe keinen Zweifel, daß Sie mit Ihren Bemühungen um die Plätze für diejenigen, die vom Vorstand der Gesellschaft der Mikrobiologen ausgewählt wurden, Erfolg haben werden und daß wir Ihre Stimme mehrmals mit Stolz während des Kongresses hören werden.

Abschließend möchte ich Sie um ein bißchen mehr Vertrauen in mein Taktgefühl bitten. Es ist nicht das erste Mal, daß Sie *a priori* vermuten, daß ich zu taktlosen Handlungsweisen fähig sei. Wenn ich mich entschließen würde, gegen die Beschlüsse des Vorstands der Gesellschaft der Mikrobiologen zu agieren, würde ich zuerst aus der Gesellschaft austreten. Außerdem bitte ich Sie, mich nicht allzusehr zu hassen, denn erstens verdiene ich das nicht, und zweitens gibt der nicht erwiderte Haß keine Genugtuung. Von der Decke der schönen Säle des Instituts für Mikrobiologie in Wrocław [Breslau] – vor allem aus dem Bibliothekssaal – blickt die Geschichte der Mikrobiologie herab, und wenn diese noch junge Frau hierbei ihr Gaudium findet, wird ihr Lachen noch hundert Jahre dauern.

Ich verbleibe hochachtungsvoll mit herzlichen Grüßen

[Fleck]

Wrocław [Breslau], den 4. 7. 1947

Geehrter und lieber Kollege,

wie kommt Ihr auf die Vermutung, daß ich Euch hasse und Euch beschuldige, kein Taktgefühl zu haben? Ich habe um Gottes willen diesen Verdacht nicht verdient. Ihr wißt doch, wie wohlgesinnt ich Euch bin. Die Sache mit der [Dienst-]Reise sah jedoch am Anfang nicht gut aus. Meisel wurde gewählt, weil er den Standards entspricht. Ich schrieb sofort, daß man ihn unter diesen Umständen dem Gesundheitsministerium und Euch dem Ministerium für Hochschulwesen zuteilen solle. Ihr zweifelt doch nicht daran, daß ich Euch nicht im Stich lassen werde? Aber wenn das Gesundheitsministerium Euch die Genehmigung erteilte, freut mich das sehr. Frau Jakubowska fährt im Auftrag des Ministeriums für Landwirtschaft, und dort mußte ich auch [für sie] werben, denn das Vorrecht hatte Professorin Ziemięcka. Ich war hingegen unangenehm überrascht, als ich erfuhr, daß drei Ministerien die Liste mit Professoren und Dozenten nicht berücksichtigt hatten. Dagegen habe ich ohne jegliche Schwierigkeiten einen Kredit erhalten, um eine Assistentin zu schicken, und das noch aus einer Institution, die von zwei Delegaten vertreten wird.

Ich schlug Frau Szyszkowicz aus diesem Grund vor, weil sie unsere Sekretärin ist; doch ich fand mich nicht dazu berechtigt, im Ministerium irgendwelche Schritte zu unternehmen, trotz meiner großen Freundschaft für Sie. Ich hörte jedoch nicht auf, mich um das Ganze zu bemühen. Ich bekam von Madsen zehn kostenlose Wohngelegenheiten im Krankenhaus und wandte mich sofort an das Ministerium mit der zusätzlichen Bitte, Pässe bzw. Subventionen für Reisen ohne Wohngelegenheit zu erhalten. Und wenn das Ministerium dies erlauben wird, können wir noch zusätzlich Assistenten mitnehmen. Meinerseits machte ich den Vorschlag, die Assistenz-Bakteriologen zu schicken, die in Konzentrationslagern waren und die ein moralisches Anrecht darauf haben, in der weiten Welt ihre Erlebnisse zu vergessen. Von meiner Seite habe ich meine Assistentin, Zofia Skurska, vorgeschlagen und habe ihretwegen auf die mir als Delegiertem zugeteilte Subvention verzichtet, soweit es die Regierung erlaubt, die nötige Währung zum amtlichen Preis zu kaufen. Wie Ihr seht, mein Kollege, geht mein Streben dahin, daß die polnische Delegation die folgenden Gesichtspunkte berücksichtigt:

(a) Die Leistung: Das heißt, damit die Delegationsmitglieder den anderen im Lande vermitteln können, was sie an Wissen erworben haben. Deshalb habe ich in erster Linie Professoren und Dozenten berücksichtigt.

(b) Die Repräsentation: Deshalb sollte man in erster Linie Gelehrte schicken, die im Ausland möglichst bekannt sind.

(c) Man sollte Menschen aus unterschiedlichen Institutionen schikken, d. h., ich hielt es nicht für richtig, daß aus einem Institut mehrere Personen geschickt werden. Und schließlich: Dank der dänischen Subvention wollte ich, daß diejenigen fahren, die sehr gelitten haben.

Ihr fallt unter alle vier Kategorien, und deshalb würde ich eher auf meine Reise verzichten als zulassen, daß Ihr nicht fahrt. Aber natürlich konnte ich mich auch aus der Entfernung um alles kümmern. Ich hoffe, daß diese Erklärungen den Vorgang abschließen werden.

Herzlich grüßt Euch
[Ludwik Hirszfeld]

Lublin, den 22. 2. 1948

Sehr geehrter und lieber Herr Professor,

ich bedanke mich herzlich für Ihren netten Brief vom 24. 1., den ich nach meiner Rückkehr aus Nürnberg vorgefunden habe.

Ein gespenstiges Theater ist dieses Nürnberg! Als Sachverständiger der Staatsanwaltschaft hatte ich Einblick in die Akten, hörte die Aussagen der Zeugen, sah noch einmal die Angeklagten und Filme über verschiedene Veranstaltungen und Inspektionen der Nazis. Stellen Sie sich bitte vor, daß am 29. 12. 1941 das Deutsche Ministerium auf einer Sondersitzung beschloß, »einen Großversuch«[XVI] in Konzentrationslagern durchzuführen, um die Anti-Typhusimpfstoffe auszuprobieren, d. h. über 1000 Personen zu impfen und dann anzustecken. An der Sitzung nahmen Gildemeister, Kudicke, Demnitz[XVII] und andere Gelehrte teil, und keiner protestierte dagegen, sie stritten sogar untereinander, wer als erster das Experiment nutzen darf. Gildemeister infizierte persönlich die politischen Häftlinge!

Ähnlich verhält sich die Sache mit den Experimenten zur Wirkung des Tiefdrucks, mit toxischen Medikamenten, Kampfgasen usw. Was für ein schrecklicher Sturz der deutschen Wissenschaft! Heute winden sie sich auf eine feige und elende Weise heraus – von der Seite der Verteidigung bemüht sich z. B. Professor Bieling, die Schuldigen weißzuwaschen. Verschiedene junge Ärzte aus den Behring-Werken versuchen die Wahrheit zu verwischen, indem sie unverschämt lügen.

Das ist so ekelhaft, daß ich mit Ungeduld von dort wieder wegging. Dieses armselige Lublin schien mir aus der Entfernung eine Glücksoase zu sein. Ihre Anerkennung für meine Arbeit freut mich. Dabei habe ich ein bißchen Glück. Ich bekam z. B. von Paul Chevallier, den ich überhaupt nicht kenne, eine Einladung im Namen der Soc[iété] Franc[aise] d'Hématologie zu einem Vortrag, der im Mai 1948 bei der Tagung der Hämatologen in Paris gehalten werden soll. *Le Sang* bestellte den Artikel.[XVIII] In einigen ausländischen Zeitschriften wurden unsere Arbeiten zum Thema Leukergie besprochen. Als ich jetzt in Prag war, habe ich mich davon überzeugt, daß die Leukergie-Reaktion in der Klinik angewendet und gelobt wird.

Zur Zeit untersuchen wir die Leukergie *in vitro*. Der Gegenstand unseres Experimentes ist das Ohr einer Maus, das wir unter dem Mikroskop bei Anwendung entsprechender Geräte beobachteten. Es scheint mir, daß dies ein perfektes und viel besseres Objekt ist als das Mesenterium von COHNHEIM, denn es läßt sich unter physiologischen Bedingungen beobachten.

Es scheint, daß die Leukergie mit der Migration der Leukozyten zusammenhängt und mit der Rolle der Thrombozyten bei der Immunität in Verbindung steht. Wenn es so ist, könnte man die ganze erste antiinfektiöse Aktionsperiode als eine Leukergie-Periode bezeichnen. Die zweite wäre dann eine serologische und die dritte eine allergische Periode. Natürlich sind die Grenzen dieser Perioden nicht scharf, und zum Teil überlappen sie sich. Auch die Hauptmechanismen der jeweiligen Perioden kommen in Berührung, doch mir scheint, daß eine solche Einteilung einen Nutzen brächte. Ich würde gerne die Meinung des Herrn Professors kennen.

Ich habe vor, die Rh-Bezeichnungen einzuführen. Würden Sie uns ein bißchen Testserum zur Verfügung stellen?

Ich warte ungeduldig auf das Erscheinen Ihres Immunologie-Lehrbuches,[XIX] das ich in Ihrer Handschrift kenne. Wird es bald im Handel sein?

Ich verbleibe hochachtungsvoll mit herzlichen Grüßen

[FLECK]

1 Die Korrespondenz zwischen Fleck und Hirszfeld stammt aus dem Archiv der Polnischen Akademie der Wissenschaften in Warschau, Akt.-Nr. III-157/104 (Brief 1 und 9) sowie dem Archiv des Ludwik-Hirszfeld-Instituts für Immunologie und experimentale Therapie der Polnischen Akademie der Wissenschaften in Wrocław (Breslau), aus dem Bestand: *Medizinische Akademie in Wrocław, Institut für Mikrobiologie: Allgemeine wissenschaftliche Korrespondenz, die Tätigkeit des Instituts von Ludwik Hirszfeld, 1945-1952* (Briefe 2-8). Vgl. auch SMF, S. 332-335. Aus dem Polnischen von Sylwia Werner. Komm.: SW.

Ludwik Hirszfeld (1884-1954) war polnischer Arzt, Bakteriologe und Immunologe, Mitbegründer des Hygiene-Instituts in Warschau. Nach dem Krieg war er Dekan der medizinischen Fakultät an der Universität Wrocław und gründete dort das Institut für Immunologie und experimentelle Therapie. Hirszfeld gilt als Entdecker der Blutgruppen. Seine zusammen mit Emil von Dungern eingeführte Unterscheidung der Blutgruppen 0, A, B und AB wird seit 1928 allgemein akzeptiert. Außerdem untersuchte er die Vererbung von Blutgruppen, führte die Bezeichnung des Rhesus-Faktors ein und entdeckte die Ursache für den serologischen Konflikt. Hirszfeld war der Betreuer der

Habilitation Flecks (1946, vgl. das Habilitationsgutachten in diesem Band) und für diesen zeitlebens wichtigster wissenschaftlicher Orientierungspunkt. Fleck setzt sich mit Hirszfeld auch in seinen Schriften auseinander [vgl. z. B. EET, S. 82, und »Über den Begriff der Art in der Bakteriologie«, in diesem Band) und rezensiert seine Bücher (vgl. Fleck 1947c). Zum Verhältnis Flecks zu Hirszfeld siehe: Myriam Spörri, »Ludwik Hirszfelds Plädoyer für ›Symbiose‹: Anmerkungen zu einer Fußnote Ludwik Flecks«, in: TDK, S. 79-84, dort auch ein Hinweis auf das deutsche Manuskript von Hirszfelds Autobiographie *Die Geschichte eines Lebens* in Zürich. Zum Leben und Werk von Ludwik Hirszfeld vgl. Ludwik Hirszfeld, *Historia jednego życia* [Die Geschichte eines Lebens], Warschau 1946; Vgl. auch die englische Ausgabe mit vielen weiterführenden Hinweisen von Marta A. Balinska und William H. Schneider im Kommentar: Ludwik Hirszfeld, *The Story of One Life*, Rochester 2010; Marek Jaworski, *Ludwik Hirszfeld. Sein Beitrag zur Serologie und Immunologie*, Leipzig 1980.

II Vgl. W. B. Chew, D. J. Stephens, J. S. Lawrence, »Antileucocytic Serum«, in: *The Journal of Immunology* 30 (1936), S. 301-318.

III Vgl. L. Hirszfeld, W. Halberówna, »O własnościach serologicznych tkanek normalnych i tkanek patologicznie zmienionych« [Über die serologischen Eigenschaften normaler und pathologisch veränderter Gewebe], in: *Medycyna doświadczalna i Społeczna* 21, 3-4 (1936), S. 147-167.

IV [Original deutsch.] Der Aufsatz »Über die Verteilung der Leukozyten im Blut«, aus dem Fleck sich hier selbst zitiert, ist in *Acta Medica*, Moskau (1941), nicht auffindbar. Schnelle vermutet, daß die Publikation durch den Krieg verhindert wurde.

V Vgl. Fleck, Steinhaus, Altenberg (1939f) und (1939g). Beide Texte sind unter diesen Angaben nicht auffindbar. Schnelle vermutet, daß auch diese Publikationen durch den Kriegsausbruch verhindert wurden.

VI Vgl. den im nächsten Jahr erschienenen Text Flecks (1946e).

VII Ludwik Hirszfeld hat Fleck eine Vertretungsprofessur am Lehrstuhl für Mikrobiologie an der Marie-Curie-Skłodowska-Universität Lublin vermittelt. Ursprünglich war diese Stelle für Hirszfeld selbst vorgesehen, doch nach dem Angebot, die Medizinische Fakultät an der Universität Wrocław zu leiten, empfahl er Fleck (»einen erfahrenen Gelehrten und großartigen Lehrer«) für die Stelle in Lublin. Vgl. Hirszfelds Brief an die Medizinische Fakultät der Universität Lublin vom 4. Oktober 1945, Archiv der Polnischen Akademie der Wissenschaften zu Warschau, Akt.-Nr. III-157/108.

VIII PZH ist die Abkürzung für Państwowy Zakład Higieny [Staatliches Hygiene-Institut], eine Institution mit dem Sitz Warschau, in der Fleck als Fachgutachter ab 1949 tätig war.

IX Um den Veterinärarzt und Professor der Marie-Curie-Skłodowska-Universität Lublin Józef Parnes/Parnas (1909-1998) ranken sich viele Legenden. Laut Tadeusz Kielanowski, mit dem Parnes/Parnas 1950 um den Rektorenposten konkurrierte, besaß er nicht einmal einen Doktortitel. Seine Doktorarbeit und die Promotionsurkunde sind angeblich im Krieg verschollen. Trotzdem durfte sich Parnes/Parnas 1946 habilitieren. Kielanowski liefert auch eine Erklärung für Parnes'/Parnas' Namensänderung: Auf diese Weise sollte er mit dem berühmten Biochemiker Jakub Parnas verwechselt bzw. in Verbindung gebracht werden. Parnes/Parnas selbst führte politische Gründe an, er habe sich dadurch von seiner jüdischen Herkunft distanzieren wollen. Parnes/Parnas verließ Polen in den 1970er Jahren und emigrierte nach Kopenhagen. Erst 1992 wurde er nach vielen Gerichtsprozessen rehabilitiert. Vgl. Piotr P. Wyrost, Wiesława Chrzanowska, Marek Wroński, »Józef Parnes vel Parnas – ostatni doktorant polskiej Akademii Medycyny Weterynaryjnej we Lwowie« [Józef Parnes vel Parnas – der letzte Doktorand der polnischen Akademie für Veterinärmedizin in Lemberg], in: *Życie Weterynaryjne* 81, 1 (2006), S. 65-67. Vgl. auch Tadeusz Kielanowski, *Prawie cały dwudziesty wiek. Wspomnienia lekarza* [Fast das ganze zwanzigste Jahrhundert. Die Erinnerungen eines Arztes], Danzig 1987. Parnes/Parnas war auch am Habilitationsverfahren Flecks beteiligt, er stellte ihm ein positives Gutachten über sein wissenschaftliches Engagement aus. Vgl. die Personalakte Flecks im Archiv der Medizinischen Akademie Wrocław [Breslau], Akt.-Nr.: 506/Hab, sowie SMF, S. 377.

x Zu Andrzej Klisiecki siehe Flecks Habilitationsgutachten, in diesem Band.

xi Vgl. das Protokoll der 1. Sitzung des Fakultätsrates vom 12. Januar 1946: »Der Dekan [Ludwik Hirszfeld] stellt die Habilitation seines Vertreters in Lublin, Ludwik Fleck, vor. Auf den Antrag des Dekans findet die Abstimmung über die Zulassung von Dr. Fleck zum Habilitationsverfahren statt. [...] Von 11 Stimmberechtigten haben 10 mit ›Ja‹ gestimmt; 1 Zettel blieb leer. Der Fachbereich wählt für das Habilitationsverfahren eine wissenschaftliche und ethische Habilitationskommission. Diese besteht aus: Prof. Dr. Hirszfeld, Prof. Dr. Klisiecki, Prof. Dr. Baranowski, Prof. Dr. Skibiński und Prof. Dr. Kowarzyk.« Vgl. auch das Protokoll der 4. Sitzung des Fakultätsrates vom 4. Februar 1946: »Es findet das Habilitationskolloquium von Dr. Fleck statt. Anwesend ist ein Gast, Prof. Dr. Steinhaus. Der Dekan, Prof. Dr. Hirszfeld, stellt dem Kandidaten eine Frage nach der serologischen Regulation der Leukozytenverteilung im Blut. Danach fragt Frau Prof. Dr. Hirszfeld[owa], ob die Forschungsresultate des Kandidaten im Bereich der Pädiatrie Anwendung finden können. Der Dekan stellt den Antrag, das Kolloquium zu akzeptieren. [...] Es findet die Abstimmung statt, 11 Personen sind stimmberechtigt, 11 Zettel wurden abgegeben, es gab keinen Widerspruch, keiner hat sich enthalten. Auf den Antrag des Dekans beschließt der Fakultätsrat, den Habilitationsvortrag in der gleichen Sitzung zu hören. Von den drei Themen, die der Kandidat für den Habilitationsvortrag vorgeschlagen hat, nämlich: (1) Die Haureaktionen und die Immunität bei Fleckfieber; (2) Über serologische Regulatoren der Zusammensetzung und Anordnung der Leukozyten im Blut; (3) Über die Variabilität der Streptokokken, entscheidet sich der Fakultätsrat für das erste Thema. Der Vortrag dauert 45 Minuten. Als Gäste sind Prof. Dr. Steinhaus, Dr. Ettinger und Dr. Falkiewicz[owa] anwesend. Der Dekan stellt den Antrag [...], Dr. Ludwik Fleck die *venia legendi* für Mikrobiologie an der Medizinischen Fakultät der Universität Wrocław (Breslau) zu erteilen. [...] Es findet eine Abstimmung statt, es gibt 12 Stimmberechtigte, keine Gegenstimmen und keine Enthaltungen. Es wurden 12 Zettel mit der Antwort ›Ja‹ abgegeben.« Vgl. Archiv der Universität Wrocław (Breslau), Sign. R-52.XVIII, Akt.-Nr. Au-481/45/2005 S. 226 und 244.

XII Zur Vita von Witold Ziembicki siehe EN 1 zu Flecks Briefen an ihn in diesem Band.

XIII »Jeszibot« (hebr.) heißt soviel wie »die Schule der Weisheit«.

XIV Siehe: Edmund Wojciechowski, »In Memoriam: Feliks Przesmycki (1892-1974)«, in: *Przegląd epidemologiczny* 29, 3 (1975), S. 386-389.

XV Fleck hielt in Kopenhagen zwei Vorträge, einen zusammen mit Zofia Murczyńska über »The Phenomen of Leukergy«, den anderen allein über »The Exanthin Reaction«. Beide sind 1949 in *Proceedings of the 4th International Congress for Microbiology in 1947* erschienen.

XVI [Original deutsch.]

XVII Zu Eugen Gildemeister, Robert Kudicke und Albert Demnitz siehe Flecks Aussagen im Nürnberger IG-Farben-Prozeß am 13. Februar 1948, in diesem Band.

XVIII Vgl. Ludwik Fleck (1949c).

XIX Vgl. Ludwik Hirszfeld, *Immunologia ogólna* [Allgemeine Immunologie], Wrocław [Breslau] 1948.

Briefe an Hugo Steinhaus[I]

Lublin, den 17. 11. 1946

Sehr geehrter und lieber Herr Professor!

Ich danke Ihnen sehr für Ihren Brief und möchte die Hypothese richtigstellen, mich an Lublin gewöhnt zu haben. Nein, so schlimm ist es mit mir noch nicht. Lublin ist ein echtes *Ultima Thule*, bewohnt von Anthropoiden, deren Reaktionszeit so langsam ist, daß man gleichzeitig mit dreien sprechen kann: Bevor der erste antwortet, hat man die Zeit, um den zweiten zu hören und den dritten zu fragen. Außerdem ist alles hier sehr fromm, und am Alltagsleben und an jeder Tätigkeit nehmen verschiedene Heilige teil. Es ist so, als ob es keine Geschäfte und auch keine Handwerker gäbe. Es kann sein, daß es genauso auch in Adelaide ist – aber daraus folgt nicht, daß ich Lublin liebe.

Was die Arbeit von Kowarzyk[II] betrifft: Vielleicht habe ich sie nicht ganz verstanden, aber ich bin von ihr nicht überzeugt. Wenn beim Berechnen entlang der Längsachse des Präparats bei einer künstlichen Einteilung der Körperchen in Schichten von homogenen Formen, die längs des Präparats liegen, L[III] < 1 folgte, dann ergäbe das Zählen der Kolonnen quer durch das Präparat: L > 1. Sonst müßte auf jede bestimmte Zahl der Zellen aus der dichtesten Schicht (Segmente) eine fast konstante proportionale Zahl der Zellen der dünnsten Schicht fallen. Dies ist nicht möglich, es gibt circa 70% Segmente und circa 5% Monozyten.

```
L    L          L  L  L   L
SS S S SS SS S  S  SS SSS
     M
```

I II III IV V

Beim Berechnen → ergeben sich für die benachbarten Felder fast gleiche Werte: LLL oder SSS

Beim Berechnen ↓ ergeben sich für die benachbarten Kolonnen sehr verschiedene Werte:

LSS; S; LSM; SS; SS; LS usw.
I II III IV V VI

Ist es nicht so? Es kann sein, daß ich falsch verstanden habe, was Kowarzyk gemacht hat.

Hills *Medical Statistics*[IV] soll ein sehr gutes Buch sein. Ich habe es mir vor einem Monat über den Czytelnik-Verlag bestellt. Vielleicht kommt's. Was halten Sie von ihm?

Von Ihrem »Introwizor«[V] erzählte ich Prof. Murczyński, unserem Röntgenarzt. Er ist ein guter Fachmann und ein intelligenter Mensch und meint, daß solch ein Gerät von Nutzen wäre.

Wie man hört, wird Prof. Parnas[VI] aus Moskau zu Besuch nach Polen kommen. Er wird sicherlich Vorträge halten, ich fürchte jedoch, nicht in Lublin.

Ich freue mich und hoffe auf ein Gespräch, wenn ich nach Wrocław [Breslau] komme, denn ich habe einige mathematische Fragen.

Hochachtungsvoll grüßen ich und meine Frau Sie beide

[Fleck]

Lublin, den 22. 2. 1947

Sehr geehrter und lieber Herr Professor!

Die Schneewehen haben mich daran gehindert, nach Wrocław zu kommen, und ich werde erst in einigen Wochen aus Lublin wegfahren können. Ich bitte Sie also, falls Sie ein bißchen Zeit finden, mich in der folgenden statistischen Sache zu beraten:

Im Blut gibt es z. B. 10 Prozent Eosinophile und 90 Prozent Nicht-Eosinophile (oder 15 Prozent, 20 Prozent, 30 Prozent Eosinophile). Danach kommt es zur Agglutination, und es entstehen Gruppen mit 3, mit 5, mit 7 und mit 10 Zellen. Wie groß ist die Wahrscheinlichkeit, daß zufällig eine, zwei, drei etc. ausschließlich eosinophile Gruppen zusammentreffen, die 3, 5 beziehungsweise 7 oder 10 solcher Zellen beinhalten? Vielleicht sollte ich die Frage so formulieren: Zu wieviel Prozent läßt sich annehmen, daß die homogenen Gruppen mit 3, 5, 7 oder 10 Zellen nicht durch Zufall entstanden sind? Dies brauche ich als einen Hinweis, um nach einer Besonderheit der Antigene zu suchen, und das bezieht sich natürlich nicht nur auf die Eosinophilie. Als ich die Leukergie in einem Fall der akuten Leukämie untersuchte, fand ich viele Gruppen mit 3-7 Myeloblasten (im Abstrich gab es davon 25 %) und ich sehe darin (oder möchte sehen) eine Bestätigung meiner Arbeit aus dem Jahr 1940, die eine Besonderheit des Antigens dieser Körperchen bewies.

Ich werde Ihnen für diese Berechnungsinformationen sehr dankbar sein. Außerdem möchte ich Sie informieren, daß in *Presse Médicale* 1946, Nr. 38, S. 536f. ein Artikel erschienen ist, dessen Autoren die Verteilung der Retikulozyten in einem Blutpräparat nach jener Methode untersuchen, die Herr Professor mir 1939 nannte. Es gibt dabei auch eine Zeichnung, die die Kurve einer Funktion $\sqrt{mpq}$ und die Punkte des empirischen Streubereichs darstellt. Sie liegen überwiegend unterhalb der Kurve, und der Autor behauptet (ich weiß nicht, warum), daß »la distribution des réticulocytes ... est uniquement due au hasard«. Ich bin gespannt, wie eine solche Zeichnung in unserem Fall aussehen würde.

Ungeduldig warte ich auf die Testergebnisse von Prof. KOWARZYK. Bei Tieren kann man durch die Auslösung der Leukergie die Zahl *L* senken, und in den Fällen, in denen die Leukergie diesen Grad erreicht, daß bereits in Abstrichen die Agglutination der Leukozyten sichtbar ist, wächst *L* stark, was nicht verwunderlich ist, weil sich die Leukozyten in gleichartign Gruppen zusammenballen. Jetzt haben wir mit den Tierexperimenten begonnen, bei denen auf serologischem Wege gewisse weiße Körperchen vernichtet werden (z. B. Neutrophile).

Hochachtungsvoll grüßt Sie herzlich
[FLECK]

Lublin, den 31. 8. 1948
Lubartowska Str. 57 (neue Adresse!)

Sehr geehrter Herr Professor,

wenn sich EWA BANDROWSKA-TURSKA[VII] daran erinnert, daß sie vor 30 (!) Jahren einen Blumenstrauß von Herrn Professor bekam, beweist dies nicht nur, daß sie ein gutes Gedächtnis hat, sondern auch einen guten Geschmack. Man soll ihr also vieles verzeihen, auch diesen Kongreß, von dem sich sicher niemand große Vorstellungen machte.

Aber wer weiß: Wenn die Menschen zusammenkommen und anfangen, Worte und Sätze intensiv zu mischen, entsteht dann vielleicht doch irgendeine neue Kombination, die sich später als nützlich erweisen wird. Vielleicht erkennt man sie nicht sofort, jemand nimmt sie dann mit, und sie wird irgendwo und irgendwann reifen. Auf jeden Fall ist solch ein Jahrmarkt besser als diese dreckige Wüste, die wir hier haben.

Was meine Reise betrifft: Ich warte auf ein Signal, jeden Tag kann es kommen, aber ich vermute, es wird erst in 10-14 Tagen passieren. Ihre Handschrift schicken Sie mir also per Post mit den Anweisungen, was ich machen soll. Ich tue es gerne.

Auf diese Reise freue ich mich irgendwie nicht. Ich habe keinen Paß für meine Frau erhalten, sie wird sich also sehr einsam fühlen. Von meinem Sohn habe ich auch keine Nachricht seit längerer Zeit. Alles dies ist seltsam unmenschlich.

Die Arbeit läuft nicht schlecht. Aus diesen Streuungen – den richtigen oder nichtrichtigen – ergaben sich doch (wie es mir scheint) interessante Sachen, und man sieht noch kein Ende. Ist das ein Zufall? – Eher eine unbegründete Störrigkeit eines Esels. Man sollte eine entsprechende Bezeichnung für eine solche Störrigkeit eines Esels finden, die dem Zufall eine Chance gibt, etwas Gutes hervorzubringen. Sowie für einen solchen hilfsbereiten Zufall, der auf eine Chance wartet, der Störrigkeit eine Freude zu bereiten. Doch es scheint mir, daß es eine Bezeichnung für diese Garnitur[VIII] (Störrigkeit + Zufall, schon wieder Garnituren!!) bereits gibt: Es ist das Narrenglück. Ich hatte also das Narrenglück, woraus nicht folgt, daß ich ein Narr bin (so tröste ich mich). Auf jeden Fall gibt es weltweit Interesse an der Leukergie, und das freut mich. Über dieses Phänomen schrieben bereits die größten amerikanischen und englischen Zeitschriften, und meine Arbeiten wurden dabei referiert.

Hochachtungsvoll grüße ich Sie beide und warte auf Ihre Handschrift

[FLECK]

PS. Die neue Adresse: Lubartowska Str. 57. Ich wohne jetzt einfach im Institut. Dafür sehe ich weniger Lublin.

1 Die vorliegenden Briefe Ludwik Flecks an Hugo Steinhaus stammen aus dem Archiv der Polnischen Akademie der Wissenschaften in Warschau: Akt.-Nr.: III-204/068; SMF, S. 336-339. Aus dem Polnischen von Sylwia Werner. Komm.: Hg.

Hugo Dionizy Steinhaus (1887-1972), polnischer Mathematiker, Mitglied der Lemberger Mathematischen Schule, Mitbegründer (zusammen mit Stefan Banach) der internationalen Zeitschrift *Studia Mathematica*, Schwager von Leon Chwistek. Vor dem Zweiten Weltkrieg war er Professor am Lehrstuhl für Mathematik an der Jan-Kazimierz-Universität in Lwów (Lemberg) und ab 1941 während der sowjetischen Besatzung Professor am Lehrstuhl für Analysis an der Ukrainischen Ivan-Franko-Universität in Lwów. Nach dem Krieg wurde er Leiter des Lehrstuhls für Angewandte Mathematik an der Universität Wrocław (Breslau) und 1952 Mitglied der Polnischen Akademie der Wissenschaften. Zu seinen wichtigsten Arbeiten gehören: *Czym jest, a czym nie jest matematyka?* [Was ist die Mathematik, und was ist sie nicht?], Lwów (Lemberg) 1923; *Theorie der Orthogonalreihen*, Warschau 1935; *Kalejdoskop matematyczny* [Mathematisches Kaleidoskop], Lwów (Lemberg) 1938; *Sur la liaison et la division des points d'un ensemble fini*, Wrocław (Breslau) 1951; *Sto zadań* [dt. *Hundert Aufgaben*, Frankfurt/M. 1968], Warschau 1958; *Słownik racjonalnego H. Steinhausa* [Das Wörterbuch des rationalen H. Steinhaus], Wrocław (Breslau) 1980. Nach seinem Tode, 2002, wurde auch seine Autobiographie *Wspomnienia i zapiski* [dt. *Erinnerungen und Aufzeichnungen I*, Dresden 2010] herausgegeben, siehe die Auszüge daraus in diesen Band.

II Zur Biographie von Hugo Kowarzyk vgl. in diesem Band EN I zu seinen Erinnerungen an Fleck.

III ›L‹ steht im Polnischen für das Wort ›Liczba‹ und bedeutet ›Zahl‹.

IV Austin Bradford Hill, *Principles of Medical Statistics*, London 1937.

V Als »Introwizor« bezeichnete Steinhaus ein Gerät, das heute als Vorläufer des Tomographen gilt.

VI Zur Biographie von Jakub Parnas siehe Flecks Bericht über die »Untersuchungen zum Flecktyphus im Lemberger Ghetto in den Jahren 1941-1942«, in diesem Band S. 513, EN IV.

VII Ewa Bandrowska-Turska (1894-1979) war eine der bekanntesten polnischen Opernsängerinnen und als Sopran lange an der Oper in Lwów (Lemberg) engagiert.

VIII Fleck verwendet das Wort ›garnitur‹, das im Polnischen sowohl ›Anzug‹ als auch einen kompletten ›Satz‹ von etwas bedeutet. Er spielt dabei auch auf die 1948 zusammen mit H. Kowarzyk und H. Steinhaus verfaßte Arbeit über »Garnitursysteme weißer Körperchen« an. Hier bezeichnet ›Garnitur‹ eine Zusammenstellung, eine Mischung von etwas.

Briefwechsel mit dem Benno Schwabe Verlag[1]

Lublin, den 20. 4. 1949

Sehr geehrte Herren,

im Jahre 1935 ist in Ihrem Verlag ein Buch von mir (*Entstehung und Entwicklung einer wissenschaftlichen Tatsache*) erschienen, und Sie waren so gütig, bis zum Kriegsausbruch mich über den Verkauf und die in der Fachliteratur erschienenen Besprechungen zu verständigen.

Seit den letzten Jahren bemerke ich ein wachsendes Interesse für die im Buch bearbeiteten Probleme, habe einige bezugnehmende Briefe aus dem Ausland erhalten.

Könnten Sie mir bitte bekanntgeben, ob das Buch in der letzten Zeit verlangt wurde und wie viele Exemplare des Buches noch bei Ihnen vorhanden sind?

Meiner Ansicht nach wäre es derzeit sehr angebracht, die wissenschaftliche Welt in den USA, wo eben die Problematik der Soziologie des Wissens sehr lebhaft besprochen wird, an das Buch zu erinnern. Ich besitze im Augenblick kein Exemplar meines Buches. Wären Sie bitte so liebenswürdig, mir etwa 5 Exemplare zur Verfügung zu stellen, die ich persönlich an interessierte Fachleute versenden möchte?

In Erwartung Ihrer Antwort, hochachtungsvoll

[Fleck]

Prof. Dr. L. Fleck, Lublin, Lubartowska Str. 57, Polen

[Basel, den] 31. 7. 1957

Sehr geehrter Herr Professor,

hiermit möchten wir Ihnen eine dem heutigen Stand entsprechende Abrechnung, betreffend Ihr im Jahre 1935 in unserem Verlag erschienenes Werk *Entstehung und Entwicklung einer wissenschaftlichen Tatsache*, unterbreiten. Die letzte Abrechnung ließen wir Ihnen im September 1940 zugehen. Danach betrug der Vorrat damals noch 462 Exemplare. In der Folge wurden bei der Bombardierung von Leipzig während des Krieges leider die dort befindlichen 167 Exemplare vernichtet. Durch Verkauf wurden seit 1940 weitere 20 Exemplare abgesetzt, und außerdem übersandten wir Ihnen letztes Jahr 5 Exemplare, so daß der jetzige Vorrat noch 270 Exemplare beträgt.

Für die verkauften 20 Exemplare steht Ihnen eine Vergütung von

Fr. 80,– zu, welchen Betrag wir bis zum Erhalt Ihrer weiteren Disposition auf Ihrem Konto stehen lassen.

Mit vorzüglicher Hochachtung
BENNO SCHWABE & CO.

Ness-Ziona, den 1. 11. 1959

Sehr geehrte Herren,

ich komme auf mein bei Ihnen im Jahre 1935 erschienenes Buch zurück, das den Titel trägt: *Entstehung und Entwicklung einer wissenschaftlichen Tatsache*. Unlängst habe ich einen Brief von Prof. H. K. SCHILLING,[II] Dean, The Pennsylvania State University, USA, erhalten, der mein Buch eben gelesen hat. Er schreibt:

»The book has given me an immense amount of pleasure and stimulation. I have read all of it twice, and not a few passages several times more. Please believe that I mean it sincerely when I say that it is a remarkable book. It may well be, that it was ahead of its time. It is very doubtful that I could have understood or appreciated it twenty years ago. But now the insights it offers seem truly profound. I shall refer with proper acknowledgment and appreciation to you and your book, and shall use some of your terminology to sharpen my own. Does your publisher in Basel still have a supply of your books, or are they out of print? I would like to write a few of my friends about it and recommend they secure copies.«[III]

Prof. SCHILLING, ein bekannter Physiker, interessiert sich für Soziologie des Erkennens, hat darüber während eines Zusammenkommens der AAAS in Atlanta, Dezember 1955, gesprochen, später einen sehr guten Aufsatz in *Science*, 6. June 1958, Bd. 127, Nr. 3310, S. 1324, erscheinen lassen. Im Dezember 1958 sprach er über »Knowledge is Communal« in einem Seminar, wobei er mein Buch mehrmals zitierte.

Es gab in den letzten Jahren mehrere Aufsätze in *Science, Nature, Endeavour*, die beweisen, wie aktuell die Problematik der Denksoziologie wurde. Vor einem Jahre ist ein Buch von Prof. M. POLANYI, *Personal Knowledge*, Yale University Press, erschienen, das einen Standpunkt vertritt, der meinem sehr verwandt ist. Ich habe ihm ein Exemplar meines Buches geschickt, da er es nicht kannte.

Alles in allem: Mein Buch ist jetzt gerade aktuell, und es wäre vielleicht ratsam, an eine modernisierte Neuauflage zu denken.

Ich möchte Ihre Meinung darüber kennenlernen.

Bitte senden Sie mir 5 Exemplare des Buches, ich will dieselben an interessierte Fachleute schicken.

In Erwartung Ihrer Antwort mit vorzüglicher Hochachtung

[Prof. Dr. L. FLECK]

P. S. Sind in der letzten Zeit Exemplare verkauft worden?

[Basel, den] 8. 12. 1959

Sehr geehrter Herr Professor,

Ihrem Wunsche entsprechend übersandten wir Ihnen fünf Exemplare Ihres geschätzten Buches *Entstehung und Entwicklung einer wissenschaftlichen Tatsache* und nehmen an, daß Sie diese inzwischen erhalten haben.

Bei dieser Gelegenheit gestatten wir uns, Ihnen eine weitere Verkaufsabrechnung über Ihr Buch vorzulegen:

Vorrat am 31. 7. 1957 (gemäß unserem Schreiben vom 31. 7. 1957)		270 Expl.
Seither wurden verkauft	7 Expl.	
Von Ihnen bezogene Exemplare	5 Expl.	12 Expl.
Vorrat am 30. 11. 1959		258 Expl.

Das Honorar für die verkauften 7 Exemplare beläuft sich auf Fr. 28,– (Fr. 4,– pro Exemplar). Außerdem verfügen Sie noch über ein Guthaben von Fr. 42,–, so daß der Saldo zu Ihren Gunsten gegenwärtig Fr. 70,– beträgt.

Mit großem Interesse haben wir von den in Ihrem Schreiben zitierten Äußerungen von Prof. SCHILLING über Ihr Buch Kenntnis genommen. Trotzdem haben wir starke Bedenken in bezug auf die Absatzmöglichkeiten für eine Neuauflage Ihres Werkes. Wenn Sie berücksichtigen, daß die erste Auflage im Jahre 1935, d.h. vor rund 25 Jahren, erschienen ist und wir auch heute noch einen Vorrat von 258 Exemplaren am Lager haben, so werden Sie für unsere Bedenken gegen eine Neuauflage des Werkes sicher Verständnis haben. Wie Sie aus der heutigen Verkaufsabrechung ersehen, wurden während der letzten zwei Jahre nur noch sieben Exemplare abgesetzt, obschon wir das Buch in unseren Verlagskatalogen noch regelmäßig aufgeführt haben.

Mit vorzüglicher Hochachtung
BENNO SCHWABE & CO.

[Basel, den] 11. 10. 1966[IV]

Sehr geehrter Herr Professor,

Wir erlauben uns, Ihnen mitzuteilen, daß von Ihrem geschätzten Werk *Entstehung und Entwicklung einer wissenschaftlichen Tatsache* seit unserer letzten Abrechnung leider kein weiterer Absatz mehr erzielt werden konnte. Unter diesen Umständen sehen wir uns veranlaßt, die Restbestände des Buches von 258 Exemplaren zu makulieren, um damit Platz in unseren knappen Lagerräumen zu gewinnen.

Bevor wir zum Makulieren der Restbestände schreiten, möchten wir Ihnen gerne Gelegenheit geben, noch eine beliebige Anzahl Exemplare des Werkes für Ihren eigenen Bedarf zu übernehmen. Diese Exemplare würden wir Ihnen kostenlos gegen Erstattung der Portospesen überlassen.

Wir wären Ihnen für baldige Mitteilung dankbar, ob Sie von diesem Angebot Gebrauch machen möchten.

Mit besten Empfehlungen
SCHWABE & CO.

I Der vorliegende Briefwechsel zwischen Ludwik Fleck und dem Benno Schwabe Verlag stammt aus dem Archiv für Zeitgeschichte, Bestand: Korrespondenz Benno Schwabe Verlag, Basel. Ludwik Fleck (1935-1980), Sign. IB Schwabe Verlag/1. Gesamtbestand online zugänglich über: ⟨http://www.ludwikfleck.ethz.ch/⟩. Komm. CZ.

Diese Korrespondenz dokumentiert Flecks Sorgen um die mangelnde Verbreitung seines Hauptwerks *Entstehung und Entwicklung einer wissenschaftlichen Tatsache* und enthält Informationen über dessen Absatzzahlen und den Bestand, etwa in Form von Abrechnungen, die Fleck jedoch manchmal nicht erreichten. Zu einer Neuauflage, die sich Fleck wünschte, kam es nie, die Restauflage wurde 1966 verramscht. Vgl. zum Hintergrund: Erich Otto Graf, »Habent sua fata libelli – le destin des livres« – in: PF, S. 63-76. Eine ältere deutsche Fassung dieses Textes: Erich Otto Graf, »habent sua fata libelli – Bücher haben ihre Schicksale« (2005), ⟨www.ludwikfleck.ethz.ch/.../user.../Referat_Erich_O._Graf.pdf⟩ (Zugriff am 15. 9. 2010).

II Vgl. in diesem Band EN III zu »Krise in der Wissenschaft« (1929).

III »Das Buch gab mir ein ungeheures Maß an Freude und Anregung. Ich habe alles zweimal gelesen und nicht wenige Passagen noch öfter. Bitte glauben Sie mir, daß ich es aufrichtig so meine, wenn ich sage, daß dies ein außerordentliches Buch ist. Es kann gut sein, daß es seiner Zeit voraus war, und es ist sehr zweifelhaft, ob ich es zwanzig Jahre früher hätte verstehen und würdigen können. Doch heute erscheinen die von ihm offerierten Einsichten wahrhaft tiefgründig. Ich werde mich mit gebührender Anerkennung und Wertschätzung auf Sie und Ihr Buch beziehen und einige Ihrer Begriffe zur Schärfung der meinen verwenden. Hat Ihr Verleger in Basel noch einen Bestand Ihrer Bücher vorrätig, oder sind sie vergriffen? Ich möchte einigen meiner Freunde darüber schreiben und ihnen raten, sich Exemplare zu sichern« (Übersetzung: CZ).

IV Fleck war 1961 bereits gestorben, dieser Brief wurde offenkundig ohne Wissen um seinen Tod verfaßt.

Briefe an Barbara Narbutowicz (Auswahl)[I]

Ness Ziona, 14. 6. 1958

Liebe Frau Basia,

ich habe mit der Antwort gewartet, denn wir dachten, daß es gelingen würde, Obst zu verschicken. Dem war aber nicht so. Keine Firma wollte in dieser Zeit die Sendung übernehmen, weil sie behaupteten, das Obst würde verfaulen, bevor es ankommt. Es ist mir aber gelungen, noch grüne Zitronen im Garten zu finden; solche verderben unterwegs angeblich nicht. Wir haben ein Paket vorbereitet, und meine Frau hat es zur Post gebracht. Doch man nahm es nicht an. Man darf nicht und basta. Aber in drei Monaten! Wir müssen abwarten, Frau Basia. Über eine finanzielle Kompensation schreiben Sie mir nie mehr wieder, pfui ... Eine Schande. Nebenbei bemerkt, das Obst ist hier spottbillig, oder es kostet gar nichts, denn unsere Bekannten bringen es einfach aus ihrem eigenen Garten (auch diesmal war es so).

Ich bekam einen Brief von Prof. Jus. Er meint, es gebe eine deutliche Verbesserung, und er erwartet, daß eine weitere Therapie gute Ergebnisse bringen wird. Also Basieńka, machen Sie sich nicht allzu viele Sorgen. Bitte schreiben Sie uns, wie die Prüfung in den Sprachen lief und überhaupt, was mit Ihrem Studium wird. Das darf man nicht vernachlässigen!!!

Bei uns läuft alles gut. Dieser unsinnige Angriff von Dr. Balach[owsky][II] hat mich sehr getroffen, doch viel mehr hat mich verletzt, daß es in Polen – wie ich dem Brief von Danuta und Nel entnehme – Menschen gibt, die das geglaubt haben. Ich möchte Sie sehr darum bitten, mir das Buch zu schicken, und falls das nicht möglich sein sollte, schauen Sie es bitte genau durch und schicken Sie mir die Photokopie jener Seite, die mich betrifft. Ich habe bereits eine Erklärung von Professor Waitz[III] aus Straßburg (mit dem ich in demselben Labor in Buchen[wald] arbeitete und der sich speziell mit verbrecherischen Experimenten befaßte und im Nürnberger Gericht auftrat), die besagt, daß es keinen Vorwurf bezüglich meines Aufenthaltes in Buch[enwald] sowie meines Verhaltens gegenüber der SS gab und daß ich weder direkt noch indirekt an diesen »Experimenten« beteiligt war, daß ich von den Häftlingen geachtet wurde und daß ich mich an einer Sabotageaktion gegen die Deutschen beteiligte. Außerdem besitze ich eine Bescheinigung vom Nürnberger Tribunal, daß ich zur Klärung der Wahrheit über jene Experimente beigetragen habe. Wenn es aber irgendwelche, und seien es sogar nur kleine Indizien gegen mich geben würde, wären sie ans Licht gekommen und die gegnerische Seite würde das ausnutzen. Das wichtigste ist jedoch, daß dies alles, was BALACH[OWSKY] beschreibt, überhaupt keinen Sinn hat. Wie kann man das ernst nehmen? Wer und wozu macht das jetzt? Gerade jetzt, wenn ich nicht mehr da bin? Wozu dieses Schlechtmachen? Bitte, schreiben Sie mir zurück, aber seien Sie vorsichtig.

Hier ist es schon sehr heiß! Der Sommer! Die Wohnung ist luftig, und zur Arbeit habe ich es nicht weit. Ich sende Ihnen und allen wohlgeneigten Bekannten viele Grüße von mir und von meiner Frau.

[L. FLECK]

16. 8. 1958

Liebe Frau Basia,

heute fängt mein 14tägiger Urlaub an, doch leider wird er sehr aktiv sein. Es gibt eine Ärzte-Tagung, zu der viele Bekannte aus der ganzen Welt gekommen sind. Seit vier Tagen bereits kehre ich erst nach Mitternacht nach Hause zurück und bin unausgeschlafen. Heute kommen unsere Bekannten aus NY zu Besuch, morgen die aus Frankreich – alle sind sehr lebendig, gesprächig und interessiert. Dieser Polyglottismus ist einfach umwerfend. Ich beschwere mich, denn ich bin alt und müde, das Leben hier ist aber wirklich sehr intensiv.

Wir freuen uns sehr, daß Michał zu Form kommt! Mögen Sie nur fröhliche Erlebnisse in bezug auf die beiden Jungs haben! Aus Ihren und Danutas Briefen geht hervor, daß Prof. GROËR[IV] zu euch allen sehr freundlich ist. Auch er schreibt in den Briefen an mich über Euch mit viel Sympathie. Das ist sehr gut! Nutzt die gute Stimmung und macht die Prüfungen zu Ende! Danuta schreibt nichts über ihre Habilitation, und ich finde, daß sie notwendig ist. Pflegt bitte Eure Kontakte zum Fortbildungsinstitut sowie zu den anderen Institutionen!

Sie fragen, ob ich die Glückwünsche von unserer Arbeitsgruppe erhalten habe, ja, sie waren in einem (sehr schönen) Buch von BRÜCKNER. Sofort habe ich zu Ihren und zur Frau Dziunias Händen ein Dankeschön an alle weitergegeben. Versichern Sie bitte aber noch einmal allen, daß es mich berührt, daß sie an mich denken und daß ich Ihnen allen viel, viel Glück wünsche. An alle einzeln kann ich nicht schreiben, denn der Teufel schläft nicht, ich weiß, was ich sage. Aber im Herzen bin ich mit Euch, und wir unterhalten uns oft über Euch.

Die Nachricht, daß man diesen Tölpel aus Paris anklagen kann, interessiert mich, doch im Grunde genommen ist es schade um die Zeit etc. Der Prozeß würde Jahre dauern, und es würde viele Irritationen, doch wenig Genugtuung geben. Bitte informieren Sie mich, was in dieser Sache geschieht. Die Unterlagen habe ich an Prof. GRO[ËR] und die Kopie an Dziunia gesendet. Vor einigen Tagen habe ich an die Adresse von Prof. GR[OËR] noch eine Bescheinigung von Prof. WAITZ geschickt, diesmal eng *ad casum.*

Mit Nachdruck und Ernst wiederhole ich den Vorschlag, Ihnen das Geld zu leihen. Es gibt nicht viel davon, aber Sie können es für einen Urlaub gebrauchen.

Viele herzliche Grüße, und hören Sie bitte auf zu rauchen.

[FLECK]

Ness Ziona, 3. 9. 1958

Liebe Frau Basia,

ich danke Ihnen für Ihre Informationen zum »Kommentar«.[V] Ich folge Ihrem Rat und verwende diesen Ausdruck. Ich bin stolz darauf, daß meine Schülerinnen schon so reif und so klug sind. Bitte danken Sie Prof. TRAMMER [TRAMER],[VI] daß er sich für diese Sache interessiert hat. Es scheint mir, daß eine Anzeige hier keinen Sinn hätte, denn die Aussage BALACH[OWSKYS] ist so redigiert, daß man ihn nicht verklagen kann, er macht keinen konkreten Vorwurf. Das Wort »délibérément« hat zwei Bedeutungen: »hartnäckig« und »absichtlich«. Die zweite Bedeutung ist bösartig, doch der Autor kann immer alles zurücknehmen und behaupten, daß er damit nicht das Initiieren des Experimentes gemeint habe, sondern das hartnäckige Wiederholen meinerseits, welches zur Auslösung des Experimentes führte. Er wirft also nicht bösen Willen, sondern eine dumme Unvorsichtigkeit vor. Und deswegen kann man ihn nicht verklagen. Wenn Sie aber meinen, daß doch, fragen Sie bitte Herr TRAMMER [TRAMER], ob ich recht habe. Ich habe keine Lust zu prozessieren, es sei denn, daß meine Regierung es verlangen wird. Natürlich habe ich die ganze Sache den hiesigen Behörden dargestellt.

Sie fragen mich nach dem Institut und der Arbeit. Im Oktober bekomme ich ein neues Arbeitszimmer. Es wird klimatisiert sein, was mich sehr freut. Unser Thema ist die sekretorische Immunität und die Diagnostik der Ansteckungskrankheiten durch die Verwertung der Antigensubstanzen im Urin, also eine Erweiterung dessen, was ich 1940-1942 beim Fleckfieber untersuchte. Meine Assistentin ist sehr arbeitsam, still und gut ausgebildet, die Laborantin ist auch am richtigen Platz. Die Arbeit im Institut ist gut organisiert, es gibt gute Werkstätten (eine Metall-, eine Tischler-, eine Elektro- und eine Glaserwerkstatt), eine große Bibliothek mit einer unendlichen Menge an Zeitschriften, drei Bibliothekarinnen, die mit Katalogen und Bestellungen etc. beschäftigt sind. Die Bücher nimmt jeder selbst anhand eines Katalogs, man muß nur eine Karteikarte ablegen und das Buch bis zu einem bestimmten Termin zurückgeben. Es geht nichts verloren. Als ich mich überrascht zeigte, daß man zu jeder Zeit hereinkommen und ein Buch nehmen darf, haben alle Mitarbeiter über mich gelacht.

Liebe Basia, glaube nicht an ein Tauwetter, verbrenne den Brief, nachdem Du ihn gelesen hast. Den Nebenpersonen soll man nur im allgemeinen berichten, daß alles gut läuf, und das war's. Man weiß nie, was und wann herauskommt!!

Viele herzliche Grüße, und ich wiederhole noch einmal: Das Geld steht zur Verfügung. Ich werde mich freuen, wenn Sie es gebrauchen können.

[FLECK]

9. 11. 1958

Liebe Frau Basia,

ich danke Ihnen für Ihren Brief vom 28. 10., den ich gestern bekommen habe. Wir waren sehr beunruhigt, da weder Sie noch Danuta lange nicht an uns geschrieben haben. Es freut uns zu hören, daß Michał nach Hause zurückkommen und wieder das Studium aufnehmen wird. Doch er soll nicht zu viel arbeiten. Sicherlich hat JUS Ihnen Hinweise zu seiner Lebensweise gegeben. Gut, daß Ihre Arbeit vorangeht! Mit GROMAN[VII] halten Sie bitte Kontakt, denn man kann sie gut gebrauchen. Schade, daß aus Euren Reisen nichts geworden ist. Es ist die Sache der Direktion, für das Institut die Auslandsaufenthalte zu erkämpfen. Stimmt es, daß GROËR in Paris auf einer Allergologen-Tagung mit einem Referat über die Leukergie war?

Wissen Sie vielleicht oder weiß es Danuta, was es war und wie es gelaufen ist?

Den Kindern erklären Sie bitte, daß das Chamäleon »ZIGI« hieß. Nicht ich habe das ausgedacht, aber es hieß so seit der Erschaffung der Welt. »Z« symbolisiert seine groteske, zickzackförmige Silhouette, zwei »I« die Metamystik seiner Gestalt, und der Buchstabe »G« steht für seine löffelförmige Zunge, mit der es blitzschnell die Fliegen fängt. Es ist ein sehr interessantes und mystisches Geschöpf. Es bewegte sich langsam und harmonisch wie die langsam laufende Aufnahme einer Ballettänzerin. Nur seine Stielaugen tasten schnell die Welt ab. Und plötzlich, hopps! Seine 5-6 cm lange Zunge sprang heraus und fing die Fliegen mit einer unerhörten Präzision. Es war prächtig, aber was nun ... Ich mußte es in den Garten herauslassen, denn 20 – dazu noch lebendige – Fliegen für es zu fangen war ein bißchen zu viel Arbeit.

So, so, Frau Basia, das Leben ist nicht einfach. Glauben Sie nicht, daß wir hier in einem Paradies leben. Dieses Land hat seine – inneren und äußeren – Probleme, die sehr schwierig sind. Die offenen, feindlichen, immer gefährlichen Grenzen, eine gemischte, mehrsprachige, nicht miteinander vereinigte Bevölkerung, der ständige Zuzug von Emigranten, die oft sehr arm sind und die versorgt werden müssen: Ein großer Idealismus auf der einen Seite und ein großer Egoismus der demoralisierten Nervensägen auf der anderen. Die bereits hier geborene und großgewordene Jugend versteht nicht, was eigentlich diese immer neuen, fremden, unverständlichen Ankömmlinge wollen. Das ist keine einfache Welt. Aber trotzdem fühlen wir uns hier wohl. Es ist nur schade, daß ich nicht jünger bin, ich könnte dann nützlicher sein. Denn man kann hier viel Gutes tun.

Richten Sie bitte Danuta einen Dank für die Zusendung von fünf Büchern aus: zwei von Zieliński[VIII] (prächtig), eins von Naganowski,[IX] eins von Joyce[X] und eins von Lutowski[XI] (ein Halunke, glauben Sie ihm bitte nicht). Wir möchten um weitere Bücher bitten: neue polnische Romane, ein bißchen Poesie, einige Übersetzungen. Und bitte schreiben Sie, ob die Zollgebühren für die Orangen in Polen nicht zu hoch sind, damit sie den Wert der Orangen nicht überschreiten. Schreiben Sie unbedingt!

Herzliche Grüße von uns beiden an Sie, Michał, Piotruś, Danuta und andere.

[L. F.]

NZ, 16. 12. 1959

Liebe Frau Barbara,

vielen Dank für Ihren Brief. Seit einiger Zeit bekomme ich wenige Briefe aus Polen. Das hat sicherlich einen Grund oder vielleicht mehrere innere und äußere Gründe. Um so mehr hat uns der Brief von Ihnen gefreut, doch wir rechnen damit, daß es in Zukunft zu Hindernissen kommen kann. Es freut uns, daß Sie zu Hause und auf der Arbeit zurechtkommen. Mit Freude habe ich Ihren Namen gelesen, der in *Annual Review of Microbiology* 1959 zitiert wurde.[XII] Bitte vergessen Sie nicht, Frau Barbara, daß ich von Ihnen sehr viel Gutes erwarte!! Sie haben Talent, und man darf nicht zulassen, daß sie es zerstören!!

Was das Symposium betrifft, können wir ganz ruhig sein. Sie werden einfach vergessen, mich einzuladen, und wenn sie mich doch einladen werden, dann auf solche Art und Weise, daß nichts daraus wird – nur scheinbar. Und Euch, meine Lieben, gebe ich einen Rat: Verbindet Euer Schicksal in diesem Land nicht mit meiner Person, zitiert mich nicht, tretet nicht als meine Schüler auf. Es wird für Euch viel einfacher sein. Kostrzewski und Wolecki werden aufhören, euch anzugreifen, und sogar die renommierten Pseudofreunde werden zufrieden sein.

Hanka wird es mit »Anabak«[XIII] nicht schaffen, das sieht man schon aus den Versammlungsberichten. Nicht nur wird ihr niemand helfen, sondern man wird ihr hinterlistig und bösartig schaden wollen. Laßt das lieber. Wenn sie mir schreiben und detailliert angeben würde, was sie macht, würde ich sie gerne beraten. Doch das bringt sowieso nichts. Sie werden alles verhindern, kaputtmachen, fälschen und ihre Arbeit verleugnen, damit daraus nichts wird.

Bei uns ist alles in Ordnung. Wir sind gesund und zufrieden. Der Winter ist seltsam warm: 15-20°C.

Viele herzliche Grüße, und noch einmal wünsche ich Euch allen alles Gute zum Neuen Jahr sowie schöne Feiertage.

[L. Fleck]

22. 10. 1960

Liebe Frau Barbara,

vielen Dank für Ihren Brief vom 10. 10. Es freut mich immer zu hören, daß sich die Arbeit unserer Arbeitsgruppe gut entwickelt und daß die Jugend reift. Das ist eine traurige Angelegenheit, daß ich Euch verlassen mußte. Aber glauben Sie mir, das mußte sein. Außerdem wäre ich angesichts der feindlichen Stimmung, die mir gegenüber herrschte, für Euch nicht zu gebrauchen. Ich mache mir Sorgen, wie sich die Verhältnisse mit dem neuen Direktor entwickeln werden. Vielleicht ist das keine schlechte Idee, daß Prof. KUNICKI[XIV] zum offiziellen Berater wird?

Michał darf selbstverständlich meinen Namen in seinem Antrag erwähnen. Gerne stelle ich ihm ein besseres Gutachten aus, wenn sie sich an mich wenden. Möge es sein, daß er dieses Stipendium bekommt!

Bei uns begann die Regenzeit, d.h., es kam der erste Regen. Es regnete 15 Stunden, und dann kam die Sonne heraus, doch die war nicht mehr so schön wie vorher. Im Zimmer gibt es bei offenen Fenstern 23-25° C. Die Klimaanlage schalte ich schon aus, und abends, wenn wir hinausgehen, muß man ein Jackett oder einen Pullover mitnehmen!

Ich freue mich auf *Doktor Faustus.*[XV] Ich habe wenig Zeit, um Romane zu lesen, doch ab und zu komme ich dazu. Die Abzüge werde ich Ihnen, sobald ich sie bekomme, schicken, aber ich hätte gerne auch die Abzüge Ihrer Arbeit.

Viele herzliche Grüße

[L. FLECK]

I Die vorliegende Korrespondenz Flecks mit Barbara Narbutowicz stammt aus dem Archiv von Thomas Schnelle, SMF, S. 346-352. Aus dem Polnischen von Sylwia Werner. Komm.: Hg.

Barbara Narbutowicz war Flecks Schülerin und Assistentin in Lublin und später seine Mitarbeiterin am ›Mutter-und-Kind-Institut‹ in Warschau. Zusammen veröffentlichten sie einen Aufsatz, vgl. Fleck, Szczygielska, Narbutowicz, Szymona (1953l). Nachdem Fleck 1957 nach Israel emigriert war, gehörte sie zu den wenigen Personen aus dem Institut, mit denen er bis zu seinem Tode in engem Kontakt stand.

II Zu Alfred Balachowsky siehe in diesem Band Flecks Kommentar »In der Buchenwalder Angelegenheit«.

III Zur Biographie von Robert Waitz siehe Flecks Bericht über seinen Aufenthalt im KZ Buchenwald, in diesem Band.

IV Zur Biographie von Franciszek Groër vgl. in diesem Band, S. 647, EN I.

v Mit dem »Kommentar« meint Fleck wahrscheinlich seinen Text »In der Buchenwalder Angelegenheit (Kommentar zum Buch F. Bayles *Croix gammée contre caducée*)«, den er am 19. 8. 1958, also etwa zwei Wochen vor dem Brief an Narbutowicz, verfaßt hatte.

vi Gemeint ist wahrscheinlich der Literaturwissenschaftler und internationale Vizepräsident des New Yorker Leo Baeck Instituts, Hans Tramer.

vii N. B. Groman war eine seinerzeit am Department of Microbiology, School of Medicine, The University of Washington, Seattle, Washington, USA, tätige Mikrobiologin, welche sich für die Forschungen von Narbutowicz interessierte und über deren Ergebnisse berichtete, so in: N. B. Groman und Ramona Memmer, »Lysogeny and Conversion in Mitis and Mitis-Like Corynebacterium diphtheria«, in: *Journal of General Microbiology* 19 (1958), S. 634-644. In der gleichen Zeitschrift konnte Narbutowicz dann zwei Jahre später über ihre Forschungen am Mutter-und-Kind-Institut Warschau berichten: B. Karska, W. Kozak, B. Narbutowicz, A. Stolarska, »The Lysogenicity of Staphylococci isolated«, in: *Poland Journal of General Microbiology* 23 (1960), S. 577-581.

viii Wahrscheinlich handelt es sich hier um den in Kiew geborenen, 1947 nach Warschau übergesiedelten polnischen Schriftsteller Stanisław Zieliński (1917-1995).

ix Eugen Naganowski (1913-2000), polnischer Literaturkritiker, Essayist, Übersetzer deutschsprachiger Literatur, bekannt vor allem durch seine kritischen Monographien über James Joyce und Robert Musil. Zum Zeitpunkt des Briefes war aktuell von ihm eine Biographie über den jungen Martin Andersen Nexö erschienen: *Magiczny klucz: opowieść o życiu i twórczości młodego Martina Nexø* [Magischer Schüssel: Erzählung über das Leben und Werk des jungen Martin Nexø], Poznań (Posen) 1958.

x Vermutlich geht es hier um ein Buch von James Joyce. Erst ein Jahr später erschien jedoch Naganowskis Joyce-Buch *Telemach w labiryncie świata: o twórczości Jamesa Joyce'a* [Telemach im Labyrinth der Welt. Über das Werk von James Joyce], Warschau 1962.

xi Hier meint Fleck wahrscheinlich den in Lwów (Lemberg) geborenen Mediziner und Schriftsteller Jerzy Lutowski, dem er 1950 für die Zeitschrift *Po prostu* [Einfach so] ein Interview zum Thema Leukergie gegeben hat. Vgl. in diesem Band, S. 515-520.

xii Vgl. P. E. Hartman, S. H. Goodgal, »Bacterial Genetics (With Particular Reference to Genetic Transfer)«, in: *Annual Review of Microbiology* 13 (1959), S. 465-504, hier S. 503.

xiii »Anabak« ist ein Impfstoff gegen die Diphtherie, an dessen Entwicklung Fleck am ›Mutter-und-Kind-Institut‹ in Warschau gearbeitet hatte. Siehe Fleck, Kunicka (1957l).

xiv Gemeint ist Flecks langjähriger Weggefährte, der Mikrobiologe Władysław Kunicki-Goldfinger (1916-1995).

xv Thomas Mann, *Doktor Faustus. Das Leben des deutschen Tonsetzers Adrian Leverkühn, erzählt von einem Freunde*, Stockholm 1947. Vermutlich das letzte Buch, das Fleck las, bevor er einem Herzinfarkt erlag.

Leon Chwistek
Ein interessantes Buch[I]

Der hervorragende Lemberger Bakteriologe, Dr. Ludwik FLECK, veröffentlichte vor einigen Monaten in Basel ein Buch in deutscher Sprache: *Entstehung und Entwicklung einer wissenschaftlichen Tatsache.*

FLECKS Buch bewegt sich in der Begriffssphäre der Bakteriologie, dennoch ist es auf eine solche Weise geschrieben, daß jeder intelligente Mensch es mit Nutzen und Freude lesen kann. Dieses Buch gehört in die Bereiche der Methodologie und der Erkenntnistheorie, und ich werde nicht übertreiben, wenn ich sage, daß es einen Wendepunkt in der Geschichte dieser – noch sehr dunklen und mit archaischem Aberglauben erfüllten – Wissenschaften darstellt. FLECK geht es darum, die Abhängigkeit zwischen der Erfahrung und dem, was er als *Denkstil* bezeichnet, zutage treten zu lassen. Ein Denkstil ist eng mit einem wissenschaftlichen Milieu verbunden, wird seinen Trägern aufgezwungen, was dazu führt, daß manche Tatsachen in deren Bewußtsein zuerst in den Vordergrund treten, andere dagegen nicht in Frage kommen. Der wissenschaftliche Fortschritt beruht eben darauf, daß Tatsachen, denen man bislang keine Aufmerksamkeit schenkte, in den Vordergrund treten, indem sie den geltenden Denkstil überwinden und einen neuen bilden. Es ist einfach, zu verstehen, daß ein solcher Prozeß nicht ohne Kampf vonstatten gehen kann. Die Erfahrung lehrt, daß der Verlauf dieses Kampfes in verschiedenen Momenten der Wissenschaftsgeschichte fast immer der gleiche ist, nur mit dem Unterschied, daß, während man früher den Erneuerern auf die Pelle rückte, man sich heute bemüht, sie als Besessene oder Ungebildete unschädlich zu machen.

Dr. FLECK erinnert daran, daß man die Theorie von KOLUMBUS über die Antipoden für absurd hielt, da sie mit dem Bild der auf dem Kopf stehenden Menschen untrennbar verbunden war.[II] Von solchen Beispielen wimmelt es in der Geschichte der Wissenschaft. Vor kurzem erinnerte Bertrand RUSSELL an die folgende Geschichte: Galileo GALILEI warf vom schiefen Turm in Pisa gleichzeitig einige Gegenstände mit unterschiedlichem Gewicht herunter. Diese Gegenstände fielen – entgegen der Theorie des ARISTOTELES – gleichzeitig hinab. Das Experiment wurde in dem Moment durchgeführt, als die

Professorenschaft vor der Kirche stand. Die Gelehrten kamen zu der Überzeugung, daß sie einer Sinnestäuschung erlagen, weil ARISTOTELES sich nicht irren konnte.[III]

Jede allgemeine Theorie – schreibt FLECK – durchläuft eine klassische Epoche, in der man nur die Tatsachen sieht, die sich nach ihr richten, und eine Epoche der Komplikationen, wenn Ausnahmen anfangen aufzutreten. Am Ende übersteigen oft die Ausnahmen die Zahl der Normalfälle.[IV]

Ferner bemerkt Dr. FLECK, daß manche Ausnahmen oft mit Schweigen bedacht werden.[V] So war es z. B. mit der Bewegung der Merkurbahn, die sich nicht an die Theorie von NEWTON anpassen wollte. Erst jetzt schenkte man dieser Sache Aufmerksamkeit, da sie ein Argument zugunsten der Theorie von EINSTEIN darstellt.

Besonders bemerkenswert ist das Streben danach, für eine Doktrin ein konsequentes System zu kreieren, sogar dann, wenn sie von Widersprüchen wimmelt. Es findet sich dann die Lösung – so wie das früher war –, indem man sich auf Wunder beruft. Ich möchte hinzufügen, daß sich heute die Gelehrten auf die individuelle Intuition berufen, was erlaubt, Widersprüche zu vermeiden. Ein solches Prinzip verkündete vor kurzem in meiner Anwesenheit einer der prominentesten Mathematiker. Beachtenswert ist vor allem die Tendenz, die Tatsachen zu idealisieren und sich ihrer als Argument zum Vorteil eigener Träume zu bedienen.

Die von Dr. FLECK angeführten Beispiele sind faszinierend. Es genügt zu sagen, daß sich die alten Anatomen auf bestimmte – den heutigen Anatomen ganz unbekannte – Instrumente beriefen, nur um um so stärker die vorgefaßte Theorie zu unterstützen. Doch das ist nicht alles. Auf Seite 42 lesen wir: »Ich durchblätterte moderne anatomische Atlanten und [...] fand viele gute Bilder, aber kein einziges naturgetreues: Alle sind anschaulich herauspräpariert, alle schematisch, fast symbolisch, alle lehrgetreu und nicht naturgetreu.«[VI]

Ich gehörte zu denjenigen Schülern, die den Kontrast zwischen dem Bild und der Wirklichkeit besonders stark empfanden. Ich verstand einfach die Bilder nicht. Es ist nicht verwunderlich, daß die Bemerkungen von Dr. FLECK mich stark beeindruckten.

Ganz sensationell klingt die Nachricht, daß manche Gelehrten nicht zögerten, falsche photographische Bilder anzugeben, nur damit ihre Theorie um jeden Preis Bestätigung fand. Dr. FLECK macht diesen Vorwurf dem berühmten HAECKEL,[VII] das ist jedoch eine zweitrangige Sache. Es geht darum, daß just dann, wenn wir uns bemühen, die Natur getreu wiederzugeben, wir im Grunde genommen nur unserer Kultur getreu sind (S. 42).[VIII]

Man muß hinzufügen, daß die zu weit gehende Naturtreue uns nicht nur nicht zum Ziel führen, sondern im Gegenteil ein Durcheinander der Begriffe herbeiführen würde. Ich hatte die Gelegenheit, einen großartigen botanischen Atlas von Professor Stanisław KULCZYŃSKI zu sehen.[IX] Es zeigt sich, daß die Zeichnungen so angefertigt werden müssen, daß der Botaniker anhand ihrer die Pflanze wiedererkennen kann. Und die Schematisierung ist hier selbstverständlich eine unvermeidliche Notwendigkeit. Sogar die beste Photographie würde zu Irrtümern führen. Es geht darum, daß man die Blätter zählen kann, daß man das Schema eines Blattes, eines Sprosses usw. entwerfen kann. Dies alles kann man nicht machen, ohne sich den vorherrschenden Konventionen zu unterwerfen.

Indem Dr. FLECK darüber schreibt, betont er die in dieser Hinsicht auftretende Analogie zwischen Wissenschaft und Kunst. Ich weiß jedoch nicht, ob er sich dessen bewußt ist, daß seine Untersuchungen eine kolossale Bedeutung für die Kunsttheorie haben. Ich möchte hier auf die folgende äußerst wichtige Erscheinung aufmerksam machen. Die impressionistische Malerei befreit sich – vom Grundsatz her – von fertigen Schemata und unterwirft sich der direkten Wirkung von Farbeindrücken. Es könnte scheinen, daß unter diesen Umständen jene Strömung eine unermeßliche Verschiedenheit der Farbkombinationen erreicht. In Wirklichkeit existiert ein bestimmtes Schema, welches verursacht, daß die impressionistischen Bilder sich zwar von Kunstwerken anderen Typs unterscheiden, aber alle zusammen sich doch sehr ähnlich sind, wie sich Kinderbilder oder Werke der Renaissance ähneln. Jedoch der Natur sind sie gar nicht ähnlich, obgleich sie eine viel stärkere Fähigkeit als die am sorgfältigsten ausgeführten Werke des klassischen Naturalismus besitzen, an allgemeine Eindrücke der Natur zu erinnern.

Da vom Impressionismus die Rede ist, erlaube ich mir hinzuzufügen, daß Dr. FLECK jenes Phänomen, daß die Schematisierung der Wirklichkeit sich in grundsätzlich unterschiedliche – von vier Wirklichkeitsarten abhängige – Typen aufspaltet, nicht berücksichtigt. Es gibt einen naiven Typus, einen physikalischen Typus, einen Eindruckstypus und einen Vorstellungstypus. Es ist offenkundig, daß die Übergänge von einem zum anderen Typus keineswegs klar sind.

Es geht hier nur um eine grobe Orientierung. Aber diese Orientierung ist erforderlich, um nicht in den radikalen Subjektivismus und den hinter seinem Rücken lauernden Pragmatismus zu verfallen.

Aus diesem Gesichtspunkt sind die Ergebnisse für FLECK äußerst bedeutungsvoll, denn sie stellen einen wichtigen Schritt nach vorne im Erkennen eines Gefahrenschemas dar, welchem wir in der wissenschaftlichen Forschung ausgesetzt sind. Dennoch beurteilt Dr. FLECK die Situation etwas skeptischer. Der Leser hat manchmal den Eindruck, daß alles letztendlich von der Einstellung des Milieus abhängt und es keinen Platz sowohl für die *Wahrheit* als auch für die *Falschheit* gibt. Ich glaube jedoch, es ist nicht so schlimm. Wahrheit und Falschheit sind von der Natur aus von einer schematischen Auffassung der Ereignisse, von einer – sozusagen – Oberflächlichkeit in der Behandlung der Ereignisse abhängig. Wenn wir uns in die Nachforschungen vertiefen, werden unsere Begriffe, die nichts anderes als automatische Reaktionen auf äußere Reize sind, aufhören zu funktionieren. Dann ist eine lange Periode für Versuche und Erfahrungen nötig, bevor neue Möglichkeiten direkter Reaktion entstehen werden. Die Entwicklung der Wissenschaft ist aber nicht mit der Vertiefung der Erfahrung identisch. Eine genauso wichtige Rolle spielt die Vervollkommnung von Orientierungsschemata und die Eliminierung von Widersprüchen. Dank einer solchen Arbeit ist es zum Beispiel möglich, den Bahnverkehr zu organisieren. CHESTERTON sagte einmal, daß die Tatsache, daß der Zug planmäßig ankommt, das größte Wunder sei. Im allgemeinen ist diese Übereinstimmung stark, doch es kommt zu unangenehmen Ausnahmen. Das Vertrauen in die Regelmäßigkeit des Bahnverkehrs hat manches Unglück verursacht. Jene Regelmäßigkeit ist aber sowieso ein kolossaler Sieg des Rationalismus. An eine grenzenlose Entwicklung des Rationalismus zu glauben wäre derselbe Idealismus, wie ihm Grenzpfähle aufzustellen. Doch wir dürfen uns daran erinnern, daß die Feststellung des faktischen Zustands, wie z. B. die von Dr. FLECK untersuchte Abhängigkeit der Wissenschaft vom Milieu, ein wichtiger Schritt nach vorne in Richtung einer Überwindung des Irrationalismus ist. Wir werden uns einfach überzeugen, daß wir es mit einer stereotypen Wiederholung bestimmter gesellschaftlicher Erscheinungen zu tun haben, deren Zersetzungskraft je nach der Entwicklung der Geschichte schwächer wird. Sobald wir einmal lernen, verschiedene Schematypen zusammenzusetzen und zu analysieren, wird die hemmende Kraft unserer eigenen Schemata schwächer werden, und was in ihnen wirklich anregend ist, wird in den Vordergrund treten. Wenn wir der Spur von Dr. FLECK folgen, werden wir lernen, die eigentliche Rolle der schöpferischen Ideen zu beurteilen, und wir werden wissen, daß sogar trübe und phantastische Ideen zu etwas zu gebrauchen sind, wenn wir sie vernünftig nutzen. Sogar die Aufschneiderei und die erwiesene Lüge hören auf, schädlich zu sein. Es genügt zu sagen, daß noch LEONARDO DA VINCI zwischen den lebendigen und apokalyptischen Tieren keinen Unterschied machte. Uns blieb nur das Ungeheuer von Loch Ness übrig, das – trotz der Anstrengungen der Journalisten – niemandem zu imponieren vermochte.

Wir leben in Zeiten, in denen sich die Unwissenheit und die Wildheit die Hand reichen, um die Errungenschaften der alten Kultur zu zerstören oder in eine Karikatur zu verwandeln. Es ist schwierig, den Propheten zu spielen. Wir haben jedoch das Recht zu glauben, daß sich ein rationaler Kritizismus, wenn er einmal zum Leben erweckt wurde, nicht mehr völlig unterdrücken läßt. Und wenn es so sein sollte, gibt es keinen Grund zur Verzweiflung.

1 Leon Chwistek, »Ciekawa książka«, in: *Pion* 33 (1936), S. 6f. Aus dem Polnischen von Sylwia Werner. Komm.: Hg.

Pion [Das Lot] war eine literarisch-gesellschaftliche Wochenschrift, die zwischen 1935 und 1939 in Warschau erschien und umfangreich über das Kulturleben in allen Bereichen der Kunst und Literatur informierte. Die Zeitschrift war politisch nicht unabhängig und stand dem Regierungslager nahe. In ihr publizierten neben Leon Chwistek die Schriftsteller Stanisław Witkiewicz, Jan Przyboś, Czesław Miłosz, Witold Gombrowicz und Zofia Nałkowska sowie der Philosoph Roman Ingarden.

Leon Chwistek (1884-1944) war polnischer Mathematiker, Kunsttheoretiker, Maler, Schriftsteller, Philosoph und eine zentrale Figur der Lemberger Künstler- und Intellektuellenszene. Mit Malinowski und Witkiewicz ging er in Zakopane in die gleiche Grundschulklasse. Nach seiner Zeit als Dozent an der Jagiellonen-Universität in Krakau (ab 1922) erhielt er 1930 eine Professur für mathematische Logik an der Jan-Kazimierz-Universität in Lemberg und setzte sich dabei gegen seinen Konkurrenten Alfred Tarski mit Hilfe eines Gutachtens von Bertrand Russell durch. Kurz vor dem Einmarsch der deutschen Truppen in die Stadt floh er nach Tiflis, wo er als Lehrer für mathematische Analysis arbeitete. 1943 ging er nach Moskau. Leon Chwistek war der Schwager des polnischen Mathematikers Hugo Steinhaus und – laut mündlicher Auskunft von Markus Klingberg – mit Fleck befreundet. Vgl. Karol Estereicher, *Leon Chwistek. Biografia artysty 1884-1944*, Krakau 1971; TSF, S. 170-224. Zu Ähnlichkeiten der Konzeption Chwisteks mit der von Ludwik Fleck siehe: Ilana Löwy, »Ways of Seeing. Ludwik Fleck and Polish Debates on the Perception of Reality, 1890-1947«, in: *Studies in History and Philosophy of Science*, Part A (2008), S. 375-383. Chwistek hatte sich bereits zuvor in seinem Buch *Die Grenzen der Wissenschaft* mit Flecks Aufsatz »Zur Krise der ›Wirklichkeit‹« (vgl. S. 68, EN XV in diesem Band) auseinandergesetzt, hier heißt es: »Eindrücke sind in hohem Maße von Vorstellungen abhängig und können als eine eigentümliche Gattung der Vorstellungen bezeichnet werden. Um sich davon zu überzeugen, reicht es, auf die graduelle Entwicklung der Fähigkeit der Wahrnehmung unter dem Einfluß der Ausnutzung der Erinnerungen und uns von anderen Leuten erteilter Hinweise aufmerksam zu machen. Es genügt zu sagen, daß dort, wo es darum geht, etwas Neues in Bedingungen zu sehen, an die wir nicht gewöhnt sind, z. B. im Mikroskop, wir nicht imstande sind, uns zu helfen, solange wir nicht wissen, was wir zu sehen haben (vgl. den interessanten Artikel Dr. Flecks in der Zeitschrift *Die Naturwissenschaften*« (Leon Chwistek, *Granice nauki. Zarys logiki i metodologii nauk ścisłych* [Die Grenzen der Wissenschaft. Abriß der Logik und Methodologie der exakten Wissenschaften], Lemberg, Warschau 1935, S. 227, zitiert nach TSF, S. 214).

II EET, S. 41.

III Vgl. Bertrand Russell, *Religion and Science*, Oxford 1961 [London 1935], S. 31-34.

IV EET, S. 42.

V EET, S. 40.

VI EET, S. 48.

VII EET, S. 51.

VIII EET, S. 48.

IX Vgl. Józef Madalski, Stanisław Kulczyński, *Atlas flory polskiej i ziem ościennych (Florae Polonae terrarumque adiacentium iconographia) 1930-1936*, Warschau 1936.

Jan Dembowski
[Rezension von][I] Ludwik Flecks »Entstehung und Entwicklung einer wissenschaftlichen Tatsache«, 1935; »Über die wissenschaftliche Beobachtung und die Wahrnehmung im allgemeinen«, 1935; »Das Problem einer Theorie des Erkennens«, 1936

Die drei oben erwähnten Arbeiten sind thematisch eng miteinander verbunden. Der Autor stellt sich die Frage, wie eine wissenschaftliche Tatsache entsteht, versucht, dieses Problem quasi »von innen«, von der Seite der Psychologie des Forschers, aufzufassen. Detailliert analysiert er ein konkretes Beispiel: die historische Entwicklung des Syphilisbegriffes und die Entdeckung der WASSERMANN-Reaktion. Diese Geschichte kann man bis Ende des 15. Jahrhunderts zurückverfolgen. Die Entstehung von Syphilis schrieb man ursprünglich astrologischen Einflüssen zu, indem man der religiösen Lehre folgte, die diese Krankheit als eine Strafe für die frevelhafte Lust verstand.[II] Eine spezielle Bedeutung, die jahrzehntelang dem Geschlechtsverkehr beigelegt wurde, führte dazu, daß die Krankheit eine ethische Färbung bekam. Die Diagnostik war natürlich primitiv, und man unterschied die Syphilis nicht von den anderen venerischen Krankheiten. Die ursprünglichen Ansichten über die Syphilis basierten auf der Grundlage einer Lehre von »schlechter, verdorbener Säftemischung«,[III] woraus der Gedanke des »verdorbenen Blutes«[IV] der Kranken (*alteratio sanguinis*) entstand. Auf diese Weise suchte man nach einem gemeinsamen diagnostischen Merkmal in sehr unterschiedlichen klinischen Bildern. Man suchte nach einer ansteckenden Substanz im Blut, untersuchte seine chemische und morphologische Zusammensetzung usw. Diese Versuche waren vergebens. Die Entdeckung des Syphiliserregers vollzog sich durch die ruhige, geplante Arbeit eines Beamtenkollegiums, bei der es schwierig ist, unzweifelhaft einen einzigen Entdecker hervorzuheben.[V] In der klassischen Epoche PASTEURS und KOCHS war die Feststellung, daß man im Blut der Syphiliskranken die *Spirochaeta pallida* fand, definitiv und eindeutig eine Bezeichnung für das Wesen der Krankheit. Heute wissen wir, daß der Erreger nur einer von vielen Krankheitsauslösern ist und daß er nicht der wichtigste ist. Die blasse Spirochäte ist mit anderen unschädlichen Spirochäten nah verwandt, von denen sie sich dadurch unterscheiden läßt, daß sie Syphilis auslöst. Nicht die Krankheit wird also durch den Erreger charakterisiert, sondern der Erreger durch die Krankheit. Überhaupt ist in der Bakteriologie eine botanische Charakterisierung der Mikroorganismen meist nicht möglich, hinzu kommen die außergewöhnliche Variabilität mancher Bakterien und die unberechenbaren Verwandlungen von unschädlichen in krankheitserregende Organismen und umgekehrt. Die Beziehung des Mikroorganismus zu einer Krankheit wird unklar. Der Begriff der ansteckenden Krankheit ist verwandt mit dem Begriff des Dämons, der einen Menschen überfällt und ihn sich unterwirft. Der Organismus ist jedoch keine selbständige Einheit, er ist Teil einer biologischen Gemeinschaft, und die Ursache einer Krankheit ist nicht die Invasion eines Parasiten, sondern die Störung der Harmonie dieser Gemeinschaft.[VI] Die Entwicklung des Syphilisbegriffs ist nicht abgeschlossen, denn er nimmt am Fortschritt des ganzen menschlichen Wissens teil.

Das Syphilisbeispiel ist typisch. Jede wissenschaftliche Idee hat Vorläufer, und nur durch diese wird sie verstanden. Es gibt die sogenannten Urideen[VII] mit uralter Herkunft, die allgemein und unüberprüfbar sind, aber eine große heuristische Kraft besitzen. Zu solchen Urideen gehört die Idee des verdorbenen Blutes, aus der die Wassermann-Reaktion abgeleitet wird. Auf dem ganzen menschlichen Denken lastet die Gemeinschaft. Jeder Mensch ist Mitglied eines Denkkollektivs, innerhalb dessen eine bestimmte Wahrnehmungs- und Auffassungsweise verbreitet ist. Ein Naturforscher kann sich mit einem Arzt, aber nicht mit einem Theologen oder Mystiker verständigen, die einem anderen Kollektiv angehören. Die Theologen verständigen sich dagegen ausgezeichnet untereinander.[VIII] Überall wo es eine Gruppe von Menschen gibt, die untereinander verkehren, entsteht ein Denkkollektiv. Jeder Mensch gehört einem Kollektiv an, kann aber auch zu mehreren Kollektiven gehören, z. B. kann ein Physiker zugleich Mitglied einer politischen Partei sein. Hier und da werden seine Gedanken zwangsläufig mit allgemeinen Tendenzen der Gemeinschaft übereinstimmen. Dem Forscher wird seine Arbeitsrichtung durch eine fertige psychische Einstellung aufgezwungen, und während der Arbeit stützt er sich auf Assoziationen, die aus der Psyche des Denkkollektivs, zu dem der Forscher gehört, verständlich sind. Das Endprodukt der Arbeit ist ein künstliches Werk, das mit dem

Ausgangspunkt genetisch, aber nicht logisch verbunden ist. Das Ergebnis der Arbeit kann sogar zu einer völlig anderen Klasse von Tatsachen gehören als die, mit denen begonnen wurde.

Das Denkkollektiv ist spezifischen Regeln unterworfen. In ihm existiert ein Denkzwang. Die Wahrheit ist für alle Mitglieder obligatorisch, und wenn es zu einer Meinungsdiskrepanz kommt, wird sie immer auf ein gegenseitiges Mißverständnis zurückgeführt und hat keine grundsätzliche Bedeutung. Das Kollektiv hat seine Struktur. Auf dem Gebiet der Wissenschaft ist irgendein hervorragender, schöpferisch arbeitender Gelehrter das Zentrum eines esoterischen Kreises des Kollektivs. Um ihn herum gruppieren sich andere Forscher mit der gleichen Spezialisierung. Die Laien und Dilettanten, die sich für ein Spezialgebiet interessieren, bilden einen großen exoterischen Kreis. Die Quelle eines allgemeineren Wissens ist in diesem Kollektiv vor allem die Popularisierung, die sich durch künstliche Vereinfachung kennzeichnet. An die Stelle des Denkzwangs tritt die Einführung von Augenzeugenschaft und Anschaulichkeit. Die Popularisierung ist nicht nur für den Laien die Grundlage für eine allgemeine Weltanschauung, sondern auch für einen Fachmann. Die Sicherheit seiner Anschauungen und ihre Einfachheit schöpft ein Fachmann aus der Populärwissenschaft, in seinem engeren Arbeitsgebiet ist alles veränderlich und unsicher.

In der zweiten der erwähnten Arbeiten führt der Autor ein interessantes Beispiel für die Entstehung eines wissenschaftlichen Begriffs an. Er zitiert mehrere Beschreibungen von Kolonien der Diphtheriebazillen. Die verschiedenen Autoren berufen sich auf mannigfaltige Vergleiche: Die Bakterien bilden eine Anordnung in »Gestalt des Buchstabens V«, in Form »gespreizter Finger«, einer »Palisade« usw.[IX] Die jüngeren Beschreibungen gehen immer seltener auf die Vergleiche zurück, und immer detaillierter heben sie die Einzelheiten hervor. Einem Laien können solche Beschreibungen als in sich widersprüchlich erscheinen. Aber der Fachmann weiß, daß alle Vergleiche [nur] einen relativen Wert haben, weil die Bazillenkolonie das beschriebene Aussehen gar nicht besitzen kann. Dennoch ist ihr Aussehen spezifisch und für ein geübtes Auge sofort erkennbar, ähnlich wie wir den Buchstaben A erkennen, auch wenn seine Proportionen sowie die Stilisierung sehr verschieden sind.[X] Eine Kolonie in der richtigen Gestalt sehen kann nur derjenige, der Mitglied eines bestimmten Denkkollektivs wurde. Ein Laie, der durch das Mikroskop blickt, sieht ein kreisförmiges Blickfeld, zufällige Farbstoffflecken, Verunreinigungen des Präparats oder die Präzipitate, und dies alles ist für ihn gleich wichtig. Man muß ihn erziehen, damit er zwischen den »wichtigen« und den »unwesentlichen« Phänomenen unterscheiden kann. Wichtig ist aber das, was mit dem Denkstil eines gegebenen Kollektivs in Einklang steht.

Daraus resultiert, daß die historische Entwicklung des wissenschaftlichen Denkens weder ein einfaches Summieren des Wissens noch auch seine logische Entwicklung ist. Nach der klassischen Periode einer jeden allgemeineren Theorie – wenn man nur die Erscheinungen wahrnimmt, die mit der Anschauung zusammenstimmen – folgt eine Epoche der Zweifel und des Relativismus. Aus ihr taucht eine neue Anschauung auf, sobald es zu einer Veränderung des Denkstils kommt. »Die Theorie des Erkennens als der Wissenschaft über die Denkstile, ihre gesellschaftliche und soziologische Entwicklung betrachtet die Wahrheit als aktuelle Etappe der Veränderungen eines Denkstils.«[XI] Mit anderen Worten: Eine absolute Wahrheit existiert nicht. Es existiert nur die Evolution der Denkkollektive und, was damit zusammenhängt, die Evolution der Wahrnehmungsweisen.

Es unterliegt keinem Zweifel, daß wir in FLECKS Arbeiten eine sehr tiefe und treffende, mit großem Talent durchgeführte Analyse des Erkenntnisprozesses vor uns haben. Obwohl der Autor von Beruf Arzt und Bakteriologe ist und sich ständig der Begriffe bedient, die aus seinem eigenen Arbeitsgebiet stammen, lassen sich seine Schlüsse *mutatis mutandis* auf jegliches wissenschaftliche Erkennen anwenden. Gleichzeitig würde der Autor seiner eigenen These widersprechen, wenn er nicht damit einverstanden wäre, daß seine Ansichten und seine Theorie denselben Gesetzen unterliegen. Vorerst sind also auch die Ansichten des Autors ein Ausdruck des Denkstils eines Kollektivs. Dieses ist das moderne und ziemlich große Kollektiv der Relativisten, das sich im Geiste von der Epoche der Großen Französischen Revolution herleiten läßt. In der Wissenschaftsgeschichte war es immer wieder so, daß nach einer Periode des unerschütterlichen Glaubens an bestimmte Behauptungen – also in der Terminologie des Autors gesagt nach der klassischen Periode – die Periode der Unsicherheit, des Relativismus und des Skeptizismus folgte, die den Zusammenbruch des alten Systems bedeutete, doch in sich noch keinen Ansatz für das neue System ausgebildet hatte. Sie stellt nur einen Hintergrund dar, vor dem in einem bestimmten Moment eine neue

Idee aufkommen kann. Diese Idee wird qualitativ anders als die alten Ansichten sein und wird einen überraschenden sowie unberechenbaren Gedankensprung darstellen, der die Menschen mitreißen und einen neuen Stil, die Erscheinungen zu erfassen, erzeugen wird.[XII]

Der Autor analysierte nicht näher, wie ein Denkkollektiv entsteht. Er drückt das sehr einfach aus: Es gibt eine Gruppe von Menschen, die untereinander verkehren, und diese Gruppe bildet ein neues Kollektiv. Doch fragen wir beispielsweise, ob der Professorenkreis einer naturwissenschaftlichen Fakultät einer gegebenen Universität ein Denkkollektiv bildet. Zweifellos gelten in dieser Gruppe bestimmte Anschauungen von Dingen, die nie auf Widerspruch stoßen. Wir haben in dieser Gruppe zugleich Physiker und Biologen, Mathematiker und Geographen, Menschen mit unterschiedlichen politischen Ansichten, religiöse und nichtreligiöse Menschen, Fleißige und Faule, Theoretiker und Praktiker, Idealisten und Materialisten. Zu wie vielen Kollektiven gehört jedes Miglied dieser Fakultät? Solange wir mit mehreren Kollektiven operieren, bleibt die Theorie im klassischen Stadium, und es lassen sich alle Tatsachen mittels dieser Theorie klassifizieren. Doch eine grenzenlose Zunahme von Kollektiven führt dazu, dass der Begriff des Kollektivs selbst wacklig wird. Die Beziehung zwischen dem Denken eines Individuums und dem Denkstil eines gegebenen Kollektivs ist nicht evidenter als die Beziehung zwischen einem Erreger und einer Krankheit. Das ist noch nicht alles. Verschiedene Kollektive können komplexe Systeme bilden, deren Elemente zueinander in einem über- und untergeordneten Verhältnis stehen. Der Professorenkreis einer gegebenen Universität ist mit Sicherheit ein bestimmtes Denkkollektiv. In allgemeinen akademischen Angelegenheiten hat für sie alle die Wahrheit die gleiche Gültigkeit. Hingegen sind die naturwissenschaftliche Fakultät und die theologische Fakultät der gleichen Universität zwei separate Kollektive, die einem Kollektiv höheren Ranges untergeordnet sind. Innerhalb jeder Fakultät findet eine weitere Spezifikation statt, also muß eine ganze Hierarchie von Kollektiven existieren, die voneinander abhängig sind. Es ist nicht klar, wo das Ende dieser Teilung ist, wie das kleinste Kollektiv aussieht. Denn jede menschliche Familie ist ein Denkkollektiv. Und wir müssen noch weiter gehen: Ähnlich wie das Denken eines Individuums nicht selbständig, sondern vom Kollektiv abhängig ist, so können auch einzelne Kollektive nicht als voneinander unabhängige Individuen aufgefaßt werden. Es ist nicht schwierig, viele Beispiele dafür zu nennen, wie der gesellschaftliche Denkstil das Schaffen eines Biologen beeinflußt, wie die naturwissenschaftlichen Theorien von religiösen Ansichten ihrer Autoren oder ihrer mathematischen Ausbildung abhängen. Die Kollektive durchdringen sich gegenseitig. Denn auch wenn der Mensch gleichzeitig zu mehreren Kollektiven gehört, bleibt er doch immer er selbst, ist eine einheitliche Gestalt. Seine Handlungsweise stimmt mit seiner geformten Natur überein und kann sich nicht spalten. In allen Kollektiven bleibt der Denkstil eines Individuums gleich, verschieden ist nur das Denkmaterial, und deshalb gibt es verschiedene Resultate. Ferner ist es nicht klar, wo die neuen Ideen der Wissenschaft herkommen. Sind wir dazu berechtigt, den ganzen Inhalt der menschlichen Psyche äußeren Einflüssen zuzuschreiben, ohne die endogenen Faktoren zu berücksichtigen? Mir scheint, daß dies nicht so ist. Man kann sich das auch vollständig als Auftreten einer »Mutation« vorstellen, wodurch im Verstand eines Individuums völlig neue und von Einflüssen des Kollektivs unabhängige Assoziationen entstehen. Mit anderen Worten: In manchen Fällen kann das Denkkollektiv durch ein Individuum, das zur Quelle und zum Zentrum eines neuen Kollektivs wird, ersetzt werden. In diesem Fall ist in der Wissenschaft das individuelle Schaffen möglich.

Die oberen kritischen Bemerkungen wenden sich auf keinen Fall gegen die Theorie des Autors. Im Gegenteil: Ich bin der Meinung, daß ich zusammen mit ihm dem gleichen Denkkollektiv angehöre. Dennoch hat der Autor seine Ansichten in der allgemeinsten Form formuliert und sieht vorerst keine möglichen Sonderfälle vor.

1 Jan Dembowski, (Rezension): »Ludwik Fleck: *Powstanie i rozwój faktu naukowego*, Basel 1935, B. Schwabe, 150 S.; Ludwik Fleck, ›O obserwacji naukowej i postrzeganiu wogóle‹, *Przegląd Filozoficzny* 38, 1935, S. 58-76; Ludwik Fleck: ›Zagadnienie teorii poznawania‹, *Przegląd Filozoficzny* 39, 1936, S. 3-37«, in: *Nauka Polska* 24 (1939), S. 435-439. Aus dem Polnischen von Sylwia Werner. Komm.: Hg.

Jan Dembowski (1889-1963), polnischer Biologe, Vorsitzender der Polnischen Akademie der Wissenschaften und Sejmmarschall der Volksrepublik Polen in den Jahren 1952-1956; 1934-1941 war er Professor an der Universität in Vilnius und 1944-1947 wissenschaftlicher Attaché bei der polnischen Botschaft in Moskau. 1947 wurde er zum Professor an der Universität Łódź

(Lodz) und danach 1952 zum Direktor des Instituts für Experimentelle Biologie in Warschau nominiert. Als Wissenschaftler beschäftigte er sich mit der Physiologie der Protozoen und der Psychologie der Tiere sowie mit Evolutionstheorie und Embryologie. Zu seinen wichtigsten Werken gehören: *Historia naturalna jednego pierwotniaka* [Naturgeschichte eines Protozoen], Warschau 1924; *O istocie ewolucji* [Über das Wesen der Evolution], Warschau 1924; *Darwin*, Warschau 1936; *Psychologia zwierząt* [Psychologie der Tiere], Warschau 1946; *Psychologia małp* [Psychologie der Affen], Warschau 1946; *Okiem biologa* [Mit dem Auge eines Biologen], Warschau 1968. Fleck bezieht sich auf Dembowski zustimmend im Text »Wissenschaft und Umwelt« (siehe in diesem Band, S. 327). Interessant mit Blick auf Flecks intellektuelles Milieu ist, daß neben der Relativierung des eigenen wissenschaftlichen Standpunktes durch die Rezeption der Kulturanthropologie hier auch die Tierpsychologie mit ins Spiel kommt, die eine weitere Perspektivierung der Naturwahrnehmung eröffnet. In diesen Kontext gehört auch Flecks Auseinandersetzung mit Jakob von Uexküll; siehe: EET, S. 138, FN 6.

II Vgl. EET, S. 5.

III EET, S. 17.

IV EET, S. 18.

V Vgl. EET, S. 24f.

VI Vgl. EET, S. 43.

VII Vgl. EET, S. 34.

VIII Vgl. EET, S. 142f.

IX »Über die wissenschaftliche Beobachtung und die Wahrnehmung im allgemeinen«, in diesem Band, S. 223f. [ET 71f.].

X Ebd., in diesem Band, S. 214 [ET, S. 62].

XI »Das Problem einer Theorie des Erkennens«, in diesem Band, S. 301 [ET 125].

XII Hellsichtig hebt Dembowski bereits in seiner Rezension den späteren Kerngedanken von Kuhns Paradigmenwechseltheorie als zentrale Idee Flecks hervor.

L. Hirszfeld, T. Baranowski, A. Klisiecki, H. Kowarzyk, Z. Skibiński
Gutachten zu Dr. Ludwik Flecks wissenschaftlichen Arbeiten[1]

Die Arbeiten Ludwik FLECKS kann man in folgende Gruppen unterteilen:

(a) Arbeiten aus dem Bereich des Fleckfiebers
(b) Im engeren Sinn serologische Arbeiten
(c) Arbeiten zur Variabilität der Bakterien
(d) Arbeiten zum Pemphigus und *Lupus erythematodes*
(e) Kasuistische Arbeiten
(f) Arbeiten zu Regulationsmechanismen der Verteilung der Leukozyten im Blut
(g) Lehrbücher und Sammelreferate
(h) Ein Zyklus von Arbeiten aus dem Bereich der Methodologie der Naturwissenschaften

(a) Arbeiten aus dem Bereich des Fleckfiebers (1923b, 1930b, 1930d, 1930f, 1931b, 1931g, 1933b, 1934a)

Der Autor injizierte intrakutan die Wasserauszüge X-19 und stellte fest, daß ein normales Individuum mit einer lokalen Hautentzündung darauf reagierte, während Kranke und Genesende nicht reagierten. Diese sogenannte Exanthinreaktion verschwand bei alten Menschen und war zu 50 Prozent bei Neugeborenen und Säuglingen negativ, bei Kindern im Vorschulalter war sie zu 30 Prozent und in der Pubertätszeit zu 10 Prozent positiv. Während des Fleckfiebers verschwand ca. am 5.-8. Krankheitstag die Reaktionsfähigkeit der Haut, und die negative Reaktion trat parallel zur WEIL-FELIX-Reaktion auf. Die gegen Fleckfieber geimpften Personen wiesen oft eine verminderte Empfindlichkeit gegen Exanthin auf.

Das Experiment ließ sich an Meerschweinchen und Kaninchen durchführen. Die mit Fleckfieber infizierten Tiere reagierten nicht mehr. Die histologische Untersuchung der ausgeschnittenen Herde machte kleinzellige Infiltrate, Gefäßerweiterungen, Petechien und nekrotische Herde sichtbar. Es gelangen nur gelegentlich Versuche, das Exanthin mit dem Serum Genesender zu neutralisieren. Das X-19-Serum der immunisierten Kaninchen wurde durch Exanthin nicht neutralisiert. Das Serum der Kleinkinder, die meistens nicht reagierten, wurde durch Exanthin nicht neutralisiert. 1942 isolierte der Autor aus dem Exanthin ein Polysaccharid, das in der Menge 0,2 eine typische Reaktion hervorrief.

Der Autor kehrte während der deutschen Besatzung zur Fleckfieberthematik zurück und stellte fest, daß bei schweren Fällen das Antigen meist während der letzten Fiebertage mit dem Urin abgesondert wird. Es konnte auch die Präsenz des Antigens anhand der Klumpenbildung im Serum des Kranken nachgewiesen werden und dadurch, daß man bei mit diesem Urin immunisierten Kaninchen eine WEIL-FELIX-Reaktion hervorrief.

Der Autor entwickelte neue Methoden zur Agglutination mit *Rickettsia Prowazeki*, für die er die Rickettsien von Mäuselungen benutzte. Außerdem wies er nach, daß X-Stämme zuweilen auch bei gesunden Personen vorkommen. Schließlich bemerkte er die Autoagglutination der Monozyten am 5.-7. Krankheitstag.

Alle diese Untersuchungen zeugen von großer Beobachtungsgabe und experimenteller Begabung.

(b) Im engeren Sinn serologische Arbeiten (1922b, 1931d, 1932b, 1933a, 1935c, 1938a, 1938b, 1939a)

»Versuche zur Agglutination erwärmter Seren« [1922b] zeigte auf, daß der Agglutinationsgrad mehr als die Agglutinationsfähigkeit im allgemeinen beeinträchtigt wird. Die Verluste seien kleiner, wenn die Seren in größerer Verdünnung erwärmt werden oder wenn sie minderwertig sind.

Der »Beitrag zur Serogenese von Amphibien in der Phase der Metamorphose« [1931d] zeigte, daß die komplementäre Fähigkeit des Froschserums eine längere Zeit nach der Metamorphose auftritt und der Serogenese jener Tiere entspricht, die keine Metamorphose durchlaufen. Parallel [dazu] entwickeln sich die Hämolysen der Schafblutkörperchen.

»Hémolysine du serum normal des grenouilles pour les hématies de mouton« [1933a]: Im Frühling und im Sommer trete bei Fröschen das Hämolysin der Schafblutkörperchen auf. Es sei wärmelabil. Bei der Temperatur 0°C könne man es in zwei Komponente teilen, von denen eine sich mit Blutkörperchen verbindet. Der freie Teil sei nicht mit dem Komplement identisch. Es [das Hämolysin] habe also einen anderen Bau als ein gewöhnliches Hämotoxin für menschliche Blutkörperchen.

»Studien aus dem Bereich der Serologie der Syphilis« [1935c]: Der Autor stellte fest, daß in Syphilisseren oft der vierte Bestandteil des Komplements fehlt oder vermindert ist. Die normalen Seren, die diesen Teil nicht besitzen, zeigten im aktiven Zustand eine positive WASSERMANN-Reaktion. Der Autor glaubt, daß der vierte Teil eine große Rolle bei Komplementbindungsreaktionen spiele; fehle er im Syphilisserum, wirke sich dies aus und erkläre den Effekt bei der WASSERMANN-Probe.

Die Arbeiten zur WASSERMANN-Reaktion und zu Pseudoreaktionen behandeln ein durch den Autor nachgewiesenes Merkmal bei Meerschweinchen, welches er als Überempfindlichkeit des Komplements bezeichnete. Verschiedene Alkoholauszüge oder auch 0,5 % der Phenollösung würden das Komplement zerstören, sofern ein normales Menschenserum als Schutzkolloid nicht hinzugefügt werde. Gelatine, Gummi arabicum sowie Kaninchenserum besitze keine Schutzwirkung. Ein überempfindliches Komplement weise einen besonders hohen Titer auf. Die Überempfindlichkeit des Komplements sei nach einer kurzen Erwärmung um 50 % vermindert. Dies versteht der Autor als eine Pseudoreaktion. Das Hinzufügen des entsprechenden Kolloids beseitige die Pseudoreaktionen und nehme keinen Einfluß auf die wirkliche Reaktion. Das Syphilisserum wirke nicht als Schutzkolloid, sondern verstärke im Gegenteil die Empfindlichkeit des Komplements. Wichtig scheint die Beobachtung, daß der Normalurin eine starke Schutzwirkung auf das Komplement besitzt und daß hingegen der Urin von Fällen mit Nierenentzündung diese Wirkung nicht hervorbringt.

(c) Arbeiten zur Variabilität der Streptokken (1931e, 1932c)

Der Autor züchtete aus dem Urin einen Stamm des farbigen Streptokokkus, der innerhalb eines Jahres ca. 200 Abarten lieferte. Der Autor unterschied zwischen (a) einer endogenen Variabilität, (b) einer zyklischen Variabilität, (c) einer oszillierenden Variabilität, (d) einer durch die Entwicklung verursachten Variabilität, (e) einer konditionellen Variabilität und (f) einer pathologischen Variabilität. Die drei ersten Fälle hielt der Autor für konstitutionell, die drei anderen für konditionell. Innerhalb der Kolonien seien die konstitutionell variablen Formen in Gestalt einzelner Sektoren erschienen; die konditionellen Veränderungen seien in Gestalt von Ringen oder Wällen aufgetreten. Die Arbeit bestätige die Beobachtung, daß Streptokokken in einer ähnlichen Gestalt auftreten wie die Korynebakterien bei der Pseudodyphterie.

(d) Arbeiten zum Pemphigus und Lupus erythematodes (1931f, 1937b, 1939e)

Der Autor beabsichtigte, die Theorie von Urbach über die infektöse Natur des Pemphigus zu überprüfen. Dem Autor zufolge beruhten die serologischen Proben tatsächlich auf Pseudoreaktionen, und die Übertragung der Krankheit auf die Kaninchen sei die Folge der traumatischen Verletzungen.

Die Untersuchungen zum *Lupus erythematodes* ergaben, daß dessen Ätiologie nicht einheitlich ist. Es gibt zumindest drei ätiologisch verschiedene Lupus-Arten.

(e) Kasuistische Arbeiten (1924a, 1928b, 1930a, 1932a, 1939d)

Diese Arbeiten beziehen sich auf die Ruhr-Fälle vor dem Hintergrund von Proteus, auf die Hämokultur der Tuberkulose in verschiedenen Krankheitsfällen, auf den seltenen Fall von *mycosis, cladiosis* und die Absonderung von Streptokokken nach der Tonsillotomie usw.

In all diesen Arbeiten zur Bakteriologie und Serologie zeigte der Autor eine außergewöhnliche Beobachtungsgabe sowie eine große Fähigkeit, Experimente zu beschreiben.

(f) Arbeiten zu Regulationsmechanismen der Verteilung der Leukozyten im Blut (1931c, 1939f, 1939g, 1941, 1946e)

Ausgehend von statistischen Berechnungen der Dispersion von Leukozyten in Blutpräparaten kam der Autor gemeinsam mit Prof. STEINHAUS zu dem Schluß, daß die Leukozyten im zirkulierenden Blut in Garnituren auftreten und eine konstante zytologische Zusammensetzung besitzen.

Der Autor ging davon aus, daß das Phänomen der Autoagglutination nicht nur in bezug auf die roten, sondern auch die weißen Blutkörperchen zu erwarten wäre. Und tatsächlich gelang es, die Autoagglutinine für alle Gestalten der weißen Blutkörperchen nachzuweisen. Sie seien normal im Blut enthalten, ihr Spiegel wachse unter dem Einfluß von Fieberreiz, wobei verschiedene Erkrankungen unterschiedliche Titer für verschiedene Gestalten der Leukozyten ergeben. Beim Fleckfieber agglutinieren die Monozyten besonders stark und beim Bauchtyphus die Lymphozyten. Diese Agglutinine sind aktiv in Relation zur Körpertemperatur.

Diese Untersuchungen zeigen die Abhängigkeit des hämatologischen Bildes von der Entstehung der Autoagglutinine auf und sind imstande, subtile morphologische Mechanismen in verschiedenen Ansteckungskrankheiten nachzuweisen.

(g) Lehrbücher und Sammelreferate (1928a, 1929a, 1930c, 1931a, 1934e)

In der Arbeit über den Ansteckungsbegriff [1930c] beschieb der Autor grundsätzliche Erscheinungen, die durch die Ansteckungen bedingt sind: symptomlose Ansteckungen, die Variabilität des Erregers, die Evolution des Makro- und Mikroorganismus usw.

In der Arbeit »Über den Begriff der Art in der Bakteriologie« [1931a] skizzierte er die Schwierigkeiten, gegen die die Bakteriologie zu kämpfen habe, lieferte einen historischen Überblick über die bakteriologische Systematik und erklärte den Begriff der Zyklogenie usw.

Schließlich gab der Autor einen kurzen Abriß der praktischen Hämatologie und formulierte praktische Anweisungen zu ärztlichen Laboruntersuchungen.

(h) Eine Reihe von Arbeiten aus dem Bereich der Methodologie der Naturwissenschaften (1927a, 1929b, 1934d, 1935a, 1935b, 1935d, 1936)

Es handelt sich hierbei um Artikel über wissenschaftliche Beobachtung, über die sogenannte naturkundliche Wirklichkeit, über die Grundlagen der ärztlichen Erkenntnis und darüber, wie eine wissenschaftliche Entdeckung entsteht.

Das Buch des Autors, in dem er durch die Schilderung der Entstehungsgeschichte der WASSERMANN-Reaktion die quasi unterbewußten, in gesellschaftlichen Kollektiven existierenden Ideenansätze analysiert, wies die Abhängigkeit unseres Bildes von der Natur vom Denkstil einer Epoche auf: Es sei *nicht naturgetreu, sondern kulturgetreu*[II] – wie der Autor in seinem in der Schweiz veröffentlichten Buch schreibt. Das erwähnte Buch [1935a] zählt zu den bedeutendsten philosophischen Werken auf diesem Gebiet. Während der Autor in seinen anderen Arbeiten eine ausgezeichnete Beobachtungsgabe, Urteilsvermögen und Scharfsinn zeigte, stieg er mit diesen in einem Stil von höchster Qualität verfaßten Arbeiten in philosophische Höhen auf. Dieses Buch brachte dem Autor die Mitgliedschaft in einigen ausländischen Gesellschaften und wurde in medizinischen und philosophischen Zeitschriften im In- und Ausland ausführlich besprochen.

Die Habilitationsarbeit

Als Thema seiner Habilitationsschrift wählte Dr. FLECK die Exanthin-Reaktion. Die dazugehörigen Beobachtungen des Autors sind in der Publikation Nr. 16 dargestellt. Zu diesem Problem liegen von ihm außerdem eine Reihe von Publikationen vor, die auf Polnisch sowie in anderen Sprachen veröffentlicht worden sind. Die Beobachtungen des Autors wurden zum Teil bereits am Anfang (Seite 1) besprochen, doch wir möchten einige wichtige theoretische und praktische Beobachtungen und Kontroversen betonen und besprechen. Auf eine Exanthin-Injektion, die der Autor aus X-19 gewann, reagieren Gesunde wie Kranke (aber nicht die Fleckfieberkranken) mit einer lokalen Entzündungsreaktion. Die Fleckfieberkranken zeigen keine Reaktion. Diese spezifische Unempfindlichkeit hält noch einige Zeit während der Rekonvaleszenz an, manchmal sogar einige Jahre. Es gibt keine völlige Parallelität zur WEIL-FELIX-Reaktion. Manchmal ist die Exanthin-Reaktion negativ, bevor die WEIL-FELIX-Reaktion aufgetreten ist bzw. nachdem sie zurückgegangen ist. Der Autor analysiert die chemische Zusammensetzung und die Eigenschaften des Exanthins. Es ist wärmebeständig, seine Wirkung ist nicht proportional zur Menge des Stickstoffs, der hauptsächlich von der Menge der unwirksamen Beimischung abhängt. Während des Krieges wies der Autor nach, daß der Lindenzucker eine wirksame Substanz ist. Die Exanthin-Reaktion läßt sich an Tieren durchführen. Die fleckfieberkranken Meerschweinchen reagieren auf das Exanthin ähnlich wie der Mensch, obwohl sie keine WEIL-FELIX-Reaktion zeigen. Der Autor beschrieb eine Reihe von Reaktionen bei Tieren und formulierte eine Histopathologie. Die Immunisierung mit dem Proteus X-19 führte nicht zur Immunität gegen das Exanthin, sondern es wurde im Gegenteil die Reaktionsbereitschaft gesteigert. Das Serum der Kranken neutralisiert nicht immer das Exanthin. Man kann auch die Unempfindlichkeit gegen das Exanthin von einem unempfindlichen auf ein empfindliches Meerschweinchen passiv übertragen. Die PRAUSNITZ-KÜSTNER-Versuche fallen negativ aus. Bei Kindern fällt die Exanthin-Reaktion oft negativ aus, erst ab dem ungefähr sechsten Lebensjahr wird die Empfindlichkeit gegen das Exanthin zur Regel. Eine positive Reaktion zeigt sich bei den Fleckfieberkranken nur schwer, was eine Analogie zur Tuberkulin-Energie darstellt.

Dr. Ludwik FLECKS Habilitationsarbeit ist von außergewöhnlichem wissenschaftlichen Wert. Mit dieser Arbeit führte der Autor das große Feld seiner Interessen vor. Probleme aus dem Bereich der Immunologie, Chemie, Histopathologie und des Konstitutionalismus wurden vom Autor als solche verstanden und bei der Analyse der von ihm entdeckten Reaktion gelöst. FLECKS Beobachtungen wurden allgemein bestätigt, sie benötigen also in dieser Besprechung keine besondere Unterstützung.

Zusammenfassend kann man feststellen, daß Ludwik FLECK ein Forscher der Spitzenklasse ist, der über überdurchschnittliche Beobachtungsgabe und Synthesefähigkeit verfügt, der neues Licht auf die Wissenschaft wirft und in ihr neue Wege einschlägt.

Schlußbemerkungen

Die Kommission stellt fest, daß Ludwik FLECK alle Voraussetzungen erfüllt, um an jeder Art von Universität arbeiten zu dürfen. Es wird hiermit beantragt, ihm die *venia legendi* auf dem Gebiet der Medizinischen Mikrobiologie an der Medizinischen Fakultät der Universität Wrocław zu erteilen.

Kommissionsmitglieder:
Prof. Dr. L. HIRSZFELD[III] (Dekan)
Prof. Dr. T. BARANOWSKI[IV]
Prof. Dr. A. KLISIECKI[V]
Prof. Dr. H. KOWARZYK[VI]
Prof. Dr. Z. SKIBIŃSKI[VII]

I Das Gutachten im Habilitationsverfahren Flecks wurde 1946 von den Mitgliedern der Prüfungskommission an der Medizinischen Fakultät der Universität Wrocław (Breslau) erstellt. Das vorliegende Dokument stammt aus der Habilitationsakte Ludwik Flecks: Archiv der Medizinischen Akademie zu Wrocław, Akt.-Nr.: 506/Hab.; SMF, S. 378-388. Die Akte enthielt auch ein Literaturverzeichnis, das hier in Kurzform nach unserer Bibliographie im Text aufgenommen wurde. Aus dem Polnischen von Sylwia Werner. Komm.: SW.

II [Original deutsch.]

III Zu Ludwik Hirszfeld siehe S. 583, EN I, in diesem Band.

IV Tadeusz Baranowski (1910-1993) studierte Medizin an der Jan-Kazimierz-Universität Lwów (Lemberg), und im Anschluß daran (1933) arbeitete er unter der Leitung von Jakub Parnas am Institut für Medizinische Chemie. 1936 wurde er promoviert, und 1939 folgte die Habilitation. Zwischen 1939 und 1941 arbeitete er als Assistent am Institut für Biochemie der Medizinischen Fakultät in Lwów. Nach dem Krieg erhielt er in Wrocław eine Professur für Physiologische Chemie. Baranowski war Mitglied der Polnischen Akademie der Wissenschaften.

V Andrzej Klisiecki (1895-1975) studierte Medizin an den Universitäten Kraków (Krakau) und Lwów. Nach der Promotion (1922) arbeitete er als Assistent des namhaften Physiologen Adolf Beck, bei dem er sich 1928 an der Jan-Kazimierz-Universität Lwów habilitierte. Ein Jahr später erhielt er an der Akademie für Veterinärmedizin in Lwów eine Professur für Physiologie und wurde Leiter des Instituts. Nach dem Krieg ging er nach Wrocław, wo er zum ersten Rektor der dortigen Universität gewählt wurde. Vgl. Adam

Gosk, »Andrzej Jan Klisiecki«, in: *Uczeni Wrocławscy (1945-1979)*, S. 273-275.

VI Zu Hugo Kowarzyk siehe in diesem Band S. 642, EN 1.

VII Zdzisław Skibiński (1895-1947) widmete sich hauptsächlich der Tuberkuloseforschung. Nach dem Krieg war er in Polen der erste Professor für Pneumologie an der Universität Wrocław. Vgl. *Słownik biograficzny polskich nauk medycznych XX wieku* 1, 3 (1995), S. 95-97.

Józef Heller und Edmund Mikulaszek
Die wissenschaftlichen Tätigkeiten von Prof. Dr. Ludwik Fleck[1]

Prof. Ludwik Fleck schloß das Medizinstudium in Lwów [Lemberg] ab und wurde schließlich 1922 im Bereich der Medizinischen Wissenschaften promoviert. Im Anschluß daran arbeitete er im Labor von Prof. Weigl, wo er sich der Fleckfieberforschung widmete. Ab 1925 bekleidete er die Funktion des Leiters des bakteriologisch-chemischen Labors in der Inneren Abteilung des Staatlichen Krankenhauses zu Lwów [Lemberg]. Ab 1927 war er in der gleichen Stellung in der Abteilung für Haut- und venerische Krankheiten angestellt. In den Jahren 1928-1935 arbeitete er im bakteriologischen Labor der Sozialkrankenkasse zu Lwów. Infolge einer Sanierungsaktion wurde er entlassen und lebte in den Jahren 1935-1939 von der Arbeit in seiner Privatpraxis und in seinem privaten bakteriologischen Labor. Seit 1939 war er zuerst als Direktor des sanitär-bakteriologischen Stadtlabors zu Lwów tätig, später arbeitete er als Dozent am Lehrstuhl für Mikrobiologie am Staatlichen Medizininstitut und schließlich als Leiter der bakteriologischen Abteilung am Staatlichen Sanitär-Bakteriologischen Institut zu Lwów. Während der deutschen Besatzung war er bis 1942 Leiter des bakteriologischen Labors im Jüdischen Krankenhaus in Lwów. Im Dezember 1942 wurde er von den Deutschen verhaftet und ins Konzentrationslager Auschwitz und schließlich nach Buchenwald deportiert. Nach der Befreiung im Jahre 1945 lehrte er Mikrobiologie an der Marie-Curie-Skłodowska-Universität Lublin. Im Februar 1946 habilitierte er sich in Wrocław [Breslau]; 1947 wurde er zum außerordentlichen und drei Jahre später zum ordentlichen Professor ernannt. 1952 wechselte er ins Mutter-und-Kind-Institut Warschau und bekleidete dort die Stelle des Leiters der Abteilung für Mikrobiologie und Immunologie.

Prof. Fleck nahm an vielen wissenschaftlichen Tagungen im In- und Ausland aktiv teil und besuchte im Rahmen wissenschaftlicher Reisen zahlreiche Forschungsinstitute im Ausland. 1951 erhielt er den Staatlichen Wissenschaftspreis des 2. Grades; 1953 wurde er Mittglied des medizinwissenschaftlichen Komitees der Polnischen Akademie der Wissenschaften.

Bis heute hat er über 100 wissenschaftliche Arbeiten aus dem Bereich der Mikrobiologie, Serologie, experimentellen Medizin und Medizingeschichte publiziert. Seine Forschungsschwerpunkte lassen sich in folgende Gruppen aufteilen:

Die Exanthin-Reaktion bei Fleckfieber

Zusammen mit Krukowski entwickelte Prof. Fleck 1923 eine Reaktion, die darauf beruhte, dem Menschen intrakutan Auszüge von Proteus X-19 zu verabreichen. Bei normalen Menschen fiel die Reaktion in Form lokaler Entzündung positiv aus, im Gegensatz zu Fleckfieberkranken bzw. Fleckfieber-Rekonvaleszenten, die auf diese Reaktion negativ reagierten. Als aktives Antigen gilt hier das Polysaccharid bzw. das Polysaccharid-Lipiden-Protein-Simplex, das vom Stamm des Proteus X-19 gewonnen wird. Um die Reaktion hervorzurufen, reichen schon 0,2 Mikrogramm des Polysaccharids.

Flecks Ergebnisse wurden von vielen polnischen und sowjetischen Autoren sowie auch von japanischen Forschern bestätigt. Diese wandten die Reaktion auch bei solchen Erkrankungen an, die durch *Rickettsia Tsutsugamushi* ausgelöst werden (Kuroda 1936). Die Exanthin-Probe wird heute oft angewendet, um Fleckfieber zu erkennen.

Andere Arbeiten aus dem Bereich des Fleckfiebers

1946 entwickelte Fleck mit Hilfe einer Rickettsien-Suspension, die aus mit dem Erreger infizierten Mauslungen gewonnen wurde, seine eigene Technik der Agglutinationsreaktion.

Er untersuchte die Proteus-X-Stämme, die er in fleckfieberfreien Gebieten isoliert hielt, und stellte die Hypothese auf, daß, weil die Evolution der antigenen Bestandteile der X-Stämme und der Rickettsien auseinandergeht, infolgedessen die Diskrepanz zwischen den Antigenen dieser Mikroorganismen und somit die Diskrepanz zwischen der Weil-Felix-Reaktion und dem Fleckfieber wächst. Diese Arbeit trug zum besseren Verständnis der gegenseitigen Beziehung zwischen dem Fleckfiebererreger und den Proteus-X-Stämmen bei.

Die Ausscheidung der Antigen-Substanzen im Urin von Fleckfieberkranken

Fleck stellte 1942 fest, daß man schon an den ersten Tagen der Krankheit und sogar an den letzten Tagen der Inkubationszeit durch die Präzipitation im Urin die Präsenz des Rickettsien-Antigens feststellen kann. Eine andere Art und Weise, wie die Reaktion hervorgerufen wird, besteht darin, ein Kaninchen zu immunisieren, dessen Serum die Weil-Felix-Reaktion sowie die Rickettsien-Agglutination ergibt. Dieser Versuch ermöglicht es, die Krankheit schon im Frühstadium zu erkennen. Das im Urin abgesonderte Antigen kann man durch die Verdunstung des Urins im Vakuum, Adsorbtion sowie Elution reinigen und verdichten; das gewonnene Präparat kann man als Schutzimpfung verwenden.

Die Ergebnisse der Immunisierung mit diesem Impfstoff waren bei circa 500 Personen gut. Auch die Meerschweinchen kann man auf diesem Weg gegen eine massive Erregerdosis immunisieren. Diese Arbeit wurde von polnischen, mexikanischen und englischen Autoren bestätigt. Der hauptsächliche Vorteil dieser Methode besteht in der Möglichkeit, die Krankheit schon in der Inkubationszeit zu erkennen.

Arbeiten auf dem Gebiet der Serologie

Flecks Untersuchungen zeigten, daß die Senkung der Titer der Agglutinationsseren bei der Erhitzung proportional zum Agglutinationsgehalt in den untersuchten Seren ist. Die Titer der hochwertigen Seren werden plötzlich niedriger, danach verläuft dieser Prozeß langsamer, und die restliche Agglutinationsaktivität dauert lange.

Die Untersuchung der Serogenese bei Fröschen erbrachte, daß das Komplement bei den Fröschen erst lange nach der Metamorphose erscheint.

Das Froschhämolysin für die Schafblutkörperchen erscheint im Frühling und verschwindet wieder im Herbst. Genauere Untersuchungen ergaben, daß es aus zwei Komponenten besteht, von denen eine sich mit Blutkörperchen in der Temperatur 0°C verbindet, ohne dabei eine Hämolyse zu ergeben, und die andere frei bleibt. Die zweite Komponente ist nicht mit dem Komplement identisch. Anhand der Untersuchungen des Autors ist also anzunehmen, daß sich das Hämolysin von dem bekannten Froschhämotoxin für Menschenblutkörperchen unterscheidet.

Eine ganze Reihe der Arbeiten Ludwik FLECKS ist der Serologie der Syphilis gewidmet. Im Komplement der Syphilisseren stellt man oft fest, daß der sogenannte vierte Bestandteil fehlt.

FLECK entwickelte auch eine originelle Methode, nach der eine Pseudoreaktion von der echten Reaktion unterschieden wird. Diese beruht darauf, die Schutzkolloide anzuwenden. Diese Methode läßt sich für die Unterscheidung der sogenannten biologisch falschen Reaktionen von solchen Reaktion, die durch einen syphilitischen Krankheitsprozeß hervorgerufen werden, verwenden. Außerdem formulierte FLECK eine originelle Methode der Verstärkung der WASSERMANN-Reaktion, indem er zum untersuchten Serum eine Grenzmenge des positiven Standardserums hinzufügte. In dieser Gruppe seiner Arbeiten macht Professor FLECK außerdem auf ein besonderes Merkmal einiger frischer Seren des Meerschweinchens aufmerksam, die er als antigene Überempfindlichkeit des Komplements bezeichnet.

In seinen Untersuchungen zur Serologie des *Pemphigus vulgaris* stellt FLECK fest, daß die von URBACH und BRANDT gelieferte Reaktion der Komplementbindung auf eine unspezifische Pseudoreaktion gestützt ist.[11] In Myeloblasten und Lymphozyten stellt FLECK die Anwesenheit der spezifischen Antigene fest.

Zahlreiche Arbeiten von Professor FLECK sind der Leukergie – einem von ihm selbst entdeckten und benannten Phänomen – gewidmet. Zu diesem Problem erschienen – neben den vielen Arbeiten seiner Mitarbeiter und Schüler – 32 Publikationen Flecks. Unter Leukergie versteht der Autor eine verstärkte Verklebung und Neigung zur Zusammenballung, zu der es im zirkulierenden Blut während einer Entzündungsreaktion kommt. Die entstandenen Verklebungen kann man *in vivo* (mittels Kapillaroskopie) oder *in vitro* beobachten. Die in zahlreichen Untersuchungen gewonnenen Angaben sprechen dafür, daß die Leukergie kein vergängliches Merkmal junger Leukozyten, sondern eine beständige Eigenschaft einzelner entzündlicher Leukozyten ist. Diese Leukozyten erscheinen vor allem unter dem Einfluß der bakteriellen Reize. Am stärksten wirken die gramnegativen Bakterien bzw. das durch sie isolierte Endotoxin. Das durch das Endotoxin mittels der Hydrolyse erhaltene Hapten vermag weder die Leukergie noch eine Entzündungsreaktion hervorzurufen. Die grampositiven Bakterien wirken erheblich schwächer. Das Ektotoxin und vor allem die neurotropen Gifte weisen keine Leukergie-Reaktion auf.

Nicht nur Granulozyten verkleben im Verlauf der Krankheit stärker, sondern auch Leukozyten. Interessant ist die Beobachtung, daß immer die zytologisch gleichartigen Zellen miteinander agglutinieren, d. h. die Granulozyten mit Granulozyten und die Lymphozyten mit Lymphozyten. Die Leukergie kann durch den Prozentsatz der agglutinierenden Blutkörperchen gemessen werden. Der Charakter der Leukergie ist nicht spezifisch, denn sie tritt nicht nur bei verschiedenen Entzündungszuständen auf, sondern auch während Infektionskrankheiten, bei Schockzuständen sowie während der Schwangerschaft. Flecks Meinung nach hat die Leukergie eine antiinfektiöse Abwehrfunktion. Dafür sprechen die Tatsachen, daß sich die leukergischen Leukozyten intensiver als die nichtleukergischen Leukozyten bewegen und daß sie viel stärker als die anderen phagozytieren. Innerhalb der leukozytären Plättchenverklebungen ist die Phagozytose besonders energisch, denn die sich konzentrierenden Plättchen erleichtern den Bakterien den Kontakt mit den Leukozyten. Fleck nannte diese Erscheinung eine Thrombophagozytose. Die bakterientötende Wirkung des Blutes wächst proportional zur Zahl der leukergischen Leukozyten. Die periphere Leukopenie, die man nach der intravernösen Introduktion der Bakterien feststellt, ist durch die Anhäufung von Leukozyten in kleinen Lungengefäßen verursacht, also an der Stelle, wo sich auch der eingeführte Erreger ansammelt.

Die antiinfektiöse Immunität als Folge einer verstärkten leukergischen Klebrigkeit bezeichnete Fleck als leukergische Immunität. Diese erscheint bereits einige Stunden nach der Ansteckung und ist in ihrem Wesen unspezifisch. Die Leukergie-Reaktion hat eine praktische Anwendungsmöglichkeit: In der Hämatologie wird sie als ein empfindlicher Leukopoese-Test eingesetzt; bei Infektionskrankheiten ermöglicht sie das Nachverfolgen des Verlaufs eines pathogenetischen Prozesses. Die Provokation der Leukergie mit Tuberkulin ist wahrscheinlich ein Test auf aktive Tuberkulose. Außerdem ist die Leukergie eine der besten Möglichkeiten, Pyrogene nachzuweisen.

Die Leukergie als ein immunologisches Phänomen fand bereits in die meisten Lehrbücher Eingang und wird außerdem immer öfter in medizinischen Artikeln im In- und Ausland besprochen.

Außer den mikrobiologischen Arbeiten verfaßte Prof. Fleck ein beträchtliches Werk auf dem Gebiet der Medizingeschichte und der

Wissenschaftstheorie. Zu den Publikationen aus diesem Bereich gehört auch sein Buch *Die Entstehung und Entwicklung einer wissenschaftlichen Tatsache*, das 1935 in der Schweiz veröffentlicht wurde, sowie die Arbeiten »Über die wissenschaftliche Beobachtung und die Wahrnehmung im allgemeinen« und »Das Problem einer Theorie des Erkennens«. Die genannten Publikationen fanden Anerkennung bei der Kritik, und in sie vor allem ging FLECKS philosophisches Interesse ein.

FLECKS gesamtes wissenschaftliches Werk dient als Grundlage zur Annahme seiner Kandidatur zum auswärtigen Mitglied der Polnischen Akademie der Wissenschaften.

[JÓZEF HELLER]
[E. MIKULASZEK]

1 Für die Polnische Akademie der Wissenschaften (PAN) verfaßten Józef Heller und Edmund Mikulaszek 1954 das vorliegende Gutachten. Fleck wurde daraufhin als auswärtiges Mitglied in die PAN aufgenommen. Das Dokument stammt aus der Sammlung des Archivs der Abteilung für Medizinische Wissenschafen der PAN in Warschau, Bestand: Erinnerungen, Zusatzmaterialien zu Biogrammen, Nachrufe, Sign. VIII-5; SMF, S. 389-393. Aus dem Polnischen von Sylwia Werner. Komm.: SW.

Józef Heller (1896-1982) studierte Medizin (in der gleichen Zeit wie Fleck) und Chemie in Lwów (Lemberg), war Schüler des Biochemikers Jakub Parnas. In den Jahren 1940-1941 war er Leiter des Lehrstuhls für Biochemie am Medizinischen Institut in Lwów (Lemberg). Nach dem Krieg wurde er Professor am Lehrstuhl für Tierphysiologie der Medizinischen Akademie in Warschau. Seit 1952 war er Mitglied der Polnischen Akademie der Wissenschaften.

Edmund Mikulaszek (1895-1978), polnischer Mikrobiologe, Serologe und Arzt, studierte Medizin an der Universität in Lwów (Lemberg) und arbeitete dann als Dozent (1935-1938) am dortigen Lehrstuhl für Mikrobiologie. Nach dem Krieg wurde er zum Professor am Institut für Dermatologie und Venerologie der Medizinischen Akademie in Warschau. Seit 1952 war er Mitglied der PAN. 1957 würdigt Fleck in der Zeitschrift *Nauka Polska* [Polnische Wissenschaft] die Person und wissenschaftliche Leistung Edmund Mikulaszeks mit einem Porträt; siehe: Fleck (1957b). Dieser Text ist nicht weiter bemerkenswert, doch es fällt auf, daß Mikulaszek und Fleck vor und nach dem Krieg erstaunlich parallele Lebensläufe mit gleichen Forschungsschwerpunkten an denselben Instituten hatten.

11 E. Urbach, S. U. Wolfram, R. Brandt, »Zur Serodiagnose des Pemphigus«, in: *Klinische Wochenschrift* 15 (1936), S. 1479.

Hugo Steinhaus' Erinnerungen an Ludwik Fleck[I]

[Herbst 1938] »Zu dieser Zeit geschah es in Lwów, daß Dr. Ludwik Fleck, der ein privates bakteriologisches und chemisches Laboratorium besaß, wo er während der Krankheit meiner Tochter Laboranalysen durchführte, mir eine kurze Abhandlung zur Statistik der weißen Blutkörperchen (Leukozyten) schickte.[II] Die Leukozyten lassen sich in verschiedene Kategorien einteilen: in segmentierte [Leukozyten], Lymphozyten, Monozyten etc. Auf hundert der weißen Körperchen kommt jede Kategorie auf einen mehr oder weniger fixen Prozentsatz. Dieser Prozentsatz ändert sich kaum, auch wenn man vom Blut des gleichen Patienten verschiedene Proben entnimmt und untersucht. Dr. Fleck beschloß, die Streuung der Prozentsätze statistisch zu untersuchen, indem er 10 Hundertereinheiten von jeder Probe entnahm. Da er jedoch eine Vergleichsskala haben wollte, entnahm er bei jedem Fall eine zweite Probe, mischte sie mit dem Natriumzitrat und schüttelte sie im Reagenzglas, bevor er einen Tropfen davon unter das Mikroskop legte. Er dachte sich folgendes dabei: Die Blutkörperchen im Reagenzglas ordnen sich wegen des Schüttelns nach den Gesetzen des Zufalls. Wenn ich die Prozentzahlen im Blut aus dem Finger mit Zahlen des Blutes aus dem Reagenzglas vergleiche, werde ich sehen, ob die Dispersion des natürlichen Blutes übernormal, normal oder subnormal ist. Als ich die Tabelle von Dr. Fleck betrachtete, merkte ich sofort, daß sowohl die eine als auch die andere Probe subnormal stark waren. Ich habe sie nämlich nicht untereinander verglichen, sondern mit der theoretischen Dispersion, die aus der Bernoulli-Formel σ_B resultiert. Dr. Fleck hatte dies nicht getan, weil er sich nicht so gut mit der Wahrscheinlichkeitsrechnung auskannte. Als ich ihm jedoch die Situation erklärte, begriff er sofort vollkommen, worum es geht. Dieses Ereignis zeugt von der unermeßlichen Menge an Fehlern, die jeden Naturforscher bedrohen. Wenn wir auf der geraden Linie $\underline{m\ p\ B}$ rechts immer größere Zahlen markieren, dann werden die Zahlen *m* (gemischtes Blut), *p* (natürliches nichtgemischtes Blut) und *B* (theoretische Dispersion Bernoullis), die die Dispersion angeben, wie in der Zeichnung liegen. Dr. Fleck hat als Norm σ_m angenommen, also schien ihm σ_p *übernormal* zu sein. Doch die Norm wird als σ_B angegeben, und *beide* Zahlen σ_m und σ_B sind subnormal, wobei σ_m noch weiter links ist als σ_p – das ist eine Erscheinung, die man nicht von vornherein vorhersehen kann. Es zeigt sich also, daß es im Blut eine Tendenz gibt, die Ausstreuung zu verringern, und daß das Mischen den Kräften, die die Leukozyten im statischen Gleichgewicht halten, die Arbeit erleichtert. Diese Arbeiten beschäftigten mich sehr; ohne daß ich natürlich irgendeine Ahnung vom Mikroskopieren und von der ganzen experimentellen Methodik hatte, war ich nur Zeuge weiterer Versuche, die Dr. FLECK, seine Mitarbeiterin Ewa ALTENBERG und andere durchführten.

In dieser Zeit fand ich unter meinen Schülern einen jungen Mann, der sich für Wahrscheinlichkeitsrechnung interessierte. Er hieß Kazimierz BOREK und kam aus Borysław. Das Problem, das ich ihm schilderte, betraf die mathematische Methodik bei Versuchen, die notwendig sind, um die Wirkung pharmazeutischer Präparate zu bestimmen. Es gibt nämlich Präparate, die man aus Tierorganen gewinnt, und diese Präparate beinhalten in einer Volumeneinheit eine nicht näher bekannte Zahl des »Agens«, um das es geht. Dann bestimmt man mit Hilfe von Versuchen mit Mäusen und Hähnen etc. die Anzahl. Die Frage war, wieviel Versuche man braucht, um eine hinreichend schmale Grenze mit für die pharmazeutische Praxis hinreichend großer Wahrscheinlichkeit zu erreichen. Kazimierz BOREK befaßte sich damit gewissenhaft und mit großem Verständnis. Die Firma »Laokoon« half ihm, englische und deutsche Abhandlungen aus diesem Bereich zu finden. Auf ihre Kosten fuhr er ins Staatliche Hygiene-Institut nach Warschau. Ich wollte ihn zu einem Spezialisten gerade im Bereich der angewandten Mathematik machen.« [Poln. Ausg., S. 170 f.]

[Sommer 1941] »Schon war der Sommer nahe, als ich erfuhr, daß von Dr. FLECK in der Gesellschaft der Ärzte eine Vortrag über Leukozyten gehalten werden soll [...]. Dr. FLECK war ins Institut von GROËR gelangt und hatte sich von dessen Enthusiasmus anstecken lassen. Die Tatsache, daß Leukozyten statistisch stabile Komplets bilden, brachte mich auf den Gedanken, daß sie Substanzen bilden, die auf die eine Art von Leukozyten so reagieren und auf eine andere Art anders. Daraus entstand die Idee zur Erzeugung von Seren, die auf verschiedene Arten unterschiedlich reagieren. So gelang Dr. FLECK die Herstellung solcher Seren, die z. B. Lymphozyten zerstören, ohne den Monozyten zu schaden. Ich war bei ihm im Hygiene-Institut und sah unter dem Mikroskop mit eigenen Augen diese Wirkung. Von da ist es vielleicht ein nicht allzu langer Weg zur künstlichen biologischen Zusammensetzung des Blutes und vielleicht auch zur Heilung von Krankheiten, deren Ursache in der Störung dieser Zusammensetzung zu suchen ist.

Ich erinnere mich, es war ein Sonnabend, der 21. Juni, als ich am Nachmittag das Hygiene -Institut verlassen hatte und über das nachdachte, was ich da gehört hatte. Ich lag auf der Wolka, auf den Hügeln, und machte mir Sorgen über Dr. FLECKS Worte, daß die Kriegssituation sich im Zustand einer chronischen Sepsis befinde.« [Dt. Ausg., S. 301 f.]

[16. 10. 1945] »Der Besuch von Dr. Ludwik FLECK hat mich überaus gefreut. Seine Geschichte ist unerhört seltsam. Aus dem Lemberger Ghetto brachte man ihn, seine Frau und seinen Sohn in die »Laokoon[-Fabrik]«, wo er den Anti-Fleckfieberimpfstoff herstellte.[III] Von dort aus deportierte man sie ohne Armbinden in separaten Waggons nach Auschwitz, wo sie wieder den vermeintlichen Impfstoff herstellen mußten. Dann brachte man sie zum gleichen Zweck nach Mauthausen.[IV] Der Impfstoff wurde nur scheinbar produziert, in Wirklichkeit nutzte Fleck die Gelegenheit, um weiter an seinen »Zytoordinen«, d. h. an verschiedenen Arten von Leukozyten regulierenden Seren, zu arbeiteten.[V] Er brachte circa 100 Mikrophotographien aus dem Lager mit. In Krakau ist er zusammen mit seiner Frau. Sein Sohn leistet einen Militärdienst, man weiß allerdings nicht, wo. Er hat eine wissenschaftliche Einladung nach Amerika, doch im Moment keine Lust zu fahren.« [Poln. Ausg., S. 341]

[6. 2. 1946] »Ich hatte Briefe von PARNAS[VI] aus Moskau, es lag ihm viel daran, nicht nach Kraków [Krakau] berufen zu werden. FLECK kam hierher [nach Wrocław/Breslau] wegen seiner Habilitation. Es stellt sich heraus, daß HIRSZFELD[VII] mit ihm über seine wirklich schönen Ergebnisse nicht diskutieren will und daß er ihm Lublin eingebrockt hat, wo es weder Menschen noch Bücher gibt. Irgendein Chirurg aus Poznań ist dort Dekan,[VIII] der sich weder in Hinsicht auf seinen Charakter noch auf sein Wissen mit Fleck messen kann und der ihn von oben herab behandelt. FLECK hat eine neue Typhusimpfung entwickelt.« [Poln. Ausg., S. 352]

[16. 3. 1947] »Gestern war hier [in Wrocław/Breslau] Dr. Ludwik Fleck. Das, was er vom Labor in Buchenwald erzählte, übersteigt jegliche Phantasie. Man stellte dort ein Serum her, das nicht wirken konnte, zuerst *bona fide*, denn die zusammengetriebene Arbeitsgruppe der jungen Ärzte, Friseure und Laboranten konnte weder mikroskopieren noch Temperatur messen etc., und dann, nachdem Fleck gekommen war, *mala fide*. Der Intelligenteste in dieser Gesellschaft, der Sekretär von Schuschnigg, beschloß, den Sturmbannführer[IX] einzuweihen. Er erklärte ihm, daß er auch hängen würde, falls die Sache herauskommt. Seitdem deckte er sie alle.« [Poln. Ausg., S. 371]

[20. 4. 1957] »Die neue Ära[X] brachte eine neue Erscheinung hervor: den Antisemitismus. Im besten Fall beschränkt dieser sich auf an die Wohnungstür geschriebene Beschimpfungen und Beleidigungen am Telefon, aber z. B. in Dzierżoniów[XI] haben die jüdischen Kinder Angst, ohne ihre Eltern aus dem Haus zu gehen, und die Stadtbehörden haben der Deputation der Glaubensgemeinde mitgeteilt, daß sie keine Zeit haben, sich um die Juden zu kümmern. Das Abkommen mit der SU führt dazu, daß jede Woche Tausende Menschen von den Sowjets nach Polen kommen; den polnischen Juden, die in der Sowjetunion bereits in der zweiten Generation wohnen, machen die Behörden mit der Ausreise keine Schwierigkeiten. Dort ist die antisemitische Aktion bereits sehr stark vorangeschritten. Die Angst, daß sich diese Tendenz auch bei uns verstärken wird, veranlaßt die große Mehrheit der polnischen Juden zur Emigration. Ausreisen möchten also: Dr. Ludwik Fleck[XII] (korrespondierendes Mitglied der PAN, Biologe), Milgrom[XIII] und Majski (die Schüler Hirszfelds), Dekierkunst (aus dem Hirszfeld-Institut, derzeit in Rokitnica), der Naturforscher Baer, Prof. Drobot[XIV] etc. Die polnische Regierung macht keine Schwierigkeiten. Die Einfachheit der Ausreise, die wirtschaftliche Katastrophe des Landes, Angst vor dem Militärangriff der Sowjets, das sind Motive, die nicht weniger dafür sprechen als diejenigen, die die meisten Emigranten nennen. Auch Palästinas Prosperität, die Möglichkeit, in die USA, nach Kanada oder Australien auszureisen, spielen eine Rolle.« [Poln. Ausg., S. 466]

I Aus: Hugo Steinhaus, *Wspomnienia i Zapiski*, Wrocław (Breslau) 2002, S. 170f., 341, 352, 371, 466; aus dem Polnischen von Sylwia Werner und teils aus der gerade in deutscher Sprache erschienenen Ausgabe von Hugo Steinhaus' *Erinnerungen und Aufzeichnungen I*, Dresden 2010, übersetzt von Alfred Müßiggang, hier S. 301f. Komm.: SW. Zur Biographie von Hugo Steinhaus siehe in diesem Band EN I zu Flecks Briefen an ihn.

II Vermutlich ein Manuskript Flecks, das dann Grundlage wurde für gemeinsame Publikationen (Fleck 1939f. 1939g), welche dann im Krieg verlorengingen. Vgl. dann aber Fleck (1947h und 1948d).

III Vgl. dazu in diesem Band zu »Wie wir den Anti-Flecktyphus-Impfstoff im Lemberger Ghetto hergestellt haben«.

IV Steinhaus verwechselt hier offenbar etwas. Der Fleckfieberimpfstoff wurde im KZ Buchenwald hergestellt, Fleck wurde nicht ins KZ Mauthausen deportiert.

V Ein Jahr nach dem Krieg erscheint in der *Schweizerischen Medizinischen Wochenschrift* ein Aufsatz von Fleck über Zytoordine, vgl. Fleck (1946e).

VI Zu Jakub Parnas siehe S. 513, EN IV in diesem Band.

VII Zur Vita von Ludwik Hirszfeld siehe in diesem Band, S. 583, EN I.

VIII Es handelt sich hier um den Chirurgen Feliks Skubiszewski (1895-1981), der in den 1930er Jahren mit der Universität Posen verbunden war und nach dem Krieg 1945/46 Dekan der Medizinischen Fakultät in Lublin wurde. In den Jahren 1950-1954 war er Rektor der Medizinischen Akademie Lublin.

IX Gemeint ist hier der SS-Sturmbannführer und erste Lagerarzt des KZ Buchenwald, Erwin Ding-Schuler. Siehe zu ihm Flecks Aussage im Nürnberger IG-Farben-Prozeß vom 12. Februar 1948, in diesem Band.

X Gemeint ist die nach dem Kommunisten und ersten Parteisekretär Władysław Gomułka benannte »Gomułka-Ära« in Polen. Während seiner Regierungszeit (1957-1970) bekämpfte Gomułka immer mehr die Intelligenz, verbot nach und nach die von ihr gelesenen Zeitschriften, darunter auch *Po Prostu* [Einfach so] (wo 1950 das Interview mit Fleck erschienen war), und untersagte Theateraufführungen, wie z. B. von Adam Mickiewiczs Drama *Dziady* [Ahnenfeier]. Mit der Verschlechterung der Beziehungen zwischen der Sowjetunion und Israel verschärfte sich auch in Polen die antisemitische Stimmung, mit der Folge, daß in den Jahren 1968-1972 über 20 000 Menschen nach Israel auswanderten. Zu Flecks Zeit nach 1945 in Polen siehe: Justyna Górny, Katarzyna Leszczyńska, »Ludwik Flecks Leben in der Volksrepublik Polen«, in: WTW, S. 21-47.

XI Dzierżoniów (dt. Reichenbach), eine Stadt in Niederschlesien in Polen.

XII Fleck ist tatsächlich 1958 nach Israel ausgereist. Anderen gegenüber führte er persönliche Gründe an. Siehe dazu in diesem Band Franciszek Groërs »Nachruf auf Ludwik Fleck«.

XIII Feliks Milgrom (1919-2007), polnischer Immunologe und Mikrobiologe, Schüler von Ludwik Hirszfeld, wanderte Ende der 1950er Jahre nach Amerika aus, wo er an der Universität New York eine Professur für Mikrobiologie erhielt.

XIV Stefan Drobot, polnischer Mathematiker, der 1959 nach Amerika auswanderte.

Hugo Kowarzyks Erinnerungen an Ludwik Fleck[1]

Der andere Arzt, der sich im Einflußbereich von Steinhaus befand, war Ludwik Fleck, ein Mikrobiologe. Er untersuchte Blutleukozyten. Das Vorgehen besteht darin, einen dünnen Blutabstrich anzufertigen und zu färben. Unter dem Mikroskop lassen sich fünf Arten von Leukozyten unterscheiden. Diagnostisch wichtig ist es, ihre relative Häufigkeit zu bestimmen. Fleck beschäftigte sich mit dem Problem, daß ein Arzt Fehler begeht, wenn er jeweils hundert Leukozyten in einem Abstrich, der einige zehntausend Leukozyten enthält, zählt. Er ging empirisch vor, indem er die Häufigkeit des Auftretens jeder der fünf oben erwähnten Arten der weißen Körperchen in Abstrichserien, die aus demselben Blut hergestellt wurden, verglich oder einige Male jeweils hundert Leukozyten im gleichen Abstrich zählte. Steinhaus stellte erst einmal intuitiv fest, daß die Unterschiede zwischen den Berechnungen klein sind, wahrscheinlich kleiner als ein Fehler, der beim Zufall erwartet wird. Tatsächlich stellte sich bei den großen Meßreihen heraus, daß die empirische Dispersion der Ergebnisse (die Wurzel aus dem Mittelwert der Quadratdifferenz) regelmäßig kleiner als die theoretische Bernoulli-Dispersion ist.

Um die Abweichung der Ergebnisse bei der Zählung der Leukozyten vom Zufallsergebnis zu erklären, nahmen Fleck und Steinhaus an, daß Leukozyten im zirkulierenden Blut in »Garnituren« mit mehr oder weniger gleicher Zusammensetzung auftreten. Deswegen auch würde das Berechnen sogar einer nicht großen Zahl der Leukozyten auf einem kleinen Abschnitt des Abstrichs eine Abweichung von einer Zufallsdispersion aufweisen. Die Garnitur-Hypothese über die Struktur des zirkulierenden Blutes hat jedoch der schärferen Kontrollprobe, die darin bestand, die Blutabstriche, in denen die Leukozyten eine bestimmte Lokalisierung hatten, zu untersuchen, nicht standgehalten. Die Untersuchung solcher »Leukozyten-Karten« hat in den Abstrichen keine »Garnituren« nachgewiesen. Wegen der komplexen rheologischen Erscheinungen, welche bei der Anfertigung der Abstriche vorkommen, versammeln sich gleichnamige Leukozyten in Strängen, sie sind nicht zufällig verteilt. Diese Strang-Struktur der Blutabstriche ist eine Ursache für die Abweichung von der Zufallsdispersion. Dies war, nebenbei gesagt, die erste wissenschaftliche Untersuchung, die am Fachbereich für Allgemeine und Experimentelle Pathologie der Medizinischen Abteilung der Universität und Polytechnik Wrocław [Breslau] im ersten Semester 1946 in der Zeit durchgeführt wurde, in der das einzige nützliche Werkzeug ein Mikroskop war.

Die Hypothese über die »Garnituren« im zirkulierenden Blut stellte sich als unnötig heraus, und die Abweichungen der Leukozyten waren ein Resultat der Eigentümlichkeiten, die bei der Anfertigung der Abstriche vorkommen. Trotzdem erwies sich jedoch die »Garnitur«-Hypothese als fruchtbar, denn FLECK entdeckte im Laufe seiner Untersuchungen eine neue Erscheinung, die er als »Leukergie« bezeichnete. Es ging dabei um die Zusammenballung der gleichnamigen Leukozyten im abgelagerten Blut.

1 Hugo Kowarzyk, »*Współpraca Hugona Steinhausa z medycyną i medykami*« [Hugo Steinhaus' Zusammenarbeit mit Medizin und Medizinern], in: *Wiadomości Matematyczne* 17 (1973), S. 66f. Aus dem Polnischen von Sylwia Werner.

Der Pathophysiologe Hugo Kowarzyk (1906-1985) studierte in den 1930er Jahren an der Jagiellonen-Universität Krakau. Ab 1945 war er Professor an der Medizinischen Akademie in Wrocław (Breslau) und Leiter des dortigen Lehrstuhls für Allgemeine und Experimentelle Pathologie, Mitglied der Polnischen Akademie der Wissenschaften, Mitgründer und Vorsitzender der Wissenschaftlichen Gesellschaft in Wrocław (Breslau). Zu seinen Forschungsschwerpunkten gehörten das Blutgerinnungsproblem und Vektorkardiographie. Kowarzyk war einer der Gutachter bei Flecks Habilitationsverfahren. Vgl. Hugo Kowarzyks Personalakte, Archiv der Universität Wrocław (Breslau), Sign. AU-0734.

Franciszek Groër
Nachruf auf Ludwik Fleck[1]

Ludwik Fleck wurde am 11. Juli 1895 in einer Handwerker-Familie in Lwów [Lemberg] geboren. Dort absolvierte er 1917 das Gymnasium und schloß 1922 das Medizinstudium an der Jan-Kazimierz-Universität ab. Bereits als Student interessierte er sich besonders für Mikrobiologie und Immunologie. In den Jahren 1920-1921 arbeitete er als Assistent im Flecktyphusforschungslabor in Przemyśl [Prömsel] unter der Leitung von Prof. Dr. R. Weigl, dem Entdecker des Flecktyphusimpfstoffes. Als Weigl den Lehrstuhl für Allgemeine Biologie der Medizinischen Fakultät an der Jan-Kazimierz-Universität in Lwów [Lemberg] übernahm, wurde Fleck zu seinem Assistenten. In den Jahren 1923-1935 leitete er bakteriologische Laboratorien im Staatlichen Krankenhaus und bei der Sozialen Krankenkasse – mit einer Unterbrechung im Jahre 1927, die er für das Studium am Serotherapeutischen Institut in Wien nutzte, das vom damals berühmten Prof. R. Kraus geleitet wurde. 1935 wurde er im Rahmen einer Säuberungsaktion entlassen. Bis zur Besatzung von Lwów [Lemberg] durch die Sowjets im September 1939 leitete er dann ein privates Bakteriologisch-analytisches Labor.

Im Zeitraum von 1939 bis 1941, d. h. bis zum Ausbruch des deutsch-sowjetischen Krieges, bekleidete Fleck eine ganze Reihe von verantwortlichen Stellen. Unter anderem war er Direktor der Mikrobiologischen Abteilung am Staatlichen Bakteriologischen Institut sowie Fachgutachter auf dem Gebiet der Mikrobiologie und Serologie am Mutter-und-Kind-Institut.

Während der deutschen Besatzung war Fleck bis Mitte Dezember 1942 Leiter des bakteriologischen Labors im Jüdischen Krankenhaus. Im Dezember 1942 wurde er verhaftet und nach Auschwitz verschleppt. Von dort aus verlegte man ihn 1944 ins KZ Buchenwald. Hier wurde er mehrfach Zeuge von durch Nazi-Ärzte verübten Verbrechen, weshalb man ihn als Zeugen und Experten nach Nürnberg lud. Erst im Frühling 1945 befreite ihn die Armee der Alliierten. Auch seine Frau und sein Sohn wurden wie durch ein Wunder aus dem KZ Ravensbrück gerettet.

1945 kehrte Fleck zusammen mit seiner Frau nach Polen zurück. Hier bekam er zuerst eine Vertretungsprofessur am Institut für Mikrobiologie an der Medizinischen Fakultät der Marie-Curie-Skłodowska-Universität Lublin. Im Februar 1946 führte der Medizinische Fakultätsrat der Universität Wrocław [Breslau] sein Habilitationsverfahren durch, was 1947 seine Ernennung zum außerordentlichen und drei Jahre später zum ordentlichen Professor für die Mikrobiologie an der Medizinischen Akademie Lublin möglich machte.

1952 wurde FLECK auf Antrag der damaligen Direktion des Mutter-und-Kind-Instituts Warschau zum Leiter der Mikrobiologischen und Immunologischen Abteilung dieses Instituts ernannt.[II] Diese Stelle hatte er bis zum Jahr 1958 inne. In diesem Jahr emigrierte er aus persönlichen Gründen (FLECKS Sohn war seit dem Kriegsende in Israel) zusammen mit seiner Frau nach Israel. Dort stellte man ihm ein exzellent ausgestattetes Institut in Ness Ziona zur Verfügung.

Bereits während des Studiums hatte sich FLECK für die experimentelle Forschungsarbeit auf dem Gebiet der Immunologie interessiert. Dieses Interesse führte ihn ins Labor von Prof. WEIGL, wo er – noch bevor er sein ärztliches Diplom erhielt – zwei Arbeiten zu immunologischen Erscheinungen bei Fleckfieber veröffentlichte.[III] Seine Begeisterung für die schöpferische Forschungsarbeit führte dazu, daß er trotz der großen Belastung durch die Laborroutine bis zum Ausbruch des Zweiten Weltkrieges 45 wissenschaftliche – überwiegend experimentelle – Arbeiten veröffentlichte, die schon damals in den ausländischen Fachzeitschriften lauten Widerhall fanden.

Schon damals kam die kreative Seite von FLECKS Persönlichkeit zum Vorschein, deren Kennzeichen ein ungezügelter Wissensdurst und die Fähigkeit zur exakten Analyse der ihn faszinierenden Phänomene waren. Zugleich besaß er die selbst bei hervorragenden Forschern selten beobachtbare Fähigkeit zur rationalen und synthetischen Denk- und Assoziationsweise im ganzen Gebiet der experimentell festgestellten Tatsachen. Aus dieser Zeit stammt eine Reihe von Arbeiten FLECKS zur logischen Methode der Einschätzung von wahrgenommenen Phänomenen und Tatsachen, von denen die wichtigste – *Entstehung und Entwicklung einer wissenschaftlichen Tatsache* – 1935 im Benno Schwabe Verlag in Basel erschien. Dieses Buch hinterließ in der wissenschaftlichen Welt einen großen Eindruck.

Jene hervorragende Fähigkeit, die Ergebnisse experimenteller Untersuchungen in Anlehnung an kreative Postulate des logischen Denkens zu bewerten, beeinflußte die Richtung weiterer Arbeiten FLECKS.

Diese waren Fragen gewidmet, die jenseits der üblichen Schemata immunologischer Untersuchungen lagen und den unspezifischen Abwehrmechanismen galten. Dieses Wissensgebiet über die Infektionsabwehr war zu Beginn der Ära der ätiopathogenetischen Untersuchungen ein Gegenstand vieler heute bereits vergessener Experimente und Konzeptionen gewesen und dann, im letzten halben Jahrhundert, durch die faszinierenden Beobachtungen auf dem Gebiet der exakten spezifischen Immunologie in den Hintergrund gedrängt worden. Erst in den letzten Jahren kam es in die Werkstätten der hygiogenetischen Forschung wieder zurück.

Schon sehr früh begann sich FLECK für die Abwehrmechanismen der Zellen und deren Dynamik zu interessieren. Dieses Interesse führte dazu, daß er hämatologische Phänomene, die infolge einer Entzündung bzw. Verletzung auftraten, zu analysieren begann und einen der Grundmechanismen der unspezifischen Abwehr entdeckte, nämlich das Phänomen der Leukergie. Die Leukergie beruht darauf, daß unter der Wirkung von Reizen neue Gestalten von Myelozyten entstehen, die den Organismus belasten, sich aktiv verklumpen können und die einen erhöhten Gehalt des Glykogens sowie verstärkte phagozytäre Eigenschaften aufweisen. Die Leukergie, die in vielen Fällen auch für diagnostische Zwecke herbeigeführt wird, wurde von FLECK und seinen Mitarbeitern nach vielen Gesichtspunkten analysiert und steht weiterhin im Zentrum vieler immer weiter fortschreitender Untersuchungen, und zwar nicht nur innerhalb des Gebiets der Infektionskrankheiten, sondern auch im Zusammenhang mit der allgemeinen Belastung des Organismus (Streß). Diese Untersuchungen ermöglichten unter anderem, daß auch das Schicksal der leukergischen Phagozyten im Organismus sowie ihre Konzentration im Lungengewebe nachverfolgt werden können.

Infolge einer 1953 neu aufgetretenen Welle der Diphtherie-Epidemie begannen FLECK und seine Arbeitsgruppe sich während ihrer Arbeit in der Mikrobiologischen und Immunologischen Abteilung des Mutter-und-Kind-Instituts mit Fragen zu beschäftigen, die mit der Diphtherie zusammenhingen. Diese bezogen sich vor allem auf die Epidemiologie dieser ansteckenden Krankheit, die in den letzten Jahren durch die erneuten Untersuchungen von Lysogenie und Phageninfektion sowie durch die Umwandlung der nichttoxischen Stämme des *Corynebacterium diphtheriae* neu beleuchtet wurden. Jene Untersuchungen führten dazu, den Diphtherieimpfstoff durch bakterielle

Antigene zu ergänzen, um bei den Geimpften nicht nur eine antitoxische, sondern auch eine antibakterielle Immunität zu erreichen. Dieser Impfstoff (Anabac) erwies sich bei Massenversuchen tatsächlich als aktiv, auch bei Kindern, und zwar sowohl in Hinsicht auf die Entstehung von Antitoxinen als auch von antibakteriellen Antikörpern.[IV]

Ein weiteres Interessengebiet FLECKS, zu dem er in seinen letzten Lebensjahren zurückkehrte, betraf ein in der Immunologie relativ wenig berücksichtigtes Problem, nämlich das Schicksal der Antigene im Organismus. Aus der Sicht der Diagnostik wird nämlich die größte Rolle gewöhnlich dem Nachweis der spezifischen Antikörper zugeschrieben, während jedoch das Antigen, das die Entstehung der Antikörper verursacht, früher als die Antikörper nachgewiesen werden könnte. In den letzten Jahren seiner Forschungsarbeit führte FLECK eine Methode zur Inhibition (Hemmung) der passiven Hämagglutination zum Nachweis von Antigenen im Urin ein.

Eine solche kurze Zusammenschau der Tätigkeiten Ludwik FLECKS erlaubt uns nicht, die Gesamtheit seines wissenschaftlichen Werks, das über 100 Publikationen in verschiedenen Sprachen umfaßt, darzustellen. Hervorheben muß man jedoch noch den äußerst fruchtbaren Einfluß, den er nicht nur in didaktischer Hinsicht auf seine Schüler und Mitarbeiter hatte, denn auch mit seiner Art zu diskutieren, die aus seiner – bereits oben betonten – Fähigkeit des wissenschaftlichen Urteils und der synthetischen und logischen Denkweise resultierte, prägte er deren wissenschaftliche Mentalität.

FLECK und seine Mitarbeiter verband eine fast familiäre Interessengemeinschaft, ein gemeinsamer Arbeitsenthusiasmus und große Behutsamkeit im Umgang mit den Problemen und Ergebnissen der Forschung.

FLECK war überall bekannt, auch im Ausland. Er nahm an vielen wissenschaftlichen Tagungen in der ganzen Welt teil, und überall war er als ein origineller, kreativer und konsequenter Gelehrter hochgeschätzt. FLECK war Mitglied des Vorstands wissenschaftlicher Gesellschaften im In- und Ausland sowie ein auswärtiges Mitglied der Polnischen Akademie der Wissenschaften. Hier trug er zur Gründung der VI. Abteilung (der Medizinischen Wissenschaften) bei.

Er starb am 5. Juni 1961 in Ness Ziona. Der Tod dieses hochbegabten und kreativen Gelehrten von Weltruf ist ein großer Verlust für die polnische Wissenschaft, mit der er sehr eng verbunden war.

I Das vorliegende Dokument stammt aus der Sammlung des Stanisław-Konopka-Archivs der Ärztlichen Hauptbibliothek Warschau; SMF, S. 401-404. Aus dem Polnischen von Sylwia Werner. Komm.: SW.

Franciszek Groër (1888-1965), polnischer Kinderarzt, Professor an der Jan-Kazimierz-Universität zu Lwów/Lemberg (1919-1939), war während des Krieges Leiter der Pädiatrischen Klinik am Mutter-und-Kind-Institut in Lwów (Lemberg), wo auch zum gleichen Zeitpunkt (1940-1941) Fleck als Fachgutachter arbeitete. Groër war ein enger Freund und wichtiger Förderer der akademischen Karriere Flecks. Nachdem er 1951 Direktor des Mutter-und-Kind-Instituts in Warschau geworden war, machte er ein Jahr später Fleck zum Leiter des Instituts für Mikrobiologie. Groër war auch künstlerisch tätig: In den Jahren 1931-1933 war er Direktor der Lemberger Oper, und er beschäftigte sich intensiv mit der Photographie. Seine Sprachbegabung – er beherrschte neun Sprachen – rettete ihm während der deutschen Okkupation Lembergs das Leben, da er als Übersetzer fungieren konnte. Nach der Verhaftung der polnischen Professoren am 4. Juli 1941 war er der einzige, der befreit wurde. Auf dem Gebiet der Kinderheilkunde beschäftigte er sich vor allem mit Tuberkulose, Masern und Scharlach. Er hinterließ über 200 medizinische sowie geisteswissenschaftliche Arbeiten in verschiedenen Sprachen. Vgl. Helena Krukowska, *Franciszek Groër. Życie i działalność. Zbiór wspomnień*, Warschau 1973.

II Zu diesem Zeitpunkt (1951-1961) war Franciszek Groër Direktor des Mutter-und-Kind-Instituts in Warschau.

III Vgl. Fleck (1922a) und (1922b).

IV Vgl. dazu den zusammen mit Anna Kunicka veröffentlichten Text Flecks (1957k).

Ludwik Fleck (1896-1961)

Zeittafel

11. 7. 1896	geboren in Lwów (Lemberg). Fleck entstammt einer polnisch-jüdischen Handwerkerfamilie.
1914	Abschluß des Humanistischen Gymnasiums mit Abitur, Beginn des Medizinstudiums an der Jan-Kazimierz-Universität Lwów (Lemberg).
1918-1920	Militärpflichtdienst als Arzt während des Ersten Weltkriegs im Rang eines Hauptmanns.
1920-1921	Assistent von Rudolf Weigl am Flecktyphusforschungsinstitut in Przemyśl (Prömsel).
1921-1923	Assistent von Rudolf Weigl am Lehrstuhl für Allgemeine Biologie der Jan-Kazimierz-Universiät Lwów (Lemberg).
1922	Promotion in Allgemeinmedizin an der Jan-Kazimierz-Universität Lwów (Lemberg) unter der Betreuung von Wladimir Sieradzki.
1923	Sekundararzt in der Abteilung für Innere Medizin des Allgemeinen Krankenhauses in Lwów (Lemberg) unter der Leitung von Witold Ziembicki, dem Direktor des chemisch-bakteriologischen Laboratoriums. Gründung eines privaten bakteriologisch-analytischen Laboratoriums. Heirat mit Ernestyna Waldmann.
17. 12. 1924	Geburt des Sohnes Ryszard Ariel.
1925-1927	Leiter des bakteriologischen Laboratoriums in der Abteilung für Haut- und Geschlechtskrankheiten des Staatlichen Krankenhauses in Lwów (Lemberg).
1927	Assistent von Rudolf Kraus am Serotherapeutischen Institut in Wien. Flecks erster wissenschaftstheoretischer Artikel erscheint: »Über einige spezifische Merkmale des ärztlichen Denkens«.
1928-1935	Leitung des bakteriologischen Laboratoriums der Städtischen Krankenkasse in Lwów (Lemberg), 1935 Entlassung »im Rahmen einer Säuberungsaktion«.[1]
1933-1934	Briefwechsel mit Moritz Schlick. Fleck bittet ihn ohne Erfolg, sein Manuskript *Analyse einer wissenschaftlichen Tatsache. Versuch einer Vergleichenden Erkenntnistheorie* (ursprünglicher Titel von EET) an einen Verlag zu vermitteln.

1 Vgl. den handschriftlichen Lebenslauf Ludwik Flecks aus: Personalakte Ludwik Flecks. 1946-1952, Archiv der Medizinischen Akademie Lublin, Akt.-Nr. 4. Vgl. auch Franciszek Groërs Nachruf auf Ludwik Fleck in diesem Band.

1935	*Entstehung und Entwicklung einer wissenschaftlichen Tatsache. Einführung in die Lehre vom Denkstil und Denkkollektiv* erscheint im Benno Schwabe Verlag, Basel.
1935-1939	Leiter des privaten bakteriologisch-analytischen Laboratoriums in Lwów (Lemberg).
1937	Fleck wird aus »rassischen Gründen«[2] aus dem Verband der Polnischen Ärzte ausgeschlossen.
1937-1938	Kontroverse mit der Philosophin Izydora Dąmbska über die von Fleck in »Das Problem einer Theorie des Erkennens« vertretene Erkenntnistheorie.
1939	Diskussion mit dem Psychiater und Medizinhistoriker Tadeusz Bilikiewicz, hervorgerufen durch den Text »Wissenschaft und Umwelt«.
1939	Sowjetische Besetzung Lwóws (Lembergs): Fleck kehrt in seinen Beruf zurück, macht Karriere und wird Direktor des Städtischen Hygiene-Instituts.
1940-1941	Dozent am Lehrstuhl für Mikrobiologie der Iwan-Franko-Universität Lwów (Lemberg). Fachgutachter im Bereich der Serologie am – von Franciszek Groër geleiteten – Mutter-und-Kind-Institut in Lwów (Lemberg).
1941	Deutsche Besetzung Lembergs. Fleck verliert seine Positionen und arbeitet nun als Leiter des bakteriologischen Laboratoriums im Jüdischen Krankenhaus.
1942	Verhaftung Flecks, seiner Familie und seiner Mitarbeiter. Verschleppung in die chemisch-pharmazeutische Fabrik ›Laokoon‹; Zwangsarbeit an der Herstellung des Anti-Flecktyphusimpfstoffes im jüdischen Ghetto in Lemberg.
Februar 1943	Deportation Flecks, seiner Familie sowie der Arbeitsgruppe ins KZ Auschwitz; Zwangsarbeit im Lagerlaboratorium (Block Nr. 10).
Januar 1944	Fleck wird ins KZ Buchenwald verlegt; Arbeit an der Herstellung des Anti-Flecktyphusimpfstoffes (Block Nr. 50); Organisation einer Sabotageaktion: Lieferung von unwirksamem Anti-Fleckfieberimpfstoff an die SS.

2 Vgl. den Personalbogen aus den Personalakten Ludwik Flecks, Polnische Akademie der Wissenschaften, S. 3. Sign. VIII-5. Es ist unbekannt, in welchen Jahren genau Fleck dem Verband der Polnischen Ärzte angehörte, dennoch hat der Verband 1937 in seinen Richtlinien eine Ergänzung vorgenommen, laut der nur christlichgläubige Mitglieder des Verbands sein dürfen. Fleck war zwar nicht religiös, doch er stammte aus einer jüdischen Familie. Es ist daher anzunehmen, daß Fleck in diesem Jahr aus dem Verband ausgeschlossen wurde.

11.4.1945	Befreiung des KZ Buchenwald durch die amerikanischen Truppen; Fleck kehrt nach Polen zurück.
1945-1947	Vertretungsprofessur am Lehrstuhl für Mikrobiologie an der Marie-Curie-Skłodowska-Universität Lublin.
1945-1950	Mitgliedschaft im Polnischen Hochschullehrerverband.
1946	Habilitation bei Ludwik Hirszfeld an der Universität Wrocław (Breslau).
1947	Fleck erhält eine außerordentliche Professur am Lehrstuhl für Mikrobiologie an der Marie-Curie-Skłodowska-Universität Lublin.
1948	Aussage im Nürnberger IG-Farben-Prozeß als Zeuge und Sachgutachter.
	Diskussion mit Tadeusz Kielanowski über die Legitimität von Experimenten an Menschen in der Wissenschaft, ausgelöst durch Flecks Artikel »In der Frage ärztlicher Experimente an Menschen«.
1948	Fachgutachter am Hygiene-Institut Lublin.
1949	Fleck erhält den Wissenschaftspreis der Woiwodschaft Lublin für seine Leukergie-Forschungen und wird Fachgutachter am Hygiene-Institut Warschau.
1950	Ordentliche Professur am Lehrstuhl für Mikrobiologie an der Medizinischen Akademie Lublin.
1951	Staatlicher Preis 2. Grades für wissenschaftliche Leistungen.
1952	Fleck bekommt das Goldene Verdienstkreuz der Republik Polen für wissenschaftliche Forschung verliehen.
1952-1957	Leitung der Abteilung für Mikrobiologie am Mutter-und-Kind-Institut Warschau.
1954	Mitglied des wissenschaftlichen Rates am Hygiene-Institut Warschau.
	Mitglied der Polnischen Akademie der Wissenschaften Warschau.
	Fleck erhält die Jubiläumsmedaille zum 10. Jahrestag der Volksrepublik Polen.
1957	Emigration mit Frau und Sohn nach Israel, wo er die Leitung der Abteilung für Experimentelle Pathologie am Institut für Biologische Forschung in Ness Ziona übernimmt.
1958	Anschuldigung des ehemaligen Häftlings Alfred Balachowsky wegen angeblicher Kollaboration mit den Nazis.
1959	Professur am Institut für Mikrobiologie der Hebräischen Universität in Jerusalem.
5.6.1961	Ludwik Fleck stirbt in Ness Ziona an Herzversagen.

Abb. 1: Ludwik Fleck privat (links)
[aus: ⟨www.pamiecmiejsca.tnn.pl⟩].

Abb. 2: Ludwik Fleck privat
[aus: ⟨www.pamiecmiejsca.tnn.pl⟩].

Abb. 3: Ludwik Fleck und seine Mitarbeiter in Lublin, um 1952 [aus: ⟨www.pamiecmiejsca.tnn.pl⟩].

Abb. 4: Ludwik Fleck mit seinen Laboranten und Laborantinnen in Lublin, um 1952 [aus der Privatsammlung von Ewa Pleszczyńska ⟨www.pamiecmiejsca.tnn.pl⟩].

Abb. 5: Ludwik Fleck in seinem Laboratorium [aus der Privatsammlung von Ewa Pleszczyńska, ⟨www.pamiecmiejsca.tnn.pl⟩].

Ludwik Fleck um 1946 [aus dem Archiv der Medizinischen Akademie Wrocław].

Bibliographie[1]

1922a »O pewnej statystycznej okresowości przy durze powrotnym« [Über bestimmte statistische Perioden bei Rückfalltyphus], in: *Polska Gazeta Lekarska* 1, 14-15, S. 271-273.

1922b »Doświadczenia nad zdolnością aglutynacyjną surowic ogrzewanych« [Versuche zur Agglutination erwärmter Seren], in: *Przegląd Epidemiologiczny* 2, 3, S. 329-338.

1923a »O stosunku proteinoterapji do anafilaksji« [Über das Verhältnis der Proteintherapie zur Anaphylaxie], in: *Polska Gazeta Lekarska* 2, 52, S. 830-832.

1923b (mit O. Krukowski) »Oddziaływanie skóry w durze plamistym na odmienca X-19 i prątki pokrewne« [Die Reaktion der Haut bei Fleckfieber durch Proteus X-19 und verwandte Bazillen], in: *Medycyna Doświadczalna i Społeczna* 1, 1-2, S. 98-104.

1924a »Sporadyczny przypadek czerwonki na tle odmieńca pospolitego« [Ein sporadischer Fall von Ruhr vor dem Hintergrund von gewöhnlichem Proteus], in: *Polska Gazeta Lekarska* 3, 44, S. 662f.

1924b (mit Dr. Ginilewicz) »Próby proteinoterapji przy użyciu mleka kobiecego i szczepionek bakteryjnych« [Versuche der Proteintherapie bei der Anwendung von Frauenmilch und Bakterienimpfstoff], in: *Polska Gazeta Lekarska* 3, 41, S. 585.

1926 »Pokaz preparatów mikroskopowych Leiszmania z przypadku Bouton d'Aleppo. Sprawozdanie z działalności za czas od V. 1925 do końca IV. 1926. Polskie Towarzystwo Dermatologiczne – Oddział Lwowski« [Darstellung der mikroskopischen Präparate Leishmania aus dem Fall Bouton d'Aleppo. Referat aus der Tätigkeit der Zeit von Mai 1925 bis Ende April 1926. Polnische Dermatologische Gesellschaft – Abteilung Lemberg], in: *Przegląd Dermatologiczny*, S. 283.

1927a »O niektórych swoistych cecach myślenia lekarskiego« [Über einige spezifische Merkmale des ärztlichen Denkens], in: *Archiwum Historji i Filozofii Medycyny oraz Historji Nauk Przyrodniczych* 6, 1, S. 55-64.

1927b (mit L. Füllenbaum) »Experimentelle Beiträge zur Ätiologie des Lupus erythematodes. Vorläufige Mitteilung«, in: *Dermatologische Wochenschrift* 84, 15, S. 485-487.

1928a (mit O. Elster) »Uwagi o pobieraniu i przesyłaniu materiału do badań laboratoryjnych« [Bemerkungen zur Entnahme und Übersendung von Material für Laboruntersuchungen], in: *Wiadomości Lekarskie* 1, 1, S. 15-19.

1928b (mit Dr. Lehm) »Rzadki przypadek wtórnej wakcyny na języku« [Ein seltener Fall sekundärer Vakzine auf der Zunge], in: *Wiadomości Lekarskie* 1, 5, S. 211-214.

1929a *Zarys hematologii praktycznej. Stosowanie hematologii do rozpoznawania lekarskiego* [Abriß der praktischen Hämatologie. Die Anwendung der Hämatologie auf die ärztliche Diagnose], Lwów.

1929b »Zur Krise der ›Wirklichkeit‹«, in: *Die Naturwissenschaften* 17, 23, S. 425-430.

1930a »Ein Fall von Pseudosyphiloma anorectale mykotischer Ätiologie (Kladiosis)«, in: *Dermatologische Wochenschrift* 90, 11, S. 379-382.

1930b »Über die Exanthin-Reaktion bei Meerschweinchen und Kaninchen«, in: *Krankheitsforschung* 8, S. 404-406.

1930c »Współczesne pojęcie zakżenia i choroby zakaźnej« [Der moderne Begriff der Ansteckung und der ansteckenden Krankheit], in: *Wiadomości Lekarskie* 3, S. 149-154, 205-210.

1930d »O odczynie egzantynowym« [Über die Exanthinreaktion], in: *Wiadomości Lekarskie* 3, 10-11, S. 392-409.

1930e (Redaktionsartikel) »Sprawozdanie z badań bieżących. Zakres i organizacja pracy« [Bericht über aktuelle Forschungen. Bereich und Organisation der Arbeit], in: *Wiadomości Lekarskie* 3, 10-11, S. 380-384.

1930f (mit O. Balikówna) »Sprawa aglutynacji odmienca X-19 przez surowice świnki szczepionej durem plamistym (Doniesienie tymczasowe)« [Die Frage der Agglutination von Proteus X-19 durch das Serum eines mit Fleckfieber geimpften Meerschweinchens (Vorläufige Mitteilung)], in: *Wiadomości Lekarskie* 3, 10-11, S. 390-392.

1931a »O pojęciu gatunku w bakteriologji. Referat wygłoszony na posiedzeniu Koła Naukowego Personelu Lekarskiej Kasy Chorych we Lwowie« [Über den Begriff der Art in der Bakteriologie. Referat, gehalten auf einer Sitzung des Wissenschaftlichen Kreises des Ärztepersonals der Krankenkasse Lwów], in: *Polska Gazeta Lekarska* 10, 26, S. 522-524, 536-539.

1931b »Versuche über die lokale Hautreaktion mit Proteus X-19-Extrakten (Die Exanthinreaktion)«, in: *Zeitschrift für Immunitätsforschung und experimentelle Therapie* 72, S. 282-300.

1931c (mit E. Altenberg) »Rozmieszczenie leukocytów we krwi w świetle rachunku prawdopodobieństwa« [Die Verteilung der Leukozyten im Blut im Lichte der Wahrscheinlichkeitsrechnung], in: *Wiadomości Lekarskie* 4, 12, S. 522-527.

1931d (mit O. Balikówna) »Przyczynek do serogenezy płazów w okresie przeobrażenia« [Beitrag zur Serogenese von Amphibien in der Phase der Metamorphose], in: *Wiadomości Lekarskie* 4, 12, S. 509-512.

1931e (mit O. Elster) »O pewnym dysocjującym szczepie paciorkowca« [Über einen bestimmten dissoziierenden Stamm der Streptokokken], in: *Wiadomości Lekarskie* 4, 12, S. 475-487.

1931f (mit L. Füllenbaum) »Clinical and Experimental Contribution on Etiology of Lupus Erythematosus«, in: *Urologic and Cutaneous Review* 35, S. 358-361.

1931g (mit J. Hescheles) »Über eine Fleckfieber-Hautreaktion (die Exanthinreaktion) und ihre Ähnlichkeit mit dem Dicktest«, in: *Klinische Wochenschrift* 10, 23, S. 1075f.

1931h (Rezension) »Technika badań kliniczno-laboratoryjnych. Edmund Leyberg« [Die Technik der klinisch-laboratorischen Untersuchungen. Edmund Leyberg], in: *Wiadomości Lekarskie* 4, 5, S. 223f.

1932a »Nasze próby hemokultury gruźlicy według Loewensteina« [Unsere Proben zur Hämokultur der Tuberkulose nach Loewenstein], in: *Wiadomości Lekarskie* 5, 12, S. 435-440.

1932b (mit A. Dickmann) »Hemolizyna żabia dla krwinek baranich« [Froschhämolysin für Schafblutkörperchen], in: *Wiadomości Lekarskie* 5, 12, S. 423-429.

1932c (mit O. Elster) »Zur Variabilität der Streptokokken«, in: *Zentralblatt für Bakteriologie. Abt. I.* 125, S. 180-200.

1932d (Rezension) »Gustav Mie: ›Naturwissenschaft und Theologie‹«, in: *Die Naturwissenschaften* 30, 22, S. 566.

1933a »Hémolysine du serum normal des grenouilles pour les hématies de mouton«, in: *Comptes rendus des séances de la Société de biologie (Paris)* 112, S. 393f.

1933b (mit J. Hescheles) »Über die Eigentümlichkeit der Exanthin-(Fleckfieberhaut-)Reaktion beim Menschen«, in: *Zeitschrift für Immunitätsforschung und experimentelle Therapie* 79, S. 514-520.

1933c »Próba bibliografii lekarza kasowego« [Versuch einer Bibliographie des Kassenarztes], in: *Wiadomości Lekarskie* 6, 7-8, S. 224-227.

1934a »Über die Hautreaktion mit Exanthin. Bemerkungen zu der Arbeit von Nemschilov (in Jg. 1934, Nr. 2, S. 59 dieser Wochenschrift)«, in: *Klinische Wochenschrift* 13, 8, S. 303f.

1934b »W sprawie obsługi bakteriologicznej Państwa« [Zur Frage des staatlichen bakteriologischen Dienstes], in: *Lekarz Polski* 10, 7, S. 164f.

1934c »W sprawie analityki lekarskiej« [Zur Frage der labormedizinschen Analytik], in: *Nowiny Społeczno-Lekarskie* 8, 5, S. 87f.

1934d »Jak powstał odczyn Bordet-Wassermanna i jak wogóle powstaje odkrycie naukowe?« [Wie entstand die Bordet-Wassermann Reaktion und wie entsteht eine wissenschaftliche Entdeckung im allgemeinen?], in: *Polska Gazeta Lekarska* 13, 10-11, S. 181f. und 203-205.

1934e (mit O. Elster) »Pomocnicze badania laboratoryjne« [Hilfslaboruntersuchungen], in: *Polski Kalendarz Lekarski* 9, S. 104-122.

1934f »W sprawie braku dostatecznej liczby lekarzy bakteriologów« [Zur Frage der mangelhaften Anzahl an Ärzte-Bakteriologen], in: *Lekarz Wojskowy* 24, 6, S. 284-286.

1935a *Entstehung und Entwicklung einer wissenschaftlichen Tatsache. Einführung in die Lehre vom Denkstil und Denkkollektiv*, Basel.

1935b »Zur Frage der Grundlagen der medizinischen Erkenntnis«, in: *Klinische Wochenschrift* 14, 35, S. 1255-1259.

1935c »Studja z dziedziny serologii kiły« [Studien aus dem Bereich der Serologie der Syphilis], in: *Medycyna Doświadczalna i Mikrobiologia* 19, 3-4, S. 115-131.

1935d »O obserwacji naukowej i postrzeganiu wogóle« [Über die wissenschaftliche Beobachtung und die Wahrnehmung im allgemeinen], in: *Przegląd Filozoficzny* 38, S. 58-76.

1936 »Zagadnienie teorii poznawania« [Das Problem einer Theorie des Erkennens], in: *Przegląd Filozoficzny* 39, 1, S. 3-37.

1937a »W sprawie artykułu p. Izydory Dąmbskiej w Przeglądzie Filozoficznym, rocz. 40 zesz. III« [In der Angelegenheit des Artikels von Frau Izydora Dąmbska in ›Przegląd Filozoficzny‹, Jg. 40, Heft III], in: *Przegląd Filozoficzny* 41, S. 192-195.

1937b (mit F. Goldschlag) »Experimentelle Beiträge zur Pemphigusfrage«, in: *Klinische Wochenschrift* 16, 20, S. 707f.

1938a »Wpływ surowic prawidłowych na przebieg reakcji serologicznych« [Der Einfluß normaler Seren auf den Verlauf serologischer Reaktionen], in: *Medycyna Doświadczalna i Społeczna* 23, 1-2, S. 108-111.

1938b »Über Reaktionen, Pseudoreaktionen und ein Verfahren, das Komplement partiell zu inaktivieren (selektiv zu stabilisieren). I. Mitteilung«, in: *Zeitschrift für Immunitätsforschung und experimentelle Therapie* 93, S. 71-79.

1938c »Über Reaktionen, Pseudoreaktionen und das Komplementschutzverfahren. II. Mitteilung«, in: *Zeitschrift für Immunitätsforschung und experimentelle Therapie* 94, S. 49-65.

1939a »Nowy sposób wzmacniania odczynu Wassermanna« [Eine neue Methode der Verstärkung der Wassermann-Reaktion], in: *Biuletyn Koła Lekarzy »TOZU« we Lwowie*, Lwów (Lemberg), S. 25f.

1939b »Nauka a środowisko« [Wissenschaft und Umwelt], in: *Przegląd Współczesny*, 18, 8-9, S. 149-156.

1939c »Odpowiedź na uwagi Tadeusza Bilikiewcza« [Antwort auf die Anmerkungen von Tadeusz Bilikiewicz], in: *Przegląd Współczesny*, 18, 8-9, S. 168-174.

1939d (mit O. Elster) »Immunologia przypadku uporczywego nosicielstwa paciorkowców hemolitycznych« [Immunologie des Falles einer persistenten Trägerschaft hämolytischer Streptokokken], in: *Polska Gazeta Lekarska* 18, 31-32, S. 655f.

1939e (mit F. Goldschlag) »Further Experimental Studies of Pemphigus«, in: *British Journal of Dermatology and Syphilis* 51, S. 70-76.

1939f (mit H. Steinhaus und E. Altenberg) »Sur la repartition des leucocytes dans le sang«, in: *Comptes rendus de la Société de Biologie et des ses filiales* (der Aufsatz ist nicht auffindbar).

1939g (mit H. Steinhaus und E. Altenberg) »The Distribution of Leucocytes in Blood«, in: *Journal of experimental medicine* (der Aufsatz ist nicht auffindbar).

1939h (mit F. Goldschlag) »Serologia i próby szczepienia zwierząt w pęcherzycy« [Die Serologie und Versuche, die Tiere im Pemphigus zu impfen], in: Witold Nowicki, Dezydery Szymkiewicz (Hg.), *Pamiętnik XV. Zjazdu lekarzy i przyrodnikow polskich we Lwowie. 4.-7. VII. 1937*, Lwów (Lemberg), S. 753f.

1939i »O swoistych cechach myślenia serologicznego. Studium metodologiczne. Posiedzenie III, wtorek, 6 lipca« [Über spezifische Merkmale des serologischen Denkens. Eine methodologische Studie. III. Sitzung, Dienstag, 6. Juli], in: Witold Nowicki, Dezydery Szymkiewicz (Hg.), *Pamiętnik XV. Zjazdu lekarzy i przyrodników polskich we Lwowie, 4.-7. VII. 1937*, Lwów (Lemberg), S. 287-290.

1939j »Wpływ surowic odpływowych na przebieg reakcji serologicznych. Posiedzenie II., Poniedziałek, 5. lipca« [Der Einfluß des Serums auf den Verlauf serologischer Reaktionen. II. Sitzung, Montag, 5. Juli], in: Witold Nowicki, Dezydery Szymkiewicz (Hg.), *Pamiętnik XV. Zjazdu lekarzy i przyrodników polskich we Lwowie. 4.-7. VII. 1937*, Lwów (Lemberg), S. 408.

1941 »Die Verteilung der Leukozyten im Blut und deren mutmaßliche Ursache: Zytoordine«, in: *Acta Medica*, Moskau (der Aufsatz ist nicht auffindbar).

1942 »Nowa metoda rozpoznawania tyfusa«, in: *Gazeta Żydowska*, Lwów (Lemberg) 27. 5. 1942.

1945a (mit F. Lille) »Studies in Vitamin K: The Influence of Vitamin K Substitutes on the Experimental Thrombopenia in Guinea Pigs and Rats«, in: *American Review of Soviet Medicine* 3, 1, S. 174.

1945b (mit F. Lille) »Serologic Studies in Blood Cells: On the Serologic Differentiation on White Blood Cells«, in: *American Review of Soviet Medicine* 3, 1, S. 174.

1945c Bericht über den Aufenthalt im KZ Auschwitz, in: Archiv des Jüdischen Historischen Instituts Warschau; SMF, S. 353-355.

1945d Bericht über den Aufenthalt im KZ Buchenwald, in: Archiv des Jüdischen Historischen Instituts Warschau; SMF, S. 356f.

1946a »Przyczynek do techniki aglutynacji ricketsjowej« [Beitrag zur Technik der Rickettsie-Agglutination], in: *Medycyna Weterynaryjna* 2, 1, S. 7-9.

1946b »Kilka spostrzeżen i doświadczeń z dziedziny duru plamistego« [Einige Beobachtungen und Versuche aus dem Gebiet des Fleckfiebers], in: *Polski Tygodnik Lekarski* 1, 10, S. 307-309.

1946c »Swoiste substancje antygenowe w moczu chorych na dur plamisty« [Besondere antigenetische Substanzen im Urin Fleckfieber-Kranker], in: *Polski Tygodnik Lekarski* 1, 21, S. 663-666.

1946d »W sprawie mikrofilmowych kopii z literatury fachowej« [In der Frage von Mikrofilmkopien von Fachliteratur], in: *Polski Tygodnik Lekarski* 1, 25, S. 807.

1946e »Zellenspezifische Autoagglutinine als Regulatoren der zytologischen Zusammensetzung des Blutes (die Zytoordine)«, in: *Schweizerische Medizinische Wochenschrift* 76, 9, S. 175-177.

1946f »Problemy naukoznawstwa« [Wissenschaftstheoretische Probleme], in: *Życie Nauki* 1, 5, S. 322-336.

1946g (mit D. Borecka) »Zachowanie się odczynu leukergicznego w różnych stanach chorobowych« [Verhalten der leukergischen Reaktionen in verschiedenen Krankenständen], in: *Annales Universitatis Mariae Curie-Skłodowska Lublin. Sectio D* 1, S. 337-349.

1946h (mit Z. Murczyńska) »O serologcznych czynnikach regulujących skład i układ leukocytów we krwi« [Über serologische Regulationsfaktoren der Zusammensetzung und des Systems der Leukozyten im Blut], in: *Medycyna Weterynaryjna* 2, 2, S. 41-49.

1947a »Un nouveau phénomène inflammatoire: la leukergie«, in: *Comptes rendus de la Société de Biologie Strasbourg*, séance du 16. 5. 1947.

1947b »Dalsze badania nad leukergią« [Weitere Untersuchungen über die Leukergie], in: *Polski Tygodnik Lekarski* 2, 46-47, S. 1329-1332.

1947c (Rezension) »Ludwik Hirszfeld i Róża Amzel: ›O pośrednich postaciach grup krwi i ich dziedziczeniu‹, Wrocław 1947« [Ludwik Hirszfeld und Róża Amzel: ›Über indirekte Formen der Blutgruppen und ihre Vererbung‹, Wrocław (Breslau) 1947], in: *Polski Tygodnik Lekarski* 2, 50-51, S. 1480f.

1947d »Zakład Mikrobiologii Wydziału Lekarskiego Uniwersytetu M. C. S. w Lublinie« [Die Abteilung Mikrobiologie der Medizinischen Fakultät der Universität M. C. S. Lublin], in: *Polski Tygodnik Lekarski*, Nachtrag 52.

1947e »Patrzeć, widzieć, wiedzieć« [Schauen, Sehen, Wissen], in: *Problemy* 2, 2 (12), S. 74-84.

1947f »Symposium of Polish Medical Contributions in World War II: Specific Antigenic Substances in the Urine of Typhus Patients«, in: *Texas Reports on Biology and Medicine* 5, S. 168-172.

1947g *Mikrobiologia Lekarska. Część ogólna i część szczegółowa. Skrypt według wykładów prof. L. Flecka. Opracowali stud. med. T. Fusówka i stud. med. K. Gerkowicz. Rok akad. 1946/47* [Ärztliche Mikrobiologie. Allgemeiner Teil und detaillierter Teil. Vorlesungsskript nach Prof. Dr. L. Fleck. Ausgearbeitet von stud. med. T. Fusówka und T. Gerkowicz, Akad. Jahr 1946/47 Lublin].

1947h (mit H. Kowarzyk, H. Steinhaus) »La distribution des leukocytes dans les preparations du sang«, in: *Schweizerische Medizinische Wochenschrift* 77, 49, S. 1283f.

1947i (mit Z. Murczyńska) »Nowy objaw zapalenia: zlepianie się krwinek białych w cytologiczne jednorodne grupy (leukergia)« [Neue Entzündungserscheinung: Zusammenballung weißer Blutkörperchen zu zytologisch homogenen Gruppen (Leukergie)], in: *Polski Tygodnik Lekarski* 2, 7, S. 196-200.

1947j (mit Z. Murczyńska) »Symposium of Polish Medical Contributions in World War II: Leukergy. Clumping of White Blood Cells in Cytologically Homogenous Groups. New Phenomen of Inflammation«, in: *Texas Reports on Biology and Medicine* 5, S. 156-167.

1947k (Redaktionsartikel) »Chemoterapia wschodnio-azjatyckiego duru (Tsutsugamushi), *The Lancet*, 1946, 251, 6412, S. 96-97« [Chemotherapie des ost-asiatischen Typhus (Tsutsugamushi), *The Lancet*, 1946, Nr. 6412, S. 96-97], in: *Polski Tygodnik Lekarski* 2, 22-23, S. 688.

1947l (Redaktionsartikel) »R. B. Mitchaeli, F. C. Garlock, R. H. Broh-Kahn: Epidemia Gastroenteritis wywołana prawdopodobnie przez Salmonella Pullorum, *The Journal of Infectious Diseases*, 1946, 79, 1, S. 57-62« [R. B. Mitchaeli, F. C. Garlock, R. H. Broh-Kahn: Epidemische Gastroenteritis ausgelöst wahscheinlich durch Salmonella Pullorum, *The Journal of Infectious Diseases*, 1946, 79, 1, S. 57-62], in: *Polski Tygodnik Lekarski* 2, 22-23, S. 688.

1947m (Redaktionsartikel) »Paweł K. Smith: Stosowanie kwasu paraaminobędźwinowego w endemicznym (szczurzym) durze, *The Journal of the American Medical Association*, 1947, 131, 14, S. 1114-1117« [Paweł K. Smith: Die Anwendung der Paraaminosäure im endemischen (Ratten-)Typhus in: *Polski Tygodnik Lekarski*, 2, 22-23, S. 689.

1948a »Zjawisko leukergii (z demonstracjami preparatów i wykresów)« [Das Phänomen der Leukergie (mit Demonstrationen von Präparaten und Schaubildern)], in: *Medycyna Doświadczalna i Społeczna* 25, 5, S. 36-39.

1948b »W sprawie doświadczeń lekarskich na ludziach« [In der Frage ärztlicher Experimente an Menschen], in: *Polski Tygodnik Lekarski* 3, 35, S. 1052-1054.

1948c »Nouvelles recherches sur la leukergie«, in: *Seances de la Société de Strasbourg* 20. 11. 1948.

1948d (mit H. Kowarzyk, H. Steinhaus) »Jeszcze raz w sprawie tzw. ›garniturowego układu białych ciałek krwi‹« [Noch einmal in der Frage sog. ›Garnitursysteme weißer Körperchen im Blut‹], in: *Polski Tygodnik Lekarski* 3, 19, S. 583-585.

1948e (mit Z. Murczyńska) »Z badań nad mechanizmem leukergii« [Aus den Untersuchungen über den Mechanisums der Leukergie], in: *Annales Universitatis Mariae Curie-Skłodowska Lublin. Sectio D* 3, 3, S. 181-197.

1948f (mit A. Pawłowska, J. Szczygielska) »Swoiste wzmacnianie odczynu Wassermanna przy pomocy efektu sumacyjnego« [Besondere Verstärkung der Wassermann-Reaktion mit Hilfe eines summarischen Effekts], in: *Annales Universitatis Mariae Curie-Skłodowska Lublin. Sectio D* 3, 1, S. 65-71.

1948g »Problem obserwacji naukowej« [Das Problem der wissenschaftlichen Beobachtung], in: *Sprawozdanie z działalnosci Towarzystwa Filozoficznego i Psychologicznego w Lublinie w latach 1945-1947 oraz uzupełnienie za r. 1948*, Lublin, S. 49f.

1948h Diskussionsbeitrag zum Vortrag von Prof. T. Tomaszewski, »Badania psychologiczne nad byłymi więźniami obozów koncentracyjnych« (4. 3. 945) [Psychologische Untersuchungen zu ehemaligen Gefangenen der Konzentrationslager], in: *Sprawozdanie z działalności Towarzystwa Filozoficznego i Psychologicznego w Lublinie w latach 1945-1947 oraz uzupełnienie za r. 1948*, Lublin, S. 29f.

1948i Diskussionsbeitrag zum Vortrag von J. Łoś, »O możliwości badań metasystemowych języka fizykalnego« (14. 5. 1947) [Über die Möglichkeit metasystemischer Untersuchungen der physikalischen Sprache], in: *Sprawozdanie z działalności Towarzystwa Filozoficznego i Psychologicznego w Lublinie w latach 1945-1947 oraz uzupelnienie za r. 1948*, Lublin, S. 65.

1948j »Intervention at a Meeting of Philosophical and Psychological Society in Lublin, 19. 2. 1947«, in: *Reports of the Philosophical and Psychological Society 1945-1947*, S. 49f.

1948k Aussage im IG-Farben-Prozeß vor der Evidence Division des Nürnberger Militärtribunals am 12. 2. 1948, in: Archiv der Stiftung für Sozialgeschichte des 20. Jahrhunderts, Bremen.

1948l Aussage im IG-Farben-Prozeß vor der Evidence Division der Nürnberger Militärtribunals am 13. 2. 1948, in: Archiv der Stiftung für Sozialgeschichte des 20. Jahrhunderts, Bremen.

1949a »Hyperheparinemia, White Emboli and Leukergy«, in: *The Journal of the American Medical Association* 139, S. 542.

1949b »The Exanthin Reaction«, in: *Proceedings of the 4th International Congress for Microbiology in 1947*, Kopenhagen, S. 365 f.

1949c »Le phénomène de la leukergie et la possibilité de l'utiliser dans l'hématologie«, in: *Le Sang* 20, S. 1-14.

1949d (mit D. Borecka) »Leukergia w gruźlicy świnek morskich. Doniesienie tymczasowe« [Leukergie in der Tuberkulose von Meerschweinchen. Vorläufige Mitteilung], in: *Medycyna Doświadczalna i Mikrobiologia* 1, 3, S. 427.

1949e (mit Z. Murczyńska) »The Phenomenon of Leukergy«, in: *Archives of Pathology* 47, 1, S. 261-272.

1949f (mit Z. Murczyńska) »Z badań nad mechanizmem leukergii: Rola heparyny« [Aus den Untersuchungen über den Mechanismus der Leukergie: Die Rolle des Heparins], in: *Medycyna Doświadczalna i Mikrobiologia* 1, 3, S. 425 f.

1949g (mit Z. Murczyńska) »The Phenomen of Leukergy«, in: *Proceedings of the 4th International Congress for Microbiology in 1947*, Kopenhagen, S. 324 f.

1949h (mit A. Pawłowska, J. Szczygielska) »Metoda swoistego wzmacniania odczynu Wassermanna drogą efektu sumacyjnego« [Methode zur spezifischen Verstärkung der Wassermann-Reaktion auf dem Wege eines summarischen Effekts], in: *Medycyna Doświadczalna i Mikrobiologia* 1, 3, S. 442.

1949i (mit J. Platakis, D. Borecka) »Prowokacja leukergii za pomocą tuberkuliny jako próba na gruźlicę czynną« [Provokation der Leukergie mit Hilfe von Tuberkulin als Probe auf akute Tuberkulose], in: *Polski Tygodnik Lekarski* 4, 40, S. 1177-1181.

1949j (mit F. Stański, N. Nicewicz) »Zastosowanie próby leukergicznej do wykrywania zakażeń utajonych u zwierząt doświadczalnych« [Die Anwendung der leukergischen Proben zum Nachweis latenter Infektion bei Versuchstieren], in: *Annales Universitatis Mariae Curie-Skłodowska Lublin. Sectio D* 4, 12, S. 173-192.

1950a »Leukergy and its Use in Medicine and Research«, in: *Journal of the Palestine Jewish Medical Association* 38, Tel Aviv, S. 35 f.

1950b Diskussionsbeitrag zum Vortrag von F. Milgrom und A. Bekierkuns, »Kardiolipina w praktyce wassermannowskiej« [Kardiolipin in der Wassermannschen Praxis], in: *Medycyna Doświadczalna i Mikrobiologia* 2, 2, S. 154.

1950c »Dalsze badania nad mechnizmem leukergii« [Weitere Untersuchungen über den Mechanismus der Leukergie], in: *Medycyna Doświadczalna i Mikrobiologia* 2, 2, S. 159 f.

1950d »Próba tuberkulinowej prowokacji leugergii« [Versuch der Tuberkulinprovokation der Leukergie], in: *Medycyna Doświadczalna i Mikrobiologia* 2, 2, S. 160.

1950e »Leukergia jako test na chorobę zakaźną i zakażenie utajone« [Leukergie als Test für ansteckende Krankheit und latente Infektion], in: *Medycyna Doświadczalna i Mikrobiologia* 2, 2, S. 160-164.

1950f (mit W. Stein) »Leukergia a leukopeza« [Leukergie und Leukopoese], in: *Annales Universitatis Mariae Curie-Skłodowska Lublin. Sectio D,* 5, 12, S. 343-354.

1950g (mit W. Stein) »Leukergia a zagadnienie ośrodkowej regulacji leukocytozy« [Leukergie und das Problem der zentralen Regulation der Leukozytose], in: *Annales Universitatis Mariae Curie-Skłodowska Lublin, Sectio D* 5, 13, S. 355-386.

1950h (mit J. Szczygielska) »Immunologiczne znaczenie leukergii« [Immunologische Bedeutung der Leukergie], in: *Annales Universitatis Mariae Curie-Skłodowska Lublin. Sectio D* 5, 19, S. 507-521, 523-537.

1950i (mit J. Szczygielska) »O leukergii i jej znaczeniu dla nauki o odporności«, in: *Zjazd Mikrobiologów w Pradze*, Prag.

1950j (mit J. Lutowski) »Co to jest leukergia? Rozmawiamy z prof. Fleckiem. [Was ist Leukergie? Wir sprechen mit Prof. Fleck], in: *Poprostu* 4, 18 (104).

1951a »Technika i tematyka leukergii« [Technik und Thematik der Leukergie], in: *Polski Tygodnik Lekarski* 6, 27-28, S. 866-869.

1951b »Leukergia« [Leukergie], in: *Postępy Higieny i Medycyny Doświadczalnej* 4, S. 7-43.

1951c »Further Investigations on the Phenomenon of Leukergy«, in: *Texas Reports on Biology and Medicine* 9, 1, S. 697-708.

1951d (mit W. Stein) »C.S. F. Changes with Pneumo-Encephalography«, in: *Lancet CCLX* 10, S. 1126f.

1952a »Über Leukergie«, in: *Acta Haematologica* 8, S. 282-293.

1952b »Dwadzieścia trzy miliardy ośmiornic na straży naszego zdrowia« [Dreiundzwanzig Milliarden Oktopoden auf Wachdienst unserer Gesundheit], in: *Problemy* 8, 9 (78), S. 587-590.

1952c »Kolejność pojawiania się tuberkulinowego odczynu skórnego hemaglutynacji według Middlebrooka i odczynu tuberkulinowej prowokacji leukergii u królików zakażonych gruźlicą« [Abfolge des Auftretens der dermalen Tuberkulinreaktion der Hämagglutination nach Middlebrook und der Reaktion der Tuberkulinprovokation der Leukergie bei mit Tuberkulose infizierten Kaninchen], in: *XII. Zjazd Mikrobiologów Polskich w Łodzi*, Łódź (Lodz), S. 59.

1952d (mit W. Stein, M. Tuszkiewicz, E. Fleck) »Dalsze badania nad mechanizmem nerwowej regulacji leukocytozy« [Weitere Untersuchungen über den Mechanismus der nervalen Regulation der Leukozyten], in: *Neurologia, Neurochirurgia i Psychiatria Polska* 2, 2 (6), S. 653-666.

1952e (mit J. Szczygielska) »Immunologiczne znaczenie leukergii« [Immunologische Bedeutung der Leukergie], in: *Medycyna Doświadczalna i Mikrobiologia* 4, 3, S. 347-349.

1952f (mit J. Szczygielska, B. Narbutowicz, M. Szymona) »Badania nad zawartym w płynach wysiękowych czynnikiem zapalnej leukopoezy« [Untersuchungen über den in Exsudatflüssigkeiten enthaltenen Faktor entzündlicher Leukopoese], in: *Acta Physiologica Polonica*, S. 224-226.

1953a »XII. Zjazd Mikrobiologów Polskich (Łódź, 8.-10. 11. 1952r.)« [XII. Kongreß der polnischen Mikrobiologen (Lodz, 8.-10. 11. 1952r.)], in: *Kosmos* 2, 1 (2), S. 60-65.

1953b »O leukergii i jej znaczeniu dla hematologii« [Über die Leukergie und ihre Bedeutung für die Hämatologie], in: B. Gaertner, H. Giedosz (Hg.), *Pamiętnik I Ogolnopolskiego Zjazdu Hematologów, Kraków 28. 5.-30. 5. 1950r.*, Warschau, S. 199-203.

1953c »Hipoteza odrębnych leukocytów zapalnych« [Hypothese besonderer entzündlicher Leukozyten], in: *Polski Tygodnik Lekarski* 8, S. 262.

1953d »Z zagadnień immunologii wczesnych okresów zakażenia« [Vom Problem der Immunologie der Frühstadien der Ansteckung], in: *Postępy Higieny i Medycyny Doświadczalnej* 6, S. 3-33.

1953e »Badania nad leukopenią probakteryjną i jej znaczeniem odpornościowym« [Untersuchungen über die probakterielle Leukopenie und ihre immunitäre Bedeutung], in: *Zjazd Hematologów Polskich*, Wrocław (Breslau).

1953f Hipoteza odrębnych leukocytów zapalnych [Hypothese besonderer entzündlicher Leukozyten], in: *Zjazd Hematologów Polskich*, Wrocław (Breslau).

1953g Rekalcynacja jako czynnik przyspieszający proces zlepiania się leukocytów [Rekalzifierung als den Prozeß der Zusammenballung der Leukozyten beschleunigender Faktor], in: *Zjazd Hematologów Polskich*, Wrocław (Breslau).

1953h (mit D. Borecka) »Kolejność występowania tuberkulinowego odczynu śródskórnego, hemaglutynacji i tuberkulinowej prowokacji leukergii w gruźlicy doświadczalnej u królików« [Abfolge des Vorkommens der intradermalen Tuberkulinreaktion, Hämagglutination und Tuberkulinprovokation der Leukergie in experimenteller Tuberkulose bei Kaninchen], in: *Gruźlica* 21, S. 97-101.

1953i (mit D. Borecka) »Wpływ pochłoniętych bakterii na ruch fagocytów« [Einfluß absorbierter Bakterien auf die Bewegung der Phagozyten], in: *Medycyna Doświadczalna i Mikrobiologia* 5, 1, S. 93-102.

1953j (mit D. Borecka) »Kolejność pojawiania się tuberkulicznego odczynu skórnego, hemaglutynacji według Middlebrooka i odczynu tuberkulinowej prowokacji leukergii u królikow zakażonych gruźlicą« [Abfolge des Auftretens der dermalen Tuberkulinreaktion der Hämagglutination nach Middelbrook und der Reaktion der Tuberkulinprovokation der Leukergie bei mit der Tuberkulose infizierten Kaninchen], in: *Medycyna Doświadczalna i Mikrobiologia* 5, 3, S. 332.

1953k (mit D. Borecka) »Wpływ fagocytozy na ruchliwość fagocytów« [Einfluß der Phagozytose auf die Beweglichkeit der Phagozyten], in: *Medycyna Doświadczalna i Mikrobiologia* 5, 3, S. 362.

1953l (mit J. Szczygielska, B. Narbutowicz, M. Szymona) »Badania nad czynnikiem leukocytozy Menkina« [Untersuchungen über den Faktor der Menkin-Leukozytoze], in: *Medycyna Doświadczalna i Mikrobiologia* 5, 3, S. 357f.

1954a »W sprawie przemieszczania się leukocytów pod wpływem adrenaliny« [In der Frage der Lageveränderung der Leukozyten unter dem Einfluß von Adrenalin], in: *Kosmos* 3, 1 (6), S. 63f.

1954b (mit J. Lille-Szyszkowicz) »Leukergia a zawartość glikogenu w leukocytach« [Leukergie und Glykogengehalt], in: *Pamiętnik Zjazdu Fizjologów*, Kraków (Krakau).

1955a (Rezension) »Władysław Kunicki-Goldfinger: ›Zmienność u bakterii‹« [Władysław Kunicki-Goldfinger: ›Variabilität bei Bakterien‹], in: *Kosmos* 4, 3, S. 464-466.

1955b »Motility and Phagocytic Activity of Leukergic Leukocytes«, in: *Revue belge de pathologie et de médecine expérimentale* 24, S. 517-519.

1955c (Rezension) »K. Ostrowski: ›O czarach, znachorach i lecznictwie‹, Warszawa 1954« [K. Ostrowski, ›Über Zauberei, Quacksalber und das Heilwesen‹, Warschau 1954], in: *Trybuna Ludu* 85, S. 6.

1955d (mit G. Bagdasarian, H. Keczkowska, T. Kłopotowsa, W. Kozak, A. Wiater) »Przemiana oddechowa leukocytów podczas fagocytozy« [Respiratorische Umwandlung der Leukozyten während der Phagozytose], in: *Pamiętnik Zjazdu Mikrobiologów*, Poznań (Posen), S. 17.

1955e (mit A. Kunicka) »Rola odporności antybakteryjnej w błonicy« [Die Rolle antibakterieller Immunität in der Diphtherie], in: *XIII. Zjazd Mikrobiologów Polskich w Poznaniu*, Poznań (Posen), S. 186.

1955f (mit A. Kunicka, J. Łukaszewicz, M. Malinowska, H. Steinhaus) »Z zagadnień nosicielstwa błonicy« [Vom Problem der Trägerschaft der Diphtherie], in: *Archiwum Immunologii i Terapii Doświadczalnej* 3, S. 173-190.

1955g (mit J. Lille-Szyszkowicz) »Leukergy and the Glycogen Content in Leukocytes«, in: *Bulletin de l'Académie polonaise des sciences. Séries des sciences biologiques* 3, S. 137-143.

1956a (Hg.), *Zagadnienia współczesnej immunologii* [Aufgaben der modernen Immunologie], Warschau.

1956b »Zjawiska i mechanizmy odpornościowe« [Immunitätsphänomene und -mechanismen], in: L. Fleck (Hg.), *Zagadnienia współczesnej immunologii* [Aufgaben der modernen Immunologie], Warschau, S. 9-62.

1956c »Serologia konstytucyjna« [Konstitutionsserologie], in: L. Hirszfeld. A. Kelus, H. Hirszfeld, F. Milgrom (Hg.), *Ludwik Hirszfeld*, Wrocław (Breslau), S. 88-91.

1956d »Czym jest i czym powinna być immunologia?« [Was ist und was sollte die Immunologie sein?], in: *Medycyna Doświadczalna i Mikrobiologia* 8, 3, S. 397-402.

1956e »État actuel des recherches sur la leukergie«, in: *Le Sang* 27, S. 376-381.

1956f »Recent Investigations on Leukergy«, in: *Texas Reports on Biology and Medicine* 14, 1-4, S. 424-431.

1956g (mit G. Bagdasarian, T. Kleczkowska, W. Kozak, A. Wiater) »Przemiana oddechowa leukocytów podczas fagocytozy« [Respiratorische Umwandlung der Leukozyten während der Phagozytose], in: *Medycyna Doświadczalna i Mikrobiologia* 8, 2, S. 268f.

1956h (mit D. Borecka) »Rola odporności antybakteryjnej błonicy« [Die Rolle der antibakteriellen Immunität in der Diphtherie], in: *Medycyna Doświadczalna i Mikrobiologia* 8, 2, S. 259f.

1956i (mit I. Lille-Szyszkowicz) »II. Miedzynarodowy Kongres Alergologów« [II. Internationaler Kongreß der Allergologen], in: *Postępy Wiedzy Medycznej* 3, S. 321-326.

1956j (mit I. Lille-Szyszkowicz) »Leukergy and the Metabolism of Leukocytes«, in: *Proceedings of the VI. International Society of Hematology*, Boston, S. 157-160.

1957a »La leukergie et son role dans l'immunité«, in: *Annales de l'Institut Pasteur* 92, 3, S. 380-395.

1957b »Edmund Mikulaszek«, in: *Nauka Polska* 5, S. 107-110.

1957c »Postępy wiedzy o błonicy« [Fortschritte des Wissens über die Diphtherie], in: *Postępy Higieny i Medycyny Doświadczalnej* 11, 2, S. 149f.

1957d »Nowe problemy i nowe fakty z dziedziny błonicy« [Neue Probleme und neue Fakten aus dem Bereich der Diphtherie], in: *Postępy Pediatrii* 3, S. 5-18.

1957e »Sprawozdanie z podróży naukowej do Stanów Zjednoczonych 21. 8.-14. 9. 1956« [Bericht von einer wissenschaftlichen Reise in die Vereinigten Staaten], in: *Postępy Wiedzy Medycznej* 4, S. 406-411.

1957f »W pracowniach polskich uczonych« [In den Arbeitsräumen polnischer Gelehrter], in: *Trybuna Ludu* 93, S. 4.

1957g (mit G. Bagdasarian, T. Kleczkowska, W. Kozak, A. Wiater) »Wpływ fagocytozy na przemianę oddechową leukozytów« [Einfluß der Phagozytose auf die respiratorische Umwandlung der Leukozyten], in: *Pediatria Polska* 32, 5, S. 513-520.

1957h (mit H. Duroś-Kawecka, L. Grunwald, C. Stankiewicz, A. Szymańczyk, A. Porębska, A. Zemburowa) »Serologia maczugowców błonicy w zastosowaniu do epidemiologii« [Die Serologie der Diphtheriebakterien in Anwendung auf die Epidemiologie], in: *Postępy Higieny i Medycyny Doświadczalnej* 11, 2, S. 151-160.

1957i (mit H. Duroś-Kawecka, C. Stankiewicz) »Serotypes of Corynebacterium Diphtheriae and their Distribution During a Prolonged Diphtheria Epidemic in Poland«, in: *Texas Reports on Biology and Medicine* 15, 1-4, S. 861-867.

1957j (mit W. Kozak) »Zmienność antygenowa maczugowców błonicy pod wpływem fagów« [Antigenetische Variabilität der Diphtheriebakterien unter dem Einfluß von Phagen], in: *Postępy Higieny i Medycyny Doświadczalnej* 11, 2, S. 179-185.

1957k (mit A. Kunicka) »Odporność antybakteryjna błonicy« [Antibakterielle Immunität in der Diphtherie], in: *Postępy Higieny i Medycyny Doświadczalnej* 11, 2, S. 161-171.

1957l (mit A. Kunicka) »Kombinowana antytoksyczno-antybakteryjna szczepionka przeciw błonicy (ANABAC)« [Kombinierter antitoxisch-antibakterieller Impfstoff gegen Diphtherie (ANABAC)], in: *Przegląd Epidemiologiczny* 11, 4, S. 365-370.

1957m (mit A. Kunicka) »The Significance of Antibacterial Immunity in Diphtheria«, in: *Texas Reports on Biology and Medicine* 15, 1-4, S. 850-860.

1957n (mit I. Lille-Szyszkowicz) »Cytochemia leukergicznych leukocytów« [Zytochemie leukergischer Leukozyten], in: *Pediatria Polska* 32, 5, S. 475-480.

1957o (mit I. Lille-Szyszkowicz) »Leukergie et leucoagglutination«, in: *Le Sang*, 28, 7, S. 589-994.

1957p (mit I. Lille-Szyszkowicz) »Cytochemie des leucocytes leukergiques«, in: *Vox Sanguinis* 2, 3, S. 196-201.

1957q (mit I. Lille-Szyszkowicz, D. Borecka, K. Ruszczyk) »Płuco jako narząd eliminacji bakterii« [Die Lungen als Organ der Elimination von Bakterien], in: *Polski Tygodnik Lekarski* 12, 22, S. 821-824.

1957r (mit I. Lille-Szyszkowicz, D. Borecka, K. Ruszczyk) »Les poumons comme organe d'élimination des microbes«, in: *Le Sang* 28, 2, S. 188-195.

1957s (mit I. Lille-Szyszkowicz, K. Ruszczuk) »Leukergia a leukoaglutynacja« [Leukergie und Leukoagglutination], in: *Medycyna Doświadczalna i Mikrobiologia* 9, 4, S. 432-436.

1958a »Serologiczne dowody ewolucji« [Serologische Beweise der Evolution], in: Bolesław Skarżynski (Hg.), *Problemy Ewolucjonizmu. Tom III. Myśl ewolucyjna w naukach fizjologicznych*, Warschau, S. 148-152.

1958b (mit W. Kozak) »Zmienność serologiczna maczugowców pod wpływem fagów« [Serologische Variabilität der Korynebakterien unter dem Einfluß von Phagen], in: W. Kunicki-Goldfinger, R. Pakuła, W. T. Dolerzciński (Hg.): *Zmienność i genetyka drobnoustrojów. Materiały sesji problemowej komitetu mikrobiologicznego Polskiej Akademii Nauk. Warszawa, 8.-9. 3. 1957*, Wrocław (Breslau), S. 99-114.

1958c (mit W. Kozak) »On the Role of Phages in Serotypic Variation of C. Diphtheriae«, in: *Texas Reports on Biology and Medicine* 16, 1, S. 59-67.

1958d »W sprawie buchenwaldzkiej. Komentarz do książki F. Bayle: *Croix gammée contre caducée*« [In der Buchenwalder Angelegenheit. Kommentar zum Buch F. Bayles: *Croix gammée contre caducée*], in: Archiv Stanisław Konopka Warschau; SMF, S. 306-311.

1958e »Jak produkowaliśmy szczepionkę przeciwtyfusową w getcie lwowskim« [Wie wir den Antiflecktyphus-Impfstoff im Lemberger Ghetto hergestellt haben], in: Archiv Yad Vashem; SMF, S. 373-376.

1959a »Hakirat tifus-habaharot be'geto Lwów b'- 1941-1942« [Untersuchungen zum Flecktyphus im Lemberger Ghetto in den Jahren 1941-1942], in: *Niv Harofe* 9, S. 53.

1959b (mit S. Porath, Z. Evenchik) »Inhibition of Passive Hemagglutination as a Method for Detection of Antigenic Substances«, in: *5th International Meeting for Biological Standardization*, Jerusalem, S. 470-473.

1960a »Leukergie als ein Mechanismus der Infektionsabwehr«, in: *Giornale di Malattie Infettive e Parassitare* 12, 9-10, S. 538.

1960b »Crisis in Science. Towards a Free and More Human Science«, in: R. Cohen, T. Schnelle (Hg.), *Cognition and Fact. Materials on Ludwik Fleck*, Boston 1986, S. 153-158.

1960c (mit S. Porat, Z. Evenchik, M. Klingberg) »The Renal Excretion of Specific Microbial Substances during the Course of Infection with Murine Typhus Rickettsiae«, in: *American Journal of Hygiene* 72, 3, S. 351-361.

1961b (mit H. Edery) »The Influence of Narcosis on the Distribution of Inhaled Bacteria in the Respiratory Tract«, in: C. N. Davies (Hg.), *Inhaled Particles and Vapours. International Symposium on Inhaled Particles and Vapours*, Oxford 1961, S. 139f.

1961b (mit L. Rozenszajn, E. Robinson) »Suppression by Cortisone of Leukergy Induced by Endotoxin«, in: *Texas Reports on Biology and Medicine* 19, 1, S. 60-75.

1962 (mit Z. Evenchik) »Latex Agglutination Test with *Brucella* Antigen and Antiserum«, in: *Nature* 194, S. 548-550.

1979 *Genesis and Development of a Scientific Fact*, hg. v. T. J. Trenn, R. K. Merton, Chicago, London.

1980 *Entstehung und Entwicklung einer wissenschaftlichen Tatsache. Einführung in die Lehre vom Denkstil und Denkkollektiv*, hg. v. L. Schäfer, T. Schnelle, Frankfurt/M. [EET].

1981 »On the Questions of the Foundations of Medical Knowledge«, übers. v. Thaddeus J. Trenn, in: *The Journal of Medicine and Philosophy* 6, S. 237-255 [Übers. v. 1935b].

1983a *Erfahrung und Tatsache. Gesammelte Aufsätze*, hg. v. L. Schäfer, T. Schnelle, Frankfurt/M. [ET].

1983b *Genesi e sviluppo di un fatto scientifico*, hg. v. P. Rossi, Bologna [Übers. v. EET].

1986a *Cognition and Fact. Materials on Ludwik Fleck*, hg. v. R. Cohen, T. Schnelle, Boston [CF].

1986b *Powstanie i rozwój faktu naukowego. Wprowadzenie do nauki o stylu myślowym i kolektywnie myślowym*, übers. v. Maria Tuszkiewicz, Lublin [Übers. v. EET].

1986c *La génesis y el desarrollo de un hecho científico*, Alianza Editorial, Madrid [Übers. v. EET].

1990 »Science and Social Context« und »Rejoinder to the Comments of Tadeusz Bilikiewicz«, übers. v. I. Löwy, in: I. Löwy, *The Polish School of Philosophy of Medicine*, Dordrecht, Boston, S. 267-273 [Übers. v. 1939b und 1939c].

1997 *Uppkomsten och utvecklingen av ett vetenskapligt faktum: Inledning till läran om tankestil och tankekollektiv*, übers. v. Bengt Liliequist, Stockholm [Übers. v. EET].

1999 *Возникновение и развитие научного факта*, Идея-Пресс, Дом интеллектуальной книги, Moskau [Übers. v. EET].

2005 *Genèse et développement d'un fait scientifique*, übers. v. Nathalie Jas, Paris [Übers. v. EET].

2006 *Psychosocjologia poznania naukowego. Powstanie i rozwój faktu naukowego oraz inne pisma z filozofii poznania*, hg. v. Z. Cackowski, S. Symotiuk, Lublin [Übers. v. EET und Texten aus ET].

2007a *Style myślowe i fakty. Artykuły i świadectwa*, hg. v. Sylwia Werner, Claus Zittel, Florian Schmaltz, Wyd. IFiS PAN, Warschau.

2007b »In der Angelegenheit des Artikels von Frau Izydora Dąmbska in *Przegląd Filozoficzny*«, übers. v. S. Werner, in: B. Chołuj, J. C. Joerden (Hg.), *Von der wissenschaftlichen Tatsache zur Wissensproduktion: Ludwik Fleck und seine Bedeutung für die Wissenschaft und Praxis*, Frankfurt/M., S. 467-472 [Übers. v. 1937a].

2008a »In der Angelegenheit des Artikels von Frau Izydora Dąmbska in *Przegląd Filozoficzny*«, übers. v. B. Lipińska, in: *Ludwik Flecks vergleichende Erkenntnistheorie. Die Debatte in Przegląd Filozoficzny. Fleck-Studien* 1, hg. v. B. Griesecke, E. O. Graf, Berlin, S. 119-125 [Übers. v. 1937a].

2008b »Observation scientifique et perception en general«, in: *Textes-clés d'histoire des sciences*, hg. v. J.-F. Braunstein, Paris [Übers. v. 1935d].

2009 *La scienza come collettivo di pensiero. Saggi sul fatto scientifico*, übers. und hg. v. Carola Catenacci, Milano [Übers. v. ET].

2010 *Gênese e desenvolvimento de um fato científico*, übers. v. G. Otte, M. Camilo de Oliveira, mit Vorw. v. Mauro L. Condé, Belo Horizonte (Brasilien) [Übers. v. EET].

1 Diese Bibliographie basiert auf Flecks eigenen Schriftenverzeichnissen sowie auf der von Thomas Schnelle in ET zusammengestellten Bibliographie. Letztere wurde durch mehrere neu aufgefundene Schriften ergänzt, zudem wurde die Datierung etlicher Artikel anhand der Druckfassungen korrigiert, kleinere Inkonsistenzen und Übersetzungsfehler bereinigt sowie die Liste moderner Fleck-Ausgaben fortgesetzt [Hg.].

Hinzuweisen ist noch auf einen Text, den Johannes Fehr Fleck zuschreibt, »O dębie Goethego w obozie buchenwaldzkim« [Über die Goethe-Eiche im Buchenwalder Lager] (1945). Vgl. dazu: Johannes Fehr, »Häftling Nr. 4935. Ein unbekannter Text aus der Feder von Ludwik Fleck?«, in: *Neue Zürcher Zeitung*, Nr. 257, 4./5. November 2006, S. 69. Der fragliche Text ebd. und online: ⟨www.collegium.ethz.ch/fileadmin/user_upload/.../06110405_nzz_fehr.pdf⟩ (Zugriff 6. 8. 2010).

Namenregister

Geschichte und Theorie der Naturwissenschaften

Bakteriologie und Moderne. Studien zur Biopolitik des Unsichtbaren 1870 – 1920. Herausgegeben von Philipp Sarasin. Silvia Berger, Marianne Hänseler und Myriam Spörri. stw 1807. 544 Seiten

Susan Blackmore. Gespräche über Bewußtsein. Gebunden. 380 Seiten

Lorraine Daston/Peter Galison. Objektivität. Aus dem Amerikanischen von Christa Krüger. Mit zahlreichen Abbildungen und farbigem Bildteil. Gebunden. 530 Seiten

John Dupré. Darwins Vermächtnis. Die Bedeutung der Evolution für die Gegenwart des Menschen. Aus dem Englischen von Eva Gilmer. 144 Seiten. Gebunden

Michael Esfeld. Naturphilosophie als Metaphysik der Natur. stw 1863 218 Seiten

Gene, Meme und Gehirne. Geist und Gesellschaft als Natur. Eine Debatte. Herausgegeben von A. Becker, C. Mehr, H. H. Nau, G. Reuter und D. Stegmüller. stw 1643. 330 Seiten

Geschichte, Theorie und Ethik der Medizin. Eine Einführung. Herausgegeben von Stefan Schulz u.a. stw 1791. 511 Seiten

Das Geschlecht der Natur. Feministische Beiträge zur Geschichte und Theorie der Naturwissenschaften. Herausgegeben von Barbara Orland und Elvira Scheich. Texte aus dem Amerikanischen von Xenia Rajewsky. Gender Studies. es 1727. 290 Seiten

NF 152/1/11.08

Stephen Jay Gould. Der falsch vermessene Mensch. Aus dem Amerikanischen von Günter Seib. stw 583. 400 Seiten

Michael Hampe. Eine kleine Geschichte des Naturgesetzbegriffs. Die Gesetze der Natur und die Handlungen der Menschen. stw 1864. 201 Seiten

Lily E. Kay. Das Buch des Lebens. Wer schrieb den genetischen Code? Mit Abbildungen. Aus dem Amerikanischen von Gustav Roßler. stw 1746. 556 Seiten

Alexandre Koyré. Von der geschlossenen Welt zu unendlichen Universum. Aus dem Amerikanischen von Rolf Dornbacher. stw 320. 259 Seiten

Werner Kutschmann. Der Naturwissenschaftler und sein Körper. Die Rolle der »inneren Natur« in der experimentellen Naturwissenschaft der frühen Neuzeit. 428 Seiten. Gebunden

Humberto R. Maturana. Biologie der Realität. Aus dem Amerikanischen von Wolfram K. Köck. stw 1502. 400 Seiten

Naturerkenntnis und Natursein. Für Gernot Böhme. Herausgegeben von Michael Hauskeller, Christoph Rehmann-Sutter und Gregor Schiemann. stw 1327. 406 Seiten

Naturwissenschaft, Technik und NS-Ideologie. Beiträge zur Wissenschaftsgeschichte des Dritten Reiches. Herausgegeben von Herbert Mehrtens und Steffen Richter. stw 303. 289 Seiten

Philosophie der Biologie. Eine Einführung. Herausgegeben von Ulrich Krohs und Georg Toepfer. stw 1745. 456 Seiten

Physiologie und industrielle Gesellschaft. Studien zur Verwissenschaftlichung des Körpers im 19. und 20. Jahrhundert.

NF 152/2/11.08

Herausgegeben von Philipp Sarasin und Jakob Tanner. stw 1343. 529 Seiten

Die Transformation des Humanen. Beiträge zur Kulturgeschichte der Kybernetik. Herausgegben von Michael Hagner und Erich Hörl. stw 1848. 464 Seiten

Hans-Jörg Rheinberger.

- Epistemologie des Konkreten. Studien zur Geschichte der modernen Biologie. stw 1771. 415 Seiten
- Experimentalsysteme und epistemische Dinge. Eine Geschichte der Proteinsynthese im Reagenzglas. stw 1806. 383 Seiten

Lothar Schäfer. Das Bacon-Projekt. Von der Erkenntnis, Nutzung und Schonung der Natur. stw 1401. 279 Seiten

NF 152/3/11.08